国家级一流本科专业建设·统计学教学用书

"十二五"普通高等教育本科国家级规划教材
普通高等教育"十一五"国家级规划教材
上海高校市级精品课程
上海普通高校优秀教材一等奖
第三届中国大学出版社图书奖优秀教材一等奖

统计预测和决策

第6版

徐国祥 主 编

上海财经大学出版社

图书在版编目(CIP)数据

统计预测和决策 / 徐国祥主编. —6 版. —上海：上海财经大学出版社，2023.5
国家级一流本科专业建设·统计学教学用书
ISBN 978-7-5642-4120-9/F.4120

Ⅰ.①统… Ⅱ.①徐… Ⅲ.①统计预测-高等学校-教材②统计决策理论-高等学校-教材 Ⅳ.①C8②O212.5

中国版本图书馆 CIP 数据核字(2022)第 256561 号

□ 责任编辑　王　芳
□ 封面设计　张克瑶

统计预测和决策
（第六版）
徐国祥　主编

上海财经大学出版社出版发行
（上海市中山北一路 369 号　邮编 200083）
网　　址：http://www.sufep.com
电子邮箱：webmaster @ sufep.com
全国新华书店经销
上海叶大印务发展有限公司印刷装订
2023 年 5 月第 6 版　2025 年 2 月第 2 次印刷

787mm×1092mm　1/16　32 印张(插页：2)　779 千字
印数：151 501－156 500　定价：68.00 元

第六版前言

FOREWORD

《统计预测和决策》自1998年6月出版第一版以来，经过不断地补充、改进、充实、更新和完善，目前已是第六版，并在全国各高等院校有关专业以及教师和学生中树立了口碑。其间，该教材被国家教委评为普通高等教育“九五”国家级重点教材，被国家教育部评为普通高等教育“十一五”国家级规划教材、“十二五”普通高等教育本科国家级规划教材，被上海市教育委员会评为上海普通高校优秀教材一等奖，被评为第三届中国大学出版社图书奖优秀教材一等奖，等等。

《统计预测和决策》第六版继续按照2013—2017年教育部高等学校统计学类专业教学指导委员会制定的《统计学类专业本科教学质量国家标准》对“统计预测和决策”这门必修课程提出的基本要求进行补充、修改和完善。第六版教材的主要内容特色体现在以下三个方面：

一是以党的二十大精神为行动指南，在教材中“润物细无声”地嵌入“育人元素”和“思政元素”，培养学生的家国情怀和道路自信，用统计数据和统计方法科学地论证和宣传我国党和政府制定的有关路线、方针、政策、措施的科学性和有效性，引导学生注意在实践中坚持和运用辩证思维，用长远发展的眼光分析问题，启发学生关注中国经济、社会、民生等的预测和决策问题。

二是在教材中增加了大量的思考与练习，包括预测问题概述、定性预测、情景预测、回归预测法、自适应过滤法、干预分析模型、景气预测法、组合预测、预测精度测定与预测评价、风险型决策、贝叶斯决策、完全不确定性决策和多目标决策等方法及应用的单项选择题、多项选择题、名词解释、简答题和计算题、分析题，更便于教师教学、学生复习以及思考和练习。

三是在教材中进一步修改、充实、增加和完善了应用案例，使教材更贴近现实，体现新时代的要求。

第六版的教材内容涵盖了《统计学类专业本科教学质量国家标准》对“统计预测和决策”这门课程所提出的全部内容。

本书第六版由上海财经大学统计与管理学院博士生导师、上海财经大学应用统计研究中心主任徐国祥教授主编并主笔。上海财经大学统计与管理学院博士生张静昕参与了本书第六版中思考与练习的修订、补充和完善。

需要特别说明的是，依据国家教材委员会办公室《关于做好党的二十大精神进教材工作的通知》(国教材办〔2022〕3号)的要求，推动党的二十大精神进教材、进课堂、进头脑，除了本教材中已经体现的二十大精神内容外，为了与时俱进地增补与本教材相关的思政案例与二十大精神内容,我们与出版社共同建设新媒体动态服务窗口,使用本教材的教师可以通过手机微信扫以下二维码,获取相关最新内容。

本教材在编写过程中,一些教师和学生提出了许多宝贵意见,在此深表谢意。

徐国祥

2022年12月

第五版前言

FOREWORD

《统计预测和决策(第四版)》一书自2012年8月出版以来,在全国各高等院校有关专业以及教师和学生中树立了口碑,2014年10月被国家教育部评为"十二五"普通高等教育本科国家级规划教材,2015年4月被上海市教育委员会评为上海普通高校优秀教材,2013年10月被评为第三届中国大学出版社图书奖优秀教材奖一等奖。

2013～2017年教育部高等学校统计学类专业教学指导委员会制定的《统计学类专业本科教学质量国家标准》对"统计预测和决策"这门必修课程提出了基本要求,其内容应包括预测问题概述、定性预测、情景预测、自适应过滤法、干预分析模型、景气预测法、组合预测、预测精度测定与预测评价、风险型预决策、贝叶斯决策、完全不确定性决策和多目标决策等。为了适应这一新的要求,顺应时代发展的需要,我们对《统计预测和决策》(第四版)进行再次修订、补充和完善,出版了第五版,以满足日益增长的教学需要。第五版的教材内容涵盖了《统计学类专业本科教学质量国家标准》对《统计预测和决策》这门必修可能所提出的全部内容。

本书第五版由上海财经大学统计与管理学院博士生导师、上海财经大学应用统计研究中心主任徐国祥教授主编并主笔。上海财经大学统计与管理学院博士生邱昶参与了本书第五版及其教学课件(PowerPoint)的修订、补充和完善。

限于水平,本书第五版若有不尽人意之处,恳切希望广大教师和同学们提出宝贵意见,以使其更臻完善。

徐国祥

2016年1月

第四版前言

FOREWORD

《统计预测和决策》(第三版)一书自2008年11月出版以来,得到了全国各高等院校有关专业以及教师和学生的肯定,《统计预测和决策》课程也被上海市教育委员会评为上海市精品课程。

根据有关院校师生提出的建议,以及我们在教学实践中碰到的问题,我们对本书的第三版进行再次修改、补充和完善,出版第四版,以满足教学的需要。

限于水平,本书第四版难免存在不尽如人意之处,恳切希望广大教师和同学提出宝贵意见。

徐国祥

2012年6月

第三版前言

FOREWORD

《统计预测和决策》一书自2005年8月出版第二版以来，受到了全国各高等院校有关专业以及教师和学生的一致好评，并被国家教育部评为普通高等教育"十一五"国家级规划教材。

根据有关院校师生反映的情况和提出的建议，以及我们在教学实践中碰到的问题，我们对本书第二版进行再次修改，出版第三版，以满足教学的需要。

本书第三版由上海财经大学统计学系博士生导师、上海财经大学应用统计研究中心主任徐国祥教授主编，负责全书整体框架的设计及全书的修改、总纂和定稿。具体分工为：第一、三、四、十三、十四、十五、十六章以及第二章的第一、二、三、四节，第六章的第三节，由徐国祥编写；第五章，由庞亚平编写；第二章的第五节和第六章的第一、二节，由金帆编写；第七章，由王黎明编写；第八章，由杨楠编写；第十一章，由张淼、胡清友编写；第九、十七章，第十章的第一、二节，第十二章的第一、二、三节，由胡清友编写；第十二章的第四节，由李长风编写。在编写过程中，我们得到了上海财经大学出版社社长熊诗平及有关各方和同仁的大力支持，谨致谢意。

本书第三版教学课件(PowerPcint)由徐国祥主制作，参与制作人有马俊玲、吴泽智、谷雨、于颖、黄逸锋、牟嫣、金帆、庞亚平。本书的编写得到了国家教育部"新世纪优秀人才"支持计划的资助(Supported by Program for New Century Excellent Talents in University, NCET)，上海市重点学科建设项目资助，项目编号：B803(Supported by Shanghai Leading Academic Discipline Project, Project Number: B803)，以及上海财经大学应用统计研究中心的资助。

限于水平，本书第三版难免存在不尽如人意之处，恳切希望广大教师和同学提出宝贵意见，以使其日臻完善。

徐国祥

2008年8月

第二版前言

FOREWORD

《统计预测和决策》一书自1998年出版第一版以来，深受全国各高等院校有关专业和社会的关注与肯定，并获得国家教育部国家级重点教材称号，获得财政部优秀教材二等奖、上海市优秀教材二等奖、国家统计局全国优秀教材奖、华东地区大学出版社第四届优秀教材学术专著二等奖、上海汽车工业教育基金会"十五重大成果奖"和上海财经大学精品课程等荣誉。

斗转星移，虽然只有几年时间，但是，无论是统计预测和决策的理论与应用，还是高等院校的教学实践和教学手段，都发生了很大变化，学生的基础和教学目标也比以往更高。面对这些新的变化和情况，迫切要求对第一版《统计预测和决策》的内容进行进一步扩充、调整和修改，使其更符合发展的趋势，更具有时代的特征。例如，在时间序列应用中，我们增加了许多新的方向，如单位根(unit root)、协整(co-intergration)和干预分析模型等。又如，增加了组合预测法的理论和应用，组合预测模型将各种不同类型的单项预测模型兼收并蓄，各取所长，集中了更多的经济信息与预测技巧，能减少预测的系统误差，显著改进预测效果。这一系列内容的加入，不但可使学生掌握新的知识点，还能提高学生综合分析判断的能力。

《统计预测和决策》第二版具有以下特点：

(1) 采用先进的教学方法和手段，借助现代信息技术，改革传统的教学思想观念、教学方法、教学手段和教学管理。除《统计预测和决策》教材之外，我们制作了该课程的PowerPoint教学课件及其辅助教材，如《统计预测和决策学习指导与习题》，包括基本内容、例题分析、习题和习题解答及模拟试题等。同时，将在上海财经大学网站上发布相关教学大纲、教学内容和课件及相关案例分析等内容，对有关章节进行视频教学。

(2) 为了删繁就简，我们对层出不穷、日新月异的预测和决策方法进行了归纳，把预测方法大致归纳成定性预测法、回归预测法和时间序列预测法三类，把决策方法大致归纳成风险型决策方法(包括贝叶斯决策方法)、不确定型决策方法和多目标决策方法三类。在每类方法中，我们力求把各种方法有机地、富有逻辑地组合安排在一起，使其编排顺序清楚、条理清晰、结构严谨。这种安排旨在构筑一个适合大学教学的统计预测和决策的理论体系和知识结构。

(3) 尽管近年来出现并发展了许多预测和决策方法，然而并没有哪一种方法能对所有的预测和决策问题提供全部答案，因为任何一种方法都是建立在某种假定条件之下的，而任何一种假定条件均无法概括现实世界中错综复杂的经济关系。因此，在本书中，我们给出了各种方法的特点、应用条件、适用场合及其必要的评价，以便使读者在实践中注意对各种方法的选择,并恰如其分地应用。

(4) 为了将每种具体的方法与我国社会主义市场经济实践相结合,我们在对每种方法做必要的阐述之后,都配有具体案例说明其应用过程。强调统计预测和决策方法在市场经济各个领域中的应用,是本书的显著特色之一。

(5) 为了做到由浅入深,便于教师教学,有利于学生加深理解,并把学生带进该学科的前沿领域,我们参考了大量的国内外文献,在十分注重对基本方法阐述的同时,吸收了国内外最新的且已证明在中国适用的新方法。作者在对该学科进行深入研究的基础上,提出了一些需要进一步探讨的问题,以充实教学内容。

(6) 为了使"统计预测和决策"这门学科适应现代化发展的需要,我们在有关教学内容中使用了 TSP 和 EXCEL 等软件,这使那些原本无法用手工完成的计算工作成为一件轻而易举的事情。计算机的普及和迅速发展,为"统计预测和决策"这门学科的实际应用提供了进一步的用武之地。强调计算机在"统计预测和决策"中的运用,也是本书的特色之一。

(7) 为了便于学生复习以及思考和练习,我们在每章末都附有小结,并配有思考与练习题。

本书第二版由上海财经大学统计学系博士生导师、上海财经大学应用统计研究中心主任徐国祥教授主编,负责全书整体框架的设计及其全书的修改、总纂和定稿。具体分工为:第一、二、四、十三、十四、十五、十六章以及第二章第一、二、三、五节,第六章的第三节,由徐国祥编写;第五章以及第六章的第一、二节,由王学民编写;第七章,由王黎明编写;第八章,由杨楠编写;第十一章,由张淼、胡清友编写;第九、十七章,第十章的第一、二节以及第十二章的第一、二、三节,由胡清友编写;第十二章的第四节,由李长风编写。在本书的编写过程中,得到了上海财经大学出版社社长熊诗平、编辑谷雨及有关各方和同仁的大力支持,谨致谢意。

本书教学课件(PowerPoint)由徐国祥、吴泽智主制作,参与制作人有马俊玲、谷雨、于颖和黄逸峰。本书的编写得到了国家教育部"新世纪优秀人才"支持计划的资助(Supported by Program for New Century Excellent Talents in University,NCET),以及上海财经大学精品课程的资助。

在社会主义市场经济条件下,"统计预测和决策"在我国尚属一门新学科,内容非常丰富,无论在理论上还是在实践上,都需要做深入的探讨。限于水平,本书第二版难免存在不尽如人意之处,恳切希望广大教师和同学提出宝贵意见,以使其日臻完善。

徐国祥

2005 年 8 月

第一版前言

FOREWORD

随着我国改革开放的深入和社会主义市场经济体制的确立，统计体制也在进行着相应的调整，使其适应市场经济发展的需要。据此，过去主要为计划经济服务的统计教学内容也需进行相应的改革。"统计预测和决策"应是以马克思主义为指导的适应社会主义市场经济要求的研究和判断市场经济中各种不确定现象未来数值的一门重要的方法论学科。在经济和管理现象日益复杂、市场情况瞬息万变的市场环境中，在许多情况下要求对不肯定事物作出科学的预测和决策，这就必须在不完全观察资料的基础上，对所关心的指标作出可靠的估计，以便作出合适的决策。"统计预测和决策"正是处理这些问题的有效工具和手段。因此，强调和掌握"统计预测和决策"这门学科，在我国社会主义市场经济体制下具有极其重要的意义。这也是我们撰写此书的出发点之一。本书被评为国家教委和财政部"九五"重点规划教材，我们深感荣幸，同时也感到责任的重大。撰写好此书，是我们最大的心愿。

为了适应社会主义市场经济发展的需要，使教学内容与改革开放的要求相结合，我们在撰写此书时，做了以下几个方面的积极努力：

(1) 为了删繁就简，我们对层出不穷、日新月异的预测和决策方法进行了归纳：把预测方法大致上归纳成定性预测法、回归预测法和时间序列预测法三类；把决策方法大致归纳成风险型决策方法（包括贝叶斯决策方法）、不确定型决策方法和多目标决策方法三类。在每类方法中，我们力求把各种方法有机地、富有逻辑地组合安排，使其编排顺序清楚、条理清晰、结构严谨。这种安排旨在构筑一个适合大学教学的统计预测和决策的理论体系和知识结构。

(2) 尽管近年来出现并发展了许多预测和决策方法，然而并没有哪一种方法能对所有的预测和决策问题提供全部答案，因为任何一种方法都是建立在某种假定条件之下的，而任何一种假定条件均无法概括现实世界中错综复杂的经济关系。因此，在本书中，我们给出了各种方法的特点、应用条件、适用场合及其必要的评价，以便使读者在实践中注意对各种方法的选择，并恰如其分地应用。

(3) 为了将每种具体的方法与我国社会主义市场经济实践相结合，我们在对每种方法做必要的阐述之后，都配有具体案例说明其应用过程。强调统计预测和决策方法在市场经济各个领域中的应用，是本书的显著特色之一。

(4) 为了做到由浅入深，便于教师教学，有利于学生加深理解，并把学生带进该学科的前沿领域，我们参考了大量的国内外文献，在十分注重对基本方法阐述的同时，吸收了国内外最新的且已证明在中国适用的新方法。作者在对该学科进行深入研究的基础上，提出了一些需要进一步探讨的问题，以充实教学内容。

(5) 为了使“统计预测和决策”这门学科适应现代化发展的需要，我们在有关教学内容中使用了 TSP 和 EXCEL 等软件，这使那些原本无法用手工完成的计算工作成为一件轻而易举的事情。计算机的普及和迅速发展，为“统计预测和决策”这门学科的实际应用提供了进一步的用武之地。强调计算机在“统计预测和决策”中的运用，也是本书的特色之一。

(6) 为了便于学生复习以及思考和练习，我们在每章末都附有小结，并配有思考与练习题。

本书由上海财经大学统计学系系主任徐国祥教授主编，负责全书整体框架的设计及其全书的修改、总纂和定稿。具体分工为：第一、三、四、十二、十三、十四、十五章以及第二章的第一、二、三、五节，第六章的第三节，由徐国祥撰写；第五章以及第六章的第一、二节，由王学民撰写；第七章，由姚勇撰写；第十章，由张淼、胡清友撰写；第八、十一、十六章以及第十章的第一、二节，由胡清友撰写；第二章的第四节，由吴燕萍撰写；第十章的第三节，由檀向球撰写；胡清友同志还负责撰写了除第五、六、七、十一章外的所有其他各章的小结和思考与练习。在本书的撰写过程中，我们得到了有关各方的大力支持，在此谨致谢意。

在社会主义市场经济条件下，“统计预测和决策”在我国尚属一门新学科，内容非常丰富，无论在理论上还是在实践上，都需要做深入的探讨。限于水平，本书中难免存在不尽如人意之处，恳切希望广大教师和同学提出宝贵意见，以使其日臻完善。

徐国祥

1997 年 11 月

目录
CONTENTS

1 第一章 统计预测概述

全章提要

- 第一节　统计预测的概念和作用
- 第二节　统计预测方法的分类及其选择
- 第三节　统计预测的原则和步骤

本章小结

思考与练习

第一节 统计预测的概念和作用

一、统计预测的概念

预测就是根据过去和现在估计未来、预测未来。统计预测属于预测方法研究范畴，即如何用科学的统计方法对事物的未来发展进行定量推测，并计算概率置信区间。在这种推测中，不仅有数学计算，而且有直觉判断。统计预测的方法论性质与统计学的方法论性质是一致的。

统计预测方法是一种具有通用性的方法。实际资料是预测的依据，经济理论是预测的基础，数学模型是预测的手段，它们共同构成统计预测的三个要素。统计预测可用于人类活动各个领域中的实质性预测。例如，用于预测经济的未来，就是经济预测；用于预测人类社会的未来，就是社会预测；等等。明确统计预测和各种实质性预测之间的联系和区别是十分重要的。下面以统计预测和经济预测为例，说明两者的联系和区别。

两者的主要联系是：

(1) 它们都以经济现象的数值作为其研究的对象。

(2) 它们都直接或间接地为宏观和微观的市场预测、管理决策、制定政策和检查政策等提供信息。

(3) 统计预测为经济定量预测提供所需的统计方法论。实践证明，如果没有科学的统计预测方法，经济定量预测就难以取得迅速的发展和较准确的结果。同时，统计预测也对经济预测结果的准确性进行研究，以便使预测方法得到不断完善。

两者的主要区别是：

(1) 从研究的角度来看，统计预测和经济预测都以经济现象的数值作为其研究对象，但着眼点不同。前者属于方法论研究，其研究结果表现为预测方法的完善程度；后者则是对实际经济现象进行预测，是一种实质性预测，其结果表现为对某种经济现象的未来发展做出判断。

(2) 从研究的领域来看，经济预测是研究经济领域中的问题，统计预测则被广泛地应用于人类活动的各个领域。

为了使统计预测和决策方法在社会主义市场经济体制下发挥更大的作用，本书在阐述方法后，列举了大量的经济预测实例。

二、统计预测的作用

在市场经济条件下，预测的作用是通过各个企业或行业内部的行动计划和决策来实现的。预测与决策和行动计划之间的关系在于：预测在决策之前，行动计划在决策之后。预测为决策提供依据，是决策科学化的前提；而正确的决策又给合理的预测提供实现机会。行动计划是预测、决策之后的产物，又是预测、决策实现的桥梁。预测人员是情报和信息的生产者,而决策人员和计划人员则是情报或信息的消费者。

统计预测作用的大小取决于预测结果所产生效益的多少。影响预测作用大小的因素是多种多样的,主要有:(1) 预测费用的高低。预测费用包括设计预测程序费用、资料搜集和整理等调查费用、资料使用费用和计算费用以及研究人员的劳务费用等。显而易见,费用的高低直接影响着预测结果效益的好坏。(2) 预测方法的难易程度。它与预测费用的高低有着密切的联系,如方法简单易懂,则费用就低;反之,方法复杂难用,费用就高。(3) 预测结果的精确程度。通常情况下,准确性高的预测比准确性低的预测作用更大一些。也就是说,花费更多的时间和金钱有可能得到一个较好的预测结果。但是,是否值得花这部分额外的代价去取得额外的精确性,是需要考虑的。虽然有办法去评估所提高精度的价值,但在一种特殊的方法被做出之前,要想了解它究竟能在多大程度上提高预测精度是困难的。同时,还要注意,提高精度的好处常在于减少风险,而不是降低费用。由此可见,预测费用的高低、预测方法的复杂程度以及预测结果的精度是影响预测作用的三大主要因素。

就统计预测方法而言,其最基本的作用在于把历史资料中同时并存的基本轨迹和误差分开,以研究其形态的变化。把轨迹分离出来的办法,就是对资料拟合某种模型,使模型尽可能准确而全面地反映出有规律的轨迹。误差又称为残差或剩余项。残差必须呈现某种随机性。研究残差的随机性是统计预测的一项重要内容。

第二节　统计预测方法的分类及其选择

一、统计预测方法的分类

按预测方法的性质,大致可分为定性预测法、回归预测法和时间序列预测法三类。

(一) 定性预测法

定性预测法是以逻辑判断为主的预测方法。这类方法主要是通过预测者所掌握的信息和情报,结合各种因素对事物的发展前景做出判断,并把这种判断定量化。它普遍适用于对缺乏历史统计资料的事件进行预测,或对趋势转折进行预测。具体方法有德尔菲法、主观概率法、领先指标法、厂长(经理)评判意见法、推销人员估计法、相互影响分析法和情景预测法等。

(二) 回归预测法

回归预测法是研究变量与变量之间相互关系的一种数理统计方法,应用回归分析从一个或几个自变量的值去预测因变量的值。回归预测中的因变量和自变量在时间上是并进关系,即因变量的预测值要由并进的自变量的值来旁推。这类方法不仅考虑了时间因素,而且考虑了变量之间的因果关系。具体有一元线性回归预测法、多元线性回归预测法、非线性回归预测法等。

(三) 时间序列预测法

时间序列预测法是一种考虑变量随时间发展变化规律并用该变量以往的统计资料建立数学模型做外推的预测方法。由于时间序列预测法所需要的只是序列本身的历史数据,因此这类方法应用得非常广泛。具体有时间序列分解分析法、移动平均法、指数平滑法、趋势外推法、自适应过滤法、平稳时间序列预测法、灰色预测法、状态空间模型和卡尔漫滤波等。

（四）统计预测方法小结

在实际应用中，往往各种预测方法交叉运用、相互渗透，很难做出截然的划分。因此，对上述分类不能绝对化。例如，回归预测法和时间序列预测法的共同特点都是偏重于统计资料，以便建立数学模型进行预测。我们把以数学模型为主的预测方法，习惯上称为定量预测法。因此，统计预测方法又可归纳成定性预测法和定量预测法两类。

按预测的时间长短，可分为近期预测、短期预测、中期预测和长期预测。一般来讲，近期预测是指 1 个月以内的预测，短期预测是指 1～3 个月的预测，中期预测是指 3 个月到 2 年的预测，2 年以上的预测称为长期预测。向未来预测的时间越长，预测误差就越大。

按预测是否重复，可分为一次性预测和反复预测。在根据某种预测模型进行外推预测时，有的模型可以一次计算出所需的远近任何时期的预测值，称为一次性预测，如回归预测法和时间序列趋势外推预测法等；另外一些模型每次只能前测一期，称为反复预测，如指数平滑法、自适应过滤法等。

二、统计预测方法的选择

在选择预测方法时，应考虑三个主要问题，即合适性、费用和精确性。任何一种预测方法都是建立在一定的假定条件之上的，而任何一种假定条件都无法囊括现实世界中错综复杂的关系，因此，必须考虑方法的适用条件。也就是说，一个合适的方法不仅要适合于影响被预测项目的因素，而且也应适合于预测的环境和条件。例如，一种适合于一次性预测的方法可能不适合于库存量控制的预测。在精确性和费用问题上，要权衡两者的轻重，要依靠自己的判断能力去断定应该用多大的力量，从而决定使用哪一种方法。

表 1－1 概括了各种预测方法的特点，以供事前选择之用。

表 1－1　各种预测方法的特点

方　法	章	时间范围	适用情况	计算机硬件最低要求	应做工作
定性预测法	2	短、中、长期	对缺乏历史统计资料或趋势面临转折的事件进行预测	计算器	需做大量的调查研究工作
一元线性回归预测法	3	短、中期	自变量与因变量两个变量之间存在着线性关系	计算器	为两个变量收集历史数据，此项工作是此预测中最费时间的事情
多元线性回归预测法	3	短、中期	因变量与两个或两个以上自变量之间存在着线性关系	在两个自变量情况下，可用计算器，多于两个自变量的情况用计算机	为所有变量收集历史数据是此项预测最费时间的部分

续 表

方 法	章	时间范围	适用情况	计算机硬件最低要求	应做工作
非线性回归预测法	3	短、中期	因变量与一个或多个自变量之间存在某种非线性关系	在两个变量情况下可用计算器，多于两个变量的情况下用计算机	必须收集历史数据，并用几个非线性模型试验
趋势外推法	4	中期到长期	当被预测项目的有关变量用时间表示时，用非线性回归	与非线性回归预测法相同	只需要因变量的历史资料，但用趋势图作试探时很费时间
分解分析法	4	短期	适用于一次性的短期预测或在使用其他预测方法前消除季节变动的因素	计算器	只需要序列的历史资料
移动平均法	5	短期	不带季节变动的反复预测	计算器	只需要因变量的历史资料，但初次选择权数时很费时间
指数平滑法	5	短期	具有或不具有季节变动的反复预测	在用计算机建立模型后进行预测时，只需计算器就行了	只需因变量的历史资料，是一切反复预测中最简易的方法，但建立模型所费的时间与自适应过滤法不相上下
自适应过滤法	6	短期	适用于趋势形态的性质随时间而变化，而且没有季节变动的反复预测	计算机	只需因变量的历史资料，但制定并检查模型规格很费时间
平稳时间序列预测法	7	短期	适用于任何序列的发展形态的一种高级预测方法	计算机	计算过程复杂、烦琐
干预分析模型预测法	8	短期	适用于当时间序列受到政策干预或突发事件影响的预测	计算机	收集历史数据及影响事件
景气预测法	9	短、中期	适用于时序趋势延续及转折预测	计算机	收集大量历史资料和数据，并需大量计算
灰色预测法	10	短、中期	适用于时序的发展呈指数型趋势	计算机	收集对象的历史数据
状态空间模型和卡尔曼滤波	11	短、中期	适用于各类时序的预测	计算机	收集对象的历史数据，并建立状态空间模型

第三节　统计预测的原则和步骤

一、统计预测的原则

统计预测中的定量预测要使用模型外推法。使用这种方法有以下两条重要原则：

（一）连贯原则

所谓“连贯原则”，是指事物的发展是按一定规律进行的，在其发展过程中，这种规律贯彻始终，不应受到破坏，它的未来发展与其过去和现在的发展没有什么根本的不同。

（二）类推原则

所谓“类推原则”，是指事物必须有某种结构，其升降起伏变动不是杂乱无章的，而是有章可循的。事物变动的这种结构性可用数学方法加以模拟，根据所测定的模型，类比现在，预测未来。

由以上两条原则可知，统计资料的稳定结构是应用统计预测的必要条件。在准备使用统计方法进行预测时，必须对所占有的大量统计资料进行认真审核，查明有无可用某种模型测定的稳定结构。凡是没有一定结构，或虽有结构但很不稳定，经常出现突然变化的资料，是很难据以进行预测的。

二、统计预测的步骤

一个完整的统计预测研究，一般要经过以下几个步骤：

（一）确定预测的目的

预测的目的不同，所需的资料和采用的预测方法也有所不同。例如，对人民群众生活水平，既可从其收入方面来预测，也可从其消费结构方面来预测，还可从物价变动对其生活的影响程度等方面来预测。有了明确的目的，才能据以搜集必要的统计资料，采用合适的统计预测方法。

（二）搜集和审核资料

准确的统计资料是统计预测的基础。预测之前，必须掌握大量的、全面的、准确有用的数据和情况。为了保证统计资料的准确性，还必须对资料进行审核、调整和推算。对审核、调整后的资料，要进行初步分析，画出统计图形，以观察统计数据的性质和分布，作为选择适当预测模型的依据。

（三）选择预测模型和方法

资料审核、调整后，根据资料结构的性质，选择合适的模型和方法来预测。在资料不够完备、精度要求不高时，可采用定性预测法；在掌握的资料比较完备、进行比较精确的预测时，可运用一定的数学模型，如采用回归预测法和时间序列预测法等。

（四）分析预测误差，改进预测模型

预测误差是预测值与实际观察值之间的离差，其大小与预测准确程度的高低成反比。

预测误差虽然不可避免,但若超出了允许范围,就要分析产生误差的原因,以决定是否需要对预测模型和预测方法加以修正。

(五)提出预测报告

即把预测的最终结果编制成文件和报告,向有关部门上报或以一定的形式对外公布,即提供和发布预测信息,供有关部门和企业在决策时参考和应用。

统计预测在具体应用中的完整程序如图 1-1 所示。

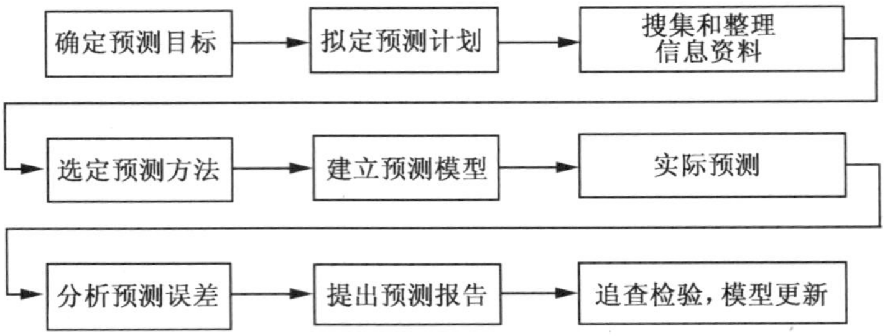

图 1-1 统计预测程序

本章小结

预测就是根据过去和现在估计未来、预测未来。统计预测属于预测方法研究范畴。

1. 统计预测方法是一种具有通用性的方法。实际资料是预测的依据,经济理论是预测的基础,数学模型是预测的手段,它们共同构成统计预测的三个要素。

2. 在市场经济条件下,预测的作用是通过各个企业或行业内部的行动计划和决策来实现的。统计预测作用的大小取决于预测结果所产生效益的多少。影响预测作用大小的因素主要有:(1) 预测费用的高低;(2) 预测方法的难易程度;(3) 预测结果的精确程度。

3. 统计预测方法可以分为定性预测方法和定量预测方法两类,其中定量预测方法又可大致分为回归预测法和时间序列预测法。另外,还可按预测的时间长短,分为近期预测、短期预测、中期预测和长期预测;按预测是否重复,分为一次性预测和反复预测。

选择统计预测方法时,应考虑三个主要问题,即合适性、费用和精确性。

4. 一个完整的统计预测研究,一般要经过以下几个步骤:(1) 确定预测的目的;(2) 搜集和审核资料;(3) 选择预测模型和方法;(4) 分析预测误差,改进预测模型;(5) 提出预测报告。

思考与练习

一、单项选择题

1. 统计预测的三个要素中,(　　)是预测的依据。

A. 实际资料　　B. 经济理论　　C. 统计方法　　D. 数学模型

2. 统计预测的三个要素中,(　　)是预测的基础。

A. 实际资料　　B. 经济理论　　C. 统计方法　　D. 数学模型

3. 统计预测的三个要素中，(　　)是预测的手段。
A. 实际资料　　B. 经济理论　　C. 统计方法　　D. 数学模型
4. 一般来讲，近期预测是指(　　)。
A. 1个月以内的预测　　B. 1～3个月内的预测
C. 3个月～2年的预测　　D. 2年以上的预测
5. 一般来讲，短期预测是指(　　)。
A. 1个月以内的预测　　B. 1～3个月内的预测
C. 3个月～2年的预测　　D. 2年以上的预测
6. 一般来讲，中期预测是指(　　)。
A. 1个月以内的预测　　B. 1～3个月内的预测
C. 3个月～2年的预测　　D. 2年以上的预测
7. 一般来讲，长期预测是指(　　)。
A. 1个月以内的预测　　B. 1～3个月内的预测
C. 3个月～2年的预测　　D. 2年以上的预测
8. 统计预测的研究对象是(　　)。
A. 经济现象的数值　　B. 宏观市场
C. 微观市场　　D. 经济未来变化趋势
9. 下列预测法中，适合于短期、中期和长期预测的是(　　)。
A. 趋势外推法　　B. 移动平均法　　C. 指数平滑法　　D. 定性预测法
10. 下面不属于预测费用的有(　　)。
A. 研究人员的劳务费　　B. 资料收集和整理等调查费用
C. 资料使用费用　　D. 由于预测失误而导致的经济损失

二、多项选择题

1. 影响预测作用大小的主要因素有(　　　)。
A. 预测费用的高低　　B. 预测方法的难易
C. 预测结果的精确程度　　D. 预测资料的可靠程度
2. 选择统计预测方法时，主要考虑(　　　)。
A. 合适性　　B. 简便性　　C. 费用　　D. 精确性
3. 一个完整的统计预测研究，一般要经过以下哪几个步骤(　　　)。
A. 确定预测的目的　　B. 搜索和审核资料
C. 选择预测模型和方法　　D. 分析预测误差，改进预测模型
E. 提出预测报告
4. 定量预测方法大致可以分为(　　　)。
A. 回归预测法　　B. 相互影响分析法
C. 时间序列预测法　　D. 情景预测法
E. 领先指标法
5. 统计预测方法按照预测方法的性质，可分为(　　　)。
A. 定性预测法　　B. 回归预测法
C. 时间序列预测法　　D. 灰色预测法

E. 景气预测法

6. 下列属于定性预测法的有(　　)。

A. 厂长评判意见法　B. 德尔菲法

C. 主观概率法　D. 领先指标法

E. 推销人员估计法

7. 下列属于时间序列预测法的有(　　)。

A. 指数平滑法　B. 趋势外推法

C. 德尔菲法　D. 移动平均法

E. 灰色预测法

8. 下列预测法中,仅适合短期预测的有(　　)。

A. 一元线性回归预测法　B. 定性预测法

C. 趋势外推法　D. 移动平均法

E. 指数平滑法

9. 下列预测法中,既适合短期预测,又适用于中期预测的有(　　)。

A. 分解分析法　B. 自适应过滤法

C. 景气预测法　D. 灰色预测法

E. 状态空间模型和卡尔曼滤波

10. 下面关于统计预测的描述,正确的有(　　)。

A. 统计预测属于预测方法研究范围

B. 按预测是否重复,分为一次性预测和反复预测

C. 统计预测方法是一种具有通用性的方法

D. 统计预测作用的大小取决于预测结果所产生效益的多少

E. 统计预测方法可归纳分为定性预测方法和定量预测方法两类

三、名词解释

1. 预测

2. 统计预测

四、简答题

1. 试述统计预测的三要素。

2. 试述统计预测与经济预测的联系和区别。

3. 试述统计预测的分类。

4. 定量预测使用外推法时,有哪些重要原则?

5. 统计预测研究有哪些步骤?

6. 简述统计预测的作用和影响预测作用的三大主要因素。

2

第二章 定性预测法

全章提要

- 第一节　定性预测概述
- 第二节　德尔菲法
- 第三节　主观概率法
- 第四节　定性预测的其他方法
- 第五节　情景预测法

本章小结

思考与练习

第一节 定性预测概述

一、定性预测的概念和特点

定性预测是指预测者依靠熟悉业务知识、具有丰富经验和综合分析能力的人员与专家，根据已掌握的历史资料和直观材料，运用个人的经验和分析判断能力，对事物的未来发展做出性质和程度上的判断；然后，再通过一定的形式综合各方面的意见，作为预测未来的主要依据。

定性预测的特点在于：(1) 着重对事物发展的性质进行预测，主要凭借人的经验以及分析判断能力。定性预测是一种十分实用的统计预测方法，特别是在对预测对象所掌握的历史统计资料不多，或影响因素复杂，难以分清主次，或对主要影响因素难以定量分析等情况下，定性分析方法将是适用性很强的方法。(2) 着重对事物发展的趋势、方向和重大转折点进行预测。定性预测主要适用于下列情况的预测：国家经济形势的发展、经济政策的演变、市场总体形势的演变(如卖方市场向买方市场的过渡)、科学技术的发展与实际应用、新产品的开发、企业未来的发展方向、企业经营环境分析和战略决策方向、企业市场经营组合的改变，等等。

定性预测的方法有很多，但从应用的广泛性、实用性和有效性角度来看，主要有德尔菲法、主观概率法、领先指标法、厂长(经理)评判意见法、推销人员估计法和相互影响分析法等。

二、定性预测和定量预测之间的关系

定性预测和定量预测各有优点和缺点。

定性预测的优点在于：注重事物发展在性质方面的预测，具有较大的灵活性，易于充分发挥人的主观能动作用，且简单迅速，省时、省费用。其缺点是：易受主观因素的影响，比较注重人的经验和主观判断能力，从而易受人的知识、经验和能力的多少大小的束缚和限制，尤其是缺乏对事物发展做数量上的精确描述。

定量预测的优点在于：注重事物发展在数量方面的分析，重视对事物发展变化的程度做数量上的描述，更多地依据历史统计资料，较少受主观因素的影响，可以利用电子计算机对统计方法和数学方法做大量的计算处理。其缺点是：比较机械，不易灵活掌握，对信息资料的质量和数量要求较高，而且不易处理有较大波动的信息资料，更难以预测事物性质的变化。

定性预测和定量预测并不是相互排斥的，而是可以相互补充的，在实际预测过程中，应该把两者正确地结合起来使用。具体地说，就是在占有比较完备的统计资料的条件下，可以先用一定的统计方法进行加工处理，找出有关变量之间的规律性联系，作为预测未来的一个重要依据。但是，任何数学方法或统计方法的应用，都是以过去的信息资料为基础来预测未来，如果在预测期内发生了重大变化，出现了新的重大影响因素，如政府或管理部门的政策、方针有重大改变，企业的市场经营战略或市场经营组合有重大改变，市场上出现了强大的竞争对手,或出现了过去的信息资料所没有反映的其他重要情况,则对定量预测方法所得到的结果,还要根据以上新产生的因素加以修正。这就需要依靠熟悉情况和业务的人员和专家,运用定性预测方法,提出修正意见。而在使用定性预测方法的同时,也要尽可能地采用数学方法,对事物发展变化的趋势、方向、程度和转折点出现的时间等做出数量上的测算。可见,在实际统计预测工作中,只有把定性预测方法和定量预测方法正确地结合起来,相互补充、相互检验和修正,才能取得较好的预测效果。

第二节 德尔菲法

一、德尔菲法的概念和特点

德尔菲法是根据有专门知识的人的直接经验,对研究的问题进行判断、预测的一种方法,也称专家调查法。它是美国兰德公司于1964年首先用于预测领域的。德尔菲是古希腊传说中的神谕之地,城中有座阿波罗神殿可以预卜未来,因而借用其名。德尔菲法一般适用于长期预测。

德尔菲法具有以下三个特点:

(1) 反馈性。反馈表现在多次作业、反复、综合、整理、归纳和修正,但不是漫无边际,而是有组织、有步骤地进行。

(2) 匿名性。由于专家是背靠背提出各自意见的,因而可免除心理干扰影响。把专家看成一台电子计算机,脑子里贮存着许多数据资料,通过分析、判断和计算,可以确定比较理想的预测值。

(3) 统计性。对各位专家的估计或预测数进行统计,然后采用平均数或中位数统计出量化结果。

二、德尔菲法的预测程序

德尔菲法的一般预测程序如下:

第一步,提出要求,明确预测目标,用书面形式通知被选定的专家、专门人员。在这里,选择专家是关键。专家一般是指掌握某一特定领域知识和技能的人。人数不宜过多,一般在8～20人左右为宜。要求每位专家讲明有什么特别资料可用来分析这些问题以及这些资料的使用方法。同时,也向专家提供有关资料,并请专家提出进一步需要哪些资料。

第二步,专家接到通知后,根据自己的知识和经验,对所预测事物的未来发展趋势提出自己的预测,并说明其依据和理由,书面答复主持预测的单位。

第三步,主持预测的单位或领导小组根据专家的预测意见,加以归纳整理,对不同的预测值,分别说明预测值的依据和理由(根据专家意见,但不注明哪个专家的意见),然后再寄给各位专家,要求专家修改自己原有的预测,以及提出还有什么要求。

第四步,专家等人接到第二次通知后,就各种预测意见及其依据和理由进行分析,再次进行预测,提出自己修改的预测意见及其依据和理由。如此反复往返征询、归纳、修改,直到意见基本一致为止。修改的次数,根据需要决定。

三、运用德尔菲法预测时应遵循的原则

第一,问题要集中,要有针对性,不要过分分散,以便使各个事件构成一个有机整体。问题要按等级排队,先简单,后复杂;先综合,后局部,这样易于引起专家回答问题的兴趣。

第二,调查单位或领导小组意见不应强加于调查的意见之中,要防止出现诱导现象,避免专家的评价向领导小组靠拢,以至于得出迎合领导小组观点的预测结果。如果是这样,其预测的可靠性是值得怀疑的。

第三,避免组合事件。如果一个事件包括两个方面,一方面是专家同意的,另一方面是专家不同意的,这样,专家将难以做出回答。

四、德尔菲法的优缺点

德尔菲法的优点在于:(1) 可以加快预测速度,节约预测费用。(2) 可以获得各种不同但有价值的观点和意见。(3) 适用于长期预测和对新产品的预测,在历史资料不足或不可测因素较多时尤为适用。

德尔菲法的缺点在于:(1) 对于分地区的顾客群或产品的预测可能不可靠。(2) 责任比较分散。(3) 专家的意见有时可能不完整或不切合实际。

五、德尔菲法的应用案例

【例 2-1】 某商业股份有限公司要向外地购进一批新产品,这种产品在本地还没有销售记录。于是,该公司成立调查领导小组,并聘请业务经理、商品专家和推销员等 9 位专家,预测全年可能的销售量。首先将产品的样品、特点和用途做详细介绍,并将同类产品的价格和销售情况做介绍,发给书面意见书,让他们提出个人的判断。经过 3 次反馈,得出结果如表 2-1 所示。

表 2-1 专家意见反馈综合表 单位:台

专家编号	第一次判断			第二次判断			第三次判断		
	最低销售量	最可能销售量	最高销售量	最低销售量	最可能销售量	最高销售量	最低销售量	最可能销售量	最高销售量
1	1 000	1 500	1 800	1 200	1 500	1 800	1 100	1 500	1 800
2	400	900	1 200	600	1 000	1 300	800	1 000	1 300
3	800	1 200	1 600	1 000	1 400	1 600	1 000	1 400	1 600
4	1 500	1 800	3 000	1 200	1 500	3 000	1 000	1 200	2 500
5	200	400	700	400	800	1 000	600	1 000	1 200
6	600	1 000	1 500	600	1 000	1 500	600	1 200	1 500
7	500	600	800	500	800	1 000	800	1 000	1 200
8	500	600	1 000	700	800	1 200	700	800	1 200
9	800	1 000	1 900	1 000	1 100	2 000	600	800	1 200
平均数	700	1 000	1 500	800	1 100	1 600	800	1 100	1 500

(1) 如果按照9位专家第三次判断的平均值计算,则预测这个新产品的平均销售量为:

$$\frac{800+1\,100+1\,500}{3}=1\,133(\text{台})$$

(2) 将最可能销售量、最低销售量和最高销售量分别按0.50,0.20和0.30的概率加权平均,则预测平均销售量为:

$$1\,100\times0.50+800\times0.20+1\,500\times0.30=1\,160(\text{台})$$

(3) 用中位数计算,可将第三次判断按预测值高低排列如下:

最低销售量:	600	700	800	1 000	1 100	
最可能销售量:	800	1 000	1 200	1 400	1 500	
最高销售量:	1 200	1 300	1 500	1 600	1 800	2 500

中间项的计算公式为 $\frac{n+1}{2}$(n=项数)。

最低销售量的中位数为第三项,即800。

最可能销售量的中位数为第三项,即1 200。

最高销售量的中位数为第三、四项的平均数,即1 550。

将最可能销售量、最低销售量和最高销售量分别按0.50、0.20和0.30的概率加权平均,则预测平均销售量为:

$$1\,200\times0.50+800\times0.20+1\,550\times0.30=1\,225(\text{台})$$

选择使用平均数或中位数的原则是:如果数据分布的偏态比较大,一般使用中位数,以免受个别偏大或偏小的判断值的影响;如果数据分布的偏态比较小,一般使用平均数,以便考虑到每个判断值的影响。按照此原则,此例采用平均数为宜。

第三节 主观概率法

一、主观概率的概念

主观概率是人们对根据某几次经验结果所做的主观判断的量度。简单地说,就是凭经验或预感而估算出来的概率。一般在专家预测时,对于专家最佳推测的实现可能性,应用主观概率加以评定。

主观概率与客观概率不同。客观概率是根据事件发展的客观性统计出来的一种概率。例如,根据50年的统计资料,某地区每年7月、8月、9月的雨天数分别为12～15天、10～12天、9～12天。这样,某地区7月份的雨天气候概率为0.4～0.5,8月份的雨天气候概率为0.33～0.4,9月份的雨天气候概率为0.3～0.4。这个概率对农业生产的安排、基建工程的开工安排等具有重要作用。雨天太多给工程建设、交通运输等带来不便,因此,很需要了解和掌握各地雨天或晴天的统计概率。而主观概率是凭人们某一次或几次经验的特定结果所持的个人信念量度。当然，个人主观概率与个人知识水平、工作经验、判断能力等都有密切的关系。例如，某一业务员根据今年的情况做个人判断，认为某一商品明年销售增长的速度可能是8%。主观概率是用数值来表明本人对事件发生的可能程度的判断。主观概率必须符合概率论的基本原理，即：

$$0 < P_i < 1 \quad \sum P_i = 1 \qquad (i = 1, 2, 3, \cdots)$$

由于主观概率是个人的主观判断，反映个人对某事件的信念程度，因此，以下两点应引起注意：

(1) 由于每个人的主观认识能力不同，对同一事件在同一条件下出现的概率，不同的人可能会提出不同的数值。

(2) 对于主观概率是否正确是无法核对的。例如，一位企业管理经理说，明年利润上升的可能性是90%，另一位说，明年利润上升的可能性只有60%，这时无法判断谁提出的概率是正确的。如果明年利润果然上升了，也不能证明上升的概率是90%或是60%。正因为存在不同个人的主观概率和无法核对主观概率的准确程度，就有必要寻求合理的或最佳的估计概率。因此，在统计预测中，常要调查比较多的人的主观估计判断，并了解他们提出主观概率的依据。

主观概率与客观概率的差别在于它们反映客观实际的程度不同，这种差别只有相对的意义。事实上，我们并不能求得绝对反映客观实际的概率数字，即使是根据过去大量的统计资料或实验数据计算出来的数字，也总是有限的、相对的，不可能包括所反映的全部事实。并且，作为计算根据的资料总是过去的资料，而市场的情况时时刻刻在发生着变化，过去的资料并不能完全反映现在和将来，只能根据过去的演变规律用于判断未来。事物总是有联系的，但又总会有发展变化。许多统计学家认为，客观概率和主观概率是不确定程度由小到大连续排列的一个连续状态的两个部分。因此，估计主观概率的方法，在统计预测中越来越受到重视。

二、主观概率法的预测步骤及其应用案例

主观概率法是一种适用性很强的统计预测方法，可应用于人类活动的各个领域。现以具体案例来加以说明。

【例2-2】 某商业集团公司打算预测2022年11月份的商品销售额，要求预测误差不得超过±6万元。现用主观概率法进行预测。

(一) 准备相关资料

将过去若干年该商业集团公司的商品销售额资料以及当前市场情况等有关资料，汇集整理成供专家参考的背景材料。

(二) 编制主观概率调查表

编制主观概率调查表的目的是为了获得可以用来预测2022年11月份销售额的资料以及得到对未来销售额增长趋势有关看法的主观概率。在调查表中要列出不同销售额可能发生的不同概率。概率要在0与1之间分出多个层次，如0.10，0.20，0.30，…，0.99等。一般用累积概率。由被调查者填写可能实现的销售额，如表2-2所示。

表 2-2 主观概率调查表 被调查人姓名________编号_____

累积概率	0.010 (1)	0.125 (2)	0.250 (3)	0.375 (4)	0.500 (5)	0.625 (6)	0.750 (7)	0.875 (8)	0.990 (9)
商品销售额 (万元)									

表 2-2 中第(1)栏累积概率为 0.010 的商品销售额是可能的最小数值,表示小于该数值的可能性只有 1%;表 2-2 中第(9)栏累积概率为 0.990 的商品销售额是可能的最大数值,说明商品销售额大于该数值的可能性只有 1%;表 2-2 中第(5)栏累积概率为 0.500 的商品销售额是最大值与最小值之间的中间值,说明商品销售额大于和小于该数值的机会都是 50%。

(三) 汇总整理

它是按事先准备好的汇总表,请各个调查人填好后,加以汇总,并计算出各栏平均数。此例共调查了 10 人。主观概率汇总表如表 2-3 所示。

表 2-3 主观概率汇总表

被调查人编 号	累 积 概 率								
	0.010 (1)	0.125 (2)	0.250 (3)	0.375 (4)	0.500 (5)	0.625 (6)	0.750 (7)	0.875 (8)	0.990 (9)
	商品销售额(万元)								
1	190	193	194	198	200	202	204	205	208
2	178	189	192	194	198	200	204	205	225
3	184	189	192	193	202	204	206	208	220
4	194	195	196	197	198	199	200	201	202
5	198	199	200	202	205	208	210	212	216
6	168	179	180	184	190	192	194	196	198
7	194	198	200	206	208	212	216	219	224
8	180	185	186	189	192	195	198	200	205
9	188	189	190	191	192	193	194	195	196
10	200	202	202	205	207	209	212	213	220
平均数	187.4	191.8	193.2	195.9	199.2	201.4	203.8	205.4	211.4

(四) 判断预测

根据主观概率汇总表,可以做出以下判断:

第一,该集团公司 2022 年 11 月份的商品销售额最低可达 187.4 万元,小于这个数值的可能性很小,只有 1%。

第二,该集团公司 2022 年 11 月份的商品销售额最高可达 211.4 万元,超过这个数值的可能性也只有 1%。

第三,可以用 199.2 万元作为 2022 年 11 月份该集团公司商品销售额的预测值。这是最大值与最小值之间的中间值。其累积概率为 50%,是商品销售额期望值的估计数。

第四，取预测误差为 6 万元，则预测区间为：(199.2－6)～(199.2＋6)，即商品销售额的预测值为 193.2 万～205.2 万元。

第五，预测商品销售额为 193.2 万～205.2 万元，在第(3)栏到第(8)栏的范围之内，其发生概率相当于 0.875－0.250＝0.625。也就是说，商品销售额为 193.2 万～205.2 万元的可能性为 62.5%。扩大预测误差的范围，可以提高实现的可能性。例如，要求误差在±12 万元以内，则预测区间为 187.2 万～211.2 万元，在第(1)栏到第(9)栏的范围之内，其相应概率为 0.990－0.010＝0.98，即商品销售额为 187.2 万～211.2 万元的可能性达到 98%。

第四节　定性预测的其他方法

一、领先指标法

各种经济现象或经济指标之间存在各种各样的联系，彼此间都有一定的制约关系。在经济周期的演变过程中，它们在时间顺序上是有先有后的。例如，原材料价格的变动先于制成品价格的变动，教育事业的发展先于科学技术的发展等。

领先指标法就是将各种经济指标分为三种类型：(1) 领先指标；(2) 同步指标；(3) 滞后指标。

根据上述分类，可以通过领先指标以预测同步指标或滞后指标。这种方法的特点在于它不但可以预测经济的发展趋势，而且可以预测其转折点。

领先指标法的预测步骤如下：

(1) 根据预测指标找出领先指标。例如，预测化工产品的价格变动问题，就可以把石油价格变动作为领先指标。

(2) 画出领先指标、同步指标、滞后指标的时间序列图，如图 2－1 所示。

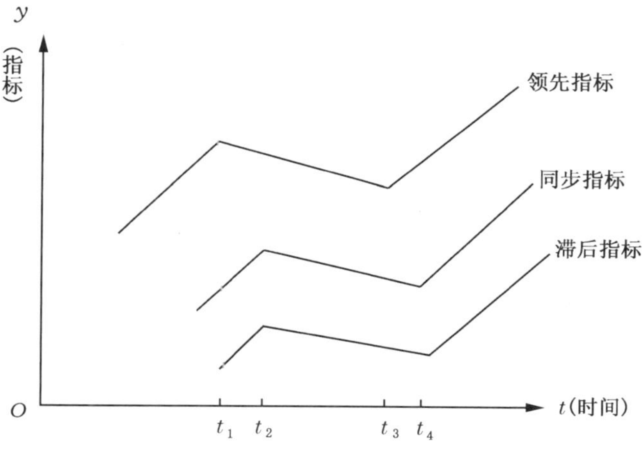

图 2－1　各类指标的时间序列图

图中：t_1 为领先指标出现最高点的时间，t_2 为同步指标出现最高点的时间，t_3 为领先指标出现最低点的时间，t_4 为同步指标出现最低点的时间，$t_2-t_1=\tau$ 为领先时间。

(3) 进行预测。通过领先时间的估算,得到领先时间 τ,若领先指标于 $t=t_3$ 时达到最低点,则可预测同步指标将于 $t=t_3+\tau$ 时达到最低点。

二、厂长(经理)评判意见法

厂长(经理)评判意见法,就是由企业的总负责人把与市场有关或熟悉市场情况的各种负责人员(包括主管供销、生产、财务、产品开发与研究等领导人员)和中层管理部门的负责人(包括计划科、销售科、财务科、采购供应科等部门的管理决策人员)召集起来,让他们对未来的市场发展形势或某一重大市场问题发表意见,做出判断。然后,将各种意见汇总起来,进行分析研究和综合处理,最后得出市场预测结果。

这种预测方法的主要优点如下:

(1) 迅速、及时和经济,不需要经过复杂的计算,也不需要多少预测费用,就可以及时得到预测结果。

(2) 由于这种方法集中了各个方面熟悉市场情况的有经验的高中级经营管理人员的意见,因此,可以发挥集体的智慧,使预测结果比较准确可靠。

(3) 使用这种方法不需要有大量的统计资料,更适合于对那些不可控制因素较多的产品进行销售预测。

(4) 如果市场情况发生了变化,可以立即进行修正。

正因为有以上一些优点,所以,这种预测方法得到了广泛的应用。据美国协商委员会对161家公司使用预测方法进行调查的结果,采用这种方法进行预测的公司占54%。其中,生产资料生产公司中有50%,消费品生产公司中有64%,服务性公司中有72%。在我国工商企业中,这种方法也得到了一定程度的应用。

这种预测方法的主要缺点如下:

(1) 预测结果容易受主观因素的影响。

(2) 对市场变化、顾客的愿望等问题了解不细,因此,预测结果比较一般化。

采用这种方法的一个重要前提是:厂长(经理)及参与预测的有关领导人员具有较高的知识、较丰富的经验以及对市场的洞察能力和分析能力。如果不具备这样的条件,就不能做出正确的预测。

厂长(经理)评判意见法的适用性很强,可以在各种场合应用。由以下的例子便可说明。

【例2-3】 某纺织厂厂长召集主管销售、财务、计划和生产等部门的负责人,对下一年度某种纺织品的销售前景做出估计。几个部门负责人的初步判断如表2-4所示。

表2-4　各部门负责人评判表

部　门	各种销售量估　计	销售量(件)	概　率	期望值(件)(销售量×概率)
销售部门负责人	最高销售量	3 000	0.2	600
	最可能销售量	1 800	0.6	1 080
	最低销售量	1 600	0.2	320
	总期望值		1.0	2 000

续　表

部　门	各种销售量估　计	销售量（件）	概　率	期望值(件)（销售量×概率）
计划财务部门负责人	最高销售量	2 000	0.3	600
	最可能销售量	1 800	0.5	900
	最低销售量	1 500	0.2	300
	总期望值		1.0	1 800
生产部门负责人	最高销售量	2 000	0.2	400
	最可能销售量	1 700	0.5	850
	最低销售量	1 200	0.3	360
	总期望值		1.0	1 610

部门负责人的判断意见提出之后，有以下两种综合处理的方法：

(1) 绝对平均法。

下一年度某种纺织品的销售量预测值为：

$$\frac{2\,000+1\,800+1\,610}{3}=1\,803(\text{件})$$

(2) 加权平均法。

根据各部门负责人对市场情况的熟悉程度以及他们在以往的预测判断中的准确程度，分别给予不同部门负责人不同的评定等级，在综合处理时，采用不同的加权系数。例如，销售部门一般比较熟悉市场情况，其预测估计的可靠性较高，因此，在综合三个部门的判断意见时，应加强销售部门负责人的判断意见在综合结果中的影响。例如，销售部门负责人的加权系数为 2，其他两个部门负责人的加权系数各为 1，从而下一年度某纺织品的销售预测值为：

$$\frac{2\,000\times 2+1\,800+1\,610}{4}=1\,852.5(\text{件})$$

厂长(经理)评判意见法也适用于对商品的规格品种、性能用途、款式花色、质量与服务、新产品开发前景，对消费者和用户的消费心理、习惯、购买意向，对价格变动、竞争形势、流通渠道演变、库存控制等做出预测分析。

三、推销人员估计法

推销人员估计法就是在做统计预测时，把本企业所有的推销人员(包括代理商、经销商和分支机构的推销人员)都找回来，让他们对自己负责的销售区(或产品)下一季度或下一年度的销售额做出估计，然后把他们每个人的估计销售额汇总起来，做出本企业下一季度或下一年度销售额的预测。

推销人员估计法的主要优点如下：

(1) 它与厂长(经理)评判意见法一样，不需要经过复杂的计算，因此，预测速度比较快，也比较节省费用。

(2) 由于推销人员一直在市场中活动,因此,他们对市场情况特别是对他所在地区的市场情况很熟悉,而且,对原有顾客的需求情况和对潜在顾客的情况心中有数,所以,他们的预测结果比较准确可靠。正因为如此,这种方法的应用颇为流行。

当然,这种预测方法也有缺点,它同经理人员评判法一样,具有主观因素,容易受个人偏见的影响。假如有些推销人员对形势发展的认识比较乐观,他们估计的预测数字就可能偏高;反之,有些推销人员如果对形势发展抱悲观态度,他们估计的预测数字就可能偏低。特别当有些企业把完成销售任务同评定推销人员的成绩结合在一起时,就会给预测结果带来更大的影响。因为推销人员怕把数字估计高了,将来完不成销售任务而得不到奖励,因此,不愿意把那些可能争取到的销售额估计进去。这样,就会使整个预测数字不准确。

为了避免这种缺点,许多企业在采用这种方法进行预测时,除要求推销人员要有正确的态度外,还采取以下两种办法来纠正偏差:一种办法是让预测与销售人员的成绩评定分开,使预测尽量客观一些;另一种办法是根据每个推销人员历年来估计的数字同实际销售额之间的差额打一个折扣(即调整系数),使之更接近于实际。

【例 2-4】 某公司有三个推销人员,他们对自己负责的销售区下一年度的销售额估计如表 2-5 所示。

表 2-5 推销人员估计值汇总表

推销员	各种销售额估计(万元)		概 率	期望值(万元)
甲	最高销售额	2 000	0.2	400
	最可能销售额	1 600	0.5	800
	最低销售额	1 200	0.3	360
	总期望值		1.0	1 560
乙	最高销售额	1 500	0.3	450
	最可能销售额	1 400	0.6	840
	最低销售额	1 200	0.1	120
	总期望值		1.0	1 410
丙	最高销售额	1 500	0.3	450
	最可能销售额	1 300	0.6	780
	最低销售额	1 100	0.1	110
	总期望值		1.0	1 340

把这三个推销人员的估计值汇总在一起,就可以得到企业下一年度销售额预测值为 4 310 万元。

根据以往的经验,推销员甲每年估计的数字都比实际销售额高出 20%,销售员乙每年估计的数字都比实际销售额低 10%左右,推销员丙每年估计的数字都比实际销售额低 30%左右，这样就要对他们自己估计的销售额按各自偏差的比例进行调整。例如，推销员甲估计的期望值为 1 560 万元，去掉高出的 20%（312 万元），结果为 1 248 万元；推销员乙估计的期望值为 1 410 万元，他要增加 10%（141 万元），结果为 1 551 万元；推销员丙估计的期望值为 1 340 万元，他要增加 30%（402 万元），结果为 1 742 万元。经过调整以后，再把三者的结果加起来，便得到明年的预测销售额为 4 541 万元。

四、相互影响分析法

相互影响分析法就是从分析各个事件之间由于相互影响而引起的变化以及变化发生的概率，来研究各个事件在未来发生的可能性的一种预测方法。

利用相互影响分析法进行预测的步骤为：

（1）通过预测者的主观判断，获得各种有关事件的发生概率。

（2）用矩阵的形式描述各种事件相互之间的逻辑关系，用概率的变化表示各事物相互影响的强度，并分析各事件之间相互发生影响作用的时间。

（3）根据各事件之间相互影响的结果，修正各事件的发生概率，做出最后预测。

【例 2－5】 在评定今后 15 年内能源政策的各种方案时，考虑了三种可能出现的相互关联的事件 A_1，A_2，A_3 及其相应发生的概率 P_1，P_2，P_3。假定：

A_1 代表使用各种煤炭代替石油消耗，其概率 $P_1=0.8$。

A_2 代表降低国内石油价格，其概率 $P_2=0.4$。

A_3 代表控制环境（水源、空气）污染，其概率 $P_3=0.3$。

三个事件相互关系矩阵表如表 2－6 所示。

表 2－6　三个事件相互关系矩阵表

事　件	发生概率	事件间的相互影响		
		A_1	A_2	A_3
A_1	P_1	—	↑	↑
A_2	P_2	↓	—	—
A_3	P_3	↓	↓	—

在表 2－6 中，向上的箭头表示正的影响，说明一事件的发生增进了另一事件发生的概率。例如，在第一行中，如果事件 A_1 发生，即使用煤炭代替石油消耗，则这一事件将影响对石油的需求，石油需求量下降，事件 A_2 即降低石油价格发生的可能性增大，A_2 发生的概率相应提高了；同时，事件 A_3 即必须控制环境污染的概率也因事件 A_1 的出现而相应提高了，因为煤是一种“肮脏”的燃料，与石油相比更易于对环境造成污染。

在表 2－6 中，向下的箭头表示负的影响，说明一事件的发生将降低或者消除相关事件发生的概率。例如，若出现事件 A_2，即降低石油价格，则因烧油比烧煤便宜，对煤的需求便不再迫切了，那么，事件 A_1 出现的概率就会相应降低；若出现事件 A_3，即加强对环境污染的控制，则事件 A_1 即用煤代替石油消耗就要受到一定影响，事件 A_2 即降低石油价格也会受到一定抑制,更加干净的能源(如电能、风能、太阳能、核能等)将会更加被重视。

在表 2-6 中,符号“—”表示无关或无影响。

最后,还要根据概率计算方式,求出正、负影响的程度数值,修正各种事件的发生概率。

【例 2-6】 某齿轮厂通过市场调查,获知未来两年对本厂齿轮的需求量将比 2021 年增加 30%。如何满足市场需求,有以下三种方案:

(1) 进行扩建,关键工序采用高效率的自动化设备。

(2) 改进劳动组织,提高工人的技术熟练程度,采用新的奖励制度等,提高劳动生产率。

(3) 增加工人,普遍开设两班制,关键工序实行三班制。

要求预测这三种方案在未来两年发生的可能性如何。

设 A_1、A_2、A_3 表示三种方案,P_1、P_2、P_3 表示三种方案各自发生的概率,T_1、T_2、T_3 表示三种方案相互影响发生的时间。

可根据各方案间的相互逻辑关系和已知条件列出矩阵,如表 2-7所示。

表 2-7 三种方案相互影响矩阵表

未来事件	发生概率	各事件间的相互影响								
		A_1			A_2			A_3		
		A_1	P_1	T_1	A_2	P_2	T_2	A_3	P_3	T_3
A_1	$P_1=0.3$	—	0	0	↑	+0.3	1	↓	−0.5	1
A_2	$P_2=0.5$	↑	+0.2	0	—	0	0	↓	−0.1	1
A_3	$P_3=0.8$	↓	−0.3	0	↓	−0.2	0	—	0	1

在分析相互影响前,原定三种方案的发生概率 $P_1=0.3$,$P_2=0.5$ 和 $P_3=0.8$,是根据最近两年本厂的形势和资金情况确定的。本厂进行扩建、采用自动化设备的可能性最小,发生的概率只有 0.3;用提高劳动生产率的办法提高产量的把握程度不大,只有 50%的可能;最切实可行的方案是增加工人,其发生概率为 0.8。

在分析相互影响后发现,若采用自动化设备的方案,对提高劳动生产率有正的影响,而对增加工人则有负的影响,这种影响在时间上要滞后 1 年才能发生,并且采用自动化设备还必须筹措资金。若采用增加工人的方案,对采用自动化设备有负的影响,其影响程度将使采用自动化设备的概率降到 0;对提高劳动生产率也有负的影响,使提高劳动生产率的可能性大大减少。

根据各种方案之间的相互影响,修正后的概率为:

$$P_1=0.3+0.3-0.5=0.1$$

$$P_2=0.5+0.2-0.1=0.6$$

$$P_3=0.8-0.3-0.2=0.3$$

因此,可以预测,未来两年该厂进行扩建、采用自动化设备的可能性很小,只有 0.1;增加工人的可能性也不大,只有 0.3;最大的可能是采用提高劳动生产率的办法来提高产量,满足市场需求。为此，企业在制定未来两年的规划时，应当把立足点放在改进劳动组织、提高工人技术熟悉程度、提高劳动生产率这一点上。

第五节　情景预测法

定性预测方法有一个共同的缺点，即主观性较强，而定量分析方法容易受模型假设条件的限制，且只能对定量数据进行分析，无法考虑定性因素的影响，尽管有时可通过设虚拟变量将定性因素定量化，但效果不佳。另外，定量预测是根据适用的模型得到对将来某种状况的分析，而面对有多种情况的预测，定量预测是不够的，如在对我国经济发展的分析过程中，我国的经济状况在改革前后有很大的变化，因此，改革成为影响经济发展的重要因素。我国目前正处于政治体制与经济体制的变革时期，在这种背景下，预测问题变得更加复杂，因此，单凭定量分析是难以反映错综复杂的经济关系的。然而，只凭定性预测又没有一定的数据根据，不利于决策者进行分析，所以，客观上需要寻找一种定性和定量相结合的分析方法，情景预测法正是解决这一问题的有效方法。

一、情景预测法的概念和特点

情景预测法是 20 世纪 70 年代兴起的一种预测技术，又称剧本描述法。"情景"一词最早出现在 20 世纪 60 年代末凯恩和维拉的《2000 年》一书中。该书将情景分析定义为：用于着重研究偶发事件及决策要点的一系列假设事件。情景预测法是对将来的情景做出预测的一种方法，它把研究对象分为主题和环境，通过对环境的研究，识别影响主题发展的外部因素，模拟外部因素可能发生的多种交叉情景，以预测主题发展的各种可能前景。

情景预测法首先是构造一个"无突变"情景 A，即在假定当前的环境不发生重大变化的条件下研究对象的未来情景；然后分析情景 A 的环境因素，就各因素的不同取值从而对 A 造成不同的影响，由此产生了情景 B 和情景 C，进而可以得到 A、B、C、AB、AC、BC 六种情景；同时，还可假设有突发事件 D，它对情景 A、B、C 又有不同程度的影响，从而又产生了 AD、BD、CD、ABD、ACD、BCD 六种情景，由于环境因素的不同取值，还可得到其他多种情景，但情景的范围是确定的，为 B∪C∪D，详见图 2 - 2。

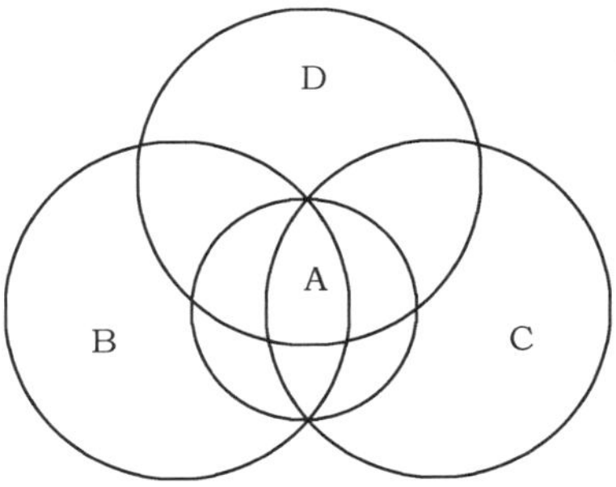

图 2 - 2　情景示意图

情景预测法在分析过程中根据不同情景可采用不同的预测方法，使定量、定性分析相结合，这样就弥补了定性预测和定量预测各自的缺陷。

情景预测法不同于一般方法，其特点主要表现在以下几个方面：

第一，适用范围很广，不受任何假设条件的限制，只要是对未来的分析，均可使用。

第二，考虑问题周全，又具有灵活性。它尽可能地考虑将来会出现的各种状况和各种不同的环境因素，并引入各种突发因素，将所有的可能尽可能地展示出来，有利于决策者进行分析。

第三,通过定性分析与定量分析相结合,为决策者提供主、客观相结合的未来情景。它通过定性分析寻找出各种因素和各种可能,并通过定量分析提供一种尺度,使决策者能更好地进行决策。

第四,能及时发现未来可能出现的难题,以便采取行动消除或减轻它们的影响。

二、情景预测法的一般方法

常见的情景预测法有未来分析法、目标展开法、间隙分析法三种。

(一) 未来分析法

未来分析法立足于现在,着眼于未来,是最常用的一种方法。未来分析法通常视未来为三种情景:无突变情景、悲观情景、乐观情景。一般而言,未来分析法先假设目前的状况会持续发展,预测以这样的发展状况未来会出现什么样的情景,即得到无突变情景;再找出对未来情景有影响的各种环境因素,让它们进行不同程度的变化,从而得到有利的环境和不利的环境;最终分析在有利环境和不利环境下分别得到什么样的乐观情景和悲观情景。

例如,预测我国人民的生活水平。根据过去的历史和目前的状况,我们可以预测在不久之后,我国将消除贫困,人民生活水平进一步提高,这是一种情景。分析该情景的环境因素有国家政策、国际环境影响、自然条件、人的观念等。假设国内外条件均有利于我国经济的发展,而自然条件也非常有利于农业生产,则在这一有利环境下可得到乐观情景是:国民经济加速发展,人民生活水平有很大提高,提前进入"小康",实现共同富裕。再假设国际环境对我国经济发展形成一定阻碍,又碰上自然灾害,且在扶贫工作中又出现了一些困难,从而不利于国民经济的发展,导致了悲观情景的出现:国民经济发展速度有所减慢,人民生活水平提高的速度也相应减缓。

我们还可有其他关于未来的预测,不同的环境与主题相互作用,得到不同的未来预测。

(二) 目标展开法

目标展开法与未来分析法不同,它立足于未来,分析现在,即已确定好目标,去分析如何达成这一目标。在分析过程中,可根据总目标设计出各子目标,再分析实现这些目标需满足的环境、条件,并从中寻找一条最佳路径。

例如,确定在未来一年内经济增长速度为10%,现对这一目标进行分析。经济增长主要受资金、劳动力、科技进步三个因素的影响。这三者对经济增长的不同贡献率的组合,均可实现这一目标。我们可根据现实状况设置不同的组合,如三者贡献率依次为30%、30%、40%,或50%、10%、40%,又或30%、10%、60%等。根据不同的组合分析它们的可行性,从中选取最优的实现途径。当然,不同状况下的最优选择也不同,如改革前可能会选取偏重于劳动力、资金的投入,改革后更重视对科技的贡献率。其中,还要考虑资金、劳动力、科技进步各自的环境因素的影响,但不同的环境、不同的组合,最终的目标均为10%的增长速度。

(三) 间隙分析法

间隙分析法立足于现在和未来,寻找中间途径。它主要是先根据目前状况,预测如此发展的话,将来会怎样,再根据两者的状况决定中间的路该怎样走。这与目标展开法有类似之处,但间隙分析法更强调阶段性,如分别考虑5年、7年、10年这些不同阶段下应怎样做。

三、情景预测法的一般步骤

这里结合具体案例，说明情景预测法的一般步骤。

第一步，确定预测主题。

若现在要求对我国的人力资源状况进行预测，在进行预测前，先分析预测的主题。主题应包括两个方面：人力资源的数量预测和人力资源的质量预测。

第二步，根据预测主题，寻找资料，充分考虑主题将来会出现的状况。

针对我国目前的人力资源状况，经过分析，认为未来我国人力资源可能出现的状况为：素质偏低，数量偏多；素质较高，数量充裕；素质较高，但人力资源结构不够合理；素质高低相差悬殊，人力资源缺乏等。

第三步，寻找影响主题的环境因素，要尽可能周全地分析不同因素的影响程度。

人力资源的数量主要受人口出生率、死亡率的影响，同时还受到健康状况、医疗卫生水平、饮食、营养状况、地理环境、国家计划生育政策等因素的影响。

人力资源的质量则受文化教育程度、国家对人力资源的开发、出国人员和回国人员数量、教育结构的合理性、人的自我价值的实现等多种因素的影响。

在做这些分析的同时，还要考虑这些环境因素本身还受到哪些因素的影响，如国家对人力资源的开发受国家财政、国家的师资力量、国家对人力资源不同的需求等因素的影响，这样才能使分析尽可能地周密、详细。

第四步，将上述影响因素归纳为几个影响领域，分析在不同影响领域下主题实现的可能性，同时分析是否有突发事件的影响，若有，影响如何。

对人力资源的影响因素进行归纳，可归纳为以下几个方面：人口的数量及年龄构成，受教育程度，在校学生状况，国家对教育的重视程度等。突发事件则可能为：自然灾害造成人口的减少；经济萧条引起对人力资源需求的减少，从而影响人力资源状况。

第五步，对各种可能出现的主题状态进行预测。

在这一步骤中可采用不同的方法，对有数据的主题可采用定量分析方法，否则进行定性分析，也可定量与定性相结合进行预测。

对人力资源可采用定量分析方法预测未来的人口数和各种学历的人数，还可采用定性分析方法分析国家对教育的重视程度，并采用主观打分法对各影响因素进行打分，最终对我国未来的不同的人力资源状况进行综合评分，并分析其实现的可能性，这可通过专家调查法得到。

四、情景预测法的实证分析

改革开放四十多年来，我国经济、政治、社会、科技等各个领域发生了翻天覆地的变化，综合国力大大增强，人民生活水平显著提高，能反映这些变化的最重要标志是我国的国内生产总值(GDP)。国内生产总值反映了全社会最终产品和劳务的价值总量，它具有最完整的物质内容，是整个国民经济核算的基本总量和中心环节。从 1978 年到 2020 年，我国的 GDP 年均增长率处于中高速水平，经济实力明显增强。对我国 GDP 的增长情况进行较好的预测和分析，对评价我国未来发展趋势具有十分重要的作用。

(一) 确定预测主题

国内生产总值常被公认为衡量国家经济状况的最佳指标。国内生产总值是指一个国家领土范围内的所有常住单位在一定时期内生产最终产品和提供劳务价值的总和。此外,国内生产总值增长率也经常被用来反映一国的经济增长程度,在此仅选取国内生产总值作为我们的变量。

(二)分析未来情景

未来的情景随具体情况的不同而不同,我国经济在改革开放前后呈现出巨大的差异,主要分为计划经济时期和市场经济时期两个阶段,而在市场经济时期又可分为由计划经济向市场经济转轨时期和市场经济发展时期。国内生产总值在这几个阶段的不同情况将在后面的具体分析中做详细的说明。

(三)寻找影响因素

一国的国内生产总值受到各方面因素的影响,主要有经济体制、资本、劳动力、技术进步、消费和进出口等方面的因素。

1. 经济体制

经济体制是经济增长的重要保障。如果一个国家采取的经济体制符合该国的生产力发展水平,就能促进其国内生产总值的增长。我国从新中国成立到改革开放前实行的是高度集中的计划经济体制,使国家有限的财力、物力迅速地集中起来,为稳固社会主义制度奠定了物质基础。但是,完全由政府计划为主导的经济体制在推动经济增长方面具有很大的局限性。改革开放后,市场的逐渐开放为经济发展提供了有利的环境和基础,经济效率提高,国内生产总值以较快的速度保持增长。

2. 资本

资本对经济发展的作用毋庸置疑。不论是发达国家还是发展中国家,必须有资本投入才能使经济发展和增长,充足的资本投入是国内生产总值不断提高的必要条件。资本一般可分为固定资产投资与存货增加,其中固定资产投资占主要部分。

3. 劳动力

我国是人口大国,每年劳动力人口数量的不断增加对国内生产总值的持续增长有很大的贡献。而随着世界各国经济增长方式由粗放型转向资本、知识密集型,单纯的劳动力数量上的增加对 GDP 增长的贡献正在降低,同时还造成劳动力结构性过剩等一系列问题。另一方面,人力资本(即劳动力的教育程度、知识积累能力等)越来越受到人们的重视,对国内生产总值的影响在不断提高。

4. 技术进步

现代科学技术已经成为影响经济增长的决定性因素,技术进步对 GDP 增长的贡献已渐渐超过资本和劳动力的作用。高科技的发展水平已经成为一个国家综合国力的主要因素,是衡量一个国家发达与否的重要标志。

5. 消费

消费需求对一国的经济发展有非常重要的作用。消费需求增加会扩大内需,促进生产,吸引资本投入,最终导致国内生产总值上升。相对于市场经济时期,由于在计划经济时期我国实行计划消费,消费对经济的作用没能很好地体现出来。

6. 进出口

进出口与国内消费一样,对一国国内生产总值具有很大的影响。净出口值的增加会通过促进产业结构调整、吸引外资流入、拉动需求和增加就业等方面促进产值增加。中国加入WTO后，进出口因素对GDP的影响作用越来越明显。

7. 其他

除了上述主要因素外，经济周期波动、国际经济形势、自然灾害等各种因素均会对国内生产总值产生影响。

（四）具体分析

由于我国的国内生产总值变化有较明显的阶段性，故在分析时也分阶段进行，其中1952—1977年为计划经济阶段，1978—1991年为经济体制转轨阶段，1992—2020年为市场经济发展阶段。另外，1949—1952年为新中国成立后的恢复阶段，故在分析时从1952年的数据开始。

1. 计划经济阶段：1952—1977年

新中国成立初期，计划经济体制为国民经济的恢复和发展做出了巨大的贡献。在1953—1957年第一个五年计划期间，我国国内生产总值不断提高，人均GDP从142元增长到168元。而在之后的"大跃进"期间，国民经济发展极度不均衡，造成了从1961年开始GDP的下降。之后长达十年的"文化大革命"，更是搅乱了我国国民经济的正常发展。

1956年，全国范围内对于农业、手工业和资本主义工商业进行的社会主义改造顺利完成后，中国进入社会主义建设时期。以这年为基础进行比较，由表2-8可得到，1956年，中国GDP为1 030.7亿元，人均GDP为166元；到"文化大革命"结束的1976年，我国GDP为2 988.6亿元，人均GDP为321元。20年的时间，中国的经济规模才增加不到2倍，人均GDP增加不到1倍。在这一阶段，国民经济波动较大，发展缓慢。

表2-8　1952—1977年中国GDP、人均GDP数据表

年份	国内生产总值（亿元）	人均国内生产总值（元）	年份	国内生产总值（亿元）	人均国内生产总值（元）
1952	679.1	119	1965	1 734.0	242
1953	824.4	142	1966	1 888.7	257
1954	859.8	144	1967	1 794.2	238
1955	911.6	150	1968	1 744.1	225
1956	1 030.7	166	1969	1 962.2	247
1957	1 071.4	168	1970	2 279.7	279
1958	1 312.3	201	1971	2 456.9	292
1959	1 447.5	217	1972	2 552.4	296
1960	1 470.1	220	1973	2 756.2	313
1961	1 232.3	187	1974	2 827.7	314
1962	1 162.2	175	1975	3 039.5	332
1963	1 248.3	183	1976	2 988.6	321
1964	1 469.9	210	1977	3 250.0	344

注：以上数据来自国家统计局。

因此,在这一阶段可能出现三种未来情景:

(1) 无突变情景,即由于之前国民经济发展遭到阻碍,各经济部门结构还需要进行协调,近期内经济不会复苏,国内生产总值仍然徘徊在低水平。

(2) 悲观情景,即由于"文化大革命"结束时国民经济已濒临崩溃边缘,经济形势将继续下滑。

(3) 乐观情景。即由于"文化大革命"结束,国家的发展重点回到经济上,经济开始复苏,国内生产总值的增长率开始提高。

分析这三种情景,在这一阶段,占主体的应为无突变情景和悲观情景。

2. 经济体制转轨阶段:1978—1991 年

党的十一届三中全会后,经济体制的全面改革和现代化建设的全面开展,使国民经济有了较快的发展。由表 2-9 可以看到,1978 年,我国国内生产总值为 3 678.7 亿元,人均 GDP 为 385 元;到 1991 年,我国 GDP 已达 22 005.6 亿元,人均 GDP 为 1 912 元。国内生产总值增长了约 5 倍,人均国内生产总值约翻了 4 倍。1978—1991 年,我国 GDP 平均每年增长率都超过 9%,高于同一时期其他国家的增长速度。

表 2-9 1978—1991 年我国 GDP、人均 GDP 及最终消费数据表

年 份	国内生产总值(亿元)	人均国内生产总值(元)	最终消费(亿元)
1978	3 678.7	385	2 233.6
1979	4 100.5	423	2 579.0
1980	4 587.6	468	2 967.7
1981	4 935.8	497	3 278.2
1982	5 373.4	533	3 576.8
1983	6 020.9	588	4 061.2
1984	7 278.5	702	4 786.6
1985	9 098.9	866	5 920.8
1986	10 376.2	973	6 730.8
1987	12 174.6	1 123	7 643.5
1988	15 180.4	1 378	9 429.4
1989	17 179.7	1 536	11 043.7
1990	18 872.9	1 663	12 012.4
1991	22 005.6	1 912	13 625.6

注:以上数据来自国家统计局。

从 1978 年实行改革开放以来的这 14 年间,我国共经历了 1978—1984 年、1985—1987 年和 1988—1992 年三个经济波动周期。由于我国的特殊国情,我国 GDP 增长的每次波动都伴随着国民经济"过热-过冷-过热"的频繁调整,在一定程度上影响了经济运行的质量。

在对这一阶段的情景预测中,同样可分为三种未来情景:

(1) 无突变情景,即经济继续保持稳步增长的趋势。

(2) 乐观情景,即随着市场的全面开放、国家更多的有利政策出台,国民经济将以更快的速度发展,国内生产总值的增长率将进一步提高。

(3) 悲观情景,即由于经济过热,国民经济再次陷入“过热-过冷”的经济周期中,国内生产总值增长率有所下降。

3. 市场经济发展阶段:1992—2020 年

这一阶段,我国的经济体制改革目标进一步明确,国民经济稳定、高速地增长,特别是1992 年邓小平南方谈话后,国民经济的发展更是上了一个新台阶。从 1992 年到 1996 年,国内生产总值增加了 164%,人均国内生产总值增加了 153%,最终消费增加了 166%。为了防止经济过热,党中央提出要适当减缓经济增长速度,故在后面的几年中,国民经济增长速度略为减缓。进入 21 世纪后,伴随着加入 WTO,我国经济建设日趋完善,市场日益规范,经济稳步上升的态势愈加明显。到了 2006 年,我国 GDP 已经是 1992 年时的 8 倍左右(见表 2-10)。2008 年的北京奥运会、2010 年的上海世博会都极大地刺激了投资和经济的发展。2013 年,中国(上海)自由贸易试验区经国务院正式批准设立。2014 年,中国证监会正式批复开展互联互通机制试点,建立上海与香港市场交易互联互通机制。2017 年 10 月 18 日中国共产党第十九次全国代表大会首次提出高质量发展的新表述,表明中国经济由高速增长阶段转向高质量发展阶段。党的十九大报告强调要坚定不移地实施创新驱动发展战略,加快创新型国家的建设,为中国持续发展注入新动力。从 2016 年到 2020 年,我国实施了“十三五”规划,不仅明确了政府工作的重点,而且引导市场主体的行为,经济结构得到优化,总体经济也保持高质量、平稳运行。因此,在可预见的未来,国内生产总值仍然将在驱动创新、转型发展中高质量地稳定增长。

表 2-10　1992—2020 年我国 GDP、人均 GDP 及最终消费数据表

年　份	国内生产总值 (亿元)	人均国内生产总值 (元)	最终消费 (亿元)
1992	27 194.5	2 334	16 239.3
1993	35 673.2	3 027	20 814.9
1994	48 637.5	4 081	28 296.8
1995	61 339.9	5 091	36 228.7
1996	71 813.6	5 898	43 122.3
1997	79 715.0	6 481	47 548.7
1998	85 195.5	6 860	51 501.8
1999	90 564.4	7 229	56 667.3
2000	100 280.1	7 942	63 748.9
2001	110 863.1	8 717	68 661.1
2002	121 717.4	9 506	74 227.5
2003	137 422.0	10 666	79 735.0
2004	161 840.2	12 487	89 394.4
2005	187 318.9	14 368	101 872.5

续　表

年　份	国内生产总值 (亿元)	人均国内生产总值 (元)	最终消费 (亿元)
2006	219 438.5	16 738	115 364.3
2007	270 092.3	20 494	137 737.1
2008	319 244.6	24 100	158 899.2
2009	348 517.7	26 180	174 538.6
2010	412 119.3	30 808	201 581.4
2011	487 940.2	36 277	244 747.3
2012	538 580.0	39 771	275 443.9
2013	592 963.2	43 497	306 663.7
2014	643 563.1	46 912	338 031.2
2015	688 858.2	49 922	371 920.7
2016	746 395.1	53 783	410 806.4
2017	832 035.9	59 592	456 518.2
2018	919 281.1	65 534	506 134.9
2019	986 515.2	70 078	552 631.7
2020	1 013 567.0	71 828	560 811.1

注：以上数据来自国家统计局。

在对这一阶段的情景预测中，同样可分为无突变情景、乐观情景和悲观情景。

(1) 无突变情景，即经济将继续按照目前的发展速度增长，实现国内生产总值的稳步提高。

(2) 乐观情景，即经济在奥运会或世博会的刺激下，有进一步的提高，国内生产总值将以更快的速度保持增长。

(3) 悲观情景，即由于目前经济有过热趋势，国民经济会在经济周期和经济转型的作用下放慢增长速度。

分析这三种情景，在这一阶段，占主体的应为乐观情景和无突变情景。

(五) 预测

在对 2021 年国内生产总值进行预测时，选取最终消费作为解释变量对 GDP 做回归。因为最终消费作为消费的主要组成部分，对国内生产总值具有非常重要的影响，同时考虑到多变量因素模型存在的多重共线性等一系列问题，在此只简单地选取最终消费这一个解释变量。

1. 模型的建立

由于市场经济发展阶段的数据较少，故在建模时将转轨阶段的数据一起考虑。为了区分两个不同的阶段，这里增设一个虚拟变量，处于经济体制转轨阶段时虚拟变量取 1，处于市场经济发展阶段时虚拟变量取 2，所用数据为 1978—2020 年的数据(数据见表 2-9、表 2-10)。

我国国内生产总值的预测模型为：

$$Y = -5\,630.608 + 1.838X + 3\,888.568Z$$

系数 t 的检验值：　　　　　　(106.547)　(0.641)

拟合度：0.997

方程 F 检验值：7 945.189

其中：Y——国内生产总值(GDP)；

X——最终消费；

Z——虚拟变量。

2. 未来的情景

这里将未来的情景分为两种：

(1) 假设国民经济仍按照目前的增长速度继续发展，最终消费也仍按照原速度增长。因为我国自1978年以来最终消费的增长率都没有低于7%，但是与2019年相比，2020年的最终消费仅增长了1.48%，达到历年来的最低点，主要是受到"新冠"疫情等不确定因素的影响，如果2021年继续使用2020年的增长率，可能会低估未来经济的发展实力，所以这里使用近五年最终消费的平均增长率作为情景1的增长率进行运算，可得2021年国内生产总值的预测值。

与2018年相比，2019年的最终消费增长9.19%，以此类推，近五年平均增长率达到8.62%，则2021年的最终消费为：

$$560\,811.1 \times (1 + 8.62\%) = 609\,153.02(\text{亿元})$$

将2021年的最终消费代入我国国内生产总值预测模型，可得到情景1下2021年国内生产总值的预测值：

$$Y = -5\,630.608 + 1.838 \times 609\,153.02 + 3\,888.568 \times 2 = 1121\,769.78(\text{亿元})$$

(2) 最终消费的增长有其自身的规律性，这里将最终消费作为一个时间序列，由于其具有较稳定的增长趋势，故用一次指数平滑法对最终消费的增长速度进行预测，得到2021年最终消费的增长速度为9.29%，则2021年的最终消费为：

$$56\,0811.1 \times (1 + 9.29\%) = 612\,910.45(\text{亿元})$$

同样将2021年的最终消费代入我国国内生产总值预测模型中，可得到情景2下的预测值：

$$Y = -5\,630.608 + 1.838 \times 612\,910.45 + 3\,888.568 \times 2 = 1\,128\,675.93(\text{亿元})$$

根据以上分析，可得到如表2-11所示的计算结果。

表2-11　2021年我国国内生产总值情景预测

情景 / 对象	情景1 d=8.62%	情景2 d=9.29%
国内生产总值GDP(亿元)	1 121 769.78	1 128 675.93

注：其中 d 为最终消费的年增长速度。

2022年10月16日习近平总书记在中国共产党第二十次全国代表大会上的报告中指出："我们提出并贯彻新发展理念，着力推动高质量发展，推动构建新发展格局，实施供给侧结构性改革,制定一系列具有全局性意义的区域重大战略,我国经济实力实现历史性跃升。国内生产总值从五十四万亿元增长到一百一十四万亿元,我国经济总量占世界经济的比重达百分之十八点五,提高七点二个百分点,稳居世界第二位。”

本章小结

定性预测是指预测者依靠熟悉业务知识、具有丰富经验和综合分析能力的人员与专家,根据已掌握的历史资料和直观材料,运用个人的经验和分析判断能力,对事物的未来发展做出性质和程度上的判断,然后再通过一定的形式综合各方面的意见,作为预测未来的主要依据。

1. 德尔菲法是根据有专门知识的人的直接经验,对研究的问题进行判断、预测的一种方法,也称专家调查法。它是美国兰德公司于1964年首先用于预测领域的。

德尔菲法具有反馈性、匿名性和统计性的特点,选择合适的专家是做好德尔菲预测的关键环节。

2. 主观概率是人们凭经验或预感而估算出来的概率。它与客观概率不同,客观概率是根据事件发展的客观性统计出来的一种概率。在很多情况下,人们无法计算事件发生的客观概率,因而只能用主观概率来描述事件发生的概率。

主观概率法是一种适用性很强的统计预测方法,可以用于人类活动的各个领域。采用主观概率法有以下步骤:(1)准备相关资料;(2)编制主观概率调查表;(3)汇总整理;(4)判断预测。

3. 领先指标法就是通过将经济指标分为领先指标、同步指标和滞后指标,并根据这三类指标之间的关系进行分析预测。领先指标法不仅可以预测经济的发展趋势,而且可以预测其转折点。

4. 厂长(经理)评判意见法就是由企业的总负责人把与市场有关或熟悉市场情况的各种负责人员和中层管理部门的负责人召集起来,让他们对未来的市场发展形势或某一重大市场问题发表意见,做出判断;然后,将各种意见汇总起来,进行分析研究和综合处理;最后,得出市场预测结果。

5. 推销人员估计法就是将不同销售人员的估计值综合汇总起来,作为预测结果值。由于销售人员一般很熟悉市场情况,因此,这一方法具有一些显著优势。

6. 相互影响法就是从分析各个事件之间由于相互影响而引起的变化以及变化发生的概率,来研究各个事件在未来发生的可能性的一种预测方法。

7. 情景预测法是一种新兴的预测法,由于它不受任何条件限制,应用起来灵活,能充分调动预测人员的想象力,考虑较全面,有利于决策者更客观地进行决策,在制定经济政策、公司战略等方面有很好的应用。但在应用过程中一定要注意具体问题具体分析,同一个预测主题,由于其所处环境不同,最终的情景可能会有很大差异。

思考与练习

一、单项选择题

1. (　　)的优点在于注重事物发展在数量方面的分析,重视对事物发展变化的程度做数量上的描述，更多地依据历史统计资料，较少受主观因素的影响。

A. 定性预测　　B. 定量预测　　C. 德尔菲法　　D. 推销人员估计法

2.（　　）是根据有专门知识人的直接经验，对研究问题进行判断、预测的一种方法，也称专家调查法。

A. 德尔菲法　　B. 主观概率法　　C. 情景分析法　　D. 推销人员估计法

3.（　　）需要人们根据经验或预感对所预测的事件事先估算一个主观概率。

A. 德尔菲法　　B. 主观概率法　　C. 情景分析法　　D. 推销人员估计法

4.（　　）是指那些先于我们研究的指标而变动的指标。

A. 同步指标　　B. 领先指标　　C. 滞后指标　　D. 预测指标

5.（　　）是指那些和我们研究的指标同期变动而变动的指标。

A. 同步指标　　B. 领先指标　　C. 滞后指标　　D. 预测指标

6.（　　）是指那些在我们研究的指标变动之后而变动的指标。

A. 同步指标　　B. 领先指标　　C. 滞后指标　　D. 预测指标

7. 在情景预测法中，（　　）是立足于未来，分析现在，即已确定好目标，去分析如何达成这一目标。

A. 未来分析法　　B. 目标展开法　　C. 间隙分析法　　D. 主观概率法

8. 在情景预测法中，（　　）是同时立足于现在和未来，寻找中间途径。

A. 未来分析法　　B. 目标展开法　　C. 间隙分析法　　D. 主观概率法

二、多项选择题

1. 德尔菲法的特点包括（　　）。

A. 反馈性　　B. 匿名性　　C. 一致性　　D. 统计性

E. 稳定性

2. 主观概率法的预测步骤有（　　）。

A. 准备相关资料　　B. 编制主观概率表

C. 确定专家人选　　D. 汇总整理

E. 判断预测

3. 领先指标法中经济指标可以分为（　　）。

A. 领先指标　　B. 随机指标　　C. 同步指标　　D. 滞后指标

E. 同期指标

4. 常见的情景预测法有（　　）。

A. 未来分析法　　B. 主观概率法　　C. 目标展开法　　D. 推销人员估计法

E. 间隙分析法

5. 在情景预测法的未来分析法中，未来情景可以分为（　　）。

A. 无突变情景　　B. 乐观情景　　C. 悲观情景　　D. 突变情景

E. 平稳情景

三、名词解释

1. 定性预测

2. 主观概率

3. 客观概率
4. 相互影响分析法

四、简答题

1. 定性预测有哪些特点？
2. 简述定性预测与定量预测的关系。
3. 德尔菲法有哪些特点？又有哪些优点和缺点？
4. 若用德尔菲法预测2024年某县农村地区家用电脑的普及率,你准备：
(1) 如何挑选专家？挑选多少专家？
(2) 设计咨询表应包含哪些内容？
(3) 怎样处理专家意见？
(4) 为了提高专家意见的回收率,你准备采用什么办法？
5. 什么问题适合采用主观概率法进行预测？用主观概率法预测时,有哪些步骤？
6. 什么是厂长(经理)评判意见法？这种预测方法有什么优缺点？
7. 什么叫相互影响分析法？试举一实例说明之。
8. 情景预测法有何特点？进行情景预测一般有哪些步骤？

五、计算题

1. 某公司研制出一种新产品,现在市场上还没有相似产品出现,因此没有历史数据可以获得。但公司需要对可能的销售量作出预测,以决定产量。于是该公司成立专家小组,并聘请业务经理、市场专家和销售人员等8位专家,预测全年可能的销售量。同时对新产品的特点、用途进行了介绍,对人们的消费能力和消费倾向做了深入调查。8位专家提出个人判断,经过三次反馈得到的结果如下表所示。

要求：试用德尔菲法预测该新产品的销售量。

单位：千件

专家编号	第一次判断			第二次判断			第三次判断		
	最低销售量	最可能销售量	最高销售量	最低销售量	最可能销售量	最高销售量	最低销售量	最可能销售量	最高销售量
1	500	750	900	600	750	900	550	750	900
2	200	450	600	300	500	650	400	500	650
3	400	600	800	500	700	800	500	700	800
4	750	900	1 500	600	750	1 500	500	600	1 250
5	100	200	350	220	400	500	300	500	600
6	300	500	750	300	500	750	300	600	750
7	250	300	400	250	400	500	400	500	600
8	260	300	500	350	400	600	370	410	610
平均数	345	500	725	390	550	775	415	570	770

2. 某时装公司设计了一种新式女时装，聘请了三位经验丰富的时装销售人员来参加试销和时装表演活动，预测结果如下：

甲：最高销售量是 80 万件，概率为 0.3
　　最可能销售量是 70 万件，概率为 0.5
　　最高销售量是 60 万件，概率为 0.2

乙：最高销售量是 75 万件，概率为 0.2
　　最可能销售量是 64 万件，概率为 0.6
　　最高销售量是 55 万件，概率为 0.2

丙：最高销售量是 85 万件，概率为 0.1
　　最可能销售量是 70 万件，概率为 0.7
　　最高销售量是 60 万件，概率为 0.2

要求：试用推销人员估计法预测销量。

3. 某地产公司打算预测某区 2024 年的房产需求量，选取了 10 位调查人员进行分析和判断，调查汇总数据如下表所示。

要求：现要求预测误差不超过±67 套，试用主观概率法预测其需求量。

被调查人编号	累计概率								
	0.010 (1)	0.125 (2)	0.250 (3)	0.375 (4)	0.500 (5)	0.625 (6)	0.750 (7)	0.875 (8)	0.990 (9)
	房产需求量(套)								
1	2 111	2 144	2 156	2 200	2 222	2 244	2 267	2 278	2 311
2	1 978	2 100	2 133	2 156	2 200	2 222	2 267	2 278	2 500
3	2 044	2 100	2 133	2 144	2 244	2 267	2 289	2 311	2 444
4	2 156	2 167	2 178	2 189	2 200	2 211	2 222	2 233	2 244
5	2 200	2 211	2 222	2 244	2 278	2 311	2 333	2 356	2 400
6	1 867	1 989	2 000	2 044	2 111	2 133	2 156	2 178	2 200
7	2 156	2 200	2 222	2 289	2 311	2 356	2 400	2 433	2 489
8	2 000	2 056	2 067	2 100	2 133	2 167	2 200	2 222	2 278
9	2 089	2 100	2 111	2 122	2 133	2 144	2 156	2 167	2 178
10	2 222	2 244	2 244	2 278	2 300	2 322	2 356	2 367	2 444
平均数	2 082.3	2 131.1	2 146.6	2 176.6	2 213.2	2 237.7	2 264.6	2 282.3	2 348.8

4. 某冷饮生产企业在 2024 年夏季到来之前采用主观概率法进行一次夏季销售预测，选取了 6 位调查人员进行分析和判断，调查汇总数据如下表所示。

要求：请以 62.5%的概率对 2024 年夏季的冷饮销售额进行预测。

被调查人编号	累计概率								
	0.010 (1)	0.125 (2)	0.250 (3)	0.375 (4)	0.500 (5)	0.625 (6)	0.750 (7)	0.875 (8)	0.990 (9)
	冷饮销售额(万元)								
1	32	35	37	38	39	41	44	47	50
2	28	29	34	35	36	40	46	48	52
3	15	21	22	26	31	32	35	39	44
4	20	24	26	26	30	31	32	34	36
5	21	22	22	22	23	24	26	28	28
6	39	42	44	45	45	47	48	49	50
平均数	25.8	28.8	30.8	32	34	35.8	38.5	40.8	43.3

5. 某笔记本电脑公司经理召集主管销售、计划财务和生产等部门的负责人，对下一年度某种型号笔记本的销售前景作出估计。几位部门负责人的初步判断如下表所示。

要求：请用厂长(经理)评判意见法估计下一年度的销售量。

部门	各种销售量估计	销售量(件)	概率	期望值(件)(销售量×概率)
销售部门负责人	最高销售量	18 600	0.1	1 860
	最可能销售量	11 160	0.7	7 812
	最低销售量	9 920	0.2	1 984
	总期望值		1	11 656
计划财务部门负责人	最高销售量	12 400	0.1	1 240
	最可能销售量	11 160	0.8	8 928
	最低销售量	9 300	0.1	930
	总期望值		1	11 098
生产部门负责人	最高销售量	12 400	0.3	3 720
	最可能销售量	10 540	0.6	6 324
	最低销售量	7 440	0.1	744
	总期望值		1	10 788

6. 某服装公司有 4 位业务销售人员，他们对自己负责的销售区下一年度的销售额估计如下表所示。

要求：请用推销人员估计法估计下一年度公司整体的销售额。

推销员	各种销售额估计(万元)		概　率	期望值(万元)
甲	最高销售额	5 200	0.1	520
	最可能销售额	4 160	0.8	3 328
	最低销售额	3 120	0.1	312
$\sum$	总期望值		1	4 160
乙	最高销售额	3 900	0.2	780
	最可能销售额	3 640	0.6	2 184
	最低销售额	3 120	0.2	624
$\sum$	总期望值		1	3 588
丙	最高销售额	3 900	0.4	1 560
	最可能销售额	3 380	0.5	1 690
	最低销售额	2 860	0.1	286
$\sum$	总期望值		1	3 536
丁	最高销售额	4 680	0.2	936
	最可能销售额	3 900	0.7	2 730
	最低销售额	2 340	0.1	234
$\sum$	总期望值		1	3 900

六、分析题

某地区 GDP 与固定资产投资额的历史数据如下表所示，请根据可能情形对 2022 年该地区 GDP 进行预测。

年　份	GDP (亿元)	固定资产投资额 (亿元)	年　份	GDP (亿元)	固定资产投资额 (亿元)
1970	36.66	1.98	1979	101.78	7.21
1971	51.71	3.65	1980	84.72	3.83
1972	54.70	3.25	1981	90.69	5.32
1973	53.64	3.43	1982	100.70	7.22
1974	63.61	3.76	1983	113.55	7.75
1975	69.60	5.20	1984	124.81	7.23
1976	95.61	11.32	1985	110.04	4.61
1977	128.49	15.61	1986	123.24	4.58
1978	158.39	17.64	1987	142.30	7.45

续 表

年 份	GDP (亿元)	固定资产投资额 (亿元)	年 份	GDP (亿元)	固定资产投资额 (亿元)
1988	156.67	10.90	2005	545.46	186.30
1989	164.86	11.36	2006	648.30	245.27
1990	170.98	13.22	2007	696.54	214.76
1991	185.35	16.24	2008	756.45	227.08
1992	193.45	22.43	2009	893.77	258.30
1993	204.12	32.54	2010	1 114.32	357.38
1994	208.12	24.52	2011	1 511.61	653.91
1995	230.36	18.00	2012	1 971.92	1 123.29
1996	272.81	27.91	2013	2 462.57	1 601.79
1997	286.43	35.58	2014	2 902.20	1 952.05
1998	311.89	45.43	2015	3 360.21	1 977.59
1999	324.76	54.60	2016	3 688.20	1 964.83
2000	337.07	71.34	2017	4 034.96	1 856.72
2001	351.81	75.94	2018	4 551.15	1 869.67
2002	390.85	92.30	2019	4 950.84	1 994.73
2003	466.75	118.56	2020	5 408.76	2 187.06
2004	490.83	146.93	2021	6 250.81	2 452.11

3 第三章 回归预测法

全章提要

第一节 一元线性回归预测法

一元线性回归预测法是指成对的两个变量数据分布大体上呈直线趋势时，采用适当的计算方法，找到两者之间特定的经验公式，即一元线性回归模型，然后根据自变量的变化，来预测因变量发展变化的方法。

一、建立模型

一元线性回归模型可表述为：

$$y_i = b_0 + b_1 x_i + u_i \tag{3-1}$$

(3-1)式中，b_0、b_1 是未知参数；u_i 为剩余残差项或称随机扰动项，引进随机扰动项 u_i 是为了包括对因变量 y_i 的变化有影响的所有其他因素。

在运用回归预测法时，要求满足一定的假定条件，其中最重要的是关于 u_i 须具有的 5 个特性：(1) u_i 是一个随机变量；(2) u_i 的平均值为零，即 $E(u_i)=0$；(3) 在每一个时期中，u_i 的方差为一常量，即 $D(u_i)=\sigma_u^2$；(4) 各个 u_i 间相互独立；(5) u_i 与自变量无关。

二、估计参数

要将一元线性回归模型用于预测，就需要估计出 b_0、b_1 这两个未知参数，建立以下一元线性回归预测式：

$$\hat{y}_i = b_0 + b_1 x_i \tag{3-2}$$

一个好的估计量应满足一致性、无偏性和有效性的要求。

线性回归模型参数的估计方法通常有两种，即普通最小二乘法和最大似然估计法。最常用的是普通最小二乘法。

最小二乘法的意义在于使：

$$\sum_{i=1}^{n} u_i^2 = \sum_{i=1}^{n} (y_i - \hat{y}_i)^2 = \sum_{i=1}^{n} (y_i - b_0 - b_1 x_i)^2 \tag{3-3}$$

达到最小。

(3-3)式中，y_i 是实际值，而 $\hat{y}_i$ 是理论值或称估计值。

根据数学分析中的求极值原理，要使 $\sum_{i=1}^{n} u_i^2$ 为最小，只需在(3-3)式中分别对 b_0、b_1 求偏导数，并令其等于零。

求得的 b_1 和 b_0 的两个公式为：

$$b_1 = \frac{\sum (x-\bar{x})(y-\bar{y})}{\sum (x-\bar{x})^2} \tag{3-4}$$

$$b_0=\bar{y}-b_1\bar{x} \tag{3-5}$$

对于参数 b_1 的计算公式有不同的表达式,下面列出几种常见的表达式,便于在分析和计算时选用:

$$b_1=\frac{\sum xy-\frac{1}{n}\left(\sum x\right)\left(\sum y\right)}{\sum x^2-\frac{1}{n}\left(\sum x\right)^2} \tag{3-6}$$

$$b_1=\frac{n\sum xy-\left(\sum x\right)\left(\sum y\right)}{n\sum x^2-\left(\sum x\right)^2} \tag{3-7}$$

$$b_1=\frac{\sum xy-n\bar{x}\bar{y}}{\sum x^2-n(\bar{x})^2} \tag{3-8}$$

【例 3-1】 某饮料公司发现,饮料的销售量与气温之间存在着相关关系,即气温越高,人们对饮料的需求量就越大。表 3-1 的第(2)栏和第(3)栏列出了饮料销售量和气温的观察值。该数据是某饮料公司通过实际记录所得到的。

表 3-1 饮料销售量的回归分析表

时期	销售量(箱)	气温(度)	$(x-\bar{x})(y-\bar{y})$	$(x-\bar{x})^2$	$(y-\bar{y})^2$	$\hat{y}$	$(y-\hat{y})^2$
(1)	(2)	(3)	(4)	(5)	(6)	(7)	(8)
1	430	30	150	9	2 500	409	441
2	335	21	270	36	2 025	322	169
3	520	35	1 120	64	19 600	458	3 844
4	490	42	1 650	225	12 100	526	1 296
5	470	37	900	100	8 100	477	49
6	210	20	1 190	49	28 900	312	10 404
7	195	8	3 515	361	34 225	195	0
8	270	17	1 100	100	12 100	283	169
9	400	35	160	64	400	458	3 364
10	480	25	−200	4	10 000	361	14 161
总和	3 800	270	9 855	1 012	129 950		33 897
总和/n	380	27	985.5	101.2	12 995		
符号	$\bar{y}$	$\bar{x}$	σ_{xy}	σ_x^2	σ_y^2		

根据表 3-1 的数据,可求得:

$$b_1=\frac{9\ 855}{1\ 012}=9.74$$

$$b_0=\bar{y}-b_1\bar{x}=380-9.74\times 27=117$$

现在,我们可以用回归模型来预测。如果预计明天的气温是35℃,则饮料销售量的期望值为:

$$\hat{y}=b_0+b_1x=117+9.74x=117+9.74\times 35=458(\text{箱})$$

三、进行检验

(一) 标准误差

标准误差是回归直线即估计值与因变量值间的平均平方误差。其计算公式为:

$$SE=\sqrt{\frac{\sum(y-\hat{y})^2}{n-2}} \tag{3-9}$$

根据表3-1的数据,求得标准误差为:

$$SE=\sqrt{\frac{\sum(y-\hat{y})^2}{n-2}}=\sqrt{\frac{33\,897}{10-2}}=65(\text{箱})$$

(二) 可决系数

因变量的样本观测值与其均值的离差称为总离差,记作 $(y-\bar{y})$。按其来源,总离差可以分解为两部分:一是因变量的回归值与其样本均值之间的离差,记作 $(\hat{y}-\bar{y})$,它代表能够由回归方程所解释的部分,称为回归离差;二是样本观测值与回归值之间的离差,记作 $(y-\hat{y})$,它表示的是不能由回归方程解释的部分,称为剩余离差(残差)。它们的关系用公式可以表述为:

$$(y-\bar{y})=(\hat{y}-\bar{y})+(y-\hat{y}) \tag{3-10}$$

数学上可以证明,对等式两边取平方并求和,得到:

$$\sum(y-\bar{y})^2=\sum(\hat{y}-\bar{y})^2+\sum(y-\hat{y})^2 \tag{3-11}$$

令 $SST=\sum(y-\bar{y})^2$, $SSE=\sum(\hat{y}-\bar{y})^2$, $SSR=\sum(y-\hat{y})^2$,那么式(3-11)也可以表示为 SST=SSE+SSR。

可决系数是衡量自变量对因变量变动解释程度的指标,它取决于回归方程所解释的 y 的总离差的百分比。在式(3-11)的基础上,可决系数的公式定义为:

$$R^2=\frac{\text{回归离差(SSE)}}{\text{总离差(SST)}}=1-\frac{\text{剩余离差(SSR)}}{\text{总离差(SST)}}=1-\frac{\sum(y-\hat{y})^2}{\sum(y-\bar{y})^2} \tag{3-12}$$

R^2的取值介于0和1之间,在实践中,R^2常用于模型的比较,人们往往采纳R^2最高的模型,这是因为R^2高,就意味着该模型把 y 的变动解释得好。

例3-1饮料问题的可决系数为:

$$R^2=1-\frac{\sum(y-\hat{y})^2}{\sum(y-\bar{y})^2}=1-\frac{33\,897}{129\,950}=0.74$$

计算结果表明,气温因素变化占饮料销售量变动的74%。

实际上,有一个更简洁的可决系数的计算公式,计算结果同上式相同。其计算公式为:

$$R^2=\left[\frac{\sum(x-\bar{x})(y-\bar{y})}{\sqrt{\sum(x-\bar{x})^2}\sqrt{\sum(y-\bar{y})^2}}\right]^2 \tag{3-13}$$

(三) 相关系数

相关系数是另一个被广泛用来测定拟合优度的指标。它的计算公式为:

$$r=\frac{\sum(x-\bar{x})(y-\bar{y})}{\sqrt{\sum(x-\bar{x})^2}\sqrt{\sum(y-\bar{y})^2}} \tag{3-14}$$

饮料销售量与气温的相关系数为:

$$r=\frac{9\,855}{\sqrt{1\,012}\times\sqrt{129\,950}}=0.86$$

由公式可知,可决系数只是相关系数的平方,但这两种度量方法提供了相互补充的信息。相关系数与可决系数的主要区别在于:相关系数有正负。正相关系数意味着因变量与自变量以相同的方向增减。如果直线从左至右上升,则相关系数为正;如果直线从左至右下降,则相关系数为负。尽管相关系数的意义不如可决系数那样明显,但也有类似的意义。相关系数越接近+1或-1,因变量与自变量的拟合程度就越好。

(四) 回归系数显著性检验

在求出回归系数后,需要进行回归系数的显著性检验。回归系数的显著性检验是用 t 参数检验的:

$$t_b=\frac{b}{S_b} \tag{3-15}$$

其中:$S_b=SE\Big/\sqrt{\sum(x-\bar{x})^2}$,$t$ 服从自由度为 $n-2$ 的 t 分布,取显著性水平 α,如果 $|t_b|>t_\alpha$,则回归系数 b 显著。

利用表3-1的数据,可以计算出:

$$S_b=\frac{65}{31.81}\doteq 2.05$$

$$t_b=\frac{9.74}{2.05}=4.75$$

取 $\alpha=0.05$,查表(附表二)得:$t_{0.05}(8)=2.306$,显然 $t_b>t_{0.05}(8)=2.306$,因此,回归系数 b 显著。

（五）F 检验

将总离差 $\sum(y-\bar{y})^2$ 分解，可以分解为回归偏差和剩余残差两部分，即：

$$\sum(y-\bar{y})^2=\sum(\hat{y}-\bar{y})^2+\sum(y-\hat{y})^2 \tag{3-16}$$

自由度 $n-1$ 也可以分解为两部分，即回归自由度 1 和残差自由度 $n-2$。将回归偏差和剩余残差各自除以它们的自由度后加以比较，便可得到检验统计量 F，即：

$$F=\frac{\sum(\hat{y}-\bar{y})^2/1}{\sum(y-\hat{y})^2/(n-2)} \tag{3-17}$$

F 服从 $F(1,\ n-2)$分布，取显著性水平 α，如果 $F>F_\alpha(1,\ n-2)$，则表明回归模型显著；如果$F<F_\alpha(1,\ n-2)$，则表明回归模型不显著，回归模型不能用于预测。利用表 3-1的数据，可以计算出：

$$\begin{aligned}\sum(\hat{y}-\bar{y})^2&=\sum(y-\bar{y})^2-\sum(y-\hat{y})^2\\&=129\ 950-33\ 897\\&=96\ 053\end{aligned}$$

$$F=\frac{96\ 053/1}{33\ 897/8}=22.67$$

取显著性水平 $\alpha=0.05$，查表（附表三）得：$F_{0.05}(1,\ 8)=5.32$，因$F>F_{0.05}(1,\ 8)$，方程通过 F 检验。

（六）德宾-沃森统计量

如前所述，回归模型的剩余项 u_i 之间应该是相互独立的。也就是说，各个 u_i 之间不存在自相关问题。如果存在自相关问题，用回归模型进行预测就要失真。德宾-沃森统计量（D-W）是检验模型是否存在自相关的一种有效方法，其公式为：

$$D\text{-}W=\frac{\sum_{i=2}^{n}(u_i-u_{i-1})^2}{\sum_{i=1}^{n}u_i^2} \tag{3-18}$$

式中：

$$u_i=y_i-\hat{y}_i$$

把（3-18）式计算的 D-W 值，与德宾-沃森给出的不同显著性水平 α 的 D-W 值之上限 d_U 和下限 d_L（它们与样本容量 n 和自变量个数 m 有关）进行比较，D-W 的取值域为 0～4。

D-W 小于等于 2 时，D-W 检验法则规定：

如果 $D\text{-}W<d_L$，认为 u_i 存在正自相关；

如果 $D\text{-}W>d_U$，认为 u_i 无自相关；

如果 $d_L<D\text{-}W<d_U$，不能确定 u_i 是否有自相关。

$D\text{-}W$ 值大于 2 时,$D\text{-}W$ 检验法则规定:

如果 $4-d_L<D\text{-}W$,认为 u_i 存在负自相关;

如果 $4-d_U>D\text{-}W$,认为 u_i 无自相关;

如果 $4-d_L<D\text{-}W<4-d_U$,不能确定 u_i 是否有自相关。

由图 3－1 可看出,$D\text{-}W$ 值等于 2 时为最好。根据经验,$D\text{-}W$统计量为 1.5～2.5 时,表示没有显著自相关问题。

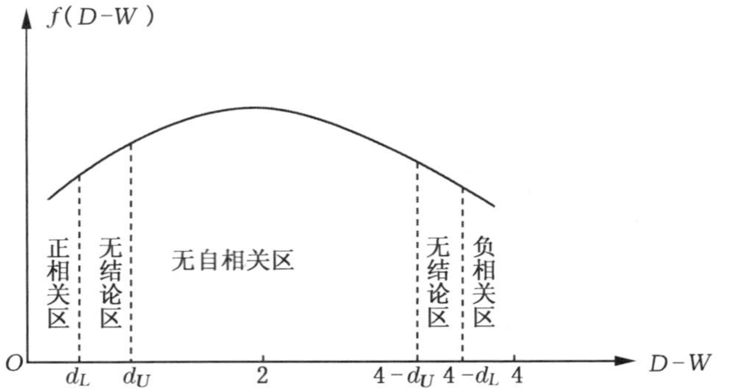

图 3－1　*D-W* 统计量的范围与有无序列相关的范围关系图

我们利用表 3－1 中的 y 和 $\hat{y}$ 数据,计算了表 3－2 中饮料销售量的 $D\text{-}W$ 统计量。

表 3－2　*D-W* 统计量计算表

i	y_i	$\hat{y}_i$	$y_i-\hat{y}_i$	$[(y_i-\hat{y}_i)-(y_{i-1}-\hat{y}_{i-1})]^2$	$(y_i-\hat{y}_i)^2$
1	430	409	21	—	441
2	335	322	13	64	169
3	520	458	62	2 401	3 844
4	490	526	−36	9 604	1 296
5	470	477	−7	841	49
6	210	312	−102	9 025	10 404
7	195	195	0	10 404	0
8	270	283	−13	169	169
9	400	458	−58	2 025	3 364
10	480	361	119	31 329	14 161
总计	—	—	—	65 862	33 897

$$D\text{-}W=\sum_{i=2}^{n}(u_i-u_{i-1})^2\Big/\sum_{i=1}^{n}u_i^2=\frac{65\,862}{33\,897}=1.94$$

计算结果表明,本例不存在自相关问题。如果检验结果发现有自相关问题,就必须对数据进行调整。例如,运用以下变量能对饮料销售量进行新的回归分析:

y:本期饮料销售量相对上一期的增量;

x:本期气温相对上一期的增量。

如果调整之后仍存在自相关问题，就有必要用本章第三节探讨的方法进行非线性回归或用时间序列法来进行模拟分析。

四、进行预测

建立回归模型的主要目的之一是根据自变量的变化来预测或估计因变量的变动情况。具体的估计的形式可分为点估计和区间估计两种。

（一）点估计

这种方法比较简单，只要将给定的自变量值代入所建立的一元线性回归模型，便可得到因变量的一个对应的估计值。本例中，当气温为 35℃时，饮料的销售量计算如下：

$$\begin{aligned}\hat{y} &= 117 + 9.74x \\ &= 117 + 9.74 \times 35 = 458(\text{箱})\end{aligned}$$

（二）区间估计

在估计中，有时需要给出精确度，这就要用到在一定概率保证程度下的区间估计方法。根据一元线性回归模型的性质可知，$\hat{y}$ 的抽样分布服从正态分布，但 $\sigma_{\hat{y}}^2$ 未知，需要用它的估计值 $S_{\hat{y}}^2$ 来代替，这样对 $\hat{y}$ 进行区间估计时就要区分大样本与小样本。

（1）如果要估计的是因变量的平均水平 μ_y，则所估计的区间称为置信区间。计算公式为：

大样本：置信区间 $= \hat{y} \pm z_{\frac{\alpha}{2}} SE_{\hat{\mu}}$　　(3－19)

小样本：置信区间 $= \hat{y} \pm t_{\frac{\alpha}{2}} SE_{\hat{\mu}}$　　(3－20)

（2）如果要估计的是某个特定的因变量 y 值，则所估计的区间称为预测区间。其计算公式为：

大样本：预测区间 $= \hat{y} \pm z_{\frac{\alpha}{2}} SE_{\hat{y}}$　　(3－21)

小样本：预测区间 $= \hat{y} \pm t_{\frac{\alpha}{2}} SE_{\hat{y}}$　　(3－22)

其中，$SE_{\hat{\mu}} = SE\sqrt{\dfrac{1}{n} + \dfrac{(x_0 - \bar{x})^2}{\sum (x_i - \bar{x})^2}}$，$SE_{\hat{y}} = SE\sqrt{1 + \dfrac{1}{n} + \dfrac{(x_0 - \bar{x})^2}{\sum (x_i - \bar{x})^2}}$（证明略），$x_0$ 为用于预测 y 的 x 值，$t_{\frac{\alpha}{2}}$ 是置信度为$(1-\alpha)$、自由度为$(n-2)$ 的 t 分布的临界值。

本例中，在小样本条件下，如果取显著性水平 $\alpha = 0.1$，在气温 35℃时，饮料销售量的置信度为 90%的置信区间为：

$$\hat{y} \pm 1.860 \times 65 \times \sqrt{\frac{1}{10} + \frac{(35-27)^2}{1\,012}} = 458 \pm 48$$

即当气温为 35℃时，有 90%的把握可以估计饮料销售量的平均变动范围为 410～506 箱。

同样的条件下，饮料销售量的预测区间为：

$$\hat{y} \pm 1.860 \times 65 \times \sqrt{1 + \frac{1}{10} + \frac{(35-27)^2}{1\,012}} = 458 \pm 130$$

即当气温为 35℃时，有 90%的把握认为饮料销售量的变动范围为 328～588 箱。

第二节 多元线性回归预测法

以上讨论了两个变量因素之间的回归预测问题。然而，客观事物的变化往往受多种因素的影响，即使其中一个因素起着主导作用，但有时其他因素的作用也是不可忽视的。在实际问题中，大多数影响因变量的因素不是一个，而是多个。我们把包括两个或两个以上自变量的回归称为多元回归。这一节中，我们首先讨论两个自变量的模型，借以说明多元回归的使用，然后推广到三个或三个以上自变量的回归模型。

一、估计参数

【例3-2】 承例3-1，该饮料公司的许多零售点设在体育比赛场地，该公司明白，当比赛一边倒时，观众就会比往常喝得多一些，因为这时观众就有时间注意到口渴，而不是把注意力完全集中在比赛上。因此，可以利用比赛结束时的比分差作为第二个自变量，其预测模型为：

$$饮料销售量 = b_0 + b_1 气温 + b_2 比分差$$

模型中可以包括进去的自变量个数是没有限制的。通常，使用一个以上的自变量可以使预测精度大大提高。

上述预测模型用符号可表达为：

$$\hat{y} = b_0 + b_1 x + b_2 z \tag{3-23}$$

式中，y 是因变量，x 和 z 是自变量，b_0、b_1 和 b_2 是回归系数。回归系数的计算可以通过解以下联立方程求得：

$$\sum y = nb_0 + b_1 \sum x + b_2 \sum z \tag{3-24}$$

$$\sum xy = b_0 \sum x + b_1 \sum x^2 + b_2 \sum xz \tag{3-25}$$

$$\sum zy = b_0 \sum z + b_1 \sum xz + b_2 \sum z^2 \tag{3-26}$$

表3-3列出饮料销售量、气温和10场比赛结束时的比分差。

利用表3-3的数据，可得：

$$3\,800 = 10b_0 + 270b_1 + 100b_2$$

$$112\,455 = 270b_0 + 8\,302b_1 + 2\,771b_2$$

$$41\,545 = 100b_0 + 2\,771b_1 + 1\,302b_2$$

解联立方程，得：

$$b_0 = 39.195\,3 \qquad b_1 = 9.064\,1 \qquad b_2 = 9.607\,4$$

若预计明天比赛的气温为35℃，体育节目播音员预计比分差为8，那么预测这次比赛的饮料销售量为：

$$\hat{y} = 39.195\,3 + 9.064\,1 \times 35 + 9.607\,4 \times 8 = 433(箱)$$

表 3－3　二元回归分析计算表

时期 (i)	销售量 (y)	温度 (x)	比分差 (z)	xy	xz	zy	x^2	z^2	$(y-\bar{y})^2$	$(x-\bar{x})^2$	$(z-\bar{z})^2$	$(y-\bar{y})(x-\bar{x})$	$(y-\bar{y})(z-\bar{z})$	$(x-\bar{x})(z-\bar{z})$
(1)	(2)	(3)	(4)	(5)	(6)	(7)	(8)	(9)	(10)	(11)	(12)	(13)	(14)	(15)
1	430	30	12	12 900	360	5 160	900	144	2 500	9	4	150	100	6
2	335	21	10	7 035	210	3 350	441	100	2 025	36	0	270	0	0
3	520	35	22	18 200	770	11 440	1 225	484	19 600	64	144	1 120	1 680	96
4	490	42	6	20 580	252	2 940	1 764	36	12 100	225	16	1 650	−440	−60
5	470	37	8	17 390	296	3 760	1 369	64	8 100	100	4	900	−180	−20
6	210	20	2	4 200	40	420	400	4	28 900	49	64	1 190	1 360	56
7	195	8	9	1 560	72	1 755	64	81	34 225	361	1	3 515	185	19
8	270	17	8	4 590	136	2 160	289	64	12 100	100	4	1 100	220	20
9	400	35	6	14 000	210	2 400	1 225	36	400	64	16	160	−80	−32
10	480	25	17	12 000	425	8 160	625	289	10 000	4	49	−200	700	−14
合计	3 800	270	100	112 455	2 771	41 545	8 302	1 302	129 950	1 012	302	9 855	3 545	71

二、进行检验

用于度量简单回归模型中的精确性指标,同样也适用于多元回归。

(一) 标准误差

同一元线性回归的情况一样,标准误差是对 y 值与模型估计值之间离差的一种度量,它是计算置信区间估计值和其他拟合优度的基础指标。其计算公式为:

$$SE=\sqrt{\frac{\sum(y-\hat{y})^2}{n-3}} \qquad (3-27)$$

将表 3-4 中的有关数据代入(3-27)式,得:

$$\text{SE}=\sqrt{\frac{6\ 612}{7}}\doteq 31$$

把这个数据与由一元线性回归获得的标准误差数字 65 相比,多元回归的标准误差缩小了一半多。在对准确性要求更高的预测中,就能表现出这种误差缩小的好处。

表 3-4 拟合优度和德宾-沃森检验

时期 (i)	销售量 (y)	温度 (x)	比分差 (z)	$(y-\bar{y})^2$	$\hat{y}$	$u_i=y-\hat{y}$	$u_i^2=(y-\hat{y})^2$	$(u_i-u_{i-1})^2$
(1)	(2)	(3)	(4)	(5)	(6)	(7)	(8)	(9)
1	430	30	12	2 500	426	4	16	—
2	335	21	10	2 025	326	9	81	25
3	520	35	22	19 600	568	−48	2 304	3 249
4	490	42	6	12 100	478	12	144	3 600
5	470	37	8	8 100	451	19	361	49
6	210	20	2	28 900	240	−30	900	2 401
7	195	8	9	34 225	198	−3	9	729
8	270	17	8	12 100	270	0	0	9
9	400	35	6	400	414	−14	196	196
10	480	25	17	10 000	429	51	2 601	4 225
总数	3 800			129 950			6 612	14 483
总数/n	380			12 995				

(二) 可决系数

可决系数的计算公式为:

$$R^2=\frac{\text{回归离差(SSE)}}{\text{总离差(SST)}}=1-\frac{\text{剩余离差(SSR)}}{\text{总离差(SST)}}=1-\frac{\sum(y-\hat{y})^2}{\sum(y-\bar{y})^2}$$

$R^2=0$ 意味着回归模型没有对 y 的总离差作出任何解释，而 $R^2=1$ 则意味着回归模型对 y 的全部离差作出了解释。但要注意的是，在多元回归分析中，即使回归模型对 y 的离差的解释能力没有增强，R^2 也会随着自变量的个数的增加而增大。为了消除这种影响，在多元回归分析中常常使用修正的可决系数 R_a^2。其计算公式为：

$$R_a^2=1-\frac{\sum(y-\hat{y})^2/(n-k-1)}{\sum(y-\bar{y})^2/(n-1)} \tag{3-28}$$

其中，n 为样本容量，k 为自变量的个数，$(n-k-1)$ 和 $(n-1)$ 分别为残差平方和与总离差平方和的自由度。

此例中：

$$R^2=1-\frac{6\,612}{129\,950}=0.949,\ R_a^2=0.935$$

由此可见，多元回归模型解释了饮料销售量总离差的 93.5%，而一元回归模型只解释了饮料销售量总离差的 74%。

（三）相关系数

对于多元回归可决系数而言，多元相关系数似乎是多余的，它并不提供任何新的信息，只是可决系数的平方根。

（四）回归系数显著性检验

通常设定假设为：

$$H_0:\beta_k=0,\ H_1:\beta_k\neq 0,\ k=1,\ 2,\ \cdots$$

在多元回归方程中，仍以小样本为例进行说明。偏回归系数 β_1 和 β_2 的显著性检验可采用 t 检验量。其计算公式为：

$$t_{b_k}=\frac{b_k}{S_{b_k}},\ k=1,\ 2,\ \cdots \tag{3-29}$$

其中，S_{b_k} 是偏回归系数 β_k 的标准差的估计值。其计算公式为：

$$S_{b_1}=SE\times\sqrt{\frac{\sum(x_2-\bar{x}_2)^2}{\sum(x_1-\bar{x}_1)^2\sum(x_2-\bar{x}_2)^2-\left[\sum(x_1-\bar{x}_1)(x_2-\bar{x}_2)\right]^2}} \tag{3-30}$$

$$S_{b_2}=SE\times\sqrt{\frac{\sum(x_1-\bar{x}_1)^2}{\sum(x_1-\bar{x}_1)^2\sum(x_2-\bar{x}_2)^2-\left[\sum(x_1-\bar{x}_1)(x_2-\bar{x}_2)\right]^2}} \tag{3-31}$$

一般的统计软件中都会给出 S_{t_k} 的值。

本例中，可以分别对偏回归系数计算 t 检验统计量：

$$t_{b_1}=\frac{9.064}{0.970\,7}=9.34,\ t_{b_2}=\frac{9.607}{1.777}=5.41$$

取显著性水平 $\alpha=0.05$，则查 t 分布表可得检验临界值 $t_{\frac{0.05}{2}}(10-3)=2.364\,6$。比较发现，检验统计量 t_{b_1}、t_{b_2} 的值都大于临界值，因此否定原假设，即认为总体回归方程的偏回归

系数 β_1 和 β_2 都不为零,说明两个自变量都能够对因变量的变动作出一定的解释。如果遇到不显著的偏回归系数,说明在给定其他自变量的条件下,该自变量不能解释因变量的变动,所以应当将其从回归方程中剔除。

(五) F 检验

通常设定假设为:

$$H_0: \beta_1 = \beta_2 = 0, \ H_1: \beta_1 \text{ 和 } \beta_2 \text{ 不全为零}$$

检验中,仍然使用建立在方差分析基础上的 F 统计量:

$$F = \frac{\sum (\hat{y}_i - \bar{y})^2 / 2}{\sum (y_i - \hat{y}_i)^2 / (n-3)} \tag{3-32}$$

这里的 F 服从 $F(2, n-3)$ 分布。

本例中,可以计算 F 检验统计量的值为:

$$F = \frac{61\,693}{938} = 65.78$$

取显著性水平 $\alpha = 0.05$,则查 F 分布表可得检验临界值 $F_{0.05}(2, 7) = 4.747$。经过比较发现,检验统计量 F 的值大于临界值,因此否定原假设,即认为回归方程总体是显著的。

三、自相关和多重共线性问题

(一) 自相关检验

自相关是多元回归和简单回归所共同面临的问题。正如简单回归的情况一样,可用德宾—沃森统计量作为一种检验指标:

$$D\text{-}W = \frac{\sum_{i=2}^{n} (u_i - u_{i-1})^2}{\sum_{i=1}^{n} u_i^2} \tag{3-33}$$

式中:

$$u_i = y_i - \hat{y}_i$$

表 3-4 中的第(8)栏和第(9)栏是计算德宾-沃森统计量的基础:

$$D\text{-}W = 14\,483 / 6\,612 = 2.19$$

采用前面提出的经验法则,若 $D\text{-}W$ 统计量为 1.5～2.5,则表明不存在显著的自相关问题。

如果发现了自相关问题,通常是通过对所有的原始数据进行差分来消除它:

y =对前一期饮料销售量的变化量

x =对前一期温度的变化量

z =对前一期比分差的变化量

然后用这些变量代替原始变量，进行多元回归分析。

（二）多重共线性检验

多重共线性是多元回归中出现的问题，简单回归不存在此问题。由于各个自变量提供的是各个不同因素的信息，因此，假定各自变量同其他自变量之间是无关的。例如，假定把比赛到一半时的比分差和比赛结束时的比分差作为两个自变量，则两者中的每一个都是比分接近程度的度量，它们可能存在相关关系。这种关系会导致建立错误的回归模型以及得出使人误解的结论。为了避免这个问题，有必要对自变量之间的相关与否进行检验。任何两个自变量 x 和 z 之间的相关系数为：

$$r_{xz}=\frac{\sum(x-\bar{x})(z-\bar{z})}{\sqrt{\sum(x-\bar{x}^2)}\sqrt{\sum(z-\bar{z})^2}} \tag{3-34}$$

相关系数 γ_{xz} 的取值范围为－1 到 1。绝对值为 0 表示不相关，绝对值越接近 1 表示相关性越强，－1 表示负相关，1 表示正相关，γ_{xz} 的绝对值越接近 0 则表示 x 和 z 之间越不可能存在多重共线性，越接近 1 表示 x 和 z 之间越可能存在多重共线性。

利用表 3－3 中的数据，自变量 x 和 z 之间的相关系数为：

$$r_{xz}=\frac{71}{\sqrt{1\ 012}\times\sqrt{302}}=0.13$$

使用多个自变量时，通常把它们的相关关系列在一个相关矩阵中，如表 3－5 所示。

表 3－5　饮料销售量相关矩阵

	y	x	z
y	1.00	0.86	0.56
x		1.00	0.13
z			1.00

表 3－5 具有一个明显的特征：各个自变量和因变量之间的相关系数大，而各个自变量之间的相关系数小。若某两个自变量之间高度相关，就有必要把其中一个自变量从模型中删去。如果不能确定哪些自变量应包括在变量内，就可以利用所考虑的所有变量建立一个相关矩阵，保留因变量与自变量高度相关的因素，而把能引起多重共线性的自变量删去或替换。

四、用多元线性回归模型进行预测

（一）点估计

本例中，若预计明天的气温为 35℃，体育节目播音员预计比分差为 8，那么可以估计这次比赛的饮料销售量为：

$$\hat{y}=39.195\ 3+9.064\ 1\times 35+9.607\ 4\times 8=433(\text{箱})$$

(二) 区间估计

(1) 如果要估计的是因变量的平均水平 μ_y,则置信区间的公式为:

大样本:置信区间 $=\hat{y} \pm z_{\frac{\alpha}{2}} SE_{\hat{\mu}}$

小样本:置信区间 $=\hat{y} \pm t_{\frac{\alpha}{2}} SE_{\hat{\mu}}$

(2) 如果要估计的是某个特定的因变量 y 值,则预测区间的公式为:

大样本:预测区间 $=\hat{y} \pm z_{\frac{\alpha}{2}} SE_{\hat{y}}$

小样本:预测区间 $=\hat{y} \pm t_{\frac{\alpha}{2}} SE_{\hat{y}}$

其中,$t_{\frac{\alpha}{2}}$ 是置信度为$(1-\alpha)$、自由度为$(n-3)$的 t 分布的临界值。$SE_{\hat{\mu}}$,$SE_{\hat{y}}$ 的计算公式为:

$$SE_{\hat{\mu}} = SE\sqrt{C_0} \qquad SE_{\hat{y}} = SE\sqrt{1+C_0}$$

$$C_0 = \frac{1}{n} + \frac{(x_{10}-\bar{x}_1)^2 \sum(x_2-\bar{x}_2)^2 + (x_{20}-\bar{x}_2)^2 \sum(x_1-\bar{x}_1)^2}{\sum(x_1-\bar{x}_1)^2 \sum(x_2-\bar{x}_2)^2 - \left[\sum(x_1-\bar{x}_1)(x_2-\bar{x}_2)\right]^2} - 2$$
$$\times \frac{(x_{10}-\bar{x}_1)(x_{20}-\bar{x}_2)\sum(x_1-\bar{x}_1)(x_2-\bar{x}_2)}{\sum(x_1-\bar{x}_1)^2 \sum(x_2-\bar{x}_2)^2 - \left[\sum(x_1-\bar{x}_1)(x_2-\bar{x}_2)\right]^2}$$

式中,x_{10} 与 x_{20} 分别为给定的自变量 x_1 和 x_2 的值。常用的统计软件都可以直接给出因变量的置信区间和预测区间。

本例中,要计算置信度为 90%的估计区间,查表得 $t_{0.10/2}(7)=1.895$,从而饮料销售量的置信区间为:

$$\hat{y} \pm 1.895 \times SE_{\hat{\mu}} = 430 \pm 25$$

即当气温为 35℃、比分差为 8 时,平均的饮料销售量的值在 408~458 箱的概率为 0.90。

同样的条件下,饮料销售量的置信度为 90%的预测区间为:

$$\hat{y} \pm 1.895 \times SE_{\hat{y}} = 433 \pm 63$$

即当气温为 35℃、比分差为 8 时,有 90%的把握估计饮料销售量的值为 370~496 箱。

五、两个以上自变量的多元回归模型

使用两个自变量和使用两个以上自变量的多元回归,在概念上是没有差别的,只是后者计算更复杂一些。下式是包括许多自变量的多元回归预测模型:

$$\hat{y} = b_0 + b_1 x_1 + b_2 x_2 + \cdots + b_n x_n$$

系数 b_0 至 b_n 一般通过把因变量和自变量的观察值输入适当的计算机程序而求得。上述关于包括两个自变量的拟合优度的度量和置信区间的估计,同样也适用于三个或三个以上自变量的情形。

六、计算机在多元回归分析中的应用

随着回归分析中变量的增多,回归分析的计算量成倍增加,因此,多元回归分析必须借助于计算机。很多的计算机软件如Excel等都提供有回归分析功能。下面以一个简单的实例来介绍如何用 Excel 软件进行多元回归分析。

将表 3－6 的数据输入 Excel 的工作表中，用鼠标单击 Excel 工具栏，点取数据分析功能，选择其中的回归分析，并输入因变量和自变量的值域，按“确定”按钮，即可得到如表 3－7 所示的结果。

表 3－6　工业主要指标在国民经济中的比重　　单位：%

年份	工业部门创造的国民收入占国民收入总额的比重	工业劳动者占全社会劳动者的比重	工业固定资产原值占全社会固定资产原值的比重	工业定额流动资金占全社会定额流动资金的比重
	y	x_1	x_2	x_3
1991	48.90	15.80	65.20	30.90
1992	46.70	16.00	65.00	30.90
1993	45.80	15.90	65.10	30.40
1994	45.10	15.90	65.40	30.50
1995	44.50	16.50	65.20	32.90
1996	45.10	16.70	66.30	38.60
1997	45.50	17.50	64.90	39.50
1998	45.80	17.70	65.00	40.10
1999	46.10	17.80	64.30	40.60
2000	47.40	17.30	64.30	42.40
2001	45.80	17.10	64.90	51.20
2002	47.80	17.00	64.90	51.00
2003	49.40	17.20	64.15	52.65

表 3－7　用 Excel 计算的回归分析结果

汇总输出	
回归统计	
R（相关系数）	0.727 247
R^2（可决系数）	0.528 889
调整的 R 平方	0.371 852
标准误差	1.193 941
观察值个数	13

ANOVA（方差分析）					
	自由度	SS	MS	F	显著水平 F
回归	3	14.402 86	4.800 954	3.367 923	0.068 457
残差	9	12.829 45	1.425 494		
总和	12	27.232 31			

续 表

	系数	标准差	t 统计量	p 值	下限 95%	上限 95%
截距	170.040 000	52.030 670	3.268 290	0.009 710	52.348 13	287.751 400
X 变量 1	−1.433 070	0.679 058	−2.110 380	0.064 030	−2.969 21	0.103 066
X 变量 2	−1.596 500	0.731 495	−2.182 510	0.056 941	−3.251 26	0.058 261
X 变量 3	0.106 943	0.058 312	1.833 973	0.099 864	−0.024 97	0.238 855

利用 Excel 的回归分析功能，还可以计算残差、制作残差图及线性拟合图等。

第三节 非线性回归预测法

以上两节，我们研究了变量之间呈线性关系的预测问题。然而，在社会经济现象中，有时两个因素之间的关系并不是呈线性的关系，这时就要选配适当类型的曲线，才符合实际情况。

一、选配曲线问题

选配曲线通常可以分以下两个步骤：

(一) 确定变量间函数的类型

变量间函数关系的类型有的可以根据理论或过去积累的经验，事前予以确定。但是，当不能事先确定变量之间函数关系的类型时，就需要根据实际资料作散点图，从散点图中的分布形状选择适当的曲线来配合。

(二) 确定相关函数中的未知参数

函数类型确定以后，接下来就需要确定函数关系式的未知参数。最小二乘法是确定未知参数最常用的方法。但在具体运用时，必须先通过变量变换，把非线性函数关系转化为线性关系。

【例 3 - 3】 表 3 - 8 是某年某市各百货商店的商品年销售额和商品流通费率，如果把这些数据绘制一张相关散点图，并用曲线连接起来，可以清楚地看出销售额逐渐增大，商品流通费率逐渐减少，如图 3 - 2 所示。

表 3 - 8　商品年销售额和商品流通费率等数据

商品年销售额分组(万元)	组中值 x	商品流通费率(%) y	$x'=\frac{1}{x}$	$(x')^2$	y^2	$x'y$
3 以下	1.5	7.0	0.666 7	0.444 49	49.0	4.666 90
3～6	4.5	4.8	0.222 2	0.049 37	23.04	1.066 56
6～9	7.5	3.6	0.133 3	0.017 77	12.96	0.479 88
9～12	10.5	3.1	0.095 2	0.009 06	9.61	0.295 12

续　表

商品年销售额分组(万元)	组中值 x	商品流通费率(%) y	$x'=\frac{1}{x}$	$(x')^2$	y^2	$x'y$
12～15	13.5	2.7	0.074 1	0.005 49	7.29	0.200 07
15～18	16.5	2.5	0.050 6	0.003 67	6.25	0.151 50
18～21	19.5	2.4	0.051 3	0.002 63	5.76	0.123 12
21～24	22.5	2.3	0.044 4	0.001 97	5.29	0.102 12
24～27	25.5	2.2	0.039 2	0.001 54	4.84	0.086 24
合　计	—	30.6	1.387 0	0.535 99	124.04	7.171 51

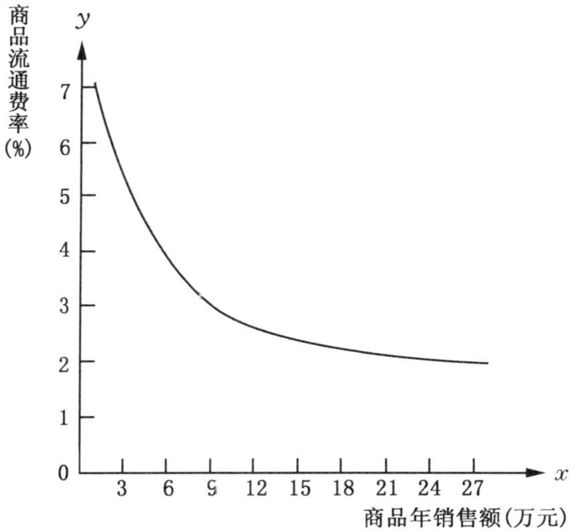

图 3-2　某年某市各百货商店商品年销售额和商品流通费率

因此,就要用双曲线回归预测方程式 $\hat{y}=a+b\frac{1}{x}$ 来描述它们之间的数量变化。

要解双曲线方程式中的 a、b 两个参数,必须先对其作线性变换,即假设 $x'=\frac{1}{x}$,那么:

$$\hat{y}=a+bx'$$

$$\sum x'=1.387\ 0 \qquad \sum y=30.6$$

$$\bar{x}'=0.154\ 11 \qquad \bar{y}=3.4$$

$$\sum (x')^2=0.535\ 99 \qquad \sum y^2=124.02$$

$$\frac{(\sum x')^2}{n}=0.213\ 75 \qquad \frac{(\sum y)^2}{n}=104.04$$

$$l_{x'x'}=\sum (x')^2-\frac{(\sum x')^2}{n}=0.322\ 24$$

$$l_{yy}=\sum y^2-\frac{(\sum y)^2}{n}=19.98$$

$$\sum x'y=7.171\ 51$$

$$\frac{\sum x'\sum y}{n}=\frac{1.387\ 0\times 30.6}{9}=4.715\ 8$$

$$l_{x'y}=\sum x'y-\frac{\sum x'\sum y}{n}=2.455\ 71$$

$$b=\frac{l_{x'y}}{l_{x'x'}}=\frac{2.455\ 71}{0.322\ 24}=7.620\ 75$$

$$a=\bar{y}-b\bar{x}'=3.4-7.620\ 75\times 0.154\ 11=2.225\ 57$$

得回归方程为:

$$\hat{y}=2.225\ 57+7.620\ 75\left(\frac{1}{x}\right)$$

当商品年销售额为 13 万元时,则预测流通费率为:

$$\hat{y}=2.225\ 57+7.620\ 75\times\frac{1}{13}=2.8(\%)$$

各百货商店商品年销售额与商品流通费率的相关系数为:

$$r=\frac{l_{x'y}}{\sqrt{l_{x'x'}l_{yy}}}=\frac{2.455\ 71}{\sqrt{0.322\ 24\times 19.98}}=0.968$$

我们也可以利用方差分析对回归方程进行显著性检验。检验结果如表 3-9 所示(F 检验临界值表见附表三)。

表 3-9 双曲线回归方差分析

变差来源	平方和	自由度	均方差(F)	F_α	显著性
回 归	$U=bl_{x'y}$ $=18.716\ 68$	1	$F=\dfrac{U}{\dfrac{Q}{(n-2)}}$ $=103.30$	$F_{0.01}(1,7)$ $=16.24$	16.24 小于 103.30,高度显著
剩 余	$Q=l_{yy}-bl_{x'y}$ $=1.268\ 32$	7			
合 计	19.98	—	—	—	—

二、一些常见的函数图形

选择合适的曲线类型并不是一件轻而易举的工作,主要依靠专业知识和经验,当然也可以通过计算剩余均方差(估计标准误差)来确定。为了便于选择曲线类型,现给出常用的几种曲线,供使用时参考。

(一) 幂函数 $y=ax^b$

如果 x 与 y 的关系可用下列曲线函数表示:

$$y=ax^b$$

那么这个函数称为幂函数。幂函数曲线如图 3-3 所示。

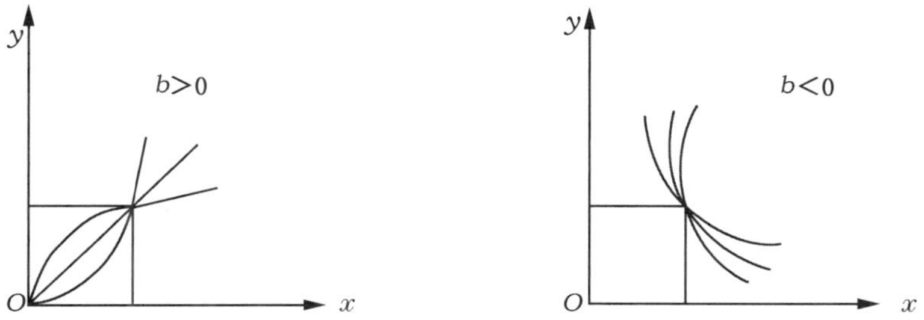

图 3-3　幂函数曲线 $y=ax^b$

如果把 x 与 y 的数值绘于对数坐标轴上,则成为直线。

令:　$y'=\lg y$,　$x'=\lg x$,　$a'=\lg a$

则:　$y'=a'+bx'$

(二) 指数函数 $y=ae^{bx}$

指数函数方程为:

$$y=a\mathrm{e}^{bx}$$

令:　$y'=\ln y$,　$a'=\ln a$

则:

$$y'=a'+bx$$

指数曲线如图 3-4 所示。

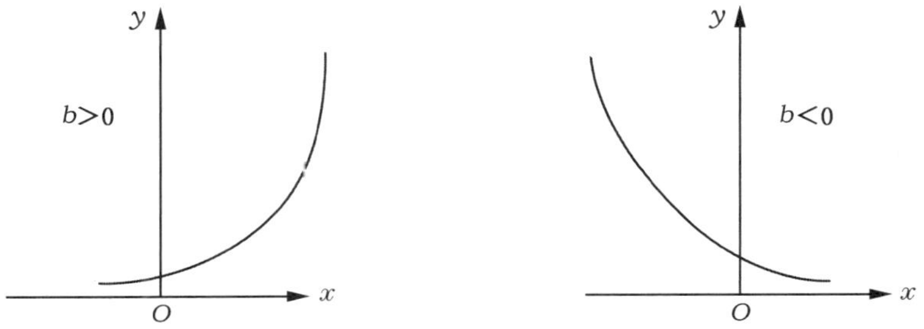

图 3-4　指数曲线 $y=ae^{bx}$

(三) 抛物线函数 $y=a+bx+cx^2$

按最小二乘法确定 a、b、c 之值,应先解下列三个规范方程式:

$$\begin{cases}\sum y=na+b\sum x+c\sum x^2\\ \sum xy=a\sum x+b\sum x^2+c\sum x^3\\ \sum x^2y=a\sum x^2+b\sum x^3+c\sum x^4\end{cases}$$

抛物线如图 3-5 所示。

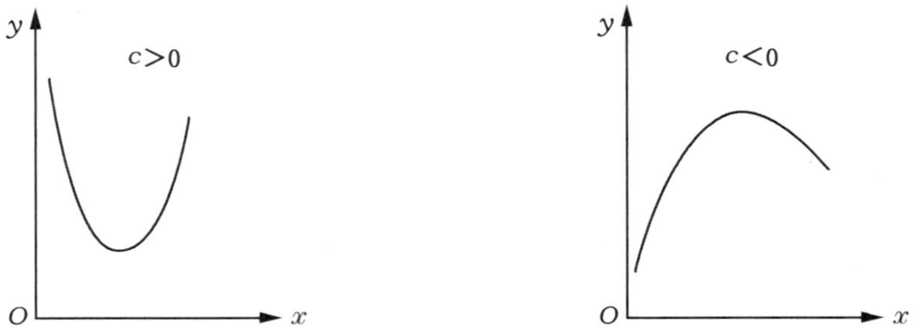

图 3-5 抛物线 $y=a+bx+cx^2$

(四) 对数函数 $y=a+b\lg x$

令:

$$x'=\lg x$$

则:

$$y=a+bx'$$

对数曲线如图 3-6 所示。

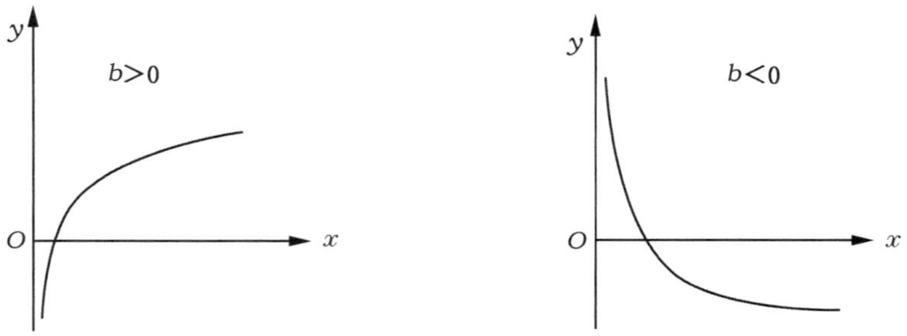

图 3-6 对数曲线 $y=a+b\lg x$

(五) S 形函数 $y=\dfrac{1}{a+be^{-x}}$

令:

$$y'=\frac{1}{y},\quad x'=e^{-x}$$

则：

$$y' = a + bx'$$

S形曲线如图 3－7 所示。

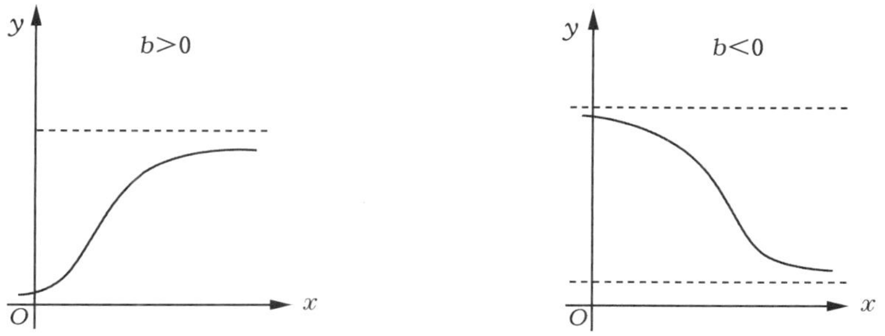

图 3－7　S 形曲线 $y = \dfrac{1}{a + be^{-x}}$

第四节　应用回归预测法应注意的问题

随着我国社会主义市场经济的发展，人们将不断地借助回归预测法对市场经济中出现的各种数量关系进行描述、分析、控制和预测。在具体运用时，应注意以下几个问题：

一、关于定性分析问题

社会现象之间的相互关系和发展规律性，取决于马克思主义的理论分析。在理论上证实社会现象或社会现象指标之间确实存在相关关系性质之后，才能再利用回归预测法具体研究和测定社会现象相关关系的数量表现。回归分析不能代替马克思主义理论对社会现象相互关系的质的分析，只有在马克思主义理论的质的分析的基础上，才能测定社会现象在数量上的相互关系。这应该成为统计上运用回归预测法的一条基本原则。

因此，我们首先应该进行定性分析，在马克思主义理论的指导下，依靠研究人员的理论知识、专业知识、实际经验和分析研究能力，来确定各种变量之间的相关关系及其影响程度。任何脱离理论分析或不做定性分析的相关和回归分析将会陷入研究的误区。例如，在一些发展中国家，近年来香烟消费量和人口期望寿命都呈现增长趋势。如果研究人员对此现象不做定性分析，就套用相关系数的计算公式，再按一定的显著性水平进行显著性检验，完全有可能得出吸烟与寿命之间呈现显著正相关关系的结论。然而，这种结论与现代医学研究的结论是相悖的。事实上，对研究对象进行相关和回归分析之前，应该对有关联的其他因素做一番定性分析，然后找出主要的或直接的影响因素。不然，在分析研究中，会陷入“只见树木，不见森林”的境地。

在相关和回归分析中，研究人员经过一系列的计算和统计检验后得到的结论，往往是建立在满足一定假定条件之上的。如果假定条件同时满足定性分析的基本要求，则结论具有实际意义；如果假定条件不符合定性分析的基本要求，则相关和回归分析后的结论就值得商榷。

关于定性分析的重要性,不仅表现在相关和回归分析过程的开始,而且也表现在分析的中间过程之中。例如,在对回归模型做统计检验时,数理检验并不能替代对模型的定性检验(即逻辑检验)。按照分析的要求,逻辑检验是第一位的,数理检验是第二位的。例如,对求出的回归方程做检验,首先应从逻辑上检查方程能否成立,特别要检查自变量前回归系数的符号是否合乎对现实情况的定性理解;在逻辑检验通过后,再做数理统计检验。对于未通过逻辑检验的方程,要仔细分析和追查原因,以便于改进。

二、关于回归预测不能任意外推的问题

在回归分析中,要注意把握事物从量变到质变的“度”的界限。在许多情况下,变量之间只是在一定的范围内才具有相关关系,超出了这个范围就可能成为谬误。例如,施肥量和农作物生产量只有在一定范围内才具有正相关关系,施肥量超过了一定的限度,产量不但不会增加,反而会减少。农作物的耕作深度与每亩收割量之间的关系也是如此。因此,回归分析的应用,仅仅是限于原来数据所包括的范围内,相关关系只限于 x 和 y 两方面的数值从最小值到最大值的范围;回归分析中的回归关系限于 x 方面原数值从最小值到最大值的范围(以 x 推算 y 时),超过了这个范围去推断或预测,可能会得出错误的结论。

所谓“外推”,是指把相关关系或回归关系用于超出上述范围之外。由于原来资料只提供了一定范围内的数量关系,在此范围以外是否存在同样的关系,尚未得知。如果有进行外推的充分根据和需要,也应十分慎重,而且不能离开原来的范围太远。

统计学已阐明,回归方程估计值 $\hat{y}$ 与实际观察值 y 之间的偏差 δ 不仅与显著性水平 α 有关(α 越小,δ 越大),与 n 有关(n 越大,δ 越小),而且与观察值 x_0 有关。当 x_0 靠近 $\bar{x}$ 时,δ 就小;当 x_0 远离 $\bar{x}$ 时,δ 就大,即 $\delta=\delta(x_0)$。假如分别作函数 $y=\hat{y}-\delta(x)$ 和 $y=\hat{y}+\delta(x)$ 的图形(见图 3-8),那么,它们把回归直线夹在中间,两头都呈喇叭形。

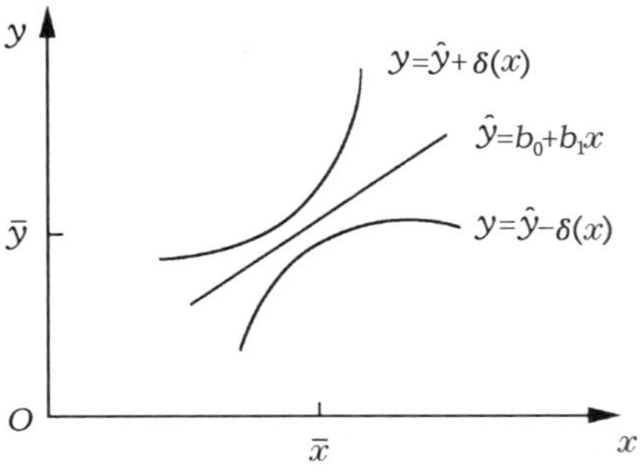

图 3-8 小样本预测区间

显而易见,当 x_0 处于 $\bar{x}$ 时,回归直线效果最好。但是,回归直线任意外推,预测远期目标,误差就大,往往会得出不正确的结论。当然,这不能一概而论,一般来说,直线回归只适宜做中、短期预测,不宜于做长期预测。

三、关于对数据资料的要求问题

在利用回归分析进行预测时,还必须注意数据资料的准确性、可比性和独立性问题。

(一) 关于数据资料的准确性问题

这个问题是容易理解的,只有借以预测的资料是正确可靠的,才能保证分析和预测的可靠性。如果数据是凭经验、拍脑袋估计出来的,就不能得出科学的分析结论。如果由于历史上的某些原因使得某一年度的资料明显不准确(如“大跃进”时期一些地区的数据资料),应该按照核实后的数据来计算,不可将错就错。在整理资料过程中,如果发现个别因素缺少某些年度的数字,可采用一定的统计方法(如比例推算法、统计插值法、调查估算法等)予以补齐。如果发现某一年度的数字畸高或畸低,可利用数理统计中的控制理论,按照 3δ 原则对

该数字进行检验，如果与总体平均数的离差超过 3δ，该年度各个变量的数值就不能用来分析和预测。

（二）关于数据资料的可比性和独立性问题

我们应该保证 y_1，…，y_n 之间的指标数值所包含的经济内容、指标口径、范围、计算方法和计量单位的一致性，并且，各年的指标应当是当年的生产成果。

（三）关于社会经济现象基本稳定的问题

回归分析是在假定社会经济条件没有发生重大变化、社会经济现象基本稳定的情况下进行的，即假定工艺、技术、市场以及国家政策等相对稳定、没有突变。如果由于某年某个企业发生了重大的技术革命，使生产量成倍地增长，那么，这一年前后的相关数据就不能合并在一起进行回归预测。因为社会经济现象的发展变化是复杂的，所以在进行回归预测时，必须考虑社会因素的变化，适时地修正分析结论。

本章小结

1. 一元线性回归预测是指成对的两个变量数据分布大体上呈直线趋势时，运用合适的参数估计方法，求出一元线性回归模型，然后根据自变量与因变量之间的关系，预测因变量的趋势。

由于很多社会经济现象之间都存在相关关系，因此，一元线性回归预测具有很广泛的应用。进行一元线性回归预测时，必须选用合适的统计方法估计模型参数，并对模型及其参数进行统计检验。

2. 社会经济现象的变化往往受到多个因素的影响，因此，一般要进行多元回归分析，我们把包括两个或两个以上自变量的回归称为多元回归。

多元回归与一元回归类似，可以用最小二乘法估计模型参数。也需对模型及模型参数进行统计检验。选择合适的自变量是正确进行多元回归预测的前提之一，多元回归模型自变量的选择可以利用变量之间的相关矩阵来解决。

3. 在社会现实经济生活中，很多现象之间的关系并不是线性关系，对这种类型现象的分析预测一般要应用非线性回归预测，通过变量代换，可以将很多的非线性回归转化为线性回归。因此，可以用线性回归方法解决非线性回归预测问题。

4. 应用回归预测法时，应首先确定变量之间是否存在相关关系。如果变量之间不存在相关关系，对这些变量应用回归预测法就会得出错误的结果。正确应用回归分析预测时应注意：(1) 用定性分析判断现象之间的依存关系；(2) 避免回归预测的任意外推；(3) 应用合适的数据资料。

思考与练习

一、单项选择题

1. 在对 X 与 Y 的相关分析中，(　　)。

A. X 是随机变量　　　　B. Y 是随机变量

C. X、Y 都是随机变量　　　　D. X、Y 都是非随机变量

2. 一元线性回归模型 $y_i = bx_i + \mu_i$ 中，b 的普通最小二乘估计为(　　)。

A. $\hat{b} = \dfrac{\sum xy}{\sum x^2}$　　B. $\hat{b} = \dfrac{\sum (x-\bar{x})(y-\bar{y})}{\sum (x-\bar{x})^2}$

C. $\hat{b} = \dfrac{\sum (x-\bar{x})y}{\sum (x-\bar{x})^2}$　　D. $\hat{b} = \dfrac{\sum xy - \sum x \sum y}{n\sum x^2 - (\sum x)^2}$

3. 评价回归直线方程拟合优度如何的指标有(　　)。

A. 回归系数 b　　B. 可决系数 R^2

C. 相关系数 r　　D. 直线截距 b_0

4. 两变量的线性相关系数为+1，说明(　　)。

A. 完全正相关　　B. 不完全相关

C. 不存在线性相关关系　　D. 完全负相关

5. 已知回归直线方程的可决系数 $R^2 = 0.81$，那么可知(　　)。

A. 相关系数 $r = 0.9$　　B. 相关系数 $r = -0.9$

C. 相关系数 $r = 0.9$ 或 $r = -0.9$　　D. 无法计算相关系数 r

6. 两个变量之间的协方差(　　)。

A. 必定大于 0　　B. 必定小于 0

C. 必定在正负 1 之间　　D. 以上全错

7. 某一多元线性回归模型有 3 个自变量，其中两个自变量的相关系数为 0.9，则称此现象为(　　)。

A. 同方差　　B. 异方差　　C. 自相关　　D. 多重共线性

8. 产量(x)(千件)与单位成本(y)(元)的回归方程为：$\hat{y} = 77 - 2x$，表明产量每提高 1 000 件，单位成本平均(　　)。

A. 增加 2 元　　B. 增加 2 000 元

C. 减少 2 000 元　　D. 减少 2 元

9. 对两变量的散点图拟合最好的回归线，必须满足一个基本条件，即(　　)。

A. $\sum (y_i - \hat{y}_i)$ 最小　　B. $\sum (y_i - \hat{y}_i)$ 最大

C. $\sum (y_i - \hat{y}_i)^2$ 最大　　D. $\sum (y_i - \hat{y}_i)^2$ 最小

10. 回归直线方程 $\hat{y}_i = b_0 + b_1 x_i$，其中 x 为自变量，y 为因变量，则(　　)。

A. 可以根据 x 推断 y　　B. 可以根据 y 推断 x

C. 不能推断　　D. 可以相互推断

二、多项选择题

1. 一元线性回归模型 $y_i = b_0 + b_1 x_i + \mu_i$ 中，b_1 的普通最小二乘估计为(　　)。

A. $\hat{b}_1 = \dfrac{\sum xy}{\sum x^2}$　　B. $\hat{b}_1 = \dfrac{\sum (x-\bar{x})(y-\bar{y})}{\sum (x-\bar{x})^2}$

C. $\hat{b}_1 = \dfrac{\sum (x-\bar{x})y}{\sum (x-\bar{x})^2}$　　D. $\hat{b}_1 = \dfrac{n\sum xy - \sum x \sum y}{n\sum x^2 - (\sum x)^2}$

2. 对于经典线性回归模型，各回归系数的普通最小二乘估计具有的优良特性有（　　）。

A. 无偏性　B. 线性特性　C. 有效性　D. 一致性

E. 确定性

3. 线性回归模型的普通最小二乘估计的残差 $\mu_i = y_i - \hat{y}_i$ 满足（　　）。

A. $\sum \mu_i = 0$　B. $\sum y_i \mu_i = 0$　C. $\sum x_i \mu_i = 0$　D. $\sum \hat{y}_i \mu_i = 0$

E. $\sum \mu_i^2 = 0$

4. 可决系数 R^2 可表示为（　　）。

A. $R^2 = \frac{SSR}{SST}$　B. $R^2 = \frac{SSE}{SST}$

C. $R^2 = 1 - \frac{SSR}{SST}$　D. $R^2 = 1 - \frac{SSE}{SST}$

E. $R^2 = \frac{SSE}{SSE + SSR}$

5. 用最小二乘法进行参数的估计时，要求 μ_i 满足的假设条件为（　　）。

A. μ_i 是一个随机变量

B. μ_i 的均值为零，即 $E(\mu_i) = 0$

C. 在每一个时期中，μ_i 的方差为常量，即 $D(\mu_i) = \sigma^2$

D. 各个 μ_i 相互独立

E. μ_i 与自变量无关

6. 反映某一元线性回归方程 $\hat{y}_i = b_0 + b_1 x_i$ 好坏的指标有（　　）。

A. 相关系数　B. 可决系数

C. b_1 的大小　D. 估计标准误

E. 其他

7. 模拟回归方程进行分析适用于（　　）。

A. 变量之间存在一定程度的相关系数　B. 不存在任何关系的几个变量之间

C. 变量之间存在线性相关关系　D. 变量之间存在曲线相关关系

E. 时间序列变量与时间之间

8. 可决系数 $R^2 = 80\%$ 的含义有（　　）。

A. 自变量和因变量之间相关关系的密切程度

B. 因变量 y 的总变化中有 80%可以由回归直线来解释和说明

C. 总偏差中有 80%可以由回归偏差来解释

D. 相关系数一定为 0.64

E. 可决系数与相关系数无关

9. 对于一元线性回归模型的检验方法，（　　）。

A. 可用 t 检验

B. 可用 F 检验

C. t 检验与 F 检验的结论是一致的

D. t 检验与 F 检验的结论可以是不一致的

E. 可用可决系数检验

10. 在多元线性回归方程模型的检验方面,(　　)。

A. 可用 t 检验

B. 可用 F 检验

C. t 检验与 F 检验的结论是等价的

D. t 检验是检验回归方程各个系数的显著性

E. F 检验是检验整个回归关系的显著性

三、名词解释

1. 残差
2. 可决系数
3. 相关系数
4. 非线性回归预测法
5. 拟合优度

四、简答题

1. 何谓多重共线性检验?
2. 最小二乘法的意义是什么?
3. 对于多元线性回归模型,为什么在进行了回归方程的显著性 F 检验之后,还要对每个回归系数进行是否为 0 的 t 检验?
4. 在非线性回归预测法中,如何选择合适的曲线?
5. 应用回归预测法时,应注意哪些问题?

五、计算题

1. 某种商品的需求量与人均月收入的关系数据如下表所示:

人均月收入(元)	700	800	900	1 000	1 100	1 200	1 260	1 340
需求量(万元)	9.0	9.6	10.2	11.6	12.4	13.0	13.8	14.6

要求:如果估计下月的人均月收入为 1 400 元,试预测下月该商品的需求量(取置信度 $\alpha=0.05$)。

2. 某工厂生产某电器产品的产量(万件)(x)与单位成本(元)(y)的资料如下:$n=6$,$\sum x=21$,$\sum x^2=79$,$\sum y=426$,$\sum y^2=30\ 268$,$\sum xy=1\ 487$。

要求:

(1) 分析产量与单位成本是否存在线性相关,如存在,相关程度如何?

(2) 拟合适当的回归方程,并评价拟合优度如何?

(3) 预测产量为 6 万件时,其单位成本置信度为 95%的特定值的置信区间。

3. 某市房地产投资公司出售的五个楼盘面积与总售价资料如下表所示:

楼盘面积(百平方米)	9	15	10	11	10
总售价(千元)	36	80	44	55	35

要求：

(1) 分析楼盘总面积与楼盘总售价是否存在线性相关，计算相关系数；

(2) 建立一元线性回归方程；

(3) 判断模型拟合优度；

(4) 以 90%置信度，预测楼盘总面积为 20 百平方米时，其总售价的平均值的置信区间。

4. 已知身高与体重的资料如下表所示：

身高(米)	1.55	1.60	1.65	1.67	1.70	1.75	1.80	1.82
体重(千克)	50	52	57	56	60	65	62	70

要求：

(1) 拟合适当的回归方程；

(2) 判断拟合优度情况；

(3) 对模型进行显著性检验($\alpha=0.05$)；

(4) 当体重为 75 千克时，求其身高平均值的 95%的置信区间。

5. 下表是某地区 10 户家庭人均收入(x)和人均食物消费支出(y)的数据：

y	x	y	x
70	80	115	180
65	100	120	200
90	120	140	220
95	140	155	240
110	160	150	260

要求：

(1) 用普通最小二乘法估计该地居民家庭食物消费支出的回归直线；

(2) 计算可决系数 R^2，说明方程的拟合优度；

(3) 在 5%的显著性水平下，对回归方程进行显著性检验。

6. 某公司的每周广告费支出和每周销售额数据如下表所示：

每周广告费支出(元)	4 100	5 400	6 300	5 400	4 800	4 600	6 200	6 100	6 400	7 100
每周销售额(万元)	12.50	13.80	14.25	14.25	14.50	13.00	14.00	15.00	15.75	16.50

要求：

(1) 广告费支出与销售额之间是否存在显著的相关关系？

(2) 计算回归模型参数。

(3) 回归模型能解释销售额变动的比例有多大吗？

(4) 计算 D-W 统计量。

(5) 如下周的广告费支出为6 700元,试预测下周的销售额(取置信度$\alpha=0.05$)。

7. 某超市顾客的付款时间与所购商品价值之间的关系数据如下表所示:

付款时间(分钟)	3.6	4.1	0.8	5.7	3.4	1.8	4.3	0.2	2.6	1.3
商品价值(元)	306	305	24	422	218	62	401	20	155	65

要求:

(1) 付款时间与所购商品价值之间是否存在显著的相关关系?

(2) 计算回归模型,并作相关统计检验。

(3) 试构造当付款时间为3分钟时,所购商品价值的置信度为99%的置信区间。

8. 下表是国外某研究小组的调查结果:

小　组	平均受教育年限(X)	平均年收入(1 000美元)(Y)
1	3	3
2	4	4
3	5	5
4	7	7
5	6	9
6	9	11
7	11	13
8	12	20
9	16	35
10	15	40
11	21	50

要求:

(1) 受教育程度与年收入之间是否存在线性相关?

(2) 计算回归模型、可决系数R^2,以及解释R^2的意义。

9. 某公司下属企业的设备能力和劳动生产率的统计资料如下表所示:

企业代号	01	02	03	04	05	06	07	08	09	10	11	12	13	14
设备能力(千瓦/人)	2.8	2.8	3.0	2.9	3.4	3.9	4.0	4.8	4.9	5.2	5.4	5.5	6.2	7.0
劳动生产率(万元/人)	6.7	6.9	7.2	7.3	8.4	8.8	9.1	9.8	9.8	10.7	11.1	11.8	12.1	12.4

该公司现计划新建一家企业,设备能力为6.2千瓦/人。

要求:预测新建企业的劳动生产率,并求出其95%的置信区间。

10. 某公司10家下属企业的产量与生产费用之间的关系如下表所示：

产量(万件)	40	42	48	55	65	79	88	100	120	140
生产费用(万元)	150	140	160	170	150	162	185	165	190	185

要求：

(1) 计算可决系数R^2和相关系数。

(2) 计算回归模型参数，并作统计检验。

11. 下表是从10个地区调查得来的数据。因变量是喜欢某品牌牙膏的居民百分比，自变量则是该地区居民的人均年收入(x_1，以千元计量)和关于居民受教育水平的某种量度(x_2)。

地　区	喜欢某品牌牙膏的百分比(Y)	人均年收入(x_1)	教育指数(x_2)
1	61.6	6.0	6.3
2	53.2	4.4	5.5
3	65.5	9.1	3.6
4	64.9	8.1	5.8
5	72.7	9.7	6.8
6	52.2	4.8	7.9
7	50.2	7.6	4.2
8	44.0	4.4	6.0
9	53.8	9.1	2.8
10	53.5	6.7	6.7

要求：

(1) 计算回归模型参数估计值。

(2) 计算可决系数。

(3) 计算D-W统计量。

(4) 设$x_1=5$和$x_2=6$，构造Y的置信度为95%的预测区间。

12. 某大企业人事处处长想利用职员的年龄和经验做自变量来预测他们的技术水平。下表所列数据是来自一个由15名职员构成的随机样本。

技术水平(Y)	经验(x_1)	年龄(x_2)
15	0	21
15	0	18
21	0	22
28	1	24
30	1	25

续 表

技术水平(Y)	经验(x_1)	年龄(x_2)
35	1	25
40	1	26
35	2	34
30	2	25
45	2	38
50	3	44
60	3	51
45	4	39
60	4	54
50	5	55

要求:

(1) 求多元回归方程。

(2) 设 $x_1=2$, $x_2=25$,求 Y 的置信度为95%的置信区间。

13. 某地区企业销售量、推销人员数和广告费资料如下表所示:

销售量(万箱)	25	23	24	23	24	25	26	26	25	27	28	30	31
推销人员数(人)	44	42	45	45	46	44	46	46	44	46	45	48	50
广告费(万元)	15	15	14	16	15	17	16	15	15	16	18	20	19

要求:

(1) 建立二元回归方程;

(2) 评价拟合优度情况;

(3) 对模型进行显著性检验;

(4) 当推销人员数增加到55人,广告费为20万元时,预测可能的销售量。

六、分析题

回归分析可用来检验资本市场能否有效地利用股票估价的信息。为了明确起见,记 *return* 为从2017年末到2021年末持有一个企业股票4年后的总收益,有效市场假设认为这些收益不会与2017年就已知的信息系统相关。如果投资开始时就已知的企业特征有助于预测股票的收益,我们就可以用这些信息去选择股票。记变量 *dkr* 为2017年的企业资产负债率,*eps* 为每股盈利,*netinc* 为净收入,*salary* 为企业首席执行官的年薪收入。

(1) 现使用容量为142的一个随机样本,估计得到回归方程如下:

$$\widehat{return} = \underset{(29.30)}{40.44} + \underset{(0.854)}{0.952}dkr + \underset{(0.332)}{0.472}eps - \underset{(0.020)}{0.025}netinc + \underset{(0.009)}{0.003}salary$$

$$n=142,\quad R^2=0.0285$$

在 5%的显著性水平下,检验这些解释变量是否联合显著,有哪一个解释变量显著吗?
(2) 使用 *netinc* 和 *salary* 的对数形式重新估计该模型,得到:

$$\widehat{return} = -69.12 + 1.056dkr + 0.586eps - 31.18\log(netinc) + 39.26\log(salary)$$
$$(164.66) \quad (0.847) \quad (0.336) \quad (14.16) \quad (26.4)$$
$$n = 142, \quad R^2 = 0.0531$$

你的结论与(1)中的结论是否还相同?
(3) 总之,股票收益可预测的证据是强还是弱?

4

第四章 时间序列分解法和趋势外推法

全章提要

- 第一节　时间序列分解法
- 第二节　趋势外推法概述
- 第三节　多项式曲线趋势外推法
- 第四节　指数曲线趋势外推法
- 第五节　生长曲线趋势外推法
- 第六节　曲线拟合优度分析

本章小结

思考与练习

第一节 时间序列分解法

一、时间序列的分解

经济时间序列的变化受许多因素的影响，概括地讲，可以将影响时间序列变化的因素分为四种，即长期趋势因素(T)、季节变动因素(S)、周期变动因素(C)和不规则变动因素(I)。

(一) 长期趋势因素

长期趋势因素反映了经济现象在一个较长时间内的发展方向，它可以在一个相当长的时间内表现为一种近似直线的持续向上或持续向下或平稳的趋势。在某种情况下，它也可以表现为某种类似指数趋势或其他曲线趋势的形式。经济现象的长期趋势一旦形成，总能延续一段相当长的时期，即使如股票市场这种变化较快的经济现象，其形成的向上趋势(牛市)或向下趋势(熊市)也总能延续数月乃至数年。因此，分析预测经济现象的长期趋势对于正确预测经济现象的发展具有十分重要的意义。

(二) 季节变动因素

季节变动因素是经济现象受季节变动影响所形成的一种长度和幅度固定的周期波动。季节变动因素既包括受自然季节影响所形成的波动，也包括受工作时间规律如每周 5 天工作制等所形成的波动。季节变动和周期变动的区别在于季节变动的波动长度固定，如 12 个月、4 个季节、1 个月或 1 个星期等；而周期变动的长度一般是不一样的。

(三) 周期变动因素

周期变动因素也称循环变动因素，它是受各种经济因素影响形成的上下起伏不定的波动，如国内生产总值、工业产值指数、股票价格、利率和大多数经济指标，均具有明显的周期变动特征。

(四) 不规则变动因素

不规则变动又称随机变动，它是受各种偶然因素影响所形成的不规则波动，如股票价格受突然出现的利好或利空消息的影响产生波动等。

二、时间序列分解模型

当将时间序列分解成长期趋势、季节变动、周期变动和不规则变动四个因素后，可以认为时间序列 Y 是这四个因素的函数，即：

$$Y_t = f(T_t, S_t, C_t, I_t) \tag{4-1}$$

时间序列分解的方法有很多，较常用的模型有加法模型和乘法模型。

加法模型为：

$$Y_t = T_t + S_t + C_t + I_t \tag{4-2}$$

乘法模型为：

$$Y_t = T_t \times S_t \times C_t \times I_t \tag{4-3}$$

相对而言，乘法模型应用得比较广泛。在乘法模型中，时间序列值(Y)和长期趋势用绝对数表示，季节变动、周期变动和不规则变动用相对数(百分数)表示。

三、时间序列的分解方法

时间序列的分解方法比较简单，下面用一个实例加以说明。

【例 4－1】 表 4－1 是某商品销售额 12 年的季度数据。时间序列的分解一般是先计算季节指数，然后计算长期趋势和周期变动。在本例中，我们采用乘法模型，即 $Y=T\times S\times C\times I$，其中，$Y$ 代表表 4－1 中的实际销售额，当分解出 T、S 和 C 后，剩余部分即为 I。

表 4－1　某商品销售额 12 年的季度数据

季度 (1)	t (2)	销售额 Y (3)	四项平均 (4)	居中平均 TC (5)	$Y/TC=SI$ (6)(%)	长期趋势 T (7)	周期变动 C (8)(%)
2010 1	1	3 017.60		—	—	—	—
			—				
2	2	3 043.54		—	—	—	—
			2 741.333				
3	3	2 094.35		2 773.483	75.513 37	2 852.964	97.214 07
			2 805.633				
4	4	2 809.84		2 820.600	99.618 52	2 891.918	97.533 87
			2 835.568				
2011 1	5	3 274.80		2 838.063	115.388 60	2 930.873	96.833 36
			2 840.558				
2	6	3 163.28		2 867.399	110.318 80	2 969.827	96.551 03
			2 894.240				
3	7	2 114.31		2 900.825	72.886 51	3 008.782	96.411 95
			2 907.410				
4	8	3 024.57		2 948.685	102.573 50	3 047.736	96.750 02
			2 989.960				
2012 1	9	3 327.48		3 030.663	109.793 80	3 086.690	98.184 86
			3 071.365				
2	10	3 493.48		3 129.643	111.625 50	3 125.645	100.127 90
			3 187.920				
3	11	2 439.93		3 232.620	75.478 40	3 164.599	102.149 40
			3 277.320				
4	12	3 490.79		3 298.289	105.836 40	3 203.553	102.957 20
			3 319.258				
2013 1	13	3 685.08		3 311.570	111.278 90	3 242.508	102.129 90
			3 303.883				
2	14	3 661.23		3 299.978	110.947 10	3 281.462	100.564 20
			3 296.073				
3	15	2 378.43		3 316.641	71.712 01	3 320.416	99.886 30
			3 337.210				
4	16	3 459.55		3 342.204	103.511 00	3 359.371	99.488 98
			3 347.198				
2014 1	17	3 849.63		3 380.191	113.887 90	3 398.325	99.466 39
			3 413.185				
2	18	3 701.18		3 428.931	107.939 80	3 437.279	99.757 13
			3 444.678				
3	19	2 642.38		3 473.306	76.076 79	3 476.234	99.915 78
			3 501.935				
4	20	3 585.52		3 527.670	101.639 90	3 515.188	100.355 10
			3 553.405				
2015 1	21	4 078.66		3 576.665	114.035 30	3 554.143	100.633 70
			3 599.925				
2	22	3 907.06		3 662.923	106.665 10	3 593.097	101.943 30
			3 725.920				
3	23	2 828.46		3 758.539	75.254 25	3 632.051	103.482 50
			3 791.158				
4	24	4 089.50		3 821.350	107.017 20	3 671.006	104.095 50
			3 851.543				

续　表

季度 (1)	t (2)	销售额 Y (3)	四项平均 (4)	居中平均 TC (5)	$Y/TC=SI$ (6)(%)	长期趋势 T (7)	周期变动 C (8)(%)
2016 1	25	4 339.61	3 873.540	3 862.541	112.351 20	3 709.960	104.112 70
2	26	4 148.60	3 872.325	3 872.933	107.117 80	3 748.914	103.308 10
3	27	2 916.45	3 848.028	3 860.176	75.552 25	3 787.869	101.908 90
4	28	4 084.64	3 810.273	3 829.150	106.672 20	3 826.823	100.060 80
2017 1	29	4 242.42	3 801.413	3 805.843	111.471 20	3 865.777	98.449 60
2	30	3 997.58	3 789.310	3 795.361	105.328 10	3 904.732	97.199 03
3	31	2 881.01	3 818.788	3 804.049	75.735 36	3 943.686	96.459 22
4	32	4 036.23	3 909.525	3 864.156	104.453 10	3 982.641	97.024 98
2018 1	33	4 360.33	3 982.318	3 945.921	110.502 20	4 021.595	98.118 32
2	34	4 360.53	4 029.200	4 005.759	108.856 50	4 060.549	98.650 66
3	35	3 172.18	4 111.738	4 070.469	77.931 57	4 099.504	99.291 75
4	36	4 223.76	4 195.225	4 153.481	101.692 00	4 138.458	100.363 00
2019 1	37	4 690.48	4 237.768	4 216.496	111.241 20	4 177.412	100.935 60
2	38	4 694.48	4 326.235	4 282.001	109.632 80	4 216.367	101.556 70
3	39	3 342.35	4 394.980	4 360.608	76.648 72	4 255.321	102.474 20
4	40	4 577.63	4 477.873	4 436.426	103.182 80	4 294.275	103.310 20
2020 1	41	4 965.46	4 509.820	4 493.846	110.494 70	4 333.230	103.706 60
2	42	5 026.05	4 496.898	4 503.359	111.606 70	4 372.184	103.000 20
3	43	3 470.14	4 570.210	4 533.554	76.543 48	4 411.138	102.775 10
4	44	4 525.94	4 611.093	4 590.651	98.590 37	4 450.093	103.158 60
2021 1	45	5 258.71	4 642.748	4 626.920	113.654 70	4 489.047	103.071 30
2	46	5 189.58	4 481.663	4 562.205	113.751 60	4 528.002	100.755 40
3	47	3 596.76	—	—	—	4 566.956	—
4	48	3 881.60		—	—	4 605.910	—

(一) 季节指数 S 的计算

季节指数的计算是先用移动平均法剔除长期趋势和周期变动，然后再用按月(季)平均法求出季节指数。由于一年有四个季度，因此，移动平均项数要取 4，需做两次移动，移动平均结果见表 4－1 的第(5)栏，其中第(5)栏的第一个数据 2 773.483 是经过以下两次移动平均求得的：

$$\frac{Y_1+Y_2+Y_3+Y_4}{4}=\frac{3\,017.60+3\,043.54+2\,094.35+2\,809.84}{4}$$

$$=2\,741.333$$

$$\frac{Y_2+Y_3+Y_4+Y_5}{4}=\frac{3\,043.54+2\,094.35+2\,809.84+3\,274.80}{4}$$

$$=2\,805.633$$

$$\frac{2\ 741.333+2\ 805.633}{2}=2\ 773.483$$

余下类推,即得到了不含季节因素和不规则变动因素的序列 TC(四项移动平均也消除了不规则变动)。

将 Y 除以 TC,即得到了只含季节因素和不规则变动因素的序列 SI,见表 4-1 的第(6)栏。将序列 SI 重新排列,得表 4-2。根据表 4-2,采用按季平均法,即可求出各年的同季平均数,由于四个季度的平均数之和为 400.182 7,不等于 400,因此,需要做出修正,其修正系数为 400.000 1/400.182 7=0.999 543。经过修正后,即得该商品销售额的季节指数,如表 4-2 的最后一行所示。季节指数一般用百分数表示,如在本例中,第一季度的季节指数为 112.139 7%。

表 4-2　运用按季平均法求季节指数　　单位:%

年　份	一季度	二季度	三季度	四季度	合　计
2010			75.513 37	99.618 52	
2011	115.388 6	110.318 8	72.886 51	102.573 50	
2012	109.793 8	111.625 5	75.478 40	105.836 40	
2013	111.278 9	110.947 1	71.712 01	103.511 00	
2014	113.887 9	107.939 8	76.076 79	101.639 90	
2015	114.035 3	106.665 1	75.254 25	107.017 20	
2016	112.351 2	107.117 8	75.552 25	106.672 20	
2017	111.471 2	105.328 1	75.735 36	104.453 10	
2018	110.502 2	108.856 5	77.931 57	101.692 00	
2019	111.241 2	109.632 8	76.648 72	103.182 80	
2020	110.494 7	111.606 7	76.543 48	98.590 37	
2021	113.654 7	113.751 6			
同季合计	1 234.100 0	1 203.790 0	829.332 70	1 134.787 0	
同季平均	112.190 9	109.435 4	75.393 88	103.162 5	400.182 7
季节指数	112.139 7	109.385 5	75.359 40	103.115 4	400.000 0

(二) 长期趋势 T 的计算

如果作散点图,可以看出,本例的销售额 Y 具有比较明显的上升趋势,且可以用直线趋势拟合。以时间 t 为自变量,以销售额 Y 为因变量,可求得如下回归方程:

$$T=2\ 736.101+38.954\ 36t$$

根据长期趋势方程,即可求得各个季度的长期趋势值,如 2021 年第二季度 $t=46$,其长期趋势为:

$$T=2\ 736.101+38.954\ 36\times 46=4\ 528.001\ 56$$

余下类推,即可求得长期趋势因素 T 序列,如表 4-1 中的第(7)栏所示。

（三）周期变动因素 C 的计算

将序列 TC 除以 T，即可得到周期变动因素 C，如表 4－1 中的第(8)栏所示。

（四）不规则变动因素 I 的计算

将时间序列的 T、S、C 分解出来后，剩余的即为不规则变动，即：

$$I=\frac{Y}{T\times S\times C}$$

由于不规则变动因素是不可预测的，因此，分解出不规则变动因素对于时间序列的预测没有多少价值。

四、时间序列分解预测法的应用

在求出时间序列各因素之后，即可根据时间序列分解模型进行预测。仍以例 4－1 为例，时间序列分解模型为：

$$Y_t=T_t\times S_t\times C_t\times I_t$$

在进行预测时，一般无法预测不规则变动因素 I，因此，时间序列分解法的预测模型可以表达为：

$$\hat{Y}_t=T_t\times S_t\times C_t$$

在例 4－1 中，如果预测 2022 年第一季度的销售额，可按以下步骤进行：首先求出 2022 年第一季度的长期趋势 T，这可以根据长期趋势方程求得。由于 2022 年第一季度的 $t=49$，因此，2022 年第一季度的长期趋势 T 为：

$$T=2\ 736.101+38.954\ 36\times 49=4\ 644.865$$

2022 年第一季度的季节指数为 1.121 397(或 112.139 7%)(见表 4－2)，但 2022 年第一季度的周期变动 C 却需要用判断的方法来估计。根据表 4－1 的周期变动 C 和销售额 Y 的历史资料，我们估计 2022 年第一季度的周期变动 C 为 0.98(98%)，这样，可求得 2022 年第一季度的销售额的预测值为：

$$\hat{Y}_{49}=T_{49}S_{49}C_{49}=4\ 644.865\times 1.121\ 397\times 0.98=5\ 104.561$$

同样，可求得 2022 年其他各季度的销售额预测值，如表 4－3 所示。表 4－3 中的周期变动 C 值均是根据历史数据采用主观判断方法确定的。

表 4－3　采用时间序列分解预测法的销售额预测值

季　度	T	S	C	销售额预测值
2022 年第一季度	4 644.865	1.121 397	0.98	5 104.561
第二季度	4 683.819	1.093 855	0.99	5 072.184
第三季度	4 722.773	0.753 595	1.00	3 559.057
第四季度	4 761.728	1.031 154	1.00	4 910.073

第二节 趋势外推法概述

一、趋势外推法的概念和假定条件

统计资料表明,大量社会经济现象的发展主要是渐进型的,其发展相对于时间具有一定的规律性。因此,当预测对象依时间变化呈现某种上升或下降的趋势,并且无明显的季节波动,又能找到一条合适的函数曲线反映这种变化趋势时,就可用时间 t 为自变量,时序数值 y 为因变量,建立趋势模型:

$$y = f(t)$$

当有理由相信这种趋势能够延伸到未来时,赋予变量 t 所需要的值,就可以得到相应时刻的时间序列未来值。这就是趋势外推法。

趋势外推法的假设条件是:

(1) 假设事物发展过程没有跳跃式变化,一般属于渐进变化。

(2) 假设事物的发展因素也决定事物未来的发展,其条件是不变或变化不大。也就是说,假定根据过去资料建立的趋势外推模型能适合未来,能代表未来趋势变化的情况,即未来和过去的规律一样。

由以上两个假设条件可知,趋势外推法是事物发展渐进过程的一种统计预测方法。它的主要优点是可以揭示事物未来的发展,并定量地估计其功能特性。

二、趋势模型的种类

趋势外推法的实质就是利用某种函数分析描述预测对象某一参数的发展趋势,以下四种趋势预测模型最为常用。

(一) 多项式曲线预测模型

很多事物发展的模型可用多项式表示,常用的多项式预测模型有:

1. 一次(线性)预测模型

$$\hat{y}_t = b_0 + b_1 t \tag{4-4}$$

2. 二次(二次抛物线)预测模型

$$\hat{y}_t = b_0 + b_1 t + b_2 t^2 \tag{4-5}$$

3. 三次(三次抛物线)预测模型

$$\hat{y}_t = b_0 + b_1 t + b_2 t^2 + b_3 t^3 \tag{4-6}$$

4. n 次(n 次抛物线)预测模型

$$\hat{y}_t = b_0 + b_1 t + b_2 t^2 + \cdots + b_n t^n \tag{4-7}$$

(二) 指数曲线预测模型

常见的指数曲线预测模型有:

1. 指数曲线预测模型

$$\hat{y}_t = a\mathrm{e}^{bt} \tag{4-8}$$

2. 修正指数曲线预测模型

$$\hat{y}_t = a + bc^t \tag{4-9}$$

（三）对数曲线预测模型

常见的对数曲线预测模型有：

$$\hat{y}_t = a + b\ln t \tag{4-10}$$

（四）生长曲线预测模型

1. 皮尔曲线预测模型

$$\hat{y}_t = \frac{L}{1 + a\mathrm{e}^{-bt}} \tag{4-11}$$

式中，L 为变量 y_t 的极限值。

2. 龚珀兹曲线预测模型

$$\hat{y}_t = ka^{b^t} \tag{4-12}$$

所有上式中，a、b 为常数，t 为时间。

三、趋势模型的选择

趋势外推法主要利用图形识别法和差分法计算，进行模型的基本选择。

（一）图形识别法

这种方法是通过绘制散点图来进行的，即将时间序列的数据绘制成以时间 t 为横轴、时序观察值为纵轴的图形，观察并将其变化曲线与各类函数曲线模型的图形进行比较，以便选择较为适宜的模型。

然而，在实际预测过程中，有时由于几种模型接近而无法通过图形直观地确认某种模型，这就必须同时对几种模型进行试算，最后将标准误差最小的模型作为预测模型。

（二）差分法

由于模型种类很多，为了根据历史数据正确选择模型，常常利用差分法把原时间序列转换为平稳序列。即利用差分法把数据修匀，使非平稳序列达到平稳序列。这里最常用的是一阶向后差分法。一阶向后差分的定义为：

$$y'_t = y_t - y_{t-1}$$

或

$$\Delta y_t = y_t - y_{t-1}$$

一阶向后差分实际上是当时间由 $t-1$ 到 t 时 y_t 的增量。

二阶向后差分的定义为：

$$y''_t = y'_t - y'_{t-1} = y_t - 2y_{t-1} + y_{t-2}$$

k 阶向后差分的定义为:

$$y_t^k = y_t^{k-1} - y_{t-1}^{k-1} = y_t + \sum_{r=1}^{k}(-1)^r C_k^r y_{t-r}$$

计算时间序列的差分,并将其与各类模型的差分特点进行比较,就可以选择适宜的模型。运用差分法识别几种常用模型的例子如表 4-4~表 4-7 所示。

表 4-4　一次(线性)模型差分计算表

时序(t)	$y_t = a + bt$	一阶差分($y_t - y_{t-1}$)
1	$a+b$	—
2	$a+2b$	b
3	$a+3b$	b
4	$a+4b$	b
⋮	⋮	⋮
$t-1$	$a+(t-1)b$	b
t	$a+tb$	b

由表 4-4 可知,如果时间序列各期数值的一阶差分相等或大致相等,就可以配一次(线性)模型进行预测。

表 4-5　二次(抛物线)模型差分计算表

时序(t)	$y_t = b_0 + b_1 t + b_2 t^2$	一阶差分($y_t - y_{t-1}$)	二阶差分[$(y_t - y_{t-1}) - (y_{t-1} - y_{t-2})$]
1	$b_0+b_1+b_2$	—	—
2	$b_0+2b_1+4b_2$	b_1+3b_2	—
3	$b_0+3b_1+9b_2$	b_1+5b_2	$2b_2$
4	$b_0+4b_1+16b_2$	b_1+7b_2	$2b_2$
⋮	⋮	⋮	⋮
$t-1$	$b_0+(t-1)b_1+(t-1)^2b_2$	$b_1+(2t-3)b_2$	$2b_2$
t	$b_0+b_1t+b_2t^2$	$b_1+(2t-1)b_2$	$2b_2$

由表 4-5 可知,如果时间序列各期数值的二阶差分相等或大致相等,就可以配二次(抛物线)模型进行预测。

表 4-6　指数曲线模型差分计算表

时序(t)	$y_t = a\mathrm{e}^{bt}$	一阶差比率(y_t / y_{t-1})
1	$a\mathrm{e}^{b}$	—
2	$a\mathrm{e}^{2b}$	e^{b}

续　表

时序(t)	$y_t = ae^{bt}$	一阶差比率(y_t/y_{t-1})
3	ae^{3b}	e^b
4	ae^{4b}	e^b
⋮	⋮	⋮
$t-1$	$ae^{(t-1)b}$	e^b
t	ae^{tb}	e^b

由表 4-6 可知，如果时间序列各期数值的一阶差比率相等或大致相等，就可以配指数曲线模型进行预测。

表 4-7　修正指数曲线模型差分计算表

时序(t)	$y_t = a + bc^t$	一阶差分 ($y_t - y_{t-1}$)	一阶差的一阶比率 $\left(\dfrac{y_t - y_{t-1}}{y_{t-1} - y_{t-2}}\right)$
1	$a+bc$	—	—
2	$a+bc^2$	$bc(c-1)$	—
3	$a+bc^3$	$bc^2(c-1)$	c
4	$a+bc^4$	$bc^3(c-1)$	c
⋮	⋮	⋮	⋮
$t-1$	$a+bc^{t-1}$	$bc^{t-2}(c-1)$	c
t	$a+bc^t$	$bc^{t-1}(c-1)$	c

由表 4-7 可知，如果时间序列各期数值一阶差的一阶比率相等或大致相等，就可以配修正指数曲线模型进行预测。

第三节　多项式曲线趋势外推法

如前所述，多项式曲线预测模型的一般形式为：

$$\hat{y}_t = b_0 + b_1 t + b_2 t^2 + \cdots + b_k t^k$$

当 $k=1$ 时，为直线模型；

当 $k=2$ 时，为二次多项式(抛物线)模型；

当 $k=n$ 时，为 n 次多项式模型。

一、一次多项式曲线模型及其应用

一次多项式曲线模型为：

$$\hat{y}_t = b_0 + b_1 t$$

设有一组统计数据 $y_1, y_2, \cdots, y_n$,令:

$$\begin{aligned} Q(b_0, b_1) &= \sum_{t=1}^{n}(y_t - \hat{y}_t)^2 \\ &= \sum_{t=1}^{n}(y_t - b_0 - b_1 t)^2 \\ &= \text{最小值} \end{aligned}$$

根据微分原理,得:

$$\begin{cases} \dfrac{\partial Q}{\partial b_0} = -2\sum(y - b_0 - b_1 t) = 0 \\ \dfrac{\partial Q}{\partial b_1} = -2\sum(y - b_0 - b_1 t)t = 0 \end{cases}$$

经整理,得:

$$\begin{cases} \sum y = nb_0 + b_1 \sum t \\ \sum ty = b_0 \sum t + b_1 \sum t^2 \end{cases}$$

解此二元一次方程,可求得 b_0 和 b_1 两个参数。

【例 4-2】 自 2012 年起,中国研究与试验发展经费支出突破了一万亿元,2015—2021 年中国研究与试验发展经费支出如表 4-8 所示。

表 4-8　2015—2021 年中国研究与试验发展经费支出

年　份	2015	2016	2017	2018	2019	2020	2021
研究与试验发展经费支出(亿元)	14 170	15 677	17 606	19 678	22 144	24 393	27 956

试预测 2022 年中国研究与试验发展经费支出,并要求在 95%的概率保证程度下,给出其预测区间。

第一步,确定预测模型。

绘制曲线图,初步确定预测模型。

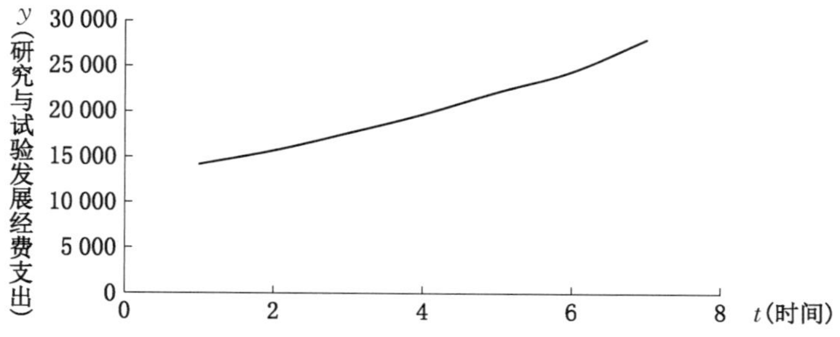

图 4-1　中国研究与试验发展经费支出 7 年曲线图

由图 4－1 可知，中国的研究与试验发展经费支出基本上符合一次多项式曲线模型。
第二步，求模型的参数。
模型参数的计算如表 4－9 所示。

表 4－9　中国研究与试验发展经费支出一次多项式曲线模型参数计算表

年　份	时序(t)	y_t	t^2	ty
2015	－3	14 170	9	－42 510
2016	－2	15 677	4	－31 354
2017	－1	17 606	1	－17 606
2018	0	19 678	0	0
2019	1	22 144	1	22 144
2020	2	24 393	4	48 786
2021	3	27 956	9	83 868
合　计	0	141 624	28	63 328

将表 4－9 的数据代入二元一次方程组，得：

$$\begin{cases} 141\,624 = 7b_0 \\ 63\,328 = 28b_1 \end{cases}$$

解得：

$$b_0 = 20\,232,\quad b_1 = 2\,261.71$$

一次多项式曲线模型为：

$$y_t = 20\,232 + 2\,261.71t \quad (\text{原点为 2018 年})$$

第三步，进行预测，确定预测区间。
若要预测 2022 年的研究与试验发展经费支出，则 $t=4$ 时：

$$y_{2022} = 20\,232 + 2\,261.71 \times 4 = 29\,278.84(\text{亿元})$$

为了确定预测区间，必须先计算估计标准误差，其计算过程如表 4－10 所示。

表 4－10　估计标准误差计算表

年　份	y_i	$\hat{y}_i$	$(y_i - \hat{y}_i)$	$(y_i - \hat{y}_i)^2$
2015	14 170	13 446.87	723.　13	522 917.00
2016	15 677	15 708.58	－31.58	997.30
2017	17 606	17 970.29	－364.29	132 707.20
2018	19 678	20 232.00	－554.00	306 916.00

续 表

年 份	y_i	$\hat{y}_i$	$(y_i-\hat{y}_i)$	$(y_i-\hat{y}_i)^2$
2019	22 144	22 493.71	−349.71	122 297.08
2020	24 393	24 755.42	−362.42	131 348.26
2021	27 956	27 017.13	938.87	881 476.88
合 计	—	—	—	2 098 659.71

$$SE=\sqrt{\frac{\sum(y-\hat{y})^2}{n-2}}=\sqrt{\frac{2\,098\,659.71}{5}}=647.87(\text{亿元})$$

$$SE_{\hat{y}}=647.87\times\sqrt{1+\frac{1}{7}+\frac{4^2}{28}}=848.26(\text{亿元})$$

上述预测 2022 年研究与试验发展经费支出为 29 278.84 亿元，在给定 95%的概率保证程度下，其预测区间为：

$$\hat{y}\pm t_{\frac{\alpha}{2}}(n-2)SE_{\hat{y}}=29\,278.84\pm2.571\times848.26=29\,278.84\pm2\,180.88$$

即有 95%的把握认为 2022 年中国研究与试验发展经费支出额的变动范围为 27 097.96 亿～31 459.72 亿元。

研究结果表明，我国政府对研究与试验发展工作一贯是重视和支持的，这也是我国创新驱动发展战略的具体体现。

2022 年 10 月 16 日习近平总书记在中国共产党第二十次全国代表大会上的报告中指出："我们加快推进科技自立自强，全社会研发经费支出从一万亿增加到二万八千亿，居世界第二位，研发人员总量居世界首位。基础研究和原始创新不断加强，一些关键核心技术实现突破，战略性新兴产业发展壮大，载人航天、探月探火、深海深地探测、超级计算机、卫星导航、量子信息、核电技术、新能源技术、大飞机制造、生物医药等取得重大成果，进入创新型国家行列。"

二、二次多项式曲线模型及其应用

二次多项式曲线模型为：

$$\hat{y}_t=b_0+b_1t+b_2t^2$$

设有一组统计数据 $y_1, y_2, \cdots, y_n$，令：

$$\begin{aligned}Q(b_0, b_1, b_2)&=\sum_{t=1}^{n}(y_t-\hat{y}_t)^2\\&=\sum_{t=1}^{n}(y_t-b_0-b_1t-b_2t^2)^2\\&=\text{最小值}\end{aligned}$$

根据微分原理,得:

$$\begin{cases}\dfrac{\partial Q}{\partial b_0}=-2\sum(y-b_0-b_1t-b_2t^2)=0\\ \dfrac{\partial Q}{\partial b_1}=-2\sum(y-b_0-b_1t-b_2t^2)t=0\\ \dfrac{\partial Q}{\partial b_2}=-2\sum(y-b_0-b_1t-b_2t^2)t^2=0\end{cases}$$

经整理,得:

$$\begin{cases}\sum y=nb_0+b_1\sum t+b_2\sum t^2\\ \sum ty=b_0\sum t+b_1\sum t^2+b_2\sum t^3\\ \sum t^2y=b_0\sum t^2+b_1\sum t^3+b_2\sum t^4\end{cases}$$

解此三元一次方程,可求得 b_0、b_1 和 b_2 三个参数。

【例 4-3】 某商店某种产品的销售量如表 4-11 所示。

表 4-11　某产品销售量资料

年　份	2013	2014	2015	2016	2017	2018	2019	2020	2021
销售量(万件)	10.0	18.0	25.0	30.5	35.0	38.0	40.0	39.5	38.0

试预测 2022 年的销售量,并要求在 90%的概率保证程度下,给出置信区间及预测区间。

第一步,确定预测模型。

(1) 绘制曲线图,初步确定预测模型。

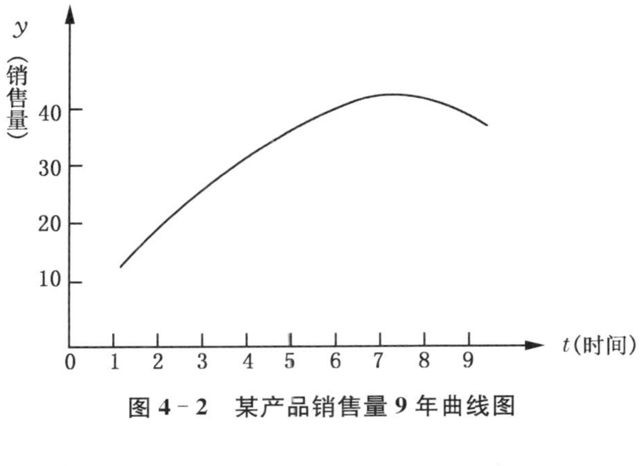

图 4-2　某产品销售量 9 年曲线图

由图 4-2 可知,该产品的销售量基本符合二次多项式曲线模型。

(2) 计算差分,如表 4-12 所示。

表 4-12 差分计算表

y_t	10.0	18.0	25.0	30.5	35.0	38.0	40.0	39.5	38.0
一阶差分	—	8.0	7.0	5.5	4.5	3.0	2.0	−0.5	−1.5
二阶差分	—	—	−1.0	−1.5	−1.0	−1.5	−1.0	−2.5	−1.0

由表 4-12 可知,该时间序列观察值的二阶差分大致相等,其波动范围为−2.5～−1.0。综合散点图和差分分析,最后确定选用二次多项式曲线模型进行预测。

第二步,求模型的参数。

模型参数的计算如表 4-13 所示。

表 4-13 某产品销售量二次多项式曲线模型参数计算表

年 份	时序(t)	y_t	t^2	t^4	ty	t^2y
2013	−4	10	16	256	−40	160
2014	−3	18	9	81	−54	162
2015	−2	25	4	16	−50	100
2016	−1	30.5	1	1	−30.5	30.5
2017	0	35	0	0	0	0
2018	1	38	1	1	38	38
2019	2	40	4	16	80	160
2020	3	39.5	9	81	118.5	355
2021	4	38	16	256	152	608
合 计	0	274.0	60	708	214.0	1 613.5

将表 4-13 的数据代入三元一次方程组,得:

$$\begin{cases}274=9b_0+0+60b_2\\214=0+60b_1+0\\1\,613.5=60b_0+0+708b_2\end{cases}$$

解得:

$$b_0=35.05,\quad b_1=3.57,\quad b_2=-0.69$$

二次多项式曲线模型为:

$$\hat{y}_t=35.05+3.57t-0.69t^2\quad(\text{原点为 2017 年})$$

第三步,进行预测,确定置信区间、预测区间。

若要预测 2022 年的销售量,则 $t=5$ 时:

$$\hat{y}_{2022}=35.05+3.57\times5-0.69\times5^2=35.62(\text{万件})$$

为了确定置信区间及预测区间，必须计算估计标准误差，其计算过程如表 4 - 14 所示。

表 4 - 14　估计标准误差计算表

年　份	y_i	$\hat{y}_i$	$(y_i-\hat{y}_i)$	$(y_i-\hat{y}_i)^2$
2013	10.0	9.73	0.27	0.072 9
2014	18.0	18.13	−0.13	0.016 9
2015	25.0	25.15	−0.15	0.022 5
2016	30.5	30.79	−0.29	0.084 1
2017	35.0	35.05	−0.05	0.002 5
2018	38.0	37.93	0.07	0.004 9
2019	40.0	39.43	0.57	0.324 9
2020	39.5	39.55	−0.05	0.002 5
2021	38.0	38.29	−0.29	0.084 1
合　计	—	—	—	0.615 3

$$SE=\sqrt{\frac{\sum(y-\hat{y})^2}{n-3}}=\sqrt{\frac{0.615\ 3}{6}}=0.320(\text{万件})$$

$$SE_{\hat{\mu}}=SE\sqrt{C_0}=0.407(\text{万件})$$

$$SE_{\hat{y}}=SE\sqrt{1+C_0}=0.518(\text{万件})$$

其中：

$$C_0=\frac{1}{n}+\frac{(t_0-\bar{t})^2\sum(t^2-\bar{t^2})^2+(t_0^2-\bar{t^2})^2\sum(t-\bar{t})^2}{\sum(t-\bar{t})^2\sum(t^2-\bar{t^2})^2-\left[\sum(t-\bar{t})(t^2-\bar{t^2})\right]^2}-2$$
$$\times\frac{(t_0-\bar{t})(t_0^2-\bar{t^2})\sum(t-\bar{t})(t^2-\bar{t^2})}{\sum(t-\bar{t})^2\sum(t^2-\bar{t^2})^2-\left[\sum(t-\bar{t})(t^2-\bar{t^2})\right]^2}$$

上述预测 2022 年销售量为 35.62 万件，在给定 90%的概率保证度下，其置信区间为：

$$\hat{y}\pm t_{0.05}(6)SE_{\hat{\mu}}=35.62\pm1.943\times0.407=35.62\pm0.79$$

即有 90%的把握可以估计 2022 年销售量的变动范围为 34.83 万～36.41 万件。

同样的条件下，销售量的预测区间为：

$$\hat{y}\pm t_{0.05}(6)SE_{\hat{y}}=35.62\pm1.943\times0.518=35.62\pm1.01$$

即有 90%的把握认为 2022 年销售量的变动范围为 34.61 万～36.63 万件。

三、三次多项式曲线模型及其应用

三次多项式曲线模型为：

$$\hat{y}_t = b_0 + b_1 t + b_2 t^2 + b_3 t^3$$

设有一组统计数据 $y_1, y_2, \cdots, y_n$,令:

$$Q(b_0, b_1, b_2, b_3) = \sum_{t=1}^{n} (y_t - \hat{y}_t)^2$$

$$= \sum_{t=1}^{n} (y_t - b_0 - b_1 t - b_2 t^2 - b_3 t^3)^2$$

$$= \text{最小值}$$

与二次多项式一样,通过微分可以得到以下方程组:

$$\begin{cases} \sum y = nb_0 + b_1 \sum t + b_2 \sum t^2 + b_3 \sum t^3 \\ \sum ty = b_0 \sum t + b_1 \sum t^2 + b_2 \sum t^3 + b_3 \sum t^4 \\ \sum t^2 y = b_0 \sum t^2 + b_1 \sum t^3 + b_2 \sum t^4 + b_3 \sum t^5 \\ \sum t^3 y = b_0 \sum t^3 + b_1 \sum t^4 + b_2 \sum t^5 + b_3 \sum t^6 \end{cases}$$

解此四元一次方程,可求得 b_0、b_1、b_2、b_3。

选择三次多项式曲线模型进行预测,必须使时间序列各数值的三阶差分相等或大致相等,这可从表 4 - 15 中得到证明。

表 4 - 15　三次多项式曲线模型差分表

时序(t)	$y_t = b_0 + b_1 t + b_2 t^2 + b_3 t^3$		
1	$b_0 + b_1 + b_2 + b_3$		
2	$b_0 + 2b_1 + 4b_2 + 8b_3$		
3	$b_0 + 3b_1 + 9b_2 + 27b_3$		
4	$b_0 + 4b_1 + 16b_2 + 64b_3$		
⋮	⋮		
$t-1$	$b_0 + (t-1)b_1 + (t-1)^2 b_2 + (t-1)^3 b_3$		
t	$b_0 + b_1 t + b_2 t^2 + b_3 t^3$		
时序(t)	一阶差分	二阶差分	三阶差分
1	—		
2	$b_1 + 3b_2 + 7b_3$	—	—
3	$b_1 + 5b_2 + 19b_3$	$2b_2 + 12b_3$	—
4	$b_1 + 7b_2 + 37b_3$	$2b_2 + 18b_3$	$6b_3$
⋮	⋮	⋮	⋮
$t-1$	$b_1 + [2(t-1) - 1]b_2 + [3(t-1)^2 - 3(t-1) + 1]b_3$	$2b_2 + 6(t-1)b_3$	$6b_3$
t	$b_1 + (2t-1)b_2 + (3t^2 - 3t + 1)b_3$	$2b_2 + 6tb_3$	$6b_3$

【例 4-4】 某市 2014—2020 年棉布产量时间序列资料如表 4-16 所示，试预测 2022 年的棉布产量。

表 4-16　某市棉布产量历年数据

年　份	2014	2015	2016	2017	2018	2019	2020
棉布产量(亿米)	252	340	374	379	375	385	430
一阶差分	—	88	34	5	−4	10	45
二阶差分	—	—	−54	−29	−9	14	35
三阶差分	—	—	—	25	20	23	21

由表 4-16 可知，棉布产量历史数据的三阶差分基本上接近一个常数，其波动范围为 20～25，因此，可以配三次多项式曲线模型进行预测。

三次多项式曲线模型参数的计算如表 4-17 所示。

表 4-17　三次多项式曲线模型参数计算表

年份	时序(t)	y_i	t^2	t^3	t^4	t^6	ty	t^2y	t^3y	$\hat{y}_i$	$(y_i-\hat{y}_i)^2$
2014	−3	252	9	−27	81	729	−756	2 268	−6 804	252.16	0.025 6
2015	−2	340	4	−8	16	64	−680	1 360	−2 720	339.53	0.220 9
2016	−1	374	1	−1	1	1	−374	374	−374	374.45	0.202 5
2017	0	379	0	0	0	0	0	0	0	378.95	0.002 5
2018	1	375	1	1	1	1	375	375	375	375.05	0.002 5
2019	2	385	4	8	16	64	770	1 540	3 080	384.77	0.052 9
2020	3	430	9	27	81	729	1 290	3 870	11 610	430.14	0.019 6
合计	0	2 535	28	0	196	1 588	625	9 787	5 167	—	0.526 5

计算三次多项式曲线模型的参数比较复杂，因此，可将四元一次方程式简化，使 $\sum t=0$，即 $b_0\sum t=0$，$b_0\sum t^3=0$，$b_1\sum t=0$，$b_1\sum t^3=0$，$b_2\sum t^3=0$，$b_2\sum t^5=0$，$b_3\sum t^3=0$，$b_3\sum t^5=0$，则四元一次方程式可简化为：

$$
\begin{cases}
\sum y = nb_0 + b_2\sum t^2 \\
\sum ty = b_1\sum t^2 + b_3\sum t^4 \\
\sum t^2y = b_0\sum t^2 + b_2\sum t^4 \\
\sum t^3y = b_1\sum t^4 + b_3\sum t^6
\end{cases}
$$

即：

$$\begin{cases}\sum y = nb_0 + b_2\sum t^2\\ \sum t^2y = b_0\sum t^2 + b_2\sum t^4\end{cases}$$

$$\begin{cases}\sum ty = b_1\sum t^2 + b_3\sum t^4\\ \sum t^3y = b_1\sum t^4 + b_3\sum t^6\end{cases}$$

将表 4-17 的数据代入,得:

$$\begin{cases}2\,535 = 7b_0 + 28b_2\\ 9\,787 = 28b_0 + 196b_2\end{cases}$$

求解,得:

$$b_0 = 378.95,\quad b_2 = -4.20$$

$$\begin{cases}625 = 28b_1 + 196b_3\\ 5\,167 = 196b_1 + 1\,588b_3\end{cases}$$

求解,得:

$$b_1 = -3.37,\quad b_3 = 3.67$$

于是,得到三次多项式曲线模型为:

$$\hat{y}_t = 378.95 - 3.37t - 4.20t^2 + 3.67t^3$$

预测 2022 年的棉布产量为:

$$\hat{y}_{2022} = 378.95 - 3.37\times 5 - 4.20\times 5^2 + 3.67\times 5^3 = 715.85(\text{亿米})$$

需要指出的是,在做趋势外推时,最重要的问题是预测的超前时间。很多预测者认为,预测的超前时间应等于占有可靠的统计数据的时间。而有的预测者认为,预测的超前时间不应超过占有数据时间的三分之一。目前,这个问题尚未解决。但是,有一点是肯定的,那就是随着预测超前时间的增加,预测精度下降。

第四节 指数曲线趋势外推法

一、指数曲线模型及其应用

指数曲线预测模型为:

$$\hat{y}_t = a\,\mathrm{e}^{bt}\qquad (a > 0)$$

对函数模型 $y_t = a\,\mathrm{e}^{bt}$ 做线性变换,得:

$$\ln y_t = \ln a + bt$$

令 $Y_t = \ln y_t$, $A = \ln a$, 则:

$$Y_t = A + bt$$

这样，就把指数曲线模型转化为直线模型了。

$\hat{y}_t = a e^{bt}$ 的图形如图 4-3 所示。

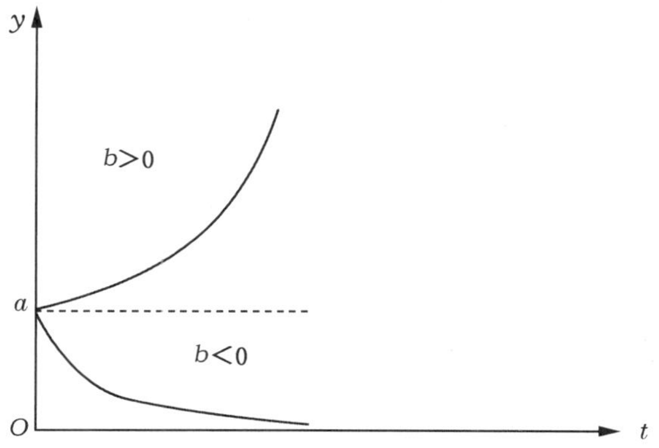

图 4-3 指数曲线

在模型 $\hat{y}_t = a e^{bt}$ 中，a、b 都是待定参数，可以通过最小二乘法求得。同时，由表 4-6 的指数曲线模型差分计算表可知，如果时间序列各期数值的一阶差比率大致相等，就可以配指数曲线模型进行预测。

【例 4-5】 某商品 2013—2021 年投入市场以来，社会总需求量统计资料如表 4-18 所示，试预测 2022 年的社会总需求量。

表 4-18 某商品社会总需求量资料

年 份	2013	2014	2015	2016	2017	2018	2019	2020	2021
总需求量(万件)	165	270	450	740	1 220	2 010	3 120	5 460	9 000

第一步，选择预测模型。

首先，绘制曲线图，根据曲线图分布来选用模型。

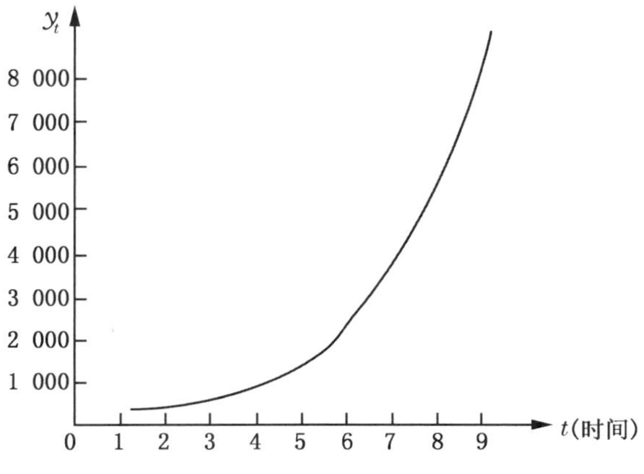

图 4-4 某商品 2013—2021 年需求量曲线图

根据图 4-4,可以初步确定选用指数曲线预测模型 $\hat{y}_t = ae^{bt}(a>0, b>0)$。

其次,计算一阶差比率(如表 4-19 所示),并结合曲线图最后确定选用哪一种模型。

表 4-19 指数曲线模型差分计算表

总需求量(万件)	165	270	450	740	1 220	2 010	3 120	5 460	9 000
一阶差比率	—	1.64	1.67	1.64	1.65	1.65	1.55	1.75	1.65

由表 4-19 可知,观察值 y_t 的一阶差比率大致相等,符合指数曲线模型的数字特征。

通过以上分析可知,所给统计数据的图形和数字特征都同指数曲线模型相符,所以,可选用模型 $\hat{y}_t = ae^{bt}$。

第二步,求模型参数。

先将观察值 y_t 的数据进行变换,使其满足 $\ln y_t = \ln a + bt \Leftrightarrow Y_t = A + bt$。其变换数据如表 4-20 所示。

表 4-20 观察值数据转换表

年　份	2013	2014	2015	2016	2017	2018	2019	2020	2021
时序(t)	1	2	3	4	5	6	7	8	9
$Y_t = \ln y_t$	5.11	5.60	6.11	6.61	7.11	7.61	8.05	8.61	9.11

经计算,得:

$$n=9,\quad \sum t = 45,\quad \sum t^2 = 285,\quad \sum Y = 63.92,\quad \sum Y^2 = 468.89,$$

$$\sum tY = 349.51,\quad \bar{t} = \frac{1}{n}\sum t = 5,\quad \bar{Y} = \frac{1}{n}\sum Y = 7.10$$

根据直线模型公式:

$$\begin{cases} b = \dfrac{\sum tY - n\bar{t}\,\bar{Y}}{\sum t^2 - n\bar{t}^2} = \dfrac{349.51 - 9\times 5\times 7.10}{285 - 9\times 5^2} \approx 0.5 \\ A = \bar{Y} - b\bar{t} = 7.10 - 0.5\times 5 = 4.6 \end{cases}$$

因为:

$$A = \ln a$$

所以:

$$a = e^A = e^{4.6} = 99.48$$

所求指数模型为:

$$\hat{y}_t = 99.48e^{0.5t}$$

第三步,预测 2022 年的需求量为:

$$\hat{y}_{2022} = 99.48e^{0.5\times 10} = 14\,764.14(\text{万件})$$

二、修正指数曲线模型及其应用

修正指数曲线预测模型为：

$$\hat{y}_t = a + bc^t \qquad (0 < c < 1)$$

式中，a、b 和 c 为待定参数。

为解 a、b 和 c 三个参数，可应用分组法，即把整个时间序列分成相等项数的三个组，以三个组的变量总数联系起来求导。

设各组序列项数为 n 项，第一组变量总和为 $\sum_{i=0}^{n-1} \text{I}\, y_i$，第二组变量总和为 $\sum_{i=n}^{2n-1} \text{II}\, y_i$，第三组变量总和为 $\sum_{i=2n}^{3n-1} \text{III}\, y_i$。现求 a、b、c 三个参数如下：

$$\hat{y}_t = a + bc^t$$

$$\begin{aligned}
\sum_{i=0}^{n-1} \text{I}\, y_i &= na + b + bc + bc^2 + \cdots + bc^{n-1} \\
&= na + b(1 + c + c^2 + \cdots + c^{n-1}) \\
&= na + b(1 + c + c^2 + \cdots + c^{n-1}) \frac{c-1}{c-1} \\
&= na + b\left(\frac{c + c^2 + c^3 + \cdots + c^n - 1 - c - c^2 - \cdots - c^{n-1}}{c-1}\right) \\
&= na + b\left(\frac{c^n - 1}{c-1}\right)
\end{aligned}$$

同理：

$$\begin{aligned}
\sum_{i=n}^{2n-1} \text{II}\, y_i &= na + bc^n + bc^{n+1} + bc^{n+2} + \cdots + bc^{2n-1} \\
&= na + bc^n(1 + c + c^2 + \cdots + c^{n-1}) \\
&= na + bc^n(1 + c + c^2 + \cdots + c^{n-1}) \frac{c-1}{c-1} \\
&= na + bc^n\left(\frac{c^n - 1}{c-1}\right)
\end{aligned}$$

$$\begin{aligned}
\sum_{i=2n}^{3n-1} \text{III}\, y_i &= na + bc^{2n} + bc^{2n+1} + bc^{2n+2} + \cdots + bc^{3n-1} \\
&= na + bc^{2n}(1 + c + c^2 + \cdots + c^{n-1}) \\
&= na + bc^{2n}\left(\frac{c^n - 1}{c-1}\right)
\end{aligned}$$

整理得：

$$\sum_{i=n}^{2n-1} \text{Ⅱ} y_i - \sum_{i=0}^{n-1} \text{Ⅰ} y_i = na + bc^n\left(\frac{c^n - 1}{c - 1}\right) - na - b\left(\frac{c^n - 1}{c - 1}\right)$$

$$= b\ \frac{(c^n - 1)^2}{c - 1}$$

所以:

$$b = \left(\sum_{i=n}^{2n-1} \text{Ⅱ} y_i - \sum_{i=0}^{n-1} \text{Ⅰ} y_i\right) \frac{c - 1}{(c^n - 1)^2}$$

又:

$$\sum_{i=2n}^{3n-1} \text{Ⅲ} y_i - \sum_{i=n}^{2n-1} \text{Ⅱ} y_i = na + bc^{2n}\left(\frac{c^n - 1}{c - 1}\right) - na - bc^n\left(\frac{c^n - 1}{c - 1}\right)$$

$$= bc^n\ \frac{(c^n - 1)^2}{c - 1}$$

$$\frac{\sum_{i=2n}^{3n-1} \text{Ⅲ} y_i - \sum_{i=n}^{2n-1} \text{Ⅱ} y_i}{\sum_{i=n}^{2n-1} \text{Ⅱ} y_i - \sum_{i=0}^{n-1} \text{Ⅰ} y_i} = \frac{\frac{bc^n(c^n - 1)^2}{c - 1}}{\frac{b(c^n - 1)^2}{c - 1}} = c^n$$

所以:

$$c = \left(\frac{\sum_{i=2n}^{3n-1} \text{Ⅲ} y_i - \sum_{i=n}^{2n-1} \text{Ⅱ} y_i}{\sum_{i=n}^{2n-1} \text{Ⅱ} y_i - \sum_{i=0}^{n-1} \text{Ⅰ} y_i}\right)^{\frac{1}{n}}$$

又据:

$$\sum_{i=0}^{n-1} \text{Ⅰ} y_i = na + b\left(\frac{c^n - 1}{c - 1}\right)$$

所以:

$$a = \frac{1}{n}\left[\sum_{i=0}^{n-1} \text{Ⅰ} y_i - b\left(\frac{c^n - 1}{c - 1}\right)\right]$$

最后,综合以上各式,有:

$$\begin{cases} c = \left\{\dfrac{\sum \text{Ⅲ} y - \sum \text{Ⅱ} y}{\sum \text{Ⅱ} y - \sum \text{Ⅰ} y}\right\}^{\frac{1}{n}} \\ b = \left(\sum \text{Ⅱ} y - \sum \text{Ⅰ} y\right) \cdot \dfrac{c - 1}{(c^n - 1)^2} \\ a = \dfrac{1}{n}\left\{\sum \text{Ⅰ} y - b \cdot \dfrac{c^n - 1}{c - 1}\right\} \end{cases}$$

修正指数曲线预测模型 $\hat{y}_t = a + bc^t$ 的图形如图 4-5 所示。

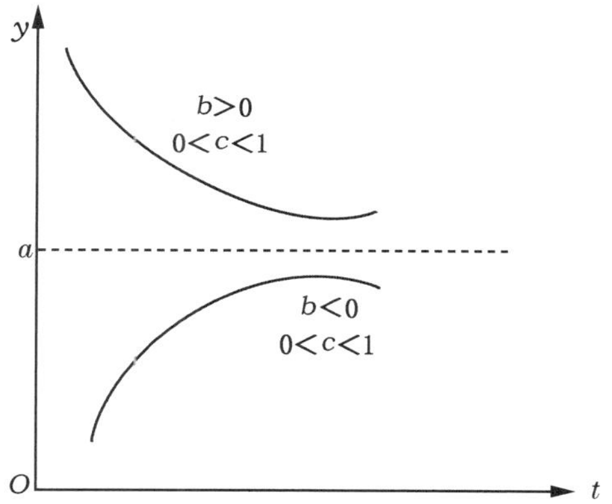

图 4-5　修正指数曲线

【例 4-6】　某商品2013—2021年的销售量资料如表4-21所示，试预测2022年的销售量。

表 4-21　某商品销售量统计数据表

年　份	2013	2014	2015	2016	2017	2018	2019	2020	2021
销售量(万吨)	50.0	60.0	68.0	69.6	71.1	71.7	72.3	72.8	73.2

第一步，选择模型。

首先，绘制散点图，初步确定模型。

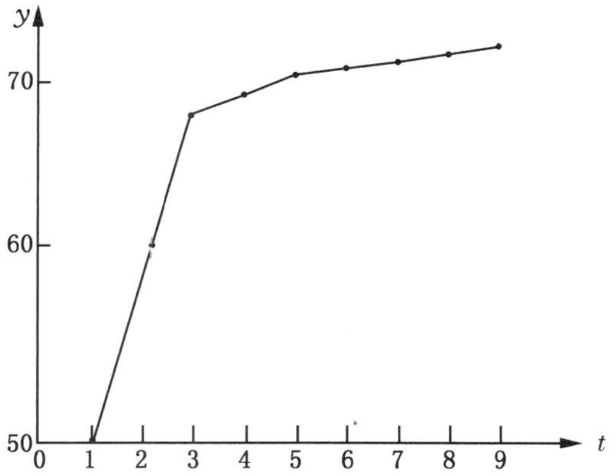

图 4-6　某商品 2013—2021 年销售量散点图

由散点图 4-6 可以初步确定选用修正指数曲线预测模型 $\hat{y}_t = a + bc^t$ ($b < 0$, $0 < c < 1$) 来进行预测。

其次，计算一阶差的一阶比率(如表 4-22 所示)。

表 4-22　某商品销售量一阶差的一阶比率计算表

y_i	50.0	60.0	68.0	69.6	71.1	71.7	72.3	72.8	73.2
一阶差分	—	10.0	8.0	1.6	1.5	0.6	0.6	0.5	0.4
一阶差的一阶比率	—	—	0.80	0.20	0.94	0.40	1.00	0.83	0.80

由表 4-22 可知，y_i的一阶差的一阶比率大致相等。所以，结合散点图分析，最后确定选用修正指数曲线模型进行预测比较适宜。

第二步，求模型参数(计算表如表 4-23 所示)。

表 4-23 修正指数曲线模型参数计算表 单位：万吨

年 份	时序(t)	销售量(y_i)
2013	0	50.0
2014	1	60.0
2015	2	68.0
$\sum \text{I} y$	—	178.0
2016	3	69.6
2017	4	71.1
2018	5	71.7
$\sum \text{II} y$	—	212.4
2019	6	72.3
2020	7	72.8
2021	8	73.2
$\sum \text{III} y$	—	218.3

$$\begin{cases} c=\left[\dfrac{\sum \text{III} y-\sum \text{II} y}{\sum \text{II} y-\sum \text{I} y}\right]^{\frac{1}{n}}=\left(\dfrac{218.3-212.4}{212.4-178.0}\right)^{\frac{1}{3}}=0.555\,6 \\ b=\left(\sum \text{II} y-\sum \text{I} y\right)\cdot\dfrac{c-1}{(c^n-1)^2} \\ \quad=(212.4-178)\times\dfrac{0.555\,6-1}{(0.555\,6^3-1)^2} \\ \quad=-22.272 \\ a=\dfrac{1}{n}\left(\sum \text{I} y-b\cdot\dfrac{c^n-1}{c-1}\right) \\ \quad=\dfrac{1}{3}\left(178+22.272\times\dfrac{0.555\,6^3-1}{0.555\,6-1}\right) \\ \quad=73.174 \end{cases}$$

所求模型为：

$$\hat{y}_t=73.174-22.272\times 0.555\,6^t$$

第三步，进行预测。

$$\hat{y}_{2022}=73.174-22.272\times 0.555\,6^9=73.06(\text{万吨})$$

需要指出的是，很多新产品投入市场后，需求量常常呈现为初期迅速增加，一段时期后逐渐降低增加的速度，而增长量的环比速度又大体上各期相等，最后发展水平趋向于某一个正的常数极限。修正指数曲线模型正是用来描述这种发展趋势的理想工具。

第五节　生长曲线趋势外推法

指数曲线预测不能预测接近极限值时的特性值，因为当趋近极限值时，特性值已不按指数规律增长。如果考虑极限值的影响，就会发现事物经历发生、发展到成熟的过程，因为这条曲线形状近似于S，所以又称S曲线。下面讨论两种最有使用价值的S曲线即龚珀兹曲线和皮尔曲线及其应用。

一、龚珀兹曲线模型及其应用

龚珀兹曲线和皮尔曲线均属于生长曲线回归预测方法。龚珀兹曲线多用于新产品的研制、发展、成熟和衰退分析。工业产品寿命一般分为四个时期：一是萌发期，二是畅销期，三是饱和期，四是衰退期。龚珀兹曲线特别适用于对处在成熟期的商品进行预测，以掌握市场需求和销售的饱和量。

龚珀兹曲线预测模型的形式为：

$$\hat{y}=ka^{b^t}$$

龚珀兹曲线的形式取决于参数 k、a 和 b 的值，k、a、b 是待定参数，用于描述产品生命周期的具体规律。

对函数模型 $y=ka^{b^t}$ 做线性变换，得：

$$\lg y=\lg k+b^t\lg a$$

龚珀兹曲线对应于 $\lg a$ 与 b 的不同取值范围而具有间断点，曲线的一般形状如图4－7所示。

图4－7中的(1)，渐近线(k)意味着市场对某类产品的需求已逐渐接近饱和状态；图4－7中的(2)，渐近线(k)意味着市场对某类产品的需求已由饱和状态开始下降；图4－7中的(3)，渐近线(k)意味着市场需求下降迅速，已接近最低水平 k；图4－7中的(4)，渐近线(k)意味着市场需求量开始从最低水平迅速上升。

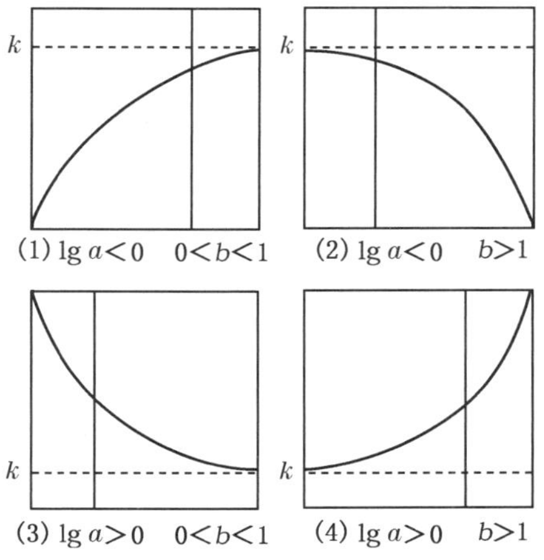

图4－7　龚珀兹曲线的一般形状

用分组法求解龚珀兹曲线中参数 k、a、b 的步骤为：

(1) 所收集的历史统计数据，要能够被3整除，即是以 $3n$ 为时序的数，n 为每一组的数据点个数。

(2) 式中的 y 值用来代表预测对象所对应于各时序的数值，并将各 y 值变换为对数。

(3) 将第一组 n 个数据点的各 $\lg y$ 相加,求得 $\sum \text{I} \lg y$;第二组 n 个数据点的各 $\lg y$ 相加,求得 $\sum \text{II} \lg y$;最后一组 n 个数据点的各 $\lg y$ 相加,求得 $\sum \text{III} \lg y$。

(4) 式中的 t 代表时序的顺序,取 $t_1=0$。

(5) 将有关数据代入下列公式:

$$\begin{cases} b^n = \dfrac{\sum \text{III} \lg y - \sum \text{II} \lg y}{\sum \text{II} \lg y - \sum \text{I} \lg y} \\ \lg a = (\sum \text{II} \lg y - \sum \text{I} \lg y) \cdot \dfrac{b-1}{(b^n-1)^2} \\ \lg k = \dfrac{1}{n}\left(\sum \text{I} \lg y - \dfrac{b^n-1}{b-1} \cdot \lg a\right) \\ \text{或} \quad \lg k = \dfrac{1}{n}\left[\dfrac{\sum \text{I} \lg y \cdot \sum \text{III} \lg y - (\sum \text{II} \lg y)^2}{\sum \text{I} \lg y + \sum \text{II} \lg y - 2\sum \text{III} \lg y}\right] \end{cases}$$

(6) 查反对数表,求出参数 k、a、b,并将 k、a、b 代入公式 $\hat{y}=ka^{b^t}$,即得龚珀兹预测模型。

【例 4-7】 某公司 2013—2021 年的实际销售额资料如表 4-24 所示。试应用龚珀兹曲线预测 2022 年的销售额。

表 4-24 某公司 2013—2021 年实际销售额情况

年　份	时序(t)	销售额(万元)(y)	$\lg y$
2013	0	4.94	0.693 7
2014	1	6.21	0.793 1
2015	2	7.18	0.856 1
$\sum \text{I} \lg y$	—	—	2.342 9
2016	3	7.74	0.888 7
2017	4	8.38	0.923 2
2018	5	8.45	0.926 9
$\sum \text{II} \lg y$	—	—	2.738 8
2019	6	8.73	0.941 0
2020	7	9.42	0.974 1
2021	8	10.24	1.010 3
$\sum \text{III} \lg y$	—	—	2.925 4

（1）计算参数 k、a 和 b。

$$b^3=\frac{\sum \mathrm{III}\lg y-\sum \mathrm{II}\lg y}{\sum \mathrm{II}\lg y-\sum \mathrm{I}\lg y}$$
$$=\frac{2.9254-2.7388}{2.7388-2.3429}$$
$$=0.4713$$

所以：$b=0.7782$

$$\lg a=\left(\sum \mathrm{II}\lg y-\sum \mathrm{I}\lg y\right)\cdot\frac{b-1}{(b^n-1)^2}$$
$$=(2.7388-2.3429)\times\frac{0.7782-1}{(0.4713-1)^2}$$
$$=-0.3141$$

所以：$a=0.4852$

$$\lg k=\frac{1}{n}\left(\sum \mathrm{I}\lg y-\frac{b^n-1}{b-1}\cdot\lg a\right)$$
$$=\frac{1}{3}\left[2.3429-\frac{0.4713-1}{0.7782-1}\times(-0.3141)\right]$$
$$=1.0306$$

解出：$k=10.73$

（2）把 k、a 和 b 代入公式 $\hat{y}=ka^{b^t}$，即可得到预测模型：

$$\hat{y}=10.73\times0.4852^{0.7782^t}$$

（3）进行预测。

$$\hat{y}_{2022}=10.73\times0.4852^{0.7782^9}=9.948(\text{万元})$$

由上述计算可知，市场饱和点的需求量是 $k=10.73$ 万元，2021 年的销售额已达到 10.24 万元，2022 年预测销售量可达 9.948 万元。产品处于生命周期的成熟阶段最高峰，销售量已无增长前景，并可能在某一时刻转入下降趋势。

就整个社会或某个地区来讲，市场总容量是不断扩大的。但是，就具体商品来讲，总要经过进入市场、销售量快速增长、市场饱和、销售量下降这几个阶段。特别是轻工产品的销售额，大部分都遵循“增长缓慢→迅速增加→维持一定水平→逐步减少”的规律发展变化。龚珀兹曲线是预测各种商品市场容量的最佳拟合线。

在选择应用龚珀兹曲线时，应考察历史数据 y_t 对数一阶差的一阶比率是否大致相等。如果一组统计数据对数一阶差的一阶比率大致相等，就可选用龚珀兹曲线进行预测，表 4－25 已给出了证明。

表 4-25　龚珀兹曲线模型对数一阶差的一阶比率计算表

时序(t)	$y_t = ka^{b^t}$	$\lg y_t = \lg k + b^t \lg a$	$\lg y_t - \lg y_{t-1}$	$\dfrac{\lg y_t - \lg y_{t-1}}{\lg y_{t-1} - \lg y_{t-2}}$
1	ka^b	$\lg k + b \cdot \lg a$	—	—
2	ka^{b^2}	$\lg k + b^2 \cdot \lg a$	$b(b-1)\lg a$	—
3	ka^{b^3}	$\lg k + b^3 \cdot \lg a$	$b^2(b-1)\lg a$	B
4	ka^{b^4}	$\lg k + b^4 \cdot \lg a$	$b^3(b-1)\lg a$	B
⋮	⋮	⋮	⋮	⋮
$t-1$	$ka^{b^{t-1}}$	$\lg k + b^{t-1}\lg a$	$b^{t-1}(b-1)\lg a$	B
t	ka^{b^t}	$\lg k + b^t \lg a$	$b^t(b-1)\lg a$	B

二、皮尔曲线模型及其应用

皮尔曲线预测模型的形式为：

$$y_t = \frac{L}{1 + a\mathrm{e}^{-bt}}$$

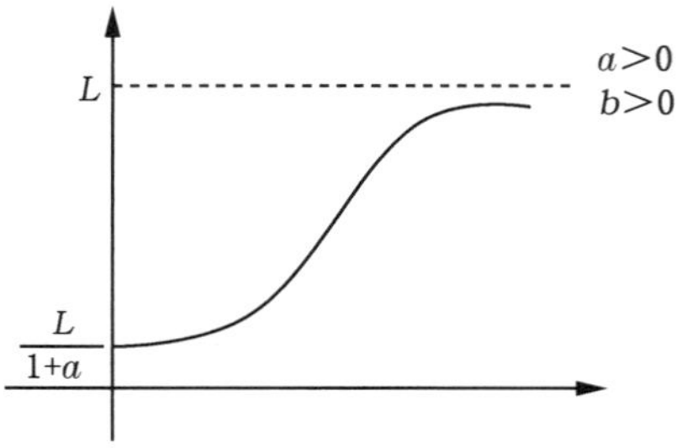

图 4-8　皮尔曲线的一般形状

式中，L 为变量 y_t 的极限值，a、b 为常数，t 为时间。皮尔曲线的一般形状如图 4-8 所示。

皮尔曲线多用于生物繁殖、人口发展统计，也适用于对产品生命周期做出分析，尤其适用于对处在成熟期的商品的市场需求饱和量(或称市场最大潜力)进行分析和预测。

【例 4-8】　某公司某商品的销售量资料如表 4-26 所示，试预测该公司第 22 期的销售量。

表 4-26　某公司某商品的销售量

时序(t)	销售量(万件)(y_t)	$\dfrac{1}{y_t}$	$\dfrac{1}{y_{t+1}}$	$\dfrac{1}{y_t} \cdot \dfrac{1}{y_{t+1}}$	$\left(\dfrac{1}{y_t}\right)^2$
1	50.87	0.020	0.019	0.000 380	0.000 400
2	52.03	0.019	0.019	0.000 361	0.000 361
3	53.33	0.019	0.019	0.000 361	0.000 361
4	53.35	0.019	0.018	0.000 342	0.000 361
5	55.09	0.018	0.018	0.000 324	0.000 324
6	56.76	0.018	0.017	0.000 306	0.000 324
7	58.42	0.017	0.017	0.000 289	0.000 289
8	59.61	0.017	0.017	0.000 289	0.000 289
9	60.58	0.017	0.016	0.000 272	0.000 289

续　表

时序(t)	销售量(万件)(y_t)	$\frac{1}{y_t}$	$\frac{1}{y_{t+1}}$	$\frac{1}{y_t}\cdot\frac{1}{y_{t+1}}$	$\left(\frac{1}{y_t}\right)^2$
10	61.15	0.016	0.016	0.000 256	0.000 256
11	61.57	0.016	0.016	0.000 256	0.000 256
12	62.17	0.016	0.016	0.000 256	0.000 256
13	62.55	0.016	0.016	0.000 256	0.000 256
14	62.85	0.016	0.016	0.000 256	0.000 256
15	63.10	0.016	0.016	0.000 256	0.000 256
16	63.52	0.016	0.016	0.000 256	0.000 256
17	64.25	0.016	0.015	0.000 240	0.000 256
18	65.32	0.015	0.015	0.000 225	0.000 225
19	66.26	0.015	0.015	0.000 225	0.000 225
20	66.87	0.015	0.015	0.000 225	0.000 225
21	67.16	0.015	0.000	0.000 000	0.000 225
$\sum$*		0.337	0.332	0.005 588	0.005 673

注：* $\sum$ 数据有四舍五入误差。

第一步，根据实际销售量资料画出散点图，发现此散点图趋近于皮尔曲线，所以选皮尔曲线作为预测模型：

$$\hat{y}_t=\frac{L}{1+a\mathrm{e}^{-bt}}$$

第二步，估计模型的参数 b、L 和 a。

利用时间序列相邻两项的倒数之差建立方程式：

$$\frac{1}{y_{t+1}}-\frac{1}{y_t}=\frac{1-\mathrm{e}^{-b}}{1+\mathrm{e}^{-b}}\cdot\left[\frac{2}{L}-\left(\frac{1}{y_t}+\frac{1}{y_{t+1}}\right)\right]$$

经变换，得：

$$\frac{1}{y_{t+1}}=\frac{1-\mathrm{e}^{-b}}{L}+\mathrm{e}^{-b}\frac{1}{y_t}$$

利用系数 e^{-b} 和 $\frac{1-\mathrm{e}^{-b}}{L}$ 建立 $\frac{1}{y_{t+1}}$ 对 $\frac{1}{y_t}$ 的回归方程，得标准方程组：

$$\begin{cases}\sum\frac{1}{y_{t+1}}=\left(\frac{1-\mathrm{e}^{-b}}{L}\right)(n-1)+\mathrm{e}^{-b}\sum\frac{1}{y_t}\\ \sum\left(\frac{1}{y_{t+1}}\cdot\frac{1}{y_t}\right)=\left(\frac{1-\mathrm{e}^{-b}}{L}\right)\sum\frac{1}{y_t}+\mathrm{e}^{-b}\sum\left(\frac{1}{y_t}\right)^2\end{cases}$$

从 $t=1$ 到 $t=n-1$ 对上式求和。相对于 e^{-b} 和 $\frac{1-\mathrm{e}^{-b}}{L}$，解标准方程组，得：

$$e^{-b}=\frac{(n-1)\sum\left(\frac{1}{y_{t+1}}\cdot\frac{1}{y_t}\right)-\sum\frac{1}{y_{t+1}}\cdot\sum\frac{1}{y_t}}{(n-1)\sum\left(\frac{1}{y_t}\right)^2-\left(\sum\frac{1}{y_t}\right)^2}$$

$$\frac{1-e^{-b}}{L}=\frac{\sum\frac{1}{y_{t+1}}\cdot\sum\left(\frac{1}{y_t}\right)^2-\sum\frac{1}{y_t}\cdot\sum\left(\frac{1}{y_{t+1}}\cdot\frac{1}{y_t}\right)}{(n-1)\sum\left(\frac{1}{y_t}\right)^2-\left(\sum\frac{1}{y_t}\right)^2}$$

利用 b、L 的值估算 a 值：

$$\ln a=\frac{b(n+1)}{2}+\frac{1}{n}\sum\ln\left(\frac{L}{y_t}-1\right)$$

式中，n 为时间序列的项数，本例为 $n=21$。

其计算过程如表 4－26 所示，其中：

$$\sum_{t=1}^{20}\frac{1}{y_t}=0.337,\quad \sum_{t=1}^{20}\frac{1}{y_{t+1}}=0.332,\quad \sum_{t=1}^{20}\left(\frac{1}{y_t}\cdot\frac{1}{y_{t+1}}\right)=0.005\ 588$$

$$\sum_{t=1}^{20}\left(\frac{1}{y_t}\right)^2=0.005\ 673$$

将上述数据代入 e^{-b} 和 $\frac{1-e^{-b}}{L}$ 的公式，得：

$$e^{-b}=0.917\ 118\ 9,\quad b=0.086\ 518\ 22,\quad L=71.919\ 94$$

再将 b、L 值代入求 $\ln a$，求得：

$$a=0.455\ 857\ 9$$

所以，皮尔曲线预测方程为：

$$\hat{y}_t=\frac{71.919\ 94}{1+(0.455\ 857\ 9)e^{-0.086\ 518\ 22t}}$$

第三步，利用所求的曲线方程对第 22 期销售量进行预测，得：

$$\hat{y}_{22}=67.34(\text{万件})$$

第六节 曲线拟合优度分析

一、曲线的拟合优度分析

如前所述，实际的预测对象往往无法通过图形直观确认某种模型，而是与几种模型接近。这时，一般先初选几个模型，待对模型的拟合优度分析后，再确定究竟选用哪种模型进行预测。

为了通过回归分析估计 a、b 值，首先必须将公式变换为线性形式，以下几种模型的线性形式如表 4－27 所示。

表 4－27　曲线线性变换表

曲线类型	原始函数形式	线性变换
线　　性	$y=a+bx$	$y=a+bx$
逆 线 性	$y=a+b/x$	$y=a+b(1/x)$
复比增长	$y=k+a\cdot b^x$	$\lg(y-k)=\lg a+\lg b\cdot x$
修正指数	$y=k+a\cdot x^b$	$\lg(y-k)=\lg a+b\lg x$
逻辑斯蒂	$y=1/(1/k+ab^x)$	$\lg(1/y-1/k)=\lg a+\lg b\cdot x$

我们可利用计算机自动地对上述线性形式进行计算，找出它们各自的系数 a、b，并给出拟合优度的测量。表 4－28 给出了用计算机确定复比增长曲线的计算实例。复比增长曲线函数方程为：

$$y=k+ab^x$$

其线性形式为：

$$\lg(y-k)=\lg a+x\lg b$$

在表 4－28 给出的例子中，时间是自变量，用 x 表示之，它有 12 个观察值，x 取1～12。此例中，取 k 为零，于是 $y=y-k$。第(3)栏中的 y' 是 y 值经过对数变换后得到的新值，x 作为自变量，于是简单回归的运算如同一元线性回归一样。

完成回归以后，还必须进一步调整。线性方程式中的回归系数 a'、b' 并非原始方程式中的系数 a、b，它们是原始方程系数的对数。原始方程的系数 a(或 b)等于 2.718 28(即自然对数的底e≈2.718 28)的 a'(或 b')次幂，a'、b' 是线性方程式的系数。

$$a=2.718\,28^{a'}=2.718\,28^{8.874\,184}=7\,145$$

$$b=2.718\,28^{b'}=2.718\,28^{0.042\,525}=1.043\,44$$

因此，适合此观察值集合的复比增长曲线预测方程是：

$$\hat{y}=7\,145\times1.043\,44^x$$

利用该曲线，可得第 13 期的预测值：

$$\hat{y}=7\,145\times1.043\,44^{13}=12\,419(\text{件})$$

计算机程序可以计算各种曲线的系数，然后对各曲线进行拟合优度检验。最常用的处理方法是像线性回归一样计算标准误差。例如，通过表 4－28 计算复比增长曲线的标准误差为：

$$SE=\sqrt{\frac{\sum(y-\hat{y})^2}{n}}=\sqrt{\frac{585\,426}{12}}=\sqrt{48\,785}=221$$

上式中的分母用 n 而不用自由度，主要是考虑对各个模型的精度进行比较。

表 4-28 复比增长曲线的最小二乘法拟合计算表*

销售量(件)(y)	时间(x)	y'	$(x-\bar{x})^2$	$(x-\bar{x})(y'-\bar{y}')$	$\hat{y}$	$(y-\hat{y})^2$
(1)	(2)	(3)	(4)	(5)	(6)	(7)
7 479	1	8.919 86	30.25	1.269 23	7 455.38	558
8 007	2	8.988 07	20.25	0.731 49	7 779.24	51 874
8 135	3	9.003 93	12.25	0.513 43	8 117.17	318
8 077	4	8.996 78	6.25	0.384 62	8 469.79	154 281
8 946	5	9.098 96	2.25	0.077 49	8 837.71	11 722
9 364	6	9.144 63	0.25	0.003 00	9 221.63	20 271
9 493	7	9.158 31	0.25	0.003 84	9 622.22	16 697
10 057	8	9.219 02	2.25	0.098 10	10 040.20	282
10 434	9	9.252 83	6.25	0.255 50	10 476.40	1 794
10 494	10	9.258 56	12.25	0.377 77	10 931.40	191 319
11 610	11	9.359 62	20.25	0.940 49	11 406.30	41 489
12 209	12	9.409 93	30.25	1.426 18	11 901.80	94 371
总　和	78	109.807 50	143.00	6.081 14		585 426
总和/12	6.5	9.150 63	11.916 67	0.506 76		48 785

$b' = 0.506\ 76/11.916\ 67 = 0.042\ 525$

$a' = 9.150\ 629 - 0.042\ 53 \times 6.5 = 8.874\ 184$

注：* 计算表中有四舍五入误差。

二、各种曲线拟合优度的比较

上述标准误差要与其他曲线的标准误差进行比较。表 4-29 包含了使用四种曲线对表 4-28 中的数据进行最小二乘拟合的结果。我们可以用不同的 k 值进行检验继续分析，看看不同的 k 值是否可降低标准误差。根据表 4-29 中标准误差的度量可以看出，复比增长曲线给出了最优拟合。

表 4-29 曲线拟合的计算机处理结果($k=0$)

CURVE(曲线)	a	b	STD ERROR(标准误差)
$y = a + bx$	6 884.12	406.353 00	268.980
$y = a + b/x$	10 577.20	−4 067.260 00	994.456
$y = k + ab \uparrow x$	7 145.29	1.043 44	220.776
$y = k + ax \uparrow b$	6 874.75	189.129 00	560.949

曲线拟合是一种简便易行的预测方法，要求观察值来自一个自变量和它的一个因变量。它之所以有实用价值，是因为实际中许多关系是非线性的。当自变量是时间时，曲线拟合尤其有用，因为这时所需的数据仅是因变量的观测值。

与其他回归方法一样，曲线拟合也以一个假定为基础，即假定过去的形态将延续到将来。拟合优度检验仅仅给出了曲线对以往数据进行拟合的效果，而未回答该形态是否将延续到将来这一问题。为了从曲线拟合转向预测，预测者必须利用已获得的有关数据序列的全部信息，以确定过去的变动形态延续到将来的可能性，同时也必须考虑环境和经济中出现干扰的可能性以及这些干扰对序列的影响。预测期越长，这些考虑越显得重要。

本章小结

经济时间序列的变化受到长期趋势、季节变动、周期变动和不规则变动四个因素的影响。时间序列分解的方法有很多，较常用的模型有加法模型和乘法模型。

当预测对象依时间变化呈现某种上升或下降趋势，没有明显的季节波动，且能找到一个合适的函数曲线反映这种变化趋势时，就可以用趋势外推法进行预测。

应用趋势外推法有两个假设条件：(1) 假设事物的发展过程没有跳跃式变化；(2) 假定事物的发展因素也决定事物未来的发展，其条件是不变或变化不大。选择合适的趋势模型是应用趋势外推法的重要环节，图形识别法和差分法是选择趋势模型的两种基本方法。

1. 多项式曲线外推法模型的一般形式为：

$$\hat{y}_t = b_0 + b_1 t + b_2 t^2 + \cdots + b_k t^k$$

当 $k=1$ 时，为直线模型；当 $k=2$ 时，为多项式模型。多项式曲线外推模型的参数一般是根据最小二乘法求得的。

2. 指数曲线模型的一般形式为：

$$\hat{y}_t = a\mathrm{e}^{bt}$$

求解指数曲线模型参数的方法是先作对数变换，将其化为直线模型，然后用最小二乘法求出模型参数。

修正指数曲线预测模型为：

$$\hat{y}_t = a + bc^t \qquad (0 < c < 1)$$

求解修正指数曲线预测模型参数的方法是采用分组法，通过将时间序列分为三组而求出模型参数。

3. 很多经济现象都经历发生、发展到成熟的过程。到成熟期后，很难超过一个极限值而继续保持指数增长趋势。对于这种现象的预测，就应该应用生长曲线趋势外推法。其中，龚珀兹曲线与皮尔曲线是两个最有使用价值的预测模型。

龚珀兹曲线预测模型的一般形式为：

$$\hat{y} = ka^{b^t}$$

求解上述模型参数的方法是先作对数变换，然后通过将时间序列分为三组而求出其参数。

皮尔曲线模型的一般形式为:

$$y_t = \frac{L}{1 + a\mathrm{e}^{-bt}}$$

求解参数的方法是先作变量代换,然后应用最小二乘法。

4. 仅仅依靠图形法等直观方法来选择趋势曲线模型并不总能取得较好的拟合优度。为了找出最优的拟合曲线,一般是用不同的曲线模型拟合,并比较它们的拟合标准误差,标准误差最小的曲线模型即最好的拟合曲线模型。这一过程可以通过应用计算机很方便地完成。

思考与练习

一、单项选择题

1. (　　)反映了经济现象在一个较长时间内的发展方向,它可以在一个相当长的时间内表现为一种近似直线的持续向上或持续向下或平稳的趋势。

A. 长期趋势因素　　B. 季节变动因素

C. 周期变动因素　　D. 不规则变动因素

2. (　　)是经济现象受季节变动影响所形成的一种长度和幅度固定的周期波动。

A. 长期趋势因素　　B. 季节变动因素

C. 周期变动因素　　D. 不规则变动因素

3. (　　)是受各种经济因素影响形成的上下起伏不定的波动。

A. 长期趋势因素　　B. 季节变动因素

C. 周期变动因素　　D. 不规则变动因素

4. (　　)是受各种偶然因素影响所形成的不规则变动。

A. 长期趋势因素　　B. 季节变动因素

C. 周期变动因素　　D. 不规则变动因素

5. 修正的指数曲线模型可以表示为(　　)。

A. $\hat{y}_t = b_0 + b_1 t$　　B. $\hat{y}_t = ae^{bt}$

C. $\hat{y}_t = a + b\ln t$　　D. $\hat{y}_t = a + bc^t$

6. 求解(　　)模型参数方法是先作对数变换,将其化为直线模型,然后用最小二乘法求出模型参数。

A. 二次曲线　　B. 指数模型　　C. 一次线性　　D. 三次曲线

7. 对时间序列进行差分处理,如果一阶差分相等或大致相等,就可以使用(　　)模型进行预测。

A. 二次曲线　　B. 指数模型　　C. 一次线性　　D. 三次曲线

8. 对时间序列进行差分处理,如果一阶差的一阶比率相等或大致相等,就可使用(　　)模型进行预测。

A. 一次线性　　B. 修正指数　　C. 对数曲线　　D. 皮尔曲线

9. (　　)尤其适用于处在成熟期的商品的市场需求饱和量(或称市场最大潜力)的分析和预测。

A. 三次曲线　　B. 对数曲线　　C. 二次曲线　　D. 皮尔曲线

10. 在运用几个模型分别对数据进行拟合后,(　　)最小的模型即最好的拟合曲线模型。

A. 可决系数 R^2　　B. 相关系数　　C. 标准误差　　D. D-W 值

二、多项选择题

1. 时间序列分解受以下哪几个因素的影响:(　　)。

A. 长期趋势因素　　B. 季节变动因素　　C. 周期变动因素　　D. 不规则变动因素

E. 随机误差因素

2. 时间序列分解较常用的模型有(　　)。

A. 加法模型　　B. 乘法模型　　C. 多项式模型　　D. 指数模型

E. 直线模型

3. 趋势模型的种类有(　　)。

A. 多项式模型　　B. 指数曲线模型　　C. 对数曲线模型　　D. 生长曲线模型

E. 生存模型

4. 趋势模型选择的基本方法有(　　)。

A. 图形识别法　　B. 回归法　　C. 差分法　　D. 最小二乘法

E. 比较法

5. 生长曲线趋势外推法包括(　　)。

A. 龚珀兹曲线　　B. 指数曲线　　C. 皮尔曲线　　D. 三次曲线

E. 对数曲线

三、名词解释

1. 不规则变动因素
2. 趋势外推法
3. 图形识别法
4. 差分法
5. 标准误差

四、简答题

1. 影响经济时间序列的变化有哪四个因素? 试分别说明之。
2. 时间序列分解常用的模型有哪些? 简述乘法模型分解的基本步骤。
3. 试叙述趋势外推法的基本原理。
4. 趋势外推法的假设条件是什么? 它的主要优点又是什么?
5. 简述模型选择的基本方法,以及应用差分法选择模型的基本标准。

五、计算题

1. 运用差分法确定以下数据适合的模型类型。

时序(t)	1	2	3	4	5	6	7	8	9	10
数　据	689.38	717.14	747.29	776.29	806.75	834.93	863.21	892.98	921.50	950.77

2. 以下为某高校2007—2021年报考考生人数的历史数据：

年　份	2007	2008	2009	2010	2011	2012	2013	2014
报考人数(人)	1 111	1 145	1 146	1 183	1 213	1 244	1 282	1 282
年　份	2015	2016	2017	2018	2019	2020	2021	
报考人数(人)	1 290	1 306	1 323	1 358	1 388	1 402	1 432	

要求：请用一次线性模型预测该高校2022年的报考人数。

3. 某养鱼场为了提高经营管理水平，需要对其养鱼场的年捕捞量进行预测。现有以下数据，试建立多项式曲线模型，预测2022年的捕捞量。

年　份	2015	2016	2017	2018	2019	2020	2021
捕捞量(千克)	2 790	2 950	3 140	3 350	3 588	3 862	4 168

4. 以下是某国2002—2021年国内生产总值的历史数据：

年　份	国内生产总值(亿美元)	年　份	国内生产总值(亿美元)
2012	392.06	2012	2 023.27
2013	449.47	2013	2 376.12
2014	523.51	2014	2 775.91
2015	614.00	2015	3 227.04
2016	726.91	2016	3 731.51
2017	861.86	2017	4 296.97
2018	1 024.59	2018	4 922.73
2019	1 219.85	2019	5 612.38
2020	1 448.26	2020	6 369.39
2021	1 715.18	2021	7 199.29

要求：请用二次曲线模型预测该国2022年以及2023年的国内生产总值。

5. 根据下列资料用修正指数曲线模型预测2022年的取暖器销售量，并说明其最高限额。

年　份	销售量(台)
2013	46 000
2014	49 000
2015	51 400

续　表

年　份	销售量(台)
2016	53 320
2017	54 856
2018	56 085
2019	57 088
2020	57 900
2021	58 563

6. 某新产品 18 个月的销售量数据如下表所示：

月　份	1	2	3	4	5	6	7	8	9
销售量(万件)	0.75	0.50	0.60	0.80	1.02	1.50	2.05	2.38	2.65
月　份	10	11	12	13	14	15	16	17	18
销售量(万件)	2.75	2.84	2.91	2.95	2.84	2.90	2.80	2.97	2.93

要求：试用龚珀兹曲线模型预测第 19 个月的销售额。

7. ABC 公司 10 年的销售数据如下表所示：

年　份	2012	2013	2014	2015	2016	2017	2018	2019	2020	2021
销售量(件)	423.50	433.38	443.32	450.84	460.14	467.59	480.16	483.73	488.49	494.28

要求：请用适合的曲线预测 2022 年的销售量。

8. 已知某地 2007—2021 年冰箱的销售额如下表所示：

年　份	冰箱销售额(万元)
2007	1 434.10
2008	1 478.86
2009	920.61
2010	1 252.11
2011	1 594.57
2012	1 949.95
2013	2 064.73
2014	1 981.60
2015	2 066.02

续 表

年 份	冰箱销售额(万元)
2016	2 664.09
2017	3 081.13
2018	4 051.16
2019	4 413.32
2020	5 188.05
2021	7 609.27

要求：请用龚珀兹曲线求出2022—2023年冰箱的销售额。

六、分析题

下表数据为某跨国公司1989—2021年33年的年销售额。请选用适合的模型预测该公司2022年的销售额,并分析说明你选择该模型的原因。

单位：亿元

年份	时序(t)	总额(y_t)	年份	时序(t)	总额(y_t)
1989	1	138.40	2006	18	400.75
1990	2	174.00	2007	19	429.00
1991	3	190.55	2008	20	464.60
1992	4	196.10	2009	21	511.65
1993	5	230.50	2010	22	553.35
1994	6	237.10	2011	23	581.80
1995	7	274.00	2012	24	635.55
1996	8	319.00	2013	25	669.70
1997	9	348.45	2014	26	716.40
1998	10	303.85	2015	27	779.30
1999	11	302.00	2016	28	900.00
2000	12	302.25	2017	29	1 070.00
2001	13	319.10	2018	30	1 175.00
2002	14	335.15	2019	31	1 285.00
2003	15	366.40	2020	32	1 424.70
2004	16	385.25	2021	33	1 532.68
2005	17	368.65			

5

第五章 时间序列平滑预测法

全章提要

- 第一节　一次移动平均法
- 第二节　一次指数平滑法
- 第三节　线性二次移动平均法
- 第四节　线性二次指数平滑法
- 第五节　二次曲线指数平滑法
- 第六节　温特线性与季节指数平滑法

本章小结

思考与练习

第一节 一次移动平均法

对于时间序列来说，数据是按照时间顺序排列的，每个数据都是在相同的时间间隔里产生的。例如，从1999年到2020年每年的工业总产值，共22个数据，构成了一个时间序列。如果要预测2021年的工业总产值，显然对这22个数据加总求平均并不能反映出时间序列变化的情况，因为2021年的工业总产值受2020年工业总产值的影响较大，而受1999年工业总产值的影响较小，同样2019年的数据对2021年的影响也比较大，而且与2020年相差也不会太大，但相比2000年的影响则要大很多。因此，只用简单的算术平均值来预测是不理想的，采用移动算术平均值来预测是一种可行的方法。虽然预测的精度不太高，但是，随着时间的推移，能够反映出该时间序列的变化情况，并且计算方法较简单。

之所以用“移动平均”这个词，是因为每当得到一个最近时期的数据，就立即把它当作有效数据，而把最老的那个时间的数据剔除掉，重新计算出一个新的平均值，用它来预测下一时期的数据。按此方法可以计算出一串平均数，因此，移动平均从数列中所取数据点数一直不变，只是包括最新的观察值。例如，已有1月份到3月份的观测值，计算这3个月的平均数，用它来预测4月份的数据。当4月份过去后，得到了实际观测值，就把1月份的数据剔除，重新计算2月份到4月份这3个月的平均数，用它作为5月份的预测值，按此方法，总是计算新的平均数来预测下一期。

设当前时期为t，已知时间序列观测值为x_1，x_2，…，x_t，假设按连续n个时期的观测值计算一个平均数，作为对下一时期即$(t+1)$时期的预测值，用F_{t+1}表示：

$$\begin{aligned} F_{t+1} &= \frac{1}{n}(x_t + x_{t-1} + \cdots + x_{t-n+1}) \\ &= \frac{1}{n}\sum_{i=t-n+1}^{t} x_i \end{aligned} \tag{5-1}$$

式中，x_t为最新观察值，F_{t+1}为下一期的预测值。当$n=1$时，表示直接用本期观测值x_t作为对下一时期的预测值F_{t+1}。

【例5-1】 我们有某产品1—11月的销售额数据，用移动平均法来预测该产品12月的销售额，分别使用三种平均值：$n=1$，用本月实际销售额做预测；$n=3$，用3个月的平均值做预测；$n=6$，用6个月的平均值做预测。计算结果如表5-1所示。

表5-1 某产品销售额及移动平均预测表

月 份	销售额（万元）	预测值（$n=1$）	预测值（$n=3$）	预测值（$n=6$）
1	46.0	—	—	—
2	50.0	46.0	—	—

续 表

月 份	销售额（万元）	预测值（$n=1$）	预测值（$n=3$）	预测值（$n=6$）
3	59.0	50.0	—	—
4	57.0	59.0	51.7	—
5	55.0	57.0	55.3	—
6	64.0	55.0	57.0	—
7	55.0	64.0	58.7	55.2
8	61.0	55.0	58.0	56.7
9	45.0	61.0	60.0	58.5
10	49.0	45.0	53.7	56.2
11	46.0	49.0	51.7	54.8
12	—	46.0	46.7	53.3

一次移动平均法的优点是计算简单。缺点之一是要保存的历史数据较多。另外，n 的大小不容易确定，即究竟隔多少时期算一次平均值是最恰当的。一般认为，当数据的随机因素比较大时，宜选用大的 n，这样有利于较大限度地平滑由随机性所带来的严重偏差；反之，当数据的随机性较小时，宜选用较小的 n，这有利于反映数据的变化，并且预测值滞后的期数也少。如果数据是纯随机的，则全部历史数据的均值是最好的预测值。第三个缺点是它只能用于平稳时间序列，当时间序列的基本特性发生变化时，一次移动平均法不能很快地适应这种变化。因此，一次移动平均法只能用于短期预测，因为在短期情况下，假设时间序列具有平稳特征，它所作出的预测结果，其准确度不会受到较大的影响。

第二节 一次指数平滑法

指数平滑法实际上是从移动算术平均法演变而来的，它的优点是不需要保留较多的历史数据。只要有最近一期的实际观测值 x_t 和这期的预测误差 $e_t=(x_t-F_t)$，就可以对未来时期进行预测。

由移动算数平均法计算公式(5-1)知：

$$F_{t+1}=\frac{1}{n}(x_t+x_{t-1}+\cdots+x_{t-n+1})$$

$$=\frac{1}{n}(x_t+x_{t-1}+\cdots+x_{t-n+1}+x_{t-n}-x_{t-n})$$

因为：

$$F_t=\frac{1}{n}(x_{t-1}+x_{t-2}+\cdots+x_{t-n})$$

所以：

$$\begin{aligned}F_{t+1}&=\frac{1}{n}x_t+\frac{1}{n}(x_{t-1}+x_{t-2}+\cdots+x_{t-n})-\frac{1}{n}x_{t-n}\\&=\frac{1}{n}x_t+F_t-\frac{1}{n}x_{t-n}\end{aligned}\tag{5-2}$$

假设是平稳时间序列，那么可以用 F_t 代替 x_{t-n}，将它代入等式(5-2)：

$$\begin{aligned}F_{t+1}&=\frac{1}{n}x_t+F_t-\frac{1}{n}F_t\\&=\left(\frac{1}{n}\right)x_t+\left(1-\frac{1}{n}\right)F_t\end{aligned}\tag{5-3}$$

当 $n=1$ 时，有$\frac{1}{n}=1$；当 n 非常大时，$\frac{1}{n}$接近于零。又因为 n 是正数，如果用 α 来代替 $\frac{1}{n}$，那么，α 必定在 0 和 1 之间，(5-3)式变为：

$$F_{t+1}=\alpha x_t+(1-\alpha)F_t\tag{5-4}$$

这就是一次指数平滑法的一般表达式。显然，它不再需要保留许多历史数据，只需要保留本期观测值 x_t 和上期对本期的预测值 F_t，就可以对下一期进行预测，另外还要保留的数据就是平滑常数 α 的数值。

为了更好地理解指数平滑法的意义，我们把(5-4)式展开，并按该公式递推。

$$\begin{aligned}F_{t+1}&=\alpha x_t+(1-\alpha)F_t\\&=\alpha x_t+(1-\alpha)[\alpha x_{t-1}+(1-\alpha)F_{t-1}]\\&=\alpha x_t+\alpha(1-\alpha)x_{t-1}+(1-\alpha)^2F_{t-1}\\&=\cdots\\&=\alpha x_t+\alpha(1-\alpha)x_{t-1}+\alpha(1-\alpha)^2x_{t-2}+\cdots+\alpha(1-\alpha)^nx_{t-n}\end{aligned}\tag{5-5}$$

由(5-5)式可知，每一递推观察值的权数按指数规律递减，这就是指数平滑名称的由来。指数平滑法的目标是使均方差(MSE)最小，指数平滑法的估计是非线性的。可以证明，当 n 无穷大时，所有权数之和等于 1，即：

$$\sum_{n=1}^{\infty}\alpha(1-\alpha)^{n-1}=1$$

对(5-4)式进行重新排列，得：

$$F_{t+1}=F_t+\alpha(x_t-F_t)\tag{5-6}$$

上式简化为：

$$F_{t+1}=F_t+\alpha e_t$$

t 时间的误差 e_t 恰恰是实际值减去预测值。

接下来,分别取 $\alpha=0$, $\alpha=0.1$, $\alpha=0.9$, $\alpha=1$,分析随着指数的增加,权数的变化情况(见表 5-2)。

表 5-2　指数平滑法权重变化表

时　期	权　重	$\alpha=0$	$\alpha=0.1$	$\alpha=0.9$	$\alpha=1$
t	α	0	0.100	0.900	1.00
$t-1$	$\alpha(1-\alpha)$	0	0.090	0.090	0
$t-2$	$\alpha(1-\alpha)^2$	0	0.081	0.009	0
$t-3$	$\alpha(1-\alpha)^3$	0	0.073	0.001	0
$t-4$	$\alpha(1-\alpha)^4$	0	0.066	0.000	0

由(5-6)式和表 5-2 可以看出,指数平滑法提供的预测值是前一期预测值加上前期预测值中产生的误差修正值。当 α 接近 1 时,这一情况尤为明显。这时,新的预测值将包括对前一期预测误差的全部修正值。相反,当 α 接近于 0 时,新的预测值只包括很小一部分修正值。一般来说,当平滑常数 α 取的比较大时,预测值 F_{t+1} 能够比较快地反映出时间序列实际的变化情况;当平滑常数 α 取的比较小时,预测值 F_{t+1} 反映时间序列的变化比较慢,但比较平滑。

一般来说,一次指数平滑法适用于平稳时间序列。平滑常数值的确定可采用最小均方差的原则,即先取一组适当的 α 值,分别计算其均方差,从中找出使均方差最小的 α 值。单指数平滑法适用于变化不大的平稳时间序列。当时间序列发生变化,尤其发生突然变化时,预测模型就不理想了,而且在比较长的时间内一直跟不上实际的数据,反应缓慢。

我们用表 5-3 中的例子来说明一次指数平滑法的应用。表中数据为某公司每月的营业额,第三、四、五列分别为 $\alpha=0.1$、$\alpha=0.3$ 和 $\alpha=0.9$ 时,对该公司销售额的预测结果。

表 5-3　一次指数平滑法计算表

时　期	销售额(万元)	指数平滑预测值		
		$\alpha=0.1$	$\alpha=0.3$	$\alpha=0.9$
1	97.0	—	—	—
2	95.0	97.00	97.00	97.00
3	95.0	96.80	96.40	95.20
4	92.0	96.62	95.98	95.02
5	95.0	96.16	94.79	92.30
6	95.0	96.04	94.85	94.73
7	98.0	95.94	94.90	94.97
8	97.0	96.14	95.83	97.70
9	99.0	96.23	96.18	97.07
10	95.0	96.51	97.03	98.81
11	95.0	96.36	96.42	95.38

续　表

时　期	销售额 (万元)	指数平滑预测值		
		$\alpha=0.1$	$\alpha=0.3$	$\alpha=0.9$
12	96.0	96.22	95.99	95.04
13	97.0	96.20	95.99	95.90
14	98.0	96.28	96.30	96.89
15	94.0	96.45	96.81	97.89
16	95.0	96.21	95.97	94.39
17	—	96.09	95.68	94.94

一次指数平滑法只需要较少的数据量和较小的计算量。一次指数平滑的初值的确定有两种方法：方法一是取第一期的实际值为初值，方法二是取最初几期的平均值为初值。

分别计算三种预测结果的均方差 MSE，也就是平均误差平方。

$$MSE=\frac{1}{n-k+1}\sum_{t=k}^{n}(x_t-F_t)^2$$
$$=\frac{1}{n-k+1}\sum_{t=k}^{n}e_t^2$$

(1) 平滑常数 $\alpha=0.1$：

$$MSE=\frac{1}{15}\sum_{t=k}^{n}e_t^2=3.926$$

(2) 平滑常数 $\alpha=0.3$：

$$MSE=3.980$$

(3) 平滑常数 $\alpha=0.9$：

$$MSE=4.507$$

显然，平滑常数 $\alpha=0.1$ 所对应的均方差最小，所以选定 0.1 作为平滑常数。

利用(5-6)式，当 $\alpha=0.1$ 时，表 5-3 中第 17 期的预测值为：

$$F_{17}=\alpha x_{16}+(1+\alpha)F_{16}$$
$$=0.1\times 95+0.9\times 96.21$$
$$=96.09(\text{万元})$$

第三节　线性二次移动平均法

如果时间序列具有明显的线性变化趋势，则不宜采用一次移动平均法及一次指数平滑法来预测。当序列具有随机性时，存在预测值滞后于实际值的情况。为了避免利用移动平均法预测有趋势的数据时产生的误差,发展了线性二次移动平均法。它不是用二次移动平均数直接进行预测,而是在二次移动平均的基础上建立线性预测模型,然后再用模型预测。

二次移动平均数是在一次移动平均数的基础上计算得到的。其计算公式为:

$$S_t^{(2)}=\frac{S_t^{(1)}+S_{t-1}^{(1)}+\cdots+S_{t-N+1}^{(1)}}{N} \tag{5-7}$$

式中,$S_t^{(1)}$ 是第 t 周期的一次移动平均数,$S_t^{(2)}$ 是第 t 周期的二次移动平均数,N 是计算移动平均数所选定的数据个数。

当序列具有趋势时,一次平均数序列总是落后于实际数据序列,出现了滞后偏差;二次移动平均数序列也与一次平均数序列形成了滞后偏差。二次移动平均正是利用这种滞后偏差的演变规律建立线性预测模型的。线性预测模型为:

$$F_{t+T}=a_t+b_tT$$

式中,t 为目前的周期序列号;T 为由目前周期 t 到预测周期的周期间隔个数,即预测超前周期数;F_{t+T} 为第 $t+T$ 周期的预测值;a_t 为线性模型的截距;b_t 为线性模型的斜率,即单位周期的变化量。

其中,a_t、b_t 的计算公式为:

$$a_t=2S_t^{(1)}-S_t^{(2)} \tag{5-8}$$

$$b_t=\frac{2}{N-1}(S_t^{(1)}-S_t^{(2)}) \tag{5-9}$$

【例 5-2】 表 5-4 中的数据为某公司每月的销售额,通过图 5-1 可以看出实际观测值存在明显的线性增长趋势,于是本例采用二次移动平均法进行预测。若取 $N=3$,其二次移动平均数的计算过程与计算结果见表 5-4。

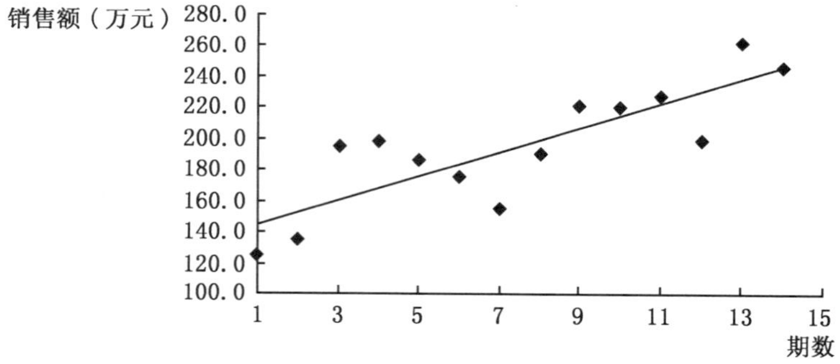

图 5-1 某公司每月销售额散点图

表 5-4 线性二次移动平均法计算表

期数	销售额(万元)	$S_t^{(1)}(N=3)$	$S_t^{(2)}(N=3)$	a_t	b_t	$F_{t+T}(T=1$ 时)
1	125.0	—	—	—	—	—
2	135.0	—	—	—	—	—

续　表

期数	销售额（万元）	$S_t^{(1)}(N=3)$	$S_t^{(2)}(N=3)$	a_t	b_t	$F_{t+T}(T=1时)$
3	195.0	151.7	—	—	—	—
4	197.5	175.8	—	—	—	—
5	186.0	192.8	173.4	212.2	19.4	—
6	175.0	186.2	184.9	187.4	1.2	231.6
7	155.0	172.0	183.7	160.3	−11.7	188.6
8	190.0	173.3	177.2	169.5	−3.8	148.7
9	220.0	188.3	177.9	198.8	10.4	165.7
10	219.0	209.7	190.4	228.9	19.2	209.2
11	226.0	221.7	206.6	236.8	15.1	248.1
12	198.0	214.3	215.2	213.4	−0.9	251.9
13	260.0	228.0	221.3	234.7	6.7	212.6
14	245.0	234.3	225.6	243.1	8.8	241.3
15	—	—	—	—	—	251.9

该预测模型的求解过程如下：

已知目前周期序号 $t=14$，将第 14 周期的一次、二次移动平均数代入（5－8）式、（5－9）式，得：

$$\begin{aligned}a_{14}&=2S_{14}^{(1)}-S_{14}^{(2)}\\&=2\times 234.3-225.6\\&=243.1\end{aligned}$$

$$\begin{aligned}b_{14}&=\frac{2}{N-1}(S_{14}^{(1)}-S_{14}^{(2)})\\&=\frac{2}{2}(234.3-225.6)\\&=8.8\end{aligned}$$

得线性预测模型为：

$$\begin{aligned}F_{14+T}&=a_t+b_tT\\&=243.1+8.8T\end{aligned}$$

先求第 15 期销售额的预测值。下一个月的周期序号 $t=15$，即：

$$T=15-14=1$$

$$\begin{aligned}F_{14+1}=F_{15}&=a_{14}+b_{14}\times 1\\&=251.9（万元）\end{aligned}$$

再来求第 16 期销售额的预测值：

$$T=16-14=2$$

$$F_{14+2}=F_{16}=a_{14}+b_{14}\times 2=260.7(\text{万元})$$

第四节 线性二次指数平滑法

二次指数平滑也称双重指数平滑,它是对一次指数平滑值再进行一次平滑。一次指数平滑法是直接利用一次指数平滑值作为预测值的一种预测方法,二次指数平滑法与其不同,它是用平滑值对时序存在的线性趋势进行修正。因此,二次指数平滑也被称为线性二次指数平滑。线性二次指数平滑法只利用三个数据值和一个 α 值就可以计算,这种方法还可以使过去观察值的权数减少。因此,在带有趋势的时间序列中,同线性二次移动平均法相比,在大多数情况下,一般倾向于使用线性二次指数平滑法作为预测方法。

一、布朗单一参数线性指数平滑法

布朗(Brown)单一参数线性指数平滑法的基本原理和线性二次移动平均法相似。当时间序列有趋势存在时,一次和二次指数平滑都落后于实际值,将一次和二次平滑值之差加在一次平滑值上,则可对趋势进行修正。其平滑公式为:

$$S_t^{(1)}=\alpha x_t+(1-\alpha)S_{t-1}^{(1)} \tag{5-10}$$

$$S_t^{(2)}=\alpha S_t^{(1)}+(1-\alpha)S_{t-1}^{(2)} \tag{5-11}$$

式中,$S_t^{(1)}$ 为一次指数平滑值,$S_t^{(2)}$ 为二次指数平滑值,x_t 为本期观测值。

由两个平滑值可以计算线性平滑模型的两个参数:

$$a_t=S_t^{(1)}+(S_t^{(1)}-S_t^{(2)})=2S_t^{(1)}-S_t^{(2)} \tag{5-12}$$

$$b_t=\frac{\alpha}{1-\alpha}(S_t^{(1)}-S_t^{(2)}) \tag{5-13}$$

得到线性平滑模型:

$$F_{t+m}=a_t+b_t m \tag{5-14}$$

在这里,m 为预测的超前期数。(5-14)式就是布朗单一参数线性指数平滑的预测模型,通常称为线性平滑模型。

【例 5-3】 仍以表 5-4 的数据为例,用布朗单一参数线性指数平滑法来预测第 15 期的销售额,见表 5-5。

表 5-5 布朗单一参数线性指数平滑法计算表 $\alpha=0.2$

期数	销售额(万元)	$S_t^{(1)}$	$S_t^{(2)}$	a_t	b_t	$F_{t+T}(m=1)$
1	125.0	125.0	125.0	—	—	—
2	135.0	127.0	125.4	128.6	0.4	—

续　表

期数	销售额（万元）	$S_t^{(1)}$	$S_t^{(2)}$	a_t	b_t	$F_{t+T}(m=1)$
3	195.0	140.6	128.4	152.8	3.0	129.0
4	197.5	152.0	133.1	170.8	4.7	155.8
5	186.0	158.8	138.3	179.3	5.1	175.5
6	175.0	162.0	143.0	181.0	4.8	184.4
7	155.0	160.6	146.5	174.7	3.5	185.8
8	190.0	166.5	150.5	182.5	4.0	178.2
9	220.0	177.2	155.9	198.5	5.3	186.4
10	219.0	185.6	161.8	209.3	5.9	203.9
11	226.0	193.6	168.2	219.1	6.4	215.2
12	198.0	194.5	173.4	215.6	5.3	225.5
13	260.0	207.6	180.3	235.0	6.8	220.9
14	245.0	215.1	187.2	242.9	7.0	241.8
15	—	—	—	—	—	249.9

在(5－10)式和(5－11)式中，当 $t=1$ 时，$S_{t-1}^{(1)}$ 和 $S_{t-1}^{(2)}$ 是没有数值的，与一次指数平滑一样，需要事先给定，它们是二次指数平滑的平滑初始值，分别记作 $S_0^{(1)}$ 和 $S_0^{(2)}$。$S_0^{(1)}$ 可以和 $S_0^{(2)}$ 相同，也可以不同。通常采用 $S_0^{(1)}=S_0^{(2)}=Y_0$ 或序列最初几期数据的平均值。

预测模型的求解过程如下：

已知目前周期序号 $t=14$，$\alpha=0.2$，将第 14 周期的一次、二次指数平滑值代入(5－10)式、(5－11)式，得：

$$\begin{aligned}a_{14}&=2S_{14}^{(1)}-S_{14}^{(2)}\\&=2\times215.1-187.2\\&=242.9\end{aligned}$$

$$\begin{aligned}b_{14}&=\frac{\alpha}{1-\alpha}(S_{14}^{(1)}-S_{14}^{(2)})\\&=\frac{0.2}{1-0.2}(215.1-187.2)\\&=7.0\end{aligned}$$

得线性预测模型为：

$$\begin{aligned}F_{14+m}&=a_t+b_tm\\&=242.9+7.0m\end{aligned}$$

求下一期销售量的预测值。下一个月的周期序号 $t=15$，即：

$$m=15-14=1$$

$$F_{14+1}=F_{15}=a_{14}+b_{14}\times 1$$
$$=249.9(\text{万元})$$

再来求第 16 期的销售量预测值：

$$m=16-14=2$$

$$F_{14+2}=F_{16}=a_{14}+b_{14}\times 2$$
$$=256.9(\text{万元})$$

布朗单一参数线性指数平滑法就是平常所说的二次指数平滑法，它适用于对具有线性变化趋势的时序进行短期预测。

二、霍尔特双参数线性指数平滑法

在原理上，霍尔特(Holt)双参数线性指数平滑法与布朗单一参数线性指数平滑法相似，只是它不用二次指数平滑，而是对趋势直接进行平滑。由于它可以用不同的参数对原序列的趋势进行平滑，因此具有很大的灵活性。用霍尔特线性指数平滑法预测，需要两个参数和三个方程式：

$$S_t=\alpha x_t+(1-\alpha)(S_{t-1}+b_{t-1}) \tag{5-15}$$

$$b_t=\gamma(S_t-S_{t-1})+(1-\gamma)b_{t-1} \tag{5-16}$$

$$F_{t+m}=S_t+b_t m \tag{5-17}$$

(5－15)式是利用前一期的趋势值 b_{t-1} 直接修正 S_t，即将 b_{t-1} 加在前一平滑值 S_{t-1} 上，这就消除了滞后，并使 S_t 值近似达到最新数据值 x_t。(5－16)式用来修正趋势值 b_t，趋势值用相邻两次平滑值之差来表示。由于随机性，可以利用 γ 对相邻两次平滑值之差(S_t-S_{t-1})进行修正，并将修正值加上前期趋势估计值乘以($1-\gamma$)，因此，(5－16)式与一次平滑的(5－4)式和(5－6)式的基本形式相相似，只是对趋势值进行了修正。最后用(5－17)式进行预测，预测值为基础值加上趋势值乘以预测超前期数。

【例 5－4】 利用表 5－5 的数据对趋势序列进行霍尔特线性指数平滑的应用，得出表 5－6。

表 5－6　霍尔特双参数线性指数平滑法计算表

期　数	销售额(万元)	S_t	b_t	预测值 $m=1$
1	125.0	125.0	10.0	—
2	135.0	135.0	10.0	135.0
3	195.0	170.0	30.0	145.0
4	197.5	198.8	29.0	200.0
5	186.0	206.9	12.3	227.8
6	175.0	197.1	－5.4	219.2
7	155.0	173.4	－20.1	191.7

续　表

期　数	销售额(万元)	S_t	b_t	预测值 $m=1$
8	190.0	171.7	−5.4	153.3
9	220.0	193.1	16.1	166.3
10	219.0	214.1	20.0	209.2
11	226.0	230.1	16.8	234.1
12	198.0	222.4	−2.8	246.8
13	260.0	239.8	13.4	219.6
14	245.0	249.1	10.1	253.2
15	—	—	—	259.2

在预测模型中，取 $\alpha=0.5$，$\gamma=0.8$，预测第 15 期的销售量。取第 1 期和第 2 期的 S_t 均为当期的 x_t，b_t 均为 S_2-S_1。根据(5－15)式及(5－16)式：

$$\begin{aligned}S_{14}&=0.5\times x_{14}+(1-0.5)\times(S_{13}+b_{13})\\&=0.5\times 245.0+0.5\times(239.8+13.4)\\&=249.1\end{aligned}$$

$$\begin{aligned}b_{14}&=0.8\times(S_{14}-S_{13})+(1-0.8)\times b_{13}\\&=0.8\times(249.1-239.8)+0.2\times 13.4\\&=10.1\end{aligned}$$

得第 15 期的线性预测模型为：

$$\begin{aligned}F_{14+1}&=S_{14}+b_{14}\times 1\\&=249.1+10.4\times 1\\&=259.2(\text{万元})\end{aligned}$$

再来求第 16 期的销售额预测值：

$$m=16-14=2$$

$$\begin{aligned}F_{14+2}&=F_{16}=a_{14}+b_{14}\times 2\\&=249.1+10.1\times 2\\&=269.3(\text{万元})\end{aligned}$$

第五节　二次曲线指数平滑法

有的时间序列虽然有增加或减少的趋势，但不一定是线性的，可能按二次曲线的形状增加而减少。例如，某地区 24 年的消费品销售总额的变化如图 5－2 所示。

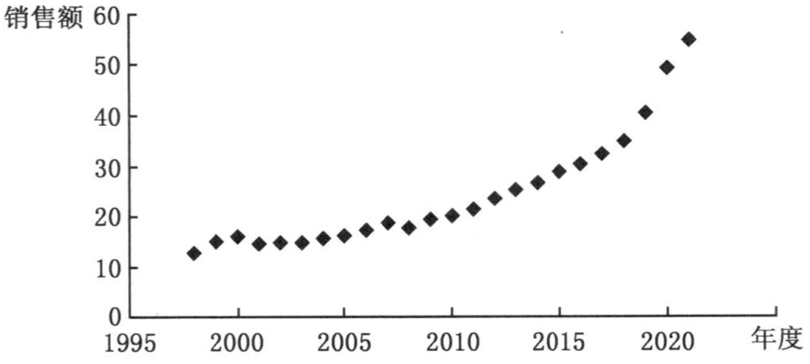

图 5-2 某地区消费品销售总额散点图

对于这种非线性增长的时间序列,采用二次曲线指数平滑法可能要比线性指数平滑法更为有效。它的特点是不但考虑了线性增长的因素,而且也考虑了二次抛物线的增长因素。二次曲线指数平滑法的计算过程分为以下七个步骤:

(1) 计算 t 时期的单指数平滑值 $S_t^{(1)}$:

$$S_t^{(1)}=\alpha x_t+(1-\alpha)S_{t-1}$$

(2) 计算 t 时期的双指数平滑值 $S_t^{(2)}$:

$$S_t^{(2)}=\alpha S_t^{(1)}+(1-\alpha)S_{t-1}^{(2)}$$

(3) 计算 t 时期的三重指数平滑值 $S_t^{(3)}$:

$$S_t^{(3)}=\alpha S_t^{(2)}+(1-\alpha)S_{t-1}^{(3)}$$

(4) 计算 t 时期的水平值 A_t:

$$A_t=3S_t^{(1)}-3S_t^{(2)}+S_t^{(3)}$$

(5) 计算 t 时期的线性增量 B_t:

$$B_t=\frac{\alpha^2}{(1-\alpha)^2}[(6-5\alpha)S_t^{(1)}-(10-8\alpha)S_t^{(2)}+(4-3\alpha)S_t^{(3)}]$$

(6) 计算 t 时期的抛物线增量 C_t:

$$C_t=\frac{\alpha^2}{(1-\alpha)^2}(S_t^{(1)}-2S_t^{(2)}+S_t^{(3)})$$

(7) 预测 m 时期以后,即$(t+m)$时期的数值 F_{t+m}:

$$F_{t+m}=A_t+B_t m+\frac{1}{2}C_t m^2$$

其中,m 是正整数,$m\geqslant 1$。

虽然二次曲线指数平滑法的计算方法比前几种指数平滑法略微复杂,但对非平稳时间序列的预测相当有效,它能随着时间序列呈抛物线增长而调整预测值。二次曲线指数平滑法的初始值依赖于两个时期的观测值 x_1 和 x_2。

已知 x_1 和 x_2，假设：

$$S_1^{(1)}=S_1^{(2)}=S_1^{(3)}=x_1$$

那么：

$$S_2^{(1)}=\alpha x_2+(1-\alpha)S_1^{(1)},\ S_2^{(2)}=\alpha S_2^{(1)}+(1-\alpha)S_1^{(2)},\ S_2^{(3)}=\alpha S_2^{(2)}+(1-\alpha)S_1^{(3)}$$

【例 5－5】 某地区统计了从 1998 年到 2021 年每年的消费品销售总额，数据列在表 5－7 中，其散点图如图 5－2 所示。通过计算机求解，可得平滑常数最佳值为 $\alpha=0.5$，此时它所对应的均方差最小，逐年预测，$m=1$，计算结果列在表 5－7 中。

表 5－7　二次曲线指数平滑法预测某地区消费品销售总额　　$\alpha=0.5$

年度	观测值销售额（亿元）	$S_t^{(1)}$	$S_t^{(2)}$	$S_t^{(3)}$	A_t	B_t	C_t	$F_{t+m}(m=1)$
1998	12.90	12.90	12.90	12.90	—	—	—	—
1999	14.91	13.91	13.40	13.15	14.66	1.13	0.25	—
2000	15.96	14.93	14.17	13.66	15.95	1.41	0.26	15.92
2001	14.41	14.67	14.42	14.04	14.80	−0.07	−0.13	17.49
2002	14.57	14.62	14.52	14.28	14.58	−0.25	−0.14	14.66
2003	14.60	14.61	14.57	14.42	14.56	−0.20	−0.10	14.26
2004	15.35	14.98	14.77	14.60	15.22	0.29	0.03	14.31
2005	15.84	15.41	15.09	14.84	15.80	0.50	0.07	15.52
2006	16.90	16.16	15.62	15.23	16.83	0.89	0.14	16.33
2007	18.26	17.21	16.42	15.82	18.20	1.30	0.20	17.79
2008	17.40	17.30	16.86	16.34	17.67	0.26	−0.07	19.60
2009	18.71	18.01	17.43	16.89	18.61	0.64	0.03	17.90
2010	19.53	18.77	18.10	17.49	19.50	0.82	0.06	19.27
2011	20.82	19.79	18.95	18.22	20.76	1.15	0.12	20.35
2012	22.87	21.33	20.14	19.18	22.76	1.77	0.23	21.97
2013	24.59	22.96	21.55	20.37	24.60	1.97	0.23	24.65
2014	25.93	24.45	23.00	21.68	26.02	1.78	0.13	26.68
2015	28.04	26.24	24.62	23.15	28.02	2.01	0.15	27.87
2016	29.45	27.85	26.23	24.69	29.53	1.79	0.07	30.10
2017	31.47	29.66	27.95	26.32	31.46	1.93	0.09	31.36
2018	33.99	31.82	29.88	28.10	33.92	2.33	0.16	33.43
2019	39.56	35.69	32.79	30.45	39.16	4.30	0.56	36.33
2020	48.08	41.89	37.34	33.89	47.54	7.31	1.10	43.74
2021	53.67	47.78	42.56	38.22	53.89	7.44	0.89	55.39
2022	—	—	—	—	—	—	—	61.77

预测模型的具体步骤及表达式如下：

$$S_t^{(1)}=0.5x_t+0.5S_{t-1}^{(1)}$$

$$S_t^{(2)}=0.5S_t^{(1)}+0.5S_{t-1}^{(2)}$$

$$S_t^{(3)}=0.5S_t^{(2)}+0.5S_{t-1}^{(3)}$$

$$A_t=3S_t^{(1)}-3S_t^{(2)}+S_t^{(3)}$$

$$B_t=3.5S_t^{(1)}-6S_t^{(2)}+2.5S_t^{(3)}$$

$$C_t=S_t^{(1)}-2S_t^{(2)}+S_t^{(3)}$$

$$F_{t+m}=A_t+B_tm+\frac{1}{2}C_tm^2$$

最终可得 2022 年该地区消费品销售总额的预测值为 61.77 亿元。

第六节 温特线性与季节指数平滑法

温特于 20 世纪 60 年代初创立的线性与季节指数平滑法与二次指数平滑法相类似。由于这种方法可以同时修正时间序列数据的季节性和倾向性，因此，它能用于对既有倾向性变动趋势又有季节性变动的时间序列进行预测。

温特线性与季节指数平滑法以三个方程式为基础，每个方程式所平滑的参数都与时间序列总模式的三个组成部分(随机性、倾向性、季节性)之一有关系。这种方法不但与二次指数平滑法相似，可以平滑随机性和修正倾向性，而且还包括一个处理季节性的附加参数。温特方法的三个基本方程是：

$$S_t=\alpha\frac{x_t}{I_{t-L}}+(1-\alpha)(S_{t-1}+b_{t-1})\qquad 0<\alpha<1\tag{5-18}$$

$$b_t=\gamma(S_t-S_{t-1})+(1-\gamma)b_{t-1}\qquad 0<\gamma<1\tag{5-19}$$

$$I_t=\beta\frac{x_t}{S_t}+(1-\beta)I_{t-L}\qquad 0<\beta<1\tag{5-20}$$

式中，L 是季节性的长度，如 1 年的月数、季度数及 1 周的天数。I 是季节性的修正系数，即季节指数，这个指数等于时间序列的原始数据 x_t 与时间序列的一次指数平滑数 S_t 的比值，即 $I_t=\frac{x_t}{S_t}$。显然，当 $x_t>S_t$ 时，$I_t>1$；反之，若 $x_t<S_t$，则 $I_t<1$。由于时间序列的原始数据 x_t 里包含了季节性、倾向性和随机性，而一次指数平滑数 S_t 仅包含随机性和倾向性，不包含季节性。为了使 x_t 中的随机性得到平滑，在季节指数 I 的方程中，给新算出的季节性系数 x_t/S_t 加权β；给相当于同一季节，距 I_t 最近的季节指数 I_{t-L} 加权$(1-\beta)$。

在 b_t 的方程中，通过给增量(S_t-S_{t-1})加权 γ，给以前的倾向性趋势数值 b_{t-1} 加权$(1-\gamma)$，达到使时间序列的倾向性平滑的目的。在平滑后的 S_t 的方程中，第一项被季节指数 I_{t-1}除，其目的是消除原始数据 x_t 的季节性。式中之所以用 I_{t-L} 而不用 I_L，是因为 I_t 要

在已知 S_t 时才能计算。

温特线性与季节指数平滑法的预测基本公式是：

$$F_{t+m}=(S_t+b_t m)I_{t+m-L} \tag{5-21}$$

式中，m 相当于移动平均法中的 T，是从当前周期到所要预测周期的周期数目。其计算初始值的公式如下：

$$S_{L+1}=x_{L+1}$$

L 为季节长度，$I_1 \sim I_L$ 为季节指数初始值，其计算公式如下：

$$I_1=\frac{\bar{x}_1}{\bar{x}},\ I_2=\frac{\bar{x}_2}{\bar{x}},\ \cdots,\ I_L=\frac{\bar{x}_L}{\bar{x}}$$

式中，$\bar{x}_L$ 为不同年度同一季节的平均值，$\bar{x}$ 为总体平均值。

b_{L+1}的初始值公式如下：

$$b_{L+1}=\frac{(x_{L+1}-x_1)+(x_{L+2}-x_1)+(x_{L+3}-x_1)}{3\times L}$$

下面通过实例说明温特线性与季节指数平滑法的应用。

【例 5－6】 某企业 2016—2021 年各季度的销售额数据见表 5－8。用温特线性与季节指数平滑法来预测 2022 年该企业各季度的销售额。在这里，我们取 $\alpha=0.2$，$\beta=0.05$，$\gamma=0.1$。

表 5－8　温特线性与季节指数平滑法计算结果

序号	年份	季度	销售额（万元）	S_t	I_t	b_t	预测值 $m=1$
1	2016	1	362.00	—	0.92	—	—
2	2016	2	385.00	—	1.01	—	—
3	2016	3	432.00	—	1.16	—	—
4	2016	4	341.00	—	0.91	—	—
5	2017	1	382.00	382.00	0.92	9.17	—
6	2017	2	409.00	393.92	1.01	9.44	395.08
7	2017	3	498.00	408.55	1.16	9.96	467.90
8	2017	4	387.00	419.87	0.91	10.10	380.85
9	2018	1	473.00	446.35	0.93	11.74	397.29
10	2018	2	513.00	467.91	1.02	12.72	463.32
11	2018	3	582.00	484.59	1.16	13.11	558.95
12	2018	4	474.00	502.28	0.91	13.57	453.21
13	2019	1	544.00	529.57	0.94	14.94	480.14
14	2019	2	582.00	550.21	1.02	15.51	553.04
15	2019	3	681.00	569.51	1.17	15.89	658.99
16	2019	4	557.00	590.44	0.91	16.39	534.02

续 表

序 号	年 份	季 度	销售额(万元)	S_t	I_t	b_t	预测值 $m=1$
17	2020	1	628.00	619.71	0.94	17.68	567.76
18	2020	2	707.00	648.84	1.02	18.83	648.72
19	2020	3	773.00	666.68	1.17	18.73	778.77
20	2020	4	592.00	677.90	0.91	17.98	626.33
21	2021	1	627.00	690.18	0.94	17.41	653.77
22	2021	2	725.00	708.04	1.02	17.45	722.70
23	2021	3	854.00	726.87	1.17	17.59	845.96
24	2021	4	661.00	740.56	0.91	17.20	678.78

计算步骤如下：

(1) 指数平滑数初始值的计算。

$$S_{4+1}=x_{4+1}=382$$

(2) 季节指数 I_t 的初始值的计算。

首先把不同年度同一季度的平均销售额求出，再求出全体年份的平均额，两者相除，可得该季度的季节指数。具体做法如下：

第一季度的平均销售额为：

$$\begin{aligned}\bar{x}_1&=\frac{x_1+x_5+x_9+x_{13}+x_{17}+x_{21}}{6}\\&=\frac{362+382+473+544+628+627}{6}\\&=502.67\end{aligned}$$

同理，第二季度的平均销售额为：

$$\begin{aligned}\bar{x}_2&=\frac{x_2+x_6+x_{10}+x_{14}+x_{18}+x_{22}}{6}\\&=553.5\end{aligned}$$

同样可求出第三季度及第四季度的平均销售额分别为 636.67 和 502。

四个季度的平均销售额相加，再求平均，可得总体平均销售额为：

$$\begin{aligned}\bar{x}&=\frac{502.67+553.5+636.67+502}{4}\\&=548.71\end{aligned}$$

用四个季度的平均销售额分别除以总体平均销售额，可得各季度的季节指数。

$$I_1=\frac{\bar{x}_1}{\bar{x}}=0.92,\ I_2=\frac{\bar{x}_2}{\bar{x}}=1.01,\ I_3=\frac{\bar{x}_3}{\bar{x}}=1.16,\ I_4=\frac{\bar{x}_4}{\bar{x}}=0.91$$

(3) 计算平滑系数 b_t 的初始值。

$$b_5=\frac{(x_{4+1}-x_1)+(x_{4+2}-x_1)+(x_{4+3}-x_1)}{3\times L}$$
$$=\frac{(382-362)+(409-385)+(498-432)}{3\times 4}$$
$$=9.1667$$

(4) 求 F_6。

根据(5-21)式，计算如下：

$$F_6=(S_5+b_5\times 1)I_{5+1-4}$$
$$=(382+9.17\times 1)\times 1.01$$
$$=395.08$$

同理，依次可以求出：

$$S_{24}=740.56, b_{24}=17.20, I_{24}=0.91$$

(5) 预测 2022 年四个季度的销售额。

$$F_{25}=(S_{24}+b_{24}\times 1)\times I_{24-4+1}$$
$$=(740.56+17.20\times 1)\times 0.94$$
$$=710.74$$

$$F_{26}=(S_{24}+b_{24}\times 2)\times I_{24-4+2}$$
$$=(740.56+17.20\times 2)\times 1.02$$
$$=791.62$$

$$F_{27}=(S_{24}+b_{24}\times 3)\times I_{24-4+3}$$
$$=(740.56+17.20\times 3)\times 1.17$$
$$=924.05$$

$$F_{28}=(S_{24}+b_{24}\times 4)\times I_{24-4+4}$$
$$=(740.56+17.20\times 4)\times 0.91$$
$$=737.18$$

四 本章小结

1. 一次移动平均法是在算术平均法($N=n$)的基础上发展起来的，但它能根据最新的数据不断加以调整，以适应数据变化的趋势。而一次指数平滑法能更好地反映这种变化趋势。

2. 如果时间序列数据的变化具有线性趋势，则不能用一次移动平均法和一次指数平滑法，而应采用线性二次移动平均法或线性二次指数平滑法。这样可以避免预测值滞后于实际值的问题。

3. 如果数据的基本模型是非线性的,则可采用二次(或高次)曲线指数平滑法,这样可使预测值跟踪非线性趋势的变化。

4. 如果数据的变化含有季节性因素,则应采用把季节性因素考虑在内的温特线性与季节指数平滑法。

思考与练习

一、单项选择题

1. 当数据的随机因素较大时,选用的 n 应该(　　)。

A. 较大　　B. 较小　　C. 随机选择　　D. 等于 N

2. 当数据的随机因素较小时,选用的 n 应该(　　)。

A. 较大　　B. 随机选择　　C. 较小　　D. 等于 N

3. 在移动平均值的计算中包括的过去观察值的实际个数(　　)。

A. 至少有 5 个　　B. 必须一开始就明确规定

C. 有多少个都可以　　D. 至少有 3 个

4. 温特线性与季节指数平滑法包括的平滑参数个数为(　　)。

A. 1 个　　B. 2 个　　C. 3 个　　D. 4 个

5. 布朗单一参数线性指数平滑法包括的平滑参数个数为(　　)。

A. 1 个　　B. 2 个　　C. 3 个　　D. 4 个

6. 序列有季节性时,应选用的预测法是(　　)。

A. 霍尔特双参数线性指数平滑法　　B. 布朗单一参数线性指数平滑法

C. 温特线性与季节指数平滑法　　D. 布朗二次多项式指数平滑法

7. 在温特线性与季节指数平滑法中,通常确定 α、β 和 γ 的最佳方法是(　　)。

A. 反复试验法　　B. 最小二乘法

C. 均方误差最小法　　D. 经验法

8. 在一次指数平滑法中,反复试验寻找 α,是为了(　　)。

A. 均方差最小　　B. 计算简便

C. 寻找合适的权重　　D. 序列接近线性预测

9. 温特线性与季节指数平滑法中的平滑参数 α、β 和 γ(　　)。

A. 三者和为 1　　B. α、$\beta>1$,$0<\gamma<1$

C. 三者都在 0 到 1 之间　　D. 三者都大于 1

10. 在进行预测时,最新观察值包含更多信息,权重应(　　)。

A. 更大　　B. 更小

C. 无所谓　　D. 随机选择

二、多项选择题

1. 下面对一次指数平滑法的描述,正确的是(　　　)。

A. 预测的通式,即 $F_{t+1}=\alpha x_t+(1-\alpha)F_t$

B. 是一种加权预测

C. 不需要存储全部历史数据
D. 但需要存储一组数据
E. 它提供的预测值是前一期预测值加上前期预测值中产生的误差的修正值
2. 序列有线性趋势时,可选择的预测法有(　　)。
A. 布朗单一参数线性指数平滑法
B. 霍尔特双参数线性指数平滑法
C. 温特线性与季节指数平滑法
D. 布朗二次多项式指数平滑法
E. 布朗三次指数平滑法
3. 一次指数平滑法的初值的确定方法有(　　)。
A. 取最初两期的算术平均值为初值
B. 取最初三期的加权平均值为初值
C. 取第一期的实际值为初值
D. 取最初几期的平均值为初值
E. 取初值=1
4. 下面对一次移动平均法的描述,不正确的有(　　)。
A. 当数据的随机因素较大时,宜选用较小的 n
B. 当数据的随机因素较小时,宜选用较大的 n
C. 每一新预测值是对前一移动平均预测值的修正
D. n 越大,平滑效果愈好
E. 计算量少
5. 线性二次指数平滑法中,主要包括(　　)。
A. 布朗单一参数线性指数平滑法
B. 温特线性与季节指数平滑法
C. 霍尔特双参数线性指数平滑法
D. 布朗二次多项式指数平滑法
E. 线性二次移动平均法
6. 一次移动平均法的主要限制有(　　)。
A. 计算移动平均必须具有 n 个过去观察值
B. n 个过去观察值中每一个权数都相等
C. 移动平均线不能较好地反映时间序列的趋势及其变化
D. 计算量大
E. 当需要预测大量的数值时,就必须存储大量数据
7. 下列关于霍尔特双参数线性指数平滑法的说法,正确的有(　　)。
A. 其基本原理与布朗线性指数平滑法相似
B. 它不用二次指数平滑
C. 用趋势直线进行平滑
D. 有 3 个平滑参数
E. 比布朗单一参数线性指数平滑法灵活

8. 已知9个月的实际数据如下：

期　数	1	2	3	4	5	6	7	8	9
实际值	1	3	5	7	9	11	13	15	17

则以下说法错误的有(　　)。
A. 用一次移动平均预测($N=3$)得第四期的预测值为3
B. 用一次移动平均预测($N=3$)得第四期的预测值为2
C. 用一次移动平均预测($N=3$)得第五期的预测值为5
D. 用一次移动平均预测($N=3$)得第五期的预测值为4
E. 用一次移动平均预测($N=3$)得第六期的预测值为7
9. 已知9个月的实际数据如下：

期　数	1	2	3	4	5	6	7	8	9
实际值	12	14	16	15	20	10	16	13	17

则以下说法正确的有(　　)。
A. 用一次指数平滑法预测($\alpha=0.1$)得第三期的预测值为12.2
B. 用一次指数平滑法预测($\alpha=0.1$)得第三期的预测值为13.2
C. 用一次指数平滑法预测($\alpha=0.1$)得第四期的预测值为12.58
D. 用一次指数平滑法预测($\alpha=0.1$)得第四期的预测值为13.56
E. 用一次指数平滑法预测($\alpha=0.1$)得第五期的预测值为14.5
10. 以下说法正确的有(　　)。
A. 指数平滑法总是跟踪实际数据的任一趋向
B. 同线性二次移动平均法相比，一般人们更喜欢用线性二次指数平滑法预测
C. 霍尔特指数平滑法可以用不同的参数对原序列的趋势进行平滑
D. 布朗二次多项式指数平滑法的目的是跟踪非线性趋势的变化
E. 移动平均法由于其主要限制，一般情况下不使用

三、名词解释

1. 一次移动平均法
2. 一次指数平滑法
3. 线性二次移动平均法
4. 线性二次指数平滑法
5. 布朗二次多项式指数平滑法

四、简答题

1. 一次指数平滑法与一次移动平均法相比，其优点是什么？
2. 在何种情况下，宜采用线性二次移动平均法或线性二次指数平滑法？
3. 线性二次指数平滑法优于线性二次移动平均法之处在哪里？

4. 线性二次指数平滑法中包含哪两种方法？各有什么特点？

5. 在何种情况下，宜采用二次曲线指数平滑法？

6. 温特线性与季节指数平滑法有什么特点？

五、计算题

1. 某产品的销售额资料如下表所示：

月　份	1	2	3	4	5	6	7	8	9	10	11	12
销售额(万元)	430	380	330	410	440	390	380	400	450	420	390	—

要求：试用一次移动平均法($N=4$)对 12 月的销售额进行预测。

2. 在第 1 题中，试用一次指数平滑法($\alpha=0.2$)做出预测。

3. 某产品的库存量如下表所示：

期　数	1	2	3	4	5	6	7	8	9
库存量(万件)	140	159	136	157	173	131	177	188	154

要求：试用线性二次移动平均法($N=5$)对第 10、第 11 和第 12 期的库存量做出预测。

4. 用布朗单一参数线性指数平滑法($\alpha=0.3$)预测某产品的销售量。已知 $x_{10}=180$，$S_9^{(1)}=155.71$，$S_9^{(2)}=143.19$，试对第 11、第 12 和第 13 期的销售量做出预测。

5. 用霍尔特双参数线性指数平滑法($\alpha=0.2$，$\gamma=0.4$)预测某产品在第 15、第 16 期的销售量。已知 $x_{14}=280$，$S_{13}=240$，$b_{13}=8.2$。

6. 用二次曲线指数平滑法($\alpha=0.2$)预测某产品在第 6、第 7 期的销售量。已知 $x_5=158$，$S_4^{(1)}=149.2$，$S_4^{(2)}=151.8$，$S_4^{(3)}=146.3$。

7. 用温特线性与季节指数平滑法($\alpha=0.3$，$\beta=0.1$，$\gamma=0.15$)预测某产品在第 17、第 18 和第 19 期的销售量。已知 $L=4$，$x_{16}=557$，$S_{15}=564.08$，$b_{15}=17.37$，$I_{12}=0.90$，$I_{13}=1.01$，$I_{14}=1.07$，$I_{15}=1.18$。

8. 已知 19 期的发电量资料如下表所示：

时　期	1	2	3	4	5	6	7	8	9	10
发电量(千瓦时)	676	825	774	716	940	1 159	1 384	1 524	1 668	1 688
时　期	11	12	13	14	15	16	17	18	19	
发电量(千瓦时)	1 958	2 031	2 234	2 566	2 820	3 006	3 093	3 277	3 514	

要求：

(1) 用布朗单一参数线性指数平滑法预测第 20、第 21、第 22、第 23 期的发电量($\alpha=0.3$)；

(2) 用霍尔特双参数线性指数平滑法预测第 20、第 21、第 22、第 23 期的发电量($\alpha=0.2$，$\gamma=0.3$)；

(3) 用布朗二次多项式指数平滑法预测第 20、第 21、第 22、第 23 期的发电量($\alpha=0.3$)。

9. 下表为某市自来水历年供应量,请选择合适的方法对 2022 年的自来水供应量进行预测,并说明选择该方法的理由。

时序	年份	供水量(10 万吨)	时序	年份	供水量(10 万吨)
1	2006	19.98	9	2014	75.06
2	2007	29.56	10	2015	82.12
3	2008	20.96	11	2016	96.04
4	2009	12.94	12	2017	99.93
5	2010	31.95	13	2018	115.50
6	2011	36.16	14	2019	124.30
7	2012	43.76	15	2020	119.29
8	2013	56.86	16	2021	138.13

6

第六章 自适应过滤法

全章提要

- 第一节　自适应过滤法概述
- 第二节　自适应过滤法的应用
- 第三节　电子计算机在自适应过滤法中的应用

本章小结

思考与练习

第一节 自适应过滤法概述

自适应过滤法与移动平均法、指数平滑法一样，也是一种时间序列预测技术，即它是建立在时间序列的原始数据基础之上，通过对历史观察值进行某种加权平均来预测的。这种方法在原始数据的基本模式比较复杂时使用(具有长期趋势性变动或季节性变动的确定型时间序列)，常常可以取得优于指数平滑法和移动平均法的预测结果。

一、自适应过滤法的基本原理

设 $x_1, x_2, \cdots, x_t$ 为某一时间序列，则有如下有关时间序列的一般预测模型：

$$\hat{x}_{t+1} = \phi_1 x_t + \phi_2 x_{t-1} + \cdots + \phi_p x_{t-p+1} \qquad (6-1)$$

式中，$\hat{x}_{t+1}$ 是第 $t+1$ 期的预测值，x_{t-i+1} 和 ϕ_i 分别是第 $t-i+1$ 期的观察值及当期的权数，p 是权数的个数。

第五章中所讨论的移动平均法和指数平滑法以及本章所讨论的自适应过滤法，实际上都可以用上述模式来概括，如：

对于一次移动平均法：

$$\phi_i = \frac{1}{p} \qquad (i=1, 2, \cdots, p)$$

对于一次指数平滑法：

$$\phi_i = \alpha(1-\alpha)^i$$

不同的是，上述两种方法的权数都是固定的，而自适应过滤法中的权数 ϕ_i 则是根据预测误差 e_t 的大小不断调整修改而获得的最佳权数。

自适应过滤法的基本原理在于通过其反复迭代以调整加权系数的过程，"过滤"掉预测误差，选择出"最佳"加权系数用于预测。整个计算过程从选取一组初始加权系数开始，然后计算得到预测值及预测误差(预测值与实际值之差)，再根据一定公式调整加权系数以减少误差，经过多次反复迭代，直至选择出"最佳"加权系数。由于整个过程与通信工程中过滤传输噪声的过程极为接近，故被称为"自适应过滤法"。

运用自适应过滤法调整权数的计算公式为：

$$\phi'_i = \phi_i + 2ke_{t+1}x_{t-i+1} \qquad (6-2)$$

式中，ϕ'_i是调整后第 i 期的权数；ϕ_i 是调整前第 i 期的权数；k 为调整系数，也称学习常数；$e_{t+1} = x_{t+1} - \hat{x}_{t+1}$，是第 $t+1$ 期的预测误差；x_{t-i+1} 是第 $t-i+1$ 期的观察值。

(6-2)式表明，调整后的一组权数应等于旧的一组权数加上误差调整项，这个调整项包括预测误差、原观察值和学习常数三个因素。

二、自适应过滤法的计算步骤

下面通过介绍权数调整的具体步骤来说明自适应过滤法的应用过程。设时间序列为 $x_1, x_2, \cdots, x_n$。

(一) 确定加权平均的权数个数

一般来说,如果时间序列原始数据具有明显的季节性变动特征,则可确定权数个数 p 为季节周期长度。当数据以 1 年为周期进行季节变动时,若数据以月份统计,则取$p=12$;若数据以季度统计,则取 $p=4$。一般地,p 取在这两者之间即可。

应当注意,p 越大,要达到"最佳"权数的迭代次数越多。因此,选择恰当的 p 值对整个计算过程十分重要。

(二) 确定初始权数

一般情况下,初始权数取为 $\phi_1=\phi_2=\cdots=\phi_p=\dfrac{1}{p}$,即以简单的算术平均数作为初始的加权平均权数。有时也可以根据时间序列数据的自相关系数,利用尤尔-沃克(Yule-Walker)方程来求得,即:

$$\begin{cases}\phi_1+\phi_2\rho_1+\cdots+\phi_p\rho_{p-1}=\rho_1\\ \phi_1\rho_1+\phi_2+\cdots+\phi_p\rho_{p-2}=\rho_2\\ \qquad\vdots\\ \phi_1\rho_{p-1}+\phi_2\rho_{p-2}+\cdots+\phi_p=\rho_p\end{cases} \tag{6-3}$$

其中,$\rho_i(i=1, 2, \cdots, p)$是自回归系数。用矩阵形式可表示为:

$$\begin{pmatrix}1 & \rho_1 & \cdots & \rho_{p-1}\\ \rho_1 & 1 & \cdots & \rho_{p-2}\\ \cdots & \cdots & \cdots & \cdots\\ \rho_{p-1} & \rho_{p-2} & \cdots & 1\end{pmatrix}\cdot\begin{pmatrix}\phi_1\\ \phi_2\\ \vdots\\ \phi_p\end{pmatrix}=\begin{pmatrix}\rho_1\\ \rho_2\\ \vdots\\ \rho_p\end{pmatrix}$$

即:

$$\mathbf{P}_p\mathbf{\Phi}_p=\rho$$

可由时间序列数据得到样本自相关系数 $\hat{\rho}(i=1, 2, \cdots, p)$,且系数阵 $\mathbf{P}_p$ 可逆,则初始权数矩阵可得为:

$$\hat{\mathbf{\Phi}}_p=\hat{P}_P^{-1}\hat{\rho} \tag{6-4}$$

注意到,在自适应过滤法中,尽管权数的初始值一般取 $\phi_i=\dfrac{1}{p}(i=1, 2, \cdots, p)$,能够满足 $\sum\limits_{i=1}^{p}\phi_i=1$ 的条件,然而按照(6-2)式调整权数后,就无法保证 $\sum\limits_{i=1}^{p}\phi_i=1$ 了。因此,自适应过滤法对权数的处理可以说是突破了一切约束,不但可以出现负数,而且还允许权数之和不等于 1。

(三) 计算预测值

利用(6-1)式,选取数据样本中前 p 个数据 $x_1, x_2, \cdots, x_p$,计算第 $p+1$ 期的预测值。

$$\hat{x}_{p+1}=\phi_1 x_p+\phi_2 x_{p-1}+\cdots+\phi_p x_1 \tag{6-5}$$

（四）计算预测误差

第 $p+1$ 期的预测误差的计算公式为：

$$e_{p+1}=x_{p+1}-\hat{x}_{p+1} \tag{6-6}$$

（五）权数调整

利用(6－2)式对权数进行调整：

$$\phi'_i=\phi_i+2ke_{p+1}x_{p-i+1} \qquad (i=1,\ 2,\ \cdots,\ p) \tag{6-7}$$

其中，学习常数 k 的选取直接影响权数调整的速度，在一定程度上还影响了最终的预测效果。所以，这里着重讨论一下 k 的取值条件。

必须注意，要使初始权数经过(6－2)式的调整逐步向最佳权数逼近，从而使模型的 MSE 向一最小值收敛，k 的取值是有一定条件的。为了使权数迅速逼近最佳值，k 的取值应尽量接近于 1，这样可以减少迭代次数。然而，太大的 k 值也可能导致误差序列的发散性，从而使得最终的均方误差有所增大，影响预测效果。因此，k 值存在一定的取值范围。美国维德罗(B. Widrow，1966)的研究证明，按照(6－2)式调整权数的自适应过滤法收敛的充分条件是：

$$k\leqslant\frac{1}{\left[\sum_{i=1}^{p}x_i^2\right]_{\max}} \tag{6-8}$$

即 k 值可以根据时间序列中 p 个最大值来确定。不过，为了提高模型逼近最佳权数的速度，也可以取较大的 k 值，但必须满足 $k\leqslant\frac{1}{p}$。

（六）进行迭代调整

利用第（五）步得到的新的一组权数 $\phi'_i(i=1,\ 2,\ \cdots,\ p)$，返回第（三）步，进行第 $p+2$ 期预测值的计算，并产生预测误差 e_{p+2}，再按照(6－2)式进行再一次的权数调整。

考虑这种不断迭代的过程，可以将(6－5)式、(6－6)式、(6－7)式调整为以下公式：

(1) $\hat{x}_{t+1}=\phi'_1 x_t+\phi'_2 x_{t-1}+\cdots+\phi'_p x_{t-p+1} \qquad (t=p,\ \cdots,\ n-1)$ 　(6－5′)

(2) $e_{t+1}=x_{t+1}-\hat{x}_{t+1}$ 　(6－6′)

(3) $\phi'_i=\phi_i+2ke_{t+1}x_{t-i+1} \qquad (i=1,\ 2,\ \cdots,\ p)$ 　(6－7′)

这样反复进行下去，当预测误差降为 0 时，系数的调整过程即告结束。然而，大多数情况下，由于序列不是随机的，最终的预测误差无法降到零，此时使用的衡量标准为均方误差：

$$MSE=\sum_{t=p}^{n}(x_{t+1}-\hat{x}_{t+1})^2/(n-p) \tag{6-9}$$

当继续迭代而 MSE 没有进一步改善时，即认为 MSE 达到最小，系数的调整过程结束。这时的权数就是我们所需要的最佳权数，可以用它们来计算第 $n+1$ 期的预测值。

还有一种可能，就是权数调整进行到第 n 期，这时循环迭代调整的计算已经使用了全部的原始数据，而 MSE 仍然没有达到最小值的要求，这时可以将最后得到的一组权数作为新的初始值，再重新进行新一轮的调整过程，直至满足 MSE 收敛于最小值为止。

三、自适应过滤法的优点及应用准则

(一) 自适应过滤法的优点

(1) 方法简单易行，可采用标准程序上机运算；

(2) 需要数据量较少；

(3) 约束条件较少；

(4) 具有自适应性，它能自动调整权数，是一种可变系数的模型。

(二) 自适应过滤法的应用准则

(1) 自适应过滤法主要适用于水平的数据，对于有线性趋势的数据，可以应用差分方法来消除数据的趋势。

(2) 当数据的波动较大时，在调整权数之前，对原始数据值做标准化处理，可以加快调整速度，使权数迅速收敛于“最佳”的一组权数，并可使学习常数 k 的最佳值近似于 $\frac{1}{p}$，从而使自适应过滤法更为有效。

第二节 自适应过滤法的应用

一、自适应过滤法的实际应用

【例 6-1】 假设某商品最近 5 年的销售额资料如表 6-1 所示。

表 6-1 某商品 5 年的销售额资料 单位：百万元

期 数	$t=1$	$t=2$	$t=3$	$t=4$	$t=5$
年 份	2016	2017	2018	2019	2020
销售额	43	45	48	50	53

应用自适应过滤法预测 2021 年、2022 年该商品的销售额。

本例中，取 $p=2$，可得初始权数：

$$\phi_1=\phi_2=\frac{1}{p}=\frac{1}{2}=0.5$$

学习常数：

$$k\leqslant\frac{1}{\left[\sum_{i=1}^{2}\hat{x}_i^2\right]_{\max}}=\frac{1}{50^2+53^2}=0.000\,2$$

在此，我们取 $k=0.000\,2$。

根据已知数据，计算 $t=2$ 时 $t+1$ 期的预测值(计算中有四舍五入)：

(1) $\hat{x}_{t+1}=\hat{x}_3=\phi_1 x_2+\phi_2 x_1=0.5\times 45+0.5\times 43=44$

(2) $e_{t+1}=e_3=x_3-\hat{x}_3=48-44=4$

(3) 根据 $\phi'_i=\phi_i+2ke_{t+1}x_{t-i+1}$ 调整权数：

$$\phi'_1=0.5+2\times 0.0002\times 4\times 45=0.572$$

$$\phi'_2=0.5+2\times 0.0002\times 4\times 43=0.569$$

步骤(1)～(3)即是一次迭代调整，然后用新的权数再计算 $t=3$ 时 $t+1$ 期的预测值：

(1) $\hat{x}_{t+1}=\hat{x}_4=\phi'_1 x_3+\phi'_2 x_2=0.572\times 48+0.569\times 45=53$

(2) $e_{t+1}=e_4=x_4-\hat{x}_4=50-53=-3$

(3) $\phi''_1=0.572+2\times 0.0002\times(-3)\times 48=0.514$

$\phi''_2=0.569+2\times 0.0002\times(-3)\times 45=0.515$

再利用上述新的权数计算 $t=4$ 时 $t+1$ 期的预测值：

(1) $\hat{x}_{t+1}=\hat{x}_5=\phi''_1 x_4+\phi''_2 x_3=0.514\times 50+0.515\times 48=50$

(2) $e_{t+1}=e_5=x_5-\hat{x}_5=53-50=3$

(3) $\phi''_1=0.514+2\times 0.0002\times 3\times 48=0.574$

$\phi''_2=0.515+2\times 0.0002\times 3\times 45=0.573$

由于没有 $t=6$ 期的原始数据来计算 $t=5$ 时 e_{t+1} 的值，此时第一轮的调整就此结束。现在把新的权数作为新的初始权数，重新开始新一轮 $t=2$ 的预测过程。

第二轮迭代：

$\phi_1=0.574$，$\phi_2=0.573$

计算 $t=2$ 时 $t+1$ 期的预测值：

(1) $\hat{x}_{t+1}=\hat{x}_3=\phi_1 x_2+\phi_2 x_1=0.574\times 45+0.573\times 43=50$

(2) $e_{t+1}=e_3=x_3-\hat{x}_3=48-50=-2$

(3) $\phi'_1=0.574+2\times 0.0002\times(-2)\times 48=0.538$

$\phi'_2=0.573+2\times 0.0002\times(-2)\times 45=0.539$

…

…

这样反复迭代下去，直到预测误差没有明显改善时，就认为获得了一组最佳权数，能实际用来预测 2021 年、2022 年的销售额。本例在调整过程中，经过五轮迭代，可使得误差降为零(四舍五入)，而权数达到稳定不变。最后得到的最佳权数为：

$$\phi_1=0.54,\ \phi_2=0.541$$

因此，可计算得到预测值：

$$\hat{x}_6=0.54\times 53+0.541\times 50=56\text{ (百万元)}$$

$$\hat{x}_7=0.54\times 56+0.541\times 53=59\text{ (百万元)}$$

该商品在 2021 年和 2022 年的销售额分别为 56 百万元和 59 百万元。

二、标准化处理问题

在第一节中提到，当数据的波动较大时，在调整权数之前，应对原始数据值做标准化处理。标准化处理一方面可以加快调整速度,使权数迅速收敛于“最佳”的一组权数,并可使学习常数 k 的最佳值近似于 $\frac{1}{p}$,从而使自适应过滤法更为有效;另一方面,可以使数据和残差无量纲化,有助于不同单位时间序列数据的比较。

根据马克里戴吉斯和维尔莱特(Makridakis & Wheelwright, 1977)的研究,标准化公式为:

$$x_{t-i}^{*}=\frac{x_{t-i}}{\left(\sum_{i=1}^{p}x_{t-i}^{2}\right)^{1/2}} \qquad 1\leqslant i\leqslant p \tag{6-10}$$

$$e_{t-i}^{*}=\frac{e_{t-i}}{\left(\sum_{i=1}^{p}x_{t-i}^{2}\right)^{1/2}} \tag{6-11}$$

其中,$w=\left(\sum_{i=1}^{p}x_{t-i}^{2}\right)^{1/2}$ 称为标准化常数。由此,(6—2)式转变为:

$$\phi_i'=\phi_i+2ke_{t+1}^{*}x_{t-i+1}^{*} \tag{6-12}$$

【例 6-2】 假设某一时间序列有以下 10 个数据,见表 6-2。

表 6-2 时间序列的 10 个数据

期 数	1	2	3	4	5	6	7	8	9	10
数据 x_i	1.97	1.89	2.40	3.20	2.78	3.45	1.90	2.34	2.02	2.50

现预测其第 11 期的数值。

标准化变换的第一步是根据 $w=\left(\sum_{i=1}^{p}x_{t-i}^{2}\right)^{1/2}$ $(i=1, 2, \cdots, p)$ 求出标准化常数;第二步是按(6-10)式计算得出数据的标准化值;第三步是把已标准化的新序列按照(6-12)式进行迭代调整,直至找到最佳权数。将以上数据按照上述步骤计算,可得到表 6-3 的结果。

表 6-3 数据的标准化处理

t	x_t	x_t^2	$a_t=\sum_{i=1}^{2}x_{t-i}^2$	$b_t=a_t^{1/2}$	$x_{t-2}{}^*=x_{t-2}/b_t$	$x_{t-1}{}^*=x_{t-1}/b_t$	$x_t^*=x_t/b_t$
	(1)	(2)	(3)	(4)	(5)	(6)	(7)
1	1.97	3.88					
2	1.89	3.57					
3	2.40	5.76	7.45	2.73	0.72	0.69	0.88
4	3.20	10.24	9.33	3.05	0.62	0.79	1.05
5	2.78	7.73	16.00	4.00	0.60	0.80	0.70
6	3.45	11.90	17.97	4.24	0.75	0.66	0.81

续　表

t	x_t	x_t^2	$a_t=\sum_{i=1}^{2}x_{t-i}^2$	$b_t=a_t^{1/2}$	$x_{t-2}{}^*=x_{t-2}/b_t$	$x_{t-1}{}^*=x_{t-1}/b_t$	$x_t^*=x_t/b_t$
	(1)	(2)	(3)	(4)	(5)	(6)	(7)
7	1.90	3.61	19.63	4.43	0.63	0.78	0.43
8	2.34	5.48	15.51	3.94	0.88	0.48	0.59
9	2.02	4.08	9.09	3.01	0.63	0.78	0.67
10	2.50	6.25	9.56	3.09	0.76	0.65	0.81

然后，可以根据表 6－3 中(5)(6)(7)栏中的数据，进行权数的调整。

取 $p=2$，可得初始权数：

$$\phi_1=\phi_2=\frac{1}{p}=\frac{1}{2}=0.5$$

学习常数：

$$k\leqslant\frac{1}{\left[\sum_{i=1}^{2}\hat{x}_i^2\right]_{\max}}=\frac{1}{0.88^2+1.05^2}=0.53$$

在此，我们取 $k=\frac{1}{p}=0.5$。

具体的权数调整计算过程及结果如表 6－4 所示。

表 6－4　权数调整计算过程及结果

循环次数	t	$x_t{}^*$	$x_{t-2}{}^*$	$x_{t-1}{}^*$	ϕ_{1t}	ϕ_{2t}	$\hat{x}_t^*$	$e_t{}^*$	ϕ'_{1t}	ϕ'_{2t}
T		(1)	(2)	(3)	(4)＝上一期的(8)	(5)＝上一期的(9)	(6)	(7)	(8)	(9)
$T=1$	3	0.879	0.722	0.692	0.500	0.500	0.707	0.172	0.619	0.624
$MSE=0.047\ 7$	4	1.048	0.619	0.786	0.619	0.624	0.873	0.175	0.757	0.732
	5	0.695	0.600	0.800	0.757	0.732	1.045	－0.350	0.477	0.523
	6	0.814	0.755	0.656	0.477	0.523	0.707	0.107	0.547	0.603
	7	0.429	0.627	0.779	0.547	0.603	0.804	－0.375	0.254	0.368
	8	0.594	0.876	0.482	0.254	0.368	0.445	0.149	0.327	0.498
	9	0.670	0.630	0.776	0.327	0.498	0.568	0.102	0.406	0.563
	10	0.809	0.757	0.653	0.406	0.563	0.692	0.117	0.483	0.652
$T=2$	3	0.879	0.722	0.692	0.483	0.652	0.804	0.075	0.534	0.706
$MSE=0.042\ 1$	4	1.048	0.619	0.786	0.534	0.706	0.856	0.191	0.685	0.824

续 表

循环次数	t	$x_t{}^*$	$x_{t-2}{}^*$	$x_{t-1}{}^*$	ϕ_{1t}	ϕ_{2t}	$\hat{x}_t^*$	$e_t{}^*$	ϕ'_{1t}	ϕ'_{2t}
T		(1)	(2)	(3)	(4)=上一期的(8)	(5)=上一期的(9)	(6)	(7)	(8)	(9)
	5	0.695	0.600	0.800	0.685	0.824	1.042	−0.347	0.407	0.616
	6	0.814	0.755	0.656	0.407	0.616	0.732	0.082	0.461	0.678
	7	0.429	0.627	0.779	0.461	0.678	0.784	−0.355	0.184	0.455
	8	0.594	0.876	0.482	0.184	0.455	0.487	0.107	0.236	0.548
	9	0.670	0.630	0.776	0.236	0.548	0.529	0.141	0.346	0.638
	10	0.809	0.757	0.653	0.346	0.638	0.708	0.100	0.411	0.713
$T=3$	3	0.879	0.722	0.692	0.411	0.713	0.799	0.080	0.466	0.771
$MSE=0.041\,0$	4	1.048	0.619	0.786	0.466	0.771	0.843	0.204	0.627	0.897
	5	0.695	0.600	0.800	0.627	0.897	1.040	−0.345	0.351	0.690
	6	0.814	0.755	0.656	0.351	0.690	0.751	0.063	0.392	0.738
	7	0.429	0.627	0.779	0.392	0.738	0.768	−0.339	0.128	0.525
	8	0.594	0.876	0.482	0.128	0.525	0.521	0.073	0.163	0.589
	9	0.670	0.630	0.776	0.163	0.589	0.497	0.173	0.297	0.697
	10	0.809	0.757	0.653	0.297	0.697	0.722	0.087	0.354	0.763
$T=4$	3	0.879	0.722	0.692	0.354	0.763	0.795	0.084	0.412	0.823
$MSE=0.040\,8$	4	1.048	0.619	0.786	0.412	0.823	0.833	0.215	0.580	0.956
	5	0.695	0.600	0.800	0.580	0.956	1.038	−0.343	0.306	0.751
	6	0.814	0.755	0.656	0.306	0.751	0.767	0.047	0.337	0.786
	7	0.429	0.627	0.779	0.337	0.786	0.755	−0.326	0.082	0.581
	8	0.594	0.876	0.482	0.082	0.581	0.549	0.045	0.104	0.621
	9	0.670	0.630	0.776	0.104	0.621	0.472	0.198	0.258	0.745
	10	0.809	0.757	0.653	0.258	0.745	0.733	0.076	0.308	0.803

注：表 6-4 中(1)(2)(3)栏的数据即表 6-3 中(7)(5)(6)栏中的数据，(4)(5)栏中，第一轮循环 $T=1$ 中 $t=3$ 时的数据为初始权数 $\phi_1=\phi_2=0.5$。

经过四个迭代循环的调整，$MSE=\sum_{t=2}^{10}(x_{t+1}-\hat{x}_{t+1})^2/8=0.040\,8$ 达到最小，得到最佳权数：

$$\phi_1=0.308,\ \phi_2=0.803$$

则第 11 期的预测值为：

$$\hat{x}_{11}=\phi_1 x_{10}+\phi_2 x_9=0.308\times 2.5+0.803\times 2.02=2.39$$

第三节　电子计算机在自适应过滤法中的应用

如前所述，对初始系数的逐次迭代需要大量的计算，这使自适应过滤法的应用受到了限制。然而，如果利用电子计算机进行运算，这些计算便可以得到迅速实现。

【例 6－3】 某商品的季度销售量如表 6－5 所示，由于数据中包含有季节变动的因素，所以我们使用 4 期或 8 期移动平均，这里用 4 期移动平均来说明。

表 6－5　某商品的季度销售量等数据

年份及季度	时期 (t)	销售量 (万件)	预测值	ϕ_1	ϕ_2	ϕ_3	ϕ_4
2019 年第一季度	1	10 284					
2019 年第二季度	2	7 601					
2019 年第三季度	3	11 802					
2019 年第四季度	4	13 533		0.2	0.2	0.2	0.4
2020 年第一季度	5	10 171	10 701	0.180 4	0.182 9	0.189 0	0.385 1
2020 年第二季度	6	7 941	9 648	0.138 0	0.126 5	0.139 8	0.353 4
2020 年第三季度	7	12 561	8 445	0.205 6	0.213 0	0.254 9	0.453 8
2020 年第四季度	8	13 779	2 802	0.236 4	0.234 2	0.282 0	0.489 9
2021 年第一季度	9	12 306	13 187	0.168 1	0.176 9	0.242 7	0.439 5
2021 年第二季度	10	9 307	10 635	0.128 6	0.128 7	0.202 3	0.411 8
2021 年第三季度	11	12 265	10 200	0.154 7	0.160 5	0.240 9	0.444 2
2021 年第四季度	12	12 531	12 080	0.168 1	0.171 5	0.254 3	0.460 5

由表 6－5 可知，这里选择初始系数 ϕ_1、ϕ_2、ϕ_3和 ϕ_4为 0.2、0.2、0.2 和 0.4。在这里，为了识别季节性因素，可对预测期前一年同一季度的销售量赋予最大的系数。2020 年第一季度的预测值为：

$$\hat{x}_t = \phi_1 x_{t-1} + \phi_2 x_{t-2} + \cdots + \phi_P x_{t-P}$$

现 $t=5$，则：

$$\begin{aligned}\hat{x}_5 &= \phi_1 x_4 + \phi_2 x_3 + \phi_3 x_2 + \phi_4 x_1 \\ &= 0.2 \times 13\,533 + 0.2 \times 11\,802 + 0.2 \times 7\,601 + 0.4 \times 10\,284 \\ &= 10\,701(\text{万件})\end{aligned}$$

2020 年第一季度过去之后，可将预测值与实际值比较，然后以改进精度为目标，修正系数。我们对(6－2)式做一些变换，得：

$$\phi'_i = \phi_i + 2k\left[\frac{(x_i - \hat{x}_i)}{y^2}\right] x_{t-i+1}$$

式中,y^2为最近几个 x 值中的最大值,这是不严密的经验做法。其他符号的含义与(6-2)式相同。

为了得到 k 值,我们采用经验法,即令 $k=\frac{1}{P}=\frac{1}{4}=0.25$($P$ 为所有系数的个数)。由于2020 年第一季度的实际销售量为 10 171 万件,因此更新的系数应为:

$$\phi'_1=0.2+2\times0.25\times[(10\ 171-10\ 701)/13\ 533^2]\times13\ 533=0.180\ 4$$

$$\phi'_2=0.2+2\times0.25\times[(10\ 171-10\ 701)/13\ 533^2]\times11\ 802=0.182\ 9$$

$$\phi'_3=0.2+2\times0.25\times[(10\ 171-10\ 701)/13\ 533^2]\times7\ 601=0.189\ 0$$

$$\phi'_4=0.4+2\times0.25\times[(10\ 171-10\ 701)/13\ 533^2]\times10\ 284=0.385\ 1$$

对第 6 期即 2020 年第二季度的销售量是根据上述新的系数和第 2 期到第 5 期的实际销售量预测的:

$$\begin{aligned}\hat{x}_6&=0.180\ 4\times10\ 171+0.182\ 9\times13\ 533+0.189\times11\ 802+0.385\ 1\times7\ 601\\&=9\ 468(\text{万件})\end{aligned}$$

当第 6 期的实际数值得知后,将更新每一个 ϕ_i 值,以便进行第 7 期的预测。表 6-5 中的数据就是这样逐一计算出来的。

由于初始系数的选取是任意的,因此一般的做法是在进行第一次预测之前,先用某些历史数据代入模型,以便调整系数。例如,第一个实际预测值假如为 2019 年第一季度的某商品销售量,那么,2020 年和 2021 年的预测值便可用来调整系数。另外,还须将逐期之末的系数,即表 6-5 中最后一行的系数 0.168 1、0.171 5、0.254 3 和 0.460 5 来替代初期主观确定而逐期求得的系数,以进一步改进系数,提高预测的精度。这种替代的过程常常要重复多次,因此必须借助电子计算机来完成。

表 6-6 给出了通过计算机运算的经过不同迭代次数后的标准误差和系数值。

表 6-6　应用自适应过滤法对某商品销售量进行逐次迭代

迭代次数	标准误差	ϕ_1	ϕ_2	ϕ_3	ϕ_4
1	1 578	0.161 8	0.171 5	0.254 3	0.460 5
2	1 441	0.127 0	0.122 6	0.283 6	0.506 7
3	1 316	0.097 9	0.072 8	0.298 9	0.553 0
4	1 208	0.080 0	0.024 5	0.302 1	0.597 5
5	1 113	0.071 9	−0.020 1	0.295 2	0.638 4
10	756	0.126 4	−0.155 5	0.182 7	0.760 5
20	431	0.247 1	−0.102 2	0.053 1	0.715 4
30	393	0.214 2	−0.064 3	0.092 9	0.690 6
40	386	0.202 9	−0.077 2	0.091 4	0.709 8
50	386	0.204 9	−0.071 8	0.081 3	0.712 0
100	383	0.184 7	−0.051 1	0.066 0	0.727 5

由表 6－6 可知，增加迭代的次数会降低平均预测误差。同时也表明，在这些误差达到可能的最低水平之前，需要重复较多的次数。

本章小结

1. 自适应过滤法就是从一组初始加权系数开始计算预测值及预测误差，再利用公式 $\phi'_i=\phi_i+2ke_{t+1}x_{t-i+1}$ 进行加权系数的迭代调整以减小误差，经过多次反复迭代，直至选择出“最佳”加权系数的过程。

2. 在自适应过滤法中，学习常数 k 的选择非常重要，既要保证迭代次数尽量少，同时要确保 MSE 向一最小值收敛，一般选取 $k\leqslant\dfrac{1}{\left[\sum\limits_{i=1}^{p}X_i^2\right]_{\max}}$。

3. 选择恰当的权数个数与初始值可以减少迭代次数，提高预测效果。此外，调整权数前对原始数据值做标准化处理，也可以加快调整速度，使权数迅速收敛于“最佳”的一组权数。

4. 学会使用计算机进行自适应过滤法的计算，这样可以使自适应过滤法的应用变得简单易行。

思考与练习

一、单项选择题

1. 自适应过滤法就是从 Φ_i 一组初始值开始，利用迭代寻找模型的(　　)的最优化。

A. 自回归系数　　B. R^2

C. 均方误差 MSE　　D. 残差 e

2. 在模型的(　　)向一最小值收敛时，就取得了最优权重。

A. 残差 e　　B. R^2

C. 一个循环的均方误差 MSE　　D. 显著性 F 值

3. 在序列存在季节模型时，P 应选取(　　)。

A. 2　　B. 3

C. L(季节因素的周期)　　D. $2L$

4. 在迭代过程中，为了避免误差序列的发散性，调整系数 k 必须等于或者小于(　　)。

A. $1/P$　　B. 1

C. 0.5　　D. $1/P^2$

5. 选择滤波常数 k 时，为了取得更加准确的结果，k 的取值公式为(　　)。

A. $k=\dfrac{1}{\left[\sum\limits_{i=1}^{P}x_i^2\right]_{\max}}$　　B. $k=\dfrac{1}{\left[\sum\limits_{i=1}^{P}x_i^2\right]_{\min}}$

C. $k=\dfrac{1}{\left[\sum\limits_{i=1}^{P}x_i\right]_{\min}}$　　D. $k=\dfrac{1}{\left[\sum\limits_{i=1}^{P}x_i\right]_{\max}}$

6. 为了避免由于 x_t 的波动很大而影响迭代的收敛性,需要对数据进行(　　)处理。

A. 差分　　B. 标准化　　C. 中心化　　D. 移动平均

7. 对 x_t 进行标准化处理,可以用公式表示为(　　)。

A. $x_t^* = \dfrac{x_t}{\sqrt{\sum_{i=1}^{P} x_i^2}}$　　B. $x_t^* = \dfrac{1}{\left[\sum_{i=1}^{P} x_i^2\right]_{\max}}$

C. $x_t^* = \dfrac{x_t}{\sum_{i=1}^{P} x_i^2}$　　D. $x_t^* = \dfrac{x_t}{\sqrt{\sum_{i=1}^{P} x_i}}$

8. 自适应过滤法调整系数可以表示为(　　)。

A. $\Phi'_i = \Phi_i + 2ke_{t+1}Y_{t-i+1}$　　B. $\Phi'_i = \Phi_i + ke_{t+1}Y_{t-i+1}$

C. $\Phi'_i = 2\Phi_i + ke_{t+1}Y_{t-i+1}$　　D. $\Phi'_i = \Phi_i + 2k^2e_{t+1}Y_{t-i+1}$

9. 已知上一轮 $\Phi_1 = 0.25$,$e = 3$,$y = 20$,$k = 0.000\,5$,则新一轮的 Φ'_1 等于(　　)。

A. 0.9　　B. 0.31　　C. 0.19　　D. 0.38

10. 在一轮迭代结束后,结果 MSE 还没有收敛,但没有更多时间序列数据进行迭代时,(　　)。

A. 结束迭代,得到系数最优值

B. 转入把现有的一组 Φ_i 作为初始系数,重新开始迭代过程

C. 仍然把初始 Φ_i 作为系数,重新开始迭代过程

D. 把数据标准化,重新开始迭代过程

二、多项选择题

1. 自适性过滤法的优点有(　　)。

A. 简单易行,可采用标准程序上机运算

B. 适用于数据点较少的情况

C. 约束条件较少

D. 具有自适应性,它能自动调整回归系数,是一种可变系数的数据模型

E. 一定能取得最佳估计值

2. 选择阶数的原则有(　　)。

A. 不存在季节性时,$P = 2$ 或者 $P = 3$

B. 存在季节性时,P 取季节因素的周期长度

C. P 可以按照主观意愿随意确定

D. P 在任何情况下都取 $P = 2$

E. $P = 3$ 是最优阶数

3. 关于选择合适的滤波常数 k,以下说法正确的是(　　)。

A. 小于或等于 $1/P$　　B. $k = \dfrac{1}{\left[\sum_{i=1}^{P} x_i^2\right]_{\max}}$

C. $k \leqslant \dfrac{1}{\left[\sum_{i=1}^{P} x_i^2\right]_{\max}}$　　D. 当 k 接近于1时,系数能迅速地逼近最佳值

E. k 的选取具有随意性

4. 在应用自适应过滤法进行计算前，首先要确定的是(　　)。

A. 模型阶数 P　　B. 滤波参数 k

C. 残差 e　　D. 相关系数 r

E. 迭代循环次数

5. 自适应过滤法的基本步骤有(　　)。

A. 确定模型阶数 P　　B. 选择滤波参数 k

C. 计算残差 e　　D. 根据残差 e 计算下一轮的系数

E. 迭代直到取得合适的系数

三、名词解释

1. 自适应过滤法
2. 一次循环
3. 标准化

四、简答题

1. 自适应过滤法的重要特点是什么？优点有哪些？
2. 自适应过滤法与移动平均法和指数平滑法相比有什么区别？
3. 为了减少计算次数和提高预测精度，需要考虑哪些问题？
4. 滤波常数 k 的选择有哪些原则？
5. 自适应过滤法中，自回归模型 P 一般如何确定？
6. 自适应过滤法的基本步骤是什么？
7. 初始的加权系数应如何选取？
8. 为什么要对序列数据进行标准化处理？对原始数据进行标准化处理有什么作用？
9. 为什么在迭代过程中有时需经过几个循环的迭代？
10. 自适应过滤法最适用于哪些类型的数据？

五、计算题

1. 完成本章第二节所举例子中对某商品销售额预测的计算中所省略的部分过程。

2. 以下是某个时间序列数据，请确定合适的阶数，并应用自适应过滤法计算最优的自回归系数。

时间 t	时间序列	时间 t	时间序列	时间 t	时间序列
1	1.46	8	4.24	15	6.55
2	2.30	9	3.42	16	6.83
3	1.53	10	3.75	17	6.43
4	1.93	11	3.04	18	7.33
5	2.52	12	4.74	19	7.68
6	2.86	13	5.87	20	9.94
7	3.53	14	6.60		

3. 以下是某冷饮公司2018—2021年的销售量数据,请先对数据进行标准化处理,确定合适的周期,运用自适应过滤法求最优自回归系数,并对2022年1月的销售量做出预测。

销售量 月份 / 年份	1	2	3	4	5	6	7	8	9	10	11	12
2018	171	183	235	540	633	2 138	3 633	1 422	580	273	183	135
2019	172	231	330	588	963	2 464	4 215	1 806	576	275	183	141
2020	218	315	468	780	1 023	2 808	4 686	2 073	722	373	195	168
2021	235	350	490	985	1 189	3 254	5 253	2 440	874	480	216	185

六、分析题

以下是2017年至2022年3月某公司的销售量数据,确定合适的周期 P,编制简单的计算机程序实现自适应过滤法,计算最优系数,并对2022年4月、5月、6月的销售量进行预测。

销售量 月份 / 年份	1	2	3	4	5	6	7	8	9	10	11	12
2017	2 125	2 565	2 498	2 166	2 041	1 962	2 011	1 936	1 976	2 093	1 981	2 090
2018	2 307	3 135	2 603	2 427	2 301	2 295	2 209	2 188	2 225	2 323	2 276	2 516
2019	2 791	3 159	3 495	2 682	2 705	2 513	1 396	2 453	2 412	2 664	2 611	2 768
2020	3 367	4 162	3 466	2 875	2 933	2 648	2 656	2 696	2 564	2 841	2 844	3 022
2021	3 324	4 401	3 473	3 151	3 062	2 748	2 808	2 852	2 750	2 941	2 856	3 132
2022	4 050	4 544	3 843									

7

第七章
平稳时间序列预测法

全章提要

第一节 平稳时间序列预测法概述

本章将重点讨论平稳时间序列问题。首先，我们需要介绍一下平稳时间序列的概念。设时间序列$\{y_t\}$取自某一个随机过程，如果此随机过程的随机特征不随时间变化，则我们称过程是平稳的；假如该随机过程的随机特征随时间变化，则称过程是非平稳的。进一步地，我们可以给出平稳时间序列比较严格的定义。一般来说，关于平稳随机过程有两种定义方法，由于本章是在宽平稳范畴下讨论的，因此，我们只给出宽平稳时间序列的概念。设时间序列$\{y_t\}$，对于任意的t，k和m，满足：

$$E(y_t)=E(y_{t+m}) \tag{7-1}$$

$$\mathrm{cov}(y_t, y_{t+k})=\mathrm{cov}(y_{t+m}, y_{t+m+k}) \tag{7-2}$$

则称$\{y_t\}$是满足宽平稳的。如果时间序列$\{y_t\}$是平稳的，我们就可以使用具有确定参数的方程将时间序列模型化，并且方程的系数可以利用序列的过去数据估计得到。ARMA 模型是描述平稳随机序列的最常用的一种模型，博克斯和詹金斯(Box & Jenkins)创立了著名的 B-J 方法，他们的工作为实际工作者提供了对时间序列进行分析、预测，以及对 ARMA 模型识别、估计和诊断的系统方法，使 ARMA 模型的建立有了一套完整、正规、结构化的建模方法，并且具有统计上的完善性和牢固的理论基础。

时间序列分析早期的研究分为时域方法和频域方法。时域方法是分析时间序列的样本自相关函数，并建立参数模型(如 ARMA 模型)，以此去描述序列的动态依赖关系；频域方法则着重研究时间序列的功率谱密度函数，对序列的频率分量进行统计分析和建模。对于平稳序列来说，自相关函数是功率谱密度函数的傅立叶(Fourier)变换。随着研究的深入和计算技术的发展，时域方法和频域方法之间的鸿沟已趋消失。同样，时间序列的贝叶斯和非贝叶斯研究方法也相互交融，出现了许多两者兼容的分析方法。本章主要使用时域方法对时间序列进行讨论。

计算技术的飞速进步极大地推动了时间序列分析的发展。线性正态假定下的参数模型得到充分解决，计算量较大的离群值分析和结构变化的识别成为时间序列模型诊断的重要部分。在金融时间序列分析发展的进程中，一些新的技术得到长足的发展，产生了许多有意义的研究主题。

在时间序列分析方法的发展历程中，商业、经济、金融等领域的应用始终起着重要的推动作用，时间序列分析的每一步发展都与应用密不可分。在计量经济学中，特别是金融经济计量学中，时间序列分析已成为其重要的组成部分。

ARMA 模型有三种基本形式，即自回归模型(Auto-regressive, AR)、移动平均模型(Moving Average, MA)和混合模型(Auto-regressive Moving Average, ARMA)。

一、自回归模型 AR(p)

如果时间序列$\{y_t\}$满足：

$$y_t = \phi_1 y_{t-1} + \cdots + \phi_p y_{t-p} + \varepsilon_t \tag{7-3}$$

其中:$\{\varepsilon_t\}$是独立同分布的随机变量序列,并且对于任意的 t,$E(\varepsilon_t)=0$,$Var(\varepsilon_t)=\sigma_\varepsilon^2>0$,则称时间序列$\{y_t\}$服从 p 阶自回归模型,记为 AR(p)。ϕ_1,…,ϕ_p 称为自回归系数。

记 B^k 为 k 步滞后算子,即 $B^k y_t = y_{t-k}$,则模型(7-3)式可以表示为:

$$y_t = (\phi_1 B + \cdots + \phi_p B^p) y_t + \varepsilon_t$$

令 $\phi(B) = 1 - \phi_1 B - \cdots - \phi_p B^p$,则模型(7-3)式可以表示为:

$$\phi(B) y_t = \varepsilon_t \tag{7-4}$$

AR(p)平稳的条件是滞后算子多项式 $\phi(B)=1-\phi_1 B-\cdots-\phi_p B^p$ 的根均在单位圆外,即 $\phi(B)=0$ 的根大于 1。

二、移动平均模型 MA(q)

如果时间序列$\{y_t\}$满足:

$$y_t = \varepsilon_t - \theta_1 \varepsilon_{t-1} - \cdots - \theta_q \varepsilon_{t-q} \tag{7-5}$$

则称时间序列$\{y_t\}$服从 q 阶移动平均模型,记为 MA(q)。θ_1,…,θ_q 称为移动平均系数。

若用滞后算子 B^k 表示,令 $\theta(B) = 1 - \theta_1 B - \cdots - \theta_q B^p$,则模型(7-5)式可写为:

$$y_t = \theta(B) \varepsilon_t \tag{7-6}$$

任何条件下,MA(q)模型都是平稳的。

三、混合模型 ARMA(p, q)

如果时间序列$\{y_t\}$满足:

$$y_t = \phi_1 y_{t-1} + \cdots + \phi_p y_{t-p} + \varepsilon_t - \theta_1 \varepsilon_{t-1} - \cdots - \theta_q \varepsilon_{t-q} \tag{7-7}$$

则称时间序列$\{y_t\}$服从(p, q)阶自回归移动平均模型,记为 ARMA(p, q)。ϕ_1,…,ϕ_p 为自回归系数,θ_1,…,θ_q 为移动平均系数。

对于 ARMA(p, q)模型,当 $q=0$ 时,模型即 AR(p)模型;当 $p=0$ 时,模型即 MA(q)模型。

如果用滞后算子 B^k 表示,则 ARMA(p, q)模型可写为:

$$\phi(B) y_t = \theta(B) \varepsilon_t \tag{7-8}$$

第二节 时间序列的自相关分析

一、自相关分析

B-J 方法是以时间序列的自相关分析为基础的,通过自相关分析,可以对时间序列进行模式识别、建模,以及完成预测。自相关分析就是对时间序列求其当前期与不同滞后期的一系列自相关系数，它可以通过建立模型来刻画时间序列轨迹，据此我们可以知道在序列 y_t 的邻近数据点之间存在多大程度的相关，由此可以用来识别模型的特性。我们定义滞后期为 k 的自协方差函数为：

$$r_k = \mathrm{cov}(y_{t-k}, y_t) \tag{7-9}$$

$$\rho_k = r_k / (\sigma_{y_{t-k}} \sigma_{y_t}) \tag{7-10}$$

其中，$\sigma_{y_t}^2 = E(y_t - E(y_t))^2$，则称 ρ_k 为$\{y_t\}$的自相关函数。如果序列是平稳的，其自相关函数可写为：

$$\rho_k = r_k / r_0 \tag{7-11}$$

在此，(7-10)式～(7-11)式给出序列的自相关函数是理论的。但是，实际应用中是无法得到理论值的，我们通常只有有限个观测值，一般称之为样本观测值，利用样本观测值 $y_1, y_2, \cdots, y_n$，我们可以给出自相关函数的估计值，即样本自相关函数：

$$\hat{\rho}_k = \frac{\sum_{t=1}^{n-k}(y_t - \bar{y})(y_{t+k} - \bar{y})}{\sum_{t=1}^{n}(y_t - \bar{y})^2} \tag{7-12}$$

其中，$\bar{y} = \sum_{t=1}^{n} y_t \Big/ n$。

与相关分析中的相关系数一样，自相关函数可以说明不同时期的数据之间的相关程度。同样，自相关函数的取值范围在-1到1之间，即$-1 \leqslant \hat{\rho}_k \leqslant 1$。$|\hat{\rho}_k|$越接近于1，说明时间序列的自相关程度越高。

【例 7-1】 表 7-1 中列出了 2016 年 1 月至 2021 年 10 月某地区移动电话用户数，我们计算序列的自相关函数。

表 7-1　2016 年 1 月至 2021 年 10 月某地区移动电话用户数　　单位：万人

月＼年份	2016	2017	2018	2019	2020	2021
1	89.2	177.7	450.0	509.8	575.3	810.7
2	144.4	270.3	514.7	594.2	396.0	553.0
3	110.5	242.7	540.7	564.8	509.0	798.0
4	121.5	280.8	488.4	514.8	422.7	544.0
5	154.1	310.6	588.2	473.2	433.9	480.9
6	359.4	322.8	568.1	478.9	441.6	472.4
7	151.4	188.3	384.4	414.9	498.7	493.5
8	130.0	202.2	516.9	453.7	465.9	488.2
9	140.1	186.5	513.6	553.6	585.6	491.7
10	232.7	217.3	510.9	544.2	696.4	496.3
11	206.2	216.4	390.3	448.0	654.0	
12	125.4	1 586.6	489.0	637.4	521.5	

图 7-1 显示了时间序列,利用(7-12)式,我们可以算出该序列所有的样本自相关函数 $\{\hat{\rho}_k\}$,具体结果见表 7-2。图 7-2显示的是样本自相关函数。

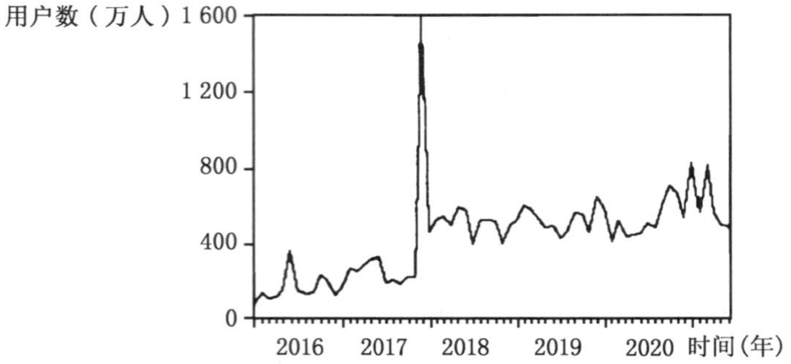

图 7-1　移动电话用户数

表 7-2　自相关函数

k	1	2	3	4	5	6	7	8	9	10
$\hat{\rho}_k$	0.417	0.416	0.367	0.313	0.285	0.315	0.218	0.244	0.209	0.217
k	11	12	13	14	15	16	17	18	19	20
$\hat{\rho}_k$	0.110	0.125	0.113	0.121	0.071	0.021	−0.018	0.063	−0.036	−0.066
k	21	22	23	24	25	26	27	28		
$\hat{\rho}_k$	−0.056	−0.074	−0.154	0.013	−0.033	−0.112	−0.056	−0.084		

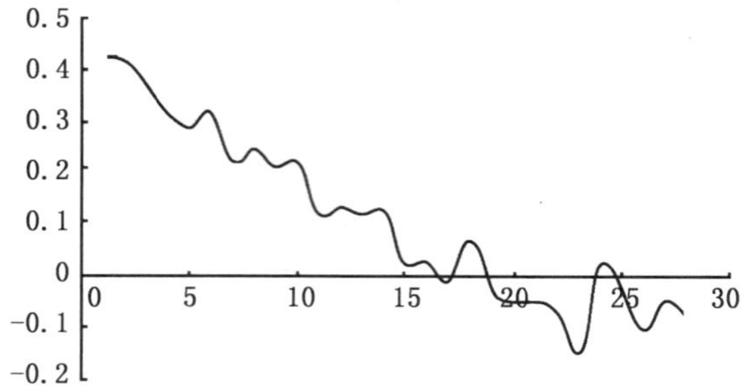

图 7-2　样本自相关函数

在多元回归中,我们通过计算偏自相关系数来了解在多个因素时两个变量之间的本质关系。在时间序列中,我们定义其偏自相关函数是给定了 y_{t-1}, y_{t-2}, …, y_{t-k+1}的条件下,y_t 与滞后 k 期时间序列之间的条件相关。它用来度量当其他滞后 1, 2, 3, …, $k-1$ 期时间序列的作用已知的条件下,y_t 与 y_{t-k}的相关程度。设$\{y_t\}$是一个时间序列,y_1, y_2, …, y_n 是其一个样本观测值,我们定义其样本的偏自相关函数为:

$$\hat{\varphi}_{kk}=\begin{cases}\hat{\rho}_1 & k=1\\ \dfrac{\hat{\rho}_k-\sum\limits_{j=1}^{k-1}\hat{\varphi}_{k-1,j}\cdot\hat{\rho}_{k-j}}{1-\sum\limits_{j=1}^{k-1}\hat{\varphi}_{k-1,j}\cdot\hat{\rho}_j} & k=2,3,\cdots\end{cases} \tag{7-13}$$

其中，$\hat{\varphi}_{k,j}=\hat{\varphi}_{k-1,j}-\hat{\varphi}_{kk}\cdot\hat{\varphi}_{k-1,k-j}$。相应地，我们可以定义时间序列的偏自相关函数。

【例 7－2】 表 7－3 是时间序列 $\{y_t\}$ 的观测数据，试计算偏自相关函数 $\hat{\varphi}_{11}$、$\hat{\varphi}_{22}$、$\hat{\varphi}_{33}$ 和 $\hat{\varphi}_{44}$。

表 7－3　时间序列 $\{y_t\}$ 的观测数据

t	1	2	3	4	5	6	7	8
y_t	16	13	5	7	23	27	3	5

首先，我们需要计算样本的自相关函数，根据(7－12)式，我们可以算得：

$$\bar{y}=\frac{1}{8}\sum_{t=1}^{n}y_t=12.375$$

$$\sum_{t=1}^{n}(y_t-\bar{y})^2=565.84$$

因此：

$$\hat{\rho}_1=\frac{\sum\limits_{t=1}^{n-1}(y_t-\bar{y})(y_{t+1}-\bar{y})}{\sum\limits_{t=1}^{n}(y_t-\bar{y})^2}=0.119$$

$$\hat{\rho}_2=\frac{\sum\limits_{t=1}^{n-2}(y_t-\bar{y})(y_{t+2}-\bar{y})}{\sum\limits_{t=1}^{n}(y_t-\bar{y})^2}=-0.697$$

$$\hat{\rho}_3=\frac{\sum\limits_{t=1}^{n-3}(y_t-\bar{y})(y_{t+3}-\bar{y})}{\sum\limits_{t=1}^{n}(y_t-\bar{y})^2}=-0.263$$

$$\hat{\rho}_4=\frac{\sum\limits_{t=1}^{n-4}(y_t-\bar{y})(y_{t+4}-\bar{y})}{\sum\limits_{t=1}^{n}(y_t-\bar{y})^2}=0.276$$

根据(7－13)式，可得：

$$\hat{\varphi}_{11}=\hat{\rho}_1=0.119$$

$$\hat{\varphi}_{21}=\hat{\varphi}_{11}-\hat{\varphi}_{22}\cdot\hat{\varphi}_{11}=0.206\ 6$$

$$\hat{\varphi}_{22}=\frac{\hat{\rho}_2-(\hat{\varphi}_{11}\cdot\hat{\rho}_1)}{1-(\hat{\varphi}_{11}\cdot\hat{\rho}_1)}=-0.722$$

$$\hat{\varphi}_{33}=\frac{\hat{\rho}_3-(\hat{\varphi}_{21}\cdot\hat{\rho}_2+\hat{\varphi}_{22}\cdot\hat{\rho}_1)}{1-(\hat{\varphi}_{21}\cdot\hat{\rho}_1+\hat{\varphi}_{22}\cdot\hat{\rho}_2)}=-0.07$$

$$\hat{\varphi}_{31}=\hat{\varphi}_{21}-\hat{\varphi}_{33}\cdot\hat{\varphi}_{22}=0.156$$

$$\hat{\varphi}_{32}=\hat{\varphi}_{22}-\hat{\varphi}_{33}\cdot\hat{\varphi}_{21}=-0.708$$

$$\hat{\varphi}_{44}=\frac{\hat{\rho}_4-(\hat{\varphi}_{31}\cdot\hat{\rho}_3+\hat{\varphi}_{32}\cdot\hat{\rho}_2+\hat{\varphi}_{33}\cdot\hat{\rho}_1)}{1-(\hat{\varphi}_{31}\cdot\hat{\rho}_1+\hat{\varphi}_{32}\cdot\hat{\rho}_2+\hat{\varphi}_{33}\cdot\hat{\rho}_3)}=-0.357$$

在 ARMA 模型的建模中，自相关函数$\{\hat{\rho}_k\}$和偏自相关函数$\{\hat{\varphi}_{kk}\}$一样都起着很重要的作用。我们可以运用自相关函数和偏自相关函数的性质来共同识别适当的 ARMA 模型，即用偏自相关函数可以初步判定自回归模型的阶数，用自相关函数可以初步确定移动平均模型的阶数。

自相关函数$\{\hat{\rho}_k\}$和偏自相关函数$\{\hat{\varphi}_{kk}\}$可以提供时间序列及其模型构成的重要信息。下面我们引入一个自相关分析图概念。将时间序列的自相关函数和偏自相关函数绘制成图，并标出一定的置信区间，这种图称为自相关分析图。图 7-3 就是某时间序列的自相关分析图。利用自相关分析图，我们可以分析时间序列的随机性、平稳性和季节性。

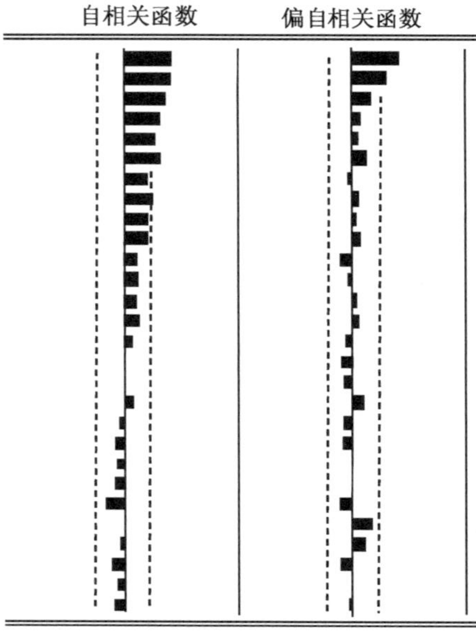

	$\hat{\rho}_K$	$\hat{\Phi}_{KK}$
1	0.417	0.417
2	0.416	0.293
3	0.367	0.162
4	0.313	0.072
5	0.285	0.052
6	0.315	0.116
7	0.218	-0.030
8	0.244	0.043
9	0.209	0.013
10	0.217	0.046
11	0.110	-0.103
12	0.125	-0.023
13	0.113	0.016
14	0.121	0.031
15	0.071	-0.039
16	0.021	-0.090
17	-0.018	-0.060
18	0.063	0.086
19	-0.036	-0.070
20	-0.066	-0.097
21	-0.056	-0.003
22	-0.074	-0.007
23	-0.154	-0.123
24	0.013	0.157
25	-0.033	0.088
26	-0.112	-0.107
27	-0.056	-0.007
28	-0.084	-0.018

图 7-3　某时间序列的自相关分析图

在自相关分析图中，自相关函数与偏自相关函数的置信区间都取为$\left(-\frac{2}{\sqrt{n}},\frac{2}{\sqrt{n}}\right)$，在这里，$n$ 是时间序列中所含数据的项数。

所谓“时间序列的随机性”，是指时间序列各项之间没有相关关系的特性。使用自相关分析图判断时间序列的随机性，我们一般给出以下准则：（1）若时间序列的自相关函数基本上都落入置信区间，则该时间序列具有随机性；（2）若较多自相关函数落在置信区间之外，则认为该时间序列不具有随机性。在 B-J 方法中，我们首先要对原始序列与预测模型之间误差序列的随机性进行测定，以判定所建立的模型是否适合预测。

在实际应用中，我们遇到的时间序列可能只有极少数满足平稳条件，大多数是非平稳的时间序列（如一系列经济指标的时间序列数据）。所以，判断时间序列是否平稳，是一项很重要的工作。运用自相关分析图判定时间序列平稳性的准则是：（1）若时间序列的自相关函数 $\hat{\rho}_k$ 在 $k>3$ 时都落入置信区间，并且逐渐趋向于零，则该时间序列具有平稳性；（2）若时间序列的自相关函数更多地落在置信区间外，则该时间序列就不具有平稳性。

自相关函数除了能够揭示时间序列平稳性的有关信息外，也可以考察时间序列的季节性规律。季节性的高峰和低谷通常可以通过直接观察时间序列而得到。但是，如果时间序列波动得厉害，季节性的高峰和低谷就不一定能从其他波动中区分开来。但是，对于季节性的识别是很重要的，因为它提供了时间序列规律性的信息，这个规律可以帮助我们对序列进行预测。利用自相关函数，我们可以解决这个问题。例如，我们假设月度时间序列 y_t 有年度的季节周期性，则序列的数据将显示每一期与它的前 12 期或后 12 期的一定程度的相关性。也就是说，y_t 与 y_{t-12} 具有某种程度的相关性，y_{t-12} 与 y_{t-24} 也相关，所以 y_t 与 y_{t-24} 也相关，以此类推，y_t 与 y_{t-36} 也相关，y_t 与 y_{t-48} 等都相关。所以，对于自相关函数 $\{\hat{\rho}_k\}$，将在 $k=$ 12、24、36、48 处等明显地反映出这些相关性，这样我们可以通过观察自相关函数的有规律的峰值来识别序列的季节性，甚至可以识别那些由时间序列本身无法辨别的季节性峰值。

二、ARMA 模型的自相关分析

我们首先讨论 p 阶自回归模型的自相关分析问题。p 阶自回归 AR(p)模型为：

$$y_t = \phi_1 y_{t-1} + \cdots + \phi_p y_{t-p} + \varepsilon_t$$

经过计算，可以得到其自相关函数满足：

$$\begin{cases} \rho_1 = \phi_1 + \phi_2\rho_2 + \cdots + \phi_p\rho_{p-1} \\ \rho_2 = \phi_1\rho_1 + \phi_2 + \cdots + \phi_p\rho_{p-2} \\ \rho_p = \phi_1\rho_{p-1} + \phi_2\rho_{p-2} + \cdots + \phi_p \end{cases} \tag{7-14}$$

当 $k>p$ 时，有：

$$\rho_k = \phi_1\rho_{k-1} + \phi_2\rho_{k-2} + \cdots + \phi_p\rho_{k-p} \tag{7-15}$$

偏自相关函数满足：

$$\varphi_{kk} = \begin{cases} \phi_k & 1 \leqslant k \leqslant p \\ 0 & k > p \end{cases} \tag{7-16}$$

因此，AR(p)模型的偏自相关函数 φ_{kk} 是以 p 步截尾的。偏自相关函数 φ_{kk} 的这条性质对于 AR(p)模型的模型识别具有十分重要的意义。

我们再讨论 q 阶移动平均模型的自相关分析问题。q 阶移动平均 MA(q)模型为：

$$y_t = \varepsilon_t - \theta_1 \varepsilon_{t-1} - \cdots - \theta_q \varepsilon_{t-q}$$

则其自相关函数满足：

$$\rho_k = \begin{cases} \dfrac{-\theta_k + \theta_1\theta_{k+1} + \cdots + \theta_{q-k}\theta_q}{1 + \theta_1^2 + \cdots + \theta_q^2} & 1 \leqslant k \leqslant q \\ 0 & k > q \end{cases} \tag{7-17}$$

因此，q 阶移动平均模型的自相关函数具有 q 步截尾性，同理，自相关函数的这一性质可以用来识别移动平均模型的阶数及模型识别。

q 阶移动平均模型的偏自相关函数随着 k 的增加，呈指数衰减或正弦波衰减并趋于零。所以，对于 q 阶移动平均 MA(q)模型来说，偏自相关函数具有拖尾性。

对于 ARMA(p, q)模型来说，自相关函数和偏自相关函数均具有拖尾性。由于 ARMA(p, q)模型由 p 阶自回归 AR(p)模型和 q 阶移动平均 MA(q)模型混合而成，因此，其自相关函数和偏自相关函数的计算比起单纯的自回归模型与移动平均模型要复杂得多。

上述所讨论的 ARMA(p, q)模型的自相关函数和偏自相关函数的性质，都是在理论值下展开讨论的。在实际问题中，我们无法得到确切的自相关函数和偏自相关函数的理论值，我们所能得到的是样本自相关函数和偏自相关函数。这样，在此基础上，需要对样本自相关函数和偏自相关函数展开进一步讨论，我们在后面的内容里将具体讨论。下面我们讨论两个例子，来说明 ARMA 模型的识别过程。

(一) AR 模型实例

【例 7-3】 表 7-4 是一个时间序列的样本观测值，样本容量为 27。我们将通过讨论其样本自相关函数和偏自相关函数来识别模型。

表 7-4　27 个数据的样本观测值

t	y_t	t	y_t	t	y_t
1	748	10	1 000	18	2 136
2	788	11	1 166	20	2 338
3	882	12	1 387	21	2 348
4	908	13	1 586	22	2 503
5	1 118	14	1 487	23	2 427
6	1 222	15	1 415	24	2 644
7	1 220	16	1 617	25	3 010
8	996	17	1 926	26	3 350
9	924	18	2 077	27	3 688

图 7-4 是时间序列的样本观测值的折线图。从图 7-4 中我们可以看到，序列有明显上升的趋势，所以我们判定此时间序列是非平稳的。对时间序列 y_t 做一阶差分，得到一阶差分序列 Δy_t。

图 7-5 是一阶差分序列 Δy_t 的折线图，我们看到，图形已经没有明显的上升或下降趋势了。

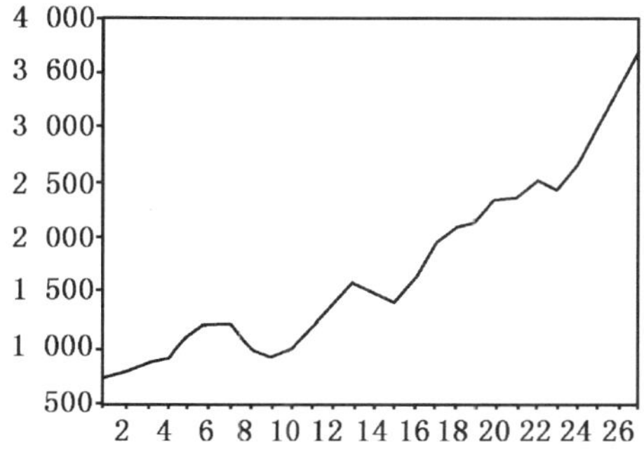

图 7－4　y_t 的折线图

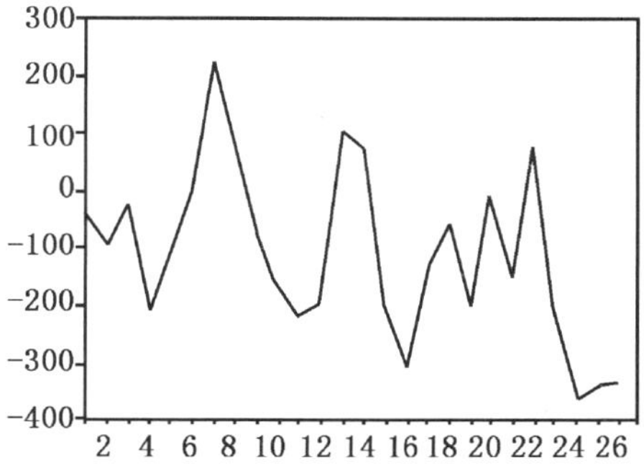

图 7－5　y_t 的一阶差分的折线图

对一阶差分序列 Δy_t 进行自相关分析，图 7－6 是其相应的自相关分析图。从图 7－6 中可以看到，自相关函数序列呈现正弦波形状，这是 AR(2)模型的特征，因此，对于时间序列的一阶差分序列 Δy_t，我们可以初步判定序列属于二阶自回归模型。实际上，我们还可以引入其他的分析技术交叉运用，有关内容将在下节介绍。

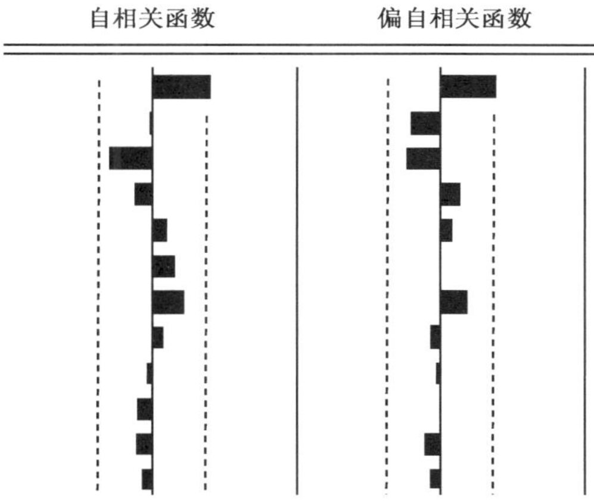

	$\hat{\rho}_k$	$\hat{\varphi}_{kk}$
1	0.407	0.407
2	-0.018	-0.220
3	-0.293	-0.244
4	-0.119	0.146
5	0.089	0.076
6	0.162	-0.007
7	0.213	0.196
8	0.062	-0.045
9	-0.035	-0.014
10	-0.106	0.007
11	-0.110	-0.103
12	-0.076	-0.069

图 7－6　y_t 的一阶差分的自相关分析图

(二) MA 模型实例

【例 7－4】　表 7－5 是一个时间序列的样本观测值，样本容量为 45。我们将通过讨论其样本自相关函数和偏自相关函数来识别模型。

表 7－5　45 个数据的样本观测值

t	y_t	t	y_t	t	y_t	t	y_t	t	y_t
1	8.89	4	9.85	7	9.89	10	9.98	13	9.70
2	9.93	5	10.68	8	10.07	11	10.10	14	9.86
3	9.68	6	9.94	9	10.02	12	9.97	15	10.11

续 表

t	y_t	t	y_t	t	y_t	t	y_t	t	y_t
16	13.27	22	10.02	28	9.76	34	10.37	40	9.62
17	7.32	23	10.03	29	10.15	35	10.45	41	10.67
18	13.03	24	9.92	30	10.25	36	10.20	42	9.92
19	10.06	25	10.01	31	9.50	37	8.82	43	11.69
20	11.07	26	10.26	32	10.55	38	10.07	44	11.94
21	10.25	27	10.06	33	10.19	39	9.47	45	9.54

我们分别给出该时间序列的折线图和自相关分析图。图 7－7 是时间序列的折线图，图 7－8是其自相关分析图。

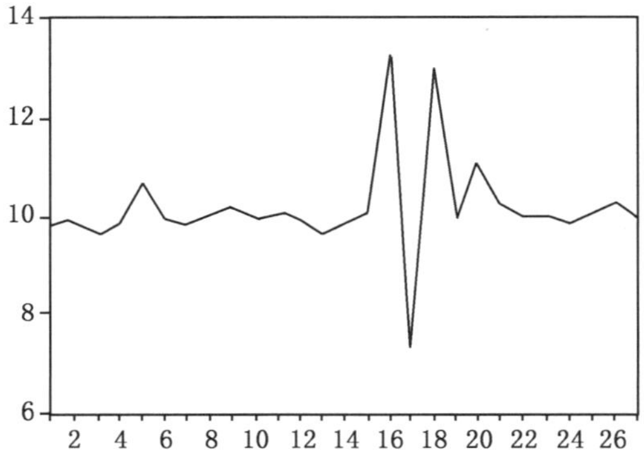

图 7－7 时间序列的折线图

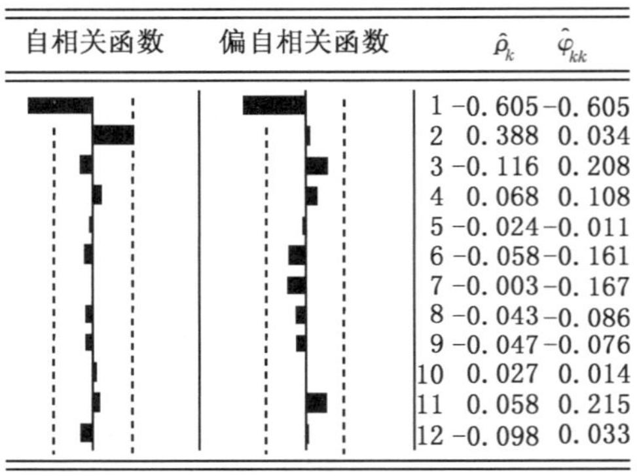

图 7－8 时间序列的自相关分析图

从图 7－7 和图 7－8 中可以看出，时间序列具有平稳性。由图 7－8 可见，偏自相关函数序列呈现正弦波形状，其自相关函数序列只有两个显著不等于零，因此，可以初步判定时间序列适用于二阶移动平均模型。

第三节 单位根检验和协整检验

一般来说，以时间序列数据为依据的实证研究工作都必须假定有关的时间序列是平稳的，否则会导致谬误回归问题的出现，这样，据此所做出的预测是无效的。

我们将给出两种非平稳序列现象，即 d 阶单整和协整，这两类非平稳序列经过变换可以达到平稳。所谓“d 阶单整序列”，是指非平稳序列经过 d 次差分达到平稳，则称其为 d 阶单整序列。关于协整，一般地，若两个或多个非平稳的变量序列，其线性组合后的序列呈平稳性，则可称这些变量序列间有协整关系存在。本节主要介绍两类检验问题，即单位根检验和协整检验。

一、单位根检验

经济时间序列数据，特别是宏观经济数据，常常呈现出明显的时间趋势，也就是在每一次经济振荡后都能回到它们的长期趋势上去，但有时又可能具有随机游动的特征，对此问题需要注意加以区分。在这里，我们先给出随机游动的概念，以及更一般的单位根过程的概念。如果在一个随机过程中，y_t 的每一次变化均来自一个均值为零的独立同分布，即随机过程$\{y_t\}$满足：

$$y_t = y_{t-1} + \varepsilon_t,\ t=1,\ 2,\ \cdots \tag{7-18}$$

其中，$\{\varepsilon_t\}$为独立同分布，并且 $E(\varepsilon_t)=0$，$D(\varepsilon_t)=E(\varepsilon_t^2)=\sigma^2<\infty$。我们称上述随机过程是随机游动。

随机游动是一个非平稳过程，这是因为尽管 y_t 的均值

$$E(y_t)=E(y_0+\varepsilon_1+\cdots+\varepsilon_t)=E(y_0)$$

是一个常数，但是其方差

$$\begin{aligned} D(y_t) &= E(y_t - E(y_0))^2 = E(y_0 - E(y_0) + \varepsilon_1 + \cdots + \varepsilon_t)^2 \\ &= D(y_0) + E(\varepsilon_1 + \cdots + \varepsilon_t)^2 = D(y_0) + t\sigma^2 \end{aligned}$$

是时间 t 的函数，所以这是一个非平稳过程。

下面我们给出单位根过程的概念。设随机过程$\{y_t\}$满足：

$$y_t = \rho y_{t-1} + u_t,\ t=1,\ 2,\ \cdots \tag{7-19}$$

其中，$\rho=1$，$\{u_t\}$ 为一个平稳过程，并且 $E(u_t)=0$，$\mathrm{cov}(u_t,\ u_{t-s})=\mu_s<\infty$。其中，$s=0,\ 1,\ 2,\ \cdots$。显然，随机游动是单位根过程的一个特例，这主要体现在随机干扰项$\{\varepsilon_t\}$和$\{\mu_t\}$的差异上，这种差异使它们在经济学和金融学上有不同的应用。

对非平稳序列采用传统的估计方法（如普通最小二乘估计），以及估计变量间的关系时，会得出错误推断。正确的方法是在检验时间趋势之前，要先确定时间序列中是否存在单位根。如果变量不能拒绝有单位根，则认为是非平稳的。

目前使用比较广泛的是迪基-福勒检验（Dickey-Fuller Test，DF 检验）和菲利普斯-配荣检验（Phillips-Perron Test，PP 检验）。迪基-福勒检验是迪基和福勒在 20 世纪 70 年代到 80 年代的一系列文章中建立起来的。它是基于参数的最小二乘估计，在单位根过程（带常数项或不带常数项）中，有给定的样本构造统计量，这种检验方法容易操作，并且可以应用于多种不同的形式。菲利普斯-配荣检验是菲利普斯（1987）和配荣（1988）提出的，PP 检验处理的是具有一般形式的单位根过程，与 DF 检验不同的是，主要应用于一阶自回归模型的残差不是白噪声，并且存在自相关的情况。恩格尔和柳（Engle & Yoo，1987）提出了 ADF（Augmented Dickey-Fuller Test）检验，以修正 DF 检验中的自相关问题，并且指出，具有高阶自相关问题的时间序列需要使用 ADF 检验。ADF 检验方法加入了漂浮项（drift）与时间趋势项（trend），更具有科学性。本章主要介绍 DF 单位根检验。

关于 DF 单位根检验问题，有多种假设检验问题，我们仅讨论两种简单的情形，对于更一般的问题，请参见相关的文献。

❖ **问题一：**假设样本观测值来自模型 $y_t=\rho y_{t-1}+\varepsilon_t$，考虑假设检验问题：

$$H_0: \rho=1;\ H_0: \rho<1$$

因此，在原假设成立时，$\{y_t\}$服从一个随机游动过程；在备样假设成立时，$\{y_t\}$服从一个

平稳的一阶自回归模型。

在原假设成立的条件下,参数 ρ 的最小二乘估计为:

$$\hat{\rho}_T = \frac{\sum_{t=1}^{T} y_{t-1} y_t}{\sum_{t=1}^{T} y_{t-1}^2}$$

其中,T 为样本容量。由此,我们可以构造问题一的检验统计量:

$$T(\hat{\rho}_T - 1) \tag{7-20}$$

和

$$t_T = \frac{T(\hat{\rho}_T - 1)}{\hat{\sigma}_T^2}\left(\frac{1}{T^2}\sum_{t=1}^{T} y_{t-1}^2\right)^{1/2} \tag{7-21}$$

其中:

$$\hat{\sigma}_T^2 = \frac{1}{T-1}\sum_{t=1}^{T}(y_t - \hat{\rho}_T y_{t-1})^2$$

对于上述两种检验,迪基和福勒分别给出了检验临界值。[①] 对于给定的样本容量 T 和显著性水平 $0 < \alpha < 1$,将样本观测值代入(7－20)式和(7－21)式计算,如果 $T(\hat{\rho}_T - 1)$ 和 t_T 的值大于相应的临界值,则拒绝原假设 H_0: $\rho = 1$,即认为 $\{y_t\}$ 服从一个平稳的一阶自回归模型。

❖ **问题二**:假设样本观测值来自模型 $y_t = \alpha + \rho y_{t-1} + \varepsilon_t$,在模型 $y_t = \alpha + \rho y_{t-1} + \delta t + \varepsilon_t$ 中考虑假设检验问题:

$$H_0: \rho = 1,\ \delta = 0;\ H_0: \rho < 1,\ \delta \neq 0 \tag{7-22}$$

我们需要先对模型做以下变换:

$$\begin{aligned} y_t &= \alpha + \rho y_{t-1} + \delta t + \varepsilon_t \\ &= (1-\rho)\alpha + \rho[y_{t-1} - \alpha(t-1)] + (\delta + \rho\alpha)t + \varepsilon_t \\ &= \alpha^* + \rho^* \zeta_{t-1} + \delta^* t + \varepsilon_t \end{aligned} \tag{7-23}$$

在这里,$\alpha^* = (1-\rho)\alpha$,$\rho^* = \rho$,$\delta^* = \delta + \rho\alpha$,$\zeta_{t-1} = y_{t-1} - \alpha(t-1)$。因此,原假设:

$$H_0: \alpha = \alpha_0,\ \rho = 1,\ \delta = 0$$

等价于

$$H_0: \alpha^* = 0,\ \rho^* = 1,\ \delta^* = \alpha_0 \tag{7-24}$$

当原假设(7－24)式为真时,参数 α^*、ρ^* 和 δ^* 的最小二乘估计满足:

① 具体参见 Pindyck,R. S. and Rubinfeld,P.著,钱小军等译:《计量经济模型与经济预测》,机械工业出版社 1999 年版,第 319 页。

$$\begin{pmatrix} \hat{\alpha}_T^* \\ \hat{\rho}_T^* - 1 \\ \hat{\delta}_T^* - \alpha_0 \end{pmatrix} = \begin{pmatrix} T & \sum \zeta_{t-1} & \sum_t \\ \sum \zeta_{t-1} & \sum \zeta_{t-1}^2 & \sum \zeta_{t-1} \cdot t \\ \sum t & \sum \zeta_{t-1} \cdot t & \sum t^2 \end{pmatrix} \begin{pmatrix} \sum \varepsilon_t \\ \sum \zeta_{t-1} \cdot \varepsilon_t \\ \sum t \cdot \varepsilon_t \end{pmatrix}$$

由此，我们可以构造假设检验问题(7－22)式的统计量：

$$F_T = \frac{(\widetilde{R}^2 - \hat{R}^2)/2}{\hat{R}^2/(T-3)} \tag{7-25}$$

其中：

$$\widetilde{R}^2 = \sum_{t=1}^{T} (y_t - \rho_0 y_{t-1})^2$$

$$\hat{R}^2 = \sum_{t=1}^{T} (y_t - \hat{\alpha}_t - \hat{\rho}_T y_{t-1})^2$$

迪基和福勒给出了检验临界值。① 对于给定的样本容量 T 和显著性水平 $0 < \alpha < 1$，将样本观测值代入(7－25)式计算，如果 F_T 的值大于相应的临界值，则拒绝检验问题(7－22)式的原假设 H_0，即认为 $\{y_t\}$ 服从一个平稳的模型。

二、协整检验

在宏观经济里有一个十分有趣的现象，许多经济指标都遵循随机游动过程。所以，突发性的经济振荡所产生的影响在几年后仍然不会消失，它是永久性的。例如，消费和可支配性收入都服从随机游动，从长远来看，家庭将按照一定的比例消费其可支配收入，所以我们说，消费和可支配性收入应该是相互联系的。也就是说，两个随机变量都遵循随机游动过程，即它们是非平稳的，但是，它们的某个线性组合是平稳的。我们把这种关系称为协整关系，一般来说，若两个或多个非平稳的变量序列，其线性组合后的序列呈平稳性，则可称这些变量序列间有协整关系存在。为了给出协整关系的精确定义，我们需要先给出单整的概念。如果一个时间序列 $\{y_t\}$ 在成为稳定序列之前必须经过 d 次差分，则称该时间序列是 d 阶单整，记为 $y_t \sim I(d)$。下面我们给出协整关系的精确定义。

设随机向量 X_t 中所含分量均为 d 阶单整，记为 $X_t \sim I(d)$。如果存在一个非零向量 β，使得随机向量 $Y_t = \beta X_t \sim I(d-b)$，$b > 0$，则称随机向量 X_t 具有 d，b 阶协整关系，记为 $X_t \sim CI(d, b)$，向量 β 称为协整向量。

特别地，y_t 和 x_t 为随机变量，并且 y_t，$x_t \sim I(1)$，当 $y_t = k_0 + k_1 x_t \sim I(0)$，则称 y_t 和 x_t 是协整的，(k_0, k_1) 称为协整系数。

关于协整的概念，我们给出以下说明：首先，协整回归的所有变量必须是同阶单整的，协整关系的这个前提并非意味着所有同阶单整的变量都是协整的，比如假定 y_t，$x_t \sim I(1)$，y_t 和 x_t 的线性组合仍为 $I(1)$，则此时 y_t 和 x_t 虽然满足同阶单整，但不是协整的；其次，在两变量的协整方程中，协整向量 (k_0, k_1) 是唯一的，然而，若系统中含有 k 个变量，则可能有

① 具体参见 Pindyck，R. S. and Rubinfeld，P.著，钱小军等译：《计量经济模型与经济预测》，机械工业出版社 1999 年版，第 319 页。

$k-1$ 个协整关系。

协整理论是恩格尔和格兰杰(Granger)在 1978 年首先提出来的。在此之前，人们为了避免出现谬误回归，往往只采用平稳时间序列来建立回归模型，或者先将非平稳时间序列转化为平稳时间序列，然后再做回归。有了协整理论，几个同阶单整的时间序列之间可能存在一种长期的稳定关系，其线性组合可能降低单整阶数。在经济领域中，许多情况下，通过经济理论我们可以知道某两个变量应该是协整的，如前面给出的例子，有了协整理论，我们可以给出一个确切的判断，通过协整检验就是对经济理论正确性的检验。协整检验和估计协整线性系统参数的统计理论构成了协整理论的重要组成部分。如果没有它们，协整在实践中便会失去其应有的重要作用。目前，常用的协整检验有两种，即恩格尔-格兰杰两步协整检验法和约翰森(Johansen)协整检验法。这两种方法的主要差别在于恩格尔-格兰杰两步协整检验法采用的是一元方程技术，而约翰森协整检验法采用的是多元方程技术。因此，约翰森协整检验法在假设和应用上所受的限制较少。

(一) 恩格尔-格兰杰两步协整检验法

恩格尔-格兰杰两步协整检验法考虑了如何检验零假设为一组 $I(1)$变量的无协整关系问题。用普通最小二乘法估计这些变量之间的平稳关系系数，然后用单位根检验来检验残差。拒绝存在单位根的零假设是协整关系存在的证据。我们从最简单的情况开始讨论，设两个变量 y_t 和 x_t 都是 $I(1)$序列，考虑下列长期静态回归模型：

$$y_t=\beta_0+\beta_1 x_t+\varepsilon_t$$

对于上述模型的参数，我们用最小二乘法给出其参数估计。利用麦金农(MacKinnon)给出的协整 ADF 检验统计量，检验在上述估计下得到的回归方程的残差 e_t 是否平稳(如果 y_t 和 x_t 不是协整的，则它们的任意组合都是非平稳的，因此，残差 e_t 将是非平稳的)。也就是说，我们检验残差 e_t 的非平稳的假设，就是检验 y_t 和 x_t 不是协整的假设。更一般地，我们有以下具体方法：

(1) 使用 ADF 检验长期静态模型中所有变量的单整阶数。协整回归要求所有的解释变量都是一阶单整的，因此，高阶单整变量需要进行差分，以获得 $I(1)$序列。

(2) 用最小二乘法估计长期静态回归方程，然后用 ADF 统计量检验残差估计值的平稳性。

(二) 约翰森协整检验法

当长期静态模型中有两个以上变量时，协整关系就可能不止一种。此时若采用恩格尔-格兰杰协整检验，就无法找到两个以上的协整向量。约翰森和尤塞柳斯(Juselius)提出了一种在 VAR 系统下用极大似然估计来检验多变量之间协整关系的方法，通常称为约翰森协整检验。具体做法如下：

设一个 VAR 模型如下：

$$Y_t=B_1Y_{t-1}+B_2Y_{t-2}+\cdots+B_pY_{t-p}+U_t \tag{7-26}$$

其中，Y_t 为 m 维随机向量，$B_i(i=1,2,\cdots,p)$是 $m\times m$ 阶参数矩阵，$U_t\sim \mathrm{IID}(0,\sum)$。我们将(7-26)式转换为：

$$\Delta Y_t = \sum_{i=1}^{p} \boldsymbol{\Phi}_i \Delta Y_{t-i} + \boldsymbol{\Phi} Y_{t-p} + U_t \tag{7-27}$$

(7-27)式称为向量误差修正模型(VECM)，即一次差分的 VAR 模型加上误差修正项 $\boldsymbol{\Phi}Y_{t-p}$，设置误差修正项的主要目的是将系统中因差分而丧失的长期信息引导回来。在这里，$\boldsymbol{\Phi}_i=-(I-B_t-\cdots-B_i)$，$\boldsymbol{\Phi}=-(I-B_1-\cdots-B_p)$。参数矩阵 $\boldsymbol{\Phi}_i$ 和 $\boldsymbol{\Phi}$ 分别是对 Y_t 变化的短期和长期调整。$m\times m$ 阶矩阵 $\boldsymbol{\Phi}$ 的秩记为 r，则存在以下三种情况：

(1) $r=m$，即 $\boldsymbol{\Phi}$ 是满秩的，表示 Y_t 向量中各变量皆为平稳序列。

(2) $r=0$，表示 $\boldsymbol{\Phi}$ 为空矩阵，Y_t 向量中各变量无协整关系。

(3) $0<r\leqslant m-1$，在这种情况下，$\boldsymbol{\Phi}$ 阵可以分解为两个 $m\times r$ 阶(满列秩)矩阵 α 和 β 的积，即 $\boldsymbol{\Phi}=\alpha\beta'$。在这里，$\alpha$ 表示对非均衡调整的速度，β 为长期系数矩阵(或称协整向量矩阵)，即 β' 的每一行 β_i' 是一个协整向量，秩 r 是系统中协整向量的个数。尽管 α 和 β 本身不是唯一的，但 β 唯一地定义一个协璧空间。因此，可以对 α 和 β 进行适当的正规化。

这样，协整向量的个数可以通过考察 $\boldsymbol{\Phi}$ 的特征根的显著性求得。若矩阵 $\boldsymbol{\Phi}$ 的秩为 r，说明矩阵有 r 个非零特征根，按大小排列为 λ_1，λ_2，$\cdots$，λ_r。特征根的个数可以通过以下两个统计量来计算：

$$\lambda_{\text{trace}} = -T \sum_{i=r+1}^{m} \ln(1-\lambda_i) \tag{7-28}$$

$$\lambda_{\max} = -T\ln(1-\lambda_{r+1}) \tag{7-29}$$

其中，λ_i 是(7-27)式中 $\boldsymbol{\Phi}$ 矩阵特征根的估计值，T 为样本容量。

(7-28)式称为迹检验：

$$H_0: r<m \leftrightarrow H_1: r=m$$

(7-29)式称为最大特征根检验：

$$H_0: r=q,\ q=1,\ 2,\ \cdots,\ m \leftrightarrow H_1: r\leqslant q+1$$

原假设隐含着 $\lambda_{r+1}=\lambda_{r+2}=\cdots=\lambda_m=0$，表示此系统中存在 $(m-r)$ 个单位根，最初先设原假设有 m 个单位根，即 $r=0$，若拒绝原假设 H_0，表示 $\lambda_1>0$，有一个协整关系；再继续检验有$(m-1)$个单位根，若拒绝原假设 H_0，表示有两个协整关系；依次检验，直至无法拒绝 H_0 为止。约翰森和尤塞柳斯在蒙特卡罗模拟方法的基础上，给出了两个统计量的临界值，目前大多数计量经济软件都直接报告出检验结果。关于这一节的具体计算，借助于统计分析软件包，我们可以很方便地得到计算结果，这里略去。

第四节　ARMA 模型的建模

一、模型阶数的确定

设平稳时间序列$\{y_t\}$是一个 ARMA$(p,\ q)$过程，在 ARMA$(p,\ q)$的建模过程中，对于阶数$(p,\ q)$的确定，是建模中比较重要的步骤，也是比较困难的。下面我们分别给出几种定阶方法,在实际应用中,往往是几种方法交叉使用,然后选择最合适的阶数(p, q)作为待建模型的阶数。

(一) 基于自相关函数和偏自相关函数的定阶方法

其样本的自相关函数$\{\hat{\rho}_k\}$和样本的偏自相关函数$\{\hat{\varphi}_{kk}\}$的截尾性判定模型的阶数。

博克斯和詹金斯提出,对于 ARMA(p, q)模型,可以利用样本的自相关函数$\{\hat{\rho}_k\}$和样本的偏自相关函数$\{\hat{\varphi}_{kk}\}$的截尾性确定模型的阶数。对于平稳时间序列$\{y_t\}$,根据前面的讨论,当$p=0$时,即模型为 MA(q),则模型的自相关函数$\{\rho_k\}$在 q 步截尾;当 $q=0$ 时,模型即为AR(p)模型,此时模型的偏自相关函数$\{\varphi_{kk}\}$在 p 步截尾。因此,对于自相关函数$\{\rho_k\}$和偏自相关函数$\{\varphi_{kk}\}$,有三种可能情况:(1) 如果样本的自相关函数$\{\rho_k\}$在 q 步截尾,则可以判定$p=0$,模型为 MA(q);(2) 如果样本的偏自相关函数$\{\varphi_{kk}\}$在 p 步截尾,则可以判定 $q=0$,模型为 AR(p);(3) 如果样本的自相关函数$\{\rho_k\}$和样本的偏自相关函数$\{\varphi_{kk}\}$均拖尾,则判断模型为 ARMA(p, q)模型。可是,这时模型的阶数(p, q)不能直接得到,需要结合其他方法进行定阶,通常通过多种定阶方法对(p, q)进行试探性的识别,再通过检验来确定。

但是,上面的叙述只是理论上的结果,在具体的数据计算中,我们得到的是模型理论值的估计值,即样本的自相关函数$\{\hat{\rho}_k\}$(SACF)和样本的偏自相关函数$\{\hat{\varphi}_{kk}\}$(SPACF),它们与真值的误差肯定是存在的,所以直接观察序列$\{\hat{\rho}_k\}$和$\{\hat{\varphi}_{kk}\}$的取值情况是不能用来进行模型定阶的。我们可以利用序列$\{\hat{\rho}_k\}$和$\{\hat{\varphi}_{kk}\}$的大样本性质来完成上述情况(1)和情况(2)的定阶,具体方法如下:

第一,对于每一个 q,计算 $\hat{\rho}_{q+1}, \hat{\rho}_{q+2}, \cdots, \hat{\rho}_{q+M}$($M$ 取为$\sqrt{n}$ 或者 $n/10$),考察其中满足 $|\hat{\rho}_k| \leqslant \frac{1}{\sqrt{n}}\sqrt{1+2\sum\limits_{i=1}^{q}\hat{\rho}_i^2}$ 或者 $|\hat{\rho}_k| \leqslant \frac{2}{\sqrt{n}}\sqrt{1+2\sum\limits_{i=1}^{q}\hat{\rho}_i^2}$ 的个数是否占M 个的 68.3%或者 95.5%。如果 $1 \leqslant k \leqslant q_0$,$\hat{\rho}_k$ 都明显地异于零,而 $\hat{\rho}_{q0+1}, \hat{\rho}_{q0+2}, \cdots, \hat{\rho}_{q0+M}$ 均近似于零,并且满足上述不等式之一 $\hat{\rho}_k$ 的个数达到其相应的比例,则可以近似地判定$\{\hat{\rho}_k\}$是 q_0 步截尾,平稳时间序列$\{y_t\}$为 MA(q_0)。

第二,类似地,我们可以通过计算序列$\{\hat{\varphi}_{kk}\}$,考察其中满足 $|\hat{\varphi}_{kk}| \leqslant \frac{1}{\sqrt{n}}$ 或者 $|\hat{\varphi}_{kk}| \leqslant \frac{2}{\sqrt{n}}$ 的个数是否占M 个的 68.3%或者 95.5%。如果是,就可以近似地判定$\{\hat{\varphi}_{kk}\}$是 p_0 步截尾,平稳时间序列$\{y_t\}$为 AR(p_0)。

第三,如果对于序列$\{\hat{\varphi}_{kk}\}$和$\hat{\rho}_k$来说,均不截尾,即不存在上述的 p_0 和 q_0,此时属于情况(3),则可以判定平稳时间序列$\{y_t\}$为 ARMA 模型。

关于 ARMA 模型的阶数(p, q)的确定,可以通过下列方法进行。设自回归系数 $\phi_1, \cdots, \phi_p$ 和移动平均系数 $\theta_1, \cdots, \theta_q$ 的估计值分别为 $\hat{\phi}_1, \cdots, \hat{\phi}_p$ 和 $\hat{\theta}_1, \cdots, \hat{\theta}_q$,将其代入模型,则关于残差估计量,可得:

$$\hat{\varepsilon}_t = y_t - \hat{\phi}_1 y_{t-1} - \cdots - \hat{\phi}_p y_{t-p} + \hat{\theta}_1 \varepsilon_{t-1} + \cdots + \hat{\theta}_q \varepsilon_{t-q} \tag{7-30}$$

这种方法是通过尝试来进行的,选定(p, q),先取初值 $\varepsilon_0, \varepsilon_{-1}, \cdots \varepsilon_{1-q}$ 和 $y_0, y_{-1}, \cdots, y_{1-p}$,则由(7-30)式可以计算残差估计量 $\hat{\varepsilon}_1, \hat{\varepsilon}_2, \cdots, \hat{\varepsilon}_n$。考虑下列假设检验:

$$H_0: \hat{\varepsilon}_1, \hat{\varepsilon}_2, \cdots, \hat{\varepsilon}_n \text{ 是白噪声}$$

令 $\hat{\gamma}_j(\varepsilon)=\frac{1}{n}\sum_{t=1}^{n-j}\hat{\varepsilon}_{t+j}\hat{\varepsilon}_t$，$\hat{\rho}_j(\varepsilon)=\hat{\gamma}_j(\varepsilon)/\hat{\gamma}_0(\varepsilon)$，在原假设 H_0 成立的条件下，构造检验统计量：

$$Q_n=n\sum_{j=1}^{n}\hat{\rho}_j^2(\varepsilon) \tag{7-31}$$

可以证明，统计量 Q_n 有渐近分布 $\chi^2(n-p-q)$。因此，对于给定的 $0<\alpha<1$，当 $Q_n<\chi_\alpha^2(n-p-q)$ 时，接受原假设 H_0，即 $\hat{\varepsilon}_1, \hat{\varepsilon}_2, \cdots, \hat{\varepsilon}_n$ 是白噪声，此时，所选定 (p, q) 即所求 ARMA模型的阶数。否则，将继续尝试选定新的 (p, q)，重复上述计算，再判断。

泰西和刁（Tasy & Tiao, 1984）提出了另外一种确定 ARMA 模型的阶数 (p, q) 的方法，具体是：若序列 $\{\hat{\varphi}_{kk}\}$ 和 $\{\hat{\rho}_k\}$ 属于情况(3)，则用 AR(1) 拟合序列 $\{y_t\}$，再考察其残差序列的样本自相关函数是否截尾，若 q_1 步截尾，则模型为 ARMA$(1, q_1)$，否则，再用 AR(2) 拟合序列 $\{y_t\}$，考察其残差序列的样本自相关函数是否截尾，若 q_2 步截尾，则模型为 ARMA$(2, q_2)$。否则，再继续增大 p，重复上述做法，直至残差序列的样本自相关函数截尾为止。

（二）基于 F 检验确定阶数

设平稳时间序列 $\{y_t\}$ 为 ARMA(p, q) 过程，对于其样本 $y_1, y_2, \cdots, y_n$，先用ARMA$(p+1, q+1)$ 进行拟合。A_0 和 A_1 分别表示 ARMA(p, q) 和 ARMA$(p+1, q+1)$ 相应的残差平方和，考虑假设检验问题：

$$H_0: \phi_{p+1}=0, \theta_{q+1}=0$$

上述的假设检验问题，可以引入检验统计量：

$$F=\left(\frac{A_1-A_0}{2}\right)\Big/\left(\frac{A_0}{n-(p+q-2)}\right)$$

对此，当 n 充分大时，检验统计量 F 近似地服从 $F(2, n-(p+q-2))$。因此，对于给定的 $0<\alpha<1$，当 $F<F_\alpha(2, n-(p+q-2))$ 时，接受原假设 H_0，就可以确定模型的阶数；否则，关于 ARMA$(p+1, q+1)$ 和 ARMA$(p+2, q+2)$，需要进一步重复上述检验，直至接受原假设 H_0 为止。

（三）利用信息准则法定阶

信息准则法在模型选择中起着很重要的作用，关于 ARMA(p, q) 的定阶问题，实际上也是模型选择问题，在这里主要给出两种准则。

1. AIC 准则

AIC 准则是赤池弘次（Akaika）在 1973 年提出的，该准则既考虑拟合模型对数据的接近程度，也考虑模型中所含待定参数的个数。关于 ARMA(p, q) 模型，对其定义 AIC 函数如下：

$$\text{AIC}(p, q)=n\ln\hat{\sigma}_\varepsilon^2(p, q)+2(p+q) \tag{7-32}$$

其中，$\hat{\sigma}_\varepsilon^2(p, q)$ 是拟合 ARMA(p, q) 模型时的残差的方差，它是阶数 (p, q) 的函数。容易得到，对于固定的 n，当 (p, q) 增加时，$\hat{\sigma}_\varepsilon^2(p, q)$ 减小。因此，$\ln\hat{\sigma}_\varepsilon^2(p, q)$ 关于 (p, q) 是

单调减的,所以,AIC 准则定阶方法可写为:

$$\mathrm{AIC}(p, q) = \min_{k, l} \mathrm{AIC}(k, l) \qquad 0 \leqslant k \leqslant M, 0 \leqslant l \leqslant N \tag{7-33}$$

其中,M 和 N 为 ARMA 模型阶数的上限值,一般取为$\sqrt{n}$或 $n/10$。

2. BIC 准则

赤池弘次在 1976 年改进了 AIC 准则,提出了 BIC 准则。这避免了在大样本情况下,AIC 准则在选择阶数时收敛性不好的缺点。关于 ARMA(p, q)模型,定义 BIC 函数如下:

$$\mathrm{BIC}(p, q) = n\ln \hat{\sigma}_\varepsilon^2(p, q) + (p+q)\ln n \tag{7-34}$$

BIC 准则定阶方法可写为:

$$\mathrm{BIC}(p, q) = \min_{k, l} \mathrm{BIC}(k, l) \qquad 0 \leqslant k \leqslant M, 0 \leqslant l \leqslant N \tag{7-35}$$

二、模型参数的估计

设平稳时间序列$\{y_t\}$是一个 ARMA(p, q)过程,满足(7-7)式,即:

$$y_t = \phi_1 q y_{t-1} + \cdots + \phi_p y_{t-p} + \varepsilon_t - \theta_1 \varepsilon_{t-1} - \cdots - \theta_q \varepsilon_{t-q}$$

其中,ϕ_1, …, ϕ_p 为自回归系数,θ_1, …, θ_q 为移动平均系数。在 ARMA(p, q)的建模过程中,关键的一步就是模型的参数估计问题。根据 ARMA(p, q)模型的特点,参数估计一般分以下两步进行:

(一) 初估计(粗估计)

利用矩估计思想给出 ARMA(p, q)模型的参数估计,由于这样得到的估计的精度较差,比较粗糙,一般无法直接作为模型参数的估计值,而下一步估计往往都是通过迭代完成的,所以一般用于作为下一步估计的初值。

1. AR(p)模型参数的尤尔-沃克(Yule-Walker)估计

根据(7-14)式,AR(p)模型的自相关函数$\{\rho_k\}$存在下列关系,即满足尤尔-沃克方程:

$$\begin{cases} \phi_1 + \phi_2\rho_1 + \cdots + \phi_p\rho_{p-1} = \rho_1 \\ \phi_1\rho_1 + \phi_2 + \cdots + \phi_p\rho_{p-2} = \rho_2 \\ \vdots \\ \phi_1\rho_{p-1} + \phi_2\rho_{p-2} + \cdots + \phi_p = \rho_p \end{cases} \tag{7-36}$$

写成矩阵形式为:

$$\begin{pmatrix} 1 & \rho_1 & \cdots & \rho_{p-1} \\ \rho_1 & 1 & \cdots & \rho_{p-2} \\ \cdots & \cdots & \cdots & \cdots \\ \rho_{p-1} & \rho_{p-2} & \cdots & 1 \end{pmatrix} \cdot \begin{pmatrix} \phi_1 \\ \phi_2 \\ \vdots \\ \phi_p \end{pmatrix} = \begin{pmatrix} \rho_1 \\ \rho_2 \\ \vdots \\ \rho_p \end{pmatrix} \tag{7-37}$$

在实际应用中,设样本观测值为 y_1, y_2, …, y_n,我们得到的是样本自相关函数$\{\hat{\rho}_k\}$,将其代入(7-37)式,如果上述(7-37)式的系数阵可逆,我们可以解此方程:

$$\begin{pmatrix} \hat{\phi}_1 \\ \hat{\phi}_2 \\ \vdots \\ \hat{\phi}_p \end{pmatrix} = \begin{pmatrix} 1 & \hat{\rho}_1 & \cdots & \hat{\rho}_{p-1} \\ \hat{\rho}_1 & 1 & \cdots & \hat{\rho}_{p-2} \\ \cdots & \cdots & \cdots & \cdots \\ \hat{\rho}_{p-1} & \hat{\rho}_{p-2} & \cdots & 1 \end{pmatrix}^{-1} \begin{pmatrix} \hat{\rho}_1 \\ \hat{\rho}_2 \\ \vdots \\ \hat{\rho}_p \end{pmatrix} \tag{7-38}$$

其解 $\hat{\phi}_1$，$\hat{\phi}_2$，…，$\hat{\phi}_p$ 即所求 AR(p)模型的参数估计。

对于一阶自回归模型 AR(1)，根据(7－38)式可知：

$$\hat{\phi}_1 = \hat{\rho}_1$$

对于二阶自回归模型 AR(2)，根据(7－38)式可得：

$$\begin{cases} \hat{\phi}_1 = \dfrac{\hat{\rho}_1(1-\hat{\rho}_2)}{1-\hat{\rho}_1^2} \\ \hat{\phi}_2 = \dfrac{\hat{\rho}_2-\hat{\rho}_1^2}{1-\hat{\rho}_1^2} \end{cases}$$

【例 7－5】　根据【例 7－3】的分析，我们可以初步判定时间序列$\{y_t\}$适用AR(2)模型，由自相关分析图，我们知道 $\hat{\rho}_1=0.407$，$\hat{\rho}_2=-0.018$，由此，我们可以得到 AR(2)模型中参数 ϕ_1，ϕ_2 的初步估计为：

$$\begin{cases} \hat{\phi}_1 = \dfrac{0.407\times(1+0.018)}{1-0.407^2} = 0.496\ 6 \\ \hat{\phi}_2 = \dfrac{-0.018-0.407^2}{1-0.407^2} = -0.220\ 1 \end{cases}$$

2. MA(q)模型参数估计

对于 MA(q)模型，类似于 AR(p)模型，我们可以利用(7－17)式，得到：

$$\rho_k = \frac{-\theta_k+\theta_1\theta_{k+1}+\cdots+\theta_{q-k}\theta_q}{1+\theta_1^2+\cdots+\theta_q^2} \qquad k=1,\ 2,\ \cdots,\ q \tag{7-39}$$

由此，可以解出参数的矩估计。但是，此方程是非线性的，所以一般无法直接给出其解，往往需要利用迭代法得到此方程的解。下面我们给出低阶 MA 模型的参数估计情况。

对于一阶移动平均模型 MA(1)，根据(7－39)式，我们有：

$$\rho_1 = \frac{-\theta_1}{1+\theta_1^2}$$

解得：

$$\hat{\theta}_1 = \frac{-1\pm\sqrt{1-4\rho_1^2}}{2\rho_1}$$

对于二阶移动平均模型 MA(2)，根据(7－39)式，我们有：

$$\begin{cases} \rho_1 = \dfrac{-\theta_1+\theta_1\theta_2}{1+\theta_1^2+\theta_2^2} \\ \rho_2 = \dfrac{-\theta_2}{1+\theta_1^2+\theta_2^2} \end{cases}$$

由此我们看到,对二阶以上的 MA 模型直接求解都十分困难。

3. ARMA(p, q)模型参数估计

对于 ARMA(p, q)模型参数的初步估计,由于其模型结构的复杂性,因此比较困难,有几种方法可以进行。一般情况下,我们是利用统计分析软件包来完成的。

(二) 精估计

ARMA(p, q)模型参数的精估计一般采用极大似然估计,由于模型结构的复杂性,无法直接给出参数的极大似然估计,只能通过迭代方法来完成,这时,迭代初值常常利用初估计得到的值。

设平稳时间序列$\{y_t\}$是一个 ARMA(p, q)过程:

$$y_t = \phi_1 y_{t-1} + \cdots + \phi_p y_{t-p} + \varepsilon_t - \theta_1 \varepsilon_{t-1} - \cdots - \theta_q \varepsilon_{t-q}$$

在这里,白噪声$\{\varepsilon_t\}$服从正态分布,其均值是 0。在一定条件下,$X_n = (y_1, \cdots, y_n)'$ 的似然函数可以写为:

$$L(\phi, \theta, \sigma_\varepsilon^2) = (2\pi)^{-n/2}(\det \Gamma_n)^{-1/2} \exp\left(-\frac{1}{2} X_n' \Gamma_n^{-1} X_n\right) \tag{7-40}$$

其中,$\Gamma_n = E(X_n X_n')$。经过推导,我们可以得到参数 ϕ、θ 和 σ_ε^2 的极大似然估计 $\hat{\phi}_L$、$\hat{\theta}_L$ 和 $\hat{\sigma}_L^2$ 满足:

$$\hat{\sigma}_L^2 = n^{-1} S(\hat{\phi}_L, \hat{\theta}_L) \tag{7-41}$$

其中:

$$S(\hat{\phi}_L, \hat{\theta}_L) = \sum_{j=1}^{n} (y_j - \hat{y}_j)^2 \Big/ r_{j-1} \tag{7-42}$$

在这里,r_j 满足一个递推公式,我们略去。

并且,$\hat{\phi}_L$、$\hat{\theta}_L$ 使得

$$l(\hat{\phi}_L, \hat{\theta}_L) = \ln(n^{-1} S(\hat{\phi}_L, \hat{\theta}_L)) + n^{-1} \sum_{j=1}^{n} \ln r_{j-1}$$

达到极小值。由此,我们得到极大似然估计方法,就是利用迭代法求 $\hat{\phi}_L$ 和 $\hat{\theta}_L$,使得$l(\hat{\phi}_L, \hat{\theta}_L)$达到最小值,即求出参数 ϕ 和 θ 的极大似然估计 $\hat{\phi}_L$ 和 $\hat{\theta}_L$。最后,利用(7-41)式得到 σ_ε^2 的极大似然估计 $\hat{\sigma}_L^2$。在上述计算过程中,初值的选择非常重要,一般我们选择前面得到的参数的粗估计作为迭代的初值。一般情况下,上述过程也是利用统计分析软件包来完成的。

三、ARMA(p, q)序列预报

设平稳时间序列$\{y_t\}$是一个 ARMA(p, q)过程,即:

$$y_t = \phi_1 y_{t-1} + \cdots + \phi_p y_{t-p} + \varepsilon_t - \theta_1 \varepsilon_{t-1} - \cdots - \theta_q \varepsilon_{t-q}$$

本节将讨论其预测问题。设当前时刻为 t,我们已经知道时刻 t 和以前时刻的观测值 y_t, y_{t-1}, y_{t-2}, $\cdots$,我们将用已知的观测值对时刻 t 后的观察值 y_{t+l}($l>0$)进行预测,对此我们记为$\hat{y}_t(l)$。

利用线性预测的方法，我们给出预测公式。为此，引入最小二乘预测概念。设 y_1，…，y_T 是平稳时间序列$\{y_t\}$的一个观测值，对于 $l>-T$，$\hat{y}_t(l)$是关于 y_1，…，y_T 的一个可测函数，它满足：

$$\hat{y}_t(l)=\text{agr}\inf_f \mathrm{E}(y_{T+l}-f)^2 \tag{7-43}$$

我们称 $\hat{y}_t(l)$为基于观测值 y_1，…，y_T 关于 y_{T+l}的最小二乘预测。在上述定义下，经过简单的证明，我们可以得到：

$$\hat{y}_t(l)=E(y_{T+l}\mid y_T,\cdots,y_1)$$

在此基础上，可以得到 ARMA(p，q)模型的预测值 $\hat{y}_t(l)$。我们将分别进行讨论。

(一) AR(p)模型预测

设时间序列$\{y_t\}$满足：

$$y_t=\phi_1 y_{t-1}+\cdots+\phi_p y_{t-p}+\varepsilon_t$$

在这里，$\{\varepsilon_t\}$是白噪声，并且对于所有的 t，满足：

$$\mathrm{E}(\varepsilon_t\mid y_{t-1},y_{t-2},\cdots)=0$$

则对于观测值 y_1，…，y_T，当 $T\geqslant p$ 时，经过计算，我们容易得到：

$$\hat{y}_T(l)=\phi_1\hat{y}_T(l-1)+\cdots+\phi_p\hat{y}_T(l-p)\qquad l=1,2,\cdots \tag{7-44}$$

进一步地，可以得到：

$$\hat{y}_T(l)=\varphi_1^{(l)}y_T+\cdots+\varphi_T^{(l)}y_1\qquad l=1,2,\cdots \tag{7-45}$$

在这里，$\{\varphi_j^{(l)}\}$是一组常数。

(二) ARMA(p，q)模型预测

设平稳时间序列$\{y_t\}$是一个 ARMA(p，q)过程，即：

$$y_t=\phi_1 y_{t-1}+\cdots+\phi_p y_{t-p}+\varepsilon_t-\theta_1\varepsilon_{t-1}-\cdots-\theta_q\varepsilon_{t-q}$$

在这里，$\{\varepsilon_t\}$是白噪声，并且对于所有的 t，满足：

$$\mathrm{E}(\varepsilon_t\mid y_{t-1},y_{t-2},\cdots)=0$$

类似地，对于 $T\geqslant \max(p,q)$，我们可以得到 y_{T+l}的最小二乘预测：

$$\hat{y}_T(l)=\sum_{j=1}^{p}\phi_j\hat{y}_T(l-j)+\sum_{j=1}^{q}\theta_j\hat{\varepsilon}_T(l-j) \tag{7-46}$$

在这里，$\hat{\varepsilon}_T(i)=\mathrm{E}(\varepsilon_{T+i}\mid y_T,\cdots,y_1)$，显然，对于所有的 $i\geqslant 1$，$\hat{\varepsilon}_T(i)=0$。

下面，我们考虑几个特例。

1. AR(1)模型

设时间序列$\{y_t\}$满足：

$$y_t=\phi_1 y_{t-1}+\varepsilon_t$$

则：

$$\begin{aligned}\hat{y}_t(1) &= E(y_{t+1} \mid y_t, y_{t-1}, \cdots) \\ &= E(\phi_1 y_t + \varepsilon_{t+1} \mid y_t, y_{t-1}, \cdots) \\ &= \phi_1 y_t\end{aligned}$$

$$\begin{aligned}\hat{y}_t(2) &= E(y_{t+2} \mid y_t, y_{t-1}, \cdots) \\ &= E(\phi_1 y_{t+1} + \varepsilon_{t+2} \mid y_t, y_{t-1}, \cdots) \\ &= \phi_1 \hat{y}_t(1) \\ &= \phi_1^2 y_t\end{aligned}$$

一般地,有:

$$\begin{aligned}\hat{y}_t(l) &= E(y_{t+l} \mid y_t, y_{t-1}, \cdots) \\ &= E(\phi_1 y_{t+l-1} + \varepsilon_{t+l} \mid y_t, y_{t-1}, \cdots) \\ &= \phi_1 \hat{y}_t(l-1) \\ &= \phi_1^l y_t\end{aligned}$$

2. MA(1)模型

MA(1)模型为:

$$y_t = \varepsilon_t - \theta_1 \varepsilon_{t-1}$$

则:

$$\begin{aligned}\hat{y}_t(1) &= E(y_{t+l} \mid y_t, y_{t-1}, \cdots) \\ &= E(\varepsilon_{t+1} - \theta_1 \varepsilon_t \mid y_t, y_{t-1}, \cdots) \\ &= -\theta_1 \varepsilon_t\end{aligned}$$

在这里,$\varepsilon_t = y_t - \hat{y}_{t-1}(1) = y_t + \theta_1 \varepsilon_{t-1}$。由此可以看出,关于 ε_t 需要进行递推计算,但是由于数据是有限的,过于靠前的 ε_{t-j} 是未知的,我们常常给定初值,取以前某个时刻 $\varepsilon_{t-j}=0$,现假定 $y_{t-j} = \hat{y}_{t-j-1}(1)$,由此就可以利用递推计算出 ε_t:

$$\begin{aligned}\hat{y}_t(2) &= E(y_{t+2} \mid y_t, y_{t-1}, \cdots) \\ &= E(\varepsilon_{t+2} - \theta_1 \varepsilon_{t+1} \mid y_t, y_{t-1}, \cdots) \\ &= 0\end{aligned}$$

一般地,有:

$$\hat{y}_t(l) = 0 \qquad l \geqslant 2$$

这与 MA 序列的短记忆性是相吻合的。

3. ARMA(1, 1)模型

此时,模型可以写为:

$$y_t = \phi_1 y_{t-1} + \varepsilon_t - \theta_1 \varepsilon_{t-1}$$

$$\begin{aligned}\hat{y}_t(1) &= E(y_{t+1} \mid y_t, y_{t-1}, \cdots) \\ &= E(\phi_1 y_t + \varepsilon_{t+1} - \theta_1 \varepsilon_t \mid y_t, y_{t-1}, \cdots) \\ &= \phi_1 y_t - \theta_1 \varepsilon_t\end{aligned}$$

在这里，$\varepsilon_t = y_t - \hat{y}_{t-1}(1) = y_t - \phi_1 y_{t-1} + \theta_1 \varepsilon_{t-1}$。同理，关于 ε_t 需要进行递推计算，得：

$$\begin{aligned}\hat{y}_t(2) &= \mathrm{E}(y_{t+2} \mid y_t,\ y_{t-1},\ \cdots) \\ &= \mathrm{E}(\phi_1 y_{t+1} + \varepsilon_{t+2} - \theta_1 \varepsilon_{t+1} \mid y_t,\ y_{t-1},\ \cdots) \\ &= \phi_1 \hat{y}_t(1)\end{aligned}$$

一般地：

$$\begin{aligned}\hat{y}_t(l) &= \mathrm{E}(y_{t+l} \mid y_t,\ y_{t-1},\ \cdots) \\ &= \mathrm{E}(\phi_1 y_{t+l-1} + \varepsilon_{t+l} - \theta_1 \varepsilon_{t+l-1} \mid y_t,\ y_{t-1},\ \cdots) \\ &= \phi_1 \hat{y}_t(l-1)\end{aligned}$$

所以，当 $l \geqslant 2$ 时，预测值满足模型差分方程形式的自回归部分，即：

$$\hat{y}_t(l) - \phi_1 \hat{y}_t(l-1) = 0$$

故可以解得：

$$\hat{y}_t(l) = b_0^{(t)} \phi_1^l \qquad l > 0$$

由于：

$$\hat{y}_t(1) = \phi_1 y_t - \theta_1 \varepsilon_t$$

则：

$$\begin{aligned}b_0^{(t)} \phi_1 &= \phi_1 y_t - \theta_1 \varepsilon_t \\ &= \phi_1 \left[y_t - \frac{\theta_1}{\phi_1} \varepsilon_t \right]\end{aligned}$$

所以：

$$b_0^{(t)} = y_t - \frac{\theta_1}{\phi_1} \varepsilon_t$$

因此，当 $l > 0$ 时，预测值为：

$$\hat{y}_t(l) = \left(y_t - \frac{\theta_1}{\phi_1} \varepsilon_t \right) \phi_1^l$$

由上面的例子可以看出，如果把预测值 $\hat{y}_t(l)$ 看作步长 l 的函数，则预测函数的形式是由模型的自回归部分决定的，移动平均部分用于确定预测函数中的待定系数。

（三）预测误差

根据(7－8)式，如果 $\phi^{-1}(B)$ 存在，则(7－8)式可以写为：

$$y_t = \psi(B) \varepsilon_t \tag{7-47}$$

在这里，$\psi(B) = \phi^{-1}(B)\theta(B)$，则当模型参数 $\phi_1,\ \phi_2,\ \cdots,\ \phi_p$ 和 $\theta_1,\ \theta_2,\ \cdots,\ \theta_q$ 被估计确定后，我们可以获得权数 $\psi_0,\ \psi_1,\ \psi_2,\ \cdots$。这样，经过简单的推导，我们可以得到预测误差为：

$$e_t(l) = y_{t+l} - \hat{y}_t(l) = \psi_0 \varepsilon_{t+l} + \psi_1 \varepsilon_{t+l-1} + \cdots + \psi_{l-1} \varepsilon_{t+1} \tag{7-48}$$

则其方差为：

$$D(e_t(l))=\sigma^2(\psi_0^2+\psi_1^2+\cdots+\psi_{l-1}^2) \tag{7-49}$$

它是在时刻 t 用 y_t, y_{t-1}, …对 y_{t+l} 的所有线性预测中方差最小的。从(7－49)式可以看出，l 步线性最小方差预测的方差和预测步长 l 有关，而与预测的时间原点 t 无关。预测步长 l 越大，预测误差的方差也越大，因而预测的准确度就会降低。所以，一般不能用 ARMA(p, q)作为长期预测模型。进一步地，我们还要注意到，对于 ARMA(p, q)模型，根据(7－48)式，其 $t+1$ 期的预测误差是白噪声 ε_{t+1}(实际上 $\psi_0=1$)，因此，$t+1$ 期预测误差的方差就是误差项的方差。另外，由于预测误差的估算是基于模型参数 ϕ_1, ϕ_2, …, ϕ_p 和 θ_1, θ_2, …, θ_q 已知的前提，而模型参数是通过估计得到的，估计量是随机变量，具有均值和方差，因此，实际预测误差的方差将大于上述计算的方差。

(四) 预测的置信区间

对于 ARMA(p, q)模型，预测误差和方差如(7－48)式和(7－49)式所示，假设预测误差具有如下分布：

$$e_t(l)\sim N(0,\ D(e_t(l)))$$

由于 $y_{t+l}=\hat{y}(l)+e_t(l)$，因此，在 y_t, y_{t-1}, … 给定的条件下，y_{t+1} 的分布完全由 $e_t(l)$ 的分布所决定，即：

$$\begin{aligned}(y_{t+l}\mid y_t,\ y_{t-1},\ \cdots)&\sim N(\hat{y}_t(l),\ D(e_t(l)))\\&\sim N(\hat{y}_t(l),\ \sigma^2(\psi_0^2+\psi_1^2+\cdots+\psi_{l-1}^2))\end{aligned} \tag{7-50}$$

由此，我们可以得到 y_{t+l} 预测的 95%的置信区间：

$$\hat{y}_t(l)\pm 1.96\sigma(\psi_0^2+\psi_1^2+\cdots+\psi_{l-1}^2)^{1/2} \tag{7-51}$$

第五节 时间序列的案例分析

一、ARMA 模型的建模过程

我们首先对 ARMA 模型的建立、评价和应用过程进行简单的回顾，具体步骤如下：

第一步，对时间序列进行特性分析。一般来说，从时间序列的随机性、平稳性和季节性三个方面进行考虑，其中平稳性和季节性更重要。对于一个非平稳时间序列，若要建模，首先要将其平稳化，其方法通常有三种：(1) 差分。一些序列通过差分，可以使其平稳化。(2) 季节差分。如果序列具有周期波动特点，为了消除周期波动的影响，通常引入季节差分。(3) 函数变换与差分的结合运用。某些序列如果具有某类函数趋势，我们可以先引入某种函数变换，将序列转化为线性趋势，然后再进行差分，以消除线性趋势。

第二步，模型的识别与建立，这是建立 ARMA 模型的重要一步。首先需要计算时间序列样本的自相关函数和偏自相关函数，利用自相关函数分析图进行模型识别和定阶。一般来说，使用一种方法往往无法完成模型识别和定阶，并且需要估计几个不同的确认模型。在确定了模型阶数后，就要对模型的参数进行估计。得到模型之后，应该对模型的适应性进行检验。

第三步，模型的预测与模型的评价。B-J 方法通常采用线性最小方差预测法。一般来说，评价和分析模型的方法是对时间序列进行历史模拟。此外，还可以做事后预测，通过比较预测值和实际值来评价预测的精确程度。

二、案例分析

【例 7-6】 某市 2012—2020 年各月的工业生产总值见表 7-6，其数据记为 $\{x_t\}$。我们对 2012—2020 年的数据建模，2021 年的数据留做检验模型的预测效果。

表 7-6　某市 2012—2020 年各月的工业生产总值　　单位：万元

时　期	工业总产值					
2012 年 1—6 月	10.93	9.34	11.00	10.98	11.29	11.84
2012 年 7—12 月	10.62	10.90	12.77	12.15	12.24	12.30
2013 年 1—6 月	9.91	10.24	10.41	10.47	11.51	12.45
2013 年 7—12 月	11.32	11.73	12.61	13.04	13.14	14.15
2014 年 1—6 月	10.85	10.30	12.74	12.73	13.08	14.27
2014 年 7—12 月	13.18	13.75	14.42	14.57	14.25	15.86
2015 年 1—6 月	12.94	11.43	14.36	14.57	14.25	15.86
2015 年 7—12 月	15.18	15.94	16.54	16.90	16.88	18.10
2016 年 1—6 月	13.70	10.88	15.79	16.36	17.22	17.75
2016 年 7—12 月	16.62	16.96	17.69	16.40	17.51	19.73
2017 年 1—6 月	13.73	12.85	15.68	16.79	17.59	18.51
2017 年 7—12 月	16.80	17.27	20.83	19.18	21.40	23.76
2018 年 1—6 月	15.73	13.14	17.24	17.93	18.82	19.12
2018 年 7—12 月	17.70	19.87	21.17	21.44	22.14	22.45
2019 年 1—6 月	17.88	16.00	20.29	21.03	21.78	22.51
2019 年 7—12 月	21.55	22.01	22.68	23.02	24.55	24.67
2020 年 1—6 月	19.61	17.15	22.46	23.19	23.40	26.26
2020 年 7—12 月	22.91	24.03	23.94	24.12	25.87	28.25

表 7-6 的数据见图 7-9，由图 7-9 可以看出数据具有明显的周期性，做一次季节差分，$y_t = x_t - x_{t-12}$，差分后的结果如图 7-10 所示，由此我们可以看到数据趋于平稳，平稳化后得到的序列记为 $\{y_t\}$，共有 96 个数据。

我们求得时间序列 $\{y_t\}$ 的均值 $\bar{y} = 1.509$，对其零均值化（即 $y_t - \bar{y}$）得到的时间序列仍记为 $\{y_t\}$。对于新的时间序列，计算其自相关函数和偏自相关函数，具体结果见表 7-7。从表 7-7 中可以看出，当 $k > 2$ 时，有 $|\hat{\phi}_{kk}| < \frac{2}{\sqrt{96}} \approx 0.204$，并且 $\{\hat{\rho}_t\}$ 呈拖尾现象，故可以初步判定此时间序列 $\{y_t\}$ 适合 AR(2) 模型。

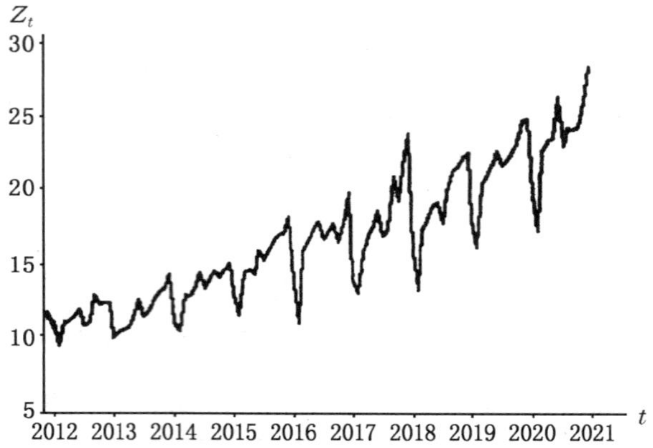

图 7-9　某市 2012—2021 年各月的工业生产总值

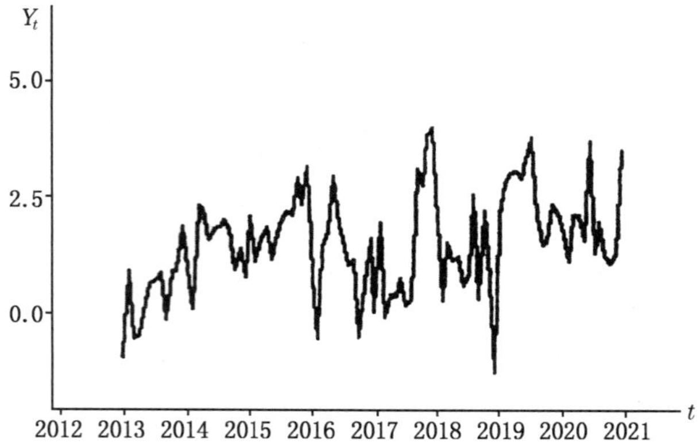

图 7-10　季节差分后的工业生产总值

表 7-7　自相关函数和偏自相关函数

k	$\hat{\rho}_k$	$\hat{\varphi}_{kk}$	k	$\hat{\rho}_k$	$\hat{\varphi}_{kk}$
1	0.428	0.428	13	−0.070	0.135
2	0.291	0.131	14	−0.057	−0.002
3	0.188	0.029	15	−0.006	0.048
4	0.042	−0.093	16	0.152	0.170
5	0.087	0.086	17	0.141	0.071
6	0.048	−0.001	18	0.117	−0.046
7	0.002	−0.038	19	0.065	−0.066
8	0.046	0.045	20	0.085	0.113
9	0.085	0.085	21	−0.060	−0.136
10	0.004	−0.083	22	−0.088	−0.120
11	−0.048	−0.086	23	−0.011	0.097
12	−0.197	−0.188	24	−0.064	−0.072

我们对$\{y_t\}$再拟合 AR(p)，发现也可以考虑 AR(3)。我们对 AR(2)和 AR(3)进行建模，具体结果见表 7－8。

表 7－8　建模输出结果

参　数	AR(3)	AR(2)
φ_1 φ_2 φ_3	0.40±0.21 0.07±0.22 0.04±0.20	0.40±0.21 0.12±0.20
残差平方和	86.96	89.64

从表 7－8 中可以看出，关于 AR(3)模型，发现参数 $\varphi_3=0.04$，t 检验值仅为 0.39，考虑 F 检验值：

$$F=\frac{89.64-86.96}{1}\bigg/\frac{86.96}{96-3}=2.87$$

查 F 分布表可得：$F_{0.05}(1,\ 90)=3.92>F=2.87$。这说明 AR(3)与 AR(2)没有显著性差异，故我们选用 AR(2)模型，即：

$$y_t=0.40y_{t-1}+0.12y_{t-2}+\varepsilon_t$$

我们利用上述模型对 2021 年的工业生产总值做一预测，以 2020 年 12 月份为原点向前做 1～12 期的预测。首先根据模型 $y_t=0.40y_{t-1}+0.12y_{t-2}+\varepsilon_t$ 进行预测，然后再转化到平稳化前最初的数据结果，详见表 7－9 和图 7－11。由此我们看到，除了 2021 年 2 月的预测误差较大之外，其余的预测相对误差均在 5%内，可以说 AR(2)模型的预测效果较好。

表 7－9　预测结果

向前步数	时期 t	y_t	$y_t+1.509$	转化到平稳化前的数据	实际值 y_t	相对误差(%)
1	2021 年 1 月	0.799	2.308	21.92	20.99	4.4
2	2021 年 2 月	0.574	2.083	19.23	17.04	12.9
3	2021 年 3 月	0.326	1.836	24.30	23.16	4.9
4	2021 年 4 月	0.201	1.710	24.90	24.96	－0.2
5	2021 年 5 月	0.120	1.629	25.03	26.20	－4.5
6	2021 年 6 月	0.073	1.581	27.84	27.89	－0.2
7	2021 年 7 月	0.043	1.552	24.46	24.77	－1.2
8	2021 年 8 月	0.026	1.535	25.57	26.32	－2.7
9	2021 年 9 月	0.015	1.524	25.46	26.75	－4.8
10	2021 年 10 月	0.010	1.518	25.64	26.51	－3.3

续 表

向前步数	时期 t	y_t	$y_t+1.509$	转化到平稳化前的数据	实际值 y_t	相对误差(%)
11	2021 年 11 月	0.005	1.514	27.38	28.57	−4.1
12	2021 年 12 月	0.003	1.512	29.76	31.14	−4.4

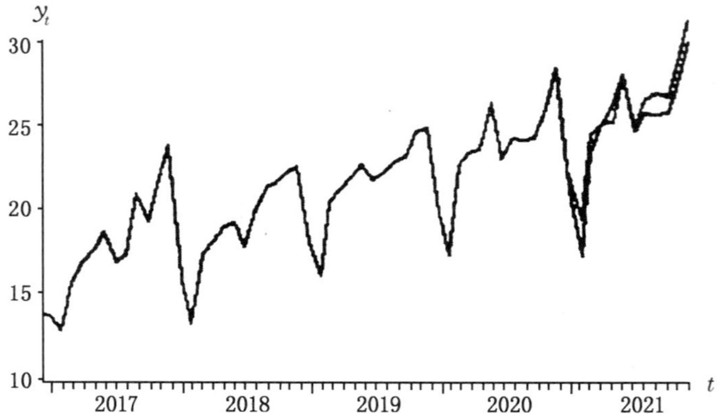

图 7 - 11　预测图

【例 7 - 7】　某车站 2017—2021 年各月列车运行数量见表 7 - 10,根据数据进行建模。

表 7 - 10　某车站 2017—2021 年各月列车运行数量　　单位:千列千米

时　期	列车运行数量				
1～5 月	1 196.8	1 181.3	1 222.6	1 229.3	1 221.5
6～10 月	1 148.4	1 250.2	1 174.4	1 234.5	1 209.7
11～15 月	1 206.5	1 204.0	1 234.1	1 146.0	1 304.9
16～20 月	1 221.9	1 244.1	1 194.4	1 281.5	1 277.3
21～25 月	1 238.9	1 267.5	1 200.9	1 245.5	1 249.9
26～30 月	1 220.1	1 267.4	1 182.3	1 221.7	1 178.1
31～35 月	1 261.6	1 274.5	1 196.4	1 222.6	1 174.7
36～40 月	1 212.6	1 251.0	1 191.0	1 179.0	1 224.0
41～45 月	1 183.0	1 288.0	1 274.0	1 218.0	1 263.0
46～50 月	1 205.0	1 210.0	1 243.0	1 266.0	1 200.0
51～55 月	1 306.0	1 209.0	1 248.0	1 208.0	1 231.0
56～60 月	1 244.0	1 296.0	1 221.0	1 287.0	1 191.0

表 7 - 9 的散点图见图 7 - 12,从中可以看出有分段线性趋势。我们对数据做一阶差分,其结果见图 7 - 13,由此我们看到,时间序列趋于平稳。

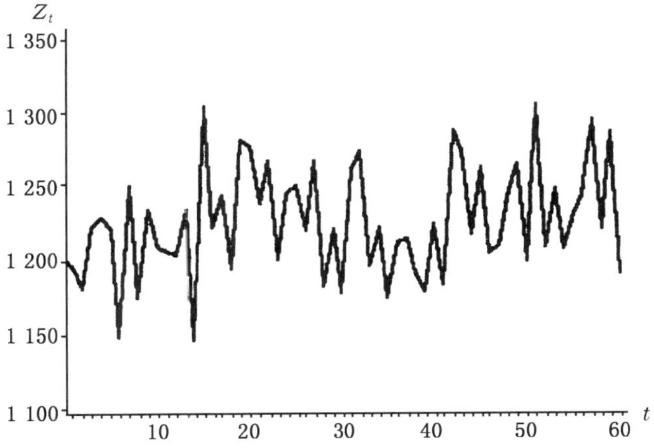

图 7－12　列车运行数量散点图

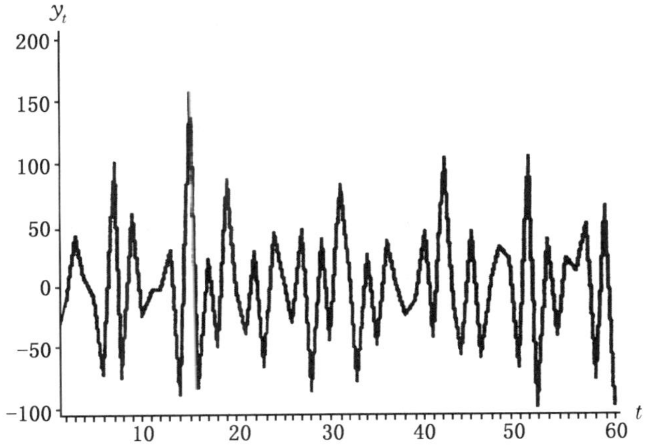

图 7－13　列车运行数量一阶差分散点图

利用 B-J 建模思想，经过计算得到平稳时间序列$\{y_t\}$的样本均值 $\bar{y}=-0.098$，方差 $r_0=3\,319.906$，$\{y_t\}$ 的自相关函数和偏自相关函数的具体情况如表 7－11 和图 7－14 所示，从中可以看出，偏自相关函数$\{\varphi_{kk}\}$呈现拖尾现象。

表 7－11　自相关函数和偏自相关函数

k	$\hat{\rho}_k$	$\hat{\varphi}_{kk}$	k	$\hat{\rho}_k$	$\hat{\varphi}_{kk}$
1	−0.685	−0.685	7	−0.221	−0.030
2	0.341	−0.243	8	0.185	−0.037
3	−0.193	−0.139	9	−0.132	−0.002
4	0.042	−0.208	10	0.037	−0.042
5	−0.068	−0.313	11	−0.036	−0.130
6	0.199	0.046	12	0.156	0.139

续 表

k	$\hat{\rho}_k$	$\hat{\varphi}_{kk}$	k	$\hat{\rho}_k$	$\hat{\varphi}_{kk}$
13	−0.165	0.136	17	0.143	0.196
14	0.038	−0.184	18	−0.132	0.025
15	0.001	−0.120	19	0.004	−0.143
16	−0.027	−0.012	20	0.021	−0.073

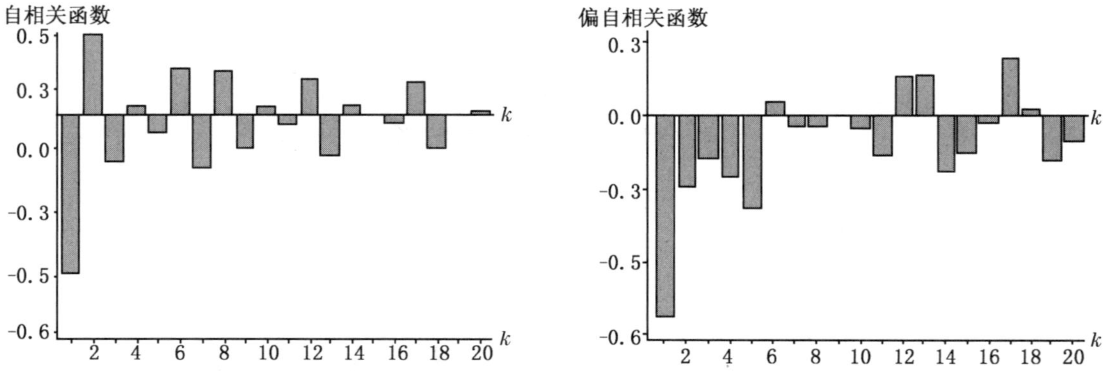

图 7-14　序列的自相关函数和偏自相关函数分析图

我们利用公式 $|\hat{\rho}_k| \leqslant \frac{1}{\sqrt{n}}\sqrt{1+2\sum_{i=1}^{q}\hat{\rho}_i^2}$ 判断$\{\hat{\rho}_k\}$的截尾性,取 $M=[\sqrt{59}]=7$。

当 $q=1$ 时,有:

$$\frac{1}{\sqrt{n}}\sqrt{1+2\hat{\rho}_1^2}=\frac{1}{\sqrt{59}}\sqrt{1+2\times 0.685^2}=0.181$$

在 $\{\hat{\rho}_k\}(k=2,\ 3,\ 4,\ 5,\ 6,\ 7,\ 8)$ 中,满足 $|\hat{\rho}_k|<0.181$ 的仅占 2/7=28.6%。

当 $q=2$ 时,有:

$$\frac{1}{\sqrt{n}}\sqrt{1+2(\hat{\rho}_1^2+\hat{\rho}_2^2)}=\frac{1}{59}\sqrt{1+2(0.685^2+0.341^2)}=0.192$$

在 $\{\hat{\rho}_k\}(k=3,\ 4,\ 5,\ 6,\ 7,\ 8,\ 9)$ 中,满足 $|\hat{\rho}_k|<0.192$ 的仅占 4/7=57.1%。

当 $q=3$ 时,有:

$$\frac{1}{\sqrt{n}}\sqrt{1+2(\hat{\rho}_1^2+\hat{\rho}_2^2+\hat{\rho}_3^2)}=\frac{1}{\sqrt{59}}\sqrt{1+2(0.685^2+0.341^2+0.193^2)}=0.195$$

在 $\{\hat{\rho}_k\}(k=4,\ 5,\ 6,\ 7,\ 8,\ 9,\ 10)$ 中,满足 $|\hat{\rho}_k|<0.195$ 的比例达到 5/7=71.4%>68.3%,所以,根据上述方法判断,$\{\hat{\rho}_k\}$ 为 3 步截尾。由此,可以初步判断时间序列适合 MA(3)模型。

我们对时间序列$\{y_t\}$拟合 MA(3)模型,为了检查 MA(3)模型的适应性,继续增加阶数 q,发现序列$\{y_t\}$也可以拟合 MA(5)模型,具体计算结果见表 7-12。

表 7-12　建模输出结果

参　　数	MA(5)	MA(3)
θ_1	-1.10 ± 0.27	-1.10 ± 0.26
θ_2	0.46 ± 0.27	0.40 ± 0.27
θ_3	-0.33 ± 0.27	-0.22 ± 0.26
θ_4	0.07 ± 0.27	
θ_5	0.12 ± 0.27	
残差平方和	75 916.34	79 231.24
残差方差	1 405.86	1 414.84

从中可以看到，对于 MA(5)模型，其参数 θ_4 和 θ_5 不显著，而拟合 MA(3)模型，其系统都比较显著，所以我们选用 MA(3)模型，即：

$$y_t=\varepsilon_t+1.10\varepsilon_{t-1}-0.40\varepsilon_{t-2}+0.22\varepsilon_{t-3}$$

进一步地，我们可以使用上述模型给出预测，在此略去。

【例 7-8】　表 7-13 是某地区 2014 年 1 月—2021 年 12 月国内生产总值(GDP)的月度资料(2014 年为不变价格)，记为 IP_t，共有 96 个数据，根据数据给出 2022 年 12 个月的预测值。

表 7-13　2014 年 1 月—2021 年 12 月某地区国内生产总值　　单位：亿元

月＼年	2014	2015	2016	2017	2018	2019	2020	2021
1	1 421.4	1 757.8	1 984.2	2 179.1	2 903.30	2 996.700	3 476.600	3 843.840
2	1 367.4	1 485.7	1 812.4	2 408.7	2 513.80	2 740.300	2 970.300	3 181.260
3	1 719.7	1 893.9	2 274.7	2 869.4	3 409.00	3 580.900	3 942.600	4 404.490
4	1 759.6	1 969.8	2 328.9	2 916.7	3 499.50	3 746.300	4 067.600	4 520.180
5	1 795.7	2 033.7	2 373.1	3 022.1	3 642.60	3 817.900	4 746.899	4 638.990
6	1 848.1	2 103.0	2 515.8	3 274.5	3 871.40	4 046.600	4 417.299	4 969.930
7	1 637.3	1 836.3	2 288.0	2 862.9	3 373.00	3 483.900	3 806.800	4 146.899
8	1 670.9	1 914.7	2 321.0	2 864.2	3 463.40	3 510.600	3 746.300	4 198.700
9	1 760.1	2 022.2	2 441.1	2 908.0	3 663.74	3 703.100	4 011.100	4 536.839
10	1 789.5	2 045.1	2 502.6	2 911.8	3 753.38	3 810.700	4 129.600	4 718.910
11	1 888.6	2 069.2	2 608.8	3 101.3	3 973.17	4 091.000	4 372.899	5 034.939
12	1 981.4	2 136.0	2 823.8	3 664.3	4 469.02	4 650.799	4 991.500	5 545.740

根据表 7-13 中的数据绘制折线图，即图 7-15，我们看到时间序列具有明显的增长趋势，并且含有周期为 12 个月的季节波动，即序列是非平稳的，我们利用差分和变换使其平稳。

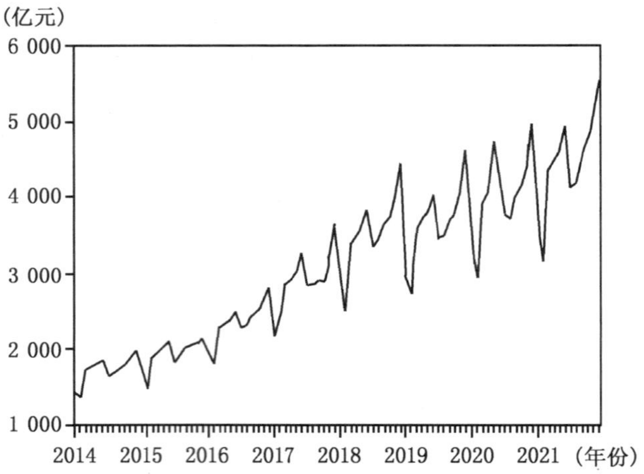

图 7－15　某地区国内生产总值折线图

为了消除趋势同时减少序列的波动，我们对时间序列 t 做一阶自然对数逐期差分，即：

$$ILIP_t = \ln(IP_t) - \ln(IP_{t-1})$$

我们计算新的序列 $ILIP_t$ 的自相关函数和偏自相关函数，具体结果见图 7－16，从中可以看到序列的趋势基本消除了，但是当 $k=12$ 时，样本的自相关函数和偏自相关函数显著不为零，这表明存在季节性。

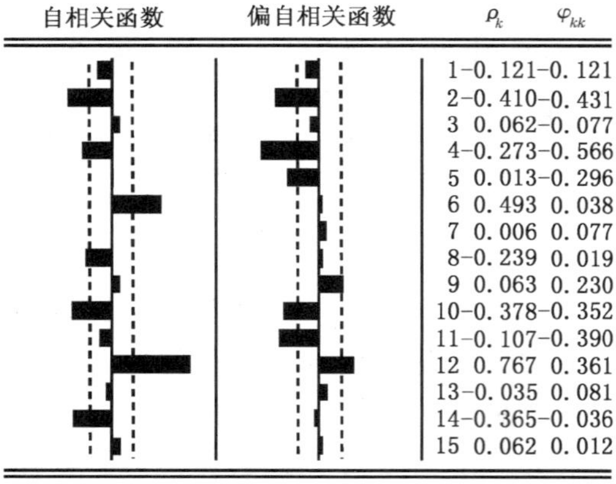

图 7－16　序列 $ILIP_t$ 自相关函数和偏自相关函数分析图

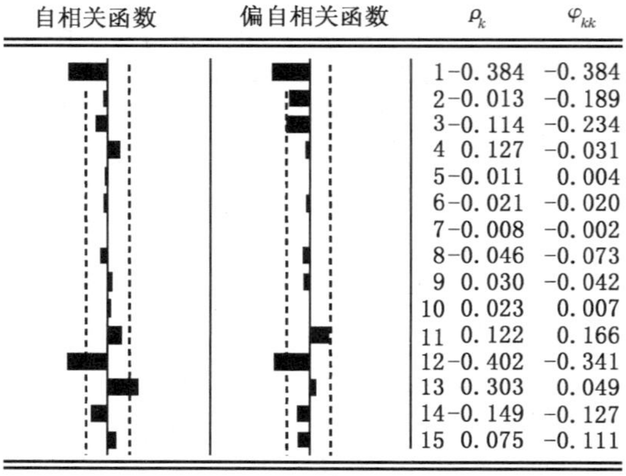

图 7－17　序列 $SILIP_t$ 自相关函数和偏自相关函数分析图

为了消除季节波动，我们对序列 $ILIP_t$ 做自然对数的季节差分，即：

$$SILIP_t = \ln(ILIP_t) - \ln(ILIP_{t-12})$$

我们得到新的序列 $SILIP_t$，对其做相关分析，具体结果见图 7－17。

由图 7－17 我们可以看到，序列 $SILIP_t$ 的样本自相关函数和偏自相关函数很快地落入随机区间，所以，时间序列的趋势基本消除，但是在 $k=12$ 时取值仍然很大，季节性依然比较明显。我们对序列 $SILIP_t$ 进一步做季节差分，发现效果不佳，因而略去。因此，我们对时间序列只做了一阶季节差分。为了弥补这一缺陷，我们将采用以下模型：

$$\phi(B)(1-\Phi_1 B^{12})SILIP_t=\theta(B)(1-\Theta_1 B^{12})\varepsilon_t$$

关于序列 $SILIP_t$，我们计算其样本均值为-0.002，均值的标准误差为 0.003 7，序列的均值与 0 无明显差异，由于序列 $SILIP_t$ 的自相关函数和偏自相关函数均呈拖尾现象，因此，我们可以对序列建立 ARMA 模型。根据图 7－17 观察序列，我们认为 $p=2$ 或 $p=3$ 较为合适，而且可以看到 $q=1$，由于 AR 模型的参数估计较 MA 和 ARMA 模型的参数估计容易，并且参数意义也便于解释，因此，在实际建模时常常希望利用高阶的 AR 模型替换相应的 MA 和 ARMA 模型。综上所述，我们选取以下(p, q)组合：(3, 1)，(4, 0)，(2, 1)和(3, 0)。经过计算，我们认为关于序列 $SILIP_t$ 拟合 ARMA(2, 1)模型的效果明显不如其他三个模型，因而舍去。我们将三个模型的参数估计结果和相关检验结果分别列入表 7－14 和表 7－15 中。

表 7－14　三个模型的参数估计结果

(p, q)	ϕ_1	ϕ_2	ϕ_3	ϕ_4	θ_1	Φ_1	Θ_1
(3, 1)	$-0.258\ 5$	$-0.254\ 3$	$-0.341\ 3$	—	$-0.099\ 4$	$-0.048\ 6$	$-0.877\ 5$
(4, 0)	$-0.379\ 2$	$-0.291\ 8$	$-0.362\ 5$	$-0.007\ 9$	—	$-0.013\ 1$	$-0.884\ 7$
(3, 0)	$-0.374\ 3$	$-0.273\ 6$	$-0.351\ 3$	—	—	0.005 2	$-0.880\ 4$

表 7－15　三个模型的相关检验结果

(p, q)	Adjusted R^2	AIC	SC	p-Q	$MAPE$
(3, 1)	0.532 0	-3.17	-2.95	0.952	3.08
(4, 0)	0.537 4	-3.16	-2.94	0.989	2.66
(3, 0)	0.532 1	-3.18	-3.00	0.980	2.41

经过计算，三个模型都满足 ARMA 模型的平稳条件和可逆条件，模型设定合理。另外，残差序列白噪声检验的伴随概率显示，各个模型残差都满足独立性假设，模型拟合效果较好。比较表 7－15 中的各项检验结果，与前两个模型相比，第三个模型的 AIC 值和 SC 值较小，试预测的 $MAPE$ 值显示其预测精度最高，只有调整后的样本决定系数(Adjusted R^2)略差于第二个模型，但是也较第一个模型高。综上所述，我们决定选择第三个模型作为时间序列的预测模型，即：

$$(1-0.005\ 2B^{12})(1+0.374\ 3B+0.273\ 6B^2+0.351\ 3B^3)\times(1-B)(1-B)^{12}\ln(IP_t)$$
$$=(1-0.880\ 4B^{12})\varepsilon_t$$

根据历史数据，利用此模型，我们可以给出其预测值，具体结果见表 7－16。

表 7－16　某地区 2022 年国内生产总值预测结果　　单位：亿元

2022 年 1—6 月	4 277.955	3 801.483	5 062.936	5 193.718	5 408.571	5 647.650
2022 年 7—12 月	4 879.016	4 939.830	5 237.009	5 371.510	5 679.616	6 320.593

本章小结

B-J 方法是一种理论较为完善的统计预测方法,为实际工作者提供了对时间序列进行分析、预测以及对 ARMA 模型识别、估计和诊断的系统方法,使 ARMA 模型的建立有了一套完整、正规、结构化的建模方法,并且具有统计上的完善性和牢固的理论基础。

(1) 自相关分析法是进行时间序列分析的有效方法,它简单易行、较为直观,根据绘制的自相关分析图和偏自相关分析图,我们可以初步地识别平稳序列的模型类型和模型阶数。

(2) 利用自相关分析法可以测定时间序列的随机性和平稳性,以及时间序列的季节性。

(3) 利用迪基-福勒检验和菲利普斯-配荣检验,我们也可以测定时间序列的随机性,这是在计量经济学中非常重要的两种单位根检验方法。

(4) 如果两个或多个非平稳的时间序列,其某个线性组合后的序列呈平稳性,这样的时间序列间就被称为有协整关系存在。这是一个很重要的概念,我们利用恩格尔-格兰杰两步协整检验法和约翰森协整检验法可以测定时间序列间的协整关系。

(5) 如果原始时间序列是非平稳序列,则可以通过对原始序列进行差分的方法使其达到平稳。对于大多数实际的时间序列而言,它的二阶差分序列基本可以达到平稳序列。

(6) 自相关分析图和原始数据的散点图是完全不同的,散点图可以直观地帮助我们分析模型的大致情况,而自相关分析图可以更好地进行模型识别。

(7) ARMA 模型的最小二乘预测是一个很重要的预测方法,它有较好的理论基础和较为简单的计算过程。

思考与练习

一、单项选择题

1. 时间序列 $\{y_t\}$ 取自某一个随机过程,我们称过程是平稳的,若(　　)。

A. 此随机过程的随机特征不随时间变化

B. 此随机过程的随机特征随时间变化

C. 此随机过程的每一项观测的均值为零

D. 此随机过程的每一项观测的方差为零

2. 自回归模型 AR(p)的平稳条件是(　　)。

A. 滞后算子多项式 $\phi(B)=1-\phi_1 B+\cdots+\phi_p B^p$ 的根均在单位圆外

B. 任何条件下都平稳

C. 视具体情况而定

D. $\phi(B)=0$ 的根小于 1

3. 移动平均模型 MA(q)的平稳条件是(　　)。

A. 滞后算子多项式 $\phi(B)=1-\phi_1 B+\cdots+\phi_p B^p$ 的根均在单位圆外

B. 任何条件下都平稳

C. 视具体情况而定

D. $\phi(B)=0$ 的根小于 1

4. 自相关函数的定义是(　　)。

A. $\rho_k = \text{cov}(y_{t-k}, y_t)$

B. $\rho_k = \dfrac{r_k}{\sigma_{y_{t-k}}\sigma_{y_t}}$

C. $\rho_k = \dfrac{r_k}{r_0}$

D. $\rho_k = \dfrac{\sum_{t=1}^{n-k}(y_t - \bar{y})(y_{t+k} - \bar{y})}{\sum_{t=1}^{n}(y_t - \bar{y})^2}$

5. 有关 AR(p)模型,说法错误的是(　　)。

A. 模型可写为:$\phi(B)y_t = y_{t-k}$

B. 在 ARMA(p, q)中,$q=0$,模型即 AR(p)

C. 偏自相关函数 p 步截尾

D. 自相关函数 p 步截尾

6. 有关 MA(q)模型,说法错误的是(　　)。

A. 模型可写为:$y_t = \theta(B)\varepsilon_t$

B. 在 ARMA(p, q)中,$p=0$,模型即 MA(q)

C. 偏自相关函数 q 步截尾

D. 自相关函数 q 步截尾

7. 自回归模型的参数估计中,错误的是(　　)。

A. 对于一阶自回归模型 AR(1),$\hat{\phi}_1 = \hat{\rho}_1$

B. 对于二阶自回归模型 AR(2),$\hat{\phi}_1 = \dfrac{\hat{\rho}_1(1-\hat{\rho}_2)}{1-\hat{\rho}_1^2}$,$\hat{\phi}_2 = \dfrac{\hat{\rho}_2 - \hat{\rho}_1^2}{1-\hat{\rho}_1^2}$

C. 可以用矩估计和最小二乘估计估计参数

D. 不能使用极大似然估计

8. 移动平均模型的参数估计中,错误的是(　　)。

A. 对于一阶移动平均模型 MA(1),$\hat{\theta}_1 = \dfrac{-1 \pm \sqrt{1-4\rho_1^2}}{2\rho_1}$

B. 对于二阶移动平均模型 MA(2),$\rho_1 = \dfrac{-\theta_1 + \theta_1\theta_2}{1+\theta_1^2+\theta_2^2}$,$\rho_2 = \dfrac{-\theta_2}{1+\theta_1^2+\theta_2^2}$

C. 可直接使用近似极大似然估计

D. 可以用矩估计估计参数

9. 已知时间序列 $\{y_t = x\cos(ct)\}$,其中 x,c 为一非零常数,则(　　)。

A. 该时间序列宽平稳

B. 该时间序列的均值为常数

C. 该时间序列不是宽平稳

D. 无法判断

10. 已知时间序列 $\{y_t = x_{-t}\}$,其中 $\{x_t\}$ 为一宽平稳时间序列,则(　　)。

A. 时间序列 $\{y_t\}$ 不是宽平稳

B. 时间序列 $\{y_t\}$ 宽平稳

C. 时间序列 $\{y_t\}$ 的均值随时间变化

D. 无法判断时间序列 $\{y_t\}$ 的平稳性

二、多项选择题

1. ARMA 模型的三种基本形式有(　　)。

A. 自回归模型　　B. 移动平均模型　　C. 混合模型　　D. 季节模型

E. 条件异方差模型

2. 以下属于宽平稳时间序列的特征的有(　　)。

A. $E(y_t)=E(y_{t+m})$

B. $\mathrm{cov}(y_t, y_{t+k})=\mathrm{cov}(y_{t+m}, y_{t+m+k})$

C. $E(y_t)=0$

D. $\mathrm{cov}(y_t, y_{t+k})=\mathrm{cov}(y_{t+m}, y_{t+k})$

E. $E(y_t)=E(y_{t+m+1})$

3. B-J 方法(　　)。

A. 是一种理论较为完善的统计预测方法

B. 为实际工作者提供了对时间序列进行分析、预测,以及对 ARMA 模型识别、估计和诊断的系统方法

C. 使 ARMA 模型的建立有了一套完整、正规、结构化的建模方法

D. 具有统计上的完善性和牢固的理论基础

E. 其应用前提是时间序列是平稳的

4. 用自相关分析图测定时间序列的平稳性的准则有(　　)。

A. 自相关函数 3 步以后截尾

B. 相关函数 3 步以后截尾

C. 时间序列的自相关函数 $\hat{\rho}_k$ 在 $k>3$ 时都落入置信区间,且逐渐趋于零,则该时间序列具有平稳性

D. 相关函数和偏自相关函数都拖尾

E. 时间序列的自相关函数更多地落在置信区间之外,则该时间序列就不具有平稳性

5. 用自相关分析图测定时间序列随机性的准则有(　　)。

A. 若时间序列的偏自相关函数基本上落入置信区间,则该时间序列不具有随机性

B. 若时间序列的自相关函数基本上落入置信区间,则该时间序列不具有随机性

C. 若时间序列的自相关函数基本上落入置信区间,则该时间序列具有随机性

D. 若较多自相关函数落在置信区间之外,则认为该时间序列不具有随机性

E. 若较多自相关函数落在置信区间之外,则认为该时间序列具有随机性

6. 用自相关分析法可以(　　)。

A. 测定时间序列的随机性　　B. 测定时间序列的平稳性

C. 测定时间序列的季节性　　D. 测定时间序列的周期性

E. 测定时间序列的截尾性

7. 下列关于随机游动的说法,正确的有(　　)。

A. 在一个随机过程中,y_t 的每一次变化均来自一个均值为零的独立同分布

B. 随机过程 $\{y_t\}$ 满足:$y_t=y_{t-1}+\varepsilon_t$, $t=1, 2, \cdots$

C. 其中 $\{\varepsilon_t\}$ 独立同分布,并且:$E(\varepsilon_t)=0$, $Var(\varepsilon_t)=E(\varepsilon_t^2)=\sigma^2<\infty$

D. 它是一个平稳过程
E. 它是一个非平稳过程
8. 确定模型阶数常用的方法有(　　)。
A. 菲利普斯-佩荣方法(Philips-Perron)
B. 迪基-福勒方法(Dickey-Fuller)
C. 利用信息准则法定阶(AIC 准则和 BIC 准则)
D. 基于 F -检验确定阶数
E. 基于自相关函数和偏自相关函数的定阶方法
9. 下列有关协整检验的说法,正确的有(　　)。
A. 恩格尔-格兰杰两步协整检验法可以测定时间序列间的协整关系
B. 约翰森协整检验法可以测定时间序列间的协整关系
C. 恩格尔-格兰杰两步协整检验法采用的是一元方程技术
D. 约翰森协整检验法采用的是多元方程技术
E. 约翰森协整检验法在假设和应用上所受的限制较少
10. 已知时间序列 $\{y_t=\varepsilon_t\varepsilon_{t-1}\}$,其中 $\{\varepsilon_t\}\sim WN(0,\sigma^2)$,则(　　)。
A. 该时间序列的均值为零
B. 当 $s=t$ 时,该时间序列的自协方差函数 $r(s,t)=\sigma^4$
C. 当 $s\neq t$ 时,该时间序列的自协方差函数 $r(s,t)=0$
D. 该时间序列宽平稳
E. 该时间序列不平稳

三、名词解释

1. 宽平稳
2. 随机游动
3. 滞后算子
4. 单位根检验
5. 协整检验

四、简答题

1. B-J 方法主要试图解决哪两个问题?
2. AR 模型、MA 模型和 ARMA 模型是如何定义的?
3. B-J 方法的前提条件是什么?
4. 平稳时间序列的统计特性是什么?
5. 使用差分方法的目的是什么?
6. 使用 B-J 方法对时间序列进行预测有几个阶段?请说出内容。
7. 运用自相关分析图测定时间序列平稳性的准则是什么?
8. 运用自相关分析图测定时间序列随机性的准则是什么?
9. 进行单位根检验的意义是什么?
10. 协整检验的目的是什么?
11. 如何根据样本的自相关函数和偏自相关函数识别模型?

五、计算题

1. 考虑时间序列 1, 2, 3, 4, 5, 6, …, 20。这个序列平稳吗? 对于 $k=1, 2, \cdots, 5$,计算样本的自相关函数 $\hat{\rho}_k$,并解释该序列的形状。

2. 判断下列时间序列 $\{y_t\}$ 是否为宽平稳,为什么?

(1) $y_t=x$,其中 $x\sim N(0, 1)$;

(2) $y_t=\varepsilon_t+2\varepsilon_{t-1}$,其中$\{\varepsilon_t\}\sim WN(0, \sigma^2)$;

(3) $y_t=y_{t-1}-0.5y_{t-2}+\varepsilon_t$,其中$\{\varepsilon_t\}\sim WN(0, \sigma^2)$;

(4) $y_t=\varepsilon_t\cos(ct)+\varepsilon_{t-1}\sin(ct)$,其中$\{\varepsilon_t\}\sim WN(0, \sigma^2)$, c 为一非零常数;

(5) $\{y_t\}$ 独立同分布,服从柯西分布。

3. 设 $y_t=\varepsilon_t+0.8\varepsilon_{t-1}$ 为一 MA(1)序列,其中 $\{\varepsilon_t\}\sim WN(0, 1)$。

要求:

(1) 求 $\{y_t\}$ 的自相关函数 $\{\rho_k\}$;

(2) 求样本均值 $(y_1+y_2+y_3+y_4)/4$ 的方差。

4. 设 $y_t=0.8x_{t-1}+\varepsilon_t$ 为一 AR(1)序列,其中 $\{\varepsilon_t\}\sim WN(0, 1)$。

要求:

(1) 求 $\{y_t\}$ 的自相关函数 $\{\rho_k\}$;

(2) 求样本均值 $(y_1+y_2+y_3+y_4)/4$ 的方差。

5. 设动态数据 $Y=(y_1, y_2, \cdots, y_n)'$, $n=250$, 其样本自相关函数 $\{\gamma_k, 1\leqslant k\leqslant 7\}$ 及样本偏自相关函数 $\{\hat{\phi}_k, 1\leqslant k\leqslant 7\}$ 见下表:

k	1	2	3	4	5	6	7
γ_k	−0.63	0.36	−0.17	0.09	−0.07	0.06	−0.08
$\hat{\phi}_k$	−0.63	0.08	−0.12	−0.03	0.05	0.10	−0.07

其后的 $|\gamma_k|\leqslant 0.1$, $|\hat{\phi}_k|\leqslant 0.1$, $k\geqslant 8$。

要求:试判断该动态数据来自何模型。

6. 考虑如下 AR(2)序列, $y_t=0.5+0.5y_{t-1}+0.3y_{t-2}+\varepsilon_t$, $\{\varepsilon_t\}\sim IIDN(0, 1)$,若已知观测值 $y_{75}=2.64$, $y_{74}=2.47$。

要求:

(1) 试预报 y_{76}、y_{77} 和 y_{78} 的取值;

(2) 给出(1)中预报的置信度为 95%的预报区间。

7. 400 个"随机数"的头 10 个样本的自相关函数如下表所示:

k	1	2	3	4	5	6	7	8	9	10
$\hat{\rho}_k$	0.02	0.05	−0.09	0.08	−0.02	0.01	0.12	0.06	0.02	−0.08

要求:试问有无明显的非随机迹象?

8. 设根据 100 个观测值求出时间序列自相关分析图，数据如下：

k	1	2	3	4	5	6	7	8	9	10
$\hat{\rho}_k$	0.31	0.37	−0.05	0.06	−0.21	0.11	0.08	0.05	0.12	−0.01

要求：试提出一种可能适用的 ARMA 模型。

9. 时间序列 $\{y_t\}$ 的样本观测数据如下，试计算偏自相关函数 $\hat{\varphi}_{11}$、$\hat{\varphi}_{22}$、$\hat{\varphi}_{33}$、$\hat{\varphi}_{44}$。

t	1	2	3	4	5	6	7	8	9	10	11
y_t	17	20	13	8	19	27	21	15	18	21	28

8 第八章 干预分析模型预测法

全章提要

第一节　干预分析模型概述

一、干预分析模型简介

时间序列经常会受到特殊事件及态势的影响，诸如国内经济政策或经济规则的变更、国际政治局势的骤变，以及节假日、罢工、贱卖、促销之类事件的影响等，学者们称这类外部事件为干预。

干预分析(Intervention Analysis)的研究始于20世纪70年代初美国威斯康星大学统计系刁锦寰(Tiao)教授对美国西海岸洛杉矶大气污染的环境问题的研究。1975年，美国统计学家博克斯(Box)教授和刁锦寰教授在美国统计协会会刊上发表了《应用到经济与环境问题的干预分析》一文，此后，干预分析的概念和模型引起了人们的广泛关注，并迅速被广泛应用于描述经济政策的变化或突发事件对经济环境、经济过程或结果的具体影响的定量分析。

研究干预分析的目的，就是从定量分析的角度来评估政策干预或突发事件对经济环境和经济过程的具体影响。一般来讲，干预分析模型是与时间序列模型结合起来进行研究的。经济政策的变化或突发事件的影响不能忽视，在干预事件发生后，序列是否存在任何事实上的变化？若有影响，其影响程度又如何？这就是干预分析模型所要解决的问题。

干预分析模型是传递函数模型[①]的一种推广，当不存在干预影响时，这两种模型没有本质上的区别。由传递函数发展到干预分析的过程，类似于从多元回归分析发展到虚拟变量的应用。干预分析与回归分析中虚拟变量之间的主要差别是：前者为动态模型，后者为静态模式；前者是一个过程，后者是单个或多个变量。因此，干预分析模型的研究，无论从内容上还是方法上，都要比虚拟变量复杂得多。

二、干预分析模型的基本形式

(一) 干预变量的形式

先来介绍干预分析模型的结构。干预分析模型的基本变量是干预变量，有两种常见的干预变量：一种是持续性的干预变量，表示 T 时刻发生以后，一直有影响，这时我们可以用阶跃函数表示，形式是：

$$S_t^T=\begin{cases}0 & \text{干预事件发生之前}(t<T)\\ 1 & \text{干预事件发生之后}(t\geqslant T)\end{cases}$$

第二种是短暂性的干预变量，表示在某时刻发生，仅对该时刻有影响，用单位脉冲函数表示，形式是：

① 关于传递函数模型的介绍，见王振龙主编的《时间序列分析》，中国统计出版社2000年版，第200～210页。

$$P_t^{T'}=\begin{cases}1 & \text{干预事件发生时}(t=T')\\0 & \text{其他时间}(t\neq T')\end{cases}$$

(二) 干预事件的形式

干预事件虽然多种多样,但按其影响的形式,归纳起来基本上有以下四种类型:

1. 干预事件的影响突然开始,长期持续下去

设干预对因变量的影响是固定的,从某一时刻 T 开始,但影响的程度是未知的,即因变量的大小是未知的。这种影响的干预分析模型可写为:

$$X_t=\omega S_t^T$$

在这里,ω 表示干预影响强度的未知参数。有时候 X_t 不一定是平稳的,要求通过差分化为平稳序列,则干预分析模型可调整为:

$$(1-B)X_t=\omega S_t^T$$

其中,B 为后移算子。

如果干预事件要滞后若干个时期才产生影响,如 b 个时期,那么,干预分析模型可进一步调整为:

$$X_t=\omega B^b S_t^T$$

2. 干预事件的影响逐渐开始,长期持续下去

有时候干预事件突然发生,并不能立刻产生完全的影响,而是随着时间的推移,逐渐感到这种影响的存在。这种形式的最简单情形的模型方程为:

$$X_t=\frac{\omega B}{1-\delta B}S_t^T \qquad 0<\delta<1$$

更一般的模型是:

$$X_t=\frac{\omega B^b}{1-\delta_1 B-\cdots-\delta_r B^r}S_t^T \qquad 0<\delta<1$$

3. 干预事件突然开始,产生暂时的影响

这类干预事件可以用数学模型描述如下:

$$X_t=\frac{\omega B^b}{1-\delta B}P_t^T \qquad 0<\delta<1$$

当 $\delta=0$ 时,干预的影响只存在一个时期;当 $\delta=1$ 时,干预的影响将长期存在。

4. 干预事件逐渐开始,产生暂时的影响

干预的影响逐渐增加,在某个时刻到达高峰,然后又逐渐减弱直至消失。这类干预事件可用以下模型描绘:

$$X_t=\frac{\omega_0}{1-\delta_1 B-\cdots-\delta_r B^r}P_t^T$$

不管经济系统如何受到多种干预的影响，也不管这些影响是多么复杂，归纳起来，都可以用上述四种形式或者是它们的某种组合来表示。同时，也可以用这种组合去模拟多个干预事件所产生的影响。

从干预分析模型的形式可以看出，当选择恰当的干预变量之后，干预分析模型可以较好地反映经济变量的波动情况，特别是在有大级别的干预事件发生时，如证券市场价格波动中的“政策干预”与“庄家干预”事件等。因为一般的时间序列模型，如 ARIMA 模型、ARCH 模型，是难以对这样具有“突变性”的时间序列进行模型化处理的，而干预分析模型将干预因素体现在了干预变量中，恰恰可以较好地解决这一问题。

第二节　单变量干预分析模型的识别与估计

单变量时间序列的干预模型，就是在时间序列模型中加进各种干预变量的影响，因而要分析干预影响的部分和剔除干预影响的时间序列部分。

一、单变量干预分析模型的构造

干预分析模型的主要目的是为了测度干预效应，就干预变量而言，剔除了干预影响后的序列，可看作普通的时间序列，进而可以用一般的时间序列分析方法进行拟合，如博克斯-詹金斯法，以及多项式曲线、指数曲线、生长曲线等非线性方法。

这里以博克斯-詹金斯法的 ARIMA 模型为例进行说明。设平稳化后的单变量序列满足下述模型：

$$x_t = \frac{\theta(B)}{\varphi(B)} a_t$$

又设干预事件的影响为 $Z_t = \frac{\omega(B)}{\delta(B)} I_t^T$，这里 I_t^T 为干预变量，它等于 S_t^T 或 P_t^T，则单变量序列的干预分析模型为：

$$\begin{aligned} x_t &= \frac{\omega(B)}{\delta(B)} I_t^T + \frac{\theta(B)}{\varphi(B)} a_t \\ &= \psi(B) I_t^T + \varepsilon_t \end{aligned} \tag{8-1}$$

这里：

$$\psi(B) = \frac{\omega(B)}{\delta(B)} \tag{8-2}$$

$$\varepsilon_t = \frac{\theta(B)}{\varphi(B)} a_t \tag{8-3}$$

在此模型基础上，要根据序列变化的现实资料，对 $\psi(B)$ 与 $\frac{\theta(B)}{\varphi(B)}$ 进行识别。

二、干预效应的识别

在对实际数据进行干预分析的过程中，一个主要的困难是，我们观察到的序列现实值是受到了干预变量影响的数据,不能保证自相关函数与偏自相关函数所反映的ARIMA模型是真实的。这里我们介绍两种应对方法。

(一) 根据序列的具体情况和干预变量的性质进行识别

例如,根据干预变量的影响是短暂的还是长期的进行具体的识别工作。它是利用干预变量产生影响之前或干预影响过后,也就是消除了干预影响或没有干预影响的净化数据,计算出自相关函数与偏自相关函数。首先识别 ARIMA 模型中的 p 和q,然后估计出 $\theta(B)$,$\varphi(B)$中的参数。这种方法要求样本序列是一个长序列。为直观起见,假定经过模型识别与参数估计,得到 $\varphi(B)=1-\varphi_1(B)$,$\theta(B)=1-\theta_1(B)$,那么待识别的只是干预部分。假定干预分析模型的模式为:

$$\frac{\omega(B)}{\delta(B)}I_t^T=\frac{\omega_0}{1-\delta B}S_t^T$$

那么组合这两个模型,便得到单变量序列的干预分析模型:

$$x_t=\frac{\omega_0}{1-\delta_t B}S_t^T+\frac{1-\theta_1 B}{1-\varphi_1 B}a_t$$

或:

$$(1-\varphi_1 B)x_t=\frac{\omega_0(1-\varphi_1 B)}{1-\delta_1 B}S_t^T+(1-\theta_1 B)a_t$$

(二) 已知干预影响的情形

假定在模型识别之前,对干预的影响已很清楚,以至于通过数据分析,能够确定干预变量的影响部分$\frac{\omega(B)}{\delta(B)}$,并估计出这部分的参数,然后计算出残差序列:

$$\varepsilon_t=x_t-\frac{\hat{\omega}(B)}{\hat{\delta}(B)}I_t^T$$

这个序列 ε_t 是一个消除了干预变量影响的序列,可计算出它的自相关函数与偏自相关函数,从而识别出 ARIMA 模型的阶数。

三、干预分析模型的建模步骤

干预分析模型的建模思路和具体步骤包括以下几点:

第一,利用干预影响产生前的数据,建立一个单变量的时间序列模型。然后利用此模型进行外推预测,得到的预测值作为不受干预影响的数值。

第二,将实际值减去预测值,得到受干预影响的具体结果,利用这些结果估计出干预影响部分(8-2)式的参数。

第三,利用排除干预影响后的全部数据,识别与估计出一个单变量的时间序列模型(8-3)式。

第四,将(8-2)式与(8-3)式结合,求出总的干预分析模型(8-1)式。

第三节　干预分析模型的应用实例

一、干预分析模型在房地产价格指数预测中的应用

(一) 问题的提出

房地产价格指数对价格这个经济变量进行跟踪记录,对于市场行情的波动具有直接、及时的表现力。价格指数是由一个个市场调查的数据构成的,这些数据来自不同地点的楼盘,每时每刻记录着市场行情波动的轨迹,形成一幅观测市场行情万千气象的“云图”。2001 年以来,上海房地产市场保持量价齐升的态势,特别是住宅市场,商品住宅价格涨幅大幅度攀升,引来了民众与政府的多方关注。2003 年 4 月开始,住宅价格涨幅惊人,明显高于往年同期。有研究人士认为,是 SARS 带动了上海房市的新一轮上涨,使得上海的城市竞争力为众多的海内外投资者所认可和关注。这里选取上海二手房指数作为研究对象,以 SARS 的发生为干预事件,运用干预分析模型进行分析和预测,定量地研究价格指数的运行轨迹。

这里选取上海二手房指数发布以来的所有时间序列,按 SARS 的发生分为两个时期:第一个时期为 2001 年 11 月到 2003 年 3 月,第二个时期为 2003 年 4 月到 2004 年 12 月。由于 SARS 的发生并不是立刻产生完全的影响,而是随着时间的推移,逐渐地感到这种影响的存在,因此,干预影响选取以下模式:

$$Z_t=\frac{\omega}{1-\delta B}S_t^T$$

其中:

$$S_t^T=\begin{cases}0 & 2003\text{ 年 4 月以前}\\ 1 & 2003\text{ 年 4 月及以后}\end{cases}$$

原始数据 x_t 如表 8-1 所示。

表 8-1　原始指数序列

t	1	2	3	4	5	6	7	8	9	10	11	12	13
x_t	1 000	1 008	1 010	1 012	1 017	1 027	1 034	1 042	1 048	1 051	1 054	1 056	1 061
t	14	15	16	17	18	19	20	21	22	23	24	25	26
x_t	1 072	1 080	1 090	1 102	1 115	1 125	1 137	1 150	1 173	1 194	1 215	1 236	1 255
t	27	28	29	30	31	32	33	34	35	36	37	38	
x_t	1 273	1 289	1 304	1 319	1 336	1 350	1 366	1 382	1 399	1 418	1 448	1 490	

(二) 干预分析模型的识别与参数估计

1. 根据 2001 年 11 月到 2003 年 3 月即前 17 个历史数据,建立时间序列模型

这里经过观察与筛选,最终选取二次曲线模型进行拟合,结果如下:

$$\hat{x}_{0t} = 997.206 + 4.139\,1t + 0.099\,8t^2$$

其中，$R^2 = 0.985$，$F = 455.78$($P = 0.000$ 高度显著)，说明模型拟合效果很好。

2. 分离出干预影响的具体数据，求估干预模型的参数

运用经过检验的二次曲线模型，进行外推预测 2003 年 4 月到 2004 年 12 月的指数预测值 $\hat{x}_{0t}$，然后用实际值 x_t 减去预测值 $\hat{x}_{0t}$，得到的差值就是 SARS 产生的效益值，记为 Z_t，具体数值如表 8-2 所示。

表 8-2　干预影响序列

t	18	19	20	21	22	23	24
Z_t	10.941	13.108	17.075	21.842	36.41	48.778	60.946
t	25	26	27	28	29	30	31
Z_t	72.914	82.683	91.252	97.622	102.792	107.762	114.532
t	32	33	34	35	36	37	38
Z_t	118.103	123.474	128.645	134.617	142.389	160.961	191.333

运用表 8-2 中的数据，可以估计出干预模型

$$Z_t = \frac{\omega}{1 - \delta B}$$

中的参数 ω 与 δ，实际上是自回归方程 $Z_t = \delta Z_{t-1} + \omega$ 的参数：

$$\begin{cases} \hat{\omega} = 5.345 \qquad \hat{\delta} = 1.044 \\ Z_t = 1.044 Z_{t-1} + 5.345 \end{cases} \tag{8-4}$$

其中，$R^2 = 0.992$，$F = 1\,112.704$($P = 0.000$ 高度显著)，模型系数的 t 检验也是高度显著，说明模型拟合效果很好。

3. 计算净化序列

净化序列是指消除了干预影响的序列，它由实际的观察序列值 x_t 减去干预影响值 Z_t 得到，即：

$$y_t = x_t - \frac{\hat{\omega}}{1 - \hat{\delta} B} S_t^T \qquad T = 18 \qquad t = 1,\ 2,\ \cdots,\ 38 \tag{8-5}$$

在这里，y_t 称为消去了干预影响的净化序列，具体计算数据如表 8-3 所示。

表 8-3　净化序列

t	1	2	3	4	5	6	7	8	9	10
y_t	1 000	1 008	1 010	1 012	1 017	1 027	1 034	1 042	1 048	1 051

续　表

t	11	12	13	14	15	16	17	18	19	20
y_t	1 054	1 056	1 061	1 072	1 080	1 090	1 102	1 104.1	1 111.9	1 119.9
t	21	22	23	24	25	26	27	28	29	30
y_t	1 128.2	1 136.6	1 145.2	1 154.1	1 163.1	1 172.3	1 181.7	1 191.4	1 201.2	1 211.2
t	31	32	33	34	35	36	37	38		
y_t	1 221.5	1 231.9	1 242.5	1 253.4	1 264.4	1 275.6	1 287.0	1 298.7		

4. 对净化序列建立拟合模型

仍选取二次曲线模型进行拟合，结果如下：

$$\hat{y}_t = 997.206 + 4.139\,1t + 0.099\,8t^2 \tag{8-6}$$

其中，$R^2 = 0.999$，$F = 23\,588.3$（$P = 0.000$ 高度显著），说明模型拟合效果很好。

5. 组建干预分析模型

结合 y_t 的拟合模型(8-6)式与干预参数 ω，δ 的估计值(8-4)式，代入(8-5)式，得到所求的干预分析预测模型：

$$x_t = 997.216 + 4.139\,1t + 0.099\,8t^2 + \frac{5.345}{1 - 1.044B} S_t^T$$

其中：

$$S_t^T = \begin{cases} 0 & 2003\text{ 年 4 月以前}(t < 18) \\ 1 & 2003\text{ 年 4 月及以后}(t \geqslant 18) \end{cases}$$

利用干预分析预测模型计算出预测值 $\hat{x}_t$，并与原始指数值 x_t 比较，如表 8-4 所示。

表 8-4　原始指数与预测指数的比较

t	1	2	3	4	5	6	7	8	9	10
x_t	1 000	1 008	1 010	1 012	1 017	1 027	1 034	1 042	1 048	1 051
$\hat{x}_t$	1 001.4	1 005.9	1 010.5	1 015.4	1 020.4	1 025.6	1 031.1	1 036.7	1 042.5	1 048.6
t	11	12	13	14	15	16	17	18	19	20
x_t	1 054	1 056	1 061	1 072	1 080	1 090	1 102	1 115	1 125	1 137
$\hat{x}_t$	1054.8	1 061.3	1 067.9	1 074.7	1 081.8	1 089.0	1 096.4	1 109.4	1 128.7	1 139.0
t	21	22	23	24	25	26	27	28	29	30
x_t	1 150	1 173	1 194	1 215	1 236	1 255	1 273	1 289	1 304	1 319
$\hat{x}_t$	1 151.3	1 164.7	1 188.6	1 210.3	1 232.1	1 253.8	1 273.4	1 292.0	1 308.5	1 323.9

续 表

t	31	32	33	34	35	36	37	38		
x_t	1 336	1 350	1 366	1 382	1 399	1 418	1 448	1 490		
$\hat{x}_t$	1 339.3	1 356.8	1 371.2	1 387.6	1 404.0	1 421.5	1 441.0	1 472.1		

从原始指数与预测指数的数据比较图(见图 8-1)来看,两个序列重合度很高,说明干预模型在这里取得了不错的效果。

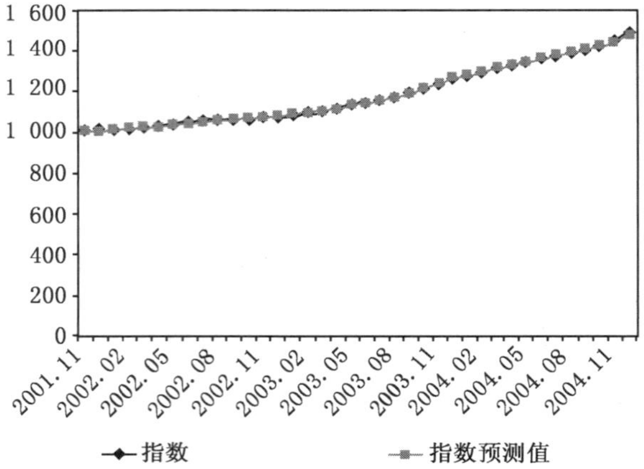

图 8-1　干预模型预测效果图

二、中国人民银行第八次“降息”与“两会”对深市影响的干预分析模型

(一) 问题的提出

货币政策和财政政策是调节或影响一国经济运行的根本手段。利率杠杆则是中央银行根据国民经济发展状况,实施宏观调控的一个重要货币政策工具。为了保持经济持续、稳定、健康发展,中国人民银行曾在 1996 年 5 月 1 日到 1999 年 6 月 10 日间对存贷款利率进行了 7 次下调,这对启动市场、刺激投资和消费、降低企业的资金成本、缓解企业的资金困难等起了积极的作用。降息对宏观经济晴雨表的股票市场而言,是长期利好因素。由于股票价格是股票未来收益的折现,因此,股价对利率变动非常敏感。利率下调一方面减轻了企业的负担,使企业利润上升,未来预期收益上升;另一方面,使折现率下降。两方面的作用导致利率与股票价格成反向变动关系,即利率下降时,股价将上升。利率与股价波动的负相关关系在表 8-5 中得以体现。

表 8-5　7 次降息后市场反应一览表

降息日期	降息幅度(以一年期存款利率为准)	降息公告日后首日市场表现	随后市场表现
1996 年 5 月 1 日	16.39% (10.98%～9.18%)	高开 34 点, 收盘跌 27 点	经过 1 个月左右震荡整理之后走高,在 7 月底达到 894 点,涨幅达 31%

续　表

降息日期	降息幅度(以一年期存款利率为准)	降息公告日后首日市场表现	随后市场表现
1996年8月23日	18.62% (9.18%～7.47%)	高开6点， 收盘跌15点	经过1个月左右震荡整理之后走高，在10月底达到1038点，涨幅达27%
1997年10月23日	24% (7.47%～5.67%)	高开1点， 收盘跌5点	震荡整理为主，1998年1月初达1250点，涨幅达6%
1998年3月25日	7.9% (5.6%～5.22%)	高开13点， 收盘跌3点	之后一路震荡上行，6月初达1420点，涨19%，之后继续调整
1998年7月1日	8.6% (5.22%～4.77%)	高开24点， 收盘跌23点	之后震荡下行，直至1999年5月
1998年12月7日	20.75% (4.77%～3.78%)	高开33点， 收盘跌10点	之后震荡下行，直至1999年5月
1999年6月10日	40.47% (3.78%～2.25%)	高开33点， 收盘涨16点	之后一路上行，6月30日达1756点，涨30%

在连续7次降息之后，中国人民银行于2002年2月20日公布，从2002年2月21日起，第八次降低金融机构人民币存、贷款利率。中国人民银行有关负责人称，此举旨在克服世界经济增长持续放缓对我国经济发展带来的不利影响，保持国民经济持续、快速、健康发展。此次降息，金融机构各项存款年利率在现行基础上平均下调0.25个百分点，其中活期存款利率由0.99%下调为0.72%，下调0.27个百分点；一年期定期存款利率由2.25%下调为1.98%，下调0.27个百分点。各项贷款年利率在现行基础上平均下调了0.5个百分点。

值得注意的是，此次降息后不足10天，2002年3月3日和3月5日，第九届全国人大五次会议和全国政协九届五次会议(简称“两会”)相继召开，这是前7次降息所没有过的。而表8-6的统计数据表明，历年“两会”召开期间，股市均表现出异常波动。

表8-6　历年“两会”召开时间表及上证指数表现一览

会议名称	时　间	周期	前收	结束后点位	涨跌	涨跌幅(%)
九届四次会议	2001年3月3日—15日	13天	1 995.12	2 022.60	27.48	1.38
九届三次会议	2000年3月3日—15日	13天	1 713.01	1 681.47	−31.54	−1.84
九届二次会议	1999年3月3日—15日	13天	1 100.92	1 166.93	66.01	6.00
九届一次会议	1998年3月3日—19日	16天	1 188.31	1 188.72	0.41	0.00
八届五次会议	1997年2月27日—3月15日	17天	1 031.51	1 125.80	94.29	9.14

续 表

会议名称	时　间	周期	前收	结束后点位	涨跌	涨跌幅(%)
八届四次会议	1996 年 3 月 3 日—3 月 17 日	15 天	552.94	562.39	9.45	1.71
八届三次会议	1995 年 3 月 3 日—3 月 18 日	16 天	560.85	593.52	32.67	5.83
八届二次会议	1994 年 3 月 8 日—3 月 22 日	15 天	718.40	739.31	20.91	2.91
八届一次会议	1993 年 3 月 14 日—3 月 31 日	18 天	1 236.37	925.91	−310.46	25.11
七届五次会议	1992 年 3 月 18 日—4 月 3 日	17 天	377.49	381.33	3.84	1.02
七届四次会议	1991 年 3 月 23 日—4 月 9 日	18 天	122.62	120.62	−2.84	1.63

资料来源：中国上市公司咨询网，由港澳资讯整理提供。

股票市场是一个复杂的系统，除了降息因素影响股市外，还有其他因素共同影响股市。在我国，政府政策的频繁干预是股票市场的一大特征，研究政策干预下股市行为的规律很有必要。这里以深市为例，介绍应用干预分析模型来研究我国股市对第八次“降息”与“两会”的反应。

(二) 样本选择

以深圳成分股票指数收盘价为研究对象，选取第八次降息前 120 个交易日、降息后选取从第一个交易日到 3 月的最后一个交易日共 24 个交易日，即降息前后共计 144 个交易日的深圳成分股票指数的收盘价。①

(三) ARIMA 建模

ARIMA 建模的重要前提是平稳性。首先采用自相关图检验法来检验平稳性。图 8－2 是样本自相关系数的散点图，自相关系数会缓慢地趋于零，表明股价指数序列是非平稳的。

因为序列是非平稳的，采用一阶差分进行平稳化处理，得到：

$$y_t=(1-B)x_t$$

这里，B 为后移算子。

再次考察自相关系数图，处理后的数据满足平稳性，同时通过白噪声检验，从而可以进行 ARIMA 建模。用 ARIMA (1, 1, 0)、ARIMA (1, 1, 1)或 ARIMA (0, 1, 1)进行拟合，表 8－7 分别列出了模型拟合的情况。

---

① 数据来自中国证监会指定信息披露网站巨潮资讯网(http://www.cninfo.com.cn)。

Lag	Covar	Corr	-1 9 8 7 6 5 4 3 2 1 0	1 2 3 4 5 6 7 8 9 1
0	98 911.4	1.00 000		********************
1	94 960.0	0.96 005		*******************
2	91 286.2	0.92 291	.	******************
3	88 022.6	0.88 991	.	******************
4	84 701.9	0.85 634	.	*****************
5	81 389.2	0.82 285	.	****************
6	78 138.8	0.78 999	.	****************
7	74 244.7	0.75 062	.	***************
8	69 690.2	0.70 457	.	**************
9	66 306.2	0.67 036	.	*************
10	62 563.9	0.63 556	.	*************
11	59 426	0.60 080	.	************ .
12	56 526.2	0.57 148	.	*********** .
13	53 604.3	0.54 194	.	*********** .
14	50 427.6	0.50 983	.	********** .
15	46 490.9	0.45 003	.	********* .
16	42 427.6	0.42 895	.	********* .
17	38 350.6	0.38 773	.	******** .
18	35 117.8	0.35 504	.	******* .
19	31 704.4	0.32 053	.	****** .
20	27 927.8	0.28 235	.	****** .
21	23 882.1	0.24 145	.	***** .
22	20 486.7	0.20 712	.	**** .
23	17 175.5	0.17 365	.	*** .
24	14 389	0.14 547	.	*** .
	"." marks two standard errors			

图 8-2　样本自相关系数的散点图

表 8-7　拟合优度统计量表

模　型	Variance Estimate	Std Error Estimate	AIC
ARIMA(1, 1, 0)	4 588.816 69	67.7 408 052	1 602.219 93
ARIMA(1, 1, 1)	4 569.352 78	67.5 969 879	1 602.598 41
ARIMA(0, 1, 1)	4 588.809 81	67.7 407 544	1 602.219 71

根据 AIC 最小准则，由表 8-7 可以看出，ARIMA(0, 1, 1)为最优模型：

$$(1-B)\text{index}=-5.680\,218\,8+(1-0.003\,137\,1B)a_t$$

其传递形式为：

$$\text{index}=[-5.680\,218\,8+(1-0.003\,137\,1B)a_t]/(1-B)$$

(四) 加入干预变量进行分析

降息因素的干预变量采用单位阶梯形式，而“两会”因素的干预变量采用单位脉冲形式，则模型变为：

$$\text{index}=\frac{-5.6802188+(1-0.0031371B)a_t}{1-B}+WS_t^{T_1}+\sum_{i=1}^{11}W_iP_t^{T_2+i}$$

这里,T_1 是降息前一日,而 T_2 是"两会"召开前一日。权数 W 表示降息对指数的影响程度,W_i 表示"两会"在第 i 日的累积影响程度。$S_t^{T_1}$ 是单位阶梯函数,引入它表明降息将一直对序列产生干预效应。$P_t^{T_2+i}$ 是单位脉冲函数,引入它代表"两会"每天对序列产生的干预效应。

表 8-8 列出深市的权数拟合情况。表 8-8 显示,虽然降息对序列影响程度的 W 大于零,符合指数与利息率的反向变动关系,但 W 的 t 值较小(小于 1),t 值较小意味着序列所受影响不显著。而"两会"对序列的影响,在会议期间的 10 个交易日中,有 6 个大于 1,并在第四个交易日达到累积效应最大;从第 7 个交易日开始,权数已经开始为负值,不符合股票指数与利好消息的正向变动关系;在结束前夕的交易日,权数又反弹为正,表明市场又对"两会"效应产生反应。

表 8-8 深市的权数拟合情况

Parameter	Estimate	Std Error	T Ratio
W	50.706 29	67.473 20	0.75
W_1	54.219 20	67.529 32	0.80
W_2	84.143 91	67.479 64	1.25
W_3	46.953 92	67.479 64	0.70
W_4	119.533 90	67.479 64	1.77
W_5	65.123 92	67.479 64	0.97
W_6	70.213 92	67.479 64	1.04
W_7	−68.686 10	67.479 64	−1.02
W_8	−26.776 10	67.479 64	−0.40
W_9	99.783 92	67.479 64	1.48
W_{10}	−82.213 00	67.475 96	−1.22

对于深市综合指数对降息效应的影响不显著,可以解释为:降息预期使股市提前反应。为了阻止经济衰退,美联储 10 次降息,2003 年达到 40 年来的最低水平,欧洲各国、中国的香港和台湾地区及东南亚各国也纷纷跟进连续降息,全球资金利率降到近 30 多年来的历史低谷,这种情况反映了世界经济运行发展的大趋势。而在中国,当时关于降息的讨论早就不绝于耳。早在央行公布降息之前,路透社就预测中国最快将于 2002 年 2 月采取降息举措,以促进经济增长及缓解通缩压力;所罗门美邦研究报告当时也预计中国将下调人民币利率 50 个基点,时间可能在 2002 年春节前后;中国人民银行行长戴相龙也几乎在同期耐人寻味地

指出，人民币利率存在下调空间，将根据宏观经济的需求对利率进行管理。因此，市场有理由相信，在降息之前，减息的大门会打开。所以，2002 年前，大盘短线见底信号明显，这与降息利好预期密切相关。

总结干预分析模型的分析结果，第八次降息对股市整体的正效应并不显著，原因可能是因为降息预期的提前反应；“两会”的召开对股市产生正效应，这种正效应能持续会议一半多的时间。

本章小结

时间序列经常会受到特殊事件及态势的影响，学者们称这类外部事件为干预。研究干预分析的目的，就是从定量分析的角度来评估政策干预或突发事件对经济环境和经济过程的具体影响。常见的干预变量有持续性和短暂性两种，经济系统受到的干预影响可以用四种基本形式或者是它们的某种组合来表达。

一般来讲，干预分析模型是和时间序列模型结合起来进行研究的。干预分析模型的使用要对干预影响和不受干预影响的净化序列两部分分别进行识别与估计，建模的思路和具体步骤如下：

(1) 利用干预影响产生前的数据，建立一个单变量的时间序列模型。然后，利用此模型进行外推预测，得到的预测值作为不受干预影响的数值。

(2) 将实际值减去预测值，得到受干预影响的具体结果，利用这些结果求估干预影响部分的参数。

(3) 利用排除干预影响后的净化序列，识别与估计出一个单变量的时间序列模型。

(4) 将(2)与(3)的模型结合，求出总的干预分析模型。

思考与练习

一、单项选择题

1. 干预分析的模型和概念最初源自(　　)年美国统计学家博克斯教授和刁锦寰教授在美国统计协会会刊上发表的《应用到经济与环境问题的干预分析》一文。

A. 1974　　B. 1975　　C. 1976　　D. 1977

2. 关于干预变量，以下说法正确的是(　　)。

A. 短暂性的干预变量表示在某时刻发生，仅对该时刻有影响，用阶跃函数表示

B. 持续性的干预变量表示 T 时刻发生以后一直有影响，可以用阶跃函数表示

C. 持续性的干预变量表示在某时刻发生，仅对该时刻有影响，可以用阶跃函数表示

D. 短暂性的干预变量表示 T 时刻发生以后，一直有影响，用单位脉冲函数表示

3. 干预变量与虚拟变量之间的主要差别是(　　)。

A. 前者为动态模型，后者为静态模式

B. 前者为静态模型，后者为动态模式

C. 前者是单个或多个变量，后者是一个过程

D. 后者更复杂

4. 干预分析模型是(　　)。
A. 一种状态空间模型
B. 从定性分析的角度来评估政策干预或突发事件对经济环境和经济过程的具体影响
C. 不能与时间序列预测模型结合使用的模型
D. 从定量分析的角度来评估政策干预或突发事件对经济环境和经济过程的具体影响
5. 净化序列是(　　)。
A. 消除了干预影响的序列　　B. 包含干预影响的原始序列
C. 实际的观察序列值　　D. 由实际的观察序列值添加干预影响值得到
6. 以下可以表示干预事件的影响突然开始,长期持续下去的模型是(　　)。
A. $Y_t=\omega S_t^T$　　B. $Y_t=\dfrac{\omega B}{1-\delta B}S_t^T \quad 0<\delta<1$
C. $Y_t=\dfrac{\omega B^b}{1-\delta B}P_t^T \quad 0<\delta<1$　　D. $Y_t=\dfrac{\omega_0}{1-\delta_1 B-\cdots-\delta_r B^r}P_t^T$
7. 以下事件中,(　　)可以认为是干预事件。
A. 交通事故　　B. 股价小幅上扬
C. 国际形势的骤变　　D. 物价指数的季节性波动
8. 进行干预模型分析的数据处理时,可能遇到的一个主要困难是(　　)。
A. 观察到的序列现实值是受到了干预变量影响的数据,不能保证自相关函数与偏自相关函数所反映的ARIMA模型是真实的
B. 干预事件出现前的模型形式不容易确定
C. 干预事件会掩盖全部的变量关系
D. 时间序列模型的参数不容易估计
9. 干预分析模型与传递函数模型的关系是(　　)。
A. 干预分析模型是传递函数模型的一种推广
B. 这两种模型没有本质上的区别
C. 前者没有后者有效
D. 后者形式更灵活
10. 与使用单纯的时间序列模型相比,干预模型的最大优点是(　　)。
A. 计算简单
B. 能保证连续反复预测的一致性
C. 可以对具有“突变性”的时间序列进行模型化处理
D. 可以对任何时间序列进行更有效的预测

二、多项选择题

1. 干预事件虽然多种多样,但按其影响的形式,归纳起来基本上有以下类型:(　　)。
A. 干预事件的影响突然开始,长期持续下去
B. 干预事件的影响逐渐开始,长期持续下去
C. 干预事件突然开始,产生暂时的影响
D. 干预事件逐渐开始,产生暂时的影响
E. 干预事件逐渐开始,产生不确定的影响

2. 干预变量与虚拟变量的不同点包括(　　)。
A. 前者为动态模型
B. 后者为静态模式
C. 两者没有差别
D. 后者是单个或多个变量
E. 前者是一个过程
3. 干预分析模型是(　　)。
A. 从定量分析的角度来评估政策干预或突发事件对经济环境和经济过程的具体影响
B. 从定性分析的角度来评估政策干预或突发事件对经济环境和经济过程的具体影响
C. 不能与时间序列预测模型结合使用的模型
D. 往往与时间序列预测模型结合使用的模型
E. 能够提高单纯使用时间序列预测模型的精度
4. 净化序列是(　　)。
A. 消除了干预影响的序列
B. 包含干预影响的原始序列
C. 由实际的观察序列值减去干预影响值得到
D. 由实际的观察序列值添加干预影响值得到
E. 实际的观察序列值
5. 单变量时间序列干预模型分析的步骤有(　　)。
A. 利用干预影响产生前的数据,建立一个单变量的时间序列模型
B. 利用建立的时间序列模型进行外推预测,得到的预测值作为不受干预影响的数值
C. 将实际值减去预测值,得到的是受干预影响的具体结果,利用这些结果可以求估干预模型的参数
D. 利用排除干预影响后的全部数据,识别与估计出一个单变量序列的时间序列模型
E. 求出总的干预分析模型
6. 以下可以认为属干预事件的是(　　)。
A. 国际形势的骤变
B. 国内经济政策或经济规则的变更
C. 罢工
D. 促销
E. 庄家干预
7. 以下蕴含了干预分析思想的模型是(　　)。
A. $Y_t=\omega S_t^T$
B. $Y_t=\dfrac{\omega B}{1-\delta B}S_t^T \qquad 0<\delta<1$
C. $Y_t=\dfrac{\omega B^b}{1-\delta B}P_t^T \qquad 0<\delta<1$
D. $Y_t=\beta_0+\beta_1 x_1+\beta_2 x_2$
E. $Y_t=\dfrac{\omega_0}{1-\delta_1 B-\cdots-\delta_r B^r}P_t^T$

8. 如果已知干预的影响是逐渐开始的,又是逐渐达到高潮的,则干预影响可以选取以下模式(　　)。

A. $Z_t = \omega S_t^T$　　B. $Z_t = \delta Z_{t-1} + \omega$

C. $Z_t = \dfrac{\omega}{1-\delta B} S_t^T$　　D. $Z_t = \dfrac{\omega B^b}{1-\delta B} P_t^T \quad 0<\delta<1$

E. $Z_t = \dfrac{\omega_0}{1-\delta_1 B - \cdots - \delta_r B^r} P_t^T$

9. 影响干预模型预测精度的环节有(　　)。

A. 干预模型的构造　　B. 干预效应的识别

C. 净化序列的计算　　D. 净化序列的模型参数识别

E. 外推预测产生不受干预影响的数值

10. 以下情形中,适用于干预模型分析的是(　　)。

A. 某城市商品住宅的年销售量增长与人均居民收入增长的关系

B. "非典"之后上海房价指数的大幅攀升

C. 中国央行第八次"降息"与"两会"对深市的影响

D. 1978 年我国一系列改革开放政策措施的出台对我国国民经济增长的影响

E. 某商品的促销广告对销售量的影响

三、名词解释

1. 干预分析
2. 干预变量
3. 干预事件
4. 干预效应的识别
5. 净化序列

四、简答题

1. 为什么要引入干预分析模型?
2. 干预变量有哪几种?
3. 干预变量与虚拟变量有何异同?
4. 干预事件的形式有哪几种基本类型?
5. 单变量时间序列干预模型分析的步骤有哪些?

五、计算题

1. 组建中国农业经济体制改革成效的干预分析模型。

1978 年以后,中国农村经历着一个伟大的历史性变革,农村经济取得了突破性的进展。从农业总产值指数的增长情况看,第一个时期(1950—1977 年),平均每年的指数增长率为 3.25%;第二个时期(1978—1983 年),平均每年的指数增长率为 8.84%。对农业进行经济体制改革,实际上是执行一种新的农业政策,为从数量上看清这些影响,运用干预分析模型进行分析和预测。

已知改革对农业产值的影响是逐渐开始的,又是逐渐达到高潮的,按照单变量时间序列模型的干预分析进行建模计算。原始指数如下表所示:

t	1	2	3	4	5	6	7	8	9	10
x_t	79.3	86.8	100.0	103.1	106.6	114.7	120.5	124.8	127.8	110.4
t	11	12	13	14	15	16	17	18	19	20
x_t	96.4	94.1	99.9	111.6	126.7	137.1	149.0	151.2	147.5	149.2
t	21	22	23	24	25	26	27	28	29	30
x_t	166.3	171.4	171.1	185.5	193.2	202.1	207.1	210.6	229.6	249.4
t	31	32	33	34						
x_t	259.1	276.2	306.8	336.2						

2. 我国工农业总产值指数增长的政策干预分析。

现在研究工农业总产值指数在 1952—1993 年间的增长模型。由于工农业总产值的增长一方面源于政策干预调节的影响，另一方面又包含自然增长的趋势，因此，把干预分析模型和一般的时间序列增长模型结合起来进行研究。已知 1978 年是我国一系列改革开放政策措施出台的开始，之后中国经济呈现加快增长的形势，可以确定 1978 年为干预事件发生的开始时间，在建模中纳入政策变化等干预变量的影响。试确定干预分析模型。

工农业总产值指数序列如下表所示：

t	1	2	3	4	5	6	7	8	9	10	11	12
x_t	100	114.4	125.2	133.5	155.5	167.8	221.9	264.9	279.3	192.6	173.1	189.6
t	13	14	15	16	17	18	19	20	21	22	23	24
x_t	222.9	268.3	314.7	284.5	272.5	337.4	424.3	476.1	497.4	543.0	550.6	616.3
t	25	26	27	28	29	30	31	32	33	34	35	36
x_t	626.6	693.3	778.6	845.0	908.3	950.2	1 033.5	1 139.2	1 312.0	1 529.0	1 676.9	1 928.5
t	37		38		39		40		41		42	
x_t	2 261.8		2 432.3		2 622.0		3 010.1		3 753.6		4 778.3	

9 第九章 景气预测法

全章提要

- 第一节 景气循环概述
- 第二节 景气指标体系
- 第三节 扩散指数
- 第四节 合成指数

本章小结

思考与练习

第一节 景气循环概述

一、景气和景气分析

景气是对经济发展状况的一种综合性描述，用于说明经济活跃的程度。所谓“经济景气”，是指总体经济呈上升发展趋势，呈现市场繁荣、经济总量增长速度加快的景气状态。经济不景气是指总体经济呈下滑的发展趋势，绝大部分经济活动处于收缩或半收缩状态，表现出市场疲软、经济增长速度停滞或迟缓、许多企业破产倒闭、失业人数增加等现象。

经济的景气状态是通过一系列经济指标来描述的，称为景气指标。景气指标是从众多的经济指标中挑选出来的，分为先行指标、同步指标和滞后指标三类。所谓“先行指标”，是指领先于总体经济而预先变化的指标，这些指标的变化常常预示总体经济将要变化的方向。所谓“同步指标”，是指它的变化与总体经济的变化相一致或者同步的指标，如工业总产值等。所谓“滞后指标”，是指它的变化比总体经济的变化滞后一个时期的指标。先行指标的变化，可以用来预测同步指标将要发生的变化。滞后指标的变化，可以用来检验同步指标发生的变化，使总体经济发生的变化得到确认。

经济景气分析方法的起源可以追溯到 19 世纪末期。1888 年，在巴黎统计学大会上就出现了以不同色彩评价经济状态的论文，但早期的类似研究只作为一种新颖的经济状态描述方法，普遍缺乏定量测度，真正有组织的大规模系统研究实际上是从 20 世纪初开始的。

1903 年，英国政府内出现了“国家波动图”，用来描述宏观经济波动，但经济学界公认的“经济晴雨计”模式是指 1909 年美国巴布森统计公司的“经济活动指数”，对后来影响最大的则是“哈佛指数”。哈佛指数是由美国哈佛经济研究会于 20 世纪初编制的。哈佛指数选择了 17 项经济指标，共分为 3 组：A 组主要是与股票市场有关的指标，其平均值构成的曲线称为投机曲线；B 组主要是与商品市场有关的指标，其曲线称为商情曲线；C 组主要是与金融市场有关的指标，其曲线称为货币曲线。通过这三条曲线的变化，判断景气变化并预测其转折点。哈佛指数曲线曾成功地提前数月预测出 1919 年的经济繁荣和 1920 年的急剧下降，并在 1920 年的危机期间，准确地预测出 1922 年 4 月的经济复苏。由于预测异乎寻常地准确，因此，德国、意大利、加拿大、日本等国均先后编制了哈佛指数。但是，运用哈佛指数对 1929 年从美国华尔街金融市场股票暴跌开始的经济大危机的预测却完全失败了，因此，到 1941 年，哈佛指数结束了它的历史使命。随后，美国成立了“全美经济调查会”（NBER），该会总结了哈佛指数的经验教训，在大量实证研究的基础上，提出了用扩散指数综合描述宏观经济波动。扩散指数能够明确地预测出景气动向的转折点，但扩散指数只考虑指标的变化方向，不能反映经济波动的程度。为了克服扩散指数的缺点，20 世纪 60 年代，该会又开发出新的景气动向指数，而且有很强的量感，能预测出经济波动的幅度，但其计算方法比扩散指数复杂。目前，世界各国普遍采用扩散指数和综合指数相结合的方法，对总体经济状态进行全局性的判断和预测，即所谓的景气预测法。

二、景气循环的概念及其阶段

景气循环又称经济波动，也称经济周期。经济周期分为古典周期和现代周期。古典周期是指国民经济活动的绝对水平出现上升与下降的交替。此时，在扩张阶段，经济总量增长；在收缩阶段，经济总量负增长。现代周期是指第二次世界大战以后出现的经济周期，其特点是国民经济活动的相对水平出现上升与下降的交替。此时，在扩张阶段，经济总量增长速度加快；在收缩阶段，经济增长速度停滞与迟缓，一般不出现经济总量的负增长。现代经济周期是指经济增长率的交替升降。

在经济波动研究中，根据经济周期长度，将经济周期划分为短、中、中长及长周期四种，或者称为基钦周期(40 个月左右)、尤格拉周期(9～10 年左右)、库兹涅茨周期(15～22 年)、康德拉提耶夫周期(50～60 年)。不同的周期长度有不同的形成机理、不同的特征。一般认为，中周期大约包含两至三个短周期，中长周期大约包含两至三个中周期，长周期大约包含六个左右的中周期，因而中周期又称为主要周期。

一个标准的经济周期通常包括扩张和收缩两个时期，它们又可以各自分解为两个阶段，因此，景气循环通常可以分为四个阶段：复苏、高涨、衰退和萧条，如图 9－1 所示。每个阶段都存在一个转折点，一个完整的景气循环可以从一个高峰到另一个高峰，也可以从一个谷底到另一个谷底，但一般习惯于将一个谷底到另一个谷底称为一个完整的周期。

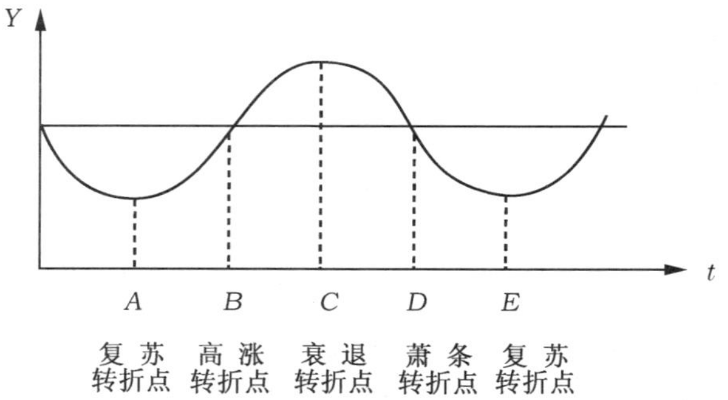

图 9－1　景气循环示意图

第二节　景气指标体系

一、景气指标的选择原则

景气预测是通过正确地选择景气指标体系来实现的。这些指标由一系列灵敏度高而且便于观察的指标构成。景气指标的选择应遵循以下原则：

(一) 重要性和代表性

指标所代表的内容是经济发展某一方面的综合反映，在经济总量活动中居重要地位，同时又具有某类指标的基本波动特征。

（二）可靠性和充分性

可靠性是指数据的准确性和统计口径的一致性。充分性要求指标样本具有足够的长度，以满足季节调整的数据处理要求，并能揭示其循环波动的规律。

（三）一致性和稳定性

一致性是指景气波动发生变化时，指标的波动状况发生相应变化，提前或延迟一段时间表现出来。稳定性指标总能以相对稳定的时滞反映这种变化。

（四）及时性和光滑性

景气指标主要用于短期分析和预测，因而要求及时获得统计数据，并要求指标具有一定的光滑性，不规则波动因素较少的指标更能满足预测的要求。

二、景气指标选择案例

（一）美国商务部经济分析局选择的景气指标

1. 先行指标（12 项）

制造业生产工人或非管理人员平均每周劳动小时数，平均每周初次申请失业保险人数，消费品和原材料的新订单，价格和单位劳动成本比率，企业净增数指数，厂房、设备的合同和订单，新建筑许可，工商业库存变动，工业材料价格变动，500 种普通股票价格指数，货币供应量 M_2，消费者分期付款信用变化。

2. 同步指标（4 项）

非农业部门就业人数，扣除转移支付的个人收入，工业生产指数，制造业的商业销售额。

3. 滞后指标（6 项）

周平均失业时间，制造业和商业存销比例，制造业单位产出劳动力成本指数，银行平均优惠利率，工商业未偿还贷款，消费者分期付款占个人收入的比率。

（二）我国国家统计局统计科学研究所选择的景气指标①

1. 先行指标（10 项）

外贸出口收汇，农副产品收购额，钢材原材料库存，水泥原材料库存，木材原材料库存，基本建设财政拨款，财政支出，工业贷款，农业贷款，一次能源生产总额。

2. 同步指标（9 项）

工业总产值，工业销售收入，国内商业纯购进，国内商业纯销售，社会商品零售额，货币供应量 M_1，银行现金工资性支出，铁路货运量，发电量。

3. 滞后指标（5 项）

国内商业库存，基本建设投资完成额，财政收入，财政存款，商业贷款。

（三）我国台湾地区选择的景气指标

1. 先行指标（5 项）

房屋申请建筑面积，进口单价（工业原料、设备），出口单价（纺织、木材、化学、金属制品），货币供给量，平均月工作时数。

---

① 参见《统计研究》1989 年第 3 期。

2. 同步指标(7 项)

工业生产指标,制造业生产指标,制造业销售指数,进口结汇(机、农、矿),出口海关(总),制造业就业人数,货运量。

3. 滞后指标(5 项)

建筑生产指数,台北市消费水准,酒销售量,放款贴现,票据交换。

第三节 扩 散 指 数

一、景气指标的分类

(一) 基准循环

要从众多的经济指标中选出供景气预测使用的先行指标、同步指标和滞后指标,必须依据一个基准,以这个基准为参照系来确定不同变量的先行、同步及滞后关系。这个基准通常称为经济循环基准日期,它是根据过去十年左右经济周期的峰谷日期来确定的。确定基准循环是选择先行、同步、滞后三种指标的首要环节,主要方法有:(1) 以重要经济指标(GNP、GDP、工业总产值等)的周期为基准循环;(2) 专家意见及专家评分;(3) 经济大事记和经济循环年表;(4) 初选几项重要指标计算历史扩散指数;(5) 以一致合成指数转折点为基础。

确定基准循环,一般是采用上述方法相结合的综合判断,如历史扩散指数和专家意见等。计算历史扩散指数的方法是选择经济上比较重要而且与经济周期大体一致的经济指标时间序列,对选出的每个时间序列进行季节调整后,确定出其峰、谷日期,由谷到峰期间均规定是上升的,由峰到谷期间均规定是下降的,由谷到峰时期的上升指标占总指标的百分比称为历史扩散指数。具体方法如下:

第一,以某一重要指标(如工业总产值)经过季节调整后的时间序列为初始基准序列,分别将经过季节调整后的所有入选指标的时间序列的峰谷与初始基准序列相对照,找出被比序列与初始基准序列的时差关系,若时差不超过 2 个月,则可认为该序列与基准序列同步。

第二,根据所选用的同步时间序列(经季节调整后)计算历史扩散指数,以此确定经济循环的基准日期。在计算过程中,通过观察中间结果,对已选序列反复斟酌,最终确定用于计算历史扩散指数的时间序列,数目应不少于 5 个。

第三,将计算结果及相应时期的政治、经济大事记交给专家,根据他们的意见调整基准循环日期,以此为参照系划分先行、同步、滞后三类指标。

(二) 景气指标的分类

参照基准循环,可以将景气指标分为先行、同步和滞后三类指标。

1. 景气指标的划分标准

先行指标的选取标准为:

(1) 从经济意义上分析,先行指标有明确、肯定的先行关系。

(2) 与基准循环峰值相比,其峰值至少领先 3 个月以上,且在最近的连续 3 次周期波动中,至少有两次保持先行,领先 3 个月以上。

同步指标的选取标准为：

(1) 从经济意义上分析，同步指标应与其基准循环有明显同步特征。

(2) 与基准循环的峰值接近，峰值差别在 2 个月以内。

滞后指标的选取标准为：

(1) 从经济意义上分析，滞后指标有肯定的滞后关系。

(2) 与基准循环相比，峰值要滞后 3 个月以上。

2. 景气指标的分类方法

在实际的指标选择中，要找到一个完全符合标准的指标几乎是不可能的，因此，在实践中，常常采用数学方法和主观判断相结合的方法。常用的景气指标分类方法有：峰谷对应法(图示法)、时差相关法、KL 信息量法、马场法、循环聚类法及三角函数法等。

(1) 峰谷对应法(图示法)。在被选择指标曲线图上画上基准日期线，或把基准指标与被选指标曲线画在一张图上，通过求出转折点日期，来比较被选指标与基准日期或基准指标的峰、谷对应情况，从中选出比较合适的经济周期波动指标。

(2) 时差相关法。设基准指标为 Y，被选指标为 X，计算 Y 与 X 的时滞为 k 的时间序列之间的相关系数 $r_k(k=0,\ \pm1,\ \pm2,\ \cdots)$，能使相关系数最大的时滞 k，即该指标的先行或滞后月份。

$$r_k=\frac{\sum(Y_t-\bar{Y})(X_{t-k}-\bar{X})}{\sqrt{\sum(Y_t-\bar{Y})^2}\sqrt{\sum(X_{t-k}-\bar{X})^2}}\qquad k=0,\ \pm1,\ \pm2,\ \cdots$$

(3) KL 信息量法。KL 信息量法是 20 世纪中叶由库尔贝克和莱布勒(Kullback & Leibler)提出的，用于判定两个概率分布的接近程度。其原理是以基准序列为理论分布，备选指标为样本分布，不断变化备选指标与基准序列的时差，计算 KL 信息量，KL 信息量最小时对应的时差数，即为备选指标的时滞值。

(4) 马场法。马场法是由日本学者马场正雄提出来的。马场法是以经济周期波动基准日期为尺度，检验各序列本身的周期波动的峰和谷与经济周期波动的峰和谷的关系，并将这种关系用经济指标变动分析表的形式给出。

马场法的基本方法是按基准日期，把每个循环(按谷到谷)分成九段，除了峰和谷的月份外，把开始的谷和峰之间以及峰与后来的谷之间分别分割成大体相等的九个阶段，对所选指标序列求每一阶段上的平均值，对于峰与谷取包括峰与谷在内的前后一个月之值的平均值，然后，综合考虑几个周期波动的变化情况。

(5) 循环聚类法。循环聚类法是求出每个备选指标的转折点即峰谷(称为该指标的循环方式)，确定先行、同步和滞后三类指标的循环方式(应用聚类分析)，将每个指标的循环方式与确定的循环方式相比较，如果与某特定循环方式匹配得最好，就把该指标划归这一类。

(6) 三角函数法。三角函数法是将剔除掉趋势因素、季节因素和随机因素后的备选指标进行三角函数分解，确定出每个序列的主周期、次主周期、第三主周期等，按周期项进行分类。

二、扩散指数的编制

(一) 指标数据的处理

对于有缺值的时间序列，可以用插值、拟合方程或其他常规补充数据的方法补充数据，然后进行季节调整。季节调整是处理月度、季度数据的重要步骤。经济时间序列一般可以分解为四个因素：长期趋势 T、周期变动 C、季节因素 S 和不规则变动 I,并有以下三种模型：

乘法模型： $Y=T\times C\times S\times I$

加法模型： $Y=T+C+S+I$

混合模型： $Y=T\times C+S\times I$

常用的季节调整方法有 X-11 法(美国商业部普查局开发)、EPA 法(日本经济企划厅修订研制)、MITI 法(日本通产省开发)、IFO 法(德国 IFO 慕尼黑经济研究所研制)以及按月平均法、移动平均法和连环比率法等。

(二) 扩散指数 *DI* 的计算

在计算扩散指数之前,需要确定各指标在各个时期的特征,即它是处于“扩张”还是“收缩”。如果经济波动属于古典周期,则求序列 TC 的各期增长率。若增长率为正,则该序列在该期为“扩张”,记为“+”;若增长率为负,则为“收缩”,记为“−”;若增长率为零,则该期不予统计或记为“0.5+”。如果经济波动属于现代周期,则求序列 C 的各期增长率,并依据同样的方法确定该指标在各个时期的特征。

扩散指数的计算公式为：

$$DI_t=\frac{t\text{ 期序列出现扩张的个数}}{\text{属于该类指标的序列总数}}\times 100\%$$

例如,有 m 个先行指标,在 t 期有 k 个处于扩张状态,则：

$$DI_t=\frac{k}{m}\times 100\%$$

在计算扩散指数时,还可以根据各指标的重要程度不同,给上式的分子赋予不同的权数,权数可用专家评分法、动态加权法等方式决定。扩散指数的变化范围在 0 到 100%之间,一般设定 0、50%、100%三个标志,这三个标志分别表示组内没有一个指标处于上升状态、有一半指标处于上升状态和所有指标都处于上升状态。

将 DI_t 在以时间 t 为横坐标、扩散指数值 DI_t 为纵坐标的坐标图上依序绘制出散点,将这些散点连成曲线,即得扩散指数曲线,如图 9-2 所示。

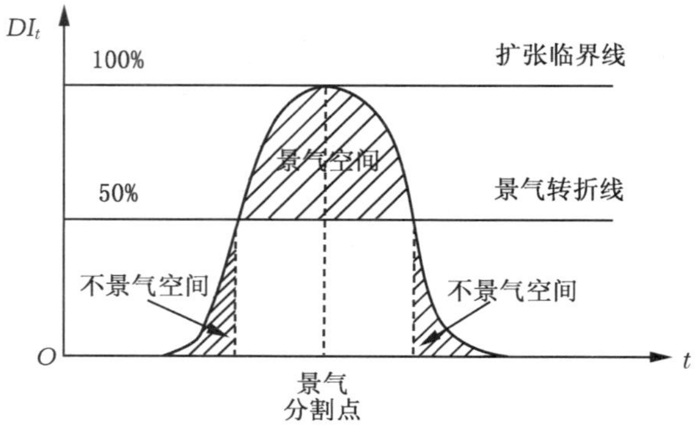

图 9-2 扩散指数曲线

三、扩散指数的应用

（一）扩散指数的意义和作用

扩散指数在经济波动分析中具有以下重要作用：

首先，由于它是由较多重要经济变量综合而成的，作为宏观经济运行的“晴雨表”，它比任何单一指标都更具可靠性和权威性。

其次，若把每一次循环波动分解为四个阶段，可根据扩散指标数与设定三个标志的关系来确定宏观经济运行阶段及走向：(1) 当 $0<DI_t<50\%$ 时，上升指标数小于下降指标数，在此阶段，扩张因素不断生长，收缩因素逐渐消失，经济向扩张方向运动，此时经济系统运行于不景气空间的后期。(2) 当 $50\%<DI_t<100\%$ 时，上升指标数多于下降指标数，经济运行于景气空间，经济状况发生了重大转折，随着 DI_t 向峰值 100%的逼近，经济越来越热。(3) 当 $100\%>DI_t>50\%$ 时，上升指标数仍多于下降指标数，经济处于景气空间后期，经济正在走下坡路，整个经济系统正处于降温阶段。(4) 当 $50\%>DI_t>0$ 时，经济运行又发生重大转折，上升指标数小于下降指标数，经济系统处于全面收缩阶段，经济系统进入一个新的不景气空间前期。扩散指数始终围绕 $DI_t=50\%$ 的直线上下运动，这条直线称为景气转折线。当 $DI_t>50\%$ 时，经济运行于景气空间；当 $DI_t<50\%$ 时，经济运行于不景气空间。

再次，扩散指数在每一个阶段停留的时间代表经济波动在此阶段的扩散速度，时间越长，扩散越慢。它在某一点的值，代表经济波动扩散的程度和范围。利用扩散指数，可以把经济形势的分析定量化、标准化、科学化。

最后，利用三组不同指标的扩散指数可以预测和监控宏观经济运行。先行指标的 DI_t 可以预测宏观的景气动向，滞后指标的 DI_t 可以判断景气或萧条的开始和结束。

扩散指数并非十全十美，也存在局限性，主要表现在以下几个方面：(1) 无法明确表示经济波动的强弱；(2) 虽然能预测转折点，但无法测定转折点的具体位置。

（二）同步指标扩散指数曲线与经济总量的关系

将同步指标扩散指数曲线和经济总量（可以以工业总产值等指标表示）的波动曲线描在同一坐标图上，可以发现经济总量波动与同步指标扩散指数曲线存在以下关系（见图 9-3）：

(1) 同步指标扩散指数曲线基本上与经济总量的波动相对应，波动周期长度基本相同。

(2) 同步指标扩散指数曲线的峰值比总量的峰值平均先行四分之一周期长度左右。

(3) 经济总量的峰值基本上和同步指标扩散指数 DI 曲线的景气下转点相对应。这是因为自左边的谷点开始，经济总量在上升，对应的同步指标 DI 值大于 50%，经济处于扩张状态之中，直至同步指标扩散指数 DI 曲线下降到与 $DI=50\%$ 线的交点，经济总量达到最大值（峰点）。这种现象称为经济系统动态扩张的累积效应，可以表示为：

$$\text{经济总量达到峰点的时间}=\text{同步指标扩散指数 } DI \text{ 曲线下降到与 } 50\% \text{ 线相交的时间}$$

(4) 经济总量曲线的谷点基本上和同步指标扩散指数 DI 曲线的上转点相对应。经济走出低谷，意味着上升的同步指标数从少于下降的同步指标数上升到接近或等于下降的同步指标数，这时，总产出达到最小。这种现象称为经济系统动态收缩的累积效应，可以表示为：

$$\text{经济总量达到谷点的时间}=\text{同步指标扩散指数 } DI \text{ 曲线上升到与 } 50\% \text{ 线相交的时间}$$

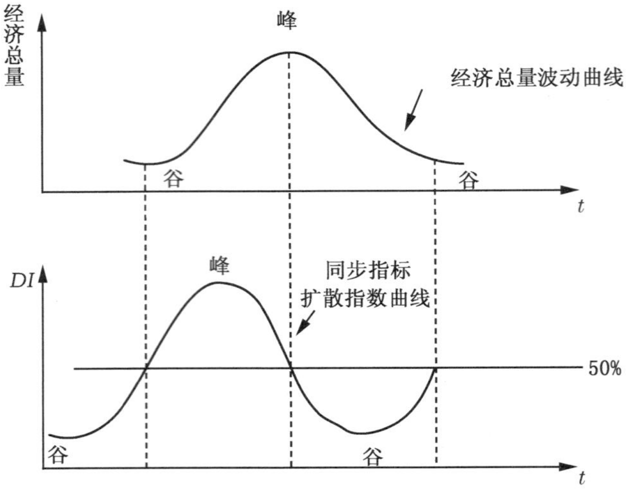

图 9-3　经济总量波动与同步指标扩散指数曲线的关系

第四节　合成指数

一、合成指数的编制

合成指数又叫综合指数,其计算方法是先求出每个指标的对称变化率,即变化率不是以本期或上期为基数求得,而是以两者的平均数为基数求得(这样可以消除基数的影响,使上升与下降量均等)。然后,求出先行、同步和滞后三组指标的组内、组间平均变化率,使得三类指标可比。最后,以某年为基年,计算出其余年份各月(季)的(相对)指数。

(一) 求单个指标的对称变化率 $C_i(t)$

设原指标(经济变量的增长率)经过季节调整后的序列为 $d_i(t)$,首先对它求对称变化率 $C_i(t)$:

$$C_i(t)=200[d_i(t)-d_i(t-1)]/[d_i(t)+d_i(t-1)]$$

当 $d_i(t)$ 为零或负值时,有:

$$C_i(t)=d_i(t)-d_i(t-1)$$

式中,$C_i(t)$, $d_i(t)$ 是第 i 序列 t 时刻的值。

这里的对称变化率,实质上是序列的一阶差分相对变化率,其目的是使序列平稳、规则,且均值为零,使峰、谷及其落差显得更明显,以便后面的分析和判断。

(二) 求标准化平均变化率 $V(t)$

对于先行、同步、滞后的各指标:

首先,求第 i 序列的标准化因子 A_i:

$$A_i=\sum |C_i(t)|/(N-1)$$

式中，N 是标准化期间的月数，即对称变化率序列的起止时期(月数)。

其次，用 A_i 把 $C_i(t)$ 标准化，得到标准化平均变化率 $S_i(t)$：

$$S_i(t) = C_i(t)/A_i$$

标准化后，使先行、同步和滞后组内各指标间具有可比性。若不进行标准化处理，指标数值大的序列在序列组中的作用会强化，从而相对弱化了指标数值小的序列。

再次，求平均变化率 $R(t)$：

$$R(t) = \frac{\sum_{i=1}^{k} S_i(t) W_i}{\sum_{i=1}^{k} W_i}$$

式中，k 是组内序列数；W_i 是第 i 序列的权重，通常情况取值为 1。

最后，对各个 $R(t)$ 除以组间标准化因子 F，以求标准化平均变化率 $V(t)$：

$$F = \frac{\sum_{t=2}^{N} \mid R(t) \mid /(N-1)}{\sum_{t=2}^{N} \mid P(t) \mid /(N-1)}$$

式中，P 是同步指标组的 R。

$$V(t) = \frac{R(t)}{F}$$

对于同步指标组，有 $F=1$，$V(t)=R(t)$。

(三) 求初始综合指标 $I(t)$

对各组令 $I(1)=100$，且：

$$I(t) = \frac{I(t-1)[200+V(t)]}{200-V(t)}$$

(四) 求趋势调整 T

首先，对同步指标组每个序列分别求出各自的趋势，其公式为：

$$T = \left(\sqrt[m]{\frac{C_L}{C_I}} - 1\right) \times 100$$

式中，C_L 和 C_I 分别是最先循环和最后循环的平均值，m 是最先循环的中心到最后循环的中心之间的月数。最先与最后循环的平均值是基准循环日期第一轮循环的谷到谷或峰到峰的 $d_i(t)$ 的平均值和最后一轮循环谷到谷或峰到峰的 $d_i(t)$ 的平均值。

其次，求出按上述方法算出的各同步指标的趋势值的平均值，记为 G。

最后，对先行、同步及滞后的初始综合指数，分别用上述公式计算各自的趋势 T。

(五) 求合成指数 CI

首先，令：

$$V'(t)=V(t)-V(G-T)$$

$$I'(t)=I'(t-1)[200+V'(t)]/[200-V'(t)]$$

其次，将上式算出的 $I'(t)$ 除以基年的平均值，再乘 100，就得到所求的 CI，即以基年为中心将其中心化，使均值或中心值为 100。

利用合成指数的先行、同步及滞后指标与扩散指数相对照，综合判断经济走势，同时利用合成指数的时滞关系直接预测经济总量波动的峰和谷。

二、预警系统

预警系统的原理是首先选择一组反映经济发展状况的敏感指标，运用有关的数据处理方法，将多个指标合并为一个综合性指标，然后，通过一组类似于交通管制信号红、黄、绿灯的标识，利用这组指标和综合指标对当时的经济状况发出不同的信号，通过观察信号的变动情况，来判断未来经济增长的趋势。

(一) 预警信号的构成

预警系统的信号是由一套警戒性指标，赋予不同的颜色构成，通常有以下五种颜色：

(1) 红色表示经济发展过热；

(2) 黄色表示经济发展略有过热；

(3) 绿色表示经济发展很稳定；

(4) 浅蓝表示经济在短期内有转稳或萎缩的可能；

(5) 蓝色表示经济处于萎缩或萧条状态。

上述五种颜色的“预警信号”是通过从一系列能反映国民经济运行状况的先行、同步及滞后指标中选出的敏感性指标，经过合并综合而得到的。

(二) 预警指标的编制

将经过选择的每个指标序列进行季节调整，取调整后的序列(TC、TCI 或 C 序列)经过适当处理(如生成与上年同期比速度、环比速度或保留趋势的水平值)来制定预警信号。

对每个指标定出预警界限。预警界限是四个数值(或序列)，也称为“检查值”。以这四个检查值为界限，确定“红灯”“黄灯”“绿灯”“浅蓝灯”“蓝灯”五种信号，当监测的序列超过某一检查值时，就分别亮出相应的信号。对每个信号给予不同的分数：红灯 5 分，黄灯 4 分，绿灯 3 分，浅蓝灯 2 分，蓝灯 1 分。设选择了 M 个预警指标，则当全部指标为红灯时，综合分数为最高分 $5M$ 分；全为蓝灯时，综合分数为最低分 M 分。每月将 M 个指标所示的信号分数合计得到综合分数，并设满分的 80%为红灯区与黄灯区的分界线，满分的 70%和 50%为绿灯区的上、下分界线，满分的 40%为浅蓝灯与蓝灯的分界线，然后，通过综合分数值的大小来综合判断当月的预警信号应亮哪一种灯。

以工业总产值为例，假设通过对过去 10 年的分析，可以取 13%作为绿灯区的上限，8%作为绿灯区的下限，15%作为红灯区的下限，5%作为蓝灯区的上限。设某月的工业总产值增长速度为 14%，则该月工业总产值运行于黄灯区，给予评分为 4 分。同理，对其他指标也是类似评分的。再假设预警系统由 10 个指标组成，某月的综合评分为 39，它大于总分(50 分)的 70%(35 分)而小于总分的 80%(40 分)，则该月的经济运行在黄灯区。

图 9－4 是由国家统计局中国经济景气监测中心发布的国民经济综合景气评分图。监

测的指标有 10 项，即 $M=10$，所以，该预警系统评分的最高分为 $5M$ 分，即 50 分；最低分为 M 分，即 10 分。由图 9－4 可以看出，该预警系统设置红灯区的下限为总分的 80%，即 40 分；绿灯区的上限为总分的 70%，即 35 分；绿灯区的下限为总分的 50%，即 25 分；蓝灯区的上限为总分的 40%，即 20 分。由图 9－4 可知，1997 年年底，国民经济综合景气评分小于 25 分，国民经济运行于浅蓝灯区。

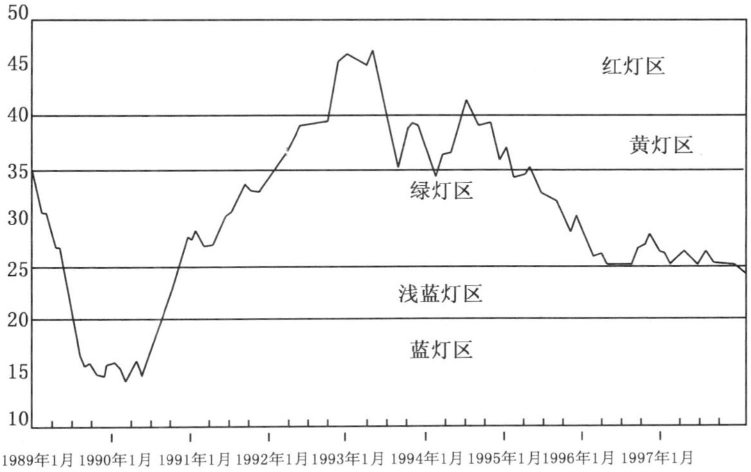

图 9－4　国民经济综合景气评分图

对于已选取的预警指标和相应的预警界限，要随着经济结构的变化进行修正，通常是一个循环过后，修正一次。

（三）预警系统的作用

第一，正确评价当前宏观经济运行的状态，恰当地反映经济形势的冷热程度，并能承担短期经济形势分析的任务。

第二，能描述宏观经济运行的轨迹，预测其发展趋势，在重大经济形势变化或发生转折前，能及时发出预警信号，提醒决策者要制定合适的政策，防止经济发生严重的衰退或发生经济过热。

第三，能及时地反映宏观经济的调控效果，判断宏观经济调控措施是否运用恰当，是否起到了平抑经济波动幅度的效果等。

第四，有利于企业的经营决策。企业经营决策者可以利用宏观经济预警系统提供的信息，及时预见宏观调控措施的出台，使企业的经营调整适应政府的调控措施。

第五，有利于改革措施出台时机的正确决策。改革具体措施出台时机的选择，应当有利于平抑经济波动。宏观经济预警系统可以为改革措施、内容及出台时机提供必要的信息。

本章小结

1. 景气是对经济发展状况的一种综合性描述，用于说明经济的活跃程度。经济景气是指总体经济呈上升趋势，经济不景气是指总体经济呈下滑的发展趋势。

2. 经济的景气状态是通过一系列经济指标来描述的，称为景气指标。景气指标是从众多的经济指标中挑选出来的,分为先行指标、同步指标和滞后指标三类。

3. 景气循环又称经济波动,也称经济周期。经济周期分为古典周期和现代周期。一个标准的经济周期,通常包括扩张和收缩两个时期,分为复苏、高涨、衰退和萧条四个阶段。

4. 景气预测是通过正确地选择景气指标体系来实现的。景气指标的选择应遵循四个原则:(1) 重要性和代表性;(2) 可靠性和充分性;(3) 一致性和稳定性;(4) 及时性和光滑性。

5. 参照基准循环,可以将景气指标分为先行、同步和滞后三类指标。常用的景气指标分类方法有峰谷对应法(图示法)、时差相关法、KL 信息量法、马场法、循环聚类法及三角函数法等。

6. 确定了每个指标在不同时期的扩张和收缩特征之后,即可以计算扩散系数,并做出扩散指数曲线。扩散指数在经济波动分析中具有重要的作用。

7. 合成指数又称综合指数,它的计算方法是先求出每个指标的对称变化率;然后,求出先行、同步和滞后三组指标的组内、组间平均变化率,使得三类指标可比;最后,以某年为基年,计算出其余年份各月(季)的(相对)指数。

8. 预警系统的原理是选择一组反映经济发展状况的敏感指标,运用有关的数据处理方法,将多个指标合并为一个综合性指标,通过一组类似于交通管制信号红、黄、绿灯的标识,利用这组指标和综合指标对当时的经济状况发出不同的信号,通过观察信号的变动情况,来判断未来经济增长的趋势。

思考与练习

一、单项选择题

1. 在经济波动研究中,尤格拉周期是(　　)周期。

A. 短　　B. 中　　C. 中长　　D. 长

2. 在经济周期的分类中,(　　)是指国民经济活动的绝对水平出现上升与下降的交替。

A. 短周期　　B. 古典周期　　C. 中长周期　　D. 现代周期

3. 在经济周期的分类中,(　　)是指第二次世界大战以后出现的经济周期,特点是国民经济活动的相对水平出现上升与下降的交替。

A. 短周期　　B. 古典周期　　C. 中长周期　　D. 现代周期

4. 在经济波动研究中,康德拉提耶夫周期是(　　)周期。

A. 短　　B. 中　　C. 中长　　D. 长

5. 在景气指标选择的原则中,“指标所代表的内容是经济发展某一方面的综合反映,在经济总量活动中居重要地位,同时又具有某类指标的基本波动特征”所指的原则是(　　)。

A. 重要性和代表性　　B. 可靠性和充分性

C. 一致性和稳定性　　D. 及时性和光滑性

6. 在运用扩散指数时,(　　)表示上升指标数小于下降指标数,经济系统运行于不景气空间的后期。

A. $0<DI_t<50\%$　　B. $50\%<DI_t<100\%$

C. $100\%>DI_t>50\%$　　D. $50\%>DI_t>0$

7. 在运用扩散指数时，(　　)表示上升指标数多于下降指标数，经济系统运行于景气空间，随着 DI_t 向峰值 100%逼近，经济越来越热。

A. $0<DI_t<50\%$　　B. $50\%<DI_t<100\%$

C. $100\%>DI_t>50\%$　　D. $50\%>DI_t>0$

8. 在运用扩散指数时，(　　)表示上升指标数仍然多于下降指标数，经济系统运行于景气空间后期，经济正在走下坡路，整个经济系统正处于降温阶段。

A. $0<DI_t<50\%$　　B. $50\%<DI_t<100\%$

C. $100\%>DI_t>50\%$　　D. $50\%>DI_t>0$

9. 在运用扩散指数时，(　　)表示经济运行发生重大转折，上升指标数小于下降指标数，经济系统处于全面收缩阶段，经济系统进入一个新的不景气空间前期。

A. $0<DI_t<50\%$　　B. $50\%<DI_t<100\%$

C. $100\%>DI_t>50\%$　　D. $50\%>DI_t>0$

10. 在预警系统中的五色信号中，(　　)代表经济过热。

A. 黄色　　B. 红色　　C. 绿色　　D. 浅蓝色

11. 在时间序列分解模型中，加法模型可以表示为(　　)。

A. $Y=TCSI$　　B. $T=T+C+S+I$

C. $Y=TC+SI$　　D. $Y=TS+C+I$

二、多项选择题

1. 景气指标可以分为(　　)。

A. 先行指标　　B. 同步指标　　C. 滞后指标　　D. 扩散指标

E. 基准指标

2. 在经济波动研究中，根据经济周期长度，经济周期可以划分为(　　)。

A. 短周期　　B. 中周期　　C. 中长周期　　D. 长周期

E. 超长周期

3. 景气指标选择原则有(　　)。

A. 重要性和代表性　　B. 可靠性和充分性

C. 一致性和稳定性　　D. 及时性和光滑性

E. 参考性和简易性

4. 根据《统计研究》1989 年第 3 期，以下属于我国统计局景气指标中先行指标的有(　　)。

A. 外贸出口收汇　　B. 工业贷款

C. 工业总产值　　D. 社会商品销售零售额

E. 财政收入

5. 根据《统计研究》1989 年第 3 期，以下属于我国统计局景气指标中同步指标的有(　　)。

A. 工业销售收入　　B. 工业贷款

C. 工业总产值　　D. 社会商品销售零售额

E. 国内商业纯购进

6. 根据《统计研究》1989 年第 3 期，以下属于我国统计局景气指标中滞后指标的有

(　　)。

A. 外贸出口收汇　B. 国内商业库存　C. 财政存款　D. 商业贷款

E. 财政收入

7. 景气指标分类的方法有(　　)。

A. 峰谷对应法　B. 时差相关法　C. KL 信息量法　D. 马场法

E. 循环聚类法　F. 三角函数法

三、名词解释

1. 景气
2. 先行指标
3. 同步指标
4. 滞后指标
5. 景气循环
6. 古典周期
7. 现代周期
8. 三角函数法

四、简答题

1. 何谓经济景气和经济不景气?
2. 选择景气指标的标准是什么?
3. 什么叫同步、先行和滞后指标?在我国的经济指标体系中,哪些是先行指标,哪些是同步指标?
4. 确定基准循环的方法有哪些?
5. 景气指标的分类方法有哪几种?
6. 简单介绍扩散指数的意义和作用。
7. 扩散指数的局限性是什么?
8. 预警系统的原理是什么?预警系统有哪些作用?
9. 试述同步指标扩散指数曲线与经济总量波动的关系。
10. 试述合成指数的计算方法,并说明如何用合成指数对经济形势进行分析。

五、计算题

1. 假定选择同步指标中的三个指标 d_1、d_2 和 d_3 计算基准波动指数,半年资料如下表所示:

指　标	1月	2月	3月	4月	5月	6月	权数 w
d_1	101.3%	105.2%	102.0%	100.0%	103.0%	106.0	0.23
d_2	104.0%	106.0%	103.0%	102.0%	104.0%	108.0%	0.44
d_3	110.0%	109.0%	108.0%	107.0%	109.0%	118.0%	0.33
HCI(t)							—

要求：求基准波动 HCI(t)。

2. 经济处于古典周期内，同时已知经济刚刚达到顶峰。下表为先行指标组中 5 个指标在 2021 年 6 月和 7 月的观测值，根据此表计算 1 个月的扩散指数，并分析此时经济所处的空间。

日　期	指标 1	指标 2	指标 3	指标 4	指标 5
2021 年 6 月	141.55	305.2	150 729	54.9	44 749
2021 年 7 月	141.49	337.2	151 764	54.8	44 873

3. 已知如下表的时间序列，“＋”表示经济扩张，“－”表示经济收缩。

要求：

(1) 求出各序列的扩散指数。

(2) 画出扩散指数曲线图。

(3) 标出景气扩张的峰点和谷点。

(4) 景气循环的周期长度是多少？

t	1	2	3	4	5	6	7	8	9	10	11	12
Y_1	＋	＋	＋	－	－	＋	＋	＋	＋	－	－	＋
Y_2	＋	＋	－	＋	－	－	－	＋	＋	＋	－	－
Y_3	－	＋	＋	＋	－	－	－	＋	－	－	－	－
Y_4	＋	＋	－	－	－	＋	＋	＋	＋	＋	＋	＋
Y_5	－	－	＋	－	－	－	＋	＋	＋	＋	－	－

4. 已知某年某地区 6—12 月扩散指数包含的 6 个景气指标值如下表所示：

指标＼月份	1	2	3	4	5	6	权数 w
d_1	11.84	10.95	10.90	11.62	12.04	12.43	0.2
d_2	1.56	1.56	1.68	1.61	1.73	1.92	0.3
d_3	9.16	8.41	8.41	8.76	7.26	8.00	0.1
d_4	1.12	1.15	1.13	1.24	1.18	1.17	0.1
d_5	18.01	13.01	12.41	12.98	12.02	11.83	0.2
d_6	99.70	96.50	94.20	93.80	96.80	98.20	0.1

要求：根据上表资料，计算 1 个月的扩散指数，并绘制扩散指数序列曲线图。

5. 假设合成指数只包含两个景气指标 d_1 和 d_2，某年 1—6 月的指标值如下表所示：

指标 \ 月份	1	2	3	4	5	6
d_1	901.0	781.9	962.0	998.7	1031.0	1092.7
d_2	479.6	393.2	452.7	468.3	476.8	571.3

要求：根据上表资料，计算合成指数。

六、分析题

已知如下表的时间序列。

要求：

(1) 求出各序列的扩散指数。

(2) 画出扩散指数曲线图。

(3) 标出景气扩张的峰点和谷点。

(4) 景气循环的周期长度是多少?

(5) 计算合成指数。

指标 \ 月份	1	2	3	4	5	6
d_1	149.550	144.750	141.300	140.700	145.200	147.300
d_2	27.015	19.515	18.615	19.470	18.030	17.745
d_3	2.340	2.340	2.520	2.415	2.595	2.880
d_4	13.740	12.615	12.615	13.140	10.890	12.000
d_5	1.680	1.725	1.695	1.860	1.770	1.755
d_6	17.760	16.425	16.350	17.430	18.060	18.645

10

第十章 灰色预测法

全章提要

第一节 灰色预测理论

一、灰色预测的概念

灰色预测法是一种对含有不确定因素的系统进行预测的方法。灰色系统是介于白色系统和黑色系统之间的一种系统。白色系统是指一个系统的内部特征是完全已知的，即系统的信息是完全充分的。黑色系统是指一个系统的内部信息对外界来说是一无所知的，只能通过它同外界的联系加以观测研究。灰色系统是指一个系统的一部分信息是已知的，另一部分信息是未知的，系统内各因素间具有不确定的关系。例如，在我国经济体制由计划经济体制向市场经济体制转轨过程中，整个宏观系统就是一个灰色系统，宏观经济的发展既受到国家宏观政策等确定性因素的影响，又受到市场经济中一些不确定性因素的影响，并且现实经济中很多宏观经济变量的增长隐含一定的指数变化趋势，因此，就可以利用灰色预测模型对宏观经济进行预测。

灰色预测是对既含有已知信息又含有不确定信息的系统进行预测，就是对在一定范围内变化的、与时间有关的灰色过程进行预测。尽管灰色过程中所显示的现象是随机的，但毕竟是有序的，因此，这一数据集合具备潜在的规律。灰色预测通过鉴别系统因素之间发展趋势的相异程度，即进行关联分析，并对原始数据进行生成处理来寻找系统变动的规律，生成有较强规律性的数据序列，然后建立相应的微分方程模型，从而预测事物未来的发展趋势。灰色预测用等时距观测到的反映预测对象特征的一系列数量值构造灰色预测模型，预测未来某一时刻的特征量，或达到某一特征量的时间。

灰色预测一般分为四种类型。

(1) 灰色时间序列预测。用观察到的反映预测对象特征的时间序列来构造灰色预测模型，预测未来某一时刻的特征量，或者达到某一特征量的时间。

(2) 畸变预测。通过灰色模型预测异常值出现的时刻，预测异常值什么时候出现在特定时区内。如对地震时间的预测。

(3) 系统预测。通过对系统行为特征指标建立一组相互关联的灰色预测模型，预测系统中众多变量间相互协调关系的发展变化。如市场中代用产品、相互关联产品销售量互相制约的预测。

(4) 拓扑预测。根据原始数据绘制曲线，在曲线上按定值寻找该定值发生的所有时点，并以该定值为框架构成时点数列，然后建立模型，预测该定值所发生的时点。

二、生成列

为了弱化原始时间序列的随机性，为建立灰色模型提供信息，在建立灰色预测模型之前，需先对原始时间序列进行数据处理，经过数据处理后的时间序列即称为生成列。灰色系统常用的数据处理方式有累加和累减两种。

(一) 累加

累加是将原始序列通过累加得到生成列。累加的规则是将原始序列的第一个数据作为生成列的第一个数据,将原始序列的第二个数据加到原始序列的第一个数据上,其和作为生成列的第二个数据,将原始序列的第三个数据加到生成列的第二个数据上,其和作为生成列的第三个数据,按如此规则进行下去,便可得到生成列。记原始时间序列为:

$$X^{(0)}=\{X^{(0)}(1),\ X^{(0)}(2),\ X^{(0)}(3),\ \cdots,\ X^{(0)}(n)\}$$

上标 0 表示原始时间序列,记生成列为:

$$X^{(1)}=\{X^{(1)}(1),\ X^{(1)}(2),\ X^{(1)}(3),\ \cdots,\ X^{(1)}(n)\}$$

式中:

$$X^{(1)}(k)=\sum_{i=1}^{k}X^{(0)}(i)=X^{(1)}(k-1)+X^{(0)}(k)$$

上标 1 表示一次累加,同理,可作 m 次累加,有:

$$X^{(m)}(k)=\sum_{i=1}^{k}X^{(m-1)}(i)$$

对于非负数据,累加次数越多,则随机性弱化越多,当累加次数足够大后,可认为时间序列已由随机序列变为非随机序列了。一般随机序列的多次累加序列,大多可用指数曲线逼近。

【例 10-1】 $X^{(0)}=\{3.21,\ 3.78,\ 3.98,\ 4.28,\ 5.10,\ 5.60,\ 6.20,\ 7.30,\ 7.50\}$,可按以下步骤求出其一次累加生成列:

$$k=1,\ X^{(1)}(1)=X^{(0)}(1)=3.21$$

$$k=2,\ X^{(1)}(2)=X^{(1)}(1)+X^{(0)}(2)=3.21+3.78=6.99$$

$$k=3,\ X^{(1)}(3)=X^{(1)}(2)+X^{(0)}(3)=6.99+3.98=10.97$$

$$k=4,\ X^{(1)}(4)=X^{(1)}(3)+X^{(0)}(4)=10.97+4.28=15.25$$

$$k=5,\ X^{(1)}(5)=X^{(1)}(4)+X^{(0)}(5)=15.25+5.10=20.35$$

$$k=6,\ X^{(1)}(6)=X^{(1)}(5)+X^{(0)}(6)=20.35+5.60=25.95$$

$$k=7,\ X^{(1)}(7)=X^{(1)}(6)+X^{(0)}(7)=25.95+6.20=32.15$$

$$k=8,\ X^{(1)}(8)=X^{(1)}(7)+X^{(0)}(8)=32.15+7.30=39.45$$

$$k=9,\ X^{(1)}(9)=X^{(1)}(8)+X^{(0)}(9)=39.45+7.50=46.95$$

累加生成列为:

$$X^{(1)}=\{3.21,\ 6.99,\ 10.97,\ 15.25,\ 20.35,\ 25.95,\ 32.15,\ 39.45,\ 46.95\}$$

(二) 累减

将原始序列前、后两个数据相减,所得数据序列为累减生成序列。累减是累加的逆运算,累减可将累加生成列还原为非生成列,在建模中获得增量信息。一次累减的公式为:

$$X^{(1)}(k)=X^{(0)}(k)-X^{(0)}(k-1)$$

【例 10－2】 $X^{(0)}=\{3.21, 6.99, 10.97, 15.25, 20.35, 25.95, 32.15\ 39.45, 46.95\}$，可按以下步骤求出其一次累减生成列：

令 $k=0$，$X^{(0)}(0)=0$

$k=1$，$X^{(1)}(1)=X^{(0)}(1)-X^{(0)}(0)=3.21-0=3.21$

$k=2$，$X^{(1)}(2)=X^{(0)}(2)-X^{(0)}(1)=6.99-3.21=3.78$

$k=3$，$X^{(1)}(3)=X^{(0)}(3)-X^{(0)}(2)=10.97-6.99=3.98$

$k=4$，$X^{(1)}(4)=X^{(0)}(4)-X^{(0)}(3)=15.25-10.97=4.28$

$k=5$，$X^{(1)}(5)=X^{(0)}(5)-X^{(0)}(4)=20.35-15.25=5.10$

$k=6$，$X^{(1)}(6)=X^{(0)}(6)-X^{(0)}(5)=25.95-20.35=5.60$

$k=7$，$X^{(1)}(7)=X^{(0)}(7)-X^{(0)}(6)=32.15-25.95=6.20$

$k=8$，$X^{(1)}(8)=X^{(0)}(8)-X^{(0)}(7)=39.45-32.15=7.30$

$k=9$，$X^{(1)}(9)=X^{(0)}(9)-X^{(0)}(8)=46.95-39.45=7.50$

累减生成列为：

$$X^{(1)}=\{3.21, 3.78, 3.98, 4.28, 5.10, 5.60, 6.20, 7.30, 7.50\}$$

三、关联度

在客观世界中，有许多因素之间的关系是灰的，分不清哪些因素关系密切，哪些因素关系不密切，这样就难以找到主要矛盾，发现主要特征、主要关系。关联度分析是分析系统中各因素关联程度的方法，在计算关联度之前，需要先计算关联系数。

（一）关联系数

设：

$$\hat{X}^{(0)}(k)=\{\hat{X}^{(0)}(1), \hat{X}^{(0)}(2), \cdots, \hat{X}^{(0)}(n)\}$$

$$X^{(0)}(k)=\{X^{(0)}(1), X^{(0)}(2), \cdots, X^{(0)}(n)\}$$

关联系数定义为：

$$\eta(k)=\frac{\min\min|\hat{X}^{(0)}(k)-X^{(0)}(k)|+\rho\max\max|\hat{X}^{(0)}(k)-X^{(0)}(k)|}{|\hat{X}^{(0)}(k)-X^{(0)}(k)|+\rho\max\max|\hat{X}^{(0)}(k)-X^{(0)}(k)|}$$

式中：

（1）$|\hat{X}^{(0)}(k)-X^{(0)}(k)|$ 是第 k 个点 $X^{(0)}$ 与 $\hat{X}^{(0)}$ 的绝对误差。

（2）$\min\min|\hat{X}^{(0)}(k)-X^{(0)}(k)|$ 是两级最小差。其中，$\min|\hat{X}^{(0)}(k)-X^{(0)}(k)|$ 是第一级最小差，表示在 $\hat{X}^{(0)}(k)$ 序列上找各点与 $X^{(0)}(k)$ 的最小差；$\min\min|\hat{X}^{(0)}(k)-X^{(0)}(k)|$ 是第二级最小差，表示在各序列找出最小差的基础上寻找所有序列中的最小差。

（3）$\max\max|\hat{X}^{(0)}(k)-X^{(0)}(k)|$ 是第二级最大差，其含义与最小差相似。

（4）ρ 称为分辨率，$0<\rho<1$，一般取 $\rho=0.5$。

(5) 对单位不一、初值不同的序列，在计算关联系数前应首先进行初始化，即将该序列的所有数据分别除以第一个数据。

(二) 关联度

在算出 $\hat{X}^{(0)}(k)$序列与 $X^{(0)}(k)$序列的关联系数后，计算各类关联系数的平均值：

$$r=\frac{1}{n}\sum_{k=1}^{n}\eta(k)$$

这个平均值 r 称为 $\hat{X}^{(0)}(k)$序列与 $X^{(0)}(k)$序列的关联度。

【例 10-3】 设参考序列为 $Y_0=\{8,\ 8.8,\ 16,\ 18,\ 24,\ 32\}$，被比较序列为 $Y_1=\{10,\ 12.12,\ 19.28,\ 20.25,\ 23.4,\ 30.69\}$，$Y_2=\{6,\ 6.35,\ 6.57,\ 6.98,\ 8.35,\ 8.75\}$，试求关联度。

第一步，先初始化：

$$X_0=\left\{\frac{Y_0(1)}{Y_0(1)},\ \frac{Y_0(2)}{Y_0(1)},\ \frac{Y_0(3)}{Y_0(1)},\ \frac{Y_0(4)}{Y_0(1)},\ \frac{Y_0(5)}{Y_0(1)},\ \frac{Y_0(6)}{Y_0(1)}\right\}$$

$$=\left\{\frac{8}{8},\ \frac{8.8}{8},\ \frac{16}{8},\ \frac{18}{8},\ \frac{24}{8},\ \frac{32}{8}\right\}$$

$$=\{1,\ 1.1,\ 2,\ 2.25,\ 3,\ 4\}$$

$$X_1=\left\{\frac{Y_1(1)}{Y_1(1)},\ \frac{Y_1(2)}{Y_1(1)},\ \frac{Y_1(3)}{Y_1(1)},\ \frac{Y_1(4)}{Y_1(1)},\ \frac{Y_1(5)}{Y_1(1)},\ \frac{Y_1(6)}{Y_1(1)}\right\}$$

$$=\left\{\frac{10}{10},\ \frac{12.12}{10},\ \frac{19.28}{10},\ \frac{20.25}{10},\ \frac{23.4}{10},\ \frac{30.69}{10}\right\}$$

$$=\{1,\ 1.212,\ 1.928,\ 2.025,\ 2.34,\ 3.069\}$$

$$X_2=\left\{\frac{Y_2(1)}{Y_2(1)},\ \frac{Y_2(2)}{Y_2(1)},\ \frac{Y_2(3)}{Y_2(1)},\ \frac{Y_2(4)}{Y_2(1)},\ \frac{Y_2(5)}{Y_2(1)},\ \frac{Y_2(6)}{Y_2(1)}\right\}$$

$$=\left\{\frac{6}{6},\ \frac{6.35}{6},\ \frac{6.57}{6},\ \frac{6.98}{6},\ \frac{8.35}{6},\ \frac{8.75}{6}\right\}$$

$$=\{1,\ 1.058\,3,\ 1.095,\ 1.163\,3,\ 1.391\,7,\ 1.458\,3\}$$

第二步，求绝对差序列：

$$\Delta_1=|X_0(k)-X_1(k)|,\ \Delta_2=|X_0(k)-X_2(k)|$$

$$\Delta_1(1)=|X_0(1)-X_0(1)|=|1-1|=0$$

$$\Delta_1(2)=|X_0(2)-X_1(2)|=|1.1-1.212|=0.112$$

$$\Delta_1(3)=|X_0(3)-X_1(3)|=|2-1.928|=0.072$$

$$\Delta_1(4)=|X_0(4)-X_1(4)|=|2.25-2.025|=0.225$$

$$\Delta_1(5)=|X_0(5)-X_1(5)|=|3-2.34|=0.66$$

$$\Delta_1(6)=|X_0(6)-X_1(6)|=|4-3.069|=0.931$$

Δ_2 序列的计算方法同上。表 10-1 列示了 Δ_1 与 Δ_2 序列。

表 10－1　绝对差序列

序　号	1	2	3	4	5	6
Δ_1	0	0.112	0.072	0.225	0.66	0.931
Δ_2	0	0.041 67	0.905	1.086 7	1.608 3	2.541 7

$$\begin{aligned}&\min\{\Delta_1(1),\ \Delta_1(2),\ \Delta_1(3),\ \Delta_1(4),\ \Delta_1(5),\ \Delta_1(6)\}\\&=\min\{0,\ 0.112,\ 0.072,\ 0.225,\ 0.66,\ 0.931\}\\&=0\end{aligned}$$

同理：

$$\min\{\Delta_2(1),\ \Delta_2(2),\ \Delta_2(3),\ \Delta_2(4),\ \Delta_2(5),\ \Delta_2(6)\}=0$$

$$\begin{aligned}&\max\{\Delta_1(1),\ \Delta_1(2),\ \Delta_1(3),\ \Delta_1(4),\ \Delta_1(5),\ \Delta_1(6)\}\\&=\max\{0,\ 0.112,\ 0.072,\ 0.225,\ 0.66,\ 0.931\}\\&=0.931\end{aligned}$$

$$\max\{\Delta_2(1),\ \Delta_2(2),\ \Delta_2(3),\ \Delta_2(4),\ \Delta_2(5),\ \Delta_2(6)\}=2.541\ 7$$

第三步，求关联系数：

$$\eta_i(k)=\frac{\min\min|X_0(k)-X_i(k)|+\rho\max\max|X_0(k)-X_i(k)|}{|X_0(k)-X_i(k)|+\rho\max\max|X_0(k)-X_i(k)|}$$

$$\eta_1(1)=\frac{0+0.5\times2.541\ 7}{|X_0(1)-X_1(1)|+0.5\times2.541\ 7}$$

$$=\frac{0.5\times2.541\ 7}{0+0.5\times2.541\ 7}=1$$

$$\eta_1(2)=\frac{0+0.5\times2.541\ 7}{|X_0(2)-X_1(2)|+0.5\times2.541\ 7}$$

$$=\frac{0.5\times2.541\ 7}{0.112+0.5\times2.541\ 7}=0.919\ 0$$

$$\eta_1(3)=\frac{0+0.5\times2.541\ 7}{|X_0(3)-X_1(3)|+0.5\times2.541\ 7}$$

$$=\frac{0.5\times2.541\ 7}{0.072+0.5\times2.541\ 7}=0.946\ 4$$

$$\eta_1(4)=\frac{0+0.5\times2.541\ 7}{|X_0(4)-X_1(4)|+0.5\times2.541\ 7}$$

$$=\frac{0.5\times2.541\ 7}{0.225+0.5\times2.541\ 7}=0.849\ 6$$

$$\eta_1(5)=\frac{0+0.5\times 2.541\ 7}{|X_0(5)-X_1(5)|+0.5\times 2.541\ 7}$$

$$=\frac{0.5\times 2.541\ 7}{0.66+0.5\times 2.541\ 7}=0.658\ 2$$

$$\eta_1(6)=\frac{0+0.5\times 2.541\ 7}{|X_0(6)-X_1(6)|+0.5\times 2.541\ 7}$$

$$=\frac{0.5\times 2.541\ 7}{0.931+0.5\times 2.541\ 7}=0.577\ 2$$

同理,可求得:

$$\eta_2(1)=1$$

$$\eta_2(2)=0.968\ 3$$

$$\eta_2(3)=0.584\ 1$$

$$\eta_2(4)=0.539\ 1$$

$$\eta_2(5)=0.441\ 4$$

$$\eta_2(6)=0.333\ 3$$

第四步,求关联度:

$$r_1=\frac{1}{n}\sum_{k=1}^{n}\eta_1(k)$$

$$=\frac{1}{6}\sum_{k=1}^{6}\eta_1(k)$$

$$=\frac{1}{6}(1+0.919\ 0+0.946\ 4+0.849\ 6+0.658\ 2+0.577\ 2)$$

$$=0.825\ 1$$

$$r_2=\frac{1}{6}(1+0.968\ 3+0.584\ 1+0.539\ 1+0.441\ 4+0.333\ 3)$$

$$=0.644\ 4$$

计算结果表明,X_1 和 X_0 的关联程度大于 X_2 与 X_0 的关联程度。

第二节 GM(1, 1)模型

一、GM(1, 1)模型的建立

设时间序列 $X^{(0)}$ 有 n 个观察值,$X^{(0)}=\{X^{(0)}(1), X^{(0)}(2), \cdots, X^{(0)}(n)\}$,通过累加生成新序列 $X^{(1)}=\{X^{(1)}(1), X^{(1)}(2), X^{(1)}(3), \cdots, X^{(1)}(n)\}$,则 GM(1, 1)模型相应的微分方程为:

$$\frac{\mathrm{d}X^{(1)}}{\mathrm{d}t}+aX^{(1)}=\mu$$

式中，a 称为发展灰数，μ 称为内生控制灰数。

设 $\hat{\alpha}$ 为待估参数向量，$\hat{\alpha}=\begin{pmatrix} a \\ \mu \end{pmatrix}$，利用最小二乘法求解，可得：

$$\hat{\alpha}=(B^T B)^{-1} B^T Y_n$$

其中：

$$B=\begin{pmatrix} -\frac{1}{2}[X^{(1)}(1)+X^{(1)}(2)] & 1 \\ -\frac{1}{2}[X^{(1)}(2)+X^{(1)}(3)] & 1 \\ \vdots & \vdots \\ -\frac{1}{2}[X^{(1)}(n-1)+X^{(1)}(n)] & 1 \end{pmatrix}$$

$$Y_n=\begin{pmatrix} X^{(0)}(2) \\ X^{(0)}(3) \\ \vdots \\ X^{(0)}(n) \end{pmatrix}$$

求解微分方程，即可得预测模型：

$$\hat{X}^{(1)}(k+1)=\left[X^{(0)}(1)-\frac{\mu}{a}\right]\mathrm{e}^{-ak}+\frac{\mu}{a} \qquad (k=0,\ 1,\ 2,\ \cdots,\ n)$$

二、模型检验

灰色预测检验一般包括残差检验、关联度检验和后验差检验。

(一) 残差检验

按预测模型计算 $\hat{X}^{(1)}(i)$，并将 $\hat{X}^{(1)}(i)$ 累减生成 $\hat{X}^{(0)}(i)$，然后计算原始序列 $X^{(0)}(i)$ 与 $\hat{X}^{(0)}(i)$ 的绝对误差序列及相对误差序列。

$$\Delta^{(0)}(i)=|X^{(0)}(i)-\hat{X}^{(0)}(i)| \qquad i=1,\ 2,\ \cdots,\ n$$

$$\boldsymbol{\Phi}(i)=\frac{\Delta^{(0)}(i)}{X^{(0)}(i)}\times 100\% \qquad i=1,\ 2,\ \cdots,\ n$$

(二) 关联度检验

根据前面所述关联度计算方法，计算出 $\hat{X}^{(0)}(i)$ 与原始序列 $X^{(0)}(i)$ 的关联系数，然后计算出关联度。根据经验，当 $\rho=0.5$ 时，关联度大于 0.6 便满意了。

(三) 后验差检验

(1) 计算原始序列的标准差：

$$S_1=\sqrt{\frac{\sum[X^{(0)}(i)-\bar{X}^{(0)}]^2}{n-1}}$$

(2) 计算绝对误差序列的标准差：

$$S_2=\sqrt{\frac{\sum[\Delta^{(0)}(i)-\bar{\Delta}^{(0)}]^2}{n-1}}$$

(3) 计算方差比：

$$C=\frac{S_2}{S_1}$$

(4) 计算小误差概率：

$$P=p\{|\Delta^{(0)}(i)-\bar{\Delta}^{(0)}|<0.674\,5S_1\}$$

令 $e_i=|\Delta^{(0)}(i)-\bar{\Delta}^{(0)}|$，$S_0=0.674\,5S_1$，则 $P=p\{e_i<S_0\}$。

P	C	
>0.95	<0.35	好
>0.80	<0.50	合格
>0.70	<0.65	勉强合格
$\leqslant 0.70$	$\geqslant 0.65$	不合格

若残差检验、关联度检验、后验差检验都能通过，则可以用所建模型进行预测；否则，应进行残差修正。

【例 10-4】 有如表 10-2 所示的时间序列，试建立 GM(1, 1)预测模型，并预测第 8 期的预测值(计算中允许四舍五入误差)。

表 10-2 某时间序列值

序 号	1	2	3	4	5	6
$X^{(0)}(i)$	26.7	31.5	32.8	34.1	35.8	37.5

解：第一步，构造累加生成列。

$$X^{(1)}(1)=X^{(0)}(1)=26.7$$

$$X^{(1)}(2)=X^{(1)}(1)+X^{(0)}(2)=26.7+31.5=58.2$$

$$X^{(1)}(3)=X^{(1)}(2)+X^{(0)}(3)=58.2+32.8=91$$

$$X^{(1)}(4)=X^{(1)}(3)+X^{(0)}(4)=91+34.1=125.1$$

$$X^{(1)}(5)=X^{(1)}(4)+X^{(0)}(5)=125.1+35.8=160.9$$

$$X^{(1)}(6)=X^{(1)}(5)+X^{(0)}(6)=160.9+37.5=198.4$$

生成列为：

$$X^{(1)}=\{26.7,\ 58.2,\ 91,\ 125.1,\ 160.9,\ 198.4\}$$

第二步，构造矩阵 B 和数据向量 Y_n。

$$B=\begin{bmatrix}-\frac{1}{2}[X^{(1)}(1)+X^{(1)}(2)] & 1\\ -\frac{1}{2}[X^{(1)}(2)+X^{(1)}(3)] & 1\\ -\frac{1}{2}[X^{(1)}(3)+X^{(1)}(4)] & 1\\ -\frac{1}{2}[X^{(1)}(4)+X^{(1)}(5)] & 1\\ -\frac{1}{2}[X^{(1)}(5)+X^{(1)}(6)] & 1\end{bmatrix}$$

$$=\begin{bmatrix}-\frac{1}{2}(26.7+58.2) & 1\\ -\frac{1}{2}(58.2+91) & 1\\ -\frac{1}{2}(91+125.1) & 1\\ -\frac{1}{2}(125.1+160.9) & 1\\ -\frac{1}{2}(160.9+198.4) & 1\end{bmatrix}$$

$$=\begin{bmatrix}-42.45 & 1\\ -74.6 & 1\\ -108.05 & 1\\ -143 & 1\\ -179.65 & 1\end{bmatrix}$$

$$Y_n=\begin{bmatrix}X^{(0)}(2)\\ X^{(0)}(3)\\ X^{(0)}(4)\\ X^{(0)}(5)\\ X^{(0)}(6)\end{bmatrix}=\begin{bmatrix}31.5\\ 32.8\\ 34.1\\ 35.8\\ 37.5\end{bmatrix}$$

第三步，计算 B^TB，$(B^TB)^{-1}$和 B^TY_n。

$$B^TB=\begin{bmatrix}-42.45 & -74.6 & -108.05 & -143 & -179.65\\ 1 & 1 & 1 & 1 & 1\end{bmatrix}\times\begin{bmatrix}-42.45 & 1\\ -74.6 & 1\\ -108.05 & 1\\ -143 & 1\\ -179.65 & 1\end{bmatrix}$$

$$=\begin{bmatrix}71\ 765.09 & -547.75\\ -547.75 & 5\end{bmatrix}$$

$$(B^TB)^{-1}=\begin{pmatrix}71\,765.09 & -547.75\\ -547.75 & 5\end{pmatrix}^{-1}$$

$$=\begin{pmatrix}0.000\,085 & 0.009\,316\\ 0.009\,316 & 1.220\,59\end{pmatrix}$$

$$B^TY_n=\begin{pmatrix}-42.45 & -74.6 & -108.05 & -143 & -179.65\\ 1 & 1 & 1 & 1 & 1\end{pmatrix}\times\begin{pmatrix}31.5\\ 32.8\\ 34.1\\ 35.8\\ 37.5\end{pmatrix}$$

$$=\begin{pmatrix}-19\,324.8\\ 171.7\end{pmatrix}$$

$$\hat{\alpha}=(B^TB)^{-1}B^TY_n$$

$$=\begin{pmatrix}0.000\,085 & 0.009\,316\\ 0.009\,316 & 1.220\,59\end{pmatrix}\begin{pmatrix}-19\,324.8\\ 171.7\end{pmatrix}$$

$$=\begin{pmatrix}-0.043\,8\\ 29.541\,22\end{pmatrix}$$

即：

$$a=-0.043\,8 \qquad \mu=29.541\,22$$

第四步，得出预测模型。

$$\frac{\mathrm{d}X^{(1)}}{\mathrm{d}t}-0.043\,8X^{(1)}=29.541\,22$$

$$X^{(0)}(1)=26.7$$

$$\frac{\mu}{a}=-674.388$$

$$X^{(0)}(1)-\frac{\mu}{a}=701.088\,5$$

$$X^{(1)}(k+1)=701.088\,5\mathrm{e}^{0.043\,8k}-674.388$$

第五步，残差检验。

(1) 计算。

$$k=0,\ \hat{X}^{(1)}(1)=701.088\,5\mathrm{e}^{0.043\,8\times 0}-674.388=26.7$$

$$k=1,\ \hat{X}^{(1)}(2)=701.088\,5\mathrm{e}^{0.043\,8\times 1}-674.388=58.093\,37$$

$$k=2,\ \hat{X}^{(1)}(3)=701.088\,5\mathrm{e}^{0.043\,8\times 2}-674.388=90.892\,46$$

$$k=3,\ \hat{X}^{(1)}(4)=701.088\,5\mathrm{e}^{0.043\,8\times 3}-674.388=125.160\,2$$

$$k=4,\ \hat{X}^{(1)}(5)=701.088\,5\mathrm{e}^{0.043\,8\times 4}-674.388=160.962\,5$$

$$k=5,\ \hat{X}^{(1)}(6)=701.088\,5\mathrm{e}^{0.043\,8\times 5}-674.388=198.367\,8$$

(2) 累减生成 $\hat{X}^{(0)}$ 序列。

$$\hat{X}^{(0)}(1)=\hat{X}^{(1)}(1)=26.7$$
$$\hat{X}^{(0)}(2)=\hat{X}^{(1)}(2)-\hat{X}^{(1)}(1)=58.093\,37-26.7=31.393\,37$$
$$\hat{X}^{(0)}(3)=\hat{X}^{(1)}(3)-\hat{X}^{(1)}(2)=90.892\,46-58.093\,37=32.799\,1$$
$$\hat{X}^{(0)}(4)=\hat{X}^{(1)}(4)-\hat{X}^{(1)}(3)=125.160\,2-90.892\,46=34.267\,78$$
$$\hat{X}^{(0)}(5)=\hat{X}^{(1)}(5)-\hat{X}^{(1)}(4)=160.962\,5-125.160\,2=35.802\,22$$
$$\hat{X}^{(0)}(6)=\hat{X}^{(1)}(6)-\hat{X}^{(1)}(5)=198.367\,8-160.962\,5=37.405\,38$$

即：

$$\hat{X}^{(0)}=\{26.7,\ 31.393\,37,\ 32.799\,1,\ 34.267\,78,\ 35.802\,22,\ 37.405\,38\}$$

(3) 计算绝对误差序列和相对误差序列。

绝对误差序列为：

$$\Delta^{(0)}=\{0,\ 0.106\,634,\ 0.000\,901,\ 0.167\,778,\ 0.002\,222,\ 0.094\,625\}$$

相对误差序列为：

$$\boldsymbol{\Phi}=\left\{\frac{0}{26.7}\times 100\%,\ \frac{0.106\,634}{31.5}\times 100\%,\ \frac{0.000\,91}{32.8}\times 100\%,\ \frac{0.167\,778}{34.1}\times 100\%,\right.$$
$$\left.\frac{0.002\,222}{35.8}\times 100\%,\ \frac{0.094\,625}{37.5}\times 100\%\right\}$$
$$=\{0,0.338\,522\%,\ 0.002\,747\%,\ 0.492\,018\%,\ 0.006\,207\%,\ 0.252\,333\%\}$$

相对误差小于 0.5%，模型的精确度较高。

第六步，进行关联度检验。

$$\min\{\Delta_i^{(0)}\}=\min\{0,\ 0.106\,634,\ 0.000\,901,\ 0.167\,778,\ 0.002\,222,\ 0.094\,625\}$$
$$=0$$
$$\max\{\Delta_i^{(0)}\}=\max\{0,\ 0.106\,634,\ 0.000\,901,\ 0.167\,778,\ 0.002\,222,\ 0.094\,625\}$$
$$=0.167\,778$$

(1) 计算关联系数。

由于只有两个序列，故不再寻找第二级最小差及最大差：

$$\eta(i)=\frac{\min\{\Delta_i^{(0)}\}+\rho\max\Delta_i^{(0)}}{\Delta_i^{(0)}+\rho\max\Delta_i^{(0)}}\qquad(i=1,\ 2,\ \cdots,\ \rho=0.5)$$

$$\eta(1)=\frac{0+0.5\times 0.167\,778}{0+0.5\times 0.167\,778}=1$$

$$\eta(2)=\frac{0.5\times 0.167\,778}{0.106\,634+0.5\times 0.167\,778}=0.440\,309$$

$$\eta(3)=\frac{0.5\times 0.167\,778}{0.000\,901+0.5\times 0.167\,778}=0.989\,373$$

$$\eta(4)=\frac{0.5\times 0.167\ 778}{0.167\ 78+0.5\times 0.167\ 778}=0.333\ 333$$

$$\eta(5)=\frac{0.5\times 0.167\ 778}{0.002\ 22+0.5\times 0.167\ 778}=0.974\ 197$$

$$\eta(6)=\frac{0.5\times 0.167\ 778}{0.094\ 625+0.5\times 0.167\ 778}=0.469\ 93$$

(2) 计算关联度。

$$r=\frac{1}{n}\sum_{i=1}^{n}\eta(i)$$

$$=\frac{1}{6}(1+0.440\ 309+0.989\ 373+0.333\ 333+0.974\ 197+0.469\ 93)$$

$$=0.701\ 19$$

$r=0.701\ 19$,满足 $\rho=0.5$ 时的检验准则 $r>0.60$。

第七步,后验差检验。

(1) 计算原始序列 $X^{(0)}$ 的标准差。

$$\bar{X}^{(0)}=\frac{1}{6}(26.7+31.5+32.8+34.1+35.8+37.5)$$

$$=33.066\ 67$$

$$S_1=\sqrt{\frac{\sum[X^{(0)}(i)-\bar{X}^{(0)}]^2}{n-1}}$$

$$=\sqrt{\frac{(26.7-33.066\ 67)^2+(31.5-33.066\ 67)^2+\cdots+(37.5-33.066\ 67)^2}{5}}$$

$$=3.775\ 006$$

(2) 计算残差 $\Delta^{(0)}$ 的标准差。

$$\bar{\Delta}^{(0)}=\frac{1}{6}(0+0.106\ 634+0.000\ 901+0.167\ 778+0.002\ 222+0.094\ 625)$$

$$=0.062\ 027$$

$$S_2=\sqrt{\frac{\sum(\Delta^{(0)}(i)-\bar{\Delta}^{(0)})^2}{n-1}}$$

$$=\sqrt{\frac{(0-0.062\ 027)^2+(0.106\ 634-0.062\ 027)^2+\cdots+(0.094\ 65-0.062\ 027)^2}{6-1}}$$

$$=0.071\ 269$$

(3) 计算 C。

$$C=\frac{S_2}{S_1}=\frac{0.071\ 269}{3.775\ 006}=0.018\ 879$$

(4) 计算小误差概率。

$$S_0 = 0.6745 \times 3.775006 = 2.546241$$

$$\begin{aligned} e_i &= |\Delta^{(0)}(i) - \bar{\Delta}^{(0)}| \\ &= \{0.062027, 0.044608, 0.06113, 0.105751, 0.0508, 0.032598\} \end{aligned}$$

所有的 e 都小于 S_0，故 $P=1$，$C<0.35$。

模型 $X^{(1)}(k+1) = 701.0885e^{0.0438k} - 674.388$ 有较好的预测精度。

第八步，模型经检验后可用于预测，预测公式为：

$$X^{(0)}(k+1) = X^{(1)}(k+1) - X^{(1)}(k)$$

当 $k=7$ 时，可预测出第 8 期的预测值为：

$$\begin{aligned} X^{(0)}(8) &= X^{(1)}(8) - X^{(1)}(7) \\ &= (701.0885e^{0.0438\times 7} - 674.388) - (701.0885e^{0.0438\times 6} - 674.388) \\ &= 40.82492 \end{aligned}$$

即第 8 期的预测值为 40.824 92。

第三节　GM(1, 1)残差模型及 GM(n, h)模型

一、残差模型

如果用原始经济时间序列 $X^{(0)}$ 建立的 GM(1, 1)模型检验不合格或精度不理想，就要对建立的 GM(1, 1)模型进行残差修正或提高模型的预测精度。

设原始经济时间序列 $X^{(0)}$ 建立的 GM(1, 1)模型为：

$$\hat{X}^{(1)}(i+1) = \left[X^{(0)}(1) - \frac{\mu}{a}\right]e^{-ai} + \frac{\mu}{a}$$

可获得生成序列 $X^{(1)}$ 的预测值 $\hat{X}^{(1)}$，即对于 $X^{(1)} = \{X^{(1)}(1), X^{(1)}(2), \cdots, X^{(1)}(n)\}$，有预测序列 $\hat{X}^{(1)} = \{\hat{X}^{(1)}(1), \hat{X}^{(1)}(2), \cdots, \hat{X}^{(1)}(n)\}$，定义残差为：

$$e^{(0)}(j) = X^{(1)}(j) - \hat{X}^{(1)}(j)$$

若取 $j = i, i+1, \cdots, n$，则与 $X^{(1)}$ 及 $\hat{X}^{(1)}$ 对应的残差序列为：

$$e^{(0)} = \{e^{(0)}(i), e^{(0)}(i+1), \cdots, e^{(0)}(n)\}$$

为便于计算，改写为：

$$e^{(0)} = \{e^{(0)}(1'), e^{(0)}(2'), \cdots, e^{(0)}(n')\}$$

$e^{(0)}$ 的累加生成序列为：

$$e^{(1)} = \{e^{(1)}(1'), e^{(1)}(2'), \cdots, e^{(1)}(n')\} \qquad (n' = n - i)$$

$e^{(1)}$可建立相应的GM(1,1)模型：

$$\hat{e}^{(1)}(k+1)=\left[e^{(0)}(1)-\frac{\mu_e}{a_e}\right]\mathrm{e}^{-a_e k}+\frac{\mu_e}{a_e}$$

$\hat{e}^{(1)}(k+1)$ 的导数 $\hat{e}'(k+1)=(-a_e)\left[e^{(0)}(1)-\frac{\mu_e}{a_e}\right]\mathrm{e}^{-a_e(k-1)}$ 加上 $\hat{X}^{(1)}(k+1)$ 修正 $\hat{X}^{(1)}(k+1)$，得到修正模型：

$$\hat{X}^{(1)}(k+1)=\left[X^{(0)}(1)-\frac{\mu}{a}\right]\mathrm{e}^{-ak}+\frac{\mu}{a}+\delta(k-1)(-a_e)\cdot\left[e^{(0)}(1)-\frac{\mu_e}{a_e}\right]\mathrm{e}^{-a_e(k-1)}$$

其中，$\delta(k-1)=\begin{cases}1 & k\geqslant 2\\ 0 & k<2\end{cases}$ 为修正系数。

最后，给出经过残差修正的原始序列预测模型：

$$\hat{X}^{(0)}(k+1)=\hat{X}^{(1)}(k+1)-\hat{X}^{(1)}(k)\qquad (k=1,2,\cdots)$$

二、GM(1，1)模型用于宏观经济预测的实证分析

【例 10－5】 表 10－3 列出了某地区 2015—2020 年国内生产总值总消费的资料。

生产决定消费，国内生产总值总消费决定了居民的消费水平，为此，很有必要对国内生产总值总消费进行科学预测，分析国内生产总值总消费发展趋势，为宏观经济政策的制定提供重要的参考。

表 10－3　某地区 2015—2020 年国内生产总值总消费　　单位：亿元

年　份	2015	2016	2017	2018	2019	2020
国内生产总值总消费	386.06	476.57	679.35	873.89	1 085.33	1 252.33

试根据表 10－3 的资料，建立该地区国内生产总值总消费的灰色预测模型GM(1，1)，并预测该地区 2022 年国内生产总值总消费。

首先，令 $X^{(0)}(1)$，$X^{(0)}(2)$，$X^{(0)}(3)$，$X^{(0)}(4)$，$X^{(0)}(5)$，$X^{(0)}(6)$对应于原始序列数据。

第一步，构造累加生成序列。

$$X^{(1)}(1)=X^{(0)}(1)=386.06$$
$$X^{(1)}(2)=X^{(1)}(1)+X^{(0)}(2)=862.63$$
$$X^{(1)}(3)=X^{(1)}(2)+X^{(0)}(3)=1\,541.98$$
$$X^{(1)}(4)=X^{(1)}(3)+X^{(0)}(4)=2\,415.87$$
$$X^{(1)}(5)=X^{(1)}(4)+X^{(0)}(5)=3\,501.2$$
$$X^{(1)}(6)=X^{(1)}(5)+X^{(0)}(6)=4\,753.53$$

第二步，构造数据矩阵 B 和数据向量 Y_n。

$$B=\begin{bmatrix} -\frac{1}{2}[X^{(1)}(1)+X^{(1)}(2)] & 1 \\ -\frac{1}{2}[X^{(1)}(2)+X^{(1)}(3)] & 1 \\ -\frac{1}{2}[X^{(1)}(3)+X^{(1)}(4)] & 1 \\ -\frac{1}{2}[X^{(1)}(4)+X^{(1)}(5)] & 1 \\ -\frac{1}{2}[X^{(1)}(5)+X^{(1)}(6)] & 1 \end{bmatrix}$$

$$=\begin{bmatrix} -\frac{1}{2}(386.06+862.63) & 1 \\ -\frac{1}{2}(862.63+1\,541.98) & 1 \\ -\frac{1}{2}(1\,541.98+2\,415.87) & 1 \\ -\frac{1}{2}(2\,415.87+3\,501.2) & 1 \\ -\frac{1}{2}(3\,501.2+4\,753.53) & 1 \end{bmatrix}$$

$$=\begin{bmatrix} -624.345 & 1 \\ -1\,202.305 & 1 \\ -1\,978.925 & 1 \\ -2\,958.535 & 1 \\ -4\,127.365 & 1 \end{bmatrix}$$

$$Y_n=\begin{bmatrix} 476.57 \\ 679.35 \\ 873.89 \\ 1\,085.33 \\ 1\,252.33 \end{bmatrix}$$

第三步，计算 B^TB，$(B^TB)^{-1}$，B^TY_n。

$$B^TB=\begin{bmatrix} -624.345 & -1\,202.305 & -1\,978.925 & -2\,958.535 & -4\,127.365 \\ 1 & 1 & 1 & 1 & 1 \end{bmatrix}$$

$$\times\begin{bmatrix} -624.345 & 1 \\ -1\,202.305 & 1 \\ -1\,978.925 & 1 \\ -2\,958.535 & 1 \\ -4\,127.365 & 1 \end{bmatrix}$$

$$= \begin{bmatrix} 31\,539\,559.34 & -1\,081.475 \\ -1\,081.475 & 5 \end{bmatrix}$$

$$(B^T B)^{-1} = \begin{bmatrix} 31\,539\,559.34 & -1\,081.475 \\ -1\,081.475 & 5 \end{bmatrix}^{-1}$$

$$= \begin{bmatrix} 0.000\,000\,12 & 0.000\,278\,742 \\ 0.000\,278\,742 & 0.808\,183\,989 \end{bmatrix}$$

$$B^T Y_n = \begin{bmatrix} -624.345 & -1\,202.305 & -1\,978.925 & -2\,958.535 & -4\,127.365 \\ 1 & 1 & 1 & 1 & 1 \end{bmatrix}$$

$$\times \begin{bmatrix} 476.57 \\ 679.35 \\ 873.89 \\ 1\,085.33 \\ 1\,252.33 \end{bmatrix}$$

$$= \begin{bmatrix} -11\,223\,502.57 \\ 4\,367.47 \end{bmatrix}$$

$$\hat{a} = (B^T B)^{-1} B^T Y_n$$

$$= \begin{bmatrix} 0.000\,000\,12 & 0.000\,278\,742 \\ 0.000\,278\,742 & 0.807\,183\,989 \end{bmatrix} \times \begin{bmatrix} -11\,223\,502.57 \\ 4\,367.47 \end{bmatrix}$$

$$= \begin{bmatrix} -0.207\,987\,503 \\ 396.890\,303\,1 \end{bmatrix}$$

即：

$$a = -0.207\,987\,503$$

$$\mu = 396.890\,303\,1$$

第四步,得出预测模型。

$$\frac{\mathrm{d}X^{(1)}}{\mathrm{d}t} - 0.207\,987\,503X^{(1)} = 396.890\,303\,1$$

$$X^{(0)}(1) = 386.06 \qquad \frac{\mu}{a} = -1\,908.241\,108$$

$$X^{(0)}(1) - \frac{\mu}{a} = 2\,294.301\,108$$

$$X^{(1)}(k+1) = 2\,294.301\,108\mathrm{e}^{0.207\,988k} - 1\,908.241\,108$$

第五步,进行关联度检验。

(1) 计算：

$\Delta(1) = 0$，$\Delta(2) = 53.87$，$\Delta(3) = 26.28$，$\Delta(4) = 69.82$，$\Delta(5) = 95.37$，

$\Delta(6) = 33.48$，$\min\{\Delta(k)\} = 0$，$\max\{\Delta(k)\} = 95.37$

(2) 计算关联系数：

$$\eta(1)=\frac{0+0.5\times95.37}{0+0.5\times95.37}=1$$

$$\eta(2)=\frac{0.5\times95.37}{53.87+0.5\times95.37}=0.47$$

$$\eta(3)=\frac{0.5\times95.37}{26.28+0.5\times95.37}=0.64$$

$$\eta(4)=\frac{0.5\times95.37}{69.82+0.5\times95.37}=0.41$$

$$\eta(5)=\frac{0.5\times95.37}{95.37+0.5\times95.37}=0.33$$

$$\eta(6)=\frac{0.5\times95.37}{33.48+0.5\times95.37}=0.59$$

$$r=\frac{1}{6}(1+0.47+0.64+0.41+0.33+0.59+)=0.573$$

$r=0.573$ 是基本满足 $\rho=0.5$ 时，$r>0.57$ 的。
所以，关联度检验通过。
第六步，后验差检验。
(1) 计算：

$$\bar{X}^{(0)}=\frac{1}{6}\times(386.06+476.57+679.35+873.89+1\,085.33+1\,252.33)$$

$$=792.255$$

$$S_1=\sqrt{\frac{\sum[X^{(0)}(k)-\bar{X}^{(0)}]^2}{n-1}}=341.065$$

(2) 计算残差的均值：

$$\bar{\Delta}=\frac{1}{6}\times(0+53.87+26.28+69.82+95.37+33.48)=46.47$$

残差的标准差：

$$S_2=\sqrt{\frac{\sum[\Delta(k)-\bar{\Delta}]^2}{n-1}}=33.843\,8$$

$$C=\frac{S_2}{S_1}=\frac{33.843\,8}{341.065}=0.099\,23$$

$$S_0=0.674\,5S_1=0.674\,5\times341.065=230.048$$

$$e_k=|\Delta(k)-\bar{\Delta}|=\{46.47,\ 7.4,\ 20.19,\ 23.35,\ 48.9,\ 12.98\}$$

所有 e_k 都小于 S_0，故 $P=1$，$C<0.35$。

所以,后验差检验通过。

第七步,残差检验。

(1) 计算:

$$k=0,$$

$$X^{(1)}(1)=2\,294.301\,108e^{0}-1\,908.241\,108=386.06$$

$$k=1,$$

$$X^{(1)}(2)=2\,294.301\,108e^{0.207\,988\times 1}-1\,908.241\,108=916.498\,734$$

$$k=2,$$

$$X^{(1)}(3)=2\,294.301\,108e^{0.207\,988\times 2}-1\,908.241\,108=1\,569.574\,052$$

$$k=3,$$

$$X^{(1)}(4)=2\,294.301\,108e^{0.207\,988\times 3}-1\,908.241\,108=2\,373.639\,335$$

$$k=4,$$

$$X^{(1)}(5)=2\,294.301\,108e^{0.207\,988\times 4}-1\,908.241\,108=3\,363.603\,222$$

$$k=5,$$

$$X^{(1)}(6)=2\,294.301\,108e^{0.207\,988\times 5}-1\,908.241\,108=4\,582.445\,17$$

(2) 累减生成序列:

$$\hat{X}^{(0)}(1)=X^{(1)}(1)=386.06$$

$$\hat{X}^{(0)}(2)=X^{(1)}(2)-X^{(1)}(1)=530.44$$

$$\hat{X}^{(0)}(3)=X^{(1)}(3)-X^{(1)}(2)=653.07$$

$$\hat{X}^{(0)}(4)=X^{(1)}(4)-X^{(1)}(3)=804.07$$

$$\hat{X}^{(0)}(5)=X^{(1)}(5)-X^{(1)}(4)=989.96$$

$$\hat{X}^{(0)}(6)=X^{(1)}(6)-X^{(1)}(5)=1\,218.35$$

(3) 计算绝对误差序列及相对误差序列:

绝对误差序列 $\Delta^{(0)}=\{0, 53.87, 26.28, 69.82, 95.37, 33.48\}$

相对误差序列 $\boldsymbol{\Phi}=\{0, 11.3\%, 3.87\%, 7.99\%, 8.79\%, 2.67\%\}$

相对误差序列中有的相对误差很大,所以要对原模型

$$X^{(1)}(k+1)=2\,294.301\,108e^{0.207\,988k}-1\,908.241\,108 \qquad (k=0, 1, 2, \cdots)$$

进行残差修正,以提高精度。

(4) 利用残差对原模型进行修正:

我们取

$$e^{(0)}=\{53.87,\ 26.28,\ 69.82,\ 95.37,\ 33.48\}$$

$$e^{(1)}=\{53.87,\ 80.15,\ 149.94,\ 245.34,\ 278.82\}$$

$$B^T=\begin{pmatrix}-67.01 & -115.06 & -197.655 & -262.08\\ 1 & 1 & 1 & 1\end{pmatrix}$$

$$B^TB=\begin{pmatrix}125\ 482.569\ 1 & -641.805\\ -641.805 & 4\end{pmatrix}$$

$$(B^TB)^{-1}=\begin{pmatrix}4.443\ 6\times10^{-5} & 7.129\ 9\times10^{-3}\\ 7.129\ 9\times10^{-3} & 1.384\ 0\end{pmatrix}$$

$$Y_n=(26.28,69.82,95.37,33.48)^T$$

$$B^TY_n=\begin{pmatrix}-37\ 419.307\ 75\\ 224.95\end{pmatrix}$$

$$\hat{\alpha}=(B^TB)^{-1}B^TY_n=\begin{pmatrix}-0.058\ 9\\ 46.784\ 4\end{pmatrix}$$

$$\frac{\mu_n}{a_n}=-794.302\ 2$$

$$\hat{e}^{(1)}(k+1)=\left[e^{(0)}(1)-\frac{\mu_n}{a_n}\right]\mathrm{e}^{0.058\ 9k}-794.302\ 2$$

$$=848.172\ 2\mathrm{e}^{0.058\ 9k}-794.302\ 2$$

对上述求导,得:

$$[\hat{e}^{(1)}(k+1)]'=49.957\ 3\mathrm{e}^{0.058\ 9k}$$

这样得到经过残差修正后的模型:

$$\hat{X}^{(1)}(k+1)=2\ 294.301\ 108\mathrm{e}^{0.207\ 988k}-1\ 908.241\ 18+\delta(k-1)49.957\ 3\mathrm{e}^{0.058\ 9(k-1)}$$

其中:

$$\delta(k-1)=\begin{cases}1 & k\geqslant 2\\ 0 & k<2\end{cases}$$

修正后,精度有所提高。修正后的残差计算见表 10-4。

表 10-4　修正后的残差计算表

序号 k	$X^{(1)}(k)$	$\hat{X}^{(1)}(k)$	修正后误差	相对误差
1	386.06	386.06	0	0
2	862.63	900.01	37.38	4.33%
3	1 541.98	1 622.56	80.58	5.23%

续 表

序号 k	$X^{(1)}(k)$	$\hat{X}^{(1)}(k)$	修正后误差	相对误差
4	2 451.87	2 426.63	10.76	0.45%
5	3 501.20	3 419.20	82	2.34%
6	4 753.33	4 622.06	131.27	2.76%

因此,可用上述经过残差修正后的模型来预测该地区 2022 年国内生产总值总消费:

$k=6$:

$$X^{(1)}(7)=2\,294.301\,108e^{0.207\,988\times 6}-1\,908.241\,18+49.957\,3e^{0.058\,9\times 5}$$
$$=6\,150.15$$

$k=7$:

$$X^{(1)}(8)=2\,294.301\,108e^{0.207\,988\times 7}-1\,908.241\,18+49.957\,3e^{0.058\,9\times 6}$$
$$=8\,001.80$$

该地区 2022 年国内生产总值总消费预测值 $=X^{(1)}(8)-X^{(1)}(7)$

$=1\,851.65$(亿元)

三、GM(n, h)模型的构造

GM(n, h)模型是微分方程模型,可用于对描述对象做长期、连续、动态的反映。从原则上讲,某一灰色系统无论内部机制如何,只要能将该系统的原始表征量表示为时间序列 $\{X^{(0)}(t)\}$,并有 $\{X^{(0)}(t)\}$, $t\in N$, $\forall t\in N$, $X^{(0)}(t)\geqslant 0$(N 表示自然数集),即可用 GM 模型对系统进行描述。若系统具有 n 阶导数,h 个变量及原始表征量:

$$\{X_i^{(0)}(k)\}\qquad (k=1,\ 2,\ \cdots,\ n;\ i=1,\ 2,\ \cdots,\ h)$$

经变换:

$$T:\{X_i^{(0)}(k)\}\longrightarrow\{X_i^{(\xi)}(k)\},\ \xi\in N$$

且有:

$$\{X_i^{(\xi)}(\varepsilon)\}=\sum_{k=1}^{\varepsilon}X_i^{(\xi-1)}(k)\qquad (\varepsilon=1,\ 2,\ \cdots,\ n)$$

记一次累加序列为:

$$\{X_i^{(1)}(k)\}\qquad (i=1,\ 2,\ \cdots,\ h;\ k=1,\ 2,\ \cdots,\ n)$$

$X_i^{(1)}(k)$的多次累加序列为:

$$\{a^j(X_i^{(1)},\ k)\}\qquad (i=1,\ 2,\ \cdots,\ h;\ k=1,\ 2,\ \cdots,\ n;\ j=1,\ 2,\ \cdots,\ n)$$
$$a^{(j)}(X_i^{(1)},\ k)=a^{(j-1)}(X_i^{(t)},\ k)-a^{(j-1)}(X_i^{(t)},\ k-1)$$
$$a^{(1)}(X_i^{(1)},\ k)=a^{(0)}(X_i^{(t)},\ k)-a^{(0)}(X_i^{(t)},\ k-1)$$
$$a^{(0)}(X_i^{(1)},\ k)=X_i^{(t)}(k)$$

构造下列数据矩阵：

$$A=\begin{pmatrix} -a^{n-1}(X_i^{(1)},2), & -a^{n-2}(X_i^{(1)},2), & \cdots, & -a^{1}(X_i^{(1)},2) \\ -a^{n-1}(X_i^{(1)},3), & -a^{n-2}(X_i^{(1)},3), & \cdots, & -a^{1}(X_i^{(1)},3) \\ \vdots & \vdots & \vdots & \vdots \\ -a^{n-1}(X_i^{(1)},n), & -a^{n-2}(X_i^{(1)},n), & \cdots, & -a^{1}(X_i^{(1)},n) \end{pmatrix}$$

$$B=\begin{pmatrix} -\frac{1}{2}[X_i^{(1)}(2)+X_i^{(1)}(1)], & X_2^{(1)}(2), & \cdots, & X_h^{(1)}(2) \\ -\frac{1}{2}[X_i^{(1)}(3)+X_i^{(1)}(2)], & X_2^{(1)}(3), & \cdots, & X_h^{(1)}(3) \\ \vdots & \vdots & \vdots & \vdots \\ -\frac{1}{2}[X_i^{(1)}(n)+X_i^{(1)}(n-1)], & X_2^{(1)}(n), & \cdots, & X_h^{(1)}(n) \end{pmatrix}$$

由 A 在前、B 在后构成的分块矩阵记为$(A:B)$。

构造数据列 Y_n：

$$Y_n=[a^{(n)}(X_1^{(n)},2),\ a^{(n)}(X_1^{(n)},3),\ \cdots,\ a^{(n)}(X_1^{(n)},n)]^T$$

则由$(A:B)$与 Y_n 可以建立 n 阶微分方程所表达的模型：

$$\frac{\mathrm{d}^n X_1^{(1)}}{\mathrm{d}t^n}+a_1\frac{\mathrm{d}^{n-1}X_1^{(1)}}{\mathrm{d}t^{n-1}}+\cdots+a_nX_1^{(1)}=b_1X_2^1+b_2X_3^{(1)}+\cdots+b_{n-1}X_n^{(1)}$$

记微分方程的系数向量为 $\hat{a}$：

$$\hat{a}=[a_1,\ a_2,\ \cdots,\ a_n,\ b_1,\ b_2,\ \cdots,\ b_{n-1}]^T$$

则 $\hat{a}$ 可通过下式求得：

$$\hat{a}=[(A:B)^T(A:B)]^{-1}(A:B)^TY_n$$

当 $n=1$，$h=1$ 时，GM(n，h)模型即变为 GM(1，1)模型。

本章小结

1. 灰色预测是一种对含有不确定因素的系统进行预测的方法。灰色系统是介于白色系统和黑色系统之间的一种系统。白色系统是指一个系统的内部特征是完全已知的，即系统的信息是完全充分的；黑色系统是指一个系统的内部信息对外界来说一无所知。

灰色预测通过鉴别系统因素之间发展趋势的相异程度，并对原始数据的生成处理来寻找系统变动的规律，从而建立预测模型来预测事物未来的发展趋势。

2. 灰色预测一般分为四种类型：灰色时间序列预测、畸变预测、系统预测和拓扑预测。

3. 应用得最多的灰色预测模型是 GM(1，1)模型，该模型通过求解微分方程

$$\frac{\mathrm{d}X^{(1)}}{\mathrm{d}t}+\mathrm{d}X^{(1)}=\mu$$

而求得，其预测模型的一般形式为：

$$X^{(1)}(k+1)=\left[X^{(0)}(1)-\frac{\mu}{a}\right]e^{-ak}+\frac{\mu}{a}$$

4.建立GM(1, 1)模型一般要通过一系列检验,如建立的GM(1, 1)模型检验不合格或精度不理想,则要对模型进行残差修正,修正的方法是建立GM(1, 1)的残差模型。

思考与练习

一、单项选择题

1. 灰色系统的内部特征是(　　)。

A. 完全已知的　　B. 完全未知的

C. 一部分信息已知,一部分信息未知　　D. 以上都可以

2. 黑色系统的内部特征是(　　)。

A. 完全已知的　　B. 完全未知的

C. 一部分信息已知,一部分信息未知　　D. 以上都可以

3. 白色系统的内部特征是(　　)。

A. 完全已知的　　B. 完全未知的

C. 一部分信息已知,一部分信息未知　　D. 以上都可以

4. 用观察到的反映预测对象特征的时间序列来构造灰色预测模型,预测未来某一时刻的特征量,或达到某一特征量的时间的预测方法,属于(　　)。

A. 灰色时间序列预测　　B. 畸变预测

C. 系统预测　　D. 拓扑预测

5. 对地震时间的预测,属于(　　)。

A. 灰色时间序列预测　　B. 畸变预测

C. 系统预测　　D. 拓扑预测

6. 市场中代用产品、相互关联产品销售量互相制约的预测,属于(　　)。

A. 灰色时间序列预测　　B. 畸变预测

C. 系统预测　　D. 拓扑预测

7. 将原始数据做曲线,在曲线上按定值寻找该定值发生的所有时点,并以该定值为框架构成时点数列,然后建立模型预测该定值所发生的时点的预测方法,属于(　　)。

A. 灰色时间序列预测　　B. 畸变预测

C. 系统预测　　D. 拓扑预测

8. 在建立灰色预测模型之前,需先对原始时间序列进行数据处理,是为了(　　)。

A. 弱化原始时间序列的随机性　　B. 弱化原始时间序列的趋势性

C. 弱化原始时间序列的季节性　　D. 弱化原始时间序列的周期性

9. 已知序列 $X^{(0)}=\{10, 11.6, 18.4, 20, 23.5, 30\}$,此序列的一次累加生成列记为 $X^{(1)}$,则以下说法不正确的是(　　)。

A. $X^{(1)}(1)=10$　　B. $X^{(1)}(2)=21.6$

C. $X^{(1)}(3)=40$　　D. $X^{(1)}(4)=83.5$

10. 已知序列 $X^{(0)}=\{10, 11.6, 18.4, 20, 23.5, 30\}$，此序列的一次累减生成列记为 $X^{(1)}$，则以下说法不正确的是(　　)。

A. $X^{(1)}(1)=10$　　B. $X^{(1)}(2)=1.6$

C. $X^{(1)}(3)=5.8$　　D. $X^{(1)}(4)=1.6$

二、多项选择题

1. 有关灰色系统的说法，正确的有(　　)。

A. 系统的内部特征是完全已知的

B. 系统的内部特征是完全未知的

C. 一部分信息是已知的，另一部分信息是未知的

D. 系统内各因素间具有不确定的关系

E. 是介于白色系统和黑色系统之间的一种系统

2. 有关灰色预测的说法，正确的有(　　)。

A. 是一种对含有不确定因素的系统进行预测的方法

B. 建立模型之前，需先对原始时间序列进行数据处理

C. 常用的数据处理方式有累加和累减两种

D. 建立模型之前，不需先对原始时间序列进行数据处理

E. 经过数据处理后的时间序列称为生成列

3. 灰色预测一般分为(　　)。

A. 灰色时间序列预测　　B. 畸变预测

C. 系统预测　　D. 拓扑预测

E. 生成预测

4. 在 GM(1, 1)模型中，(　　)。

A. α 称为发展灰数

B. μ 称为内生控制灰数

C. 带估参数向量可用最小二乘法求解

D. GM(1, 1)中括号里面后面一个 1 表示 1 个变量

E. GM(1, 1)中括号里面前面一个 1 表示 1 阶方程

5. 在关联系数的定义中，(　　)。

A. ρ 称为分辨率

B. $0<\rho<1$，一般取 $\rho=0.5$

C. $\min\min|\hat{X}^{(0)}(k)-X^{(0)}(k)|$ 为两级最小差

D. $\max\max|\hat{X}^{(0)}(k)-X^{(0)}(k)|$ 为两级最大差

E. 对单位不一、初值不同的序列也可以直接计算关联系数

6. 灰色预测检验一般包括(　　)。

A. 相对误差检验　　B. 关联度检验

C. 残差检验　　D. 最小残差检验

E. 后验差检验

7. 以下说法错误的有(　　)。

A. GM(1, 1)的残差模型可用于修正原始模型

B. GM(n, h)模型是微分方程模型
C. GM(n, h)模型可用于对描述对象做长期、连续、动态的反映
D. GM(n, h)模型和 GM(1, 1)模型没有关系
E. 应用最多的灰色预测模型是 GM(1, 1)的残差模型
8. 在后验差检验中,对于 P 和 C,(　　)。
A. 若 $P > 0.95$ 或 $C < 0.35$,则认为模型好
B. 若 $P > 0.80$ 或 $C < 0.5$,则认为模型好
C. 若 $P > 0.7$ 或 $C < 0.65$,则认为模型合格
D. 若 $P > 0.7$ 或 $C < 0.65$,则认为模型勉强合格
E. 若 $P \leqslant 0.70$ 或 $C \geqslant 0.65$,则认为模型不合格
9. 已知时间序列如下表所示:

时　间	2017	2018	2019	2020	2021
$X^{(0)}(k)$	2.875	3.278	3.337	3.39	3.679

则以下正确的有(　　)。
A. 初始化后变为 $X^{(1)}=(1, 1.140, 1.161, 1.179, 1.280)$
B. 累加生成列中第二个数为 6.153
C. 累加生成列中最后一个数为 12.8
D. 累减生成列中最后一个数为 0.289
E. 累减生成列中第三个数为 0.053
10. 已知时间序列 $X^{(0)}=(43.45, 47.05, 52.75, 57.14, 62.64, 68.52)$,则以下错误的有(　　)。
A. 初始化后变为 $X^{(1)}=(1, 1.083, 1.214, 1.315, 1.442, 1.577)$
B. 累加生成列为 $X^{(1)}=(43.45, 90.5, 143.25, 200.39, 263.03, 331.55)$
C. 累加生成列为 $X^{(1)}=(43.45, 90.5, 143.25, 200.39, 205.89, 274.41)$
D. 累减生成列为 $X^{(1)}=(43.45, 3.6, 9.3, 10.09, 9.89, 11.38)$
E. 累减生成列为 $X^{(1)}=(43.45, 3.6, 5.7, 4.39, 5.5, 5.88)$

三、名词解释

1. 灰色系统
2. 黑色系统
3. 白色系统
4. 灰色预测
5. 生成列
6. 关联度

四、简答题

1. 什么叫灰色预测?灰色预测分为哪几种类型?
2. 进行灰色预测要经过哪些步骤?为什么要先对数据进行处理?

3. 灰色预测常用的检验方法有哪几种？

4. 简单描述 GM(n，h)模型。

五、计算题

1. 设参考序列为 $Y_0=$(170，174，197，216.4，235.8)，被比较序列为 $Y_1=$(195.4，189.9，187.2，205，222.7)，$Y_2=$(308，310，295，346，367)。

要求：求关联度。

2. 某地的油菜发病率数据为：$X_0=$(6，20，40，25，40，45，35，21，14，18，15.5，17，15)。

要求：

(1) 试建立 GM(1，1)模型，并进行模型的残差检验；

(2) 如果所建立的模型不理想，试用残差模型对其进行修正。

3. 已知时间序列数据如下表所示：

时　间	2016	2017	2018	2019	2020	2021
k	1	2	3	4	5	6
$x^0(k)$	43.45	47.05	52.75	57.14	62.64	68.52

要求：试预测 2023 年的数据。

11

第十一章 状态空间模型和卡尔曼滤波

全章提要

第一节 状态空间模型

一、状态空间模型简述

状态空间模型是动态时域模型，以隐含着的时间为自变量。状态空间模型包括两个模型：一是状态方程模型，反映动态系统在输入变量作用下在某时刻所转移到的状态；二是输出方程模型，它将系统在某时刻的输出和系统的状态及输入变量联系起来。

状态空间模型按所受影响因素的不同，分为确定性状态空间模型和随机性状态空间模型。在实际预测工作中经常应用的是随机性状态空间模型。

状态空间模型按数值形式，分为离散状态空间模型和连续状态空间模型。一方面，由于连续状态空间模型可以通过随机积分转换为离散状态空间模型；另一方面，由于许多实际的量测系统都是在离散时点上采样而得到的离散向量，所以，在实际工作中经常采用离散状态空间模型。

状态空间模型所描述的动态系统，又可分为线性的与非线性的、时变的与时不变的。设 X_{1t} 和 X_{2t} 表示系统的输入，Y_{1t} 和 Y_{2t} 表示系统相应的输出，对任何常数 a 和 b，若一个线性组合输入 $aX_{1t}+bX_{2t}$ 产生相应的线性组合输出 $aY_{1t}+bY_{2t}$，则称该系统为线性的；否则为非线性的。若输入 X_t 产生输出 Y_t，当输入 X_{t-t_0} 时将对应地产生输出 Y_{t-t_0}，则称该系统为时不变系统，即这一系统的特性不随时间变化。

状态空间模型的几种分类方式可以任意组合，形成多种模式。

- 连续性（或离散性）
  - 确定性
    - 线性
      - 时变
      - 时不变
    - 非线性
      - 时变
      - 时不变
  - 随机性
    - 线性
      - 时变
      - 时不变
    - 非线性
      - 时变
      - 时不变

其中，应用广泛且较常见的是线性时不变模型。

二、系统的状态空间

离散时间随机性动态系统的概念是系统理论中最基本的概念。以数学形式描述系统的状态，是使系统理论进入定量科学的关键性概念。

离散时间随机性系统的状态，是指系统内部的可能运动状态和可能储能状态。系统在

$k=k_0$时刻的状态，是在 $k<k_0$ 时系统内部储能的积累结果，并在 $k=k_0$ 时以系统要素储能的方式表现出来，还将影响系统在 $k>k_0$ 时的外部行为，所以，系统在 k_0 时刻的状态为 k_0 时的总信息，它包括系统的过去，并足以用它来研究系统的未来。

用随机向量序列来描述系统在任一时刻的状态向量，称为状态向量法，也称为状态空间法，它是系统的内部描述法。状态向量表示为：

$$X(k)=\begin{pmatrix} x_1(k) \\ x_2(k) \\ \vdots \\ x_n(k) \end{pmatrix}$$

其中，$x_i(k)(k=1, 2, \cdots, n)$ 是第 i 个状态向量。

状态向量所能取的一切值的集合，称为状态空间。状态向量值是状态空间的一点，在初始时刻 k_0，状态向量 $X(k_0)$称为初始状态向量，简称初态，表示状态空间中的一个初始点，有时记为$X(0)$。

三、系统的输入与输出

引入状态向量是为了对系统内部结构进行数学描述，但在许多情况下，系统的状态是无法直接量测到的，有时甚至全部不能量测到，在实际工作中，能量测到的量只是系统的输入与输出。

系统的输入是随时间而变的一组变量，表示为：

$$U(k)=\begin{pmatrix} u_1(k) \\ u_2(k) \\ \vdots \\ u_r(k) \end{pmatrix}$$

称为输入向量，其分量 $u_i(k)(i=1, 2, \cdots, r)$ 称为输入变量，通常为确定性输入向量。

系统受到的随机干扰是随时间而变的一组变量，表示为：

$$W(k)=\begin{pmatrix} w_1(k) \\ w_2(k) \\ \vdots \\ w_p(k) \end{pmatrix}$$

称为系统的动态模型噪声，它是系统的一种特殊输入向量。

系统的输出也是随时间而变的一组变量，表示为：

$$Y(k)=\begin{pmatrix} y_1(k) \\ y_2(k) \\ \vdots \\ y_m(k) \end{pmatrix}$$

称为输出向量，其分量 $y_i(k)(i=1, 2, \cdots, m)$ 称为输出变量，通常也称为量测向量与量测变量。

量测系统也会受到随机噪声的污染，表示为：

$$V(k)=\begin{pmatrix} v_1(k) \\ v_2(k) \\ \vdots \\ v_m(k) \end{pmatrix}$$

称为量测噪声。

四、状态空间模型

状态空间模型表示动态系统从输入 $U(k)$ 到输出 $Y(k)$ 的变换，它包括状态方程模型和输出方程模型。

$$\text{状态方程}\begin{cases} x_1(k+1)=f_1[x_1(k), x_2(k), \cdots, x_n(k); \\ \qquad u_1(k), u_2(k), \cdots, u_r(k); w_1(k), w_2(k), \cdots, w_p(k), k] \\ x_2(k+1)=f_2[x_1(k), x_2(k), \cdots, x_n(k); \\ \qquad u_1(k), u_2(k), \cdots, u_r(k); w_1(k), w_2(k), \cdots, w_p(k), k] \\ \qquad \vdots \\ x_k(k+1)=f_k[x_1(k), x_2(k), \cdots, x_n(k); \\ \qquad u_1(k), u_2(k), \cdots, u_r(k); w_1(k), w_2(k), \cdots, w_p(k), k] \end{cases} \tag{11-1}$$

$$\text{输出方程}\begin{cases} y_1(k)=h_1[x_1(k), x_2(k), \cdots, x_n(k); \\ \qquad u_1(k), u_2(k), \cdots, u_r(k); v_1(k), v_2(k), \cdots, v_m(k), k] \\ y_2(k)=h_2[x_1(k), x_2(k), \cdots, x_n(k); \\ \qquad u_1(k), u_2(k), \cdots, u_r(k); v_1(k), v_2(k), \cdots, v_m(k), k] \\ \qquad \vdots \\ y_m(k)=h_m[x_1(k), x_2(k), \cdots, x_n(k); \\ \qquad u_1(k), u_2(k), \cdots, u_r(k); v_1(k), v_2(k), \cdots, v_m(k), k] \end{cases} \tag{11-2}$$

其中：$x_1(k), x_2(k), \cdots, x_n(k)$ 为系统的状态变量；$u_1(k), u_2(k), \cdots, u_r(k)$ 为系统的 r 个输入变量；$w_1(k), w_2(k), \cdots, w_p(k)$ 为系统的 p 个动态模型噪声；$y_1(k), y_2(k), \cdots, y_m(k)$ 为系统的 m 个输出变量；$v_1(k), v_2(k), \cdots, v_m(k)$ 为系统的 m 个量测噪声。

用向量函数可表示为：

$$X(k+1)=f[X(k), U(k), W(k), k] \tag{11-3}$$

$$Y(k)=h[X(k), U(k), V(k), k] \tag{11-4}$$

如果系统是线性时不变系统，则状态方程和输出方程是状态变量和输入变量的线性组合，即：

$$
\text{状态方程}\begin{cases}
x_1(k+1)=a_{11}x_1(k)+a_{12}x_2(k)+\cdots+a_{1n}x_n(k)+ \\
\qquad b_{11}u_1(k)+b_{12}u_2(k)+\cdots+b_{1r}u_r(k)+ \\
\qquad \lambda_{11}w_1(k)+\lambda_{12}w_2(k)+\cdots+\lambda_{1p}w_p(k) \\
x_2(k+1)=a_{21}x_1(k)+a_{22}x_2(k)+\cdots+a_{2n}x_n(k)+ \\
\qquad b_{21}u_1(k)+b_{22}u_2(k)+\cdots+b_{2r}u_r(k)+ \\
\qquad \lambda_{21}w_1(k)+\lambda_{22}w_2(k)+\cdots+\lambda_{2p}w_p(k) \\
\qquad \vdots \\
x_n(k+1)=a_{n1}x_1(k)+a_{n2}x_2(k)+\cdots+a_{nn}x_n(k)+ \\
\qquad b_{n1}u_1(k)+b_{n2}u_2(k)+\cdots+b_{nr}u_r(k)+ \\
\qquad \lambda_{n1}w_1(k)+\lambda_{n2}w_2(k)+\cdots+\lambda_{np}w_p(k)
\end{cases} \tag{11-5}
$$

$$
\text{输出方程}\begin{cases}
y_1(k)=c_{11}x_1(k)+c_{12}x_2(k)+\cdots+c_{1n}x_n(k)+ \\
\qquad d_{11}u_1(k)+d_{12}u_2(k)+\cdots+d_{1r}u_r(k)+v_1(k) \\
y_2(k)=c_{21}x_1(k)+c_{22}x_2(k)+\cdots+c_{2n}x_n(k)+ \\
\qquad d_{21}u_1(k)+d_{22}u_2(k)+\cdots+d_{2r}u_r(k)+v_2(k) \\
\qquad \vdots \\
y_m(k)=c_{m1}x_1(k)+c_{m2}x_2(k)+\cdots+c_{mn}x_n(k)+ \\
\qquad d_{m1}u_1(k)+d_{m2}u_2(k)+\cdots+d_{mr}u_r(k)+v_m(k)
\end{cases} \tag{11-6}
$$

或表示为：

$$X(k+1)=AX(k)+BU(k)+\Gamma W(k) \tag{11-7}$$

$$Y(k)=CX(k)+DU(k)+V(k) \tag{11-8}$$

式中，A 是 $n\times n$ 阶方阵，是状态转移矩阵，表示系统内部状态彼此间的联系，称为系统矩阵；B 是 $n\times r$ 阶矩阵，表示输入对状态的作用，称为输入矩阵；Γ 是 $n\times p$ 阶矩阵，有时定为单位阵，表示噪声对状态的影响，称为噪声矩阵；C 是 $m\times n$ 阶矩阵，表示系统内部状态与输出的联系，称为输出矩阵；D 是 $m\times r$ 阶矩阵，称为直接传递矩阵，通常设为零阵。

状态空间模型是描述动态系统的完整模型，它表达了由于输入引起系统内部状态的变化，并由此使输出发生变化。随着时间的推移，当给定：

(1) 初始状态 $X(k_0)$ 及量测值 $Y(k_0)$，$Y(k_0+1)$，…，$Y(k+1)$。

(2) 陆续输入 $U(k_0)$，$U(k_0+1)$，…，$U(k)$。

便可唯一地陆续导出：

(1) 状态 $\hat{X}(k_0+1)$，$\hat{X}(k_0+2)$，…，$\hat{X}(k+1)$。

(2) 输出 $\hat{Y}(k_0)$，$\hat{Y}(k_0+1)$，…，$\hat{Y}(k+1)$。

依动态系统不同，状态空间可以具有不同的形式。

如线性时不变模型的状态方程可表示为：

$$X_{t+1}=AX_t+BU_{t+1}$$

输出方程为：

$$Y_{t+1}=CX_t$$

式中，X_t 是 n 维状态向量，A 是 $n\times n$ 转移矩阵，B 是 $n\times r$ 输入矩阵，U_t 是系统输入的 $r\times 1$向量，Y_t 是输出 $m\times 1$ 向量，C 是 $m\times n$ 输出或预测矩阵。

若输入 U_t 和输出 Y_t 均是随机过程，则状态空间表示为：

$$X_{t-1}=AX_t+Ba_{t+1}$$

$$Y_{t+1}=CX_t+b_t$$

式中，向量 a_t，b_t 是白噪声，且它们相互独立。

五、状态空间模型的建立

(一) 反映森林各树种蓄积量变化的状态空间模型

取状态向量 $X(k)$为 k 时刻各树种蓄积向量：

$$X(k)=[x_1(k),\ x_2(k),\ x_3(k)]'$$
$$=[k\text{ 时刻松木蓄积量},k\text{ 时刻杉木蓄积量},k\text{ 时刻阔叶树蓄积量}]'$$

输入向量为：

$$U(k)=[u_1(k),\ u_2(k),\ u_3(k),\ u_4(k)]'$$
$$=\begin{bmatrix}k\text{ 时刻新增} & k\text{ 时刻新增} & k\text{ 时刻新增} & k\text{ 时刻总的}\\ \text{松木蓄积量}, & \text{杉木蓄积量}, & \text{阔叶树蓄积量}, & \text{蓄积消耗量}\end{bmatrix}'$$

状态转移矩阵为：

$$A=\begin{pmatrix}1+P_1 & 0 & 0\\ 0 & 1+P_2 & 0\\ 0 & 0 & 1+P_3\end{pmatrix}$$

式中，P_1、P_2、P_3 分别是松木、杉木和阔叶树的生长率，这里可设为 $P_1=0.03$，$P_2=0.06$，$P_3=0.02$。

输入矩阵仍定为常阵：

$$B=\begin{pmatrix}1 & 0 & 0 & 0.3\\ 0 & 1 & 0 & 0.5\\ 0 & 0 & 1 & 0.2\end{pmatrix}$$

输出矩阵或预测矩阵 C 为 3×3 维单位阵，这样，输出向量或量测向量就等同于状态向量，状态空间模型为：

$$X(k+1)=AX(k)+BU(k+1)$$

即
$$\begin{pmatrix}x_1(k+1)\\ x_2(k+1)\\ x_3(k+1)\end{pmatrix}=\begin{pmatrix}1+P_1 & 0 & 0\\ 0 & 1+P_2 & 0\\ 0 & 0 & 1+P_3\end{pmatrix}\begin{pmatrix}x_1(k)\\ x_2(k)\\ x_3(k)\end{pmatrix}+\begin{pmatrix}1 & 0 & 0 & 0.3\\ 0 & 1 & 0 & 0.5\\ 0 & 0 & 1 & 0.2\end{pmatrix}\begin{pmatrix}u_1(k+1)\\ u_2(k+1)\\ u_3(k+1)\\ u_4(k+1)\end{pmatrix}$$

$$Y(k+1)=CX(k)$$

$$\begin{bmatrix} y_1(k+1) \\ y_2(k+1) \\ y_3(k+1) \end{bmatrix} = I \begin{bmatrix} x_1(k) \\ x_2(k) \\ x_3(k) \end{bmatrix}$$

(二) 反映及预测 IBM 股价变化的状态空间模型

选取 369 天的 IBM 股票收盘价,首先进行差分处理,形成零均值的平稳序列。应用分块汉克尔(Hankel)矩阵方法[在青木正直(Masanao Aoki)于 1987 年出版的《时间序列状态空间模型》中已有详细论述],对状态空间模型进行识别与拟合,从而建立二维状态空间模型如下:

$$X_{t+1}=AX_t+a_t$$

$$Y_{t+1}=CX_t+b_t$$

式中,状态向量 X_t 为经差分处理后的某时刻 IBM 股票收盘价向量;Y_t 为输出向量或量测向量;向量 a_t、b_t 为白噪声。转移矩阵 A 为 $\begin{bmatrix} 0.40 & -0.82 \\ 0.82 & 0.42 \end{bmatrix}$,输出矩阵或预测矩阵 C 为 $\begin{bmatrix} 0.05 \\ 1.57 \end{bmatrix}$。状态向量协方差矩阵为 $\begin{bmatrix} 0.09 & -0.05 \\ -0.005 & 0.11 \end{bmatrix}$,输出向量协方差为 52.54,系统的方差为 52.27。

(三) 根据离散系统的方框图建立状态方程模型

给定系统方框图(如图 11-1 所示),其中"Σ"表示加法器,$\frac{1}{E}$表示延时单元,即从"$\frac{1}{E}$"左边输入 $X(k+1)$,则其输出为 $X(k)$,则可以据此列出系统状态方程。

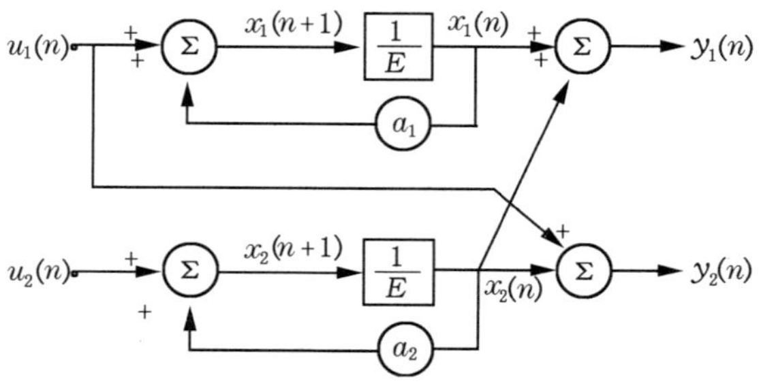

图 11-1 某系统方框图

由方框图 11-1 可见,其中有两个延时单元,因而可以设置两个状态变量,分别为 $x_1(n)$、$x_2(n)$,这样即可写出状态方程与输出方程为:

$$\begin{cases} x_1(n+1)=a_1x_1(n)+u_1(n) \\ x_2(n+1)=a_2x_2(n)+u_2(n) \end{cases}$$

$$\begin{cases} y_1(n)=x_1(n)+x_2(n) \\ y_2(n)=x_2(n)+u_1(n) \end{cases}$$

写成矢量方程形式为：

$$\begin{bmatrix} x_1(n+1) \\ x_2(n+1) \end{bmatrix}=\begin{bmatrix} a_1 & 0 \\ 0 & a_2 \end{bmatrix}\begin{bmatrix} x_1(n) \\ x_2(n) \end{bmatrix}+\begin{bmatrix} 1 & 0 \\ 0 & 1 \end{bmatrix}\begin{bmatrix} u_1(n) \\ u_2(n) \end{bmatrix}$$

$$\begin{bmatrix} y_1(n) \\ y_2(n) \end{bmatrix}=\begin{bmatrix} 1 & 1 \\ 0 & 1 \end{bmatrix}\begin{bmatrix} x_1(n) \\ x_2(n) \end{bmatrix}+\begin{bmatrix} 0 & 0 \\ 1 & 0 \end{bmatrix}\begin{bmatrix} u_1(n) \\ u_2(n) \end{bmatrix}$$

（四）经济时间序列的状态空间模型

设 $y(k)$表示经济时间序列，$y(k)$可分解为长期趋势、循环变动、季节变动与不规则变动，则有：

$$y(k)=T(k)+C(k)+S(k)+V(k) \qquad \text{加法模型}$$

或：

$$y(k)=T(k)\cdot C(k)\cdot S(k)\cdot V(k) \qquad \text{乘法模型}$$

由于乘法模型可以通过取对数变换而转换成加法模型，因此，这里只讨论加法模型。

对于长期趋势项，采用随机增长模型可表示为：

$$T(k)=T(k-1)+U(k-1)+\xi(k)$$
$$U(k)=U(k-1)+\eta(k)$$

式中，$\xi(k)$和 $\eta(k)$为相互独立、具有零均值及有限方差的白噪声。则长期趋势的状态方程为：

$$\begin{bmatrix} T(k) \\ U(k) \end{bmatrix}=\begin{bmatrix} 1 & 1 \\ 0 & 1 \end{bmatrix}\begin{bmatrix} T(k-1) \\ U(k-1) \end{bmatrix}+\begin{bmatrix} \xi(k) \\ \eta(k) \end{bmatrix}$$

循环变动 C 是以数年为周期的波动变化，一般可用 AR(2)模型拟合：

$$C(k)=\alpha_1 C(k-1)+\alpha_2 C(k-2)+e(k)$$

式中，α_1、α_2 为待估计参数，$e(k)$为零均值、方差未知的白噪声。$C(k)$的状态空间表示为：

$$\begin{bmatrix} C(k) \\ C(k-1) \end{bmatrix}=\begin{bmatrix} \alpha_1 & \alpha_2 \\ 1 & 0 \end{bmatrix}\begin{bmatrix} C(k-1) \\ C(k-2) \end{bmatrix}+\begin{bmatrix} e(k) \\ 0 \end{bmatrix}$$

季节变动是以年为周期的季节变化，可用随机季节模型进行拟合：

$$S(k)+S(k-1)+\cdots+S(k-m+1)=W(k)$$

其中，$m=3$ 或 12 分别对应于季度或月度资料，$W(k)$为零均值、方差未知的白噪声。$S(k)$的状态方程为：

$$\begin{pmatrix} S(k) \\ S(k-1) \\ \vdots \\ S(k-m+1) \end{pmatrix} = \begin{pmatrix} -1 & -1 & \cdots & -1 \\ 1 & 0 & \cdots & 0 \\ \vdots & \vdots & \vdots & \vdots \\ 0 & \cdots & 1 & 0 \end{pmatrix} \begin{pmatrix} S(k-1) \\ S(k-2) \\ \vdots \\ S(k-m) \end{pmatrix} + \begin{pmatrix} W(k) \\ 0 \\ \vdots \\ 0 \end{pmatrix}$$

综合长期趋势、周期和季节分量,得到经济时间序列状态空间的状态方程为:

$$X(k) = \begin{pmatrix} T(k) \\ U(k) \\ C(k) \\ C(k-1) \\ S(k) \\ S(k-1) \\ \vdots \\ S(k-m+1) \end{pmatrix} = \begin{pmatrix} 1 & 1 & & & & & & \\ 0 & 1 & & & 0 & & & \\ 0 & 0 & \alpha_1 & \alpha_2 & & & & \\ & & & & -1 & -1 & \cdots & -1 \\ & & & & 1 & 0 & \cdots & 0 \\ & & 0 & & & & \vdots & \vdots \\ & & & & & 0 & 1 & 0 \end{pmatrix} \times X(k-1) + \begin{pmatrix} \xi(k) \\ \eta(k) \\ e(k) \\ 0 \\ W(k) \\ 0 \\ \vdots \\ 0 \end{pmatrix}$$

输出方程为:

$$Y(k) = (1 \quad 0 \quad 1 \quad 0 \quad 1 \quad 0 \quad \cdots \quad 0)X(k) + V(k)$$

上述方程中,噪声 $\xi(k)$、$\eta(k)$、$e(k)$、$W(k)$、$V(k)$都是相互独立的白噪声,相应的方差及 R 都是待估计的,自回归系数 α_1、α_2 也是待估计的。

第二节 卡尔曼滤波

一、卡尔曼滤波的意义

卡尔曼滤波是 1960 年由卡尔曼和布西(Kalman & Bucy)首先提出来的。卡尔曼滤波与一个系统的状态空间表示以及状态空间模型的估计具有密切关系。目前,卡尔曼滤波在经济管理系统、生态系统、自动控制系统、通信系统等方面应用广泛。

卡尔曼滤波的实质是由量测值重构系统的状态向量。它以"预测-实测-修正"的顺序递推,根据系统的量测值来消除随机干扰,再现系统的状态,或根据系统的量测值从被污染的系统中恢复系统的本来面目。

二、状态方程的解

设状态方程和输出方程为:

$$X(k+1) = AX(k) + BU(k) + \Gamma W(k) \tag{11-9}$$

$$Y(k) = CX(k) + DU(k) + V(k) \tag{11-10}$$

可以用迭代法求解状态方程。

设给定系统的初始状态为 $X(0)$、$U(0)$、$W(0)$,则有:

$$
\begin{aligned}
X(1) &= AX(0) + BU(0) + \Gamma W(0) \\
X(2) &= AX(1) + BU(1) + \Gamma W(1) \\
&= A^2X(0) + ABU(0) + BU(1) + A\Gamma W(0) + \Gamma W(1) \\
X(3) &= AX(2) + BU(2) + \Gamma W(2) \\
&= A^3X(0) + A^2BU(0) + ABU(1) + BU(2) + \\
&\quad A^2\Gamma W(0) + A\Gamma W(1) + \Gamma W(2) \\
&\quad \vdots \\
X(k+1) &= A^{k+1}X(0) + \sum_{i=0}^{k} A^{k-i}BU(i) + \sum_{i=0}^{k} A^{k-i}\Gamma W(i)
\end{aligned}
\tag{11-11}
$$

这一解式表明，系统在 $k+1$ 时的状态由三部分组成：第一部分是零输入分量，也是状态方程(11－9)式相应的各次状态方程的解，表示系统初态 $X(0)$ 的贡献。第二部分是零状态分量，表示时间区间 $[0, k]$ 内输入对系统做出的总贡献。第三部分是时间区间 $[0, k]$ 内随机干扰对系统的总影响。

同理，对系统的输出方程，也可以求得：

$$
\begin{aligned}
y(k) &= CX(k) + DU(k) + V(k) \\
&= CA^kX(0) + \sum_{i=0}^{k-1} CA^{k-1-i}BU(i) + \sum_{i=0}^{k-1} CA^{k-1-i}\Gamma W(i) + DU(k) + V(k)
\end{aligned}
\tag{11-12}
$$

三、卡尔曼滤波的形式

卡尔曼滤波要求模型已知。所谓“模型已知”，是指模型的结构与参数已知，且随机向量的统计特征已知。

考虑带确定性输入项的离散时间随机线性时变动态系统的状态方程为：

$$X(k+1) = AX(k) + BU(k) + \Gamma W(k) \quad k \geqslant 0 \tag{11-13}$$

量测方程为：

$$Y(k) = CX(k) + V(k) \tag{11-14}$$

式中，$X(k)$ 是 n 维系统状态向量；$Y(k)$ 是 m 维系统量测向量；$U(k)$ 是 r 维输入向量；$W(k)$ 是 $P\times 1$ 维输入噪声，通常为白噪声；$V(k)$ 是量测噪声；A 是 $n\times n$ 阶状态转移矩阵；B 是 $n\times r$ 阶输入矩阵；C 是输出或预测矩阵；Γ 是 $n\times p$ 阶矩阵，这里设为单位阵。

在状态空间模型(11－7)式和(11－8)式下，随着时间的推移，假设陆续获得直到 j 时刻的 $j+1$ 期观测值向量：

$$Y^j = [Y(0),\ Y(1),\ \cdots,\ Y(j)]'$$

它是我们对系统在 k 时刻的未知状态 $X(k)$ 进行估计的依据。

记 Y^j 的向量函数：

$$\hat{X}(k/j) = E[X(k)/Y^j]$$

为状态 $X(k)$的估计量，分以下三种情况：

当 $k>j$ 时，称为预测；

当 $k=j$ 时，称为滤波；

当 $k<j$ 时，称为平滑。

以上统称为卡尔曼滤波。

在状态空间模型(11－13)式和(11－14)式下，卡尔曼滤波公式为：

$$\hat{X}(k+1/k)=A\hat{X}(k/k)+BU(k) \tag{11-15}$$

$$P(k+1/k)=AP(k/k)A^T+\Gamma R_1(k)\Gamma^T \tag{11-16}$$

$$\hat{X}(k+1/k+1)=\hat{X}(k+1/k)+K(k+1)[Y(k+1)-C\hat{X}(k+1/k)] \tag{11-17}$$

$$K(k+1)=P(k+1/k)C^T[CP(k+1/k)C^T+R_2(k+1)]^{-1} \tag{11-18}$$

$$P(k+1/k+1)=[1-K(k+1)C]P(k+1/k) \tag{11-19}$$

式中，$(k+1/k)$表示 k 时刻对 $k+1$ 时刻的估计或预估计，例如，$\hat{X}(k+1/k)$是 k 时刻对 $k+1$ 时刻状态的估计；$P(k+1/k)$是 k 时刻预测 $k+1$ 时刻的误差协方差阵；$X(k/k)$，$P(k/k)$为相应的滤波阵；$K(k+1)$为 $k+1$ 时刻的增益矩阵(向量)，也称为卡尔曼增益；$R_1(k)$是 k 时刻模型误差协方差阵；$R_2(k)$是 k 时刻量测误差协方差阵。

(11－17)式和(11－19)式是用来更新均值和协方差矩阵的基本递推公式，从而在得到新的观测值 $Y(k+1)$时，可得到状态向量 $X(k+1)$的分布。状态的更新估计 $\hat{X}(k+1/k+1)$，从(11－15)式和(11－17)式中可以看出，它是状态到时刻 k 的估计值的投影，再加上向前一步预测误差 $Y(k+1)-C\hat{X}(k+1/k)=Y(k+1)-\hat{Y}(k+1)$，矩阵 $K(k+1)$ 为卡尔曼增益，它确定了预测误差所占的权重。因此，卡尔曼滤波是从状态预估计开始，再加上预估计正确值的修正估计的适时修正过程。当卡尔曼增益接近一个固定值时，卡尔曼滤波趋向于稳定状态。

卡尔曼滤波实质是一个最优递推数据处理算法，它可以通过量测向量对系统状态向量进行修正和重构，从而达到对状态空间模型的估计与预测目的。

第三节 方法评价

状态空间模型开创了时间序列建模与分析的新领域，具有其他时间序列分析方法所不具备的优点。

首先，状态空间模型能够用现在和过去的最小信息形式或用现在和将来的输入信息对一个系统的状态进行完全描述。因此，应用状态空间模型估计与预测时，就不需要追溯大量的历史数据资料。而传统时间序列分析方法，如博克斯-詹金斯法的建模往往需要大量的历史数据，既费时又费力，如果无法收集到长期时序资料，就很难应用此法建模了。状态空间模型克服了此项缺点，具有较强的优越性。

其次，状态空间模型的优越性还表现在它不仅刻画了系统内部的状态，而且能够揭示其系统内部状态与外部的输入和输出变量的联系，反映比较全面。而时域领域内的其他输入输出模型,如传递函数模型等只反映系统外部行为,难以反映内部与外部的联系。

再次,状态空间模型将几个变量时间序列处理为向量时间序列,能够很好地解决多输入多输出变量情况下的建模,往往能用于一元和多元时序的建模。

最后,卡尔曼滤波是解决状态空间模型估计与预测的有力工具之一,它不需要存储历史数据,而且可以通过计算机程序达到对状态空间模型的优化拟合。

当然,状态空间模型也存在局限性。状态空间模型一般基于马尔科夫特性,这就意味着给定系统的现在状态,则系统的将来与其过去独立。如果一个系统不满足马尔科夫特性,就不适合应用状态空间模型。

本章小结

本章主要对时间序列分析预测的新领域——状态空间和卡尔曼滤波进行了介绍。

1. 状态空间模型包括两个模型:一是状态方程模型,反映动态系统在输入变量作用下在某时刻所转移到的状态;二是输出或量测方程模型,它将系统在某时刻的输出和系统的状态及输入变量联系起来。

2. 状态空间模型的假设条件是动态系统符合马尔科夫特性,即给定系统的现在状态,则系统的将来与其过去独立。

3. 状态空间模型具有以下特点:

(1) 状态空间模型不仅能反映系统内部状态,而且能揭示系统内部状态与外部的输入和输出变量的联系。

(2) 状态空间模型将多个变量时间序列处理为向量时间序列,这种从变量到向量的转变更适合解决多输入多输出变量情况下的建模问题。

(3) 状态空间模型能够用现在和过去的最小信息形式描述系统的状态,因此,它不需要大量的历史数据资料,既省时又省力。

4. 卡尔曼滤波的实质是通过输出或量测向量对系统的状态向量进行修正和重构,它以"预测-实测-修正"的顺序递推,达到对状态空间模型的优化拟合。

思考与练习

一、单项选择题

1. 状态空间模型是动态时域模型,以隐含着的(　　)为自变量。

A. 长度　　B. 空间　　C. 时间　　D. 数据

2. 若一个线性组合输入 $aX_{1t}+bX_{2t}$ 产生相应的输出(　　),则称该系统为线性的。

A. $aY_{1t}+bY_{1t}$　　B. $aY_{1t}+bY_{2t}$　　C. $abY_{1t}Y_{2t}$　　D. $aY_{2t}+bY_{2t}$

3. 若输入 X_t 产生相应的输出 Y_t,当输入 X_{t-t_0} 时将对应地产生输出 Y_{t-t_0},则称该系统为(　　)。

A. 离散状态系统　　B. 线性系统　　C. 非线性系统　　D. 时不变系统

4. 引入状态向量是为了对系统(　　)进行数学描述。

A. 内部结构　　B. 参数　　C. 稳定性　　D. 类型

5. 系统的输出也是随(　　)而变的一组变量。

A. 参数　　B. 时间　　C. 周期　　D. 随机

6. 如果系统是(　　),则状态方程和输出方程是状态变量和输入变量的线性组合。

A. 非线性系统　　B. 时不变系统

C. 线性时不变系统　　D. 非线性时不变系统

7. 卡尔曼滤波与一个系统的(　　)表示以及状态空间模型的估计具有密切关系。

A. 时间序列　　B. 状态空间　　C. 周期　　D. 季节

8. 卡尔曼滤波是以"预测-(　　)-修正"的顺序递推的。

A. 实测　　B. 推算　　C. 计算　　D. 演绎

9. 状态空间模型开创了(　　)建模与分析的新领域。

A. 时间序列　　B. 方差分析　　C. 回归分析　　D. 判别分析

10. 状态空间表示一般是基于(　　)特性。

A. 随机　　B. 马尔科夫　　C. 时间序列　　D. 卡尔曼

二、多项选择题

1. 状态空间模型包括(　　)两个模型。

A. 输出方程模型　　B. 状态方程模型

C. 离散空间模型　　D. 连续空间模型

E. 线性空间模型

2. 状态空间模型按所受影响因素的不同,分为(　　)。

A. 确定性状态空间模型　　B. 离散空间模型

C. 连续空间模型　　D. 线性空间模型

E. 随机性状态空间

3. 状态空间模型按数值形式,分为(　　)。

A. 确定性状态空间模型　　B. 离散空间模型

C. 连续空间模型　　D. 时变状态空间模型

E. 随机性状态空间

4. 状态空间模型按所描述的动态系统,可以分为(　　)。

A. 线性的　　B. 非线性的　　C. 时变的　　D. 时不变的

E. 随机的

5. 系统的状态是无法直接量测到的,有时甚至全部不能量测到,在实际过程中,能量测到的只是系统的(　　)。

A. 扰动　　B. 输入　　C. 输出　　D. 状态模型

E. 随机噪声

6. 卡尔曼滤波在(　　)等方面应用广泛。

A. 经济管理系统　　B. 生态系统　　C. 自动控制系统　　D. 通信系统

E. 金融预测

7. 卡尔曼滤波的实质是由量测值重构系统的状态向量,它的递推顺序的步骤包括(　　)。

A. 建模　　B. 预测　　C. 实测　　D. 修正

E. 演算

8. 卡尔曼滤波要求模型已知，其中包括（　　）。

A. 模型结构已知　　B. 模型参数已知

C. 随机向量的统计特征已知　　D. 模型方程已知

E. 模型类型已知

9. 对于状态 $X(k)$ 的估计量 $\hat{X}(k/j)=E[X(k)/Y^j]$，卡尔曼滤波的三种情况是（　　）。

A. 当 $k>j$ 时，称为滤波

B. 当 $k>j$ 时，称为预测

C. 当 $k=j$ 时，称为滤波

D. 当 $k<j$ 时，称为平滑

E. 当 $k<j$ 时，称为预测

10. 状态空间模型的特点有（　　）。

A. 状态空间模型不仅能反映系统内部的状态，而且能揭示系统内部状态与外部的输入和输出变量的联系

B. 状态空间模型将多个变量时间序列处理为向量时间序列，这种从变量到向量的转变更适合解决多输入多输出变量情况下的建模问题

C. 状态空间模型能够用现在和过去的最小信息形式描述系统的状态，因此，它不需要大量的历史数据资料，既省时又省力

D. 状态空间模型只能处理一对一的情况

E. 状态空间模型的整体联动性较差

三、名词解释

1. 状态空间模型
2. 离散时间随机性系统的状态
3. 状态空间
4. 卡尔曼滤波
5. 时不变系统

四、简答题

1. 简述状态空间模型及其分类。
2. 状态空间模型与传统时间序列分析方法比较有何特点？
3. 状态空间模型有哪些优点？
4. 状态空间模型的局限性是什么？
5. 卡尔曼滤波与状态空间模型有何联系？
6. 简述卡尔曼滤波的实质和应用范围。
7. 状态空间模型有哪些优点？

五、分析题

1. 某养鱼场为了反映池塘鱼种的变化，取状态向量 $X(k)$ 为 k 时刻 3 个鱼种的数量：

$$X(k)=[x_1(k),\ x_2(k),\ x_3(k)]=\begin{bmatrix}k\text{ 时刻鲫鱼} & k\text{ 时刻青鱼} & k\text{ 时刻鲤鱼}\\ \text{数目} & \text{数目} & \text{数目}\end{bmatrix}'$$

输入向量为：

$$U(k)=[u_1(k),\ u_2(k),\ u_3(k),\ u_4(k)]$$
$$=\begin{bmatrix} k\text{ 时刻新增} & k\text{ 时刻新增} & k\text{ 时刻新增} & k\text{ 时刻总的} \\ \text{鲫鱼数量} & \text{青鱼数量} & \text{鲤鱼数量} & \text{鱼类捕捉量} \end{bmatrix}'$$

要求：试建立状态空间模型。

2. 选择一个上市股票,对股价建立状态空间模型。

12 第十二章 预测精度测定与预测评价

全章提要

第一节　预测精度的测定

一、预测精度的测定

不同的预测对象具有不同的特点，而不同的预测方法也有自身的优点和缺点，因此，预测研究的一个重要任务是为各具特色的不同预测对象寻找合适的预测方法，使得预测结果具有更高的可靠性和精确度。

预测精度的一般含义是指预测模型拟合的好坏程度，即由预测模型所产生的模拟值与历史实际值拟合程度的优劣。对于时间序列预测，研究者可以利用历史数据的一部分建立模型，然后预测其余的历史数据，以便更直观地研究预测的精确度。但对于预测用户而言，预测未来的精确度是最重要的，至于该预测模型过去的预测精度如何，则是没有什么意义的。预测精度的几类典型问题如下：

(1) 对某一特定经济现象的预测，系统的预测分析能提高多少预测精度？换句话说，如果只采用简单的甚至是随意的预测方法，其预测误差比采用更系统的统计预测方法所产生的误差会大多少？

(2) 对于某一特定经济现象的预测，如何才能提高预测精度？换句话说，如何才能做出更好的预测？

(3) 在已知某一经济现象的预测精度存在提高的可能的情况下，如何选择合适的预测方法？

【例 12-1】 设 $y_1, y_2, \cdots, y_n$ 为预测对象的实际值，$\hat{y}_1, \hat{y}_2, \cdots, \hat{y}_n$ 为预测值，$e_i = y_i - \hat{y}_i$ 为第 i 个预测值的误差，并设某商场的每周销售额及其预测值如表 12-1 所示。表 12-1 采用的预测方法非常简单，即下周的销售额预测值就等于上周的销售额，如第 1 个星期的销售额为 9 万元，则第 2 个星期的销售额预测值就为 9 万元，余下类推。

表 12-1　某商场的每周销售额及其预测值

星期 i	销售额（万元）y_i	预测值 $\hat{y}_i$	误　差 $y_i-\hat{y}_i$	绝对误差 $\lvert y_i-\hat{y}_i\rvert$	相对误差的绝对值 $\left\lvert\frac{y_i-\hat{y}_i}{y_i}\right\rvert\times100\%$	误差的平方 $(y_i-\hat{y}_i)^2$
1	9	—	—	—	—	—
2	8	9	−1	1	12.5%	1
3	9	8	1	1	11.1%	1
4	12	9	3	3	25.0%	9
5	9	12	−3	3	33.3%	9
6	12	9	3	3	25%	9

续 表

星期 i	销售额(万元) y_i	预测值 $\hat{y}_i$	误 差 $y_i-\hat{y}_i$	绝对误差 $\lvert y_i-\hat{y}_i \rvert$	相对误差的绝对值 $\left\lvert \frac{y_i-\hat{y}_i}{y_i} \right\rvert \times 100\%$	误差的平方 $(y_i-\hat{y}_i)^2$
7	11	12	−1	1	9.1%	1
8	7	11	−4	4	57.1%	16
9	13	7	6	6	46.2%	36
10	9	13	−4	4	44.4%	16
11	11	9	2	2	18.2%	4
12	10	11	−1	1	10%	1
合计			1	29	291.9%	103

通常测定预测精度的方法有以下几种：

(一) 平均误差和平均绝对误差

平均误差的公式可表示为：

$$ME=\frac{\sum_{i=1}^{n} e_i}{n}$$

由表 12-1 可知,如果简单地将各项预测误差加起来并求平均值,则其平均误差就趋近于零,这是因为各次预测的误差有正有负,正负误差可以相互抵消,因此,平均误差不能很好地说明预测精度的高低。为避免这个缺点,可以将各预测值误差的绝对值加起来计算平均绝对误差(MAD),其公式为：

$$MAD=\frac{\sum_{i=1}^{n} \lvert e_i \rvert}{n}$$

根据表 12-1,可以计算出：

$$ME=\frac{1}{11}=0.091$$

$$MAD=\frac{29}{11}=2.64$$

(二) 平均相对误差和平均相对误差绝对值

平均相对误差的公式为：

$$MPE=\frac{1}{n}\sum_{i=1}^{n}\frac{y_i-\hat{y}_i}{y_i}$$

由于平均相对误差也存在正负抵消问题,因此,应用得较多的是平均相对误差绝对值(MAPE),其公式为：

$$MAPE=\frac{1}{n}\sum_{i=1}^{n}\left|\frac{y_i-\hat{y}_i}{y_i}\right|$$

平均相对误差绝对值是一个相对值，它比平均绝对误差应用得更为广泛。

利用表 12－1 的数据，可以计算出：

$$MAPE=\frac{291.9\%}{11}=26.5\%$$

（三）预测误差的方差和标准差

预测误差的方差可用公式表示为：

$$MSE=\frac{\sum_{i=1}^{n}e_i^2}{n}=\frac{1}{n}\sum_{i=1}^{n}(y_i-\hat{y}_i)^2$$

将预测误差的方差开根号，即可求出预测误差的标准差：

$$SDE=\sqrt{\frac{\sum_{i=1}^{n}e_i^2}{n}}=\sqrt{\frac{1}{n}\sum_{i=1}^{n}(y_i-\hat{y}_i)^2}$$

利用表 12－1 的数据，可以求出：

$$MSE=\frac{103}{11}=9.36$$

$$SDE=\sqrt{\frac{103}{11}}=3.06$$

预测误差的方差将每个预测值的误差以其误差的倍数放大，例如，误差为 1 的预测值的误差只放大 1 倍，误差为 2 的预测值的误差放大 2 倍，后者是前者的 4 倍。因此，单个较大误差的预测值就能使预测误差的方差增加很多，可见，能使预测误差的方差最小的预测方法所产生的预测值一般不会产生某些个别的大误差值，或者说，能使预测误差的方差最小的预测方法所产生的预测值的误差一般都较小，这正是一个好的预测所追求的结果。因此，预测误差的方差比平均绝对误差或平均相对误差绝对值能更好地衡量预测的精确度。

二、未来的可预测性

当翻开每天的证券报或阅读各种证券行情评论时，总是有许多专家看涨，也有许多专家看跌。而当股市走势将要发生重要转折时，舆论预测与市场走势往往相反，在市场一片看涨声中，股市却开始下跌，而当市场一片看跌之时，股市却又止跌回升，股市预测常常让投资者感到困惑而不知如何是好。不仅股市预测如此，其他经济预测也存在类似情况，因此，对预测的精度应抱现实态度，而不应怀有不切实际的幻想。

某些现象的预测可以具有很高的精确度，而许多现象的结果却很难预测，甚至根本就是不可预测的。不论是定性预测还是定量预测，它们能进行预测的前提是预测对象存在某种模式或关系，且这种模式或关系已被正确识别。当这种模式或关系不存在时，预测就成为不可能,即使能够根据它们的历史资料建立模型,也是如此。科学技术的发展提高了人类预测未来的能力,但这种能力的提高是极不均衡的,在自然科学中,预测的精度可以达到极高的程度,但在经济领域中,不同经济现象的预测精度则是差别极大,有些根本就不可预测,而某些现象的预测又具有极高的精确度。

在自然科学领域,规律是确实存在的,而关系是精确的,在相当长的时间内,这些规律或关系会保持不变,但在经济领域中,则完全是另外一回事,经济模式或关系往往与随机噪声交织在一起,改变经济现象的可预测性。影响经济现象的变化模式或关系的两个因素是人类行为的变化无常(人的态度很容易受时尚或个人性格差异的影响)和人类有能力通过自身的行为影响未来事件发生与否。

一般而言,时间越长,经济现象的变化模式或关系改变的可能性就越大。这是因为:(1) 人的行为或态度可以改变;(2) 我们有更充足的时间运用预测结果,采取各种行动使得经济现象的变化向决策者希望的方向发展;(3) 某种重大事件的发生,如重大科技发明和进步等,会影响经济现象的发展过程。

影响经济现象的可预测性的因素可归类如下:

(一) 总体的大小

总体越大,在其他条件不变的情况下,预测的精度越高。根据统计学中的大数定律,总体所包含个体的数量越大,则该现象的预测误差越小;反之亦然。例如,预测某繁华街道(如上海市的南京路等)某路口 1 小时的人流量的精确度就要明显高于预测某个小商店某天彩电的销售量。

(二) 总体的同质性

在其他条件相同的情况下,总体的同质性越好,其预测精度也越高;反之亦然。例如,销售对象仅限于个人的商店的销售额预测精度可能要高于销售对象既包括个人又包括集团购买的商店的销售额预测精度。

(三) 需求弹性

在其他条件相同的情况下,需求弹性越小的商品,其需求预测的精度也越高。因此,日用必需品的需求预测精度要明显高于奢侈品的需求预测精度,非耐用商品的需求预测精度要高于耐用品的需求预测精度。与需求弹性相关的是经济景气循环,需求弹性小的商品需求受经济波动的影响较小,需求弹性大的商品需求受经济波动的影响较大。当经济步入萧条阶段,居民收入下降时,居民的支出首先是满足食品和其他日用必需品的需求。

(四) 竞争的激烈程度

在其他条件相同时,竞争程度越激烈,其预测也就越困难,竞争者可以应用预测结果改变未来事件的结果,这使得预测常常失效。

三、影响预测误差大小的因素

在自然科学领域内,现象之间的关系或变化模式是确定的,也是客观存在的,而且可以被识别和证实。例如,精密测量仪器可以使误差减少到零。通过试验,可以实现在其他条件不变的情况下,观察某变量的变化规律,并获得及时而又清晰的反馈。在经济领域内,则是另外一回事,统计数据存在误差,实验室式的试验则根本不可能,反馈也不及时且含意模糊。

由于经济现象的复杂性、人类行为的易变性、行动与结果的时滞性等原因，使得经济预测误差极大地大于自然科学领域内的预测误差。概括下来，影响误差的因素有以下几类：

（一）模式或关系的识别错误

在某种经济现象本身不存在某种模式或关系的情况下，不管是定性预测还是定量预测，都有可能替这种类型的经济现象建立某种不切合实际的模型。例如，根据某种经济现象部分时间段的数据建立的预测模型可能根本就不符合该现象的长期发展规律。同样地，两个变量之间"表面上"的关系可能完全是由于第三个变量的原因，第三个变量的变化使得这两个变量发生同方向的变化。另外，由于数据资料的不足、经济现象的复杂性或模型变量数量的不足，使得模式或关系的识别发生错误，甚至忽视了客观存在的模式或关系。不能正确地识别现象及现象之间的关系，会使得预测产生极为严重的误差。

（二）模式或关系的不确定性

如同上面所分析的，经济现象模式及现象之间的关系往往是不确定的，尽管可以识别这种模式或关系变化的一般规律，现象的变化也总是围绕这种一般规律而波动，统计建模也可以使其模型反映现象过去的这种一般规律并使随机误差达到最小，但这并不能保证其未来预测误差分布规律仍维持不变且不超过某种限度。

（三）模式或现象之间关系的变化性

在经济领域内，模式或现象之间的关系是经常发生变化的，且往往不可预测。例如，在1996年之前的上海股市，陆家嘴等浦东概念股往往是领先于大市而充当股市"领头羊"的，到1996年的大牛市中，浦东概念股与上证综合指数之间的这种关系就不存在了，很多仍相信浦东概念股与上证综合指数之间存在这种关系的投资者就失去了很好的投资机会。模式或现象之间关系的变化能够产生较大的预测误差，而这事先一般较难预测。

第二节　定量预测方法的比较

一、回归预测模型的预测精度

阿姆斯特朗(Armstrong)对公开发表的回归模型预测实例进行实证研究后，得出结论：大型模型的预测精度并不比小型模型的预测精度高。麦克尼斯(McNees)也得出了同样的结论，而且他还发现，没有任何一种预测方法或预测模型会在各种情况下都比其他方法或模型表现得更好。在麦克尼斯的比较研究中，包括了定性预测方法在内的各种规模和复杂程度的回归模型。因此，麦克尼斯得出结论，没有任何预测或预测者会在任何情况下都比其他的表现更好。扎诺威茨(Zarnowitz)也得出了同样的结论。

由于没有任何一种预测方法或预测模型的精度会肯定高于其他的方法或模型，因此，提高预测模型的复杂程度不一定能提高预测精度。不过，大型的回归模型能够提供更多的有关影响预测对象变化的因素的信息，能够更好地解释预测对象变化的原因，这一点是在选择预测模型时应全面衡量的。如果用户选择预测方法的标准是追求预测精度的极大化，则最好选择时间序列预测模型，至少在做短于1年的短期预测时可以如此；同样地，如果预测精度只是选择预测方法的重要标准之一,则可以考虑选择小型回归模型,这些小型回归模型的预测精度并不逊于大型回归模型。选择简单的回归模型的一个突出优点是其成本较低。

二、时间序列预测模型的预测精度

国际预测学界在20世纪70年代和80年代对各种时间序列预测模型进行了大量的实证研究。较典型的如马克里戴吉斯等人,运用当时被认为是最好的24种预测方法,对111个时间序列进行了预测实证研究。他们采用了平均相对误差绝对值和其他测定精度的标准,其所采用的预测模型也包括一些简单的和复杂的回归模型,运用平均相对误差绝对值标准,马克里戴吉斯等人得出结论:(1) 提高模型的复杂程度后,其预测精度并不会自动提高,因此,模型简单并不是缺点,而是一个优点,鉴于时间序列预测模型一般比较简单,而且成本较低,因此,时间序列预测应该有更广的应用范围;(2) 某些复杂模型在特定情况下,其预测精度会高于简单模型;(3) 组合预测模型具有较高的预测精度。

组合预测是一种将不同预测方法所得的预测结果组合起来形成一个新的预测结果的方法。组合预测有两种基本形式:一是等权组合,即各预测方法的预测值按相同的权数组合成新的组合预测值;二是不等权组合,即赋予不同预测方法的预测值的权数是不一样的。举例来说,假设已用三种方法对某现象做了预测,其预测值分别为71、75和73,则等权组合的组合预测值为 $\frac{1}{3}\times 71+\frac{1}{3}\times 75+\frac{1}{3}\times 73=73$。

上述结论对于用户选择预测方法具有较高的参考价值。如果用户希望提高预测精度,则他应该选择时间序列预测模型;如果用户更关心影响预测对象变化的影响因素情况,则他应该选择回归模型。无论何种情况,都不能对简单模型抱有任何偏见,在某些情况下,某些简单模型甚至能提供最高的预测精度。在用户决定采用更复杂的模型之前,必须做全面的衡量,即模型预测精度的提高或模型解释能力(能解释预测对象变化原因的能力)的提高与其选择复杂模型所花费成本的提高是否相匹配。

选择预测模型的标准除了精确度以外,还有成本和方法的复杂性。简单的预测方法简单易懂,但它们并不是总能提供符合精度要求的预测,因此,建模成本和方法的复杂性需要与更高的精度要求一起综合考虑,特别是当对某些特殊对象进行预测时,精度的少许提高往往可能意味着决策效果的明显改善。

预测的精度会随以下三个条件的不同而不同,即时间范围、数据类型和精度测定方法。马克里戴吉斯等人通过对111个时间序列的实证分析发现,当采用平均相对误差绝对值标准,数据类型为季度数据时,对于比较的任何时间范围,帕曾(Parzen)的方法(ARMA模型的一种)的预测精度总是最好的;但如果采取方差标准,则其预测精度就不再是最好的。另外,如指数平滑预测方法,当将该方法用于预测最近的一个预测值时,其预测效果是最好的,但用于长期预测,其效果就不尽如人意。

选择合适的时间序列方法需要考虑三方面的因素,即预测环境、预测时期长短和用户。例如,对于并不需要在预测领域保持领先地位的用户来说,可以使用指数平滑法和时间序列分解法。一般情况下,这些方法基本上能满足各类企业、机构甚至大型组织的预测需求。对于年度数据,包括进行年度预测,霍尔特的线性指数平滑是一个很好的预测方法;对于月度数据,则可选择一次指数平滑等。至于希望选择更复杂方法的用户,就可以考虑选择ARMA模型(尤其是帕曾的ARMA模型)。

无论是偶尔进行预测的用户还是经常进行预测的用户,都不能把方法对历史值的拟合优劣作为选择的唯一标准,而应考虑其预测未来的准确性。尤其是用预测方法预测未来多个时期时更应如此。这就需要采用模拟法,即只用大部分历史数据建立预测模型,再用预测模型预测其余的数据,并用精度测定方法(如MAPE、MSE等)测定它们的预测精度。模拟法是唯一可以用来比较各种不同方法的精度,并为特定预测对象选择最合适预测方法的方法。

如果预测用户要求的是最简单的方法,而且没有使用预测方法方面的限制,不关心预测方法是否最好,则可以选择组合预测。实证研究表明,组合预测效果要明显好于组合预测中的单个预测方法。因此,通过将几种精度较高的预测方法的预测结果组合起来,可以提高预测的精确度。例如,将一次指数平滑、剔除趋势的指数平滑和霍尔特指数平滑组合起来,能提供一个很好的预测效果。

三、回归预测与时间序列预测精度的比较

回归预测与时间序列预测(指数平滑、时间序列分解和ARMA模型等)是两类不同的定量预测方法,这两类方法根据不同的角度对经济现象进行预测,回归预测注重分析影响预测对象的各因素所造成的影响,而时间序列预测则根据预测对象本身的历史数据来预测其未来。相对而言,进行回归预测的费用较高,这是因为要找出真正影响预测对象变化的因素并非易事,常常需要花费大量的人力和物力。正因为这两类方法具有不同的特点,所以,比较这两类定量预测方法的优劣就成为预测研究的一个重要方面。

国际预测界在20世纪80年代对各类预测方法的有效性进行了大量的实证研究。实证研究表明,回归预测与时间序列预测相比,并不存在明显的谁优谁劣。国际预测协会主席阿姆斯特朗通过对12份公开发表的实证研究报告和57家公司的预测案例进行研究后发现,尽管许多专家偏好回归模型预测方法,但实证分析结果并不表明回归模型预测方法的效果优于时间序列预测效果。斯皮维和沃伯莱斯基(Spivey & Wrobleski)通过对美国社会应用的许多回归模型的实证研究后得出结论:一般而言,非回归模型预测的精度与回归模型预测的精度相差无几,而且,他们还发现,当回归模型用于3个或3个季度以上的时间范围预测时,其预测精度明显下降,这似乎表明回归模型预测不能用于1年以上时期长度的预测。另一学者阿什利(Ashley)也得出了类似的结论。

这就是说,回归预测并不比时间序列预测更精确,尽管回归预测成本更高且更复杂。但是,麦克尼斯却得出了与斯皮维和沃伯莱斯基相反的结论。麦克尼斯认为,时间序列用于1年内的短期预测的精度优于回归模型预测,至于1年以上的预测,回归预测的精度则要好一些。阿姆斯特朗也持类似观点。

就预测精度而言,回归预测与时间序列预测难分优劣,但对于用户选择预测方法而言,则不仅应该比较各预测方法的精度,还要考虑各自的特点。回归预测具有时间序列预测所没有的优点,即它们能提供各变量对预测对象的影响程度的信息。例如,如果已知价格将上涨,应用时间序列预测就无法准确地预测价格上涨将对销售产生什么样的影响。因此,在这种及与这种情况相类似的条件下,应用回归预测更具有现实经济意义。当然,短期的外推预测还是应该应用时间序列预测方法。

第三节 定性预测与定量预测的综合运用

定量预测是建立在这样一个假设基础上的,即假设目前趋势或目前现象之间的关系能延续下去,如果这个假设成立,且现象及现象之间的关系模式能被识别,则可据此对未来进行预测。如果目前趋势或现象之间的关系是不确定的,则定量预测必须借助定性预测。当然,定性预测也存在不足之处。为了获得有价值的预测结果,应综合运用定性与定量预测方法。

一、定性预测与定量预测的比较

定性预测与定量预测是两类各具特色的预测方法,如果能正确地综合运用这两类方法,就能取得良好的预测效果。根据预测研究的特点,可对定性预测与定量预测做以下比较:

(一) 方法或模型的选择

尽管可以依据精度测定标准选择定量预测方法,但这并不能保证选取的定量预测方法就能得出满意的预测效果,因此,定量预测方法或模型的选择不能完全仅依赖统计分析;采用不同的定性预测方法会得出不同的预测结果,至于究竟应采用何种定性预测,则必须依赖人的主观判断能力加以确定。

(二) 预测转折的能力

定量预测不能预测转折的发生;定性预测可以预测转折的发生,但转折有可能被忽视或夸大。

(三) 信息应用的充分性

定量预测只使用部分数据所包含的信息;定性预测可以运用各类信息,但信息的使用是有选择性的,会产生误差和前后不一致。

(四) 发生转折时的修正

在转折发生时,不同的定量预测方法的修正能力是不一样的;在转折发生后,定性预测可以评估转折的影响,并修正预测结果。

(五) 预测的客观程度

定量预测可以根据精度标准保证方法选择的客观性,进而保证预测结果的客观性,只是精度标准的选择也具有一定的主观性;定性预测较易受各种主观因素包括个人的乐观或悲观情绪因素的影响。

(六) 估计未来的不确定性

定量预测与定性预测均可能低估未来的不确定性程度。

(七) 连续反复预测

定量预测能保证连续反复预测的一致性;定性预测主要依靠人的主观判断能力进行预测,当个人被要求做连续不断的反复预测时,由于人易疲倦于这种枯燥的反复预测而不能保证连续反复预测前后结果的一致性。

(八) 预测成本

由于计算机技术的发展,定量预测具有低廉的成本;定性预测则由于会议和聘请专家费用高,导致其预测成本较高。

二、改进预测效果的综合分析

定量预测与定性预测各自存在优点和缺点,如何发挥各种不同方法的长处,克服其不足之处,是做好预测工作的一个重要环节。

(一) 方法或模型的选择

方法或模型的选择是预测工作的重要环节。尽管前面已经介绍过选择预测方法或模型的基本原则,实证研究也证明某些预测方法用于特定的预测对象可以取得良好的预测效果,但这并不表明预测方法或模型的选择问题就已经解决了。例如,一次指数平滑是建立在平稳数据基础上的外推,其所提供的预测一般较谨慎;霍尔特的线性指数平滑包含了最近趋势的信息,其预测较敏感;线性回归则因为其给予所有数据以同样的权重,其预测灵敏度相对较低。另外,对历史数据进行对数变换,尽管可以提高模型的拟合优度,但却会影响预测值的大小,因为这需要假定预测对象存在指数趋势。至于用模拟法确定方法和模型,虽然具有明显的优点,但方法或模型的最终选择仍然离不开主观判断。选择不同的方法或模型会对预测结果产生明显的影响,这一点是在做出模型或方法抉择之前必须全面分析的。

(二) 预测现有趋势延续或转折的能力

定量预测方法具有不能辨识和预测趋势转折的特点,因此,趋势的转折是暂时性的还是长期性的,必须依赖于定性判断。定性预测由于存在较大的主观性,在预测转折及其转折的影响时,会存在偏差,减少偏差的方法是尽量减少由于人的情绪(乐观的或悲观的)等因素所引起的主观随意性。有效的办法是先假设趋势不会发生变化,并用定量预测方法进行分析预测,然后采用定性预测方法进行修正,判断其趋势的转折是向上还是向下,最后再做综合预测分析。

(三) 信息应用的充分性

定量预测不能充分运用历史数据所包含的信息。例如,自适应过滤法,其预测值容易忽视较早的历史数据所包含的信息,过分依赖近期数据,在预测近期的经济回升趋势时,会因为其忽视本轮循环波动低点的信息,过分重视近期的上升趋势而产生较大的误差。相反,如回归分析,则不重视目前数据所含的信息而给予所有历史数据以同样的权重。另外,如指数平滑,则介于自适应过滤法和回归模型之间。正确认识各种模型运用信息的特点是非常重要的,这有利于对模型结果的修正,尤其是当趋势发生转折时。

定性预测可以充分利用各类信息,但是,这种信息的提供必须全面、准确,如提供所有有关预测环境信息(包括反面证据)、过去类似案例及其失误等,并提供及时的反馈信息,检验预测人员预测转折的能力,帮助其减少预测偏差。

(四) 趋势转折时的调整

某些定量预测(如回归预测)方法对于趋势转折的反应特别迟钝,这就必须借助于定性预测方法进行修正,但也有另外一些定量预测方法(如自适应过滤法)能较快适应趋势的转折。

定性预测主要依赖个人的判断能力,可以辨析出趋势转折的影响,但个人也可能不能及时发现趋势的转折,甚至不肯承认趋势已经发生转折,这就必须借助于一些预警系统。预警系统的建立可以帮助确认趋势转折的严重性、持续性及其对未来的影响。如何综合运用各类预测方法,是预测研究的一项重要任务。

(五)预测客观性的导入

定量预测的最大优点在于其具有的客观性。只要选择好了模型,确定了精度测定标准(如使 MSE 最小化),任何人应用同样的数据总会得出同样的预测结果。定性预测则不一样,根据同样的信息,不同的人可以得出完全不同的预测结果。定性预测易受很多个人主观因素的影响,如乐观或悲观情绪、个人或政治方面的考虑等,都会对定性预测结果产生影响。帮助定性预测导入客观性的方法是辅之以定量预测,当不能应用定量预测方法时,则应要求第三者或更多的个人做独立的定性预测。

(六)确定未来的不确定性

预测受很多不确定性因素的影响,而定性预测和定量预测都有可能低估这种不确定性程度。未来的不确定性会给决策带来很大的负面影响,有时,这种偶然的不确定性甚至会关系到决策的成败。假设未来的不确定性不存在是不现实的,预测人员必须清楚地意识到无论是定性预测还是定量预测都会低估未来的不确定程度,不管是否能够接受,这都是客观存在的事实。因此,对于所有可能引起预测误差的各种因素,必须全面、综合分析。

(七)预测成本

定量预测的最大优势是成本较低,尤其是使用简单的定量预测方法时,成本更低。应用定性预测,则会显著地提高预测成本。因此,除非提高预测精度的效益十分明显,一般没有必要使用定性预测,特别是当目前趋势依然保持连续时,应用定量预测就已经可以取得足够的预测精度。

通过定性预测和定量预测的综合运用、合理分工,即定性预测用于预测趋势的改变及其影响,定量预测用于预测持续趋势,可以明显提高预测的精度,节约预测成本。

第四节 组合预测法应用案例

一、组合预测的基本思想

在经济转型时期,很难有一个单项预测模型能对宏观经济频繁波动的现实拟合得非常紧密并对其变动的原因做出稳定一致的解释。贝茨和格兰杰(Bates & Granger)首先提出可以建立线性组合预测模型综合各单项模型的信息,以产生更好的预测效果。理论和实证研究都表明,在诸种单项预测模型各异且数据来源不同的情况下,组合预测模型可能获得比任何一个独立预测值更好的预测值。组合预测模型将各种不同类型的单项预测模型兼收并蓄,各取所长,集中了更多的经济信息与预测技巧,能减少预测的系统误差,显著改进预测效果。这是因为,参与组合的各种预测模型所产生的误差 e_i(下标 i 为第 i 种预测,$i=$

1，2，…，n)有正有负，如果 $Ee_i=0$，$Ee_ie_j=0$，经过组合，就会产生正负抵消，降低误差，提高组合预测的精度。马克里戴吉斯和温克勒(Winkler)在 1983 年对 111 个时间序列的外推研究中，发现用两种模型组合，预测误差降低 7.3%，而当模型组合增至 5 种时，预测误差下降 16.3%。组合预测方法中包含的信息综合利用的思想现已被广泛接受，并成为国内外预测学界研究和应用的热点之一。

二、组合预测法的应用原则以及一般步骤

组合预测方法的应用无疑是一个有前途的发展方向，通过研究，我们认为至少可以提出以下应用原则：

(一) 定性分析与定量分析相结合原则

用于预测的各单项模型是在不同假设条件下对客观经济过程的一种简化。这种简化首先表现为对不同模型变量的引入。在实际建模过程中，模型变量的引入往往存在两难选择：(1) 对被解释变量有较强的解释力(经济意义较好)的一些变量，由于估计技术以及数据自身的原因，譬如多重共线性，导致基本统计检验通不过，拟合度较低，因而不得不删除该变量；(2) 反之，为了要求模型较高的拟合度，解释变量的选择带有主观随意性，科学演变成艺术，这样在经济意义上造成解释牵强，难以被人们所理解和接受。坚持定性分析与定量分析相结合原则，具体说就是坚持模型设定的经济理论以及经验的指导作用。在此基础上，组合预测合并、抵消误差，凸显规律。

(二) 系统性原则

系统性原则又可细分为以下两点：

1. 整体性原则

在组合预测中，多种独立预测方法应各有侧重，又有机联系。从预测内容来看，在宏观经济预测中，应以国民经济核算的概念为基础，充分考虑生产、分配及最终支出各个方面，并将这些方面与其客观存在经济变量组合起来，求出具有静态、动态的可调整性的数值，据此进行经济预测。微观经济预测则应从企业内部经营状况入手，对人、财、物各要素以及产、供、销各环节综合加以考察。

2. 相关性较低原则

从预测技术来看，组合预测应是各种相关性较低、区别度较大的不同模型、方法的组合，以实现最大限度的信息综合利用。经济计量方法与时间序列分析方法、阶段性接近法与系统动力学方法的组合尤其具有广泛的应用前景。

(三) 经济性原则

组合预测是对原有单项预测的修正。如果原有 n 种预测的拟合度很高($R^2>0.90$)，组合预测作为原 n 种预测值的某种均值与原预测结果相差甚微，考虑到数据采集的费用和模型研制的成本，组合预测的实际应用价值不大。

据此，我们提出以下组合预测应用的一般步骤：

第一，根据经济理论和实际情况建立各种独立的单项预测模型；

第二，运用系统聚类分析方法度量各单项模型的类间相似程度；

第三，根据聚类结果，逐层次建立组合预测模型进行预测。

三、组合预测模型

这里涉及的组合预测模型如下：

(一) 线性组合模型

$$y_{0t}=W_1y_{1t}+W_2y_{2t}+\cdots+W_ny_{nt} \tag{12-1}$$

式中，y_{0t}为t期的组合预测值；y_{1t}，…，y_{nt}为n种不同单项预测模型在t期的预测值；W_1，…，W_n为相应的n种组合权数。线性组合模型的关键在于确定合理的权数W_i，W_i依据组合预测误差的方差最小原则加以确定。

当$n=2$时：

$$W_1=\sigma_2^2/(\sigma_1^2+\sigma_2^2)；W_2=1-W_1 \tag{12-2}$$

式中，$\sigma_i^2(i=1，2)$为第i种单项预测模型的残差方差。

当$n>2$时：

$$W_i=\frac{\dfrac{1}{Q_i}}{\sum\limits_{i=1}^{n}\dfrac{1}{Q_i}} \quad (i=1，2，\cdots，n) \tag{12-3}$$

式中，Q_i为第i种单项预测模型的残差平方和。

(二) 最优线性组合模型

最优线性组合模型的原理是利用样本期的实际值和各单项预测模型的拟合值进行线性回归，然后利用线性回归模型，以原方案的预测值作为外生变量进行外推预测。

最优线性组合模型的一般形式为：

$$Y_t=a+b_1Y_{1t}+\cdots+b_nY_{nt} \tag{12-4}$$

式中，Y_t为样本期实际值；Y_{1t}，…，Y_{nt}为样本期n个不同模型得到的预测值。通过线性回归得到参数的估计值$\hat{a}$，$\hat{b}_1$，…，$\hat{b}_n$，再逐期求出预测的组合预测值：

$$\hat{Y}_{t+1}=\hat{a}_1+\hat{b}_1Y_{1,\ t+1}+\cdots+\hat{b}_nY_{n,\ t+1} \tag{12-5}$$

最优线性组合模型是广义的线性组合预测模型，其特点在于，组合权数由线性回归得到。通过简单的变换，(12-5)式可以具有(12-1)式的形式。

(三) 贝叶斯组合模型

在n种单项预测模型中选择一种作为主要方案，由这一方案得出的预测值为原预测值。然后，取其他$n-1$种预测方案在某一时点上的预测值分布的均值和方差，代入以下公式，就得到贝叶斯组合模型：

$$\hat{Y}_{t+1}=\left(\frac{Y_{t+1}}{s^2_{y,\ t+1}}+\frac{\bar{Y}_{t+1}}{s^2_{\bar{y},\ t+1}}\right)\Bigg/\left(\frac{1}{s^2_{y,\ t+1}}+\frac{1}{s^2_{\bar{y},\ t+1}}\right) \tag{12-6}$$

式中，$\hat{Y}_{t+1}$表示贝叶斯组合预测值，Y_{t+1}表示原预测值，$\bar{Y}_{t+1}$表示其他$n-1$种预测值分布的均值，$s^2_{\bar{y},\ t+1}$表示其他$n-1$种预测值分布的方差，$s^2_{\bar{y},\ t+1}$表示原预测值的方差。

由(12－6)式可以看出,贝叶斯组合模型也是线性组合模型的特例。

(四) 转换函数组合模型

转换函数组合模型是 B-J 通过对经济计量模型的预测误差进行分析后提出的。他们认为,预测误差服从正态分布时,具有时间序列的性质,这种性质可以通过近似模型来掌握,将经济计量模型预测与 B-J 残差时间序列预测结合起来,利用这种转换函数预测可以提供对预测变异程度的进一步说明。转换函数组合模型不仅考虑了经济结构因素,而且考虑了时间序列因素,在宏观经济增长趋势的预测中颇有价值。

转换函数组合模型预测的步骤如下:

第一,用 n 种预测方案的预测值进行组合预测;

第二,根据组合预测值与实际值计算出的误差识别一个 ARIMA 模型;

第三,将组合预测模型与 ARIMA 模型进行线性组合。

(五) 经济计量与系统动力学组合模型

经济计量模型是由多个相互联系的单一方程的方程组体系,揭示经济变量相互依存的复杂关系。其结构式系数反映了外生变量变动对内生变量的直接影响,其简化式系数则反映了外生变量变动通过一系列中间变量对内生变量的总影响(直接影响＋间接影响)。它的不足在于,模型参数一经估计即固定下来,缺乏有效的方法根据现实经济变动的最新反馈信息进行经济变量变动的适时修正。系统动力学是一种以反馈控制理论为基础、以数字计算仿真技术为手段的研究复杂社会经济大系统的定量方法。该方法自 20 世纪 80 年代以来得到了广泛应用,为研究预测多变量、高阶数、非线性的动态经济目标的趋势和水平提供了有效的工具。

四、实证——组合预测的有效性分析

首先,利用我国 1952—1995 年度的统计数据建立一个简化的宏观经济模型。这是一个联立方程模型,该方程模型结构力图反映我国经济中双轨制及其他一些制度特点。尽管由于简化的原因,这一点反映得不很充分,但对我国经济从总体上由供给制约型,经过供给与需求双导向型,并过渡到需求导向型这一基本事实给予充分的注意。然后,对该模型中的主要内生变量分别建立单方程的时间趋势模型和相关关系模型(对投资需求函数还可以建立系统动力学模型)。最后,运用前述组合预测模式,对 2000 年我国宏观经济运行状况进行了模型预测。在此基础上,对比分析各组合预测模型的有效性。

为使对比分析有意义,我们尽量采用同一套核心数据。这里的数据资料均采用《中国统计年鉴(1996)》和《工业经济统计年鉴(1996)》中的数据,仅对个别变量序列做推算。例如,如果缺乏各年年末总人口 N 的连续数据,则利用下式推算:

$$N = GP/R$$

式中,GP 为当年价格的工业总产值;R 为当年价格人均工业产值;GP, R 均采自《工业经济统计年鉴(1996)》。

组合预测的具体步骤如下:

(1) 建立、运行各单项模型,得到各单项模型的模拟序列。

(2) 计算各模拟值序列的相关系数,用相关系数最大法做聚类分析。

(3) 根据聚类结果,做第一层次组合。第一层次组合均为线性组合,权数可由(12－2)

式确定，也可由各单项模型的拟合优度 R^2 确定，拟合度高的赋权大，反之则小。再做第二层次组合，分别建立前四种组合预测模型。

(4) 计算泰尔(Theil)不等系数 μ，根据 μ 做出有效性综合评价。

各项单项预测模型结构如表 12-2 所示，变量及其方程解释如表 12-3 所示。

表 12-2　各项单项预测模型结构

	宏观经济模型		单方程模型	
方程含义	编号		编号	
消费方程	C_1	$C_t=a_1+a_2(Y_t-T_t)$	C_2 C_3	$C_t=b_1+b_2t+B_3t^2$ $C_t=b_4+b_5tC_{t-1}+b_6Y_{t-1}$
投资方程	I_1	$I_t=a_3+a_4Y_t+a_5K_{t-1}$	I_2 I_3	$I_t=b_7+b_8t+b_9t^2$ $I_t=b_{10}+b_{11}Y_t+b_{12}Y_{t-1}+b_{13}K_{t-1}$
总需求	Y	$Y_t=C_t+I_t+G_t$		
生产函数	Y_1	$Y_t=A_0e^{\lambda t}K^{\alpha}L^{\beta}$	Y_2 Y_3	$Y_t=b_{14}+b_{15}t+b_{16}t^2$ $Y_t=A(\sigma L^{-\theta}+(1-\sigma)k^{-\theta})^{-\frac{1}{\theta}}$
劳动力	L_1	$L_t=a_6+a_7WP_t+a_8N+a_9L_{t-1}$	L_2 L_3	$L_t=b_{17}+b_{18}t+b_{19}t^2$ $L_t=b_{20}+b_{21}\ln L_{t-1}+b_{22}\ln\left(\frac{K_t}{K_{t-1}}\right)+b_{23}\ln\left(\frac{Y_t}{Y_{t-1}}\right)$
固定资产	K_1	$K=K(-1)+I$		
财政收入	T_1	$T_t=a_{10}+a_{11}\ln Y_t+a_{12}T_{t-1}$	T_2 T_3	$T_t=b_{24}+b_{25}t+b_{26}t^2$ $T_t=b_{27}+b_{28}T_{t-1}$
财政支出	G_1	$\ln G=a_{13}+a_{14}\ln\left(\frac{Y}{N}\right)+a_{15}\ln N$	G_2 G_3	$G_t=b_{29}+b_{30}t+b_{31}t^2$ $G_t=b_{32}+b_{33}G_{t-1}$

表 12-3　变量及其方程解释

宏观经济模型	单方程模型
内生变量： C：消费 I：投资 Y：国民收入 Y_1：社会总产值 L：社会劳动力 K：固定资产原值 T：财政收入 G：财政支出	t：时间变量 方程 C_3：相对收入理论的消费模型 方程 I_3：科伊克(Koyck)投资滞后分布模型 方程 Y_3：CES 生产函数 方程 L_3：C-D 型劳动力需求局部调整模型

续　表

宏观经济模型	单方程模型
外生变量： *WP*：人均工资收入 *N*：年末总人口	

表 12-2 和表 12-3 的模型用 TSP 软件估计，估计结果见表 12-4。

表 12-4　模型结构参数估计及主要统计检验结果

宏观经济模型				
方程编号	结构参数估计	t 检验	D-W 检验	R^2
C_1	$a_1=65.1462$ $a_2=0.5435$	0.561 2 126.646 4	0.99	0.947 9
I_1	$a_3=-146.2168$ $a_4=0.1717$ $a_5=0.0756$	−1.291 5 1.124 9 1.198 8	1.16	0.939 4
Y_1	$\alpha=0.6437$ $\beta=0.3341$	17.665 1 2.703 4	0.738 9	0.956 8
L_1	$a_6=2385.9193$ $a_7=4437.0902$ $a_8=165.8082$ $a_9=0.8833$	1.358 7 0.310 4 0.425 4 12.866 8	2.351 5	0.963 3
T_1	$a_{10}=-283.16$ $a_{11}=30.5795$ $a_{12}=1.1472$	−0.456 8 0.345 4 14.022 7	1.658 4	0.993 1
G_1	$a_{13}=-2.1476$ $a_{14}=1.0998$ $a_{15}=1.8116$	−10.435 0 19.151 8 8.568 6	0.368 4	0.991 2
单方程模型				
方程编号	结构参数估计	t 检验	D-W 检验	R^2
C_2	$b_1=2406.3062$ $b_2=-326.5391$ $b_3=10.7803$	3.531 5 −4.593 0 6.861 8	0.37	0.768 6
C_3	$b_4=-148.8028$ $b_5=0.6232$ $b_6=0.2277$	−1.263 7 3.487 1 3.754 1	2.38	0.952 4

续　表

单方程模型				
方程编号	结构参数估计	t 检验	D-W 检验	R^2
I_2	$b_7=1\ 209.508\ 4$ $b_8=-224.436\ 9$ $b_9=8.346\ 0$	3.602 −6.407 10.78	0.87	0.917 1
I_3	$b_{10}=-256.700\ 1$ $b_{11}=-0.036\ 2$ $b_{12}=0.435\ 9$ $b_{13}=0.011\ 8$	−1.685 4 −0.147 5 1.081 4 0.137 5	1.19	0.936 9
Y_2	$b_{14}=-233.113\ 9$ $b_{15}=-29.315\ 2$ $b_{16}=1.151\ 7$	3.962 0 −4.775 2 8.489 6	0.354 3	0.885 4
Y_3	$\sigma=0.977\ 3$ $\theta=1.532\ 3$	31.685 6 12.395 8	0.297 0	0.962 6
L_2	$b_{17}=9\ 591.205\ 5$ $b_{18}=1\ 406.129\ 9$ $b_{19}=-19.183\ 2$	7.319 6 10.284 7 −6.349 3	0.418	0.902 0
L_3	$b_{20}=1.883\ 6$ $b_{21}=0.813\ 6$ $b_{22}=0.492\ 3$ $b_{23}=0.062\ 9$	6.566 5 28.562 4 4.749 2 0.885 2	2.391 7	0.967 5
T_2	$b_{24}=892.449\ 0$ $b_{25}=-109.310\ 8$ $b_{26}=1.346\ 6$	5.012 25 −5.883 8 10.587 5	0.249 8	0.924 9
T_3	$b_{27}=-59.722\ 3$ $b_{28}=1.164\ 5$	−2 125 6 61.446 3	1.35	0.990 0
G_2	$b_{29}=8\ 408.005\ 8$ $b_{30}=-1\ 381.661\ 5$ $b_{31}=46.873\ 9$	3.311 7 −5.215 6 8.007 2	0.289 3	0.829 6
G_3	$b_{32}=-582.234\ 3$ $b_{33}=1.310\ 6$	−2.505 4 57.699 7	0.871 7	0.988 4

由表 12－4 可见，尽管模式设定力求合理、有限，但从模型参数估计及主要统计检验结果看，一部分方程(方程编号 L_1、T_1、I_3、L_3、G_3)t 检验值偏低，一部分方程(除方程 L_1、L_3 和 C_3 之外)D-W 检验值偏低，但全部方程的 R^2(或者说 F 检验值)较高，这是模型存在多重共线性和自相关的典型情况，不适合单独用单项模型进行预测。简单地删减或增加解释变量以求稍好的统计检验结果，如前所述亦不理想。组合预测是改善预测的一个主要途径。

(5) 组合预测有效性的实证分析。

定义泰尔不等系数：

$$\mu=\frac{\sqrt{\frac{1}{n}\sum(Y-\hat{Y})^2}}{\sqrt{\frac{1}{n}\sum Y^2}+\sqrt{\frac{1}{n}\sum\hat{Y}^2}} \tag{12-7}$$

式中，Y 为实际值，$\hat{Y}$ 为预测值(在本研究中为组合预测值)。μ 介于 0 与 1 之间，μ 值越小，意味着预测精度越高，其极限情况是 $\mu=0$，表示预测值完全等于实际值，故可利用 μ 做预测的有效性分析。依前所述组合预测步骤，得到的主要结果见表 12-5。

表 12-5　组合预测及有效性分析步骤

方程编号	拟合 R^2	模拟值序列相关系数	聚类分析	第一次组合权数 ω	第二次组合方式	泰尔不等系数 μ	有效性评价排序
消费函数					模型(一)	0.071 4	1
C_1	0.947 9	$r_{12}=0.945\ 3$	1	$\omega_1=0.7$	模型(二)	0.302 2	3
C_2	0.764 8	$r_{13}=0.993\ 2$	3	$\omega_2=0.3$	模型(三)	0.271 1	2
C_3	0.954 5	$r_{23}=0.924\ 5$	2		模型(四)	0.475 2	4
投资函数					模型(一)	0.103 3	1
I_1	0.934 9	$r_{12}=0.956\ 5$	1	$\omega_1=0.6$	模型(二)	0.475 3	4
I_2	0.917 1	$r_{13}=0.998\ 9$	3	$\omega_3=0.4$	模型(三)	0.343 0	3
I_3	0.902 0	$r_{23}=0.952\ 3$	2		模型(四)	0.341 2	2
生产函数					模型(一)	0.201 3	2
Y_1	0.956 8	$r_{12}=0.980\ 6$	1	$\omega_1=0.7$	模型(二)	0.191 7	3
Y_2	0.885 4	$r_{13}=0.857\ 9$	2	$\omega_2=0.3$	模型(三)	0.223 3	4
Y_3	0.962 6	$r_{23}=0.797\ 4$	3		模型(四)	0.145 8	1
劳动力需求					模型(一)	0.090 3	1
L_1	0.963 4	$r_{12}=0.954\ 4$	1	$\omega_1=0.5$	模型(二)	0.471 3	3
L_2	0.902 0	$r_{13}=0.992\ 9$	3	$\omega_3=0.5$	模型(三)	0.472 1	4
L_3	0.967 6	$r_{23}=0.953\ 0$	2		模型(四)	0.130 4	2
财政收入					模型(一)	0.102 3	1
T_1	0.990 6	$r_{12}=0.966\ 3$	1	$\omega_1=0.5$	模型(二)	0.311 7	4
T_2	0.924 9	$r_{13}=0.999\ 9$	3	$\omega_3=0.5$	模型(三)	0.301 0	3
T_3	0.990 0	$r_{23}=0.967\ 0$	2		模型(四)	0.127 1	2
财政支出					模型(一)	0.173 1	1
G_1	0.991 3	$r_{12}=0.934\ 2$	1	$\omega_1=0.5$	模型(二)	0.221 5	3
G_2	0.829 7	$r_{13}=0.992\ 5$	3	$\omega_3=0.5$	模型(三)	0.343 0	4
G_4	0.988 4	$r_{23}=0.931\ 0$	2		模型(四)	0.210 4	2

表 12－5 的模型(一)对应的是线性组合模型,模型(二)对应的是最优线性组合模型,模型(三)对应的是贝叶斯组合模型,模型(四)对应的是转换函数组合模型。

由有效性评价排序可见,除个别情况外,线性组合模型在本例中预测效果最好。主要宏观经济变量利用线性组合模型的外推预测如图 12－1 所示。图 12－2～图 12－6 分别是按有效性评价排序为 1(拟合最好)的组合方式计算输出投资、劳动力需求、财政支出、财政收入、消费等变量的组合预测值分别与其实际值的比较,显然,拟合程度相当令人满意。①

转换函数模型效果也较好(见图 12－5)。由于单项预测模式拟合程度较高(本例中大多如此),系统误差作用甚弱,残差基本上服从 $N(0, \sigma^2)$ 分布,因而可以恰当识别一个 ARIMA 模型。最优线性组合效果较差,这是因为当各单项模式拟合程度较高时,模拟值序列之间的相关程度亦较高(这一点可以从表 12－5中的序列相关系数看出),在线性回归时会产生多重共线性。贝叶斯组合模型表现不令人满意,部分原因在于本例中单项模式个数还太少,某一截面上预测值分布的方差计算太粗糙。系统动力学组合模型在理论上是一种有前途的方法,但它客观上要求以稳态增益过程为背景,并且以不精确模拟为特长,当以 μ 为标准时,对系统动力学组合模型的评价缺乏科学性。

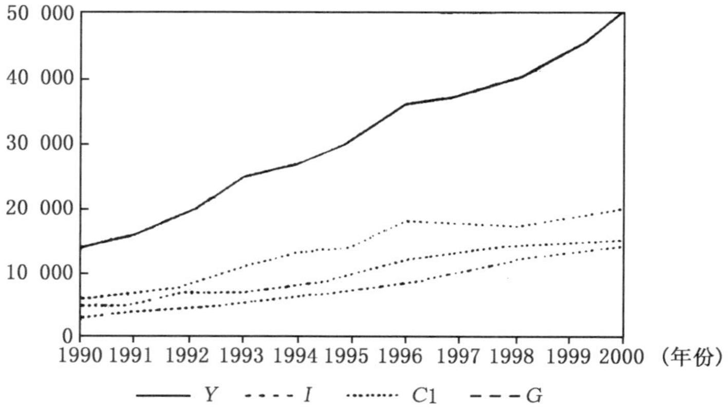

图 12－1　外推预测(1990—2000 年)(线性组合模型)

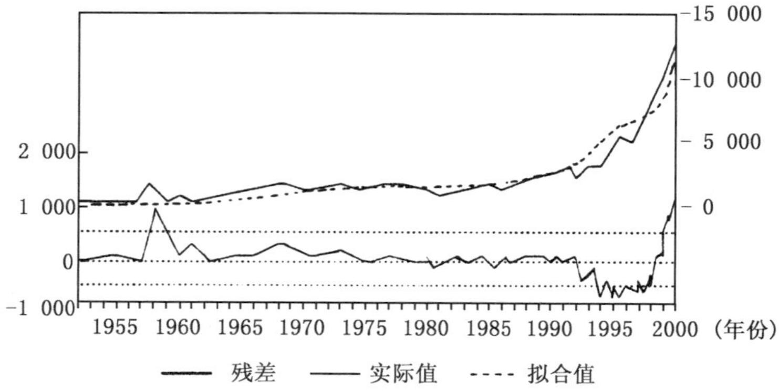

图 12－2　投资 *I*(1955—2000 年)(线性组合模型)

① 其中,1996—2000 年的实际值(图中细实线)是根据国家计委长期规划和产业政策司杨伟民同志的资料推算的,参见《九五期间产业结构变动展望》一文。

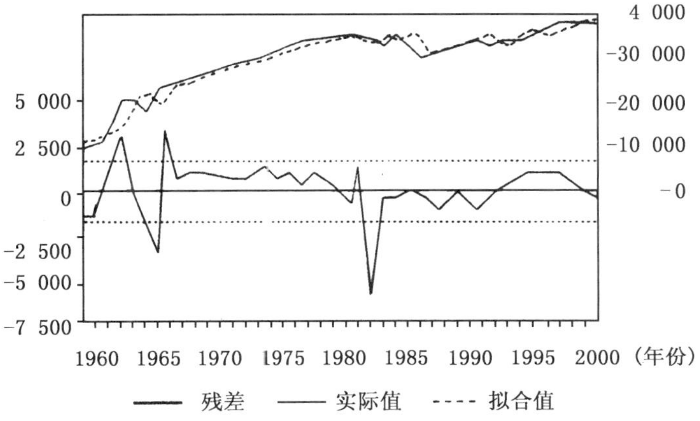

图 12-3　劳动力需求 L(1955—2000 年)(线性组合模型)

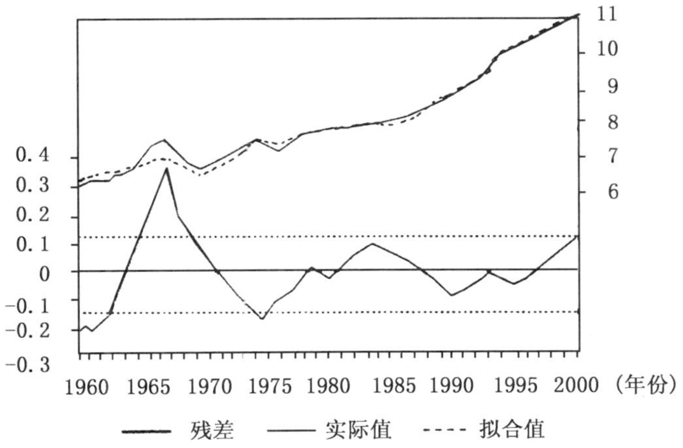

图 12-4　财政支出 $\ln G$(1955—2000 年)(线性组合模型)

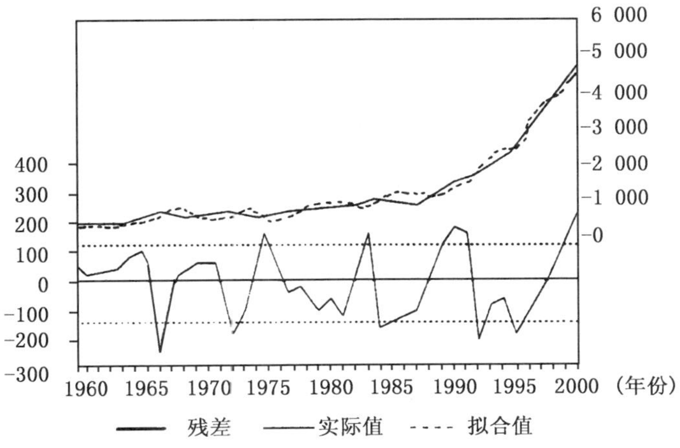

图 12-5　财政收入 T(1955—2000 年)(转换函数模型)

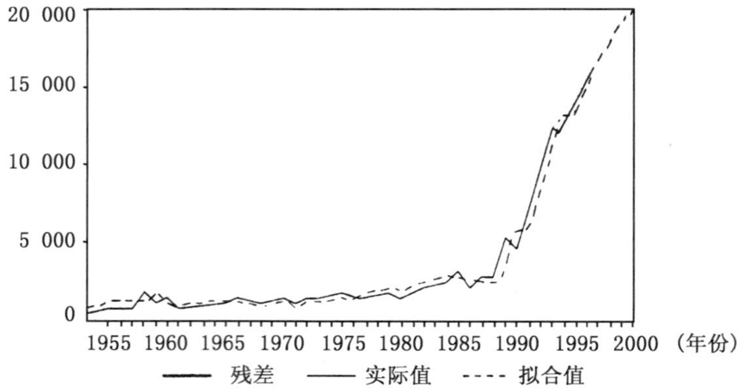

图 12-6 消费 C(1955—2000 年)(线性组合模型)

本章小结

1. 预测精度的一般含义是指预测模型拟合的好坏程度。如何提高预测精度,是预测研究的一项重要任务。不过,对预测用户而言,过去的预测精度毫无价值,只有预测未来的精确度才是最重要的。

2. 测定预测精度的方法通常有:(1) 平均误差和平均绝对误差;(2) 平均相对误差和平均相对误差绝对值;(3) 预测误差的方差和标准差。用不同的精度测定方法所测定的预测精度,效果是不一样的。

3. 未来的可预测性是影响预测效果好坏的重要因素。受各种因素的影响,经济现象的可预测性明显低于自然现象的可预测性。在经济预测中,不同的经济现象的可预测性也存在极大的差别。影响经济现象可预测性的因素大致归类为总体的大小、总体的同质性、需求弹性和竞争的激烈程度等。

4. 经济现象变化模式或关系的存在是进行预测的前提条件,因此,模式或关系的识别错误、模式或关系的不确定性及模式或关系的变化性就成为影响预测误差的主要因素。

5. 预测实证研究表明,各类预测方法之间并不存在明显的优劣,只是不同方法具有各自不同的特点,如回归预测能解释预测对象变化原因、某些预测方法更适合特定预测对象的预测等。选择预测方法除了考虑精度、成本和方法的复杂性外,还要考虑预测环境、预测时期长短和用户等因素。

6. 定性预测与定量预测具有各自不同的特点,定性预测擅长于预测趋势的转折及其影响,定量预测则只有在趋势能延续下去的前提下才有效。定量预测更具客观性、低成本、适于反复预测等,因此,通过定性预测和定量预测的综合运用和合理分工,可以明显提高预测精度、节约成本。

7. 组合预测模型将各种不同类型的单项预测模型兼收并蓄,各取所长,集中了更多的经济信息和预测技巧,能减少预测的系统误差,显著改进预测效果。

思考与练习

一、单项选择题

1. 平均相对误差的计算公式为(　　)。

A. $MPE=\frac{\sum_{i=1}^{n}e_i}{n}=\frac{1}{n}\sum_{i=1}^{n}(y_i-\hat{y}_i)$　　B. $MPE=\frac{1}{n}\sum_{i=1}^{n}\frac{y_i-\hat{y}_i}{y_i}$

C. $MPE=\frac{1}{n}\sum_{i=1}^{n}\left|\frac{y_i-\hat{y}_i}{y_i}\right|$　　D. $MPE=\frac{\sum_{i=1}^{n}e_i^2}{n}=\frac{1}{n}\sum_{i=1}^{n}(y_i-\hat{y}_i)^2$

2. 平均绝对误差的计算公式为(　　)。

A. $MAD=\frac{\sum_{i=1}^{n}|e_i|}{n}=\frac{1}{n}\sum_{i=1}^{n}|y_i-\hat{y}_i|$　　B. $MAD=\frac{1}{n}\sum_{i=1}^{n}\frac{y_i-\hat{y}_i}{y_i}$

C. $MAD=\frac{1}{n}\sum_{i=1}^{n}\left|\frac{y_i-\hat{y}_i}{y_i}\right|$　　D. $MAD=\frac{\sum_{i=1}^{n}e_i^2}{n}=\frac{1}{n}\sum_{i=1}^{n}(y_i-\hat{y}_i)^2$

3. 进行预测的前提条件是(　　)。

A. 经济现象变化模式或关系的存在　　B. 把经济现象量化

C. 经济现象变化呈现规律性　　D. 经济现象相对稳定

4. 如果用户选择预测方法的标准是追求预测精度的极大化,则最好选择(　　)。

A. 大型回归模型　　B. 小型回归模型

C. 时间序列预测模型　　D. 状态空间模型

5. 如果预测精度只是选择预测方法的重要标准之一,则可考虑选择(　　)。

A. 大型回归模型　　B. 状态空间模型

C. 时间序列预测模型　　D. 小型回归模型

6. 如果预测用户要求的是最简单的方法,而且没有使用预测方法方面的限制,不关心预测方法是否最好,则可以选择(　　)。

A. 大型回归模型　　B. 组合预测

C. 时间序列预测模型　　D. 小型回归模型

7. 短期的外推预测应该使用(　　)。

A. 大型回归模型　　B. 状态空间模型

C. 时间序列预测模型　　D. 小型回归模型

8. 定量预测是建立在(　　)假设的基础之上。

A. 过去的数据全部已知

B. 数据服从某一分布

C. 目前趋势或现象之间的关系能延续下去,且现象及现象之间的关系模式能被识别

D. 没有明显的发展趋势

9. 定量预测的最大优势是(　　)。

A. 其具有客观性　　B. 成本较低

C. 能保证连续反复预测的一致性　　D. 可以运用各类信息

10. 定量预测的最大优点是(　　)。

A. 其具有客观性　　B. 成本较低

C. 能保证连续反复预测的一致性　　D. 可以运用各类信息

二、多项选择题

1. 影响经济现象的可预测性的因素大致归类为(　　)。

A. 总体的大小　　B. 总体的同质性

C. 需求弹性　　D. 竞争的激烈程度

E. 总体的可量化性

2. 在经济现象中影响预测误差大小的因素有(　　)。

A. 模式或关系的识别错误

B. 模式或关系的不确定性

C. 模式或关系的变化性

D. 模式或关系的复杂性

E. 模式或关系的模糊性

3. 选择预测方法时应考虑的因素有(　　)。

A. 精度、成本　　B. 方法的复杂性

C. 预测环境　　D. 预测时期长短

E. 用户

4. 以下关于预测精度的说法中，正确的是(　　)。

A. 大型模型的预测精度并不比小模型的预测精度高

B. 没有任何一种预测方法或预测模型会在各种情况下都比其他方法或模型表现得更好

C. 提高预测模型的复杂程度不一定能提高预测精度

D. 大型模型的预测精度比小模型的预测精度高

E. 提高预测模型的复杂程度能提高预测精度

5. 对经济领域中预测精度的正确看法有(　　)。

A. 某些现象的预测可以具有很高的精度

B. 许多现象的结果很难预测

C. 能进行预测的前提是预测对象存在某种模式或关系

D. 不同经济现象的预测精度差别很大

E. 定量预测的精度往往高于定性预测

6. 时间序列预测模型的特点有(　　)。

A. 一般比较简单

B. 成本较低

C. 较之回归模型，其有更广泛的应用

D. 如果用户希望提高预测精度，则应该选择此模型

E. 如果用户关心影响预测对象变化的影响因素情况，则应该选择此模型

7. 为了提高预测精度，下面说法正确的有（　　）。
A. 尽量选择回归模型
B. 对于并不需要在预测领域保持领先地位的用户来说，可以使用指数平滑法
C. 对于并不需要在预测领域保持领先地位的用户来说，可以使用时间序列分解法
D. 若进行年度预测，可以选择霍尔特线性指数平滑法
E. 对于月度数据，可以选择一次指数平滑
8. 一般而言，时间越长，经济现象的变化模式或关系改变的可能性就越大，是因为（　　）。
A. 经济现象的不可预见性
B. 行动与结果的时滞性
C. 人的行为或态度可以改变
D. 我们有充足的时间运用预测结果，采取各种行动使经济现象的变化向决策者希望的方向发展
E. 某些重大事件的发生
9. 关于定性预测，正确的说法有（　　）。
A. 具有低廉的成本　　B. 可以预测转折的发生
C. 有可能忽视或夸大转折　　D. 可以运用各类信息
E. 采用不同的定性预测方法会得出不同的预测结果
10. 关于定量预测，正确的说法有（　　）。
A. 具有低廉的成本　　B. 可以预测转折的发生
C. 只使用部分数据所包含的信息　　D. 预测结果客观
E. 主要依靠人的主观判断力进行预测

三、名词解释

1. 预测精度
2. 平均相对误差绝对值
3. 预测误差的方差
4. 组合预测
5. 未来的可预测性

四、简答题

1. 试述预测精度的含义。常用的测定预测精度的指标有哪些？
2. 结合实际，论述未来的可预测性对预测的影响。
3. 影响预测误差的因素有哪些？
4. 试述回归预测与时间序列预测的特点。在实际预测时，应如何选择回归预测与时间序列预测？
5. 选择预测方法时应考虑哪些因素？
6. 如何综合运用定性预测与定量预测方法？
7. 定性预测与定量预测相比有哪些特点？
8. 如何预测趋势的转折？怎样用定量预测修正定性预测结果？
9. 组合预测有哪两种基本形式？组合预测的精度如何？

五、计算题

1. 根据下表的统计数据,计算3个月移动平均预测的ME、MAD、MPE、MAPE、MSE和SDE。

月份	观察值 y_i(销售额)	3个月移动平均值 $\hat{y}_i$	$\alpha=0.1$ 的一次指数平滑 $\hat{y}_i$
1	200.0	—	—
2	135.0	—	200.0
3	195.0	—	193.5
4	197.5	176.7	193.7
5	310.0	175.8	194.0
6	175.0	234.2	205.6
7	155.0	227.5	202.6
8	130.0	213.3	197.8
9	220.0	153.3	191.0
10	277.5	168.3	193.9
11	235.0	209.2	202.3
12	264.0	244.2	205.6

2. 根据上表最后一列数据,计算 $\alpha=0.1$ 的一次指数平滑预测的ME、MAD、MPE、MAPE、MSE和SDE,并与第1题的结果做比较。

3. 已知下表数据,分别用一次移动平均法($N=4$)和一次指数平滑法($\alpha=0.2$)对2022年的销售量进行预测,并比较其精度。

年　份	2010	2011	2012	2013	2014	2015	2016	2017	2018	2019	2020	2021
销售量	10	12	13	16	16	15	16	17	15	14	13	14

13 第十三章 统计决策概述

全章提要

第一节　决策的概念和种类

一、决策的概念

我们从统计预测的分析中可知，对经济现象和经济活动采取不同的预测方法，可以取得不同的预测方案。对于预测者来说，其预测目的就是要从各种预测方案中选择最优方案。为此，就需要进行决策。

决策就是为了实现特定的目标，根据客观的可能性，在占有一定信息和经验的基础上，借助一定的工具、技巧和方法，对影响目标实现的诸因素进行准确计算和判断选优后，对未来行动做出决定。

决策具有以下基本特征：

(1) 未来性。决策总是面对未来的，已经发生的事和正在发生的事是不需要决策的，决策产生于行动之前。未来是不确定的，因此，决策具有风险性，决策的风险来自未来的不确定性。科学的预测可以减少未来的不确定性。

(2) 选择性。决策离不开决断，决断离不开比较选择，决策过程存在目标的比较选择和决策方案的比较选择，如果没有比较选择，也就没有决策。

(3) 实践性。比较选择后得到的最优方案还只是思维结果，要付诸实施才能实现决策目标，通过实践，使决策者在认识上产生又一次飞跃。不实施的决策是毫无意义的，其最优决策方案也是毫无价值的。

决策是一项系统工程，组成决策系统的基本因素有四个，即决策主体、体现决策主体利益和愿望的决策目标、决策对象以及决策环境。

(1) 决策主体。决策是由人做出的，人是决策的主体，决策主体既可以是单个的个人，也可以是一个组织——由决策者所构成的系统。决策者进行决策的客观条件是他必须具有判断、选择和决断能力，承担决策后果的法定责任。

(2) 决策目标。决策是围绕着目标展开的，决策的开端是确定目标，终端是实现目标。决策目标既体现了决策主体的主观意志，又反映了客观现实，没有决策目标就没有决策。

(3) 决策对象。决策对象是决策的客体。决策对象涉及的领域十分广泛，可以包括人类活动的各个方面。决策对象具有一个共同点，即人可以对决策对象施加影响。凡是人的行为不能施加影响的事物，不能作为决策对象。

(4) 决策环境。决策环境是指相对于主体、构成主体存在条件的物质实体或社会文化要素。决策不是在一个孤立的封闭系统中进行的，而是依存于一定环境，同环境进行物质、能量和信息的交换。决策系统与环境构成一个密不可分的整体，它们之间相互影响、相互制约、息息相关。

统计决策有广义和狭义之分。凡是使用统计方法进行决策的决策方法，称为广义的统计决策。狭义的统计决策是指不确定情况下的决策。在不确定情况下进行决策，需要具备

以下四个条件:

(1) 决策人要求达到的一定目标,如利润最大、损失最小、质量最高等。从不同的目的出发,往往有不同的决策标准。

(2) 存在两个或两个以上可供选择的方案。所有的方案构成一个方案的集合。

(3) 存在不以决策人主观意志为转移的客观状态,或称为自然状态。所有可能出现的自然状态构成状态空间。

(4) 不同情况下采取不同方案所产生的结果是可以计量的。所有的结果构成一个结果空间。

二、决策的种类

决策所要解决的问题是多种多样的,决策过程、思维方式、运用技术也各不相同,因此,可以从不同的角度进行分类。

(一) 按照决策问题所处的条件,分为确定型决策、不确定型决策和对抗型决策

确定型决策是指可供选择方案的条件已确定。例如,有人想买一台收录机,一种质量好但价格较贵,另一种质量稍差而价格比较便宜,选择哪一种就需要决策。在这个例子中,若各种收录机的牌号与价格都已确定,关键在于如何选择,这主要取决于购买人的条件和目的。另外,还有一些确定型的决策属于运筹学中数学规划方面的问题,如在一定条件下求某组方程的极大值或极小值。

不确定型决策是指决策时的条件是不确定的,细分起来又可以分成两种:一种是已知各种可能情况出现的概率,因此可以结合概率做出判断,选择方案,这要冒一定的风险,所以称为风险型决策。例如,一个家庭主妇到市场采购,好的鸡蛋每千克 6 元,处理的鸡蛋每千克 4.8 元,其中可能有个别坏的。究竟买好的还是买处理的,哪一种合算,就要比较一下。假如前几天已经有不少人买过处理鸡蛋,已知 80%的情况下没有坏鸡蛋,每千克出现一个坏鸡蛋的概率为 10%,出现两个或两个以上坏鸡蛋的概率为 20%。这种情况下的决策,就是风险型决策。另一种是未知任何信息的决策,称为完全不确定情况下的决策。

对抗型决策的特点是包含了两个或几个人之间的竞争,并且不是所有的决策都在决策人的直接控制之下,而要考虑到对方的策略。例如,某人有三匹马,虽然每匹马都不如对方,但在比赛时考虑到对方有先后次序,以最差的马与对方最好的马对抗,然后以自己最好的马与对方中等的马对抗,以自己中等的马与对方最差的马对抗,最后以 2 比 1 获胜。这是对抗型决策的典型例子。

(二) 按照问题的性质,分为程序化决策和非程序化决策

程序化决策也称结构化决策,是针对经常反复出现且有某种规律的问题做出的决策。解决这类问题通常可按其规律明确决策程序,建立相应决策规则,遇到同类问题出现时,便可重复应用决策规则妥善处理。

非程序化决策也称非结构化决策,是指针对偶然出现的特殊性问题或首次出现的情况或问题做出的决策。解决这类问题一般没有一定的规则,需要创造性思维才能得以解决。而且,愈是高层的决策,非程序化决策愈多。

美国决策学家拉德福特(K. J. Radford)把决策分为三类,即完全规范化决策、部分规范化决策和非规范化决策。这与程序化决策和非程序化决策的划分有些相似。完全规范化决

策是指决策过程已经有了规范的程序，包括决策的模型、数学参数名称和参数数量，以及选择的明确标准等，只要外部环境基本不变，这些规范的程序就可重复使用于解决同类问题，完全不受决策人主观看法的影响。非规范化决策是完全无法用常规办法来处理的一次性新的决策，这类决策完全取决于决策者个人，由于参与决策的个人的经验、判断或所取得的信息不同，对于同一个问题会有不同的观点，不同的决策者往往可能做出不同的决断。部分规范化决策则是介于两者之间的一种决策，即决策过程涉及的问题，一部分是可以规范化的，另一部分则是非规范化的。对于这类问题的解决，是先按规范化办法处理规范化部分问题，然后由决策者在此基础上运用创造性思维对非规范化部分做出决断。

（三）按照决策涉及的范围，分为总体决策和局部决策

总体决策是涉及各个重要方面的决策。如企业的经营战略和年度经营计划的制定，它规定着企业的发展方向、行动纲领和经营目标，是企业全局性的决策。

局部决策是指仅涉及个别对象方面的决策。如企业市场销售决策、财务决策、物质技术设备的技术改造决策等。局部决策应该是总体决策的组成部分，是一定时期内实现总体决策的手段。

（四）按照决策过程是否运用数学模型来辅助决策，分为定性决策和定量决策

定性决策重在对决策问题质的把握。对决策变量、状态变量及目标函数无法用数量来刻画的决策，只能做抽象的概括、定性的描述。如组织机构设置的优化、人事决策、选择目标市场等，都属于此类。

定量决策重在对决策问题量的刻画。这类决策问题中的决策变量、状态变量、目标函数，都可以用数量来描述。在决策过程中，运用数学模型辅助人们寻求满意的决策方案，如企业内部的库存控制决策、成本计划、生产安排、销售计划等。

定性和定量的划分是相对的。在实际决策分析中，定量分析之前，往往要进行定性分析，而对一些定性分析问题，也尽可能使用各种方式将其转化为定量分析。如考评干部的德、才、能时，可采取层次分析的方法或者利用模糊决策方法进行评判。定性和定量分析的结合使用，可以提高决策的科学性。

（五）按照决策目标的数量，分为单目标决策和多目标决策

单目标决策是指决策要达到的目标只有一个的决策。例如，个人的证券、期货投资决策即是单目标决策，其中，投资目标往往只有一个，即追求投资收益的极大化。

多目标决策是指决策要达到的目标不止一个的决策。在实际决策中，很多决策问题都是多目标决策问题。例如，企业目标决策问题即是一个多目标决策问题，企业的目标往往除了利润目标以外，还有很多其他目标，如股东收益目标、企业形象目标、控制集团利益目标、职工利益目标等。多目标决策问题一般较复杂。

（六）按照决策的整体构成，分为单阶段决策和多阶段决策

单阶段决策是某个时期某一问题的决策。由于整个决策问题只由一个阶段构成，因此，单个阶段的最优决策即是整个决策问题的最优决策，如企业产品年产量的决策等。

多阶段决策也称动态决策，它具有以下特点：(1) 决策问题由多个不同的前后阶段的决策问题构成；(2) 前一阶段的决策结果直接影响下一阶段的决策，是下一阶段决策的出发点；(3) 必须分别做出各个阶段的决策，但各阶段决策结果的最优之和并不构成整体决策结果最优。多阶段决策必须追求整体决策结果最优。

三、统计决策中的三个基本概念

统计决策可分为传统的决策和贝叶斯决策两种。传统的决策是指根据样本的结果来推断总体。例如,假设检验中根据统计量的估计值做出拒绝还是接受原假设,不考虑任何主观的先验信息。贝叶斯决策则主张利用主观的先验信息。因此,从广义上讲,在管理决策中应用先验信息来做决策,均可称为贝叶斯决策。狭义的贝叶斯决策则是通过样本,结合先验信息,利用贝叶斯的后验概率公式所做的决策。这里主要采用后一种解释。下面介绍统计决策中的一些概念。

(一) 决策函数

传统的统计决策主要是根据样本的观察值来对总体参数 Q 做出推断。这时,样本统计量 d 是样本观察值 $x_1, x_2, \cdots, x_n$ 的一个函数,$d=d(x_1, x_2, \cdots, x_n)$ 就称为决策函数。在统计决策中,Q 可以看作一个状态空间,d 看作在取得一定的自然状态信息下采取的一种方案。

(二) 损失函数

如果参数的真值为 θ,而决策的结果为 d,两者的不一致会带来一定的损失,这种损失是一个随机变量,用 $L(d, \theta)$表示,称为损失函数。在决策问题中,设 d_i 是方案集合中的一个方案,θ_j 是状态空间中出现的某一个状态,则对于所有的方案和状态,有:(1) $L(d, \theta)\geqslant 0$;(2) 对于状态空间中每个 θ,至少有一个方案 d,使得 $L(d, \theta)=0$。当损失函数为零时,称为正确的决策。常见的损失函数有 $L(d, \theta)=c(\theta-d)^2$ 和$L(d, \theta)=c\mid\theta-d\mid$,前者称为二次损失函数,后者称为绝对误差损失函数,其中 c 称为一个加权系数或称为损失系数。

(三) 风险函数

由于损失函数是一个随机变量,损失函数的期望值$R(d, \theta)=E[L(d, \theta)]$就称为风险函数。在决策中,每种自然状态 θ_j 都会产生一个风险值$R(d_i, \theta_j)=\sum_{i=1}^{k}L(d_i, \theta_j)\times P(d_i\mid\theta_j)$。决策的目标是要找出一个决策方案 d,使其对各个 θ_j 风险值均为最小。但是,大多数情况下,没有一个决策方案能使各种状态下的损失最小,因此,常常对 θ 确定一个概率分布,并使其平均的风险值 $r(d, \theta)$达到最小,其中:

$$r(d, \theta)=E[R(d, \theta)]=\sum_{j=1}^{L}R(d, \theta)p(\theta_j)$$

第二节 决策的作用和步骤

一、决策的作用

预测是决策的基础,决策是根据预测所做出的决断。在社会主义市场经济体制下,统计决策的作用将得到更大的发挥。这是因为在激烈竞争的市场中,对事物发展所导致的结果往往捉摸不透,对情况和信息往往摸得不透或掌握不足,而摆在决策者面前又有很多行动方案可供采用,这时,统计决策的结果就会告之应当选择哪一种行动方案。

决策的功能可表达为：目标→决策→行动→结果。即由目标出发，做出决策，由决策指挥行动，由行动产生相应的结果。可见，科学的统计决策起着由目标到达结果的中间媒介作用，起着避免盲目性、减少风险性的导向效应。统计决策的用途相当广泛，尤其在市场、经济和管理领域中。从基层工商企业决策到地区决策、部门决策以至全国性的决策，都要采用统计决策方法，因为这种决策方法可以提供有事实根据的最优行动方案，大大减少由于盲目做出决定而导致的更大损失。

二、决策的信息搜集成本

信息是现代社会的重要资源，是决策的基础，没有信息，决策就无法进行，或者只能做出盲目的决策。决策信息包括决策系统内、外的信息，如有关决策主体信息、决策主体需求信息、实现目标可能性信息、决策对象信息及决策环境信息等。

决策信息的搜集必须花费一定的费用，包括人力的耗费、财力的耗费乃至决策方案更改的机会成本等，因此，在搜集到一定的信息之后，就应该立即做出决策，即使仍有很多信息没有搜集齐全，也应如此。

图 13－1 描述了信息搜集成本和效益之间的关系。从图中可以看出，搜集信息的时间越长，花费的搜集信息的成本越高。在开始搜集信息时，搜集到的额外信息会使决策效益递增，但随着时间的推移，信息搜集的边际效益递减，直至决策者延误决策时机，导致信息搜集成本大大高于信息所能带来的收益，这样，决策者就从信息搜集获益变为得不偿失。

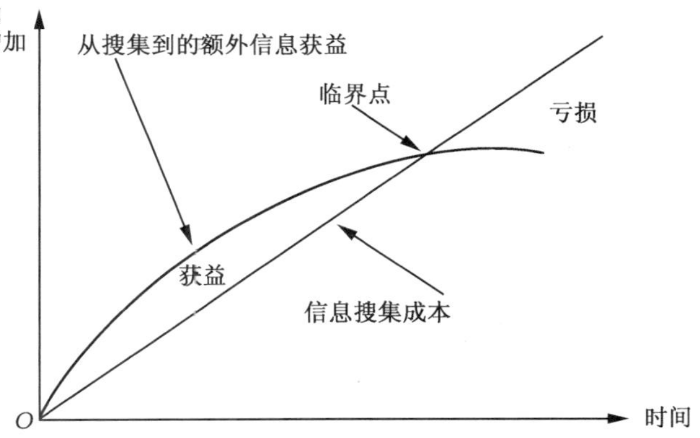

图 13－1　信息搜集损益时间曲线

决策的一个重要特征是它的未来性，未来是不确定的，未来的不确定性导致了决策的风险性。一般而言，大多数决策者属于规避风险一类，希望将风险降低到最低限度，希望在搜集到足够信息，将未来的不确定性降低到一定程度之后才做出决策。

从图 13－2 中可以看出，随着时间的推移，信息搜集成本也增加，同时，随着时间的推移和更多信息的搜集，不确定性也在减少，将不确定性减少到尽可能低的程度，则有可能延误决策时机而使信息的搜集得不偿失，因此，信息搜集时间的拖延不应超过图 13－1 的临界点。

信息的搜集不可能消除不确定性，并且信息的搜集需要花费成本，因此，决策者必须适时做出有效决策。首先，对决策问题进行分析，确定决策问题的重要程度。然后，对重要程度较低的决策问题采取简单方法决策(即时决策)，而对于重要程度较高的决策问题，则应在

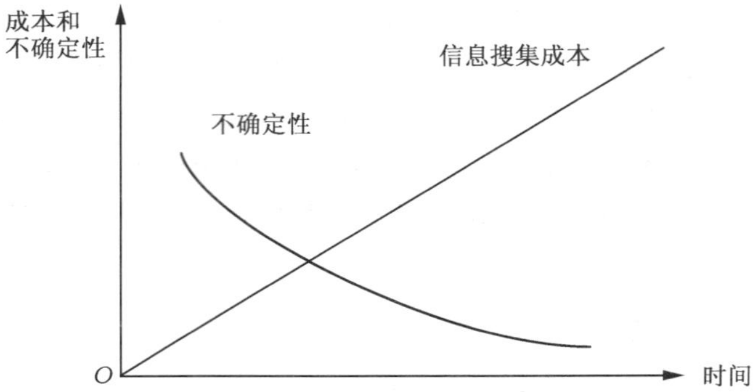

图 13-2　信息搜集成本与不确定性时间曲线

搜集到一定信息之后,选择出最合适的决策方案。

三、决策的步骤

一个完整的统计决策过程必须经历以下几个步骤:

(一) 确定决策目标

确定决策目标是决策的重要一步,没有决策目标,就不存在决策。所谓“决策目标”,是指在一定的环境和条件下,在预测的基础上所希望达到的结果。确定目标首先要确定问题的特点、范围,其次要分析问题产生的原因,同时还应搜集与确定目标相关的信息,然后确定合理的目标。

合理的决策目标常能满足以下要求。

第一,含义准确,便于把握,易于评估。

第二,尽可能将目标数量化,并明确目标的时间约束条件。

第三,目标应有实现的可能性,并富于挑战性。

(二) 拟订备选方案

目标确定后,接下来的工作就是分析目标实现的可能途径,即拟订备选方案。拟订备选方案必须广泛搜集与决策对象及环境有关的信息,并从多角度预测各种可能达到目标的途径及每一途径的可能后果。

拟订备选方案是一个创新过程。方案拟订应具有创新精神,扩展思路,既要充分发挥经验和知识的作用,又要充分发挥人的想象力和创造力,力图从新的角度、新的视野去看待决策问题,以期拟订新颖的决策方案。

(三) 方案抉择

方案抉择是指对几种可行备选方案进行评价比较和选择,形成一个最佳行动方案的过程。在评价分析中,要根据预定的决策目标和所建立的价值标准,确定方案的评价要素、评价标准和评价方法,有时还要做一些敏感性分析。此外,在选择方案时,除备选方案原型以外,也可以是某一方案的修正方案,或综合几个备选方案而得出新的方案。在条件允许时,评价过程应尽可能进行典型试验或运用计算机对有关方案进行模拟试验。

(四) 方案实施

方案确定后,就应当组织人力、物力及财力资源,实施决策方案。在决策实施过程中,决策机构必须加强监督，及时将实施过程的信息反馈给决策制定者，当发现偏差时，应及时采取措施予以纠正。如果决策实施情况出乎意料，或者环境状态发生重大变化，应暂停实施决策，重新审查决策目标及决策方案，通过修正目标或者更换决策方案来适应客观形势的变化。实施方案应当具有灵活性。决策过程如图 13－3 所示。

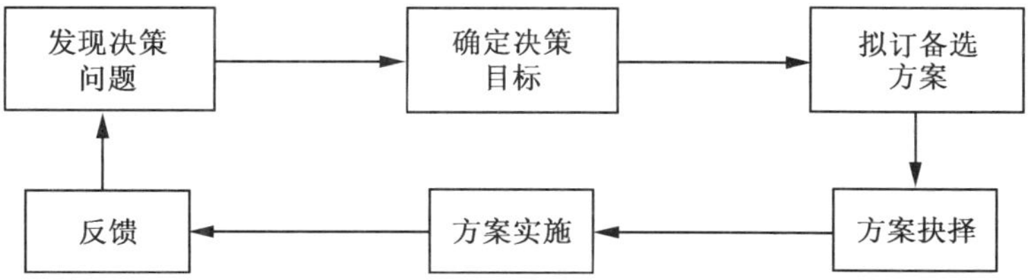

图 13－3　决策的步骤

第三节　决策的公理和原则

一、决策的公理

决策的公理是所有理智健全的决策者都能接受或承认的基本原理，它们是许许多多决策者长期决策实践经验的总结。

决策的公理有两个基本点：(1) 决策者通常对自然状态出现的可能性有一个大致的估计，即存在"主观概率"。(2) 决策者对于每一行动方案的结果根据自己的兴趣、爱好等价值标准有自己的评价，这个评价叫做行动方案的"效用"。决策者若认为方案一优于方案二，那必定是由于方案一的效用值大于方案二。

统计决策理论有以下六条公理：

(一) 方案的优劣是可以比较和判别的

决策者对于给出的两个方案能够确认：或者是方案一优于方案二，或者是方案二优于方案一，或者是两者没有区别。同时，如果决策者确认第一方案优于第二方案，第二方案优于第三方案，则他必须确认第一方案优于第三方案。换言之，方案的优劣次序是不能相互循环的。

(二) 方案必须具有独立存在的价值

假定有三个方案，其在各种自然状态下的损益值如表 13－1 所示。

表 13－1　方案的损益值　　单位：元

方　案	自然状态下的损益值	
	甲	乙
一	1 000	－200
二	850	－300
三	500	100

由表 13－1 可知,在甲、乙两种状态下,方案二都劣于方案一,这样的方案叫做劣势方案。劣势方案没有独立存在的价值,应当予以删弃。而方案一与方案三相比,在状态甲情况下,方案一优于方案三;在状态乙情况下,方案三优于方案一。因此,这两个方案都有独立存在的价值。至于方案一和方案三孰优孰劣,那是以后决策分析的任务了。

(三) 在分析方案时只有不同的结果才需要加以比较

假定有两个方案,其损益值如表 13－2 所示。

表 13－2　不同方案的比较　　单位:元

方　案	自然状态下的损益值		
	甲	乙	丙
一	50	－100	300
二	50	150	100

由表 13－2 可知,在状态甲情况下,方案一和方案二的收益值相同,所以,状态甲可以不需考虑(比较)。在比较方案一和方案二时,只需要将状态乙和状态丙情况下的损益值加以比较即可。至于究竟哪一个方案好,也是以后决策分析的任务。

(四) 主观概率和方案结果之间不存在联系

这条公理说明,决策者估计某种状态出现的主观概率不受方案结果的影响,即两者都是相互独立的。例如,一个决策者估计产品销路好的概率是 0.6,销路差的概率是 0.4。销路好,可获利 2 万元;销路差,将亏本 1 万元。假如经重新计算,销路好,可获利 5 万元;销路差,将亏本 5 000 元。这时,他的主观概率不应发生变化。这就是说,他估计销路好的概率应当仍然是 0.6,销路差的概率应当仍然是 0.4。

自然状态出现可能性大小的主观概率估计只与决策者主观上对自然状态发展趋势的乐观程度有关。

(五) 效用的等同性

假定有一个机会是:有 0.5 的概率可得到 1 000 元,有 0.5 的概率得到－200 元。这时,一个决策者必定可以承认肯定得到(即概率为 1.0)某一数值(如 300 元,此数值随决策者对待风险的态度不同而可能有所不同)的机会与上述机会的效用相同,即两个机会的效用是相等的。

(六) 效用的替代性

相同或相等的效用是可以相互替代的。例如,按照上例所述,以 0.5 的概率得到 1 000 元,以 0.5 的概率得到－200 元的结果,对于该决策人来说,可以用肯定得到的 300 元来代替。

决策公理很容易理解,也很容易为决策者所接受。但是,人们在决策过程中却往往不能严格遵守。例如,有些人是过分乐观派,他觉得好结果出现的可能性更大;有些人是过分悲观派,他觉得坏结果出现的可能性更大。要合理地进行决策,必须严格遵守以上六条公理。

二、决策的原则

要做出正确的决策,应当遵循下列三条原则:

（一）可行性原则

决策是为实现某个目标而采取的行动。决策是手段，实施决策方案并取得预期效果才是目的。因此，决策的首要原则是，提供给决策者选择的每一方案在技术上、资源条件上必须是可行的。对于企业经营管理决策来说，提供决策选择的方案都要考虑企业在主观、客观、技术、经济等方面是否具备实施的条件。如果某一方面尚不具备，就要考虑能否创造条件使之具备。只有具备条件，或一时虽未充分具备，但通过努力确实可行的方案，提供决策选择才是有意义的。

（二）经济性原则

即通过多方案的分析、比较，所选定的决策方案应具有较明显的经济性。实施这一方案，比采取其他方案的确能获得更好的经济效益，或能免受更大的亏损风险。经济性原则即最优化原则。

（三）合理性原则

决策方案的确定，需要通过多方案的分析、比较。定量分析有其反映事物本质的可靠性和确定性的一面，但也有其局限性和不足的一面。当决策变量较多、约束条件变化较大、问题较复杂时，要取得定量分析的最优结果往往需要耗费大量的人力、费用或时间。另一方面，有些因素（如对于社会的、政治的、心理的和行为的因素）虽不能或较难进行定量分析，对事物的发展却具有举足轻重的影响。因此，在进行定量分析的同时，也不能忽略定性分析。

定量分析和定性分析相结合，要求人们在选择决策方案时，不一定费力去寻求经济性"最优"方案，而是兼顾定量与定性的要求，选择使人满意的方案。这就是说，在某些情况下，应该以令人满意的合理的准则，代替经济上最优的准则。

本章小结

1. 决策就是为了实现特定的目标，根据客观的可能性，在占有一定信息和经验的基础上，借助一定的工具、技巧和方法，对影响目标实现的诸因素进行准确计算和判断选优后，对未来行动做出决定。

决策具有未来性、选择性和实践性的基本特征。

决策是一项系统工程。组成决策系统的基本因素有以下四个：决策主体，体现决策主体利益和愿望的决策目标，决策对象，决策环境。

2. 决策可以从不同的角度进行分类。按照决策问题所处的条件，分为确定型决策、不确定型决策和对抗型决策。按照决策问题的性质，分为程序化决策和非程序化决策。按照决策涉及的范围，分为总体决策和局部决策。按照决策过程是否运用数学模型来辅助决策，分为定性决策和定量决策。按照决策目标的数量，分为单目标决策和多目标决策。按照决策的整体构成，分为单阶段决策和多阶段决策。

3. 统计决策中的三个基本概念是决策函数、损失函数和风险函数。

4. 一个完整的决策包括四个过程，即确定决策目标、拟订备选方案、方案抉择和方案实施。其中，确定决策目标是决策的重要一环，没有决策目标就不存在决策。

5. 决策的公理是所有理智健全的决策者都能接受或承认的基本原理。统计决策理论有六条公理,即:(1) 方案的优劣是可以比较和判别的;(2) 方案必须具有独立存在的价值;(3) 在分析方案时只有不同的结果才需要加以比较;(4) 主观概率和方案结果之间不存在联系;(5) 效用的等同性;(6) 效用的替代性。要做出正确的决策,还应遵守可行性原则、经济性原则和合理性原则。

思考与练习

一、单项选择题

1. 决策的功能可表达为(　　)。

A. 决策→行动→目标→结果　　B. 行动→决策→目标→结果

C. 目标→决策→行动→结果　　D. 决策→目标→行动→结果

2. 决策者认为决策方案一优于方案二,即指方案一在(　　)上大于方案二。

A. 利润值　　B. 效用值　　C. 收益值　　D. 边际利润值

3. 信息搜集时间越长,成本越高,它所带来的边际效益随之(　　)。

A. 递增　　B. 递减　　C. 先递增后递减　　D. 先递减后递增

4. 购买价格相同的两种型号手机:一种功能多,但是需要维修的概率有40%;另一种功能少,但是需要维修的概率只有10%。这个决策问题属于(　　)。

A. 确定型决策　　B. 风险型决策　　C. 对抗性决策　　D. 不属于这三类

二、多项选择题

1. 合理的决策目标应该(　　　)。

A. 易于评估　　B. 有实现的可能性

C. 可以数量化　　D. 有挑战性

2. 做出正确的决策要遵循的原则有(　　　)。

A. 经济性　　B. 合理性　　C. 精确性　　D. 可行性

3. 决策的特征有(　　　)。

A. 未来性　　B. 实践性　　C. 选择性　　D. 风险性

4. 决策的基本因素包括(　　　)。

A. 决策主体　　B. 决策环境　　C. 决策对象　　D. 决策目标

三、名词解释

1. 不确定型决策
2. 贝叶斯决策
3. 决策函数
4. 损失函数
5. 多目标决策

四、简答题

1. 什么叫决策?论述决策的基本特征和决策系统的基本因素。

2. 决策可以分为哪些类型?

3. 决策包括哪些步骤?信息搜集成本和决策具有什么关系?

4. 合理的决策目标应该满足哪些要求？
5. 试述决策的公理和决策的原则。
6. 什么是不确定型决策？
7. 请简要阐述决策函数。
8. 请简要阐述损失函数。
9. 何谓风险函数？

五、分析题

请画出信息搜集损益时间曲线，并指出信息搜集时间的拖延临界点。

14

第十四章 风险型决策方法

全章提要

第一节 风险型决策的基本问题

一、风险型决策的概念

所谓“风险型决策”，是根据预测各种事件可能发生的先验概率，然后再采用期望效果最好的方案作为最优决策方案。因此，这种决策具有一定的风险性。所谓“先验概率”，就是根据过去经验或主观判断而形成的对各自然状态的风险程度的测算值。简言之，原始的概率就称为先验概率。

例如，有一项工程，若下月开工后天气好，可以按期完工，获得利润 140 万元；若开工后天气不好，会造成损失 120 万元；若不开工，不管天气如何，都要窝工损失 20 万元。据预测，下月天气好的概率(先验概率)是 0.6，天气坏的概率是 0.4。决策者要根据以上情况做出决策。若选择开工方案可能遇上天气坏，选择不开工方案又可能遇上天气好，都会蒙受损失，承担一定风险。又如，百货公司要进一批大衣供冬季销售，上半年就要向工厂订货。销路取决于冬天的气温。如果天气寒冷，大衣销售量就大，需要多进一些货；如果天气暖和，销售量就会减少，卖不出去，资金积压，公司将受到损失。即使气象预测冬季是寒冷的，但是在进行决策时，也要冒预测不准的风险。这两个例子告诉我们，决策者采取的任一行动方案都会遇到两个或两个以上自然状态所引起的不同结果，这些结果出现的机会是用各种自然状态出现的概率(先验概率)来表示的。上述两个例子都属于风险决策问题，解决该类问题的决策方法称为风险型决策方法。

二、损益矩阵

风险型决策方法经常运用损益矩阵。损益矩阵一般由以下三个部分组成：

(一) 可行方案

可行方案是由各方面专家根据决策目标，综合考虑资源条件及实现的可能性，经充分讨论研究制定出来的。

(二) 自然状态及其发生的概率

自然状态是指各种可行方案可能遇到的客观情况和状态，如气候变化的差异情况、产品销售的市场状态、经济发展的变化状态等。这些情况和状态来自系统的外部环境，一般决策者不能控制，因此称为自然状态。

各种自然状态发生的概率有主观概率和客观概率之分。但不管属于哪一种概率，都必须符合以下公式：

$$\sum_{i=1}^{n} P_i = 1 \qquad (0 \leqslant P_i \leqslant 1)$$

(三) 各种行动方案的可能结果

它是根据不同可行方案在不同自然状态下资源的条件、生产能力的状况，应用综合分析的方法计算出来的收益值或损失值,如企业的投资效果、利润总额、亏损额等。这些损益值构成的矩阵,称为损益矩阵。

把以上三部分内容在一个表中表现出来,该表就称为损益矩阵表,如表 14-1 所示。例如,前面所述的第一个例子,即关于是否开工的决策,可得到如表 14-2 所示的损益矩阵表。

表 14-1 损益矩阵表

可行方案 d_i	自然状态 θ_j			
	θ_1	θ_2	…	θ_n
	先验概率			
	P_1	P_2	…	P_n
	损益值 L_{ij}			
d_1	L_{11}	L_{12}	…	L_{1n}
d_2	L_{21}	L_{22}	…	L_{2n}
⋮	⋮	⋮	⋮	⋮
d_m	L_{m1}	L_{m2}	…	L_{mn}

表 14-2 开工和不开工的损益矩阵表

行动方案	自然状态及其概率	
	θ_1:天气好 $P_1=0.6$	θ_2:天气不好 $P_2=0.4$
	损益值(万元)	
d_1:开工	140	−120
d_2:不开工	−20	−20

在少数情况下,通过损益矩阵表就可以看出某一方案比较好。但在大多数情况下,不能直接确定最优方案,需要选择一定的衡量标准。

第二节 不同标准的决策方法

在风险型决策中,可以选择不同的标准为依据进行决策。实践中经常应用的方法有:以期望值为标准的决策方法、以等概率(合理性)为标准的决策方法和以最大可能性为标准的决策方法等。

一、以期望值为标准的决策方法

统计决策的主要目的就是要在捉摸不定的条件下系统地用数量方法做出行动抉择。抉择可以有不同的标准，损益的最大期望值就是其中之一。具体地说，它是以收益和损失矩阵为依据，分别计算各可行方案的期望值，选择其中期望收益值最大(或期望损失值最小)的方案作为最优方案。

在某一确定方案的情况下，根据不同的状态可能出现的概率，可以计算出期望值。其计算公式为：

$$E(d_i)=\sum_{j=1}^{m}x_{ij}P(\theta_j)$$

式中，$E(d_i)$表示第i个方案的期望值；x_{ij}表示采取第i个方案，出现第j种状态时的损益值；$P(\theta_j)$表示第j种状态发生的概率，总共可能出现m种状态。

【例 14－1】　一家高级镜片制造厂试制成功一种新型广角摄影镜头，准备出口试销。但这家工厂面临一个决策问题：镜头的弧度要求非常严格，而本厂除负责全部生产过程外，也可以考虑引进先进的检测设备，一方面可以提高工效，同时也可以在利用中改进本厂技术。设该厂自制检测设备，一年内的固定成本为 1 200 000 元，可变成本为每件产品 60 元。引进技术的方案可以有三种：一种方案是直接进口一套设备，增加固定成本，但可以降低可变成本；另一种方案是租用先进设备，使固定成本大大降低，但是要按产量计算付出较高的专利费；再一种方案是与外商合资经营，由外商提供检测设备，厂方支付一定利息和技术管理费，并按销量每件付出一定利润。不同行动方案(经营方式)所需要的固定成本和每件产品的可变成本如表 14－3 所示。

表 14－3　不同行动方案下广角镜头的成本　　单位：元

指标＼行动方案	自　制	租　用	合　资	购　进
固定成本	1 200 000	400 000	640 000	2 000 000
每件可变成本	60	100	80	40

假定在试销的一年内，广角镜头的出口价格按人民币计算为每件 200 元，但销路如何不能确定。按照厂方的预测，有下列三种可能出现的状态：畅销、中等和滞销，分别以具体的单一销量为代表，即 30 000 件(畅销)、20 000 件(中等)、5 000 件(滞销)。厂方关于是否完全自制或采取某种方式引进检测设备，完全取决于试销利润的大小。现要求对企业的行动方案做出决策。

该决策问题可按以下步骤求解：

1. 确定决策目标

本例的决策目标是如何选择方案，使企业得到最大利润。

2. 计算损益值

表 14－4 是按不同状态(销路)和行动方案的结果计算出来的损益表。例如，采用合资经营的行动方案而销路为中等，则损益值为：

$$\text{总收入}-\text{固定成本}-\text{总可变成本}=200\times 20\,000-640\,000-80\times 20\,000$$
$$=1\,760\,000(\text{元})$$
$$=176(\text{万元})$$

表 14－4 内其他损益值的计算可以类推。

表 14－4　广角镜头经营决策损益表

行动方案	自然状态		
	畅　销	中　等	滞　销
	损益值(万元)		
自　制	300	160	−50
租　用	260	160	10
合　资	296	176	−4
购　进	280	120	−120

3. 对损益表进行初步审查，看看有没有什么显然不合理的行动；如有，可以事先剔除，使分析更加简化

在表 14－4 中，比较一下“合资”和“购进”这两种行动方案，就可以看出，无论三个状态中出现哪一个，“合资”所得的损益值都高于“购进”。如果畅销，“合资”可以赚取利润 296 万元，“购进”只能赚取 280 万元；如果滞销，则“合资”的利润为−4 万元(损失 4 万元)，“购进”的损失为 120 万元。中等销路的结果也是“合资”优于“购进”。无论哪种状态出现，一个行动的后果总是较另一行动的后果有利，则前一行动相对于后一行动来说称为优势行动，后者相对于前者称为劣势行动。只要有两种行动的优劣之分，则劣势行动就可以从损益表中剔除，不必做抉择考虑，因此，“购进”方案就可以从表 14－4 中剔除。再考察一下其余三种行动，不难看出，它们之间没有明确的优劣之分，都需要保留，以供抉择。

4. 估计先验概率

根据以往的市场调查资料等情况，制定不同销路的主观概率为：“畅销”为 0.2，“中等”为 0.7，“滞销”为 0.1。概率之和为 1。

5. 计算损益的期望值

根据上述概率，可以计算不同行动方案的损益期望值如下：

$$E(\text{自制})=\sum x_{ij}P(\theta_j)=300\times 0.2+160\times 0.7+(-50)\times 0.1=167(\text{万元})$$

$$E(\text{租用})=\sum x_{ij}P(\theta_j)=260\times 0.2+160\times 0.7+10\times 0.1=165(\text{万元})$$

$$E(\text{合资})=\sum x_{ij}P(\theta_j)=296\times 0.2+176\times 0.7+(-4)\times 0.1=182(\text{万元})$$

各种不同行动方案的损益期望值如表 14－5 所示。

表 14－5　广角镜头不同行动方案的损益期望值计算表

行动方案	自然状态及概率			期望值(万元)(概率×损益值)
	畅　销(0.2)	中　等(0.7)	滞　销(0.1)	
	损益值(万元)			
自　制	300	160	－50	167
租　用	260	160	10	165
合　资	296	176	－4	182

6. 做出最优决策

由表 14－5 可知,“合资”方案的期望值 182 万元是最高值,按利润的期望值标准,这是应采用的最优行动方案。

我们可以把计算损益期望值作为抉择标准的方法归纳如下:先以事件状态的概率为权数,求得各个行动方案损益值的加权平均数,结果得到不同行动方案的损益期望值,其中取得最大值的行动方案就是最优行动方案。

二、以等概率(合理性)为标准的决策方法

在风险型决策中,有时由于各种自然状态出现的概率无法预测,就必须假定几种自然状态的概率相等,即 $P=\frac{1}{n}$,然后求出各方案的损益期望值,最后选择收益值最大的方案作为最优决策方案。这种借助等概率的假定来做决策的方法,称为以等概率为标准的决策方法,也称为以合理性为标准的决策方法。

仍用前例说明这种方法的应用。三个行动方案按等概率原则计算的损益期望值如下:

$$E(\text{自制})=\frac{1}{3}\times(300+160-50)=136.67(\text{万元})$$

$$E(\text{租用})=\frac{1}{3}\times(260+160+10)=143.33(\text{万元})$$

$$E(\text{合资})=\frac{1}{3}\times(296+176-4)=156.00(\text{万元})$$

计算结果表明,“合资”方案的损益期望值最大(156 万元),因此,“合资”就是最优决策方案。此例中,这个结论与以期望值为标准的决策方法所得出的结论相同。

需要指出的是,如果计算的结果都是损失值,则期望损失值最小的方案才是最优决策方案。

关于例 14－1 的研究结果表明,实行对外开放政策是我国一项非常重要的举措。根据社会主义现代化建设的需求,中国应该在自主创新的前提下,加强与各国经济、贸易等方面的合作和交流,并从国外引入先进技术及专业人才,有效缓解经济发展过程中出现的资金及资源短缺、技术和设备落后、经济效益不佳等问题,进一步提升国际竞争力。

三、以最大可能性为标准的决策方法

这是以一次试验中事件出现的可能性大小作为选择方案的标准,而不是考虑其经济的结果。

【例 14-2】 一家服装工厂看到市场上流行“西装热”,拟在原有的基础上增加西装生产。现有两种方案:一是增加一套设备大规模生产,二是在原有设备的基础上小批量试产。自然状态大致也可以分为两种状态:一是“西装热”继续保持下去,二是“西装热”下降,其概率分别为 0.3 和 0.7。生产西装决策损益表如表 14-6 所示。

表 14-6 生产西装决策损益表

状 态	概 率	方案损益值(万元)	
		增加设备	不增加设备
“西装热”继续	0.3	200	50
“西装热”下降	0.7	−50	10
期望值		25	22

虽然从期望值标准看,增加设备大规模生产这一方案的期望利润比较高,但从一次性损益看,“西装热”下降的可能性较大,概率为 0.7,所以还是以小批量试产的方案为好。

四、各种方法的适用场合

由于期望值是在大量的重复试验中可能产生的平均值,因此,以期望值为标准的决策方法一般只适用于下列几种情况:(1) 概率的出现具有明显的客观性质,而且比较稳定;(2) 决策不是解决一次性问题,而是解决多次重复的问题;(3) 决策的结果不会对决策者带来严重的后果。如果不符合这些情况,期望值标准就不适用,需要采用其他标准。

以等概率为标准的决策方法适用于各种自然状态出现的概率无法得到的情况。

以最大可能性为标准的决策方法适用于各种自然状态中其中某一状态的概率显著地高于其他方案所出现的概率,而期望值又相差不大的情况。如果状态比较多,而且概率相差不太显著,不同方案的期望收益又相差较大时,采用最大可能性标准就不一定能取得好的效果。

第三节 决 策 树

一、决策树的意义

本章第二节讨论了采用不同标准进行决策的计算方法,我们还可以通过决策树来解决各种类型的风险型决策问题。尽管运算方法对于决策分析理论是很重要的,然而在实际问题中,决策树用起来更为方便。

决策树就是对决策局面的一种图解。用决策树可以使决策问题形象化。它把各种备选方案、可能出现的自然状态及各种损益值简明地绘制在一张图表上，便于管理人员审度决策局面、分析决策过程，尤其对于那些缺乏所需数学知识从而不能胜任运算的管理人员来说，会感觉特别方便。

用决策树做风险决策，就是按一定的方法绘制好决策树，然后用反推决策树方式进行分析，最后选定合理的最佳方案。

二、决策树的制作步骤及其应用

（一）决策点和方案枝

任何风险决策，都是在决策者面临的许多备选行动方案中选择出合理程度最佳的方案。将这一局面用图表示，可绘出如图 14－1(a)所示形状的决策点和方案枝。矩形方框表示在该处必须对各种行动方案做出选择，称为决策点。从矩形引出的若干条直线，每一条表示一个备选行动方案，m 条直线分别表示备选方案 d_1, d_2, …, d_i, …, d_m，称为方案枝。

以表 14－5 的资料为例，其决策点和方案枝如图 14－1(b)所示。

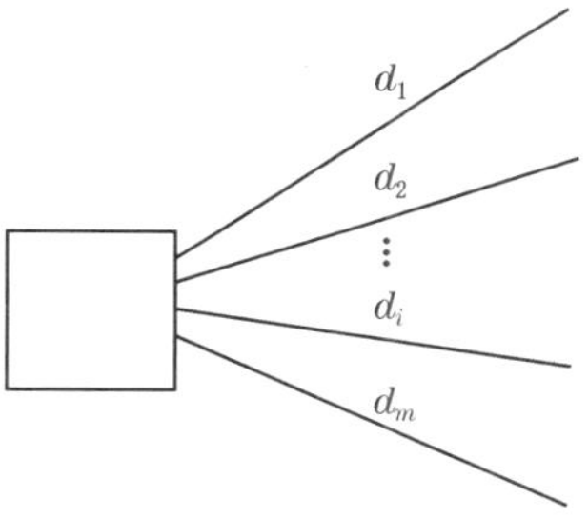

图 14－1(a)　决策点和方案枝

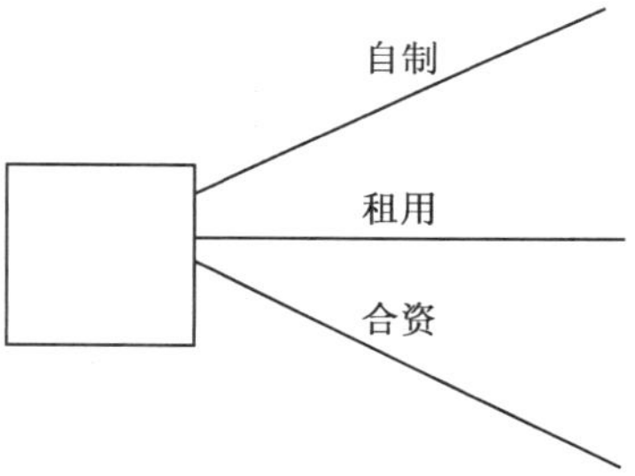

图 14－1(b)　广角镜头问题的决策点和方案枝

（二）机会点和概率枝

由于在风险决策中，每一备选方案都因不确定的自然状态有几种可能的结果，因此也要将这种局面表示在图中。最形象的办法就是在图 14－1 方案枝的末端画上一个圆圈，称为机会点，从机会点引出若干条直线，每一条直线表示一种自然状态，n 条直线分别表示概率为 $P_j(j=1, 2,\cdots,n)$ 的 n 种自然状态，称为概率枝，如图 14－2 所示。在图 14－2 中，每一概率枝实际上就代表了一个条件结果，因此，我们在概率枝上标出该种自然状态的出现概率值，在概率枝的末端标出该条件损益值，这样就得出一个完整的决策树。

根据上述制作原理，我们利用表 14－5 广角镜头决策问题的资料，得到如图 14－3 所示的决策树。

决策树的分析程序是先从损益值开始由右向左推导的，称为反推决策树方法。以“自制”方案这一行动为例，我们把不同销路的概率列在各条概率枝上。把“自制”方案三种自然状态下的损益值和相应概率的乘积相加，就可以计算出这一行动方案的损益期望值。这个期望值为 167 万元，即：

$$0.2\times 300+0.7\times 160+0.1\times(-50)=167(\text{万元})$$

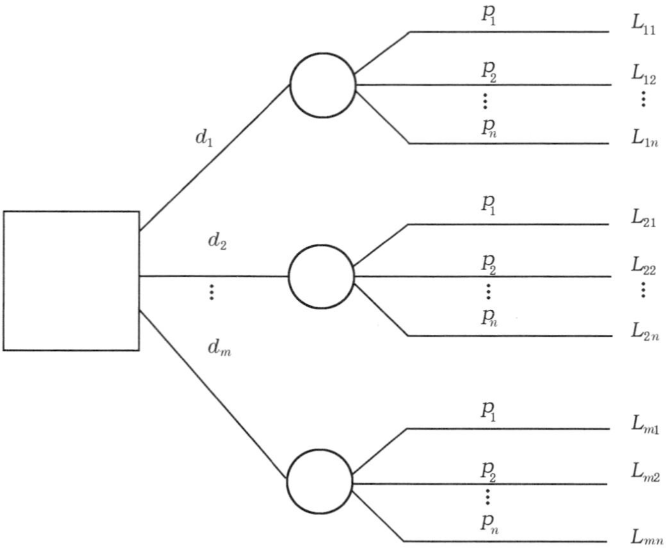

图 14-2　决策树

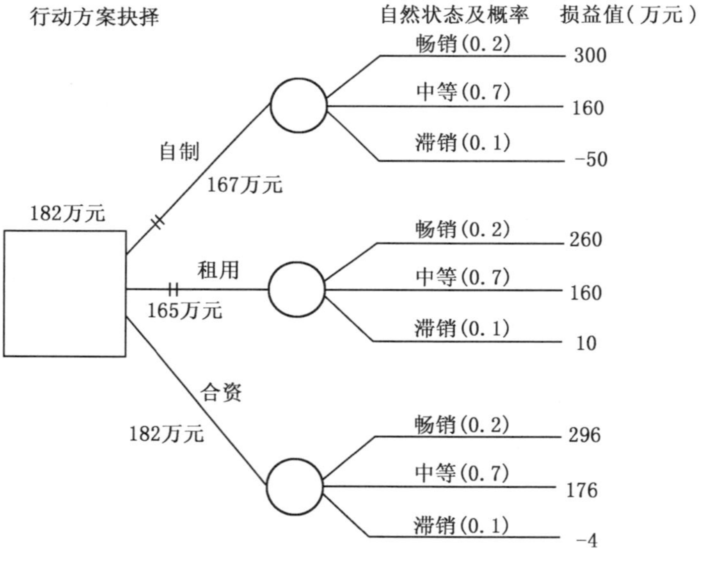

图 14-3　广角镜头不同行动方案的决策树

这个损益期望值就写在“自制”方案的方案枝上。“租用”和“合资”方案的损益期望值分别为 165 万元和 182 万元，也是采用同样方法计算出来的，分别记在它们各自的方案枝上。根据这些期望值，处在决策点上的决策人就可以进行选择。不同行动方案都有不同自然状态出现的可能，但走向“合资”方案的损益期望值最大。因此，“合资”是最优方案，其余两种方案应当舍弃，在图上通常记为将方案枝割切的两道短线。这种图形分析方法同表 14-5 的计算方法是完全一致的。

决策树的应用并不仅仅是决策分析的一种简明形象的方法，有些决策问题比较复杂，难以采取损益表来表示。例如，货物运输可以有海路、公路和铁路的选择，而不同路线可能有不同的状态和概率，这就难以用损益表进行计算。有些问题的决策带有阶段性，选择某种行动方案会出现不同的状态，按照不同的状态又要做下一步的行动决策，以至更多的状态和决策。这类风险决策分析一般宜采用决策树的方法。下面举一个例子阐明决策树较典型的应用。

【例 14－3】 某企业主要生产手机零部件，由于工艺水平低，产品无论质量和数量都未达到先进水平。只有当市场对手机零部件的需求量较高时才可以盈利，一般情况下获利甚微，而当市场需求下降到低水平时则亏本。但是，该企业领导人深信三年内若能改革工艺，则可使产品优质高产，从而大大增加利润。现在该企业正在着手制订三年计划，需要在改革工艺的两条途径中做出选择：一是向国外购买专利，估计谈判成功的可能性为 0.8；二是自行研制，成功的可能性为 0.6。但是，购买专利的费用较之自行研制要高出 10 万元。无论通过哪条途径，只要改革工艺成功，生产规模就能选取这样两种方案：增加一倍产量或增加两倍产量；如果改革工艺失败，则只能维持原产量。根据市场预测，今后相当一段时期，对该企业手机零部件的需求量较高的可能性为 0.3，保持一般水平的可能性为 0.5，下降到低水平的可能性为 0.2。该企业已计算出上述各种情况下的利润值，如表 14－7 所示。试问该企业在改革工艺方面应该采取什么决策？

表 14－7　各种情况下的利润值

方案 / 利润(万元) / 自然状态	按原工艺生产	购买专利成功(0.8)		自行研制成功(0.6)	
		增加一倍产量	增加两倍产量	增加一倍产量	增加两倍产量
市场需求高(0.3)	150	500	700	500	800
市场需求中(0.5)	10	250	400	100	300
市场需求低(0.2)	－100	0	－200	0	－200

这是一个多阶段决策问题，最后阶段的决策是在购买专利和自行研制这两个方案中选择一个。但这两个方案的损益值依赖于生产方案的选择，即增加一倍产量还是增加两倍产量，所以，首先应从选择生产方案的决策着手。由于在这一类多阶段决策中，逐级运算过程的表述较为烦琐，各级决策的备选方案、自然状态概率、损益值等容易相互混淆，因此一般通过决策树进行决策分析。采用决策树可以把该案例决策过程的结构简明扼要地表示出来，如图 14－4 所示。

由图 14－4 可知，我们可以根据方案枝上的损益期望值来决定行动方案的取舍，而损益期望值就是用反推决策树的方法来求得的。共分以下三个步骤：

(1) 先从生产方案的选择考虑(第一阶段决策)，计算各组即⑧⑨⑩⑪⑫⑬的期望利润值为：

$$E⑧ = 500 \times 0.3 + 250 \times 0.5 + 0 \times 0.2 = 275(\text{万元})$$

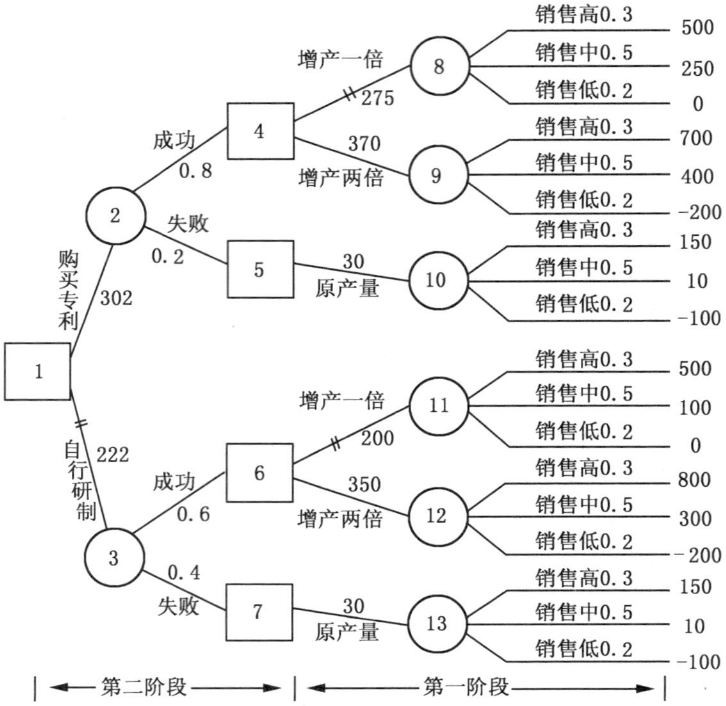

图 14-4　多阶段决策树

用同样的计算方法求得：

$$E⑨=370(\text{万元})$$

$$E⑩=30(\text{万元})$$

$$E⑪=200(\text{万元})$$

$$E⑫=350(\text{万元})$$

$$E⑬=30(\text{万元})$$

将上述各值填在方案枝上,可得出第一次简化的决策树,如图 14-5 所示。

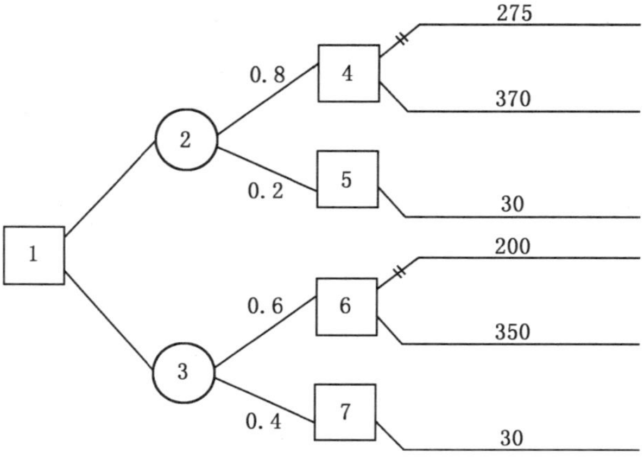

图 14-5　第一次简化的决策树

（2）选择期望利润值较大的那些方案，舍去那些期望利润值小的方案，作为第一阶段选定的方案（共 4 个）。于是，得到了第二次简化的决策树，如图 14－6 所示。

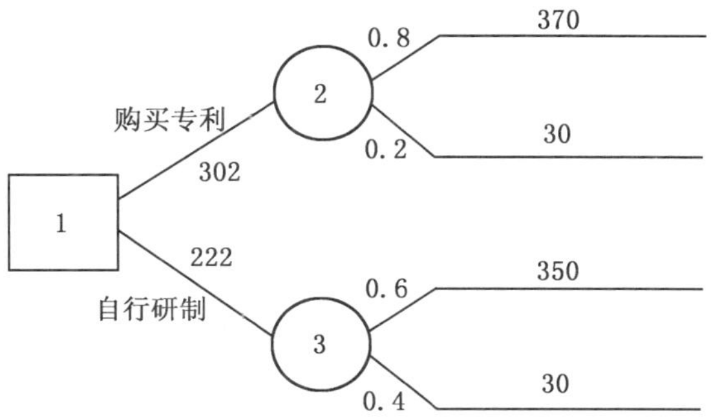

图 14－6　第二次简化的决策树

（3）计算方案②和点③的期望利润值，得：

$$E②=370\times0.8+30\times0.2=302（万元）$$

$$E③=350\times0.6+30\times0.4=222（万元）$$

从中可以得出结论，该案例中购买专利为最优方案。

第四节　风险决策的敏感性分析

一、敏感性分析的含义

风险决策的关键在于各种自然状态出现的概率是已知的，而且是根据过去经验估计出来的。可见，根据这样的概率数值计算出来的损益值，不可能十分精确可靠。一旦概率值有了变化，据以确定的决策方案是否仍然有效，就成为值得重视的问题。因此，在决策过程中，就有了解概率值变化对最优方案的选择究竟存在多大影响的必要。概率变化到什么程度才引起方案的变化，这一临界点的概率称为转折概率。对决策问题做出这种分析，就叫敏感性分析，或叫灵敏度分析。

经过敏感性分析之后，如果决策者所选择的最优方案不因自然状态概率在其允许的误差范围内变动而变动，这个方案就是比较可靠的。

敏感性分析的步骤为：（1）求出在保持最优方案稳定的前提下，自然状态概率所容许的变动范围；（2）衡量用于预测和估算这些自然状态概率的方法，其精度是否能保证所得概率值在此允许的误差范围内变动；（3）判断所做决策的可靠性。

二、两状态两行动方案的敏感性分析

【例 14－4】　某公路工程队签署一项开赴远地施工的合同，由于出发之前有一段必要的准备时间，故当前就面临着决定是否在下月开工的问题。如开工后天气好，则当月可顺利完工，获得利润 12.5 万元；如开工后天气坏，则将造成各种损失计 4.8 万元。若决定下月不开工,即就地待命,那么,天气好可临时承包一些零星工程,利润值估计可达6.5万元;天气坏则付出损失费(主要是窝工费)1.2万元。根据气象预测,下月天气好的概率为0.65,天气坏的概率为0.35。该队领导人试图采用决策分析法帮助自己做出决策。

根据上述案例,可画出决策树,如图14-7所示。

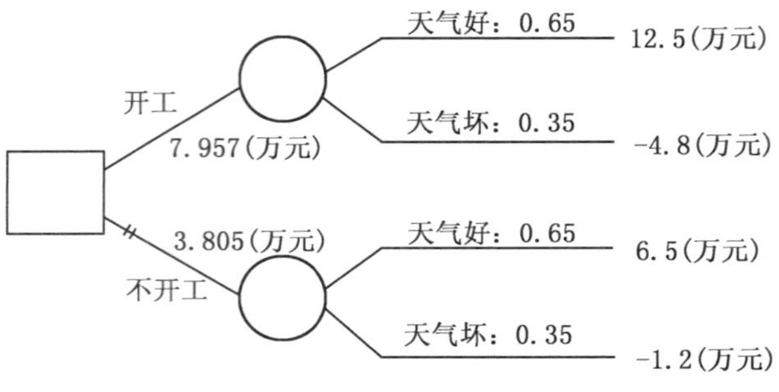

图14-7 施工决策树

$$开工的期望利润值 = 12.5 \times 0.65 + (-4.8) \times 0.35 = 7.957(万元)$$

$$不开工的期望利润值 = 6.5 \times 0.65 + (-1.2) \times 0.35 = 3.805(万元)$$

计算结果表明,开工方案是最佳方案。

气象预测可能会出现较大的误差。$P=0.65$是根据过去的气象统计资料估计的。若其概率$P=0.5$,开工方案是否仍为最优,则需进行敏感性分析,求出下月开工方案作为最优方案的稳定性条件。

敏感性分析是通过引起方案另选的临界概率来进行的。一旦出现概率大于或小于某个数值时,方案就应另选;否则,原方案仍属有效,可以继续采用,这样的概率数值,我们称为临界概率。令上例开工和不开工方案的期望值相等,求得的概率为临界概率P,即:

$$\begin{cases} 开工方案的期望值 = P \times 12.5 + (1-P) \times (-4.8) = 17.3P - 4.8 \\ 不开工方案的期望值 = P \times 6.5 + (1-P) \times (-1.2) = 7.7P - 1.2 \end{cases}$$

由于假设两个方案的期望值相等,故:

$$17.3P - 4.8 = 7.7P - 1.2$$

$$P = 0.375$$

0.375就是临界概率。当$P>0.375$时,说明开工方案作为最佳决策是稳定的,即奔赴外地开工优于就地待命;当$P<0.375$时,说明开工方案劣于不开工方案,即奔赴外地开工不如就地待命;当$P=0.375$时,说明开工方案和不开工方案无差别,即奔赴外地开工和就地待命的效益相同。

敏感性分析为决策方案的选择提供了很大的方便。只要掌握的概率数值不超过临界概率,原选方案就仍有效。例如,上述天气好的概率由0.65变为0.5,由于没有低于临界概率0.375,所以原选方案仍为最优。可见,敏感性分析对风险决策是非常重要的。

三、三状态三行动方案的敏感性分析

【例14-5】 某过滤设备由上、中、下三层组成,每层有一个过滤筛,是易损件。在修理时测不出是哪层坏了，只有换上后才能试出是不是这层坏了。各层的修理费用不同，过滤筛本身并不贵，主要是费工。换上层筛需要 20 元；换中层筛要拆开上、中两层，共需要 35 元；换下层筛则要大拆大卸，共需要 65 元。现有三种行动方案：d_1，一拆到底，直到下层，全换新筛，需要 65 元；d_2，先换上、中两层，需要 35 元，若不行，再换下层，需要 65 元，共需要 100 元；d_3，一层一层换下去，最多需要 20＋35＋65＝120(元)。根据过去的大量统计资料，这种设备上、中、下三层过滤筛出现故障的概率分别为 0.35、0.30 和 0.35，且这个比例比较稳定。根据期望值标准，可以计算出各种行动方案的期望修理费用，如表 14－8 所示。

表 14－8　三种行动方案的期望修理费用

行动方案	状态			期望修理费用（元）
	上层故障	中层故障	下层故障	
	概率			
	0.35	0.30	0.35	
行动方案 d_1	65	65	65	65
行动方案 d_2	35	35	100	57.75
行动方案 d_3	20	55	120	65.5

由表 14－8 可知，行动方案 d_2 的期望修理费用最小，因此，方案 d_2 为最优方案。然而，如果各层出现故障的概率稍有变化，如上、中、下三层的概率分别为 0.40、0.30 和 0.30，选择方案是否会发生变化呢？可以重新计算其期望修理成本，即：

$$E(d_1)=65\times0.40+65\times0.30+65\times0.30=65(\text{元})$$

$$E(d_2)=35\times0.40+35\times0.30+100\times0.30=54.5(\text{元})$$

$$E(d_3)=20\times0.40+55\times0.30+120\times0.30=60.5(\text{元})$$

计算结果仍然是方案 d_2 的期望修理费用最低，这说明这一决策并不十分敏感。但是，从逻辑上可以看出，随着故障在上层的概率增加，就不利于方案 d_1，而向有利于方案 d_3 变化。但要对每种概率的变化都重新计算期望值是困难的，所以要进一步了解这些概率变化到什么程度才会引起方案的改变，这就需要计算转折概率。

设 P_1、P_2 和 P_3 分别代表上、中、下三层出现故障的概率。因为 $P_1+P_2+P_3=1$，所以只用 P_1 和 P_3 两个未知参数就够了，$P_2=1-P_1-P_3$。这时，三个行动方案的期望修理费用分别是：

$$\text{方案 } d_1=65(\text{元})$$

$$\text{方案 } d_2=35P_1+35(1-P_1-P_3)+100P_3=35+65P_3$$

$$\text{方案 } d_3=20P_1+55(1-P_1-P_3)+120P_3=55-35P_1+65P_3$$

如果选中方案 d_2，说明方案 d_2 的期望修理费用低于方案 d_1 和方案 d_3，就应满足：

$$\begin{cases}35+65P_3\leqslant 65\\35+65P_3\leqslant 55-35P_1+65P_3\end{cases}$$

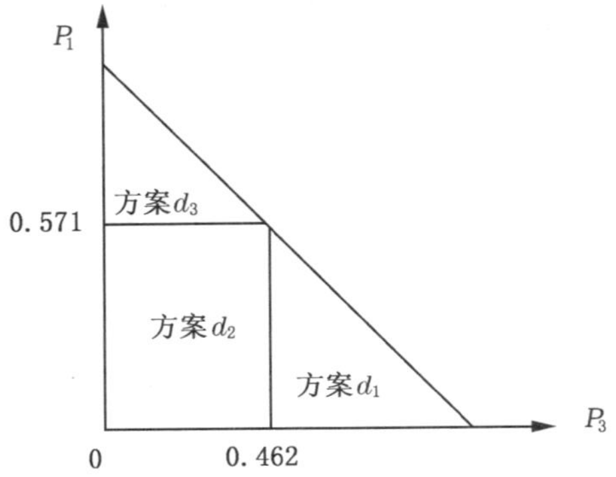

图 14-8　三状态三行动概率

解上述方程,得:$P_1 \leqslant 0.571$,$P_3 \leqslant 0.462$。用同样的办法可求得选中方案 d_1 的条件是 $P_3 > 0.462$,选中方案 d_3 的条件是 $P_1 > 0.571$,如图 14-8 所示。

原来 P_1 和 P_3 的经验概率为 0.3 和 0.35,这和临界概率 0.571 和 0.462 还有一段距离,所以即使稍有变化,也不影响对方案的选择。敏感性分析提供了应当改变修理方案的界限。若一旦发现上层故障出现的概率大于 0.571,就应该改选方案 d_3;当下层故障出现的概率大于 0.462 时,就应该按方案 d_1 进行修理。这样才能保证平均修理费用最小。

第五节　完全信息价值

一、完全信息价值的概念

这里所说的"信息",主要是指与决策有关的情报、数据等资料,如可能采用的行动方案、可能出现的自然状态及其概率、计算每一方案在每一自然状态下的损益值所需要的资源、费用、价格、市场需求量等基本数据资料。显然,在进行决策分析时,掌握的情报资料越多,预测、规划和计算也就可能越准确、细致,据以做出的决策也就越可靠。

所谓"完全信息",是指对决策问题做出某一具体决策行动时所出现的自然状态及其概率,能提供完全确切、肯定的情报。完全信息也称完全情报。完全情报价值应等于利用完全情报进行决策所得到的期望值减去没有这种情报而选出的最优方案的期望值。完全情报价值代表我们应该为这种情报而付出代价的上限。

在风险型决策中讨论完全信息价值,具有以下两个意义:

(1) 通过计算信息价值,可以判断出所做决策方案的期望利润值随信息量增加而增加的程度。信息价值越大,该方案的期望利润值随着信息量增加而增加的值也就越大,说明该问题很有进一步研究的价值,因为它很可能因为增加某一小小信息而获得很大的收益;反之,信息价值越小,说明信息量的变化对决策方案期望利润值的影响甚微,这便从一个侧面使我们确认该决策方案的稳定性。

(2) 通过计算信息价值,可使决策者在重大问题的决策中,能够明确回答对于获取某些自然状态信息付出的代价是否值得的问题。如果获取该信息所付出的代价高于该信息的价值,那就不可取;如果获取该信息所付出的代价低于该信息的价值,那就是可取的。也就是说,必须把为获取信息付出的代价限制在小于信息价值的范围内。

二、完全信息价值的应用

在实际工作中,当然不会出现取得真正的完全信息的情况,但是,这种概念仍然可以应用。

【例 14-6】　为生产某种产品而设计了两个基本建设方案:一个是建设大工厂,另一个是建设小工厂。大工厂需要投资 300 万元，小工厂需要投资 160 万元，两者的使用期都是 10 年。估计在此期间内，产品销路好的可能性是 0.7，销路差的可能性是 0.3，两个基本建设方案投产后的年度损益值和期望损益值如表 14－9 所示。

表 14－9　两个基本建设方案投产后的年度损益值和期望损益值

基本建设方案	年度损益值(万元)		期望损益值(万元)
	销路好(P_1＝0.7)	销路差(P_2＝0.3)	
建设大工厂	100	－20	340
建设小工厂	40	10	150

根据期望值标准，建设大工厂的方案是比较合理的。

此例建设方案选择问题的决策树如图 14－9 所示。

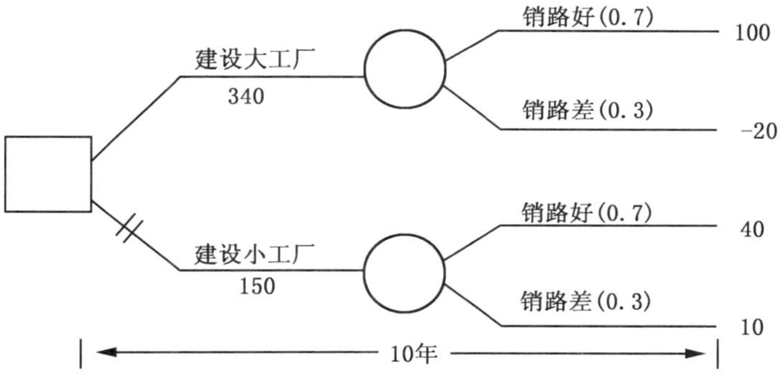

图 14－9　建设方案选择问题的决策树

然而，根据完全信息可以重新画出这个问题的决策树，如图 14－10 所示(请将图 14－9 和图 14－10 做一比较)。

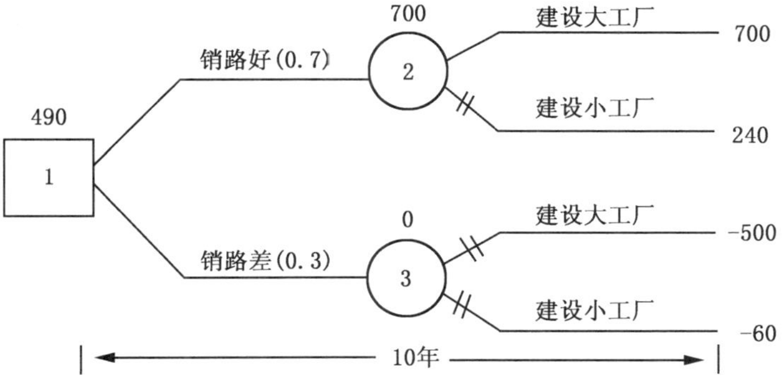

图 14－10　完全信息条件下的决策树

图 14－10 中各个方案的损益值计算如下：

建设大工厂方案的损益值，在销路好的情况下为：

$$100 \times 10 - 300 = 700(\text{万元})$$

在销路差的情况下为:

$$(-20)\times 10-300=-500(\text{万元})$$

建设小工厂方案的损益值,在销路好的情况下为:

$$40\times 10-160=240(\text{万元})$$

在销路差的情况下为:

$$10\times 10-160=-60(\text{万元})$$

这些数值分别列在图 14 - 10 各相应方案枝的右端,从计算结果可知:当确知 10 年内销路好时,应建设大工厂;当确知 10 年内销路不好时,不论建设大工厂还是小工厂,都将发生亏损,当然不应建设任何工厂。所以,在完全信息条件下,建厂方案的收益期望值应为:

$$0.7\times 700+0.3\times 0=490(\text{万元})$$

原来没有得到完全信息时的期望利润值为 340 万元,所以,可计算出完全信息的价值为:

$$490-340=150(\text{万元})$$

以上计算说明,这个决策问题的潜力很大,值得进一步研究。

如前所述,所谓完全信息在实际工作中是不存在的。通常可以通过试生产、试销、专家咨询等获取关于销路、价格等方面的更多情报,使各种自然状态的概率预测得更精确,决策更合理。

【例 14 - 7】 某工厂准备大批量投产一种新产品,估计这种产品销路好的概率为 0.7,销路差的概率为 0.3。如销路好,可获得利润1 200万元;如销路差,将损失 150 万元。为了更深入细致地分析这个决策问题,避免盲目性所带来的损失,该厂管理人员考虑建设一个小型试验工厂,先行小批量试产、试销,为销路情况获得更多的信息。根据市场调查,试销时销路好的概率为 0.8。若试销时销路好,则以后大批量生产时销路好的概率为 0.85;若试销时销路差,则以后大批量生产时销路好的概率为 0.1。试求通过先行小批量试生产所取得的信息价值。

小批量试产、试销和大批量生产两种情况下销路的概率变化如表 14 - 10 所示,对这个问题画出的决策树如图 14 - 11 所示。

表 14 - 10　两种情况下销路的概率变化

小批量试产、试销		大批量生产	
销路好	0.8	销路好 销路差	0.85 0.15
销路差	0.2	销路好 销路差	0.10 0.90

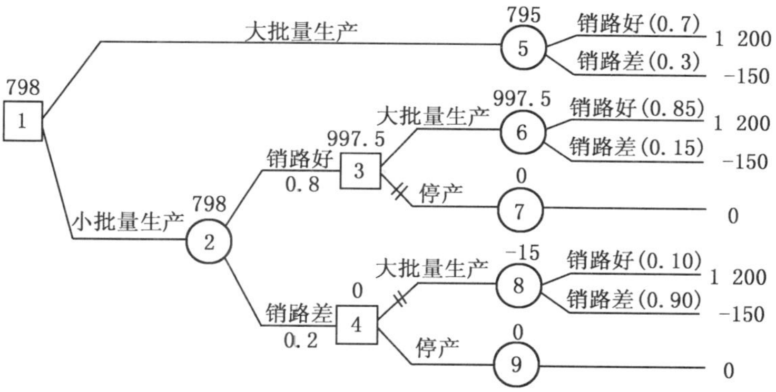

图 14-11　产品生产批量和试销问题的决策树

(1) 直接大批量生产方案的收益期望值为：

点 5：　　$0.7\times 1\,200-0.3\times 150=795$(万元)

(2) 先进行小批量试产、试销，取得销路情况的进一步情报资料后再确定是否大批量生产方案的收益期望值为：

点 6：　　$0.85\times 1\,200-0.15\times 150=997.5$(万元)

点 7：　　停产的收益期望值为 0

点 6 与点 7 的期望值相比较，点 6 的期望值较大。这说明如果销路好，应采取大批量生产方案，划去停产方案，并把点 6 的 997.5 转移到点 3。

点 8：　　$0.10\times 1\,200-0.90\times 150=-15$(万元)

点 9：　　停产的收益期望值为 0

点 8 与点 9 的期望值相比较，点 9 的期望值相对较大。这说明如果销路差，应采取停产方案，划去大批量生产方案，并把点 9 的 0 转移到点 4。

点 2：　　$0.8\times 997.5+0.2\times 0=798$(万元)

最后，将点 2 与点 5 的期望值相比较，点 2 的期望值较大。这说明应采取先进行小批量试产、试销，待取得销路情况的进一步信息资料后，再安排大批量生产方案。而点 2 与点 5 的期望值之差，即为试产、试销取得的信息价值：

$$798-795=3(\text{万元})$$

这是为取得这项情报而应付出代价的上限，如果建造小型试验工厂的投资超过这个数额，就属于得不偿失，不值得进行。

第六节　效用概率决策方法

一、效用的含义

上述所讨论的统计决策方法，大多是以期望损益值作为决策标准的。但是，有时这样做既不合理，也不符合实际。

决策是由决策人做出的，决策人的经验、才智、胆识和判断能力等主观因素，不能不对决策产生重要影响。如果完全以期望值的大小作为决策标准,就会把决策过程变成为机械地计算期望损益值的过程,从而把决策人的主观作用排除在外,这当然是不够合理的。此外,决策还受一些特殊情况的影响。

【例 14-8】 有两个方案:方案甲以 0.5 的概率获利 4 000 元,以 0.5 的概率蒙受损失 2 000 元;方案乙以 100%的概率获利 500 元。试做出最优方案的抉择。尽管方案甲的期望利润值 $=0.5\times4\,000+0.5\times(-2\,000)=1\,000$(元),是机会乙获利 500 元的两倍,但对相当多的人来说,却宁愿选择方案乙,因为选择方案乙肯定盈利 500 元,并且可避免冒 50%的损失 2 000 元的风险。当然也有人会选择方案甲,企图盈利 1 000 元。

这就涉及决策人对风险的态度了,这种态度对决策起着重要作用。一般来说,当同一决策要重复多次,或风险损失数值较小时,决策人的兴趣会与期望损益值的高低大体一致;当同一决策只进行一次,且包含较大风险时,决策人的兴趣往往会与期望损益值之间产生较大差异。

对于相同的期望损益值,不同决策人的反应也不一定相同。这是由于决策人的个人性格和处理条件不同所形成的。前者如保守型决策人与进攻型决策人的反应会不相同,后者如大企业的经理对上万元的风险损失看作一桩小事,而小企业的经理则会看作与企业兴衰攸关的大事。即使是同一决策人,由于时间和条件不同,对于相同机会的反应也不相同。这种决策人对于期望收益和损失的独特兴趣、感受和取舍反应,称为效用。效用代表着决策人对于风险的态度,也是决策人胆略的一种反映。

二、效用曲线

决策者对具有不同风险的相同期望损益值,会给出不同的效用值。若用横坐标代表损益值,用纵坐标代表效用值,把决策者对风险态度的变化关系绘出一条曲线,就称为决策人的效用曲线。效用可以通过计算效用值和绘制效用曲线的方法来衡量。

【例 14-9】 假定有一个方案甲,以 0.5 的概率得收益 200 元,以 0.5 的概率损失 100 元;另有一个方案乙,以 1.0 的概率得收益 25 元,如图 14-12 所示。

图 14-12 两个可供选择的方案

现在考虑一下,这两个方案究竟应选哪个?可能大多数人会选择方案乙,尽管方案甲的期望值是 $0.5\times200+0.5\times(-100)=50$(元),而方案乙的期望值只有 $1.0\times25=25$(元)。决策人之所以宁愿选择 25 元的方案乙,是因为他不愿意负担遭受损失的风险。

首先,我们规定,效用值用概率形式表现,是介于 0 与 1 之间的数值。我们以损益最大值(本例为 200 元)的效用值作为 1,以损益最小值(本例为 −100 元)的效用值作为 0,如图 14-13(a)所示。

已经知道,决策人宁愿接受肯定的 25 元,而不愿意接受方案甲(见图 14-12),这说明 25 元的效用大于方案甲的效用。假定再问,方案乙的收益改为 10 元怎么样?如果决策人宁愿接受肯定的 10 元,则说明 10 元的效用还是大于方案甲。再问,如果方案乙的收益改为损

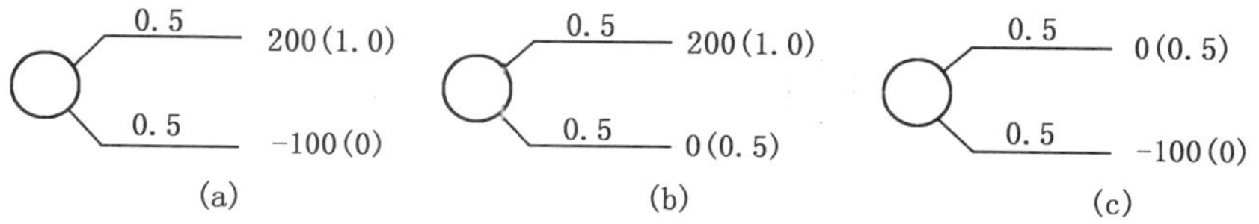

图 14－13　效用值的确定

失 10 元怎么样？现在决策人可能宁愿接受方案甲而不愿付出 10 元，这说明这时方案甲的效用大于－10 元的效用。经过几次询问，不断地改变肯定得到的损益值，最后总可以使决策人感到某一损益值与方案甲具有同样的效用，此时，决策者对两种方案具有同样的兴趣。设最后判断的损益值为 0 元，则与 0 元相应的效用值与方案甲的期望效用值 $0.5\times1.0+0.5\times0=0.5$ 相等，即损益值 0 元的效用值是 0.5。

现在，以损益值为横坐标，以效用值为纵坐标，就可以画出效用曲线，如图 14－14 所示。对应于损益值 0 和效用值 0.5，就得到效用曲线上的一个点 A。

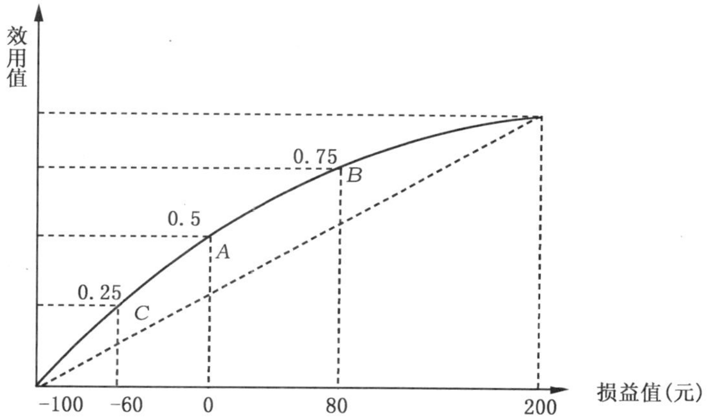

图 14－14　效用曲线

其次，以 0.5 的概率得收益值 200 元、0.5 的概率得收益值 0 元作为方案，如图 14－13(b)所示。重复上述过程，假定经过多次询问，最后判断 80 元的效用与这个方案的效用相等，则相当于 80 元的效用值为：

$$0.5\times1.0+0.5\times0.5=0.75$$

这样，在 0 与 200 元之间又得到对应于损益值 80 元和效用值 0.75 的一个点 B。

再次，以 0.5 的概率得收益值 0 元、0.5 的概率得收益值－100 元作为方案，如图 14－13(c)所示。重复上述过程，假定经过几次询问，最后判断出来决策人对－60 元的效用等于这个方案的效用，则相当于－60 元的效用值为：

$$0.5\times0.5+0.5\times0=0.25$$

这样，又可得到图 14－14 对应于损益值－60 元和效用值 0.25 的一个点 C。

采用同样办法，可以得到许多这样的点，把它们连接起来，就成为所谓的效用曲线(见图 14－14)。从这条线上可以找出对应于各个损益值的效用值，反过来，也可以找出对应于各个效用值的损益值。

三、效用曲线的类型

效用曲线有三种类型，如图 14－15 所示。

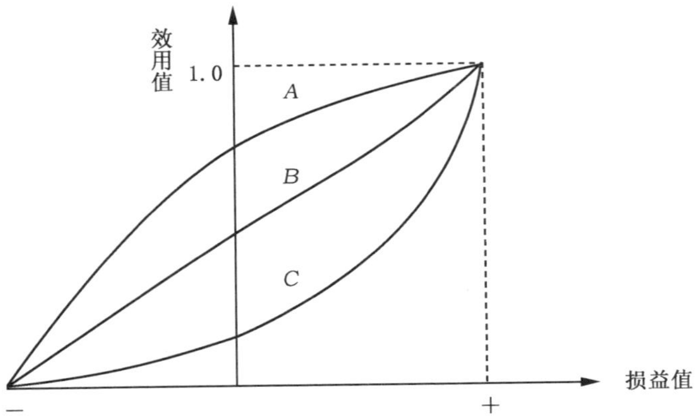

图 14－15　效用曲线的类型

【例 14－10】　沿用上例，曲线 A 代表决策人宁愿选择肯定得到 50 元的方案，而不愿选择 $0.5\times200+0.5\times(-100)=50$(元) 的方案。这种类型的决策人对于利益反应比较迟缓，而对损失比较敏感，是一种不求大利、避免风险、谨慎小心的保守型决策人。

曲线 C 代表决策人宁愿选择 $0.5\times200+0.5\times(-100)=50$(元) 的方案，而不愿接受得到 50 元的方案。这种决策人对于损失反应迟缓，而对利益比较敏感，是一种谋求大利、不怕风险的进取型决策人。

曲线 B 所代表的是一种中间型的决策人。他认为肯定得到 50 元的方案和 $0.5\times200+0.5\times(-100)=50$(元) 的方案没有差别，有相等的效用值。也就是说，他只要利用期望损益值作为选择方案的标准就可以了，而不需要利用效用曲线。

通过对大量事实的研究证明，大多数决策者属于保守型，而其他两类决策者属于少数。

四、效用曲线的应用

现在通过一个例子说明效用曲线的应用方法。

【例 14－11】　我们重新考虑表 14－9。根据原来的计算，建设大工厂方案的期望收益值为 340 万元，建设小工厂方案的期望收益值为 150 万元，按期望值标准判断前者为最优方案。

我们首先画出决策树，并把各种方案的损益值标写在各个概率枝的末端(见图 14－16)。这些损益值是根据图 14－9 的数据，按照 10 年累计(扣除投资额后)计算出来的(见图 14－10)。

其次，绘出决策人的效用曲线。我们以最大损益值 700 万元的效用值作为 1.0，以最小损益值－500 万元的效用值作为 0，向这个问题的决策人提出一系列问题，找出对应于若干个损益值的效用值，这样就可以画出效用曲线，如图 14－17 所示。

画出了效用曲线后，就可以反过来找出对应于原决策问题各个损益值的效用值：240 万元的效用值等于 0.82，－60 万元的效用值等于 0.58。把对应的效用值写在图 14－16中各损益值之后。现在可以用效用值代替原损益值来计算每一方案的效用期望值。

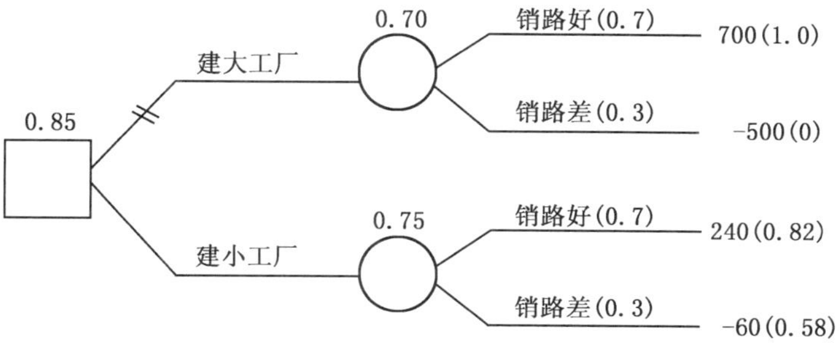

图 14-16　用效用值评价的决策树

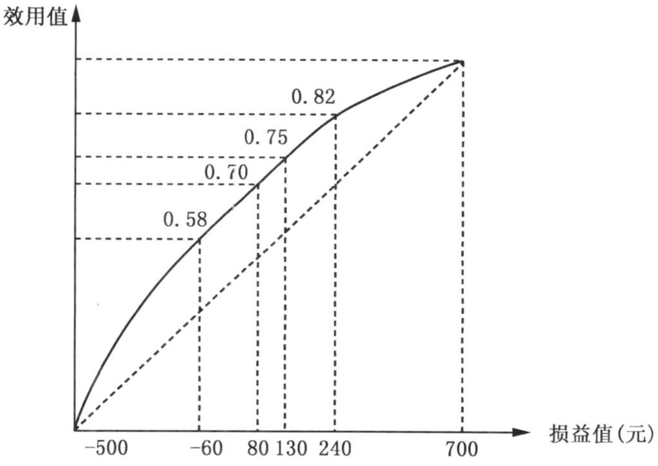

图 14-17　建设工厂规模问题的效用曲线

建设大工厂方案的效用期望值是：

$$0.7\times1.0+0.3\times0=0.70$$

建设小工厂方案的效用期望值是：

$$0.7\times0.82+0.3\times0.58=0.75$$

由此可见，如果以效用期望值作为评价标准，小工厂方案反而较好。为什么会出现这种情况呢？这是因为决策人是保守型的，他不想冒太大的风险。从曲线上可以测出，效用值0.70只相当于损益值80万元，这大大低于原来的期望值340万元；效用值0.75只相当于损益值130万元，也小于原来的期望值150万元。

第七节　连续型变量的风险型决策方法

一、连续型变量风险型决策中的几个概念

前面讨论的都是离散型变量的风险型决策，方案是有限的，情况比较简单，用来说明风

险决策的原理比较方便。但是,在实际决策中常常会遇到连续型变量,或者虽然是离散型的,但可能出现的状态数量很大,这就无法把每种状态和采用的方法结合的结果一一列举。例如,某种商品的需求量作为一个逐日发生的重复事件,是一个随机变量,每天都有一个在数字上确定的结果,而 100 天就可能有 100 种不同的结果。正是由于这类随机变量有非常多的可能结果,因此不能采用前面那种对几个条件结果值进行分析的办法来解决问题。但是,我们可以改变一下办法,不去针对每个备选方案寻找或计算它的期望值,而是设法寻找期望值作为一个变量随备选方案依一定次序的变化而变化的规律性。只要这个期望值变量在该决策问题定义的区间内是单峰的,则其峰值处所对应的那个备选方案,就应是决策问题的最优方案。按这种思路处理问题,就可以避开计算每个备选方案的期望值,从而解决连续型随机变量的决策问题。

这个方法类似于经济学中的边际分析法。"边际"是经济学中常用的一个概念,边际分析法就是应用边际原理进行风险决策的一种方法。这种方法导源于边际费用和边际收入两者相等时可获最大利润的原理。以下介绍几个概念:

(一) 边际费用和边际收入

边际费用是指增加一个单位产品所需增加的费用。边际收入是指生产和出售一个单位产品所得到的收入增量。很明显,如果边际收入大于边际费用,就应该增加生产,直到边际收入等于边际费用;如果边际费用大于边际收入,就应该减少生产,直到两者相当。将这一原理用于决策分析,必须把边际收入和边际费用的概念用期望边际利润和期望边际损失的概念来代替。

(二) 期望边际利润和期望边际损失

边际利润是指存有并卖出一追加单位产品所得到的利润值,将这一利润乘以该追加产品能被卖出的概率,就是期望边际利润。边际损失是指由于存有一追加单位产品而卖不出去所造成的损失值,将这一损失值乘以该追加产品卖不出去的概率,就是期望边际损失。

二、边际分析法的应用

【例 14-12】 某冷饮店拟订某种冷饮在 7、8 月份的日进货计划。该品种的冷饮进货成本为每箱 30 元,销售价格为 50 元,当天销售后每箱可获利 20 元。但如果当天剩余一箱,就要由于冷藏费及其他原因而亏损 10 元。现市场需求情况不清楚,但有前两年同期计 120 天的日销售量资料(见表 14-11)。试用边际分析法对进货计划进行决策。

表 14-11 某冷饮店 120 天日销售量资料

日销售量(箱)	完成日销售量的天数	概率值
100	24	24/120=0.2
110	48	48/120=0.4
120	36	36/120=0.3
130	12	12/120=0.1
合 计	120	1.0

当我们分析该店进货安排多少箱为佳时，从边际分析入手，就是要考虑到每增加进货一箱，都存在两种可能：当天顺利售出或未能售出。顺利售出可以多得利润 20 元，即边际利润，用 MP 表示；未能售出将会蒙受损失 10 元，即边际损失，用 ML 表示。进货每增加一箱后能否售出是根据市场需要而定的。在风险型情况下，市场需要状况又只能以销售概率表示。这里的决策标准仍然是期望值，但要求将期望边际利润与期望边际成本进行比较：若前者大于后者，说明有利可图的可能性大，应当进货；若后者大于前者，说明蒙受损失的可能性大，不应当进货；当两者相等达到平衡时，便是最大进货界限，若再增加进货，则所增加的部分出现亏损的概率将大于获得利润的概率。

为了研究这个问题，需要计算各种自然状态下的累积概率值。现利用表 14－11 的资料编制成表 14－12 的该种冷饮日销售量的累积销售概率。

表 14－12　该种冷饮日销售量的累积销售概率

日销售量(箱)	销售概率	累积销售概率
130	0.1	0.1
120	0.3	0.4
110	0.4	0.8
100	0.2	1.0

在表 14－12 中，累积销售概率的意思是至少销售某一数量的概率。例如，市场日销售量至少为 100 箱的累积销售概率为 1.0，因为日销售量为 110 箱、120 箱、130 箱时，都已把销售 100 箱包括在内，所以，至少销售 100 箱的概率(即累积销售概率)是 4 种日销售量的销售概率之和，即 $0.2+0.4+0.3+0.1=1.0$。但至少销售 110 箱的累积概率，则不包括只销售 100 箱的概率在内，其累积销售概率为日销售 110 箱、120 箱、130 箱的概率之和，即 0.8。以此类推，日销售 120 箱和 130 箱的累积概率分别为 0.4 和 0.1。

以 P 代表当天能够顺利销售出去的最后一箱的累积概率，则这最后一箱不能售出的概率为 $1-P$。按照前面做的边际分析，确定最佳日进货计划的方法是：令能够顺利售出的期望边际利润，即 $P\times(MP)$，等于不能售出的期望边际损失，即 $(1-P)\times(ML)$。根据这种均等关系确定的累积概率 P，称为转折概率，然后从累积概率表中找出与转折概率 P 相对应的日销售量，这个日销售量就是最佳的进货量，这时可以获得最大期望利润。

转折概率 P 的计算公式可由上述等式关系换项整理而得出。因为：

$$P\times MP=(1-P)\times ML$$

$$P\times MP=ML-P\times ML$$

所以：

$$P=\frac{ML}{MP+ML}$$

由于本例 $MP=20$ 元，$ML=10$ 元，则求转折概率 P 为：

$$P=\frac{10}{20+10}=0.33$$

转折概率计算出之后,可对表 14－12 进行观察,但表中并无累积概率正好等于 0.33 的日销售量。由于 0.33 介于表中 0.1 和 0.4 之间,即最佳进货量应介于 120 箱到 130 箱之间。我们可以用线性内插近似地计算出最佳进货量:

$$最佳进货量 = 120 + \frac{130-120}{0.4-0.1} \times (0.4-0.33) = 122(箱)$$

为了进一步说明问题,现计算各种计划方案下最后一箱的期望边际利润和期望边际损失,其计算和比较结果如表 14－13 所示。

表 14－13　期望边际利润和期望边际损失的计算和比较结果

日进货量(箱)	累积的销售概率	期望边际利润(元) $P \times MP$	比较关系	期望边际损失(元) $(1-P) \times ML$
100	1.0	1.0×20=20	>	0.0×10=0
110	0.8	0.8×20=16	>	0.2×10=2
120	0.4	0.4×20=8	>	0.6×10=6
122	0.33	0.33×20=6.6	=	0.66×10=6.6
130	0.1	0.1×20=2	<	0.9×10=9

由表 14－13 可知,当日进货 100 箱、110 箱、120 箱时,期望边际利润都大于期望边际损失,由于盈利的可能性大,这时仍应继续进货。但是,当进货量增至 130 箱时,期望边际利润小于期望边际损失,这最后一箱发生亏损的期望超过了获得利润的期望,因此,进货量不宜由 120 箱增加到 130 箱。在累积概率为 0.33 而相应的进货量为 122 箱时,期望边际利润正好与期望边际损失相等,这是一个转折点,进货超过这一点,期望边际利润就小于期望边际损失,所以称这时的累积概率为转折概率,相应的进货量就是最佳进货量。所以,本例的最优决策方案应该是日进货 122 箱。

三、应用标准正态概率分布进行决策

我们可以根据标准正态概率分布的概念,运用连续分布来处理决策问题。

设有一生产销售问题的风险型决策,满足下列两个条件:(1) 该决策问题的自然状态(市场需求量)为一连续型的随机变量 x,其概率密度为 $f(x)$;(2) 备选方案 d_1, d_2, …, d_i, …, d_m 分别表示生产(或存有)数量为 1, 2, …, i, …, m 单位的某种产品或商品。

那么,该风险型决策取得最大期望利润值的方案 d_k,其所代表生产(或存有)的单位产品数量 k(最佳方案)由下式决定:

$$(a+b)\int_k^{+\infty} f(x)\mathrm{d}x = b$$

式中,a 为边际利润值,即生产并卖出一追加单位产品所获得的利润值;b 为边际损失值,即存有一追加单位产品而卖不出去所造成的损失值。

【例 14－13】 某家蔬菜商店承担本区居民点的蔬菜供应。每天凌晨由附近农村将新鲜蔬菜运到商店,然后再零售给顾客。近期该店以每 500 克 0.80 元的价格每天向农村进货 20

卡车蔬菜(每卡车2 000千克),以每 500 克 1.05 元的价格零售出去。某些时候,当天可将 20 卡车共40 000千克菜全部售完,但多数情况下却有剩余。由于这类蔬菜无留放处理的价值,当天未售完须全部扔掉,于是每剩 500 克菜就损失 0.80 元,该店经理设想是否每天向农村少进一些货,他关心的是获取最大利润值的问题。他根据近期各分店的销售记录,计算出该地区蔬菜需求量平均每天为37 650千克,标准差为9 600千克。现要求用决策分析方法决定每天应向农村购进多少千克蔬菜。

根据概率论的中心极限定理,实际问题中的许多随机变量,只要它们是由大量的相互独立的随机因素的综合影响所形成,而其中每一个别的因素在总的影响中所起的作用都很微小,则这种随机变量就近似于服从正态分布。上述居民区每天的蔬菜需求量 x,是大量的个别居民每天需求量的总和,故其近似服从正态分布,且概率密度为:

$$f(x)=\begin{cases}\dfrac{1}{\sqrt{2\pi}\sigma}e^{-\frac{(x-\mu)^2}{2\sigma^2}} & x>0\\ 0 & x\leqslant 0\end{cases}$$

式中,μ 为数学期望,也是本例中每日平均蔬菜需求量,这里 $\mu=37\ 650$千克;σ 为均方差,也是本例中每日平均需求量的标准差,这里 $\sigma=9\ 600$千克。

设 k 为最佳决策,即该商店每天向农村购进的蔬菜克数为 k。现根据该商店的进货价格和零售价格计算出边际利润值 a 和边际损失值 b:

$$a=\text{卖出每 500 克菜所获利润}=1.05-0.80=0.25(\text{元})$$

$$b=\text{存有每 500 克菜而卖不出的损失值}=0.80(\text{元})$$

将以上值及 $f(x)$的正态函数代入公式,可得:

$$(0.25+0.80)\int_{k}^{+\infty}\frac{1}{\sqrt{2\pi}\sigma}e^{-\frac{(x-\mu)^2}{2\sigma^2}}dx=0.80$$

即:

$$\int_{k}^{+\infty}\frac{1}{\sqrt{2\pi}\sigma}e^{-\frac{(x-\mu)^2}{2\sigma^2}}dx=0.761\ 9$$

这里的 0.761 9 就是前面所提到的转折概率$[P=0.80/(0.25+0.80)=0.761\ 9]$。图 14－18 是这种需求量的正态分布曲线。

令 $x=\sigma t+\mu$,当 $x=k$ 时,$t=\dfrac{k-\mu}{\sigma}$,故上述定积分可化为标准正态函数积分:

$$\int_{\frac{k-\mu}{\sigma}}^{+\infty}\frac{1}{\sqrt{2\pi}}e^{-\frac{t^2}{2}}dt=0.761\ 9$$

因为:
$$\int_{\frac{k-\mu}{\sigma}}^{+\infty}\frac{1}{\sqrt{2\pi}}e^{-\frac{t^2}{2}}dt=1-\int_{-\infty}^{\frac{k-\mu}{\sigma}}\frac{1}{\sqrt{2\pi}}e^{-\frac{t^2}{2}}dt=0.761\ 9$$

所以:
$$\int_{-\infty}^{\frac{k-\mu}{\sigma}}\frac{1}{\sqrt{2\pi}}e^{-\frac{t^2}{2}}dt=1-0.761\ 9=0.238\ 1$$

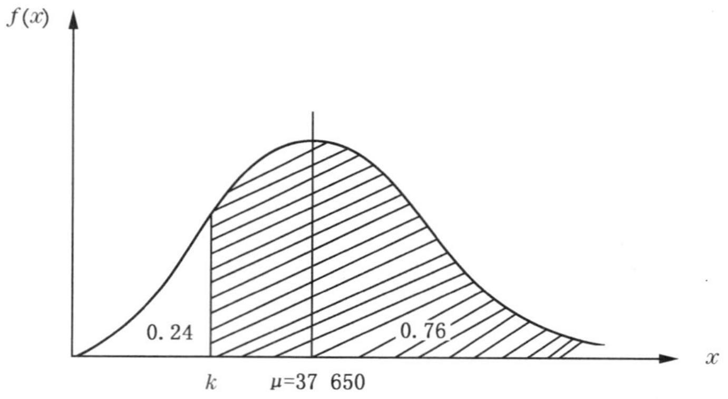

图 14-18　蔬菜需求量的正态分布曲线

在概率论中,此积分不用计算,只需查标准正态分布表(见附表四)便可得到:

$$t=\frac{k-\mu}{\sigma}=-0.71$$

可解得:

$$\begin{aligned}k&=-0.71\sigma+\mu\\&=-0.71\times 9\,600+37\,650\\&=30\,844(\text{千克})\end{aligned}$$

即该商店每天应向农村进 30 844 千克蔬菜,在这个数字下,商店所获利润最大。显然,这一数字同该地区每天蔬菜需求平均值 37 650 千克相差 6 816 千克,如果凭经验和直觉,进货量似乎应当等于市场需求的平均值,这样必然导致利润值显著下降。

第八节　马尔科夫决策方法

马尔科夫决策是一种风险型决策。马尔科夫方法的主要研究对象是一个运行系统的状态和状态的转移。应用马尔科夫方法计算分析的目的,就是根据某些变量的现在状态及其变化趋向,来预测它在未来某一特定期间可能出现的状态,从而提供某种决策的依据。马尔科夫决策的基本方法是用转移概率矩阵进行预测和决策。

一、转移概率矩阵及其决策特点

马尔科夫决策方法经常用到以下转移概率矩阵模型:

设 P_{ij} 表示概率值,$P^{(k)}$ 表示 k 步转移概率矩阵,则有:

$$P^{(k)}=\begin{pmatrix}P_{11}^{k} & P_{12}^{k} & \cdots & P_{1n}^{k}\\ P_{21}^{k} & P_{22}^{k} & \cdots & P_{2n}^{k}\\ \vdots & \vdots & \vdots & \vdots\\ P_{m1}^{k} & P_{m2}^{k} & \cdots & P_{mn}^{k}\end{pmatrix}$$

转移概率矩阵用于市场决策时，矩阵中的元素是市场或顾客的保留、获得或失去的概率。

矩阵各行概率表示状态 A_i 经过 k 步转移到状态 A_j 后的概率。下例中表示某公司保留和失去用户的概率。矩阵各列概率表示状态 A_j 经过 k 步转移到状态 A_i 后的概率。下例中表示某公司保留和得到用户的概率。

矩阵中用概率表示的得失元素在一定条件下是互相转移的，所以称为转移概率矩阵。转移矩阵中的元素都是非负的，即 $P_{ij} \geqslant 0$；矩阵各行元素之和等于 1，即：

$$\sum_{j=1}^{n} P_{ij} = 1$$

利用这种方法进行决策，具有以下特点：

(1) 转移概率矩阵中的元素是根据近期市场或顾客的保留与得失流向资料确定的。

(2) 下一期的概率只与上一期的预测结果有关，不取决于更早时期的概率。比如第二期预测值只与第一期预测值有关，第三期预测值只与第二期预测值有关，而与第一期预测值无关。

(3) 利用转移概率矩阵进行决策，其最后结果取决于转移矩阵的组成，不取决于原始条件，即最初占有率。

二、转移概率矩阵决策的应用步骤

下面结合具体案例，说明马尔科夫决策方法的应用步骤。

(一) 建立转移概率矩阵

【例 14 - 14】 有 A、B、C 三个公司生产某种产品，在市场上销售。由于服务态度、产品质量及广告宣传等因素的不同和变化，近期客户的流动情况和保留情况如表 14 - 14 和表 14 - 15 所示。

表 14 - 14　各公司某产品客户流动情况　　单位：户

公司	7月1日客户	得　到			失　去			8月1日客户
		自 A	自 B	自 C	于 A	于 B	于 C	
A	200	0	35	25	0	20	20	220
B	500	20	0	20	35	0	15	490
C	300	20	15	0	25	20	0	290

表 14 - 15　各公司 7 月份客户保留情况

公司	7月1日客户	失　去	保　留	8月1日保留概率
A	200	40	160	160/200=0.80
B	500	50	450	450/500=0.90
C	300	45	255	255/300=0.85

根据表 14-14 和表 14-15 的资料,建立得失的转移概率矩阵:

$$\begin{array}{c} \\ A \\ B \\ C \end{array}\begin{array}{c} \quad A \qquad\qquad B \qquad\qquad C \\ \begin{pmatrix} \frac{160}{200}=0.800 & \frac{20}{200}=0.100 & \frac{20}{200}=0.100 \\ \frac{35}{500}=0.070 & \frac{450}{500}=0.900 & \frac{15}{500}=0.030 \\ \frac{25}{300}=0.083 & \frac{20}{300}=0.067 & \frac{255}{300}=0.850 \end{pmatrix}\end{array}$$

其中,横行表示各公司失去客户到其他公司的概率。例如,$P_{12}=0.100$ 表示 A 公司失去了 10%的用户,这些用户转移到 B 公司去了。其他类推。纵列表示各公司从其他公司得到客户的概率。例如,$P_{21}=0.070$ 表示 A 公司得到了 B 公司用户的 7%。其他类推。

(二) 利用转移概率矩阵进行模拟预测

根据上例,8 月 1 日各公司的市场占有率分别为 0.220(220/1 000=0.220),0.490(490/1 000=0.490),0.290(290/1 000=0.290)。预测 9 月 1 日各公司市场占有率的方法是将前一期的市场占有率乘以转移概率矩阵,具体如下:

$$(0.220 \quad 0.490 \quad 0.290)\begin{pmatrix} 0.800 & 0.100 & 0.100 \\ 0.070 & 0.900 & 0.030 \\ 0.083 & 0.067 & 0.850 \end{pmatrix}=(0.234 \quad 0.483 \quad 0.283)$$

上述计算过程具体如下:

$$0.220\times0.800+0.490\times0.070+0.290\times0.083=0.234$$

$$0.220\times0.100+0.490\times0.900+0.290\times0.067=0.483$$

$$0.220\times0.100+0.490\times0.030+0.290\times0.850=0.283$$

若预测 k 期的市场占有率,可用本期占有率乘以转移概率矩阵的 k 次方;如预测 10 月 1 日的市场占有率,用转移概率矩阵的二次方乘以 8 月 1 日的市场占有率即可得到。

(三) 求出转移概率矩阵的平衡状态,即稳定状态

只要转移概率矩阵不变,不管市场占有率如何改变,最后总会达到平衡状态,即稳定状态,这时市场占有率不再变化了,称此市场占有率为最后占有率。

假定 A、B、C 三个公司的市场占有率分别稳定在 x_1,x_2 和 x_3,即经过再一期转移后,市场占有率的变化微不足道,我们把它视为保持不变,因此有:

$$(x_1 \quad x_2 \quad x_3)\begin{pmatrix} 0.800 & 0.100 & 0.100 \\ 0.070 & 0.900 & 0.030 \\ 0.083 & 0.067 & 0.850 \end{pmatrix}=(x_1 \quad x_2 \quad x_3)$$

且 $x_1+x_2+x_3=1$。

这样,可将转移概率矩阵列成以下代数方程组:

$$\begin{cases}x_1=0.800x_1+0.070x_2+0.083x_3\\x_2=0.100x_1+0.900x_2+0.067x_3\\x_3=0.100x_1+0.030x_2+0.850x_3\\x_1+x_2+x_3=1\end{cases}$$

解方程组，得：

$$\begin{cases}x_1=0.273\\x_2=0.454\\x_3=0.273\end{cases}$$

即最后稳定状态占有率。

如果把方程组的解代入下面的矩阵加以检验，可以验证它们的结果是相同的。这说明用方程组求解的结果是正确的，上面关于矩阵状态的推论也是正确的。

$$(0.273\quad 0.454\quad 0.273)\begin{pmatrix}0.800 & 0.100 & 0.100\\0.070 & 0.900 & 0.030\\0.083 & 0.067 & 0.850\end{pmatrix}=(0.273\quad 0.454\quad 0.273)$$

由此可得出占有率与矩阵平衡状态的关系如下：

（1）占有率不能决定矩阵的最后平衡状态，只有转移概率矩阵才能决定矩阵的最后平衡状态。

（2）最初占有率愈接近于最后平衡状态时的占有率，则能愈快达到平衡状态。

（3）只要没有一个公司占有率是零，不论各个公司的最初占有率（原始状态）如何，其最后的平衡状态是相同的。

（四）应用转移概率矩阵进行决策

由于最后市场占有率不取决于原始条件，而取决于转移概率矩阵，因此，决策的对策是加强经营管理的各种措施，如提高产品质量、降低产品成本和销售价格、改善服务态度、加强宣传和推销等，改善转移概率矩阵的组成，以增强竞争能力，提高市场占有率，获得更多的利润。

承前例，若 A 公司提高市场占有率，有两个方案可选择：

（1）与 B 公司竞争，从流失到 B 公司的客户中争回 5%，转移概率矩阵如下：

$$\begin{pmatrix}0.850 & 0.050 & 0.100\\0.070 & 0.900 & 0.030\\0.083 & 0.067 & 0.850\end{pmatrix}$$

求得最后市场占有率为：

$$x_1=0.336,\ x_2=0.367,\ x_3=0.297$$

（2）与 C 公司竞争，从流失到 C 公司的客户中争回 5%，转移概率矩阵如下：

$$\begin{pmatrix}0.850 & 0.100 & 0.050\\0.070 & 0.900 & 0.030\\0.083 & 0.067 & 0.850\end{pmatrix}$$

求得最后市场占有率为:

$$x_1=0.330, \ x_2=0.467, \ x_3=0.203$$

若两个方案费用相同,第一方案的最后市场占有率(0.336)高于第二方案的最后市场占有率(0.330),A 公司应采取第一方案。

若两个方案费用不同,就要比较净盈利进行决策。若第一方案费用为 100 万元,第二方案费用为 20 万元,总客户5 000,平均可以从每个客户得利 2 万元。与未采取措施比较,A 公司采取第一方案的净盈利为 5 000×2×(0.336−0.273)−100=530(万元),采取第二方案的净盈利为 5 000 × 2 × (0.330 − 0.273) − 20 = 550(万元),故第二方案为最优方案。

本章小结

风险型决策是根据预测各种事件可能发生的先验概率,然后再采用期望效果最好的方案作为最优决策方案。因此,这种决策具有一定的风险性。所谓“先验概率”,就是根据过去、经验或主观判断形成的对各自然状态的风险程度的测算值。

风险型决策方法经常运用损益矩阵。损益矩阵一般由三部分组成:可行方案、自然状态及其发生的概率、各种行动方案的可能结果。

1. 以期望值为标准的决策方法是以收益或损失矩阵为依据,分别计算各可行方案的期望值,选择其中期望收益值最大(或期望损失值最小)的方案作为最优方案。

当各种自然状态出现的概率无法预测时,可以假定各自然状态出现的概率相等,然后选择能提供最大收益(或最小损失)的方案作为最优方案,此即以等概率为标准的决策方法。

以最大可能性为标准的决策方法是指以一次试验中事件出现的可能性大小作为选择方案的标准。

2. 决策树是对决策局面的一种图解,可以使决策问题形象化。决策树的分析程序是先从损益值开始由右向左推导的,称为反推决策树方法。

3. 敏感性分析是分析概率值的变化对最优方案取舍的影响程度。

4. 完全信息是指对决策问题做出某一具体决策行动时所出现的自然状态及其概率,能够提供完全确切、肯定的信息。完全信息的价值等于利用完全信息进行决策所得到的期望值减去没有这种信息而选出的最优方案的期望值。

5. 效用概率决策以期望效用值作为决策标准。对于相同的期望损益值,不同决策人的反应也不相同,效用代表着决策者对于风险的态度。

效用概率决策的关键是制作决策者的效用曲线。决策者的效用曲线可以分为三种典型类型,大部分人的决策行为属于保守型。

6. 连续型变量的风险型决策方法是指解决连续型变量,或者虽然是离散型变量,但可能出现的状态数量很大的决策问题的方法。连续型变量的风险型决策可以应用边际分析法和标准正态概率分布等进行决策。

7. 应用马尔科夫方法就是根据某些变量的现在状态及其变化趋势,预测它在未来某一特定期间可能出现的状态,从而提供某种决策的依据。马尔科夫决策的基本方法是用转移概率矩阵进行预测和决策。

思考与练习

一、单项选择题

1. 各种自然状态发生的概率满足(　　)。

A. $\sum_{i=1}^{n} P_i > 1$　　B. $\sum_{i=1}^{n} P_i < 1$　　C. $\sum_{i=1}^{n} P_i = 1$　　D. $0 \leqslant \sum_{i=1}^{n} P_i \leqslant 1$

2. 效用曲线是表示效用值和(　　)之间的关系。

A. 时间　　B. 损益值　　C. 成本　　D. 先验概率值

3. 大量事实表明,大多数决策者属于(　　)。

A. 进取型　　B. 中间型　　C. 保守型　　D. 不一定

4. 马尔科夫决策基本方法是用(　　)进行预测和决策。

A. 损益矩阵　　B. 损失函数　　C. 风险函数　　D. 转移概率矩阵

5. 对决策树的分析是(　　)推导。

A. 从右向左　　B. 从左向右　　C. 从上向下　　D. 从下向上

6. 有两个方案:方案一,以 0.3 的概率损失 500 元,以 0.7 的概率获得 1 000 元,方案二确定可以得到 100 元。决策人选择了方案二。这说明(　　)。

A. 方案一的效用大于方案二　　B. 方案一的效用小于方案二

C. 方案一的期望收益不如方案二　　D. 方案一的可行性不如方案二

7. 若 x_{ij} 表示采取第 i 个方案 d_i,出现第 j 种状态 θ_j 时的损益值,$P(\theta_j)$ 表示第 j 种状态发生的概率,总共有 n 种方案,可能出现 m 种状态,则期望损益为(　　)。

A. $\sum_{j=1}^{m} x_{ij} P(\theta_i)$　　B. $\sum_{j=1}^{m} x_{ij} F(\theta_j)$　　C. $\sum_{i=1}^{n} x_{ij} P(\theta_j)$　　D. $\sum_{i=1}^{n} x_{ij} P(\theta_i)$

8. 某工厂领导人需要对该厂财产是否参加火灾保险问题做出决策,应该选用(　　)决策方法。

A. 以期望值为标准的决策方法

B. 以等概率为标准的决策方法

C. 以最大可能性为标准的决策方法

D. 以损益值为标准的决策方法

9. 在风险型决策中,要得到自然状态概率的变动对决策结果的影响,需要进行(　　)。

A. 完全信息价值分析

B. 敏感性分析

C. 决策树分析

D. 效用决策分析

10. 右图给出了决策者的效用曲线,以下描述正确的是(　　)。

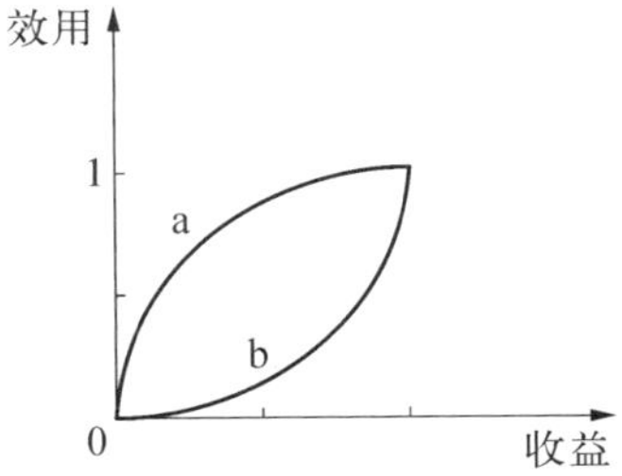

A. 决策者 a 不避风险

B. 决策者 a 厌恶风险

C. 决策者 b 厌恶风险

D. 两者对风险的态度不一定

二、多项选择题

1. 风险型决策的方法有(　　)。

A. 以期望值为标准的决策方法　　B. 以等概率为标准的决策方法

C. 以最大可能性为标准的决策方法　　D. 以损益值为标准的决策方法

2. 损益矩阵的组成包括(　　)。

A. 可行方案　　B. 自然状态　　C. 先验概率　　D. 损益值

3. 下列对效用的理解,正确的是(　　)。

A. 效用反映了决策人对于损益的态度

B. 效用代表着决策人对风险的态度

C. 效用是决策人胆略的一种反映

D. 效用反映了决策人的主观作用

4. 下列(　　)不可能成为转移概率矩阵。

A. $\begin{pmatrix} 1 & 0 \\ 0.5 & 0.5 \end{pmatrix}$　　B. $\begin{pmatrix} 1 & 0 \\ -0.5 & 0.5 \end{pmatrix}$

C. $\begin{pmatrix} 0.2 & .5 \\ 0.8 & 0.5 \end{pmatrix}$　　D. $\begin{pmatrix} 0.8 & 0.2 \\ 0.5 & 0.5 \end{pmatrix}$

5. (　　)是以期望值为标准的决策方法适用的情况。

A. 先验概率值稳定

B. 解决的不是多次重复的问题

C. 决策结果不会带来严重后果

D. 先验概率值相差不大

6. 下列(　　)是转移概率矩阵决策的特点。

A. 决策结果与初始状态无关

B. 下一期的概率只与上一期的结果有关

C. 决策结果取决于转移矩阵的组成

D. 决策结果取决于上一期的结果和转移矩阵的组成

7. 下面对决策树的理解中,正确的是(　　)。

A. 决策树可以使决策问题形象化

B. 任何风险决策问题都可以用决策树来分析

C. 决策树包括了备选方案、自然状态及损益值

D. 决策树使得决策问题变得简单

8. 计算完全信息价值的意义在于(　　)。

A. 计算完全信息价值可以避免决策的风险

B. 完全信息价值说明了信息量的变化对决策方案期望值的影响

C. 计算完全信息价值使得决策者可以明确为该信息付出的代价的上限

D. 有利于决策者做出可靠的决策

三、名词解释

1. 风险型决策

2. 先验概率
3. 决策树
4. 敏感性分析
5. 完全信息价值

四、简答题

1. 简述以期望值为标准的决策方法、以等概率为标准的决策方法和以最大可能性为标准的决策方法的适用场合。

2. 如何用决策树进行决策分析?

3. 如何解决连续型变量风险型决策问题?

4. 转移概率矩阵决策有什么特点?

5. 进行敏感性分析的意义是什么?

6. 如何进行风险决策的敏感性分析?

7. 计算完全信息价值有什么意义?

8. 什么叫效用?效用曲线有哪几种类型?如何应用效用曲线进行决策?

五、计算题

1. 某厂准备生产一种新的电子仪器。可采用晶体管分立元件电路,也可采用集成电路。采用分立元件电路有经验,肯定成功,可获利25万元。采用集成电路没有经验,试制成功的概率为0.4。若试制成功,可获利250万元;若失败,则亏损100万元。

要求:

(1) 以期望损益值为标准进行决策。

(2) 对先验概率进行敏感性分析。

(3) 规定最大收益时效用为1,亏损最大时效用为0。决策者认为稳得25万元与第二方案期望值100万元相当。要求用效用概率决策法进行决策,并与(1)的决策结果比较。

2. 生产手机零部件的某企业有以下损益值表:

单位:万元

决策方案	自然状态		
	需求高 S_1	需求中 S_2	需求低 S_3
扩建原厂 d_1	100	80	−20
建设新厂 d_2	140	50	−40
转包外厂 d_3	60	30	10

要求:

(1) 以等概率为标准,选择一个决策方案。

(2) 如果 $P(S_1)=0.3$, $P(S_2)=0.5$, $P(S_3)=0.2$,以期望值为标准,选择一个决策方案。

(3) 补充条件同(2),应用决策树法进行决策分析。

3. 某决策问题由以下损益值表表示,试进行敏感性分析。

决策方案	自然状态	
	S_1	S_2
d_1	80	50
d_2	65	85
d_3	30	100

4. 某厂为适应市场的需要,准备扩大生产能力,有两种方案可供选择:第一方案是建大厂;第二方案是先建小厂,以后考虑扩建。如建大厂,需投资 700 万元,在市场销路好时,每年收益 210 万元;销路差时,每年亏损 40 万元。在第二方案中,先建小厂,如销路好,3 年后进行扩建。建小厂的投资为 300 万元,在市场销路好时,每年收益 90 万元;销路差时,每年收益 60 万元,如果 3 年后扩建,扩建投资为 400 万元,收益情况同第一方案一致。未来市场销路好的概率为 0.7,销路差的概率为 0.3;如果前 3 年销路好,则后 7 年销路好的概率为 0.9,销路差的概率为 0.1。无论选用何种方案,使用期均为 10 年。

要求:试进行决策分析。

5. 某商店某商品在过去 100 天内每日销售量和销售日数的观察资料如下表所示:

每日销售量(件)	销售日数
10	5
11	25
12	40
13	20
14	10
合　计	100

该商品如当天售出,可获利润 30 元/件;如当天售不出,将发生亏损 20 元/件。

要求:试用边际分析法进行决策分析。

6. 某工厂准备生产一种新产品,损益值表如下:

单位:万元

决策方案	销售状态		
	畅销(概率 0.6)	一般(概率 0.3)	滞销(概率 0.1)
采取小批产量	10	9	6
采取中批产量	50	40	−20
采取大批产量	100	30	−60

要求:试计算销售状态的完全信息价值。

15

第十五章 贝叶斯决策方法

全章提要

- 第一节　贝叶斯决策概述
- 第二节　贝叶斯决策方法的类型和应用

本章小结

思考与练习

第一节 贝叶斯决策概述

一、贝叶斯决策的概念和步骤

风险型决策方法是根据预测各种事件可能发生的先验概率，然后再采用期望值标准或最大可能性标准等来选择最佳决策方案。这样的决策具有一定的风险性。因为先验概率是根据历史资料或主观判断所确定的概率，未经试验证实。为了减少这种风险，需要较准确地掌握和估计这些先验概率。这就要通过科学实验、调查、统计分析等方法获得较为准确的情报信息，以修正先验概率，并据以确定各个方案的期望损益值，拟订出可供选择的决策方案，协助决策者做出正确的决策。一般来说，利用贝叶斯定理求得后验概率，据以进行决策的方法，称为贝叶斯决策方法。

在已具备先验概率的情况下，一个完整的贝叶斯决策过程要经历以下几个步骤：

(1) 进行预后验分析(pre-posterior analysis)，决定是否值得收集补充资料以及从补充资料中可能得到的结果和如何决定最优对策。

(2) 收集补充资料，取得条件概率，包括历史概率和逻辑概率，对历史概率要加以检验，辨明其是否适合计算后验概率。

(3) 用概率的乘法定理计算联合概率，用概率的加法定理计算边际概率(marginal probability)，用贝叶斯定理计算后验概率。

(4) 用后验概率进行决策分析。

二、贝叶斯定理

为了在下一节中顺利地运用贝叶斯决策过程，有必要阐述一下贝叶斯定理。

英国牧师贝叶斯(Bayes)于 18 世纪发明了一个对概率运算和风险决策非常有用的定理，这个定理被命名为贝叶斯定理。贝叶斯定理实质上是对条件概率的陈述，下面的例子可以说明这个定理的性质。

【例 15-1】 假定某地区 1%的居民患上了某种疾病，以 A_1 表示“患此病”的事件，以 A_2 表示“无此病”的事件。现假定从该地区全体居民中随机抽选一个人，这个人患此疾病的概率有多大？由于总体的 1%患上该疾病，而且任何一个人被抽选的机会都是等可能的，我们指定“患此病”这一事件的概率为 0.01。这个概率 $P(A_1)=P(\text{患此病})=0.01$，称为先验概率，其含义在于它是在观察任何经验信息之前指定的。当然，$P(A_2)=0.99$ 是这个人没有患此疾病所对应的先验概率。

现在让我们假定进行一个新的但不完善的诊断试验，以 B 表示“试验表明患此病”的事件。假定过去的经验已经确定，在某人患此病时“试验表明患此病”的条件概率是：

$$P(E \mid A_1)=0.97$$

在这个人无此病的条件下,相应的概率是:

$$P(B \mid A_2)=0.05$$

假定随机抽选一个人进行测试,结果表明这人患此病。那么,这个人实际上真正患此病的概率是多少呢? 这就要求条件概率$P(A_1|B)$。概率 P(患此病|试验表明患此病)$=P(A_1|B)$称为后验概率,或称为修正概率,因为它是在观察了经验信息或追加信息后才指定的。后验概率是在贝叶斯理论指导下计算的一种概率,为了求得后验概率 $P(A_1|B)$,我们先要了解一下条件概率的定义和用乘法法则计算的联合概率的定义。

A_1 和 B 表示在一个样本空间S 中的两个事件,A_1 在给定 B 下的条件概率用$P(A_1|B)$表示,有:

$$P(A_1 \mid B)=\frac{P(A_1B)}{P(B)} \tag{15-1}$$

两个事件 A_1 和 B 的乘法法则可由(15-1)式给出的条件概率定义直接得出:

$$P(A_1B)=P(A_1)P(B \mid A_1) \tag{15-2}$$

式中,$P(A_1B)$称为联合概率。

为了求得(15-1)式的分母 $P(B)$,我们看到:

$$P(B)=P[A_1B \cup A_2B]$$

既然这两个联合事件(A_1B)和(A_2B)是互斥的,那么:

$$P(B)=P(A_1B)+P(A_2B) \tag{15-3}$$

如果按照乘法法则表示联合概率 $P(A_1B)$和 $P(A_2B)$,(15-3)式成为:

$$P(B)=P(A_1)P(B \mid A_1)+P(A_2)P(B \mid A_2) \tag{15-4}$$

这里,$P(B)$称为边际概率。

现在,用(15-2)式给定的联合概率 $P(A_1B)$的表达式代替(15-1)式的分子,用(15-4)式给定的边际概率 $P(B)$代替分母,我们就得到了称为贝叶斯定理的结果:

$$P(A_1 \mid B)=\frac{P(A_1)P(B \mid A_1)}{P(A_1)\cdot P(B \mid A_1)+P(A_2)\cdot P(B \mid A_2)} \tag{15-5}$$

拿疾病的例子来说,把已知值代入(15-5)式(贝叶斯定理公式)中,可得:

$$\begin{aligned}P(A_1 \mid B)&=\frac{0.01\times 0.97}{0.01\times 0.97+0.99\times 0.05}\\&=\frac{0.009\,7}{0.059\,2}\\&=0.16\end{aligned}$$

因此,若试验表明此人患此病,则此人患此病的后验概率是 0.16。概括地说,如果随机从这个地区的全体居民中抽选一个人,这个人患疾病的先验概率是 0.01;另一方面,在有了“试验表明患此病”的经验信息之后,我们就要对此人患此病的概率进行修正,上升到 0.16。

尽管后验概率(0.16)比先验概率(0.01)大 16 倍,但在已经得知试验证明此病存在的情况下,此人患此病的概率 0.16 仍是低得惊人。这个结果来自这样一个事实,即全体居民中大部分人实际上并没有患病,而试验结果却错误地说这些人患有此病。

表 15 - 1 给出了运用贝叶斯定理公式计算的全过程。从中可以发现,贝叶斯定理就是用经验数据给先验信息加权。

表 15 - 1　运用贝叶斯定理公式的计算

事件 A_i	先验概率 $P(A_i)$	条件概率(似然性) $P(B\|A_i)$	联合概率 $P(A_i)P(B\|A_i)$	修正概率(后验概率) $P(A_i\|B)$
(1)	(2)	(3)	(4)	(5)
A_1:患病	0.01	0.97	0.009 7	0.009 7/0.059 2=0.16
A_2:无病	0.99	0.05	0.049 5	0.049 5/0.059 2=0.84
合　计	1.00	—	$P(B)=0.059\ 2$	1.00

表 15 - 1 中的第(1)栏给出了我们所关心的基本事件:“患病”和“无病”;第(2)栏显示了赋予基本事件的先验概率;第(3)栏是基本事件追加信息的条件概率,这种条件概率称为“似然性”,在实例中它们分别是 $P(B \mid A_1)=P$(试验表明患此病|患病)和 $P(B \mid A_2)=P$(试验表明患此病|无病);第(4)栏给出了基本事件和补充信息的联合概率,如(15 - 4)式所示,这些联合概率之和是边际概率$P(B)$;联合概率除以其总额 $P(B)$(本例为 0.059 2),结果就是第(5)栏所显示的修正概率(后验概率),第(5)栏所显示的第一个概率(0.009 7|0.059 2=0.16)就是本例所需要的贝叶斯定理的计算结果。

此例中,有两个基本事件(A_i)。如果有比两个更多的基本事件,在(15 - 5)式的分母中就会相应地出现追加的项。因此,我们可对 n 个基本事件的贝叶斯定理做以下正式陈述:假定存在一个完整和互斥的事件 $A_1, A_2, \cdots, A_n$ 的集合,事件 A_i 中的某个事件的出现是另外一个事件 B 发生的必要条件。概率 $P(A_i)$和$P(B|A_i)$是已知的。给定 B 已发生,事件 A_i 的后验概率用贝叶斯定理表示,则:

$$P(A_1 \mid B)=\frac{P(A_1)P(B \mid A_1)}{P(A_1)P(B \mid A_1)+P(A_2)P(B \mid A_2)+\cdots+P(A_n)P(B \mid A_n)} \tag{15-6}$$

虽然(15 - 5)式和(15 - 6)式就是用一个特别的 A_i,即 A_1 来表述的,但这是一般的陈述。因为 n 个事件A_i 中的任何一个都能被称为A_1。这一定理在决策问题的应用中,A_i 表示在所观察到的事件 B 发生以前的事件。从这一点上说,我们可以把这一定理所回答的问题看作:给定事件 B 已发生,事件 A_1 先于它而发生的概率是多少?或者说,$P(A_1|B)$是事件 B 已被观察到之后给事件 A_1 指定的修正概率。

在应用贝叶斯决策理论时,要指定主观先验概率,贝叶斯定理则是修正这些指定概率的手段。在具体应用中,这意味着经验的直觉、主观的判断和当前情况的数量都是以先验概率的形式占有的,一旦收集到有关的经验数据,就要进行修正。实践表明,贝叶斯定理的应用是合理而富有成效的。下面两个例子提供了应用贝叶斯这个重要定理的许多可能类型。

【例 15-2】 某公司用一个"销售能力测试"来帮助公司选择销售人员。过去的经验表明:在所有申请销售人员一职的人中,仅有 65%的人在实际销售中"符合要求",其余则"不符合要求"。"符合要求"的人在能力测试中有 80%成绩合格;"不符合要求"的人中,及格的仅 30%。在这些信息的基础上,给定一投考者在能力考试中成绩合格,那么,他将是一个"符合要求"的销售员的概率是多少?

解:如果 A_1 代表一个"符合要求"的销售员,B 代表通过考试。那么,给定一个投考者在能力考试中成绩及格,他将是一个"符合要求"的销售员的概率为:

$$
\begin{aligned}
P(A_1 \mid B) &= \frac{P(A_1)P(B \mid A_1)}{P(A_1)P(B \mid A_1) + P(A_2)P(B \mid A_2)} \\
&= \frac{0.65 \times 0.8}{0.65 \times 0.8 + 0.35 \times 0.30} \\
&= 0.83
\end{aligned}
$$

因此,这个考试对于筛选投考者是有价值的。假定对销售人员一职来说,提出申请的投考者的类型没有变化,从申请人中随机挑选一个人,他"符合要求"的概率是 65%;另一方面,如果公司只接受通过考试的申请人,这个概率就提高到 0.83。

【例 15-3】 某公司计划向市场投放一种新产品,该公司的市场销售副总经理特别关心此新产品与其他公司相关产品的竞争优势。他估计此新产品占优势的概率是 0.7。于是,他安排了一次市场调查,以证明其新产品比它的竞争者优越。假定市场调查的可靠性如下:如果这个产品确实优越,调查将表明"优越"的概率是 0.8;如果这个产品实在比它的竞争者差,调查将表明"优越"的概率是 0.3。市场调查完成后,这个经理赋予"新产品比它的竞争者优越"这一事件的修正概率是多少?

解:A_1 表示"新产品比它的竞争者优越"这一事件,B 表示"市场调查表明新产品比它的竞争者优越"。那么:

$$
\begin{aligned}
P(A_1 \mid B) &= \frac{P(A_1)P(B \mid A_1)}{P(A_1) \cdot P(B \mid A_1) + P(A_2) \cdot P(B \mid A_2)} \\
&= \frac{0.7 \times 0.8}{0.7 \times 0.8 + 0.3 \times 0.3} \\
&= 0.86
\end{aligned}
$$

三、贝叶斯决策的优点及其局限性

(一) 贝叶斯决策的优点

贝叶斯决策的优点表现在以下几个方面:

(1) 如果说在第十四章中大多用的是不完备的信息或主观概率,那么,贝叶斯决策则提供了一个进一步研究的科学方法。也就是说,它能对信息的价值或是否需要采集新的信息做出科学的判断。

(2) 它能对调查结果的可能性加以数量化的评价,而不是像一般的决策方法那样,对调查结果或者是完全相信,或者是完全不相信。

(3) 如果说任何调查结果都不可能是完全准确的,而先验知识或主观概率也不是完全可以相信的,那么,贝叶斯决策则巧妙地将这两种信息有机地结合起来了。

(4) 它可以在决策过程中根据具体情况不断地使用,使决策逐步完善和更加科学。

(二) 贝叶斯决策的局限性

贝叶斯决策方法也有其局限性,主要表现在以下几个方面:

(1) 它所需要的数据多,分析计算比较复杂,特别在解决复杂问题时,这个矛盾就更加突出。

(2) 有些数据必须使用主观概率,有些人不太相信,这也妨碍了贝叶斯决策方法的推广使用。

贝叶斯决策方法是统计决策理论的一个重要分支,不少学者在这个方面做了大量的研究工作,例如,在贝叶斯回归分析、贝叶斯插值方法、贝叶斯分段定价模型、序贯分析等方面,都在不断地取得新的成果。

第二节　贝叶斯决策方法的类型和应用

一、先验分析和预后验分析

在第十四章所讨论的方法中,决策者要详细列出各种自然状态及其概率、各种备选行动方案与自然状态的损益值,并根据这些信息对备选方案做出抉择。我们把这个决策过程称为先验分析。当时间、人力和财力不允许收集更完备的信息时,决策者往往用这类方法进行决策。在贝叶斯决策中,先验分析是进行更深入分析的必要条件。当决策十分重要且时间许可时,决策者常需考虑是否要收集和分析追加的信息。在做出这一判断之前,暂缓做出决策。在统计决策中,有关人员必须为这些追加的信息付出代价,而这些信息也不可能完全准确。决策者必须权衡这些信息的费用及其对决策者的价值,对比这些信息的费用与根据预后验分析做出决策的风险和可能结果。所以,这种预后验分析主要涉及两个问题:一是要不要追加信息,或者说追加信息对决策者有多大的价值;二是如果追加信息,应采取什么策略行动。

所以,所谓“预后验分析”,实际上是后验概率决策分析的一种特殊形式的演算。这里的“特殊形式”是指用一套概率对多种行动策略组合进行多次计算,从中择优。

预后验分析有两种形式:一是扩大型(extensive form)预后验分析,这实际上是一种反推决策树分析;二是常规型(normal form)预后验分析,这实际上是一种正向分析,用表格形式进行。扩大型分析要解决的问题是:收集追加信息对决策者有多大的价值,如果试验,应采取什么行动策略;常规型分析要解决的问题是:如果试验,应采取什么行动策略。但是,这两种分析方法所得出的结论是一致的。因此,我们这里只讨论扩大型预后验分析。

【例 15-4】 某工厂要研制开发一种新型童车,首要问题是要研究这种新产品的销路及竞争者的情况。经过必要的风险估计后,他们估计出:当新产品销路好时,采用新产品可盈利 8 万元，不采用新产品而生产老产品时，则因其他竞争者会开发新产品，而使老产品滞销，工厂可能亏损 4 万元；当新产品销路不好时，采用新产品就要亏损 3 万元，当不采用新产品，就有可能用更多的资金来发展老产品，可获利 10 万元。现确定销路好的概率为 0.6，销路差的概率为 0.4。所有数据如表 15－2 所示。

表 15－2　生产新型童车的损益值表

自然状态 / 损益值(万元) / 行动方案	销路好 Q_1 $P(Q_1)=0.6$	销路差 Q_2 $P(Q_2)=0.4$	期望值
采用新产品 d_1	8	−3	3.6
不采用新产品 d_2	−4	10	1.6

表 15－2 所示的数据即为先验分析，可根据其中所列的期望值作为决策标准，应选择行动方案 d_1。

表 15－3 列出同一问题的条件损失值表。若根据条件损失期望值标准进行决策，选择方案仍然应为 d_1。

表 15－3　生产新型童车的条件损失值表

自然状态 / 损益值(万元) / 行动方案	销路好 Q_1 $P(Q_1)=0.6$	销路差 Q_2 $P(Q_2)=0.4$	期望值
采用新产品 d_1	0	13	5.7
不采用新产品 d_2	12	0	7.2

根据过去市场调查的经验，企业的市场研究人员知道市场调查不可能是完全准确的，但一般能估计出调查的准确程度。表15－4表示获得与真实自然状态相应的调查结果的一些主观条件概率。例如，当市场销路好时，调查结果为销路好的概率为 $P(z_1 \mid Q_1)=0.8$，调查结果为销路差的概率为 $P(z_2 \mid Q_1)=0.1$，调查结果为不确定的概率为 $P(z_3 \mid Q_1)=0.1$，等等。注意，这种分析是在实际收集信息之前进行的。

从表 15－4 中所示的条件概率可知，市场研究人员认为，销路好时的调查结果，其准确性要比销路差时稍高一些。并且，调查还有可能得出不确定的结果。

表 15－4　调查结果的条件概率 $P(z_j \mid Q_i)$

调查结果 / 条件概率 $P(z_j \mid Q_i)$ / 自然状态	z_1 (销路好)	z_2 (销路差)	z_3 (不确定)
Q_1(销路好)	0.80	0.10	0.10
Q_2(销路差)	0.10	0.75	0.15

我们现在关心的是，当可能的调查结果为已知时，销路好与销路差两种自然状态的概率是什么。也就是要找修正后的先验概率：$P(Q_1 \mid z_j)$ 和 $P(Q_2 \mid z_j)(j=1, 2, 3)$，这可由贝

叶斯公式求出，如：

条件概率：$$P(Q_1 \mid z_1)=\frac{P(Q_1)P(z_1 \mid Q_1)}{P(z_1)}$$

边际概率：$$P(z_1)=P(Q_1)P(z_1 \mid Q_1)+P(Q_2)P(z_1 \mid Q_2)$$

对其他概率也是如此。

表 15－5 中列有联合概率和全概率的数值，表 15－6 中列有各种修正先验概率的数值。

表 15－5　新型童车的联合概率和全概率

调查结果	z_1	z_2	z_3	$P(Q_i)$
$P(Q_1)P(z_j \mid Q_1)$ $P(Q_2)P(z_j \mid Q_2)$	$0.8\times0.6=0.48$ $0.1\times0.4=0.04$	$0.1\times0.6=0.06$ $0.75\times0.4=0.3$	$0.1\times0.6=0.06$ $0.15\times0.4=0.06$	0.60 0.40
$P(z_j)$	0.52	0.36	0.12	1.0

表 15－6　修正先验概率

调查结果	z_1	z_2	z_3
$P(Q_1 \mid z_j)$	$\frac{0.48}{0.52}=0.923$	$\frac{0.06}{0.36}=0.167$	$\frac{0.06}{0.12}=0.50$
$P(Q_2 \mid z_j)$	$\frac{0.04}{0.52}=0.077$	$\frac{0.30}{0.36}=0.833$	$\frac{0.06}{0.12}=0.50$

由表 15－6 可知，当调查结果也为销路好时，市场销路好的概率[即 $P(Q_1 \mid z_j)$]并不是确定的 1.0，也不是如表 15－4 所示的 0.8，也不是原来的先验概率 0.6，而是 0.923。对其他修正先验概率也可做相似的解释。

有了表 15－6 所示的信息，就可以解答关于收集追加信息的价值问题。为此，可利用决策树进行分析。图 15－1 就是包含所需要的全部信息的决策树。决策树的分析方法已在第十四章中阐述，即遵循由右向左或由后向前的程序。各个量的计算结果已在图 15－1 中列示。在各个决策点上，采用的是期望值较大的数值或行动方案。由图 15－1 可知，当只做先验分析、不做进一步的调查研究时，采用最佳方案 d_1 可得期望值 3.60 万元。如果做进一步的调查研究，由于信息量的增加使我们的决策更有把握，使期望值也有所增加。当采用进一步调查研究时，有可能达到的期望利润值为：

$$0.52\times7.153+0.36\times7.66+0.12\times3.00=6.84(\text{万元})>3.60(\text{万元})$$

这两个数值之差：$6.84-3.60=3.24$(万元)，就是获得信息的价值。实际上，经理人员只有当调查费用小于 3.24 万元时，他才会去收集新的信息，如果多于或等于 3.24 万元，他是不会去做的，因为他只要选择最优的先验策略，就可以获得更大的收益。

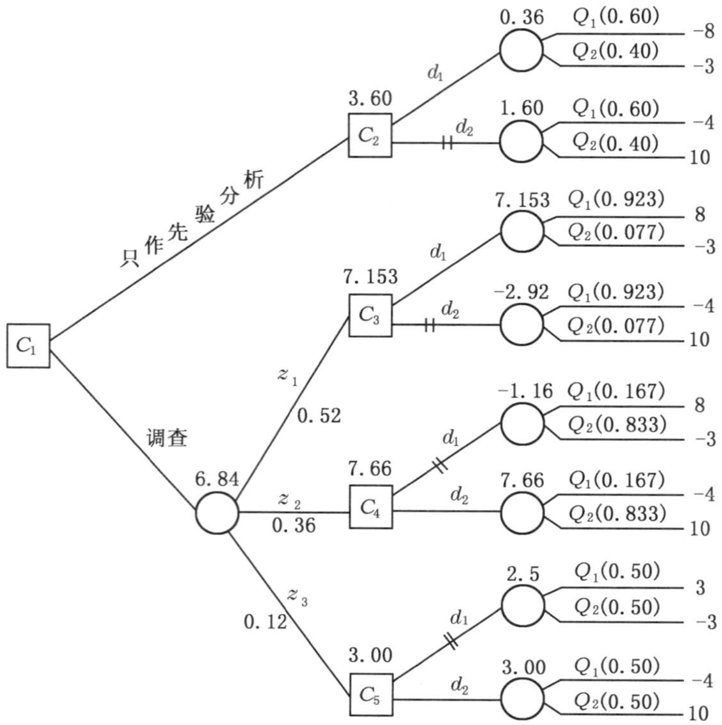

图 15-1 修正先验分析决策图

【例 15-5】 某建筑公司考虑安排一项工程的开工计划。假定影响工期的唯一因素是天气情况。如果能安排开工并按期完工，可获利润 5 万元；但如果开工后遇天气不好而拖延工期，则将亏损 1 万元。根据气象资料，估计最近安排开工后天气晴朗的可能性是 0.20，开工后天气阴雨的可能性是 0.80。又如果最近不安排开工，则将负担推迟开工损失费 1 000 元。该公司的目标是获得最多的利润。这个问题的有关数据如表 15-7 所示。

表 15-7 工程项目开工安排损益表

行动方案 \ 损益值(万元) \ 自然状态	天气好 $P_1=0.2$	天气坏 $P_2=0.8$	期望值(元)
开工 d_1	50 000	−10 000	2 000
不开工 d_2	−1 000	−1 000	−1 000

若按期望值标准计算，开工 d_1 应为最佳方案。但为了进一步分析，公司还可以从气象咨询事务所购买气象情报，这项情报索价 1 000 元。过去的资料表明，该事务所在天气好时预报天气好的可能性是 0.7，在天气坏时预报天气坏的可能性是 0.8。试通过决策分析，确定这项气象情报是否值得购买。

设以 A_1 代表天气好，以 A_2 代表天气坏，则按照原来经验的推测，天气好的概率为：

$$P(A_1)=0.2$$

天气坏的概率为：

$$P(A_2)=0.8$$

又设以 B_1 代表预报天气好，以 B_2 代表预报天气坏，则根据过去的资料可知：

天气好，预报天气也好的概率为：

$$P(B_1 \mid A_1)=0.7$$

天气好，预报天气却坏的概率为：

$$P(B_2 \mid A_1)=0.3$$

天气坏，预报天气却好的概率为：

$$P(B_1 \mid A_2)=0.2$$

天气坏，预报天气也坏的概率为：

$$P(B_2 \mid A_2)=0.8$$

根据贝叶斯定理的公式，可以计算出以下各项概率：

(1) 预报天气好的概率为：

$$\begin{aligned}P(B_1)&=P(B_1 \mid A_1)\cdot P(A_1)+P(B_1 \mid A_2)\cdot P(A_2)\\&=0.7\times0.2+0.2\times0.8\\&=0.30\end{aligned}$$

(2) 预报天气坏的概率为：

$$\begin{aligned}P(B_2)&=P(B_2 \mid A_1)\cdot P(A_1)+P(B_2 \mid A_2)\cdot P(A_2)\\&=0.3\times0.2+0.8\times0.8\\&=0.70\end{aligned}$$

(3) 预报天气好，实际天气确实也好的概率为：

$$\begin{aligned}P(A_1 \mid B_1)&=\frac{P(B_1 \mid A_1)\cdot P(A_1)}{P(B_1 \mid A_1)\cdot P(A_1)+P(B_1 \mid A_2)\cdot P(A_2)}\\&=\frac{0.7\times0.2}{0.7\times0.2+0.2\times0.8}\\&=0.47\end{aligned}$$

(4) 预报天气好，实际天气却坏的概率为：

$$\begin{aligned}P(A_2 \mid B_1)&=\frac{P(B_1 \mid A_2)\cdot P(A_2)}{P(B_1 \mid A_1)\cdot P(A_1)+P(B_1 \mid A_2)\cdot P(A_2)}\\&=\frac{0.2\times0.8}{0.7\times0.2+0.2\times0.8}\\&=0.53\end{aligned}$$

(5) 预报天气坏,实际天气却好的概率为:

$$P(A_1 \mid B_2)=\frac{P(B_2 \mid A_1)\cdot P(A_1)}{P(B_2 \mid A_1)\cdot P(A_1)+P(B_2 \mid A_2)\cdot P(A_2)}$$

$$=\frac{0.3\times 0.2}{0.3\times 0.2+0.8\times 0.8}$$

$$=0.09$$

(6) 预报天气坏,实际天气确实也坏的概率为:

$$P(A_2 \mid B_2)=\frac{P(B_2 \mid A_2)\cdot P(A_2)}{P(B_2 \mid A_1)\cdot P(A_1)+P(B_2 \mid A_2)\cdot P(A_2)}$$

$$=\frac{0.8\times 0.8}{0.3\times 0.2+0.8\times 0.8}$$

$$=0.91$$

现在,可以画出这个问题的决策树,如图 15-2 所示。

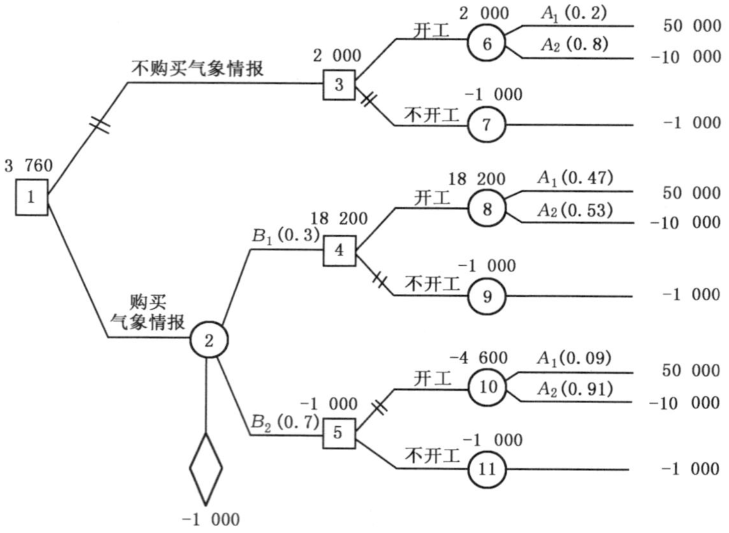

图 15-2　获得补充信息的开工问题决策树

图 15-2 中各点的收益期望值计算如下:

(1) 不购买气象情报。

点 3:　　收益期望值为 2 000 元

(2) 购买气象情报。

点 8:　　$0.47\times 50\,000+0.53\times(-10\,000)=18\,200$(元)

点 9:　　$-1\,000$(元)

点 8 与点 9 相比,点 8 的收益期望值较高,划去不安排开工方案,把点 8 的 18 200 元移至点 4。

点 10：　　$0.09 \times 50\,000 + 0.91 \times (-10\,000) = -4\,600$(元)

点 11：　　$-1\,000$(元)

点 10 与点 11 相比，点 11 的收益期望值相对较高，划去安排开工方案，把点 11 的 $-1\,000$ 元移至点 5。

点 2：　　$0.3 \times 18\,200 + 0.7 \times (-1\,000) = 4\,760$(元)

这说明，若购买气象情报，如果预报天气好，则安排开工；如果预报天气不好，则不安排开工，其综合收益期望值为 4 760 元。

点 2 与点 3 相比，购买气象情报的收益期望值较高，因此，应采取购买气象情报的方案。

气象情报价值为：

$$4\,760 - 2\,000 = 2\,760(\text{元})$$

扣除气象情报本身的代价 1 000 元，购买气象情报的净收益期望值为：

$$4\,760 - 1\,000 = 3\,760(\text{元})$$

将 3 760 元标于点 1 上，并计算出气象情报的净值为：

$$2\,760 - 1\,000 = 1\,760(\text{元})$$

这说明这项气象情报是很有价值的。如果气象咨询事务所出售这项情报索价 3 000 元(高于情报本身的价值 2 760 元)，就不值得购买。所以，情报价值是衡量情报代价是否值得的最高限额。

二、后验分析

根据预后验分析，如果认为采集信息和进行调查研究是值得的，就应该决定去做这项工作。一旦取得了新的信息，决策者就结合这些新信息进行分析，计算各种方案的期望损益值，选择最佳的行动方案。结合运用这些信息并修正先验概率，称为后验分析，这正是发挥贝叶斯决策理论威力的地方。

后验分析的方法与预后验分析十分相似，只是在预后验分析阶段我们从未进行调查研究，提出的问题是，如果去进行调查研究，可能取得多大的期望收益值？决策是在图 15-1 中的决策点 C_1 上进行的。在后验分析阶段，要根据实际的调查结果 z_1、z_2 或 z_3 进行分析，决策是在决策点 C_3、C_4 或 C_5 上进行的(图 15-1)。例如，当调查结果为销路好(z_1)时，应选择行动方案 d_1，其期望值为 7.153 万元(图 15-1 的 C_3 点)；当调查结果为不确定(z_3)时，应选择方案 d_2，其期望值为 3.00 万元；当调查结果为销路差(z_2)时，应选择方案 d_2，其期望值为 7.66 万元。

三、序贯分析

在实际运用中，会遇到包含有多阶段的信息收集和数值计算的情况，称为序贯分析。它包括一系列的先验分析和预后验分析、采集新的信息、做出后验分析和决策。

【例 15-6】　在【例 15-4】中，该厂计划对该种童车问题进行一次多阶段的调查。第一阶段是着手调查，第二阶段是对问题做进一步的更严格的考察。假定该厂考虑分两个阶段来调查研究,第一阶段的可靠性为70%,第二阶段的可靠性为80%。研究部门认为,两个阶段的调查研究都不会有不确定的结果;只存在两种可能的调查结果,即不论 Q_1 或 Q_2 总有一个出现。调查结果的可靠性可用表15-8中所列的条件概率来表示。

表15-8 童车问题调查结果的条件概率

符　号	调查一	调查二
$P(z_1\|Q_1)$	0.70	0.80
$P(z_2\|Q_2)$	0.70	0.80
$P(z_1\|Q_2)$	0.30	0.20
$P(z_2\|Q_1)$	0.30	0.20

研究部门估计,调查一(第一阶段)的费用为0.7万元;调查二(第二阶段)由于是在调查一的基础上进行的,其费用仅为0.5万元。自然状态 Q_1 和 Q_2 的概率分别为0.60和0.40。管理部门要在下列决策方案中做出决断:

m_0:根本不进行调查。

m_1:只进行第一阶段的调查,其可靠性为70%(30%不可靠),调查费用为0.7万元。

m_2:两个阶段的调查都进行,第二阶段的可靠性为80%(20%不可靠),调查费用为0.5万元。

这一问题可以编制概率表,它与预后验分析表很相似,其中包括相应的联合概率、边际概率和条件概率。表15-9的左边表示调查一的有关概率。例如,z_1 和 Q_1 的联合概率是按下列方式求得的:

$$P(Q_1)P(z_1 \mid Q_1)=0.60\times 0.70=0.42$$

表15-9 童车问题的预后验序贯分析概率

	调查一		调查二			
	z_1	z_2	$z_1\cap z_1$	$z_2\cap z_1$	$z_1\cap z_2$	$z_2\cap z_2$
Q_1	0.42	0.18	0.62	0.16	0.31	0.08
Q_2	0.12	0.28	0.04	0.18	0.12	0.49
	0.54	0.46	0.66	0.34	0.43	0.57
$P(Q_1\|z_j)$	0.78	0.39	0.94	0.47	0.72	0.14
$P(Q_2\|z_j)$	0.22	0.61	0.06	0.53	0.28	0.86

在表15-9中,右边表示调查二的有关概率。对调查二进行概率计算时,由调查一得到的条件概率就成为先验概率。

例如,表15-9中右半部分左上角的表列值0.62是这样求得的:

$$P(Q_1 \mid z_1)P(z_1 \mid Q_1)=0.78\times0.80=0.62$$

$P(Q_1|z_1)$是由调查一得出的条件概率，而 $P(z_1|Q_1)$表示调查有 80%的可靠性。这两个概率可以直接相乘，因为假定它们是独立的，即假定调查的可靠性和由第一阶段得到的修正先验概率没有交互影响。

又如，表 15－9 中最右边一栏第二行的表列值 0.49 是这样求得的：

$$P(Q_2 \mid z_2)P(z_2 \mid Q_2)=0.61\times0.80=0.49$$

当计算出相应的联合概率、边际概率和条件概率以后，就可以把问题列入决策树图中。图 15－3 描述了以标准的预后验分析形式表示的 m_0 和 m_1 这两个备择方案。根据已知信息，就会选择策略 m_1 而不选择策略 m_0，因为 m_1 的收益（扣除调查费用 0.7 万元）与 m_0 的收益分别为 4.40 万元和 3.60 万元，前者大于后者。

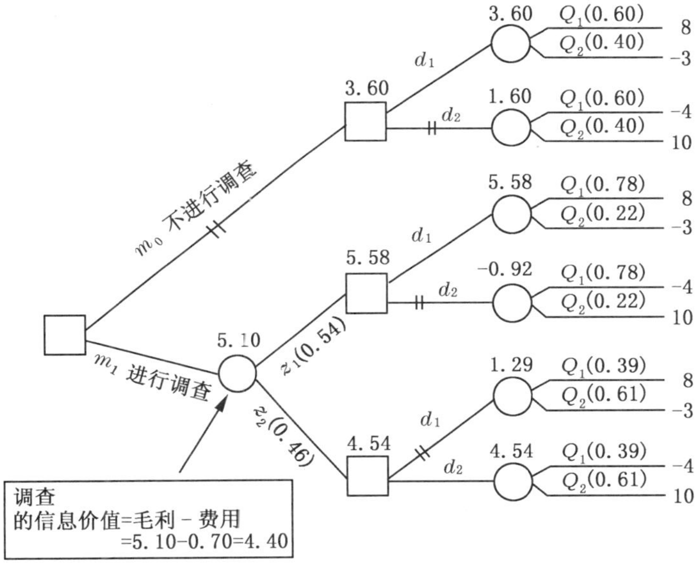

图 15－3　童车问题预后验决策树

图 15－4 描述了决策的序贯分析部分。由于 m_1 优于 m_0，m_0 就从可供选择的策略中删去了。图 15－4 中有两类分支：一类代表 m_2，即两个调查阶段都进行；另一类代表 m_1，即在第一阶段后就终止收集信息的决策。可以看出，决策树对决策者有很大的帮助。例如，如果由调查一得出结果 z_1，它表明有利的市场状况，则决策者就应该终止收集信息，选择行动方案 d_1，决策序列 m_1-d_1 就是最佳选择。但是，如果由调查一得出结果 z_2，表示不利的市场状况，就应采用策略 m_2，因为它具有更大的期望收益值。如果在调查一得出 z_2 后，由调查二得出 z_1 的结果，就选择方案 d_1（采用新产品）。但是，如果调查二仍然得出 z_2，那么决策者应选择方案 d_2（不采用新产品）。这描述了决策论中一种不多见的情况，即计算了收集信息的实际价值或费用。

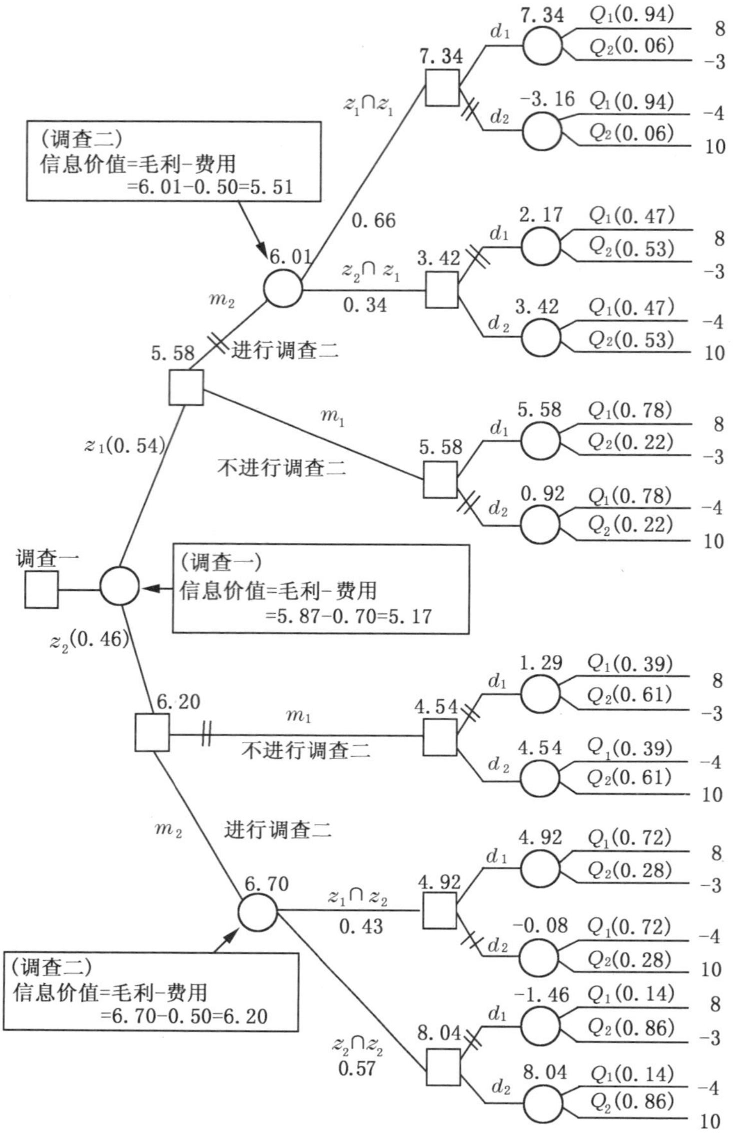

图 15-4　童车问题序贯决策树

本章小结

1. 根据各种事件发生的先验概率进行决策一般具有较大的风险,因为这些先验概率未经试验证实。减少这种风险的办法是通过科学实验、调查、统计分析等方法获得较为准确的情报信息,以修正先验概率。利用贝叶斯定理求得后验概率,据以进行决策的方法,称为贝叶斯决策方法。

2. 假定存在一个完整的和互斥的事件 $A_1, A_2, \cdots, A_n$ 的集合,事件 A_i 中某一个事件的出现是另外一个事件 B 发生的必要条件,则事件 A_i 的后验概率 $P(A_i|B)$用贝叶斯定理

可表示为：

$$P(A_i \mid B)=\frac{P(A_i)P(B \mid A_i)}{P(A_1)P(B \mid A_1)+P(A_2)P(B \mid A_2)+\cdots+P(A_n)P(B \mid A_n)}$$

3.先验分析是指决策者详细列出各种自然状态及其概率、各种备选行动方案与自然状态的损益值，并根据这些信息对备选方案做出抉择的过程。很多决策问题仅仅根据先验分析会产生较大风险，因此，应进行预后验分析。所谓“预后验分析”，实际上是后验概率决策分析的一种特殊形式的演算。它有两种形式：扩大型预后验分析和常规型预后验分析。

4. 根据预后验分析，如果认为采集信息和进行调查研究是值得的，就应该决定去做这项工作，一旦取得了新的信息，决策者就结合这些新信息进行决策分析。结合运用这些信息并修正后验概率，称为后验分析。

5. 在实际运用中，会遇到包括有多阶段的信息收集和数值计算的情况，称为序贯分析。它包括一系列的先验分析和预后验分析、采集新的信息、做出后验分析和决策。

思考与练习

一、单项选择题

1. 贝叶斯决策需要调查取得信息来修正先验概率，这个调查是在(　　)进行的。

A. 先验分析　　B. 预后验分析　　C. 后验分析　　D. 最后决策

2. 进行贝叶斯决策的必要条件是(　　)。

A. 预后验分析　　B. 敏感性分析

C. 完全信息价值分析　　D. 先验分析

3. 一批同型号的冰箱，老厂生产的有 20%，新厂生产的有 80%。老厂生产的出故障概率为 10%，新厂生产的出故障概率为 5%。现在选择购买一个，不出故障的概率为(　　)。

A. 6%　　B. 94%　　C. 9%　　D. 91%

4. 在第 3 题中，购买的这台冰箱是新厂生产并且不出故障的概率为(　　)。

A. 76%　　B. 4%　　C. 75.2%　　D. 82%

5. 在第 3 题中，购买的冰箱出了故障，最可能是(　　)生产的。

A. 新厂　　B. 老厂

C. 老厂和新厂的可能性各占一半　　D. 缺少数据无法计算

二、多项选择题

1. 对两个事件 A、B，$P(A)>0$，$P(B)>0$，下列等式(　　)成立。

A. $P(AB)=P(A)P(B/A)$　　B. $P(AB)=P(B)P(A/B)$

C. $P(AB)=P(A)P(B)$　　D. $P(AB)=P(A/B)P(B/A)$

2. 贝叶斯决策的优点有(　　)。

A. 把调查结果和先验概率相结合

B. 对调查结果给出数量化的评价

C. 可以根据情况多次使用

D. 对不完备的信息或主观概率提供一个进一步研究的科学方法

3. 贝叶斯决策的局限性体现在(　　)。

A. 需要的数据多　　B. 计算复杂

C. 有些数据必须用主观概率　　D. 对先验概率进行修正

4. 贝叶斯决策方法属于(　　)。

A. 不确定型决策方法　　B. 风险性决策方法

C. 确定型决策方法　　D. 多目标决策方法

5. 在已具备先验概率的情况下,贝叶斯决策过程包括(　　)。

A. 先验分析　　B. 预后验分析

C. 序贯分析　　D. 后验分析

6. 预后验分析主要涉及的问题是(　　)。

A. 先验信息的准确性如何　　B. 要不要追加信息

C. 如果追加信息,应采取什么策略　　D. 备选行动方案是否合理

7. 预后验分析的扩大型和常规型两种形式,下列描述(　　)是正确的。

A. 扩大型预后验分析是一种反推决策树分析

B. 扩大型预后验分析是一种正向分析

C. 常规型预后验分析是一种反推决策树分析

D. 常规型预后验分析是一种正向分析

三、名词解释

1. 贝叶斯决策
2. 先验分析
3. 预后验分析
4. 后验分析
5. 序贯分析

四、简答题

1. 简述 n 个事件的贝叶斯定理。
2. 如何进行贝叶斯决策?
3. 贝叶斯决策有哪些优点?
4. 与其他风险型决策方法相比,贝叶斯决策方法有什么不足?
5. 如何进行预后验分析和后验分析?

五、计算题

1. 某工厂的产品每箱的次品率有三种可能:0.02,0.05,0.10,其相应概率分别为0.5,0.3,0.2。今从一箱中有返回地抽取10件,检验后发现这10件中有一件次品。

要求:试求三种次品率的后验概率。

2. 某厂生产一种新产品,需要一种专用设备。有两种选择:购置新的设备或者改造现有设备。这两种方案的效果与原材料质量的好坏有密切关系。有关数据见下表。如果在投产前对原材料进行试验,需要花0.6万元的试验费,并且试验结果并不是百分之百可靠。根据经验,原材料质量好的试验后结果也好的概率是0.8,原材料质量差的试验后结果也差的概率是0.7。

要求：有没有必要做试验，决策者应该怎样决策？

单位：万元

决策方案	原材料状态	
	质量好(概率 0.35)	质量差(概率 0.65)
购置新设备	30	—15
改造旧设备	12	3

3. 为了提高某产品的质量，企业决策人考虑增加投资来改进生产设备，预计需投资 90 万元。但从投资效果看，下属部门有两种意见：一是认为改进设备后高质量产品可占 90%，记为 θ_1；二是认为改进设备后高质量产品可占 70%，记为 θ_2。根据经验，决策人认为第一种意见的可信度为 40%，第二种意见的可信度为 60%。为慎重起见，决策人先做了一个小规模试验：试制了 5 个产品，结果(记为 A)全是高质量产品。

要求：分析决策人对两种意见的可信程度有没有产生变化。

4. 某决策问题由以下损益值表表示：

单位：万元

决策方案	自然状态	
	S_1　$P(S_1)=0.4$	S_2　$P(S_2)=0.6$
d_1	100	300
d_2	400	200

以 I_1、I_2 表示市场调查结果的两种状态，根据历史资料，可得出以下概率值：

$$P(I_1 \mid S_1)=0.8 \quad P(I_2 \mid S_1)=0.2$$

$$P(I_1 \mid S_2)=0.4 \quad P(I_2 \mid S_2)=0.6$$

要求：

(1) 计算 $P(I_1)$和 $P(I_2)$。

(2) 计算后验概率 $P(S_1|I_1)$、$P(S_2|I_1)$、$P(S_1|I_2)$和 $P(S_2|I_2)$。

(3) 计算市场调查信息的价值。

(4) 应用决策树法进行决策分析。

16

第十六章 不确定型决策方法

全章提要

- 第一节 “好中求好”决策方法
- 第二节 “坏中求好”决策方法
- 第三节 α 系数决策方法
- 第四节 “最小的最大后悔值”决策方法
- 第五节 各种决策方法的比较和选择

本章小结

思考与练习

第十四章和第十五章讨论的问题均属于风险型决策问题。对于这类问题，虽然不知道哪一种状态必然发生，但是，每种状态发生的可能性可以根据历史资料或者预测获得。另外还有一种决策，未知因素比风险型决策更多。决策者只能掌握可能出现的各种状态，而各种状态发生的概率无从可知。这类决策就是不确定型决策，或称为概率未知情况下的决策。

不确定型决策方法与前面讨论的风险型决策方法，在思想方法上具有鲜明的区别，即风险型决策方法从合理行为假设出发，有严格的推理和论证，而不确定型决策方法是人为制定的原则，带有某种程度上的主观随意性。

不确定型决策方法一般有：(1)“好中求好”的决策方法；(2)“坏中求好”的决策方法；(3) α 系数决策方法；(4)“最小的最大后悔值”决策方法；(5) 等概率决策方法，该方法已在第十四章第二节中做了阐述。

第一节 “好中求好”决策方法

一、“好中求好”决策准则的概念及其决策方法步骤

“好中求好”决策准则也叫乐观决策准则，或称“最大最大”决策准则。这种决策准则就是充分考虑可能出现的最大利益，在各最大利益中选取最大者，将其对应的方案作为最优方案。这种决策准则的客观基础就是所谓的天时、地利和人和，决策者感到前途乐观，有信心取得每一决策方案的最佳结果。

“好中求好”决策方法的一般步骤为：

(1) 确定各种可行方案。

(2) 确定决策问题将面临的各种自然状态。

(3) 将各种方案在各种自然状态下的损益值列于决策矩阵表中。

设某一决策问题有 m 个行动方案 d_1, d_2, …, d_m, n 个自然状态 θ_1, θ_2, …, θ_n，损益值 L_{ij} ($i=1, 2, \cdots, m$; $j=1, 2, \cdots, n$)，则“好中求好”决策矩阵如表 16-1 所示。

表 16-1 “好中求好”决策矩阵表

损益值 自然状态 / 行动方案	θ_1	θ_2	…	θ_n	$\max\limits_{\theta_j}[L_{ij}]$
d_1	L_{11}	L_{12}	…	L_{1n}	
d_2	L_{21}	L_{22}	…	L_{2n}	
⋮	⋮	⋮	⋮	⋮	
d_m	L_{m1}	L_{m2}	…	L_{mn}	
决　策	$\max\limits_{d_i}\{\max\limits_{\theta_j}[L_{ij}]\}$				

(4) 求每一方案在各自然状态下的最大损益值：

$$\max\{L_{11}, L_{12}, \cdots, L_{1n}\}$$
$$\max\{L_{21}, L_{22}, \cdots, L_{2n}\}$$
$$\vdots$$
$$\max\{L_{m1}, L_{m2}, \cdots, L_{mn}\}$$

将其填写在决策矩阵表的最右一列。

(5) 取 $\max\limits_{\theta_j}[L_{ij}]$ 中的最大值 $\max\limits_{d_i}\{\max\limits_{\theta_j}[L_{ij}]\}$，所对应的方案 d_i 为最佳决策方案。如果表 16-1 不是收益矩阵，而是损失矩阵，则应采取“最小最小”决策准则，即取 $\min\limits_{\theta_j}[L_{ij}]$ 中的最小值 $\min\limits_{d_i}\{\min\limits_{\theta_j}[L_{ij}]\}$，所对应的方案 d_i 就是最佳决策方案。

二、“好中求好”决策方法的应用

【例 16-1】 某制鞋厂根据自己的生产能力制定了以下三个可供选择的行动方案：d_1，生产男鞋、女鞋和童鞋各 1 万双；d_2，生产男鞋 1.2 万双，生产女鞋 1.0 万双，生产童鞋 0.7 万双；d_3，生产男鞋 0.8 万双，生产女鞋 0.9 万双，生产童鞋 1.4 万双。各方案的优劣主要取决于市场销售情况，而市场销售情况与人们对皮鞋、运动鞋的兴趣和购买能力有关。根据预测，市场情况可能会有以下状态：θ_1，童鞋有相当一部分是家庭手工做，市场销售量较少；θ_2，童鞋销售量大，成人男性对运动鞋兴趣增加，妇女喜欢皮鞋；θ_3，童鞋销售量较大，成人男女都喜欢穿皮鞋。鞋厂决策者认为，本厂产品有一定的市场信誉和广告宣传优势，又有一定的后备资金，因此前途乐观。其决策过程如下：

(1) 计算各行动方案的利润值，各种状态下的生产成本、销售价、销售额和利润情况如表 16-2 所示。

表 16-2 各行动方案利润值

方案	品种	生产量(万双)	销售价(万元)	生产成本(万元)	销售量(万双)			销售额(万元)			利润(万元)		
					θ_1	θ_2	θ_3	θ_1	θ_2	θ_3	θ_1	θ_2	θ_3
方案 d_1	男鞋	1	4.3	1.5	1.0	0.9	0.8	4.0	3.87	3.44	2.80	2.37	1.94
	女鞋	1	4.5	1.5	1.0	1.0	0.9	4.50	4.50	4.05	3.00	3.00	2.55
	童鞋	1	3.7	1.0	0.7	1.0	1.0	2.59	3.70	3.70	1.59	2.70	2.70
总计		—	—	4.0	—	—	—	11.39	12.07	11.19	7.39	8.07	7.19
方案 d_2	男鞋	1.2	4.3	1.8	1.2	0.9	0.8	5.16	3.87	3.44	3.36	2.07	1.61
	女鞋	1.0	4.5	1.5	1.0	1.0	0.9	4.50	4.50	4.05	3.00	3.00	2.55
	童鞋	0.7	3.7	0.7	0.7	0.7	0.7	2.59	2.59	2.59	1.89	1.89	1.89
总计		—	—	4.0	—	—	—	12.25	10.96	10.08	8.25	6.96	6.08

续　表

方案	品种	生产量（万双）	销售价（万元）	生产成本（万元）	销售量（万双）			销售额（万元）			利润（万元）		
					θ_1	θ_2	θ_3	θ_1	θ_2	θ_3	θ_1	θ_2	θ_3
方案 d_3	男鞋	0.8	4.3	1.2	0.8	0.8	0.8	3.44	3.44	3.44	2.24	2.24	2.24
	女鞋	0.9	4.5	1.35	0.9	0.9	0.9	4.05	4.05	4.05	2.70	2.70	2.70
	童鞋	1.4	3.7	1.4	0.7	1.4	1.0	2.59	5.18	3.70	1.19	3.78	2.30
总　计		—	—	3.96	—	—	—	10.08	12.67	11.19	6.13	8.72	7.24

（2）由表 16－2 可列出决策矩阵表，如表 16－3 所示。

表 16－3　决策矩阵表

利润（万元）＼状态＼方案	θ_1	θ_2	θ_3	$\max\limits_{\theta_j}[L_{ij}]$
d_1	7.39	8.07	7.19	8.07
d_2	8.25	6.96	6.08	8.25
d_3	6.13	8.72	7.24	8.72
决　策	$\max\limits_{d_i}\{\max\limits_{\theta_j}[L_{ij}]\}$			8.72

由表 16－3 可知，若选择第一方案 d_1，则在第二种状态 θ_2 时可获得最大利润 8.07 万元；若选择第二方案 d_2，则在第一种状态 θ_1 时可获得最大利润 8.25 万元；若选择第三方案 d_3，则在第二种状态 θ_2 时可获得最大利润 8.72 万元。决策者希望获得最大利润，故选择第三方案。虽然第三方案在第一状态 θ_1 时只能获得 6.13 万元，但乐观的决策者认为自己有能力在一定程度上改变销售状态，争取好的前景。

上述例子实质上是一种收益矩阵的决策，但是，如果是损失矩阵，就应采用“最小最小”决策准则。

【例 16－2】　某商业股份有限公司打算改建某商业营业点。它有四个行动方案 d_1、d_2、d_3 和 d_4 可选择，并有四个自然状态 θ_1、θ_2、θ_3 和 θ_4 与其相对应。但这四个自然状态的概率决策者无法知道，它们相应的改建费用如表 16－4 所示。试问选择哪一个方案为最佳？

表 16－4　某商业营业点改建费用

费用（万元）＼状态＼方案	θ_1	θ_2	θ_3	θ_4
d_1	11	8	8	5
d_2	9	10	7	11
d_3	6	12	10	9
d_4	7	6	12	10

对于这个案例,决策者可先编制损失矩阵表,如表16-5所示。方案在各种自然状态下的最小费用为:

$$\min\{11, 8, 8, 5\}=5$$

$$\min\{9, 10, 7, 11\}=7$$

$$\min\{6, 12, 10, 9\}=6$$

$$\min\{7, 6, 12, 10\}=6$$

然后,求出各最小费用值中的最小值:

$$\min_{d_i}\{\min_{\theta_j}[L_{ij}]\}=\min\{5, 7, 6, 6\}=5(\text{万元})$$

最小值5万元所对应的行动方案是 d_1,故决策者选择 d_1 方案为最佳决策方案。

表16-5　损失矩阵表

费用(万元) 状态 / 方案	θ_1	θ_2	θ_3	θ_4	$\min\limits_{\theta_j}[L_{ij}]$
d_1	11	8	8	5	5
d_2	9	10	7	11	7
d_3	6	12	10	9	6
d_4	7	6	12	10	6
决　策	$\min\limits_{d_i}\{\min\limits_{\theta_j}[L_{ij}]\}$				5

第二节　"坏中求好"决策方法

一、"坏中求好"决策准则的概念

"坏中求好"决策准则也称为"小中取大"决策准则或悲观决策准则。这种决策准则的客观依据是决策的系统功能欠佳,形势对决策者不利,所以,决策者没有理由希望获得最理想的结果。面对这种情况,决策者必须从每一方案的最坏处着眼,从每个方案的最坏结果中选择一个最佳值,即在所有最不利的收益中,选取一个收益最大的方案作为决策方案。这种决策方法是十分保守的。

设有一非确定型决策,备选方案为 $d_i(i=1, 2, \cdots, m)$,自然状态有 n 种(其出现概率未知),损益值为 $L_{ij}(i=1, 2, \cdots, m; j=1, 2, \cdots, n)$,若 $f(d_i)$ 表示采取行动方案 d_i 时的最小收益,即:

$$f(d_i)=\min(L_{i1}, L_{i2}, \cdots, L_{in})\qquad(i=1, 2, \cdots, m)$$

则满足:

$$f(d_*)=\max[f(d_1), f(d_2), \cdots, f(d_m)]$$

的方案 d_* 就是“坏中求好”决策的最优方案。

若决策矩阵为损失矩阵，则应采取“最大最小”的方法，这时，$f(d_i)$表示取行动方案 d_i 的最大损失值，即：

$$f(d_i)=\max(L_{i1},\ L_{i2},\ \cdots,\ L_{in})\qquad (i=1,\ 2,\ \cdots,\ m)$$

则满足：

$$f(d_*)=\min[f(d_1),\ f(d_2),\ \cdots,\ f(d_m)]$$

的方案 d_* 就是“最大最小”决策的最优方案。

二、“坏中求好”决策和“最大最小”决策方法的应用案例

下面举两个例子，分别说明收益和损失这两种不同情况下决策方法的应用过程。

【例 16－3】 某农村承包集团决定在自己承包的可耕地范围内进行新耕作方式的试点，以提高某种农作物的产量。可供选择的行动方案有以下四种：d_1，施用新产品化肥；d_2，采用 S 型农机耕作；d_3，采用新优良品种；d_4，安装地面塑料温棚。由于资金所限，试点时只能实施以上四种方式中的一种。由于在可耕地的范围内有黄、红、黑三种不同土壤的耕地，初步估计出每种耕作方式（行动方案）对于不同土壤有其不同的收益值，如表 16－6 所示。试做出选择耕作方式的决策，使所获收益为最大。

表 16－6　各种不同方案的收益值

自然状态 / 收益值(元/亩) / 方案	黄土壤 θ_1	红土壤 θ_2	黑土壤 θ_3
新化肥 d_1	105	60	92
S 型农机 d_2	55	80	120
新品种 d_3	70	80	100
温　棚 d_4	80	65	130

在本例中，黄、红、黑三种土壤可以看作该决策系统中三种不同的自然状态。因为没有确定在哪一片土地试点，所以各种土壤的耕地面积在总耕地面积中所占的比例即概率是不可能知道的。因此，这是一个不确定型决策问题。同时，决策者认为客观形势不利，因此，采用保守的决策方法，即采用“坏中求好”的决策方法进行分析。

各方案的最小收益值为：

$$f(d_1)=\min(105,\ 60,\ 92)=60$$

$$f(d_2)=\min(55,\ 80,\ 120)=55$$

$$f(d_3)=\min(70,\ 80,\ 100)=70$$

$$f(d_4)=\min(80,\ 65,\ 130)=65$$

这些最小收益值中的最大者为：

$$f(d_*)=\max(60,\ 55,\ 70,\ 65)=70=f(d_3)$$

所以,最佳决策为 $d_*=d_3$,即采用新品种方案 d_3,这无论对于选哪一片土地做试点,都可望获得较大的收益。

上例的决策过程也可以通过收益矩阵表来进行,如表 16-7 所示。

表 16-7 收益矩阵决策表

收益值(元/亩) 自然状态 方案	黄土壤 θ_1	红土壤 θ_2	黑土壤 θ_3	$\min_{\theta_j}[L_{ij}]$
新化肥 d_1	105	60	92	60
S农机 d_2	55	80	120	55
新品种 d_3	70	80	100	70
温　棚 d_4	80	65	130	65
决　策	$\max_{d_i}\{\min_{\theta_j}[L_{ij}]\}$			70

若决策矩阵是损失矩阵,则应采用"最大最小"决策方法。

【例 16-4】 某机械厂拟对其生产的某种机器是否明年改型以及怎样改型做出决策,有三个方案可供选择:方案 d_1,机芯、机壳同时改型;方案 d_2,机芯改型,机壳不改型;方案 d_3,机壳改型,机芯不改型。改型后的机器可能遇到三种自然状态:高需求 θ_1、中需求 θ_2 和低需求 θ_3,其费用损失矩阵如表 16-8 所示。试问应该怎样决策?

表 16-8 费用损失矩阵表

费用(万元) 自然状态 方案	高需求 θ_1	中需求 θ_2	低需求 θ_3
d_1	0	16.5	21.5
d_2	22.5	0	13.5
d_3	27.5	17.5	0

由于竞争厂家较多,因此,决策者对该机器的销售前景抱悲观态度。费用损失矩阵决策过程如表 16-9 所示。由表 16-9 可知,应选择方案 d_1,它在最不利情况下的费用损失为最小。

表 16-9 费用损失矩阵决策过程

费用(万元) 自然状态 方案	高需求 θ_1	中需求 θ_2	低需求 θ_3	$\max_{\theta_j}[L_{ij}]$
d_1	0	16.5	21.5	21.5
d_2	22.5	0	13.5	22.5
d_3	27.5	17.5	0	27.5
决　策	$\min_{d_i}\{\max_{\theta_j}[L_{ij}]\}$			21.5

第三节　α 系数决策方法

一、α 系数决策准则的含义

α 系数决策准则是对“坏中求好”和“好中求好”决策准则进行折中的一种决策准则。

α 是一个依决策者认定情况乐观还是悲观而定的系数，称为乐观系数。若认定情况完全乐观，则 $\alpha=1$；若认定情况完全悲观，则 $\alpha=0$；一般情况下，则 $0<\alpha<1$，也就是说，α 是介于 0 和 1 之间的某一个数值。

采用这种决策方法，其决策公式如下：

设一不确定型决策问题，备选方案为 $d_i(i=1,\ 2,\ \cdots,\ m)$，自然状态有 n 种(出现概率未知)，损益值为 $L_{ij}(i=1,\ 2,\ \cdots,\ m;\ j=1,\ 2,\ \cdots,\ n)$，若令：

$$f(d_i)=\alpha(\max_{\theta_j}[L_{ij}])+(1-\alpha)(\min_{\theta_j}[L_{ij}])$$

其中，$0\leqslant\alpha\leqslant1$，则满足：

$$f(d_*)=\max_{d_i}f(d_i)$$

的方案 d_* 为 α 系数决策的最优方案。

如果所讨论的决策问题属于损失矩阵，则：

$$f(d_i)=\alpha(\min_{\theta_j}[L_{ij}])+(1-\alpha)(\max_{\theta_j}[L_{ij}])$$

$$f(d_*)=\min_{d_i}f(d_i)$$

$f(d_i)$是较“好中求好”准则和“坏中求好”准则更为接近实际可能情况的 d_i 方案的损益值，可称为现实估计值。

二、α 系数决策方法的应用案例

下面举两个例子，分别说明 α 系数决策方法在收益矩阵和损失矩阵情况下的应用过程。

【例 16－5】 某工厂预备生产一种新型童车，根据市场需求分析和估计，产品销路可分为三种状态：θ_1，销路好；θ_2，销路一般；θ_3，销路差。可供选择的行动方案也有三种：d_1，大批量生产；d_2，中批量生产；d_3，小批量生产。根据产量多少和销售情况，工厂的盈利情况也有所不同，可能获利也可能亏损，将此数值称为损益值。获利时称为收益值；亏损时称为损失值，用负号表示。本例的损益值如表 16－10 所示。试用 α 系数决策方法做出决策。

表 16-10 新型童车的损益值

损益值(万元) 自然状态 方案	销路好 θ_1	销路一般 θ_2	销路差 θ_3
大批量生产 d_1	30	23	−15
中批量生产 d_2	25	20	0
小批量生产 d_3	12	12	12

在该例中,根据实际情况,决定取 $\alpha=0.6$,则 $1-\alpha=0.4$,从而可计算得出各方案的现实估计收益值如下:

$$\begin{aligned}f(d_1)&=0.6\times[\max(30,\ 23,\ -15)]+0.4\times[\min(30,\ 23,\ -15)]\\&=0.6\times30+0.4\times(-15)\\&=18-6\\&=12(\text{万元})\end{aligned}$$

$$\begin{aligned}f(d_2)&=0.6\times[\max(25,\ 20,\ 0)]+0.4\times[\min(25,\ 20,\ 0)]\\&=0.6\times25+0.4\times0\\&=15+0\\&=15(\text{万元})\end{aligned}$$

$$\begin{aligned}f(d_3)&=0.6\times[\max(12,\ 12,\ 12)]+0.4\times[\min(12,\ 12,\ 12)]\\&=0.6\times12+0.4\times12\\&=7.2+4.8\\&=12(\text{万元})\end{aligned}$$

这些收益值中的最大者为:

$$f(d_*)=\max(12,\ 15,\ 12)=15=f(d_2)$$

所以,最优方案为 d_2,即采用中批量生产方案为最佳方案。

以上讨论了收益矩阵情况下 α 系数决策方法的应用过程。如果我们根据上例,从相反的方面来提出问题,就可以构成一个损失矩阵。

【例 16-6】 在上例中,若事先决策方案选 d_1,则出现销路好状态时获利最大,不会出现机会损失;若事先决策方案选 d_2,则出现销路好状态时,由于未采取方案 d_1 而带来的机会损失为 30−25=5(万元);若事先决策方案选 d_3,则出现销路好的机会损失为 30−12=18(万元)。同理,出现销路一般状态时,事先决策方案选 d_1 没有机会损失,事先决策方案选 d_2 的机会损失为 23−20=3(万元),事先决策方案选 d_3 的机会损失为 23−12=11(万元)。出现销路差状态时,事先决策方案选 d_1 的机会损失为12−(−15)=27(万元),事先决策方案选 d_2 的机会损失为 12−0=12(万元),事先决策方案选 d_3 的机会损失为 0。机会损失矩阵如表16-11所示。现要求在这三个方案中选择一个最佳方案。

表 16-11　机会损失矩阵

机会损失(万元)　自然状态 方　案	销路好 θ_1	销路一般 θ_2	销路差 θ_3
大批量生产 d_1	0	0	27
中批量生产 d_2	5	3	12
小批量生产 d_3	18	11	0

现确定乐观系数 $\alpha=0.6$,则 $1-\alpha=1-0.6=0.4$。根据损失矩阵情况下 α 系数决策公式,有:

$$\begin{aligned} f(d_1) &= 0.6\times[\min(0,\ 0,\ 27)]+0.4\times[\max(0,\ 0,\ 27)] \\ &= 0.6\times 0+0.4\times 27 \\ &= 10.8(\text{万元}) \end{aligned}$$

$$\begin{aligned} f(d_2) &= 0.6\times[\min(5,\ 3,\ 12)]+0.4\times[\max(5,\ 3,\ 12)] \\ &= 0.6\times 3+0.4\times 12 \\ &= 6.6(\text{万元}) \end{aligned}$$

$$\begin{aligned} f(d_3) &= 0.6\times[\min(18,\ 11,\ 0)]+0.4\times[\max(18,\ 11,\ 0)] \\ &= 0.6\times 0+0.4\times 18 \\ &= 7.2(\text{万元}) \end{aligned}$$

这些损失值中的最小值为:

$$f(d_*)=\min(10.8,\ 6.6,\ 7.2)=6.6=f(d_2)$$

所以,最优方案为 d_2,即采用中批量生产的机会损失最小。

第四节　"最小的最大后悔值"决策方法

一、"最小的最大后悔值"决策的基本原理

在不确定型决策问题中,虽然各种自然状态的出现概率无法估计,但决策一经做出并付诸实施,必然处于实际出现的某种自然状态之中。若所选方案不如其他方案好,决策者就会感到后悔。所谓"后悔值",就是所选方案的收益值与该状态下真正的最优方案的收益值之差。显然,后悔值越小,所选方案就越接近最优方案。

因此,在不确定型决策中,决策者可以在决策前计算出方案在不同自然状态下的后悔值,即先求出每种自然状态下的最大收益值与该自然状态下的其他收益之差,然后分别找出各方案对应不同自然状态下的后悔值中的最大值,最后从这些最大后悔值中找出最小的最大后悔值,将其对应的方案作为最优方案。

设某一不确定型决策,其备选方案为 $d_1, d_2, \cdots, d_m$,自然状态为 $\theta_1, \theta_2, \cdots, \theta_n$,损益值为 $L_{ij}(i=1, 2, \cdots, m; j=1, 2, \cdots, n)$。在 θ_j 状态下,必有一个方案的收益值最大,这个最大收益值可表示为:

$$\max_{i=1,2,\cdots,m} L_{ij} = \max(L_{1j}, L_{2j}, \cdots, L_{mj})$$

则在这一状态下各方案的后悔值为:

$$d_1: \max_i L_{ij} - L_{1j}$$

$$d_2: \max_i L_{ij} - L_{2j}$$

$$\vdots$$

$$d_m: \max_i L_{ij} - L_{mj}$$

同样道理,在另一种自然状态下,各备选方案又都分别有一个后悔值。n 种自然状态,对应有 n 种后悔值。某一方案 d_i 的 n 种后悔值中的最大者,称为该方案的最大后悔值。若用 $G(d_i)$ 表示 (d_i) 方案中的最大后悔值,则:

$$G(d_i) = \max_j(\max_{i=1, 2, \cdots, m} L_{ij} - L_{ij})$$

对于每一个方案来说,都各有一个这样的最大后悔值,故 m 个方案就共有 m 个最大后悔值,m 个最大后悔值中的最小者,即:

$$\min_{i=1, 2, \cdots, m} G(d_i)$$

其对应的方案,就是"最小的最大后悔值"决策的最优方案。

二、"最小的最大后悔值"决策方法的应用

【例 16-7】 某企业决定生产一种新产品,有下列三个方案可供选择:d_1,建立新车间大量生产;d_2,改造原有车间达到中等产量;d_3,利用原有设备小批试产。市场对该产品的需求情况有以下四种可能状态:θ_1,需求量很大,产品畅销;θ_2,需求量较大,产品销路尚好;θ_3,需求量不大,产品销路较差;θ_4,需求量很小,产品滞销。三种方案和四种状态下的损益值如表 16-12 所示。试求其最佳方案。

表 16-12 某新产品的损益值

损益值(万元) 自然状态 / 方案	畅销 θ_1	销路尚好 θ_2	销路较差 θ_3	滞销 θ_4
大量生产 d_1	80	40	−30	−70
中量生产 d_2	55	37	−15	−40
小批试产 d_3	31	31	9	−1

这是一个不确定型决策问题,备有三个方案、四种自然状态。由于:

$$\max_{i=1,2,3} L_{i1}=\max(80, 55, 31)=80$$

$$\max_{i=1,2,3} L_{i2}=\max(40, 37, 31)=40$$

$$\max_{i=1,2,3} L_{i3}=\max(-30, -15, 9)=9$$

$$\max_{i=1,2,3} L_{i4}=\max(-70, -40, -1)=-1$$

所以,方案的最大后悔值为:

$$\begin{aligned} G(d_1)&=\max[80-80, 40-40, 9-(-30), (-1)-(-70)] \\ &=\max(0,0,39,69) \\ &=69 \end{aligned}$$

$$\begin{aligned} G(d_2)&=\max[80-55, 40-37, 9-(-15), (-1)-(-40)] \\ &=\max(25, 3, 24, 39) \\ &=39 \end{aligned}$$

$$\begin{aligned} G(d_3)&=\max[80-31, 40-31, 9-9, (-1)-(-1)] \\ &=\max(49, 9, 0, 0) \\ &=49 \end{aligned}$$

最优方案按下式决定:

$$\min_{i=1,2,3} G(d_i)=\min(69, 39, 49)=39=G(d_2)$$

计算结果表明,方案 d_2 即改造原有车间达到中等产量为最佳方案。

第五节　各种决策方法的比较和选择

一、各种决策方法的比较

决策者利用表 16－13 的资料,采用在不确定型条件下的各种决策方法,可以得到不同的最优方案,如表 16－14 所示。出现这种情况的原因是由于每一种决策方法都是考虑了决策者的决策心理、感情和愿望而制定的。

表 16－13　各个方案的企业年损益值

利润(万元)　自然状态 方　案	需求量较高 θ_1	需求量一般 θ_2	需求量较低 θ_3
第一方案	70	30	50
第二方案	20	80	90
第三方案	50	20	40
第四方案	40	100	20

表 16-14　各种不同决策方法结果比较

采用不同的决策方法	选用的最佳方案
1. “好中求好”决策方法	第四方案
2. “坏中求好”决策方法	第一方案
3. α 系数决策方法($\alpha=0.7$)	第四方案
4. “最小的最大后悔值”决策方法	第二方案

对于解决不确定型决策问题,现在在理论上还不能证明哪一种评选标准是最合理的。因此,在实际工作中究竟采用哪一种决策方法,还带有相当程度的主观随意性。国外有许多学者还在继续讨论这个问题。一般来说,如果要把各种决策方法做出比较,那么,“坏中求好”决策方法主要由那些比较保守稳妥并害怕承担较大风险的决策者所采用,“好中求好”决策方法主要由那些对有利情况的估计比较有信心的决策者所采用,α 系数决策方法主要由那些对形势判断既不乐观也不太悲观的决策者所采用,“最小的最大后悔值”决策方法主要由那些对决策失误的后果看得较重的决策者所采用。

二、各种决策方法在应用时的选择

表 16-14 的计算结果已表明,不同的决策方法会导致不同的最优方案。很明显,这里有正确的决策结果,也有错误的决策结果。这就提出了一个问题:根据什么选取决策方法,决策结果才是正确可靠的?决策方法的选择固然与决策者的主观意志有关,但是,决策方法的选择又不完全取决于决策者的主观意志。如果一个决策者不顾决策问题所面临的客观环境,仅凭想当然和个人兴趣选取决策方法,那么该决策者所做出决策的可靠性是值得怀疑的。可以想象,如果同一个问题处于同一个客观环境中,可以采用不同决策方法进行分析,那么,各种决策方法都将失去其存在的意义。事实上,各种决策方法都具有一定的假定条件,而任何一种假定条件都无法概括现实世界中错综复杂的经济关系。因此,决策方法的选择只能以决策问题所处的客观条件为基础。下面用实例说明决策方法的选择问题。

【例 16-8】 某汽车股份有限公司根据 2022 年重型汽车和中型汽车的需求量预测,制定了以下三个车身开发目标方案:

(1) 全面引进技术,进口设备。

(2) 全部依靠自己的力量,改造生产线,实现决策目标。

(3) 自行改造为主,技术引进为辅。

该公司首先对三个方案进行了定性分析,并认为:(1) 采用第一方案的优点是技术先进,可以生产多品种的优质产品并提高生产能力;缺点是外汇耗资大,并且不利于公司产品的发展。(2) 采用第二方案的优点是费用少;缺点是周期长,受技术条件限制,开发后的产品不易达到国际先进水平。(3) 采用第三方案的优点是关键技术和设备可达到世界先进水平,周期短,投资不多,而且,公司有强大的技术后方,设计、制造、安装力量都较强,可以承担自行改造为主的任务;缺点是生产能力没有第一方案大。

定量分析是定性分析的深化,是决策过程中不可缺少的环节。进行定性分析后,还要进行定量分析。

根据该股份有限公司的有关资料，得到了如表 16－15 所示的损益矩阵表。

表 16－15　某股份有限公司损益矩阵表

利润(万元)　自然状态 / 方案	高需求 θ_1	中需求 θ_2	低需求 θ_3
全面引进(d_1)	44 040	37 592	31 300
全部自制(d_2)	36 450	35 450	34 500
引进与改造相结合(d_3)	43 840	40 592	34 300

方案的选择过程如下：

（1）按照"好中求好"决策方法，最高利润为 44 040 万元，它所对应的方案为 d_1，即全面引进，对应的自然状态是高需求。但是，根据当前国家政策和国民经济发展形势，最近 3 年内车身产品销路不会出现最高需求峰值。另外，全面引进需要 4 600 万美元外汇，该公司不具备这种条件。因此，该问题不能按照"好中求好"决策方法进行决策。

（2）按照"坏中求好"决策方法，34 500 万元是决策目标值，它所对应的方案为 d_2，即全部自制，对应的自然状态是低需求。但是，我国汽车工业的发展是乐观的，低需求出现的可能性很小。同时，采用全部自制方案将造成生产能力无潜力，产品质量很难达到国际先进水平，难以打入国际市场。因此，也不可按照"坏中求好"决策方法进行决策。

（3）根据预测资料以及汽车工业发展前景和该股份有限公司的客观条件，该公司认为：决策因素中既有乐观的一面，也有悲观的一面，且乐观因素大于悲观因素。因此，按照 α 系数决策方法进行决策。经分析，取乐观系数为 $\alpha=0.7$，则 $1-\alpha=1-0.7=0.3$。其计算过程和结果如下：

$$\begin{aligned} f(d_1) &= 0.7[\max(44\,040,\ 37\,592,\ 31\,300)] + 0.3[\min(44\,040,\ 37\,592,\ 31\,300)] \\ &= 0.7\times 44\,040 + 0.3\times 31\,300 \\ &= 30\,828 + 9\,390 \\ &= 40\,218(\text{万元}) \end{aligned}$$

$$\begin{aligned} f(d_2) &= 0.7[\max(36\,450,\ 35\,450,\ 34\,500)] + 0.3[\min(36\,450,\ 35\,450,\ 34\,500)] \\ &= 0.7\times 36\,450 + 0.3\times 34\,500 \\ &= 25\,515 + 10\,350 \\ &= 35\,865(\text{万元}) \end{aligned}$$

$$\begin{aligned} f(d_3) &= 0.7[\max(43\,840,\ 40\,592,\ 34\,300)] + 0.3[\min(43\,840,\ 40\,592,\ 34\,300)] \\ &= 0.7\times 43\,840 + 0.3\times 34\,300 \\ &= 30\,688 + 10\,290 \\ &= 40\,978(\text{万元}) \end{aligned}$$

这些利润值中的最大者为：

$$f(d_*) = \max(40\,218,\ 35\,865,\ 40\,978) = 40\,978 = f(d_3)$$

计算结果表明,方案 d_3 即引进与改造相结合方案为最佳方案。

(4) 由于 α 系数法中 α 的取值带有一定的主观性,因此,决定再用"最小的最大后悔值"决策方法对所选方案进行验证。

其计算过程和计算结果如下:

$$\max_{i=1,2,3} L_{i1}=\max(44\,040,\ 36\,450,\ 43\,840)=44\,040$$

$$\max_{i=1,2,3} L_{i2}=\max(37\,592,\ 35\,450,\ 40\,592)=40\,592$$

$$\max_{i=1,2,3} L_{i3}=\max(31\,300,\ 34\,500,\ 34\,300)=34\,500$$

所以,各方案的最大后悔值为:

$$G(d_1)=\max(44\,040-44\,040,\ 40\,592-37\,592,\ 34\,500-31\,300)$$
$$=\max(0,\ 3\,000,\ 3\,200)=3\,200$$

$$G(d_2)=\max(44\,040-36\,450,\ 40\,592-35\,450,\ 34\,500-34\,500)$$
$$=\max(7\,590,\ 5\,142,\ 0)=7\,590$$

$$G(d_3)=\max(44\,040-43\,840,\ 40\,592-40\,592,\ 34\,500-34\,300)$$
$$=\max(200,\ 0,200)=200$$

最优方案按下式决定:

$$\min_{i=1,2,3} G(d_i)=\min(3\,200,\ 7\,590,\ 200)=200=G(d_3)$$

计算结果表明,按"最小的最大后悔值"决策方法,其最小值 200 万元所对应的是方案 d_3,因此,引进与改造相结合的方案为最佳方案。这个结论同用 α 系数决策方法所得出的结论一致。

最后,该股份有限公司决定采用引进与改造相结合的方案。

本章小结

决策者能掌握可能出现的各种状态,但不能估计各自然状态出现概率时的决策,称为不确定型决策。

1. "好中求好"决策准则也叫乐观决策准则,或称"最大最大"决策准则,这种决策准则就是充分考虑可能出现的最大利益,在各最大利益中选取最大者,将其对应的方案作为最优方案。

2. "坏中求好"决策准则也称为"小中取大"决策准则或悲观决策准则,即充分考虑可能出现的最坏情况,从每个方案的最坏结果中选择一个最佳值,将其对应的方案作为最优方案。

3. α 系数决策准则是对"坏中求好"和"好中求好"决策准则进行折中的一种决策准则。α 系数依决策者认定情况是乐观还是悲观而取不同的值。若 $\alpha=1$,则认定情况完全乐观;若 $\alpha=0$,则认定情况完全悲观;一般情况下,则 $0<\alpha<1$。

4. "最小的最大后悔值"决策方法是决策者先计算出各方案在不同自然状态下的后悔

值，然后分别找出各方案对应不同自然状态下的后悔值中的最大值，最后从这些最大后悔值中找出最小的最大后悔值，将其对应的方案作为最优方案。

5. 对于同一决策问题，采用不同决策方法可以得出不同的决策方案，理论上也不能证明对于解决不确定型问题应采取何种评选标准，但这并不表明在解决不确定型决策问题时可以任意选择决策准则，而应该根据实际情况，选择合适的决策方案。

思考与练习

一、单项选择题

1. 不确定型决策是指(　　)。

A. 掌握可能的各种状态，各种状态出现的概率可以估计

B. 掌握可能的各种状态，各种状态出现的概率无从得知

C. 掌握可能的各种状态，各种状态出现的概率认为相等

D. 不确定可能的各种状态，各种状态出现的概率也无从得知

2. 对不确定型决策问题没有信心的时候，适合用(　　)方法。

A. "好中求好"决策方法　　B. "坏中求好"决策方法

C. α 系数决策方法　　D. "最小的最大后悔值"决策方法

3. "小中取大"决策准则是(　　)。

A. 在各方案的最小损失值中选择最大，对应的方案为最优

B. 在各方案的最大损失值中选择最大，对应的方案为最优

C. 在各方案的最小收益值中选择最大，对应的方案为最优

D. 在各方案的最大收益值中选择最小，对应的方案为最优

4. 在 α 系数决策方法中，α 称为乐观系数，取值情况为(　　)。

A. α 是人为随意确定的　　B. 情况完全悲观时，$\alpha=1$

C. 情况完全乐观时，$\alpha=0$　　D. α 不可能超过 1，也不可能为负数

二、多项选择题

1. 下列(　　)是不确定型决策方法。

A. "好中求好"决策方法　　B. "坏中求好"决策方法

C. α 系数决策方法　　D. "最小的最大后悔值"决策方法

E. 等概率决策方法　　F. 贝叶斯决策方法

2. 以下描述正确的是(　　)。

A. 不确定型决策方法是人为制定的原则

B. 不确定型决策方法有严格的推理

C. 风险型决策方法有严格的推理

D. 风险型决策方法是人为制定的原则

3. "好中求好"决策准则又称为(　　)。

A. 悲观决策准则　　B. 乐观决策准则

C. "最大最大"决策准则　　D. "大中取小"决策准则

4. 决策者关于不确定型决策几种方法的倾向,正确的有(　　　)。

A.“好中求好”决策方法适用于保守的决策者

B.“坏中求好”决策方法适用于对决策失误的后果看得较重的决策者

C.“好中求好”决策方法适用于乐观的决策者

D.“坏中求好”决策方法适用于厌恶风险的决策者

5. 不确定型决策各种方法在应用中的选择有(　　　)。

A. 完全取决于决策者的主观意志

B. 实际中不存在最好的决策方法

C. 只能以决策问题所处的客观条件为基础

D. 方法的选择有相当程度的主观随意性

三、名词解释

1. 不确定型决策
2. “好中求好”决策方法
3. “坏中求好”决策方法
4. α 系数决策方法
5. “最小的最大后悔值”决策方法

四、简答题

1. 不确定型决策方法有哪些?
2. 不确定型决策方法与风险型决策方法有何不同?
3. 简述“好中求好”决策方法的一般步骤。
4. 简述 α 系数决策方法的决策公式。
5. 简要说明“最小的最大后悔值”决策方法如何实施。
6. 简要说明不确定型决策各种方法应用时如何选择。

五、计算题

1. 某手机零件厂建设问题的损益值如下表所示:

单位:万元

决策方案	自然状态	
	销路好 S_1	销路差 S_2
建设大型工厂 d_1	200	−20
建设中型工厂 d_2	150	20
建设小型工厂 d_3	100	60

要求:

(1) 按“好中求好”决策方法选择一个决策方案。

(2) 按“坏中求好”决策方法选择一个决策方案。

(3) 按 α 系数决策方法选择一个决策方案。

(4) 按“最小的最大后悔值”决策方法选择一个决策方案。

2. 一家建筑公司有向两个合同项目进行投标的机会，第一个合同是建造一个废物处理工厂，第二个合同是设计并建造一个城市蒸汽分配系统。这种情况下，公司标明有五种方案。方案一是公司作为项目经理，对外承包；方案二是自己承担建设，对外承包设计工作；方案三是公司做设计，其他对外承包；方案四是公司包干全部工作；方案五是联合另一家工厂联合投标。损益矩阵表(单位：万元)如下所示：

方　案	自然状态		
	订合同一项目	订合同二项目	两个合同项目都订
方案一	−400	100	200
方案二	100	100	400
方案三	−200	150	600
方案四	0	200	500
方案五	100	300	200

要求：试用不同方法进行决策。

17

第十七章 多目标决策法

全章提要

- 第一节　多目标决策概述
- 第二节　层次分析法
- 第三节　多属性效用决策法
- 第四节　优劣系数法
- 第五节　模糊决策法

本章小结

思考与练习

第一节 多目标决策概述

一、多目标决策的特点

统计决策中的目标通常不会只有一个，以企业目标决策为例，企业不仅要追求经济目标，如利润等，而且要承担一定的社会责任，如保护生态环境、促进社区精神文明建设等，即还有非经济目标。很难想象，一个不顾社会公德、不顾消费者利益、只追求利润最大化的企业，能够在现代社会中生存下去。类似这样的企业目标决策问题等的决策问题均具有多目标特点，属于多目标决策问题。

多目标决策具有两个较明显的特点：(1) 目标之间的不可公度性。即众多目标之间没有一个统一标准，如提高经济效益与加强精神文明建设，经济效益提高的效果可以用价值量指标来衡量，而精神文明建设的成果则不能用价值量指标来衡量，因此，不同目标之间难以进行比较。(2) 目标之间的矛盾性。某一目标的改善往往会损害其他目标的实现，如经济建设与环境保护等，经济开发往往会对环境造成破坏性影响。

常用的多目标决策的目标体系可以分为三类：(1) 单层目标体系。即各目标同属于总目标之下，各目标之间是并列的关系。(2) 树形多层目标体系。即目标分为多层，每个下层目标都隶属于一个而且只隶属于一个上层目标，下层目标是对上层目标的更加具体的说明。(3) 非树形多层目标体系。即目标分为多层，每个下层目标隶属于某几个上层目标（至少有一个下层目标隶属于不止一个上层目标）。各种目标体系之间的关系见图 17－1、图 17－2、图 17－3。

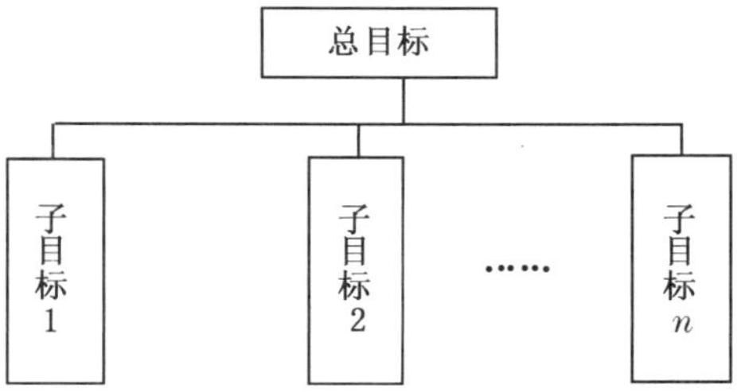

图 17－1　单层目标体系

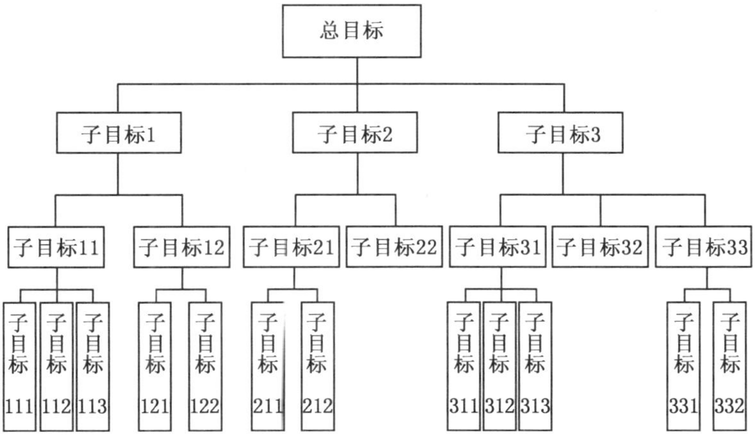

图 17－2　树形多层目标体系

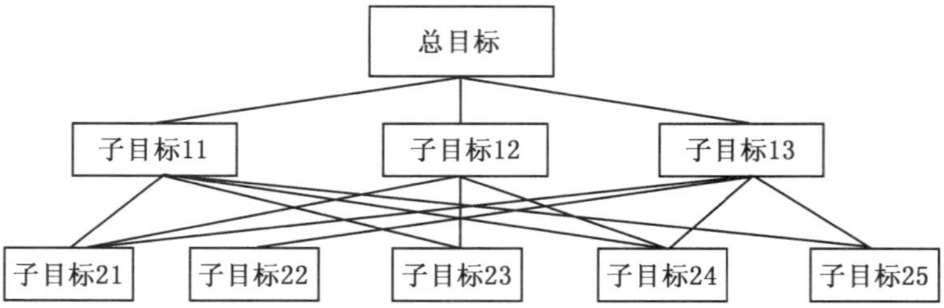

图 17－3　非树形多层目标体系

解决多目标决策问题，一般遵循以下两个原则：

原则之一，在满足决策需要的前提下，尽量减少目标个数。常用的方法有：一是除去从属目标，归并类似目标。二是把那些只要求达到一般标准而不要求达到最优的目标降为约束条件。三是采取综合方法，将能够归并的目标用一个综合指数来反映。例如，反映一个企业的经济效益，可以把各项反映企业经济效益的主要指标，如产值、利润率、资金利润率等，归并为一个类似于企业经济效益指数的综合指标。

原则之二，分析各目标重要性的大小、优劣程度，分别赋予不同的权数。将注意力首先集中到必须达到而且重要性大的目标，然后再考虑次要目标。例如，一个连续两年亏损的上市公司，由于面临被摘牌下市的可能，可以将第三年的扭亏作为优先目标，将保护员工权益作为次要目标。

二、多目标决策简述

多目标决策问题一般属于复杂大系统的决策问题。解决复杂大系统决策问题是目前决策领域里正在探索的较前沿的领域，目前较为成熟的方法有多属性效用理论、字典序数法、多目标规划、层次分析法、优劣系数法、模糊决策法等。

多属性效用理论是反映决策者对备选方案属性偏好程度的一种多目标决策理论。它利用决策者的偏好信息，构造一个多属性效用函数，以更加准确地反映决策者对后果的偏好，并通过使多属性效用问题转变成单值问题，使求解更加简单。

字典序数法的基本概念比较简单。决策者首先对目标按重要性分等级，用最重要的目标对各方案进行筛选，保留满足此目标的那些方案，然后再用次重要目标对已筛选方案进行再次筛选，如此反复进行，直到剩下最后一个方案，此方案即该决策问题的决策方案。

多目标规划是规划论的一个分支，是在给定的约束条件下，使目标值与实际能达到的值之间的偏差最小。多目标规划中通常没有决策变量，只有目标的正负偏差变量。多目标规划的真正价值在于按照决策者的目标优先次序，求解存在矛盾的多目标决策问题。多目标规划可广泛应用于生产计划、财务决策、市场销售、行政管理、学校管理、医院护理计划以及政府决策分析等许多方面。

本章主要介绍层次分析法、多属性效用决策法、优劣系数法和模糊决策法。

第二节　层次分析法

层次分析法，简称 AHP 法，是用于处理有限个方案的多目标决策方法，它是由美国著名运筹学家萨蒂(Saaty, T. L.)教授于 20 世纪 70 年代提出来的，现已被广泛应用。

一、层次分析的基本原理

层次分析的基本思想是把复杂问题分解为若干层次，在最低层次通过两两对比得出各因素的权重，通过由低到高的层层分析计算，最后计算出各方案对总目标的权数，权数最大的方案即最优方案。

决策的实质是进行比较，通过比较做出选择，但是对于缺乏公度性的多目标决策问题来说，由于无法用一个统一尺度去衡量比较各个不同目标，因此，唯一可行的办法是进行两两比较。通过将两两比较后的结果填入判断矩阵，求解判断矩阵的特征和特征向量，然后确定各目标重要性的加权值。

层次分析方法的基本假设是层次之间存在递进结构，即从高到低或从低到高递进。当复杂系统中某一层次既可直接或间接地影响其他层次，同时又直接及间接受其他层次影响时，就不属于层次分析范围，需要用网络模型来描述。

层次分析的基本方法是建立层次结构模型。建立层次模型，首先要对所解决问题有明确的认识，弄清它涉及哪些因素，如目标、分目标、部门、约束、可能情况和方案等，以及因素相互之间的关系。其次，将决策问题层次化。将决策问题划分为若干个层次，第一层是总目标层，即要想达到的目标；中间层常称为分目标层、标准层、部门层、约束层、准则层等；最底层一般是解决问题的方案，或者与问题有关的可能情况，常称为方案层或措施层。

建立层次模型之后，可以在各层元素中进行两两比较，构造出判断矩阵。判断矩阵是定性过渡到定量的重要环节，再通过求解判断矩阵的特征向量，并对判断矩阵的一致性进行检验，检查决策者在构造判断矩阵时判断思维是否具有一致性。

通过一致性检验后，便可按归一化处理过的特征向量作为某一层次对上一层次某因素相对重要的排序加权值，然后从高层次到低层次逐层计算排序加权值，得出层次总排序。

最后是对总排序的一致性检验，通过检验，则其结果可用于决策；否则，就需要重新调整判断矩阵。

二、判断矩阵及一致性检验

(一) 判断矩阵

判断矩阵是层次分析法的核心。判断矩阵是通过两两比较得出来的。设 W_i 表示反映第 i 个方案对于某个最底层目标的优越性或某层第 i 个目标对于上层某一目标的重要性的权重，A 表示以每两个方案(或子目标)的相对重要性为元素的矩阵：

$$A=\begin{pmatrix} \frac{W_1}{W_1} & \frac{W_1}{W_2} & \cdots & \frac{W_1}{W_n} \\ \frac{W_2}{W_1} & \frac{W_2}{W_2} & \cdots & \frac{W_2}{W_n} \\ \frac{W_n}{W_1} & \frac{W_n}{W_2} & \cdots & \frac{W_n}{W_n} \end{pmatrix}$$

称为判断矩阵。

设 $a_{ij}=\frac{W_i}{W_j}$，则判断矩阵的元素 a_{ij} 具有以下性质：

(1) $a_{ii}=1$；

(2) $a_{ij}=\frac{1}{a_{ji}}$；

(3) $a_{ij}=a_{ik}\cdot a_{kj}$。

判断矩阵 A 中的元素 a_{ij} 可以利用决策者的知识和经验估计出来。例如，对于某一层的子目标 1 和子目标 2，如果决策者认为子目标 1 稍微重要于子目标 2，则 $a_{12}=3$，$a_{21}=\frac{1}{3}$；如果子目标 1 明显重要于子目标 2，则 $a_{12}=5$，$a_{21}=\frac{1}{5}$；等等。由于决策者的估计并不是很精确，因此，第三条性质不一定成立。

判断矩阵中元素 a_{ij} 的确定，可按表 17－1 确定。

表 17－1　判断矩阵中元素 a_{ij} 的确定

a_{ij}	两目标相比
1	同样重要
3	稍微重要
5	明显重要
7	重要得多
9	极端重要
2，4，6，8	介于以上相邻两种情况之间
以上各数的倒数	两个目标反过来比较

【例 17－1】　某层有三个子目标，子目标 1 比子目标 2 稍微重要，比子目标 3 明显重要，子目标 2 与子目标 3 相比，介于同样重要和稍微重要之间，则判断矩阵为：

$$A=\begin{pmatrix}1 & 3 & 5\\ \frac{1}{3} & 1 & 2\\ \frac{1}{5} & \frac{1}{2} & 1\end{pmatrix}$$

(二) 权重的确定方法

由判断矩阵 A 确定权重 W_i，可以有许多方法，下面介绍特征向量法中的和积法。

对于 n 阶矩阵 A，由矩阵理论有：

$$AW=\eta W$$

式中，W 为向量，且 $W=(W_1, W_2, \cdots, W_n)^T$；$\eta$ 为判断矩阵 A 的特征根；W 为特征根所对应的特征向量。

对于满足判断矩阵元素的三个性质的判断矩阵，称之为完全一致性判断矩阵，此时，判断矩阵的最大特征根 $\lambda_{\max}=n$，其余特征根为 0。

对于通过两两对比的方法构造出的多目标决策问题的判断矩阵，常常不满足第三个性质，因而不一定是完全一致性判断矩阵。若离完全一致性不远，则判断矩阵基本可用，但不能以 n 作为最大特征根，应设法求出相应的特征向量，作为判断优先权数。因此，在构造好判断矩阵之后，既要检验判断矩阵的一致性，还要求出最大特征根及所对应的特征向量。下面介绍具体步骤。

设判断矩阵：

$$A=\begin{pmatrix} a_{11} & a_{12} & \cdots & a_{1n} \\ a_{21} & a_{22} & \cdots & a_{2n} \\ \vdots & \vdots & \vdots & \vdots \\ a_{n1} & a_{n2} & \cdots & a_{nn} \end{pmatrix}$$

（1）将判断矩阵每一列归一化：

$$\bar{a}_{ij}=\frac{a_{ij}}{\sum_{k=1}^{n}a_{kj}} \qquad i,\ j=1,\ 2,\ \cdots,\ n$$

（2）将每一列经归一化后的矩阵按行相加：

$$M_i=\sum_{j=1}^{n}\bar{a}_{ij} \qquad i=1,\ 2,\ \cdots,\ n$$

（3）将向量 $M=(M_1,\ M_2,\ \cdots,\ M_n)^T$ 归一化：

$$W_i=\frac{M_i}{\sum_{j=1}^{n}M_j} \qquad i=1,\ 2,\ \cdots,\ n$$

所求得 $W=(W_1,\ W_2,\ \cdots,\ W_n)^T$ 即相应的特征向量。

（4）计算判断矩阵最大特征根 $\lambda_{\max}=\sum_{i=1}^{n}\frac{(AW)_i}{nW_i}$，式中 $(AW)_i$ 表示向量 AW 的第 i 个元素。

【例 17－2】 针对【例 17－1】中的判断矩阵确定权重。

（1）正规化每一列：

$$\sum_{k=1}^{3}a_{k1}=1+\frac{1}{3}+\frac{1}{5}=\frac{23}{15}$$

$$\bar{a}_{11}=\frac{a_{11}}{\sum_{k=1}^{3}a_{k1}}=\frac{1}{\frac{23}{15}}=0.652$$

$$\bar{a}_{21}=\frac{a_{21}}{\sum_{k=1}^{3}a_{k1}}=\frac{\frac{1}{3}}{\frac{23}{15}}=0.217\ 4$$

$$\bar{a}_{31}=\frac{a_{31}}{\sum_{k=1}^{3}a_{k1}}=\frac{\frac{1}{5}}{\frac{23}{15}}=0.130\ 4$$

$$\sum_{k=1}^{3}a_{k2}=3+1+\frac{1}{2}=\frac{9}{2}$$

$$\bar{a}_{12}=\frac{a_{12}}{\sum_{k=1}^{3}a_{k2}}=\frac{3}{\frac{9}{2}}=0.666\ 7$$

$$\bar{a}_{22}=\frac{a_{22}}{\sum_{k=1}^{3}a_{k2}}=\frac{1}{\frac{9}{2}}=0.222\ 2$$

$$\bar{a}_{32}=\frac{a_{32}}{\sum_{k=1}^{3}a_{k2}}=\frac{\frac{1}{2}}{\frac{9}{2}}=0.111\ 1$$

$$\sum_{k=1}^{3}a_{k3}=5+2+1=8$$

$$\bar{a}_{31}=\frac{a_{31}}{\sum_{k=1}^{3}a_{k3}}=\frac{5}{8}=0.625$$

$$\bar{a}_{32}=\frac{a_{32}}{\sum_{i=1}^{3}a_{k3}}=\frac{2}{8}=0.25$$

$$\bar{a}_{33}=\frac{a_{33}}{\sum_{k=1}^{3}a_{k3}}=\frac{1}{8}=0.125$$

$$A'=\begin{pmatrix}0.652 & 0.666\ 7 & 0.625\\ 0.217\ 4 & 0.222\ 2 & 0.25\\ 0.130\ 4 & 0.111\ 1 & 0.125\end{pmatrix}$$

(2) 按行相加:

$$M_1=\sum_{j=1}^{3}\bar{a}_{1j}=0.652+0.666\ 7+0.625=1.943\ 9$$

$$M_2=\sum_{j=1}^{3}\bar{a}_{2j}=0.217\ 4+0.222\ 2+0.25=0.689\ 6$$

$$M_3=\sum_{j=1}^{3}\bar{a}_{3j}=0.130\ 4+0.111\ 1+0.125=0.366\ 5$$

(3) 将向量 $M=(1.943\ 9,\ 0.689\ 6,\ 0.366\ 5)^T$ 正规化:

$$\sum_{i=1}^{3} M_i = 1.943\,9 + 0.689\,6 + 0.366\,5 = 3$$

$$W_1 = \frac{M_1}{\sum_{i=1}^{3} M_i} = \frac{1.943\,9}{3} = 0.648\,0$$

$$W_2 = \frac{M_2}{\sum_{i=1}^{3} M_i} = \frac{0.689\,6}{3} = 0.229\,9$$

$$W_3 = \frac{M_3}{\sum_{i=1}^{3} M_i} = \frac{0.366\,5}{3} = 0.122\,2$$

所求特征向量为：

$$W = (0.648\,0 \quad 0.229\,9 \quad 0.122\,2)^T$$

(4) 计算最大特征根：

$$AW = \begin{pmatrix} 1 & 3 & 5 \\ \frac{1}{3} & 1 & 2 \\ \frac{1}{5} & \frac{1}{2} & 1 \end{pmatrix} \begin{pmatrix} 0.648\,0 \\ 0.229\,9 \\ 0.122\,2 \end{pmatrix} = \begin{pmatrix} 1.948\,7 \\ 0.690\,3 \\ 0.366\,8 \end{pmatrix}$$

$$\begin{aligned} \lambda_{\max} &= \sum_{i=1}^{3} \frac{(AW)_i}{nW_i} \\ &= \frac{1.948\,7}{3 \times 0.648\,0} + \frac{0.690\,3}{3 \times 0.229\,9} + \frac{0.366\,8}{3 \times 0.122\,2} \\ &= 3.003\,8 \end{aligned}$$

(三) 一致性检验

一致性检验是通过计算一致性指标和检验系数检验的。

一致性指标：

$$CI = \frac{\lambda_{\max} - n}{n - 1}$$

检验系数：

$$CR = \frac{CI}{RI}$$

其中，RI 是平均一致性指标，可通过表 17－2 查得。一般来说，当$CR < 0.1$时，可认为判断矩阵具有满意的一致性；否则，就需要重新调整判断矩阵。

表 17 - 2 *RI* 系数表

阶 数	3	4	5	6	7	8	9
RI	0.58	0.90	1.12	1.24	1.32	1.41	1.45

【例 17 - 3】 对【例 17 - 1】中的判断矩阵进行一致性检验。

$$CI=\frac{3.003\,8-3}{3-1}=0.001\,9$$

$$CR=\frac{0.001\,9}{0.58}=0.003\,2<0.100\,0$$

故判断矩阵具有满意的一致性。

(四) 层次加权

设某决策问题有 m 层目标(不包括总目标),把各方案作为$m+1$层,每相邻两层之间具有完全的层次关系,且设第 i 层目标有 n_i 个,第 $i+1$ 层目标(或方案)有 n_{i+1}个,用$W^{(j)}$表示这两层之间的权重矩阵,则它有 n_i 行 n_{i+1}列。

设各方案对总目标的权重分别为 W_1, W_2, …, W_n, $W=(W_1, W_2, \cdots, W_n)$, W 可按下式计算:

$$W=W^{(0)}W^{(1)}W^{(2)}\cdots W^{(m)}$$

各方案依关于总目标的权重大小按顺序排成一列,具有最大权重的方案就是最优方案。

三、层次分析法的应用

层次分析法可广泛应用于多目标决策、多方案选择、综合评价等各个方面。

例如,某企业在进行企业目标决策时,确定其企业目标分为两类,即经济目标和非经济目标。并具体将其目标分为目标 C_1、目标 C_2、目标 C_3 和目标 C_4(如年利润增长 10%,每年全国各地新开分支机构 5 家,职工年收入年增 20%,提高企业形象等),并制定了三项具体政策方案,如图 17 - 4 所示。现欲从中选择一种政策加以实施。

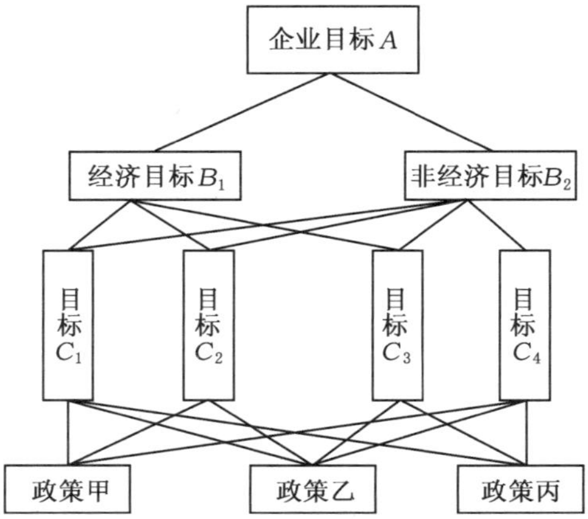

图 17 - 4 企业目标决策的政策选择的目标体系

根据层次结构，首先构造第一层的判断矩阵。为避免受个人能力水平等方面的限制，可运用专家评比法、德尔菲法等利用集体智慧的方法进行比较判断，使之更具合理性。

A	B_1	B_2
B_1	1	2
B_2	$\frac{1}{2}$	1

利用特征向量法，可求得 $WA=(0.666\,7\quad 0.333\,3)^T$，具体计算如下：

(1) 将第 1 列加总：

$$\sum_{k=1}^{2} a_{k1}=1+\frac{1}{2}=\frac{3}{2}$$

$$\bar{a}_{11}=\frac{a_{11}}{\sum_{k=1}^{2} a_{k1}}=\frac{1}{\frac{3}{2}}=0.666\,7$$

$$\bar{a}_{21}=\frac{a_{21}}{\sum_{k=1}^{2} a_{k1}}=\frac{\frac{1}{2}}{\frac{3}{2}}=0.333\,3$$

(2) 将第 2 列加总：

$$\sum_{k=1}^{2} a_{k2}=2+1=3$$

$$\bar{a}_{21}=\frac{a_{21}}{\sum_{k=1}^{2} a_{k2}}=\frac{2}{3}=0.666\,7$$

$$\bar{a}_{22}=\frac{a_{22}}{\sum_{k=1}^{2} a_{k2}}=\frac{1}{3}=0.333\,3$$

(3) 将所求值按顺序列成 $\bar{A}$ 矩阵：

$$\bar{A}=\begin{pmatrix}0.666\,7 & 0.666\,7\\ 0.333\,3 & 0.333\,3\end{pmatrix}$$

(4) 将 $\bar{A}$ 矩阵每行相加：

$$W_1=\sum_{j=1}^{2} a_{1j}=0.666\,7+0.666\,7=1.333\,4$$

$$W_2=\sum_{j=1}^{2} a_{2j}=0.333\,3+0.333\,3=0.666\,6$$

(5) 将列向量 W 做归一化处理,可得:

$$\bar{W}=\left(\frac{W_1}{\sum W},\ \frac{W_2}{\sum W}\right)^T=(0.666\,7,\ 0.333\,3)^T$$

此即 WA,二阶矩阵不需做一致性检验。

因此:

$$W^{(0)}=(0.666\,7\quad 0.333\,3)$$

分别对各层构造判断矩阵,用同样的方法求特征根并进行一致性检验(略),可得:

B_1	C_1	C_2	C_3
C_1	1	$\frac{1}{4}$	2
C_2	4	1	3
C_3	$\frac{1}{2}$	$\frac{1}{3}$	1

$$WB_1=\begin{pmatrix}0.224\,3\\0.619\,6\\0.156\,0\end{pmatrix}$$

$\lambda_{\max}=3.109\,3$

$CI=0.054\,65$

$RI=0.580\,0$

$CR=0.094\,2<0.100\,0$

B_2	C_1	C_2	C_3	C_4
C_1	1	2	2	3
C_2	$\frac{1}{2}$	1	5	2
C_3	$\frac{1}{2}$	$\frac{1}{5}$	1	2
C_4	$\frac{1}{3}$	$\frac{1}{2}$	$\frac{1}{2}$	1

$$WB_2=\begin{pmatrix}0.392\,9\\0.334\,0\\0.152\,8\\0.114\,9\end{pmatrix}$$

$\lambda_{\max}=4.138\,6$

$CI=0.042\,6$

$RI=0.900\,0$

$CR=0.051\,3<0.100\,0$

$$W^{(1)}=\begin{pmatrix}0.224\,3 & 0.619\,6 & 0.156\,0 & 0\\0.392\,9 & 0.334\,0 & 0.152\,8 & 0.114\,9\end{pmatrix}$$

C_1	甲	乙	丙
甲	1	2	3
乙	$\frac{1}{2}$	1	2
丙	$\frac{1}{3}$	$\frac{1}{2}$	1

$$WC_1=\begin{pmatrix}0.539\,0\\0.297\,2\\0.163\,8\end{pmatrix}$$

$\lambda_{\max}=3.009\,3$

$CI=0.004\,65$

$RI=0.580\,0$

$CR=0.008\,0<0.100\,0$

C_2	甲	乙	丙
甲	1	$\frac{1}{4}$	$\frac{1}{2}$
乙	4	1	2
丙	2	$\frac{1}{2}$	1

$$WC_2=\begin{pmatrix}0.142\,9\\0.571\,4\\0.285\,7\end{pmatrix}$$

$\lambda_{\max}\doteq 3$

$CI\doteq 0$

$RI=0.580\,0$

$CR\doteq 0<0.100\,0$

C_3	甲	乙	丙
甲	1	1	$\frac{1}{4}$
乙	1	1	$\frac{1}{3}$
丙	4	3	1

$$WC_3=\begin{pmatrix}0.1744\\0.1919\\0.6337\end{pmatrix}$$

$\lambda_{max}=3.0091$
$CI=0.00455$
$RI=0.5800$
$CR=0.0078<0.1000$

C_4	甲	乙	丙
甲	1	$\frac{1}{5}$	$\frac{1}{2}$
乙	5	1	3
丙	2	$\frac{1}{3}$	1

$$WC_4=\begin{pmatrix}0.1222\\0.6480\\0.2299\end{pmatrix}$$

$\lambda_{max}=3.0038$
$CI=0.0019$
$RI=0.5800$
$CR=0.0033<0.1000$

$$W^{(2)}=\begin{pmatrix}0.5390 & 0.2972 & 0.1638\\0.1429 & 0.5714 & 0.2857\\0.1744 & 0.1919 & 0.6337\\0.1222 & 0.6480 & 0.2299\end{pmatrix}$$

于是，各政策关于企业目标的权重为：

$$W=W^{(0)}W^{(1)}W^{(2)}=(0.2579\quad 0.4376\quad 0.3026)$$

由于政策乙的权重最大，因此，应该选择政策乙。

同理，可以求出各目标重要性权重：

$$W=W^{(0)}W^{(1)}=(0.2805\quad 0.5240\quad 0.1549\quad 0.0383)$$

即目标 2 的重要程度最高，目标 4 的重要程度最低，目标 2 是应优先满足的目标。

第三节　多属性效用决策法

一、多属性效用决策的概念

第十四章所介绍的效用概率决策只涉及单目标的情况，在实际决策中，很多决策问题都是多目标决策问题，对于这类决策问题，就可以应用多属性效用决策方法。

多属性效用决策采用将目标值转化为效用值之后，再进行加权，并构成一个新的综合的单目标函数。例如，有 n 个目标，以 DV_i 表示第 i 个目标值，则该决策问题的效用值可表示为以下函数：

$$U=U(DV_1, DV_2, \cdots, DV_n)$$

通过进行综合分析并将上述效用函数进行分解，即可以将不同目标的效用值综合为单一效用值，然后就可以根据期望效用值最大原则解决多属性效用决策问题。

二、多属性效用函数

最简单的多属性效用函数是两属性效用函数。例如，某企业打算引进新设备以提高产品质量，设备的好坏直接影响到质量的高低，但引进更好的设备通常意味着费用的提高，因此，该决策问题就不再是一个单一目标决策问题，其决策效用值是质量和费用的函数，可表示为U(质量，费用)。

辨识决策问题属性及其属性数量是建立效用函数的第一步。在建立效用函数时，应确认合理的属性及属性数量，以保证决策分析的质量。确认的属性数量太多，会增加大量的不必要的计算工作量；反之，则会影响决策分析的正确性，造成不利的决策后果。确定属性及其数量的基本原则是：确定的属性应全面可行，各属性不可再分解且没有重复，属性的数量最少。

【例 17－4】 某地政府打算兴建一批平价房用于低价出租，决策分析小组原先确定的该决策问题效用函数的属性包括成本、社区服务、对本地房地产市场的影响和居民的审美价值观。后经分析，发现本地居民与外地居民的审美观存在很大的差别，而该地又有许多外地居民长期居留。因此，决策分析小组最后决定将居民的审美价值观属性分解为本地居民审美价值观属性和外地居民审美价值观属性。

对于具有两个属性(以 X，Y 表示)的决策问题，定义效用函数为$U(X, Y)$。如果 X 与 Y 相互独立，则两属性效用函数可以表示为以下加性效用函数，即：

$$U(X, Y)=k_1U_1(X)+k_2U_2(Y)$$

式中，k_1 和 k_2 为常数。

因此，如果两属性 X 和 Y 相互独立，我们就可以通过分别求出决策者的效用函数$U(X)$和 $U(Y)$而求出该两属性效用函数 $U(X, Y)$，其中，k_1 和 k_2 是两属性的相对重要性。

【例 17－5】 某公司在制定价格和广告策略时面临两个决策方案，每一决策方案的实施均会引起市场占有率和投资回报率的变化，如表 17－3 所示。其决策树如图 17－5 所示。

表 17－3　某公司的决策问题

决策方案	市场占有率 X(%)	投资回报率 Y(%)	概　率
1	4	12	0.6
	6	6	0.4
2	5	8	0.3
	3	13	0.5
	4	8	0.2

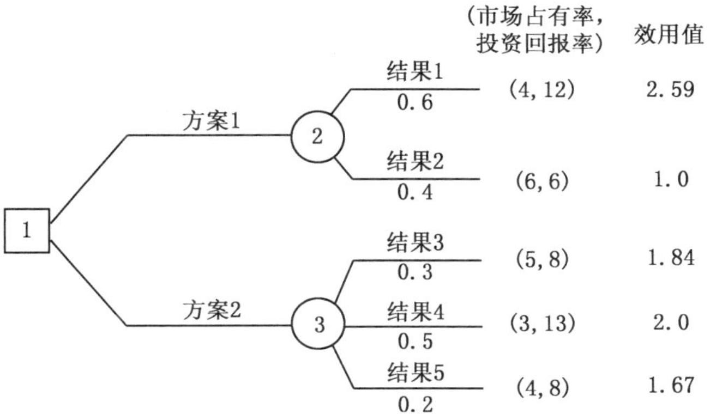

图 17-5　某公司决策问题的决策树

假设通过分析，该公司决策者认为两属性——市场占有率 X 和投资回报率 Y——的效用相互独立，则该决策问题的效用函数可用加性效用函数描述，即：

$$U(X, Y)=k_1U_1(X)+k_2U_2(Y)$$

再假设市场占有率和投资回报率的效用函数如图 17-6、图 17-7 所示。图中，市场占

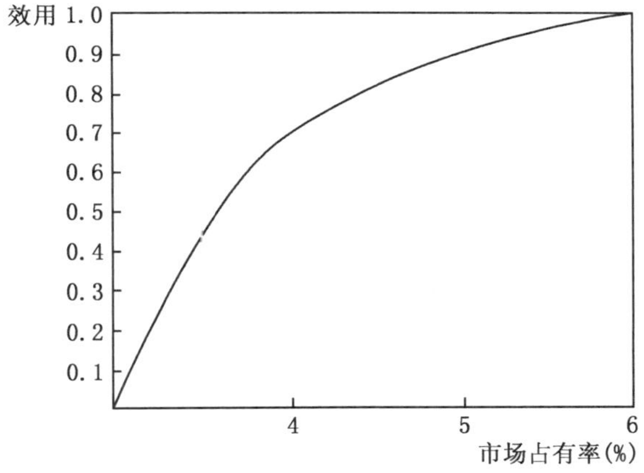

图 17-6　市场占有率的效用函数

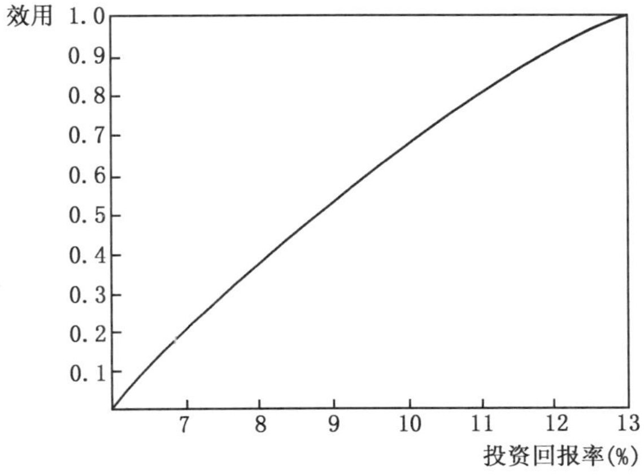

图 17-7　投资回报率的效用函数

有率和投资回报率的边界分别是市场占有率和投资回报率的最大值和最小值。

通过进一步的分析,决策者认为投资回报率比市场占有率更重要,并赋值 $k_2=2k_1$。这表明投资回报率的重要程度是市场占有率的 2 倍。当然,如果该决策者的效用函数取值范围发生变化,则其权数也要调整。例如,在本例中,如果该决策者面临的最小投资回报率是 0%,最大投资回报率为 20%(区间大于目前的 8%到 13%),那么,即使其他条件不变,其投资回报率效用函数也会不一样,投资回报率效用函数值的权数就会不相同。

假设经过综合分析,该决策者决定 $k_2=2k_1$,则可令 $k_1=1$,$k_2=2$,因此,各结果分枝的效用值可计算如下:

结果 1:　　$U=1\times0.75+2\times0.92=2.59$

结果 2:　　$U=1\times1+2\times0=1$

结果 3:　　$U=1\times0.92+2\times0.46=1.84$

结果 4:　　$U=1\times0+2\times1=2$

结果 5:　　$U=1\times0.75+2\times0.46=1.67$

因此,各决策方案的期望值分别为:

方案 1:　　$EU=0.6\times2.59+0.4\times1=1.954$

方案 2:　　$EU=0.3\times1.84+0.5\times2+0.2\times1.67=1.886$

这表明决策方案 1 优于决策方案 2。

上面介绍的两属性效用决策方法可以推广到多属性效用决策问题的决策分析中去。对于上面的两属性效用决策问题,即使我们不能假设这两个属性的效用相互独立,因而不能采用加性效用函数结构,也可以通过直接做决策者的二维效用曲面计算出各决策方案的期望效用值。如果决策问题的属性较多,则直接制作决策者的效用曲面就非常困难了,因此,假设各属性的效用相互独立,效用函数结构为加性效用函数结构形式,就能使多属性效用决策问题变得简单。如果各属性效用相互独立,就可以分别计算各属性的效用值,然后采取线性加权方法求出总的效用值。

很多情况下,假设各属性效用相互独立,从而采用加性效用函数结构,都能够取得较高的可靠度。但在决定是否采用加性效用函数结构之前,仍需进行严谨的分析,确保各属性效用相互独立假设的合理性。如果加性效用函数结构基本可行,但需要进行一些修正,则下式是一种可行的修正模型:

$$U(X,Y)=k_1U_1(X)+k_2U_2(Y)+k_3U_1(X)U_2(Y)$$

多目标效用函数还可以具有其他形式,如乘积形式等,它们都在实践中具有较广的应用范围。

三、加权评分法

上面的分析表明,采用加性效用函数结构能使复杂的多目标效用决策问题简单化。下面通过一个较复杂的例题,进一步介绍多目标效用决策分析。

【例 17-6】 某企业决定购置一辆新车,并且已经打算在三种设计和价格差不多的品牌中选购一辆。这三种牌号的车均符合该企业的基本要求,但该企业负责人却一时不能决定购买哪一种牌号的汽车。通过分析,该企业负责人认为其效用函数是加性的,且各属性都相互独立，这些属性包括舒适、性能、节能、造型、特点、引擎质量和功率，则效用函数可表示为：

$$U(\text{汽车}_i)=f(\text{舒适},\text{性能},\text{节能},\text{造型},\text{特点},\text{引擎质量},\text{功率})$$

或：

$$U(Y_i)=f(X_1,\ X_2,\ X_3,\ X_4,\ X_5,\ X_6,\ X_7)$$

该负责人通过仔细分析后认为，在上述七个属性内，可以认为各属性效用值是相互独立的。且因为要比较的三辆车很相似，因此，可以应用加性效用函数，即：

$$U(Y_i)=k_1U_1(X_1)+k_2U_2(X_2)+\cdots+k_7U_7(X_7)$$

同时，该负责人还将这三辆汽车的不同属性进行了评分，其结果见表 17－4，其评分标准采取从 0 分到 10 分，0 分是最低分，10 分是最高分。

表 17－4　汽车购买决策分析

	汽车牌号 Y_1	汽车牌号 Y_2	汽车牌号 Y_3
舒适 X_1	6	9	7
性能 X_2	5	3	9
节能 X_3	9	6	7
造型 X_4	5	8	8
特点 X_5	6	7	5
引擎质量 X_6	7	6	9
功率 X_7	3	8	5

上式中的 k_i 值是各属性的相对权重，该企业负责人通过以下两两比较计算出 k_i 值：

(1) 节能的重要性是功率的 2 倍；

(2) 舒适与节能同等重要；

(3) 舒适的重要性是引擎质量的 1.5 倍；

(4) 造型与功率同等重要；

(5) 特点与引擎质量同等重要；

(6) 性能的重要性是功率的 1.5 倍。

根据上述两两比较，有：

$$k_3=2k_6 \qquad k_1=k_3$$

$$k_1=1.5k_5 \qquad k_4=k_6$$

$$k_7=k_5 \qquad k_2=1.5k_6$$

根据上述结果，可以得到一组解为：

$$k_1=2 \qquad k_2=1.5$$

$$k_3=2 \qquad k_4=1$$

$$k_5=1.33 \qquad k_6=1$$

$$k_7=1.33$$

通过做进一步的两两比较,并为了保持各比较的一致性,最后,该负责人确定各权值如下:

$$k_1=1.8 \qquad k_2=1.5$$
$$k_3=2.2 \qquad k_4=1$$
$$k_5=1.33 \qquad k_6=1$$
$$k_7=1.4$$

然后,就可以计算出购买不同汽车的效用值:

$$U(Y_1)=1.8\times6+1.5\times5+2.2\times9+1\times5+1.33\times7+1\times3+1.4\times6$$
$$=63.83$$
$$U(Y_2)=1.8\times9+1.5\times3+2.2\times6+1\times8+1.33\times6+1\times8+1.4\times7$$
$$=67.7$$
$$U(Y_3)=1.8\times7+1.5\times9+2.2\times7+1\times8+1.33\times9+1\times5+1.4\times5$$
$$=73.5$$

可见,第三种牌号的汽车最优,其次为第二种牌号的汽车。

第四节 优劣系数法

一、目标权数的确定

优劣系数法是多目标决策中的常用方法之一。在计算优劣系数之前,必须首先确定各目标的权数。

【例 17-7】 某公司准备新建一工厂,考虑的主要目标有建厂投资、建成年限、建成后需投入流动资金、年产值、产值利税率和环境污染。表 17-5 列出了三个不同方案的目标值。

表 17-5 不同方案目标值

目 标	单 位	方案 1	方案 2	方案 3
建厂投资	万元	1 000	860	750
建成年限	年	5	4	3
建成后需投入流动资金	万元	458	333	385
年产值	万元	2 600	1 960	2 200
产值利税率	%	12	15	12.5
环境污染		3	6	5

其中,环境污染以 1~9 的数字表示,数字越大,表明环境污染越轻。

从表 17-5 中可以看出,没有一个方案绝对优于其他方案,也没有一个方案的各项指标绝对劣于其他方案。一般而言,对决策者来说,各目标的重要性并不是一样的,有些目标相对重要一些,有些目标则相对次要一些,因此,需要对不同的目标给予不同的权数。下面介绍几种确定权数的方法。

(一) 简单编码法

简单编码法是将目标按重要性依次排序,最次要的目标定为1,然后按自然数顺序由小到大确定权数。如有 A, B, C, D 四个目标,依重要性排序为 B, C, A, D,则其权数分别为4, 3, 2, 1,将权数归一化,则权数分别是:A,0.2;B,0.4;C,0.3;D,0.1。按简单编码法计算权数方法简单,但权数差别小,欠缺合理性。

(二) 环比法

环比法是将各目标随机排成一行,然后按排列顺序将两个目标对比,得出环比比率再连乘,把环比比率换算为以最后一个目标为基数的定基比率,然后进行归一化处理。如有四个目标,其权数确定如表17-6所示。

表17-6　用环比法确定目标权数

目　标	A	B	C	D	合　计
环比	1.5	0.5	2	1	
以 D 为基环比	1.5	1	2	1	5.5
权数	0.272 727	0.181 818	0.363 636	0.181 818	1

环比的第一个数据表示 A 比 B 重要1.5倍,0.5表示 B 的重要性是 C 的一半。第三行数据由第二行算出:它以 D 为基数1,C 的重要性为 D 的2倍,故取值2;B 是 C 的重要性的一半,故取值 $0.5\times2\times1=1$;以下类推。最后一行是以合计数为分母、第三行数据为分子计算出来的。

(三) 优序图

优序图是一个棋盘式表格,横行和纵列都是要比较的目标,每一格填上两两对比的数字,重要性可用1、2、3、4、5表示,数字越大,表明重要性越大。当两个目标相比时,如一个目标的重要性为5,则另一个目标的重要性为0;如一个目标的重要性为4,则另一个目标的重要性为1。假设决策者根据本原则,对本案例的目标进行两两比较后所得结果如表17-7所示。将各行数值加起来,即得各行的合计数,将各行合计数除以总数75,即得各目标的权数。

表17-7　目标两两比较值

	目标1	目标2	目标3	目标4	目标5	目标6	合计	权数
目标1		3	4	5	3	4	19	0.253 3
目标2	2		4	4	3	3	16	0.213 3
目标3	1	1		4	2	2	10	0.133 3

续 表

	目标 1	目标 2	目标 3	目标 4	目标 5	目标 6	合计	权数
目标 4	0	1	1		1	2	5	0.066 7
目标 5	2	2	3	4		3	14	0.186 7
目标 6	1	2	3	3	2		11	0.146 7
合 计							75	100

二、优系数和劣系数的计算

由于各项目标值的计量单位不一样,因此,在计算优劣系数之前,需要做标准化工作。标准化的公式为:

$$X=\frac{99(C-B)}{A-B}+1$$

式中,A 是最好方案目标值,B 是最坏方案目标值,C 是待评价方案目标值。

【例 17-8】 第一行建厂投资目标中,方案 3 数据最好,定其为 100;方案 1 数据最差,定其为 1。则方案 2 的 X 值为:

$$X=\frac{99\times(860-1\,000)}{750-1\,000}+1=56.44$$

以此类推,可得表 17-8。

表 17-8 目标与方案

目 标	方案 1	方案 2	方案 3
建厂投资(目标 1)	1	56.44	100
建成年限(目标 2)	1	50.5	100
建成后需投入流动资金(目标 3)	1	100	58.816
年产值(目标 4)	100	1	38.125
产值利税率(目标 5)	1	100	17.5
环境污染(目标 6)	1	100	67

接下来,就可以计算优系数了。所谓"优系数",是指一方案优于另一方案所对应的权数之和与全部权数之和的比率。例如,将方案 1 与方案 2 相比,方案 1 只有年产值一项优于方案 2,根据表 17-7,年产值的权数为 5,因此,方案 1 对于方案 2 的优系数为 5/75=0.067。同理,可计算出其他优系数,如表 17-9 所示。

表 17-9　优系数计算表

	方案 1	方案 2	方案 3
方案 1		0.066 7	0.066 7
方案 2	0.933 3		0.466 7
方案 3	0.933 3	0.533 3	

优系数只反映优的目标的多少，以及这些目标的重要性，而不反映目标优的程度。为了综合比较各方案的优劣，还需要计算劣系数。劣系数是通过对比两方案的优极差和劣极差来计算的。所谓"优极差"，是一方案与另一方案相比，对应的那些目标中优势目标数值相差最大者；所谓"劣极差"，是指一方案劣于另一方案的那些目标中数值相差最大者。劣系数等于劣极差除以优极差与劣极差之和。例如，方案 2 优于方案 3 的目标有目标 3、目标 5、目标 6，其差值为：

$$100-58.816=41.184 \qquad 100-17.5=82.5 \qquad 100-67=33$$

82.5 为最大差值，即优极差，而方案 2 在其余目标上劣于方案 3，其差值为：

$$100-56.44=43.56 \qquad 100-50.5=49.5 \qquad 38.125-1=37.125$$

49.5 为最大值，即为劣极差，因此，方案 2 与方案 3 相比的劣系数为：

$$\frac{劣极差}{劣极差+优极差}=\frac{49.5}{49.5+82.5}=0.375$$

同理，可推得劣系数如表 17-10 所示。

表 17-10　劣系数计算表

	方案 1	方案 2	方案 3
方案 1		0.5	0.615 4
方案 2	0.5		0.375
方案 3	0.384 6	0.625	

劣系数只反映目标劣的程度，不反映劣的目标数，因此在进行决策时，应综合考虑优、劣系数。

优劣系数法是根据优劣系数逐步淘汰不理想的方案。优系数的最好标准是 1，劣系数的最好标准是 0，但在实际决策时，不可能达到这一标准，因而是通过逐步降低标准而不断淘汰方案。例如，取优系数为 0.9、劣系数为 0.1 时，由表 17-9 可知，方案 2 和方案 3 与方案 1 相比的优系数都大于 0.9，因而淘汰方案 1。如取优系数 0.75，劣系数 0.39，则由表 17-10 可知，方案 2 与方案 3 相比的劣系数小于 0.39，因此，淘汰方案 3，即在本例中，方案 2 最优。

第五节 模糊决策法

一、基本概念

在现实生活中,很多概念都是模糊的。如高个子,身高达到多少即算高个子,并无明确的定义,不同的人会有不同的理解。另外,如商品的舒适、美观、价格合理等概念也是模糊的。这些概念的内涵是明确的,但外延则是模糊的。正因为在现实经济生活中,很多概念都是模糊的,利用模糊数学进行决策分析的应用就越来越广,模糊决策方法正成为决策领域中一种很有实用价值的工具。

(一) 模糊集合

设 X 为一基本集,若对每个 $x\in X$,都指定一个数 $\mu_{\underset{\sim}{A}}(x)\in[0,1]$,则定义模糊子集$\underset{\sim}{A}$:

$$\underset{\sim}{A}=\left\{\left|\frac{\mu_{\underset{\sim}{A}}(x)}{x}\right|x\in X\right\}$$

$\mu_{\underset{\sim}{A}}(x)$称为$\underset{\sim}{A}$的隶属函数,$\mu_{\underset{\sim}{A}}(x_i)$称为元素 x_i 的隶属度。

当 X 是可数集合, $X=\{x_1, x_2, \cdots, x_n\}$ 时,则:

$$\underset{\sim}{A}=\sum_{i=1}^{n}\frac{\mu_{\underset{\sim}{A}}(x_i)}{x_i}$$

当 X 中元素不可数时,则记为:

$$\underset{\sim}{A}=\int_{x\in X}\frac{\mu_{\underset{\sim}{A}}(x_i)}{x_i}\mathrm{d}x$$

隶属函数 $\mu_{\underset{\sim}{A}}(x)\in[0,1]$,即 $0\leqslant\mu_{\underset{\sim}{A}}(x)\leqslant 1$。

例如,设某 4 人 a、b、c、d 属于高个子的程度分别为 0.8, 0.5, 0.6, 0.2,则该集合可表示成:

$$\underset{\sim}{A}=\frac{0.8}{a}+\frac{0.5}{b}+\frac{0.6}{c}+\frac{0.2}{d}$$

上式中的"+"称为查德符号,表示模糊集合的元素相并列,没有相加的含义。

(二) 隶属函数的确定

实践中隶属函数的确定有许多方法,各种方法的客观程度也不一样。下面介绍模糊统计确定隶属函数的方法。该方法是先选取一个基本集,然后取其中任一元素 x_i,再考虑此元素属于集合$\underset{\sim}{A}$的可能性。例如,先确定模糊集合是高个子,然后考虑某人 a 属于高个子模糊集合的可能性,为得到量化的数据,可以邀请一些人来评判 a 是否为高个子,由于人们对高个子的认识不一样，有人会认为是，有人则会认为不是，这样可以得到：

$$\mu(a)=\lim_{n\to\infty}\frac{a\in \underset{\sim}{A}\text{的次数}}{n}$$

这里的 n 是参加评判总人数，试验次数只要充分大，$\mu(a)$就会趋向[0, 1]中的一个数，此数即为隶属度。

（三）截集

模糊集合的 λ 截集是指 X 中对$\underset{\sim}{A}$的隶属度不小于 λ 的一切元素组成的普通集合，其定义为：

对于给定的实数 $\lambda(0\leqslant\lambda\leqslant 1)$，定义：

$$\underset{\sim}{A}_{\lambda}=\{x \mid \mu_{\underset{\sim}{A}}(x)\geqslant\lambda\}$$

为$\underset{\sim}{A}$的 λ 截集，其中，λ 叫置信水平。

二、模糊决策的应用

下面通过一个实例来介绍模糊决策的应用。

【例 17－10】　某公司在研究产品发展方向时，有两个方案可供考虑：方案 A 是生产产品型号甲，方案 B 是生产产品型号乙。公司决策层对产品进行了功能分析，认为产品应具有耐磨性、舒适性和美观性三大功能，相应的功能集合为：

$$X=\{X_1(\text{舒适性}),X_2(\text{耐磨性}),X_3(\text{美观性})\}$$

针对不同功能因素，由有代表性的顾客子集对这三个因素进行评述，评级域定为：

$$V=\{V_1(\text{很好}),V_2(\text{好}),V_3(\text{不太好}),V_4(\text{不好})\}$$

对产品型号甲的"舒适性"，顾客中有 30%认为"很好"，60%认为"好"，还有 10%认为"不太好"，却无人认为"不好"。则对产品型号甲的"舒适性"的评价为：

$$(0.3,\ 0.6,\ 0.1,\ 0)$$

相似地，可得出产品型号甲的"耐磨性"和"美观性"的评价分别为：

$$(0.3,\ 0.6,\ 0.1,\ 0)$$

$$(0.4,\ 0.3,\ 0.2,\ 0.1)$$

同样，对产品型号乙的"舒适性""耐磨性"和"美观性"的评价为：

$$(0.1,\ 0.2,\ 0.6,\ 0.1)$$

$$(0.1,\ 0.3,\ 0.5,\ 0.1)$$

$$(0.2,\ 0.2,\ 0.3,\ 0.3)$$

于是，可就 A、B 两个方案，写出评价矩阵：

$$R_A=\begin{pmatrix}0.3 & 0.6 & 0.1 & 0\\0.3 & 0.6 & 0.1 & 0\\0.4 & 0.3 & 0.2 & 0.1\end{pmatrix}$$

$$R_B=\begin{pmatrix}0.1 & 0.2 & 0.6 & 0.1\\0.1 & 0.3 & 0.5 & 0.1\\0.2 & 0.2 & 0.3 & 0.3\end{pmatrix}$$

由于顾客对“舒适性”“耐磨性”和“美观性”的要求不一样，三者有所不同，因此，要考虑相应地加上不同权值，如：

舒适性给予权值 0.3；

耐磨性给予权值 0.3；

美观性给予权值 0.4。

以上权值满足归一化要求，即 $0.3+0.3+0.4=1$，这三个权值组成 X 上的一个模糊向量：

$$W=(0.3,\ 0.3,\ 0.4)$$

由此得出顾客对 A、B 两个方案的综合评价：

$$\begin{aligned}B_A&=W\times R_A\\&=(0.3,\ 0.3,\ 0.4)\begin{pmatrix}0.3 & 0.6 & 0.1 & 0\\0.3 & 0.6 & 0.1 & 0\\0.4 & 0.3 & 0.2 & 0.1\end{pmatrix}\\&=(0.4,\ 0.3,\ 0.2,\ 0.1)\end{aligned}$$

上式中是按最大最小规则求解的，如：

$$\begin{aligned}b_1&=(0.3\wedge 0.3)\vee(0.3\wedge 0.3)\vee(0.4\wedge 0.4)\\&=0.3\vee 0.3\vee 0.4\\&=0.4\end{aligned}$$

式中，“$\wedge$”表示取小值，“$\vee$”表示取大值。其余可类似求出。

同理：

$$\begin{aligned}B_B&=W\times R_B\\&=(0.3,0.3,0.4)\begin{pmatrix}0.1 & 0.2 & 0.6 & 0.1\\0.1 & 0.3 & 0.5 & 0.1\\0.2 & 0.2 & 0.3 & 0.3\end{pmatrix}\\&=(0.2,0.3,0.4,0.3)\end{aligned}$$

因为 $0.2+0.3+0.4+0.3=1.2\neq 1$，做归一化处理，得：

$$B_B=(0.17,\ 0.25,\ 0.33,\ 0.25)$$

现在，将评价结果作为自然状态概率，结合各方案的损益值，制作成模糊决策表，如表 17－11 所示。

表 17-11　模糊决策表　　单位：万元

自然状态		产品评价			
		V_1	V_2	V_3	V_4
状态概率	方案 A	0.4	0.3	0.2	0.1
	方案 B	0.17	0.25	0.33	0.25
损 益 值	方案 A	1 000	800	300	−300
	方案 B	800	700	200	−200

根据表 17-11 中各自然状态概率和损益值，可计算出每一方案的期望损益值。

$$E_A = 0.4 \times 1\,000 + 0.3 \times 800 + 0.2 \times 300 + 0.1 \times (-300)$$
$$= 670(\text{万元})$$
$$E_B = 0.17 \times 800 + 0.25 \times 700 + 0.33 \times 200 + 0.25 \times (-200)$$
$$= 327(\text{万元})$$

因此，应采用方案 A，即生产产品型号甲。

四 本章小结

1. 统计决策中的目标通常不会只有一个，而是有多个目标，具有多个目标的决策问题的决策，称为多目标决策。多目标决策具有两个较明显的特点：(1) 目标之间的不可公度性，即众多目标之间没有一个统一标准。(2) 目标之间的矛盾性，某一目标的改善往往会损害其他目标的实现。

处理多目标决策问题一般遵循两个原则：(1) 在满足决策需要的前提下，尽量减少目标个数。(2) 分析各目标重要性大小，分别赋予不同权数。

2. 层次分析法，简称 AHP 法，是用于处理有限个方案的多目标决策方法。层次分析法的基本思想是把复杂问题分解成若干层次，在最低层次通过两两对比得出各因素的权重，通过由低到高的层层分析，最后计算出各方案对总目标的权数，权数最大的方案即最优方案。

3. 多属性效用决策采用将目标值转化为效用值之后，再进行加权，并构成一个新的综合的单目标函数。再根据期望效用值最大原则，解决多属性效用决策问题。

对于具有两个属性(以 X、Y 表示)的决策问题，定义效用函数为 $U(X, Y)$。如果 X 与 Y 桓互独立，则两属性效用函数可以表示为以下加性效用函数，即：$U(X, Y) = k_1U_1(X) + k_2U_2(Y)$，其中 k_1，k_2 为常数，然后就可以通过分别求出决策者的效用函数$U(X)$和$U(Y)$，从而求出该两属性效用函数 $U(X, Y)$。

4. 优劣系数法是通过计算各方案的优系数和劣系数，然后根据优系数和劣系数的大小，逐步淘汰决策方案，最后剩下的方案即最优方案。在计算优系数和劣系数之前，必须确定各目标的权数。确定各目标权数的方法有简单编码法、环比法和优序图等。

5. 在现实经济生活中,很多概念都是模糊的,因此,应用模糊数学解决决策问题越来越广泛。

思考与练习

一、单项选择题

1. 层次分析法的核心是(　　)。

A. 损益矩阵　　B. 判断矩阵

C. 层次结构　　D. 确定权重

2. 用优劣系数法进行多目标决策,首先要(　　)。

A. 确定各目标的权数　　B. 对各目标标准化

C. 计算优系数　　D. 计算优极差和劣极差

3. 层次分析法的基本假设是(　　)。

A. 层次之间相互影响　　B. 各目标重要性能够比较

C. 层次之间存在递进结构　　D. 各目标重要性可以定量化

4. 4 阶的完全一致性判断矩阵的 4 个特征值是(　　)。

A. (4, 4, 0, 0)　　B. (4, 0, 0, 0)

C. (4, 4, 4, 0)　　D. (4, 4, 4, 4)

5. 对 n 阶判断矩阵进行一致性检验,要计算一致性指标,其计算公式为(　　)。

A. $(\lambda_{max}-n)/(n-1)$　　B. $(\lambda_{max}-1)/(n-1)$

C. $(\lambda_{max}-n)(n-1)$　　D. $\lambda_{max}/(n-1)$

6. 某层次判断矩阵通过了一致性检验,其最大特征值对应的特征向量为(5, 2, 3),那么该层目标的权重向量为(　　)。

A. (5, 2, 3)　　B. (1, 2/5, 3/5)

C. (1/5, 1/2, 1/3)　　D. (0.5, 0.2, 0.3)

7. 建立多属性效用函数的第一步是(　　)。

A. 列出收益矩阵表　　B. 判断有没有可能制作出效用曲面

C. 辨识属性和属性数量　　D. 建立效用函数

8. 优劣系数法应用时要综合考虑优系数和劣系数,优系数和劣系数分别是(　　)时为最好标准。

A. 0, 1　　B. 1, 0

C. 1, 1　　D. 0, 0

二、多项选择题

1. 多目标决策的特点有(　　)。

A. 各目标之间的不可公度性　　B. 各目标之间的矛盾性

C. 各目标之间的一致性　　D. 各目标之间的统一性

2. 解决多目标决策问题,一般遵循的原则是(　　)。

A. 尽量减少目标个数

B. 对各目标按重要性赋予权数
C. 归并类似的目标
D. 先考虑重要性大的目标,再考虑次要目标

3. 下列(　　)属于多目标决策方法。

A. 多属性效用决策法　B. 层次分析法
C. 优劣系数法　D. 决策树法
E. 模糊决策法　F. α 系数决策方法

4. 对一判断矩阵进行一致性检验,得到检验系数为0.2。由此断言(　　)。

A. 检验方法不合理　B. 判断矩阵不具有一致性
C. 判断矩阵需要重新调整　D. 一定是计算错误

5. 关于多属性效用决策法的描述,正确的有(　　)。

A. 多属性效用决策法最终是把多目标效用综合为单目标效用
B. 使用多属性效用决策法是采用加性效用函数求得多目标效用值
C. 多属性效用决策法是根据期望效用值最大原则解决决策问题
D. 多属性效用函数的构造很困难

6. 优劣系数法确定权数的方法有(　　)。

A. 简单编码法　B. 环比法
C. 优序图　D. 决策树法

7. 优系数和劣系数反映了(　　)。

A. 优系数反映优的目标的多少　B. 优系数反映目标优的程度
C. 劣系数反映劣的目标的多少　D. 劣系数反映目标劣的程度

8. 多目标决策的目标体系分类包括(　　)。

A. 单层目标体系　B. 树形多层目标体系
C. 非树形多层目标体系　D. 网络多层目标体系

9. 应用优劣系数法时,对目标值 Z 进行标准化,其中最好方案目标值为 X,最坏方案目标值为 Y,标准化正确的是(　　)。

A. $\dfrac{99(Z-Y)}{X-Y}+1$　B. $\dfrac{100(Z-Y)}{X-Y}+1$

C. $\dfrac{100(Z-Y)}{X-Y}-1$　D. $\dfrac{99Z-100Y+X}{X-Y}$

10. 多属性效用决策确定属性及其数量的基本原则是(　　)。

A. 确定的属性全面可行　B. 各属性不可再分解
C. 各属性没有重复　D. 属性数量最少

三、名词解释

1. 多目标决策
2. 完全一致性判断矩阵
3. 多属性效用决策
4. 优劣系数决策方法
5. 模糊决策法

四、简答题

1. 简述多目标决策的特点。
2. 多目标决策的目标体系分为哪几类？解决多目标决策问题一般遵循哪些原则？
3. 常用的解决多目标决策问题的方法有哪些？
4. 常用的多目标决策的目标体系分为哪几类？
5. 简述应用层次分析法的步骤。
6. 简述层次分析法中一致性检验的必要性。
7. 什么叫优系数？什么叫劣系数？确定各目标权数的方法有几种？
8. 简述应用模糊决策法的必要性。
9. 试比较多属性效用决策、层次分析法、优劣系数法这几种解决多目标决策问题方法的优缺点。

五、计算题

1. 设因素 A_1、A_2、A_3 对上一层次某因素 C 两两比较其相对重要性后的判断矩阵为：

$$A=\begin{pmatrix} 1 & 3 & 6 \\ \frac{1}{3} & 1 & 4 \\ \frac{1}{6} & \frac{1}{4} & 1 \end{pmatrix}$$

要求：求 A_1、A_2、A_3 的权重和最大特征根 λ_{max}。

2. 设某决策问题有如下图表所示的分层结构和判断矩阵。

要求：试求第三层诸因素的组合权重。

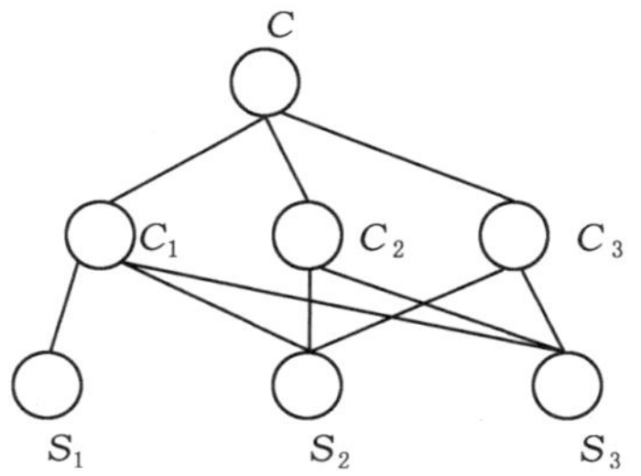

判断矩阵 $C \sim C_i$

C	C_1	C_2	C_3	权重
C_1	1	5	9	0.735 2
C_2	$\frac{1}{5}$	1	5	0.206 7
C_3	$\frac{1}{9}$	$\frac{1}{5}$	1	0.058 1
	$CR=0.000\,9$			

判断矩阵 $C_1 \sim S_i$

C_1	S_1	S_2	S_3	权重
S_1	1	3	6	0.644 2
S_2	$\frac{1}{3}$	1	4	0.270 5
S_3	$\frac{1}{6}$	$\frac{1}{4}$	1	0.085 2
	$CR=0.046\,2$			

判断矩阵 C_2, $C_3 \sim S_2$, S_3

C_2, C_3	S_2	S_3	权重
S_2	1	1	0.5
S_3	1	1	0.5
	$CI=0$		

3. 要购买一台机器，希望它的功率大、自重轻、价格低。但是对三种指标的重视程度不同，重视自重的程度为重视功率的3倍，重视价格的程度为重视功率的2倍。有设备甲和设备乙两种选择，对应指标值见下表。

要求：综合考虑三种指标，应该选择哪一种设备？如用优劣系数法决策，结果如何？并分析利用优劣系数法是否合适。

目　　标	方案一（设备甲）	方案二（设备乙）
功率(千瓦)	120	150
自重(千克)	750	600
价格(元)	7 000	8 000

4. 某决策问题如下表所示，其中对科学价值、推广难易和人才培养标以1～9个数字，数字越大则科学价值越大，推广越容易，对人才培养越有利。

要求：试计算优系数和劣系数，并做决策分析。

评价标准	D_1	D_2	D_3	D_4
经济价值(万元)	50	85	70	95
科学价值(万元)	5	8	2	4
研究费用(万元)	15	32	26	20
研究周期(年)	1	1.5	2.5	2
推广难易	8	2	3	5
人才培养	4	8	5	3

5. 某城市决定改变闹市区域的交通环境，制定了三种备选方案：修建天桥(D_1)，修建地下人行横道(D_2)，搬迁商场(D_3)。评价的标准有五个：通车能力(A_1)，方便过往行人及当地居民(A_2)，所花费用不能太高(A_3)，具有安全性(A_4)，保持市容美观(A_5)。两两对比的判断矩阵列于下表。

要求：试用层次分析法对此问题做出决策。

判断矩阵：

最优方案	A_1	A_2	A_3	A_4	A_5
A_1	1	3	5	3	5
A_2	1/3	1	3	1	3
A_3	1/5	1/3	1	1/3	3
A_4	1/3	1	3	1	3
A_5	1/5	1/3	1/3	1/3	1

A_1	D_1	D_2	D_3
D_1	1	1	5
D_2	1	1	5
D_3	1/5	1/5	1

A_2	D_1	D_2	D_3
D_1	1	3	5
D_2	1/3	1	2
D_3	1/5	1/2	1

A_3	D_1	D_2	D_3
D_1	1	4	7
D_2	1/4	1	4
D_3	1/7	1/4	1

A_4	D_1	D_2	D_3
D_1	1	1/2	1/3
D_2	2	1	1
D_3	3	1	1

A_5	D_1	D_2	D_3
D_1	1	1/2	1/3
D_2	2	1	1
D_3	3	1	1

思考与练习参考答案

第一章

一、单项选择题

1. A　2. B　3. D　4. A　5. B　6. C　7. D　8. A　9. D　10. D

二、多项选择题

1. ABC　2. ACD　3. ABCDE　4. AC　5. ABC　6. ABCDE　7. ABDE　8. DE　9. CDE　10. ABCDE

三、名词解释

略。

四、简答题

1. 实际资料是预测的依据,经济理论是预测的基础,数学模型是预测的手段,它们共同构成统计预测的三个要素。

2. 两者的主要联系是:

(1) 它们都以经济现象的数值作为研究对象。

(2) 它们都直接或间接地为宏观和微观的市场预测、管理决策、制定政策和检查政策等提供信息。

(3) 统计预测为经济定量预测提供所需的统计方法论。实践证明,如果没有科学的统计预测方法,经济定量预测就难以取得迅速的发展和较准确的结果。同时,统计预测也对经济预测结果的准确性进行研究,以便使预测方法得到不断完善。

两者的主要区别是:

(1) 从研究的角度来看,统计预测和经济预测都以经济现象的数值作为其研究对象,但着眼点不同。前者属于方法论研究,其研究结果表现为预测方法的完善程度;后者则是对实际经济现象进行预测,是一种实质性预测,其结果表现为对某种经济现象的未来发展做出判断。

(2) 从研究的领域来看,经济预测是研究经济领域中的问题,统计预测则被广泛地应用于人类活动的各个领域。

3. 统计预测按预测方法的性质,大致可分为定性预测法、回归预测法、时间序列预测法三类。

4. 统计预测中的定量预测要使用模型外推法。使用这种方法有以下两条重要原则:

(1) 连贯原则。所谓"连贯原则",是指事物的发展是按一定规律进行的,在其发展过程中,这种规律贯彻始终,不应受到破坏,它的未来发展与其过去和现在的发展没有什么根本的不同。

(2) 类推原则。所谓"类推原则",是指事物必须有某种结构,其升降起伏变动不是杂乱无章的,而是有章可循的。事物变动的这种结构性可用数学方法加以模拟,根据所测定的模型,类比现在,预测未来。

5. 统计预测研究一般要经过以下几个步骤:

(1) 确定预测的目的;

(2) 搜集和审核资料;

(3) 选择预测模型和方法;

(4) 分析预测误差,改进预测模型;

(5) 提出预测报告。

6.(1)在市场经济条件下,预测的作用是通过各个企业或行业内部的行动计划和决策来实现的。统计预测作用的大小取决于预测结果所产生效益的多少。

(2)影响预测作用大小的因素主要有:① 预测费用的高低;② 预测方法的难易程度;③ 预测结果的精确程度。

第二章

一、单项选择题

1. B　2. A　3. B　4. B　5. A　6. C　7. B　8. C

二、多项选择题

1. ABD　2. ABDE　3. ACD　4. ACE　5. ABC

三、名词解释

略。

四、简答题

1. 定性预测的特点在于:(1)着重对事物发展的性质进行预测,主要凭借人的经验以及分析能力;(2)着重对事物发展的趋势、方向和重大转折点进行预测。

2. 定性预测的优点在于:注重事物发展在性质方面的预测,具有较大的灵活性,易于充分发挥人的主观能动作用,且简单迅速,省事、省费用。其缺点在于:易受主观因素的影响,比较注重人的经验和主观判断能力,从而易受人的知识、经验和能力的多少、大小的束缚和限制,尤其是缺乏对事物发展做数量上的精确描述。

定量预测的优点在于:注重事物发展在数量方面的分析,重视对事物发展变化的程度做数量上的描述,更多地依据历史统计资料,较少受主观因素的影响。其缺点在于:比较机械,不易处理有较大波动的资料,更难以预测事物的变化。

定性预测和定量预测并不是相互排斥的,而是可以相互补充的,在实际预测过程中应该把两者结合起来正确地使用。

3. 德尔菲法的特点有:(1)反馈性;(2)匿名性;(3)统计性。

德尔菲法的优点在于:(1)可以加快预测速度和节约预测费用;(2)可以获得各种不同但有价值的观点和意见;(3)适用于长期预测和对新产品的预测,在历史资料不足或不可测因素较多时尤为适用。

德尔菲法的缺点在于:(1)对于分地区的顾客群或产品的预测可能不可靠;(2)责任比较分散;(3)专家的意见有时可能不完整或不切合实际。

4.(1)应该挑选在该领域具有专门知识的人作为专家,具体可分为生产研发环节、销售环节、使用消费环节等不同领域的专家。

(2)开放式问题,答案略。

(3)首先,主持预测的单位或领导小组对专家的预测意见加以归纳整理,对不同的预测值分别说明依据和理由(根据专家意见,但不注明哪个专家的意见),然后再寄给各位专家,要求专家修改自己原有的预测,以及提出还有什么要求。

其次,专家等人接到第二次通知后,就各种预测意见及其依据和理由进行分析,再次进行预测,提出自己修改的预测意见及其依据和理由。如此反复征询、归纳、修改,直到意见基本一致为止。修改的次数根据需要决定。

(4)开放式问题,答案略。

5. 主观概率是人们根据时间发展的客观性统计出来的一种概率。在很多情况下,人们无法计算出事件发生的客观概率,这时适合采用主观概率来描述事件发生的概率。主观概率法的预测步骤通常有:(1)准备相关资料;(2)编制主观概率表;(3)汇总整理;(4)判断预测。

6. 厂长(经理)评判意见法,就是由企业的负责人把与市场有关或者熟悉市场情况的各种负责人员和中层管理部门的负责人召集起来,让他们对未来的市场发展形势或某种市场问题发表意见,做出判断;然后，将各种意见汇总起来，进行分析研究和综合处理；最后，得出市场预测结果。

这种方法的优点在于：

(1) 迅速、及时和经济，不需要经过复杂的计算，也不需要多少预测费用，就可以及时得到预测结果。

(2) 集中了各个方面熟悉市场情况的有经验的中高级管理人员的意见，可以发挥集体的智慧，使预测结果比较可靠。

(3) 使用这种方法不需要大量的统计资料，更适合于对那些不可控因素较多的产品进行销售预测。

(4) 如果市场发生了变化，可以自己进行修正。

这种方法的缺点在于：

(1) 预测结果容易受主观因素影响。

(2) 对市场变化、顾客的愿望等问题了解不细，因此预测结果一般化。

7. 相互影响分析法是从分析各个事件之间由于相互影响而引起的变化以及变化发生的概率，来研究各个事件在未来发生的可能性的一种预测方法。

8. 情景预测法的特点是：(1) 使用范围很广，不受任何条件限制，只要是对未来的分析都可使用。(2) 考虑较全面，应用起来灵活。(3) 通过定性、定量分析相结合，为决策者提供主、客观相结合的未来情景。(4) 能及时发现未来可能出现的难题，以便采取行动消除或减轻它们的影响。

其基本步骤有：(1) 确定预测主题。(2) 根据预测主题，寻找资料，充分考虑主题将来会出现的状况。(3) 寻找影响主题的环境因素，要尽可能周全地分析不同因素的影响程度。(4) 将上述影响因素归纳为几个影响领域，分析不同影响领域下主题实现的可能性，同时分析是否有突发事件的影响，如有，影响如何。(5) 对各种可能出现的主题状态进行预测。

五、计算题

1. (1) 在预测时，最终一次判断是综合前几次的反馈做出的，因此，在预测时，一般取后一次判断为依据。如果按照 9 位专家第三次的平均值计算，则预测这个新产品的平均销售量为：

$$\frac{415+570+770}{3}=585(\text{千件})$$

(2) 将最可能销售量、最低销售量和最高销售量分别按 0.50、0.20 和 0.30 的概率加权平均，则预测平均销售量为：

$$570\times0.50+415\times0.20+770\times0.30=599(\text{千件})$$

(3) 用中位数计算，可将第三次判断按预测值高低排列如下：

最低销售量：	300	370	400	500	550	
最可能销售量：	410	500	600	700	750	
最高销售量：	600	610	650	750	800	900

中间项的计算公式为 $\frac{n+1}{2}$($n=$ 项数)。

最低销售量的中位数为第三项，即 400。

最可能销售量的中位数为第三项，即 600。

最高销售量的中位数为第三、第四项的平均数，即 700。

将最可能销售量、最低销售量和最高销售量分别按 0.50、0.20 和 0.30 的概率加权平均，则预测平均销售量为：

$$1\,200\times0.50+800\times0.20+1\,550\times0.30=1\,225(\text{台})$$

选择使用平均数或中位数的原则是：如果数据分布的偏态较大，一般使用中位数，以免受个别偏大或偏小的判断值的影响；如果数据分布的偏态比较小，一般使用平均数，以便考虑到每个判断值的影响。

2. 由题目数据建立如下表格：

销售人员	各种销售量估计(万件)		概　率	期望值(万件)
甲	最高销售量 最可能销售量 最低销售量	80 70 60	0.3 0.5 0.2	24 35 12
$\sum$	总期望值		1.0	71
乙	最高销售量 最可能销售量 最低销售量	75 64 55	0.2 0.6 0.2	15 38.4 11
$\sum$	总期望值		1.0	64.4
丙	最高销售量 最可能销售量 最低销售量	85 70 60	0.1 0.7 0.2	8.5 49 12
$\sum$	总期望值		1.0	69.5

(1) 对上述三位销售人员的最高、最可能以及最低销售量分别取期望值。

(2) 分别对三位销售人员的最高、最可能以及最低销售量的期望值加总,求得个人销售量预期的总期望值。

(3) 对三位销售人员的总期望值取平均数:

$$\frac{71+64.4+69.5}{3}=68.3(\text{万件})$$

最终以 68.3 万件为下一年的销售量预测。

3. (1) 综合考虑每一位调查人的预测,在每个累计概率上取平均值,得到在此累计概率下的预测需求量。由题干中的表可以得出该地产公司对 2024 年需求量预测最低可到 2 083 套,小于这个数值的可能性只有 1%。

(2) 该地产公司 2024 年的房产最高需求量可到 2 349 套,大于这个数值的可能性只有 1%。

(3) 可以用 2213 套作为 2024 年该地产公司对该区房产需求量的预测值。这是最大值与最小值之间的中间值。其累计概率为 50%,是需求量期望值的估计数。

(4) 取预测误差为 67 套,则预测区间为:(2 213−67)~(2213+67),即商品销售额的预测值为 2 146~2 280 套。

(5) 当预测需求量在 2 146 套和 2 280 套之间,在第(3)栏到第(8)栏的范围之内,其发生概率相当于 0.875−0.250=0.625。也就是说,需求量为 2 146~2 280 套的可能性为 62.5%。

4.

被调查人编　号	累 计 概 率								
	0.010 (1)	0.125 (2)	0.250 (3)	0.375 (4)	0.500 (5)	0.625 (6)	0.750 (7)	0.875 (8)	0.990 (9)
	冷饮销售额(万元)								
1	32	35	37	38	39	41	44	47	50
2	28	29	34	35	36	40	46	48	52

续 表

被调查人编号	累计概率								
	0.010 (1)	0.125 (2)	0.250 (3)	0.375 (4)	0.500 (5)	0.625 (6)	0.750 (7)	0.875 (8)	0.990 (9)
	冷饮销售额(万元)								
3	15	21	22	26	31	32	35	39	44
4	20	24	26	26	30	31	32	34	36
5	21	22	22	22	23	24	26	28	28
6	39	42	44	45	45	47	48	49	50
平均数	25.8	28.8	30.8	32	34	35.8	38.5	40.8	43.3

(1) 综合考虑每一位调查人的预测，在每个累计概率上取平均值，得到在此累计概率下的预测销售额。由上表可以得出该企业在 2024 年夏季的冷饮销售额最低可到 25.8 万元，小于这个数值的可能性只有 1%。

(2) 该企业在 2024 年夏季的冷饮销售额最高可到 43.3 万元，大于这个数值的可能性只有 1%。

(3) 可以用 34 万元作为 2024 年夏季该企业冷饮销售额的预测值。这是最大值与最小值之间的中间值。其累计概率为 50%，是冷饮销售额期望值的估计数。

(4) 期望以 62.5%做出区间预测。在 0.5 概率两边，在第(3)栏到第(8)栏的范围之内，其发生概率相当于 0.875－0.250＝0.625。则预测区间为 30.8～40.8，即在 62.5%的概率下冷饮销售额的预测值为 30.8 万～40.8 万元。

5. 部门负责人的判断意见提出之后：

(1) 绝对平均法。

下一年度某种型号笔记本电脑的销售量预测值为：

$$\frac{11\ 656+11\ 098+10\ 788}{3}\approx 11\ 181(\text{台})$$

(2) 加权平均法。

根据各部门负责人对市场情况的熟悉程度以及他们在以往的预测判断中的准确程度，分别给予不同部门负责人不同的评定等级，在综合处理时，采用不同的加权系数。例如，销售部门一般比较熟悉市场情况，其预测估计的可靠性较高，因此，在综合三个部门的判断意见时，应加强销售部门负责人的判断意见在综合结果中的影响。如定销售部门负责人的加权系数为 2，其他两个部门负责人的加权系数为 1，从而下一年度某型号笔记本电脑的销售预测值为：

$$\frac{11\ 656\times 2+11\ 098+10\ 788}{4}\approx 11\ 300(\text{台})$$

6. (1) 对每位销售人员的最低、最可能以及最高销售额的估计分别乘以他们的预期概率，得到对应的期望值。

(2) 把每位销售人员的期望值加总，得到该地区下年的预测值。

(3) 将 4 位销售人员的估计值汇总在一起，就可以得到企业下一年度销售额预测值为 15 183 万元。

六、分析题

(1) 确定预测主题

固定资产投资是影响 GDP 的重要因素，在此我们以固定资产投资作为预测 GDP 的自变量。

(2) 分析未来情景

地区经济健康发展，GDP 持续健康增长，可预见的 GDP 仍将稳定增长。

(3) 寻找影响因素

① 政策支持。

固定资产投资很大程度上受政府政策的影响，如对基础设施的建设和改善。这将极大地刺激固定资产投资。

② 企业投资意愿。

企业是市场经济的细胞。企业对经济的估计将会影响企业的固定资产投资从而影响经济。企业估计乐观时，将会加大固定资产投资；反之则减少。

(4) 具体分析

在这一案例中，我们设计了三个情景。

① 无突变情景。

一切趋势不变，固定资产以 2021 年 12.11%的增长趋势增长。则到 2022 年：

$$固定资产投资 = 2\,452.11 \times (1 + 12.11\%) = 2\,749.06(亿元)$$

② 乐观情景。

政府以 2022 年为契机大力投资。固定资产投资增长在 2022 年达到 3 000 亿元。

③ 悲观情景。

投资者和政府态度冷漠，固定资产投资不再增长。固定资产投资到 2022 年维持现在水平。

(5) 预测

首先，对历史资料建立回归方程：

$$GDP = b_0 + b_1 \times 固定资产投资 + \varepsilon$$

得到回归方程：

$$GDP = 128.47 + 2.06 \times 固定资产投资$$

其中 R-Squared 为 0.949 2，整体 F 检验方程高度显著。

① 在第一种无突变情景下，预测 GDP 为 5 791.53 亿元。

② 在第二种乐观情景下，预测 GDP 为 6 308.47 亿元。

③ 在第三种悲观情景下，预测 GDP 仍然为 5 179.82 亿元。

第三章

一、单项选择题

1. C 2. A 3. B 4. A 5. C 6. D 7. D 8. D 9. D 10. A

二、多项选择题

1. BD 2. ABCD 3. ACD 4. BCE 5. ABCDE 6. ABD 7. ACDE 8. ABC 9. ABC 10. ABDE

三、名词解释

略。

四、简答题

1. 多重共线性是多元回归中出现的问题，简单回归不存在此问题。由于各个自变量提供的是各个不同因素的信息，因此，假定各自变量同其他自变量之间是无关的。例如，假定把比赛到一半时的比分差和比赛结束时的比分差作为两个自变量，则两者中的每一个都是比分接近程度的度量，它们可能存在相关关系。这种关系会导致建立错误的回归模型以及得出使人误解的结论。为了避免这个问题，有必要对自变量之间的相关与否进行检验。任何两个自变量 x 和 z 之间的相关系数为：

$$r_{xz} = \frac{\sum (x-\bar{x})(z-\bar{z})}{\sqrt{\sum (x-\bar{x}^2)}\ \sqrt{\sum (z-\bar{z})^2}}$$

相关系数 γ_{xz} 的取值范围为−1 到 1。绝对值为 0 表示不相关，绝对值越接近 1 表示相关性越强，−1

表示负相关，1 表示正相关，γ_{xz} 的绝对值越接近 0 则表示 x 和 z 之间越不可能存在多重共线性，越接近 1 表示 x 和 z 之间越可能存在多重共线性。

2. 最小二乘估计就是要使 $Q=\sum\mu_i^2=\sum(y_i-\hat{y}_i)^2$ 达到最小。如此得到的估计值即为回归模型中回归系数的最小二乘估计。

3. 多元线性回归模型的总体显著性 F 检验是检验模型中全部解释变量对被解释变量的共同影响是否显著。通过了 F 检验，就可以认为模型中全部解释变量对被解释变量的共同影响是显著的，但却不能就此判定模型中的每一个解释变量对被解释变量的影响都是显著的。因此，还需要就每个解释变量对被解释变量的影响是否显著进行检验，即进行 t 检验。

4. 在社会现实经济生活中，很多现象之间的关系并不是线性关系，对这种类型现象的分析预测一般要应用非线性回归预测，通过变量代换，可以将很多的非线性回归转化为线性回归。

选择合适的曲线类型不是一件轻而易举的工作，主要依靠专业知识和经验。常用的曲线类型有幂函数、指数函数、抛物线函数、对数函数和 S 形函数。

5. 应用回归预测法时，应首先确定变量之间是否存在相关关系。如果变量之间不存在相关关系，对这些变量应用回归预测法就会得出错误的结果。

正确应用回归分析预测时，应注意：

① 用定性分析判断现象之间的依存关系；

② 避免回归预测的任意外推；

③ 应用合适的数据资料。

五、计算题

1. (14.36, 15.65)

2. (1) $r=-0.36$

(2) $\hat{y}=73.56-0.73x$，$R^2=0.129\,6$

(3) (60.51, 77.85)

3. (1) $r=0.969\,2$

(2) $\hat{y}=-34.5+7.68x$

(3) $R^2=0.939\,4$

(4) (93.83, 144.37)

4. (1) $\hat{y}=0.898+0.013\,4x$

(2) $R^2=0.481\,5$

(3) $F=5\,056>F_{0.05}(1,6)$，所以拒绝原假设，认为所建立的线性回归模型是显著的。

(4) 当体重为 75 千克时，身高平均值的 95%的置信区间是(1.728, 2.078)。

5. (1) $\hat{y}=24.454\,5+0.509\,1x$

(2) $R^2=0.962\,1$，说明回归直线的拟合优度比较好。

(3) 检验统计量 $t=14.260\,5>t_{0.025}(8)=2.306$，拒绝原假设，认为模型是合适的。

6. (1) $r=0.848$

(2) $b_0=8.304$，$b_1=0.001\,07$

(3) $R^2=0.719$

(4) $D\text{-}W=1.562$

(5) (13.78, 17.21)

7. (1) $r=0.967$

(2) $b_0=-40.31$，$b_1=85.65$，$t_b=7.97$

(3) (69.76, 363.53)

8. (1) $r=0.962\,2$

(2) $\hat{y} = -9.4916 + 2.7652x$

$R^2 = 0.9258$

9. $y_0 = 11.9928$

(11.025, 12.961)

10. (1) $R^2 = 0.6525$ $r = 0.8078$

(2) $\hat{y} = 134.79 + 0.3978x$ $t_b = 3.876$ $F = 15.02$

11. (1) $\hat{y} = 13.7685 + 4.0088x_1 + 2.7716x_2$

(2) $R^2 = 0.6617$

(3) $D\text{-}W = 0.1802$

(4) (37.25, 63.64)

12. (1) $\hat{y} = 2.0857 + 0.0570x_1 + 1.05x_2$

(2) (15.25, 41.65)

13. (1) $\hat{y} = -12.84 + 0.58x_1 + 0.76x_2$

(2) $R^2 = 0.5614$

(3) $F = 6.4705 > F_{0.05}(2, 11)$,拒绝原假设。

(4) $\hat{y}_0 = 34.26$(万箱)

六、分析题

(1) 不显著

(2) 有部分显著

(3) 弱

第四章

一、单项选择题

1. A 2. B 3. C 4. D 5. D 6. B 7. C 8. B 9. D 10. C

二、多项选择题

1. ABCD 2. AB 3. ABCD 4. AC 5. AC

三、名词解释

略。

四、简答题

1. 经济时间序列的变化受到长期趋势因素、季节变动因素、周期变动因素和不规则变动因素的影响。其中:

(1) 长期趋势因素(T)

长期趋势因素(T)反映了经济现象在一个较长时间内的发展方向,它可以在一个相当长的时间内表现为一种近似直线的持续向上或持续向下或平稳的趋势。

(2) 季节变动因素(S)

季节变动因素(S)是经济现象受季节变动影响所形成的一种长度和幅度固定的周期波动。

(3) 周期变动因素(C)

周期变动因素也称循环变动因素,它是受各种经济因素影响形成的上下起伏不定的波动。

(4) 不规则变动因素(I)

不规则变动又称随机变动,它是受各种偶然因素影响所形成的不规则变动。

2. 时间序列 Y 可以表示为以上四个因素的函数,即:

$$y_t = f(T_t, S_t, C_t, I_t)$$

时间序列分解的方法有很多,较常用的模型有加法模型和乘法模型。

加法模型为:

$$y_t = T_t + S_t + C_t + I_t$$

乘法模型为：

$$y_t = T_t \times S_t \times C_t \times I_t$$

乘法模型分解的基本步骤是：

(1) 运用移动平均法剔除长期趋势和周期变化，得到序列 TC。然后再用按月(季)平均法求出季节指数 S。

(2) 作散点图，选择适合的曲线模型拟合序列的长期趋势，得到长期趋势 T。

(3) 计算周期因素 C。用序列 TC 除以 T，即可得到周期变动因素 C。

(4) 将时间序列的 T、S、C 分解出来后，剩余的即为不规则变动，即：

$$I = \frac{Y}{TSC}$$

3. 当预测对象依时间变化呈现某种上升或下降的趋势，并且无明显的季节波动，又能找到一条合适的函数曲线反映这种变化趋势时，就可以用时间 t 为自变量，时序数值 y 为因变量，建立趋势模型：

$$y = f(t)$$

当有理由相信这种趋势能够延伸到未来时，赋予变量 t 所需要的值，就可以得到相应时刻的时间序列未来值。这就是趋势外推法。

4. 趋势外推法的假设条件是：

(1) 假设事物发展过程没有跳跃式变化，一般属于渐进变化。

(2) 假设事物的发展因素也决定事物未来的发展，其条件是不变或变化不大。

它的主要优点是可以揭示事物发展的未来，并定量地估计其功能特性。

5. 模型选择的基本方法有：

(1) 图形识别法

通过绘制以时间 t 为横轴、时序数据为 y 轴的散点图形，并将其与各种函数曲线模型进行比较，选择最合适的模型。

(2) 差分法

利用差分法把数据修匀，使非平稳的序列达到平稳序列，同时与各类模型的差分特点进行比较，选择合适的模型。

运用差分法选择模型的标准有：

差分特性	使用模型
一阶差分相等或大致相等	一次线性模型
二阶差分相等或大致相等	二次线性模型
三阶差分相等或大致相等	三次线性模型
一阶差分比率相等或大致相等	指数曲线模型
一阶差分的一阶比率相等或大致相等	修正指数曲线模型

五、计算题

1. 对时序数据进行一次差分处理，具体如下表所示：

时序(t)	y_t	y_t'
1	689.38	—
2	717.14	27.76

续　表

时序(t)	y_t	y_t'
3	747.29	30.15
4	776.29	29
5	806.75	30.46
6	834.93	28.18
7	863.21	28.28
8	892.98	29.77
9	921.5	28.52
10	950.77	29.27

从以上的时序数据一阶差分 y_t' 可以看出,序列在一阶差分后基本平稳,y_t' 在 28 左右波动,符合一次线性模型的差分特性。因此,该时序数据适合用一次线性模型拟合。

2. (1) 画散点图:

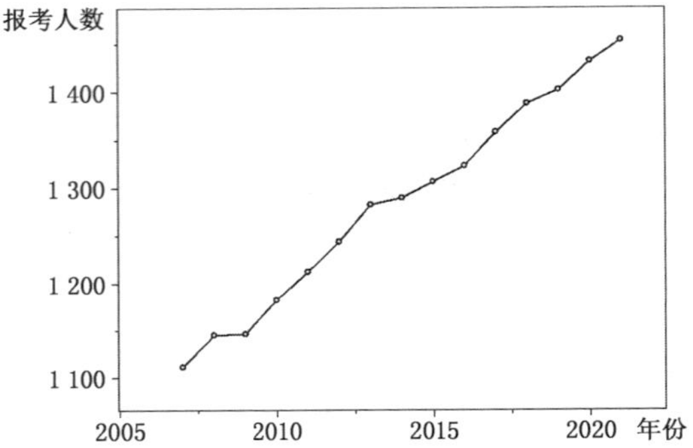

可以看出,数据大致成线性模型。

(2) 对数据运用线性模型进行拟合:

$$\hat{y}_t = b_0 + b_1 t$$

最终拟合方程为:

$$\hat{y}_t = 1\,089.55 + 24.43t$$

其中调整的 $R^2 = 0.993\,5$,$F = 1\,979 > F_{0.05}(1, 13)$,则方程通过显著性检验,拟合效果很好。标准误差为 9.19。

(3) 运用拟合模型进行预测分析。2022 年,$t = 16$,代入方程 $\hat{y}_t = 1\,089.55 + 24.43t$,得 $\hat{y}_{16} = 1\,480.43$,即预测 2022 年报考考生人数将达到 1 481 人。

3. (1) 画散点图:

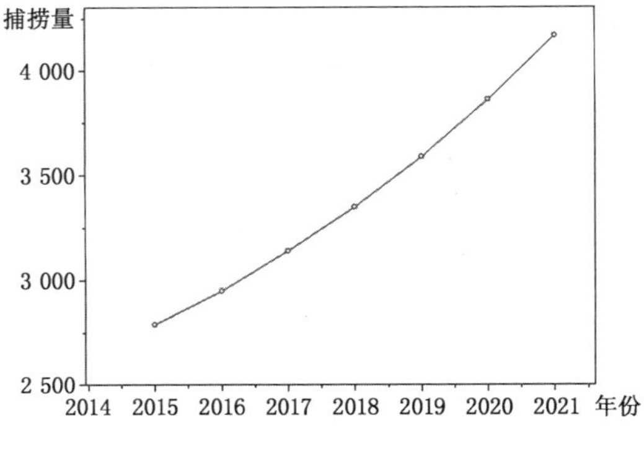

从图形可以看出，捕捞量大致符合一次线性或者二次曲线形式。以下分别做这两种拟合：

(2) 对数据进行一次线性方程拟合：

$$\hat{y}_t = b_0 + b_1 t$$

最终拟合方程为：

$$\hat{y}_t = 2\,491.71 + 228.78t$$

其中调整的 $R^2 = 0.988\,3$，$F = 421.6 > F_{0.05}(1, 5)$，则方程通过显著性检验，拟合效果很好。标准误差为 58.96。

(3) 对数据进行二次曲线方程拟合：

$$\hat{y}_t = b_0 + b_1 t + b_2 t^2$$

最终拟合方程为：

$$\hat{y}_t = 2\,664 + 113.93t + 14.36t^2$$

其中调整的 $R^2 = 1$，$F = 44\,360 > F_{0.05}(2, 4)$，则方程通过显著性检验，拟合效果很好。标准误差为 4.088。

(4) 通过以上两次模型的拟合分析，我们发现采用二次曲线模型拟合的效果更好。因此，运用方程 $\hat{y}_t = 2\,664 + 113.93t + 14.36t^2$ 进行预测。2022 年，$t = 8$，代入方程，得 $\hat{y}_8 = 4\,494.48$，即 2022 年捕捞量预测值为 4 494.48 千克。

4. (1) 画散点图：

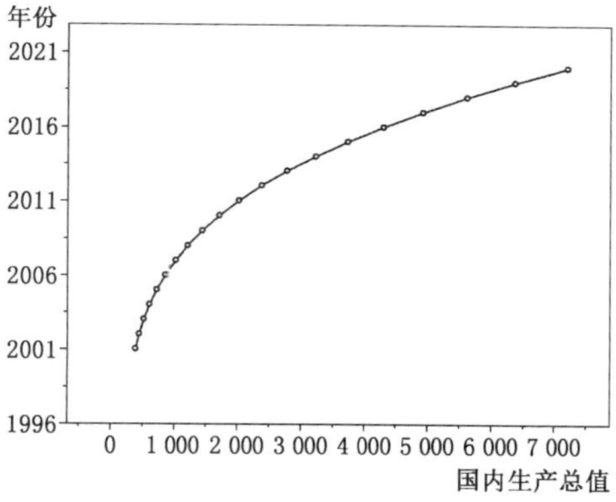

从图形可以看出，国内生产总值大致符合二次曲线形式。

(2) 对数据进行二次曲线方程拟合：

$$\hat{y}_t = b_0 + b_1 t + b_2 t^2$$

最终拟合方程为：

$$\hat{y}_t = 641.49 - 108.29t + 21.4t^2$$

其中调整的 $R^2 = 0.998\,4$，$F = 5\,228 > F_{0.05}(2, 17)$，则方程通过显著性检验，拟合效果很好。标准误差为 90.39。

(3) 运用方程 $\hat{y}_t = 641.49 - 108.29t + 21.4t^2$ 进行预测。2022 年，$t = 21$；2023 年，$t = 22$。分别代入方程，得 $\hat{y}_{21} = 7\,805.33$，$\hat{y}_{22} = 8\,617.3$，即 2022 年和 2023 年的预测值分别为 7 805.33 亿美元和 8 617.3 亿美元。

5. (1) 画散点图：

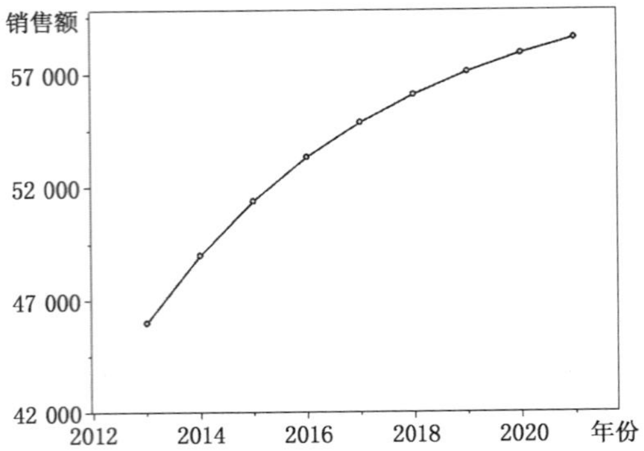

(2) 对数据进行修正指数拟合：

$$\hat{y}_t = a + bc^t$$

把数据分为三组：

年　份	时序(t)	销售量(y_t)
2013 2014 2015	0 1 2	46 000 49 000 51 400
$\sum \text{I} y$	—	146 400
2016 2017 2018	3 4 5	53 320 54 856 56 085
$\sum \text{II} y$	—	164 261
2019 2020 2021	6 7 8	57 088 57 900 58 563
$\sum \text{III} y$	—	173 551

运用求解公式：

$$\begin{cases} c = \left(\dfrac{\sum \text{III} y - \sum \text{II} y}{\sum \text{II} y - \sum \text{I} y}\right)^{\frac{1}{n}} \\ b = \sum \text{II} y - \sum \text{I} y \cdot \dfrac{c-1}{(c^n - 1)^2} \\ a = \dfrac{1}{n}\left(\sum \text{I} y - b \cdot \dfrac{c^n - 1}{c - 1}\right) \end{cases}$$

得到参数：

$$\begin{cases} c = \left[\dfrac{\sum \text{Ⅲ} y - \sum \text{Ⅱ} y}{\sum \text{Ⅱ} y - \sum \text{Ⅰ} y}\right]^{\frac{1}{n}} = \left(\dfrac{173\,551 - 164\,261}{164\,261 - 146\,400}\right)^{\frac{1}{3}} = 0.804 \\ b = \left(\sum \text{Ⅱ} y - \sum \text{Ⅰ} y\right) \cdot \dfrac{c-1}{(c^n-1)^2} = (164\,261 - 146\,400) \times \dfrac{0.804-1}{(0.804^3-1)^2} = -15\,202.3 \\ a = \dfrac{1}{n}\left(\sum \text{Ⅰ} y - b \cdot \dfrac{c^n-1}{c-1}\right) = \dfrac{1}{3}\left(146\,400 + 15\,202.3 \times \dfrac{0.804^3-1}{0.804-1}\right) = 61\,206.77 \end{cases}$$

因此，拟合模型为：

$$\hat{y}_t = 61\,206.77 - 15\,202.3 \times 0.804^t$$

(3) 对 2022 年做出预测：

2022 年，$t=9$，代入模型，得 $\hat{y}_9 = 61\,206.77 - 15\,202.3 \times 0.804^9 = 59\,072.67$，即 2022 年销售额预测值为 590 723 台。

(4) 由参数的经济意义可以知道，最高限额为 61 207 台。

6. (1) 画散点图：

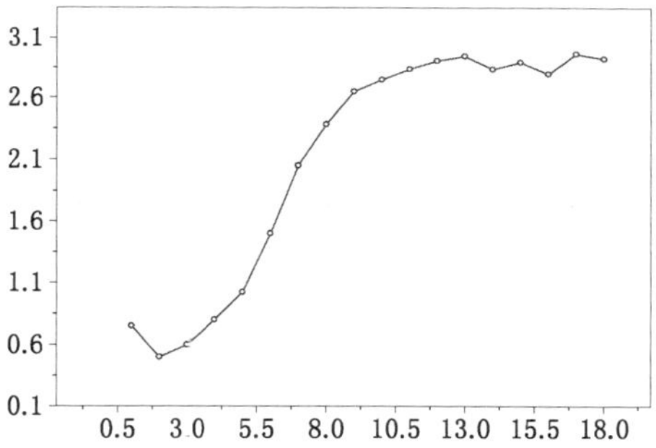

(2) 对数据进行龚珀兹曲线模型拟合：

$$\hat{y}_t = ka^{b^t}$$

对数据进行对数变换：

$$\lg y = \lg k + b^t \lg a$$

把数据分为三组：

月　份	时序(t)	销售量($\lg y_t$)
1	0	−0.124 94
2	1	−0.301 03
3	2	−0.221 85
4	3	−0.096 91
5	4	0.008 6
6	5	0.176 091
$\sum \text{Ⅰ} \lg y$		−0.560 04

续 表

月 份	时序(t)	销售量($\lg y_t$)
7	6	0.311 754
8	7	0.376 577
9	8	0.423 246
10	9	0.439 333
11	10	0.453 318
12	11	0.690 196
$\sum$ Ⅱ $\lg y$		2.694 424
13	12	0.469 822
14	13	0.453 318
15	14	0.462 398
16	15	0.447 158
17	16	0.472 756
18	17	0.466 868
$\sum$ Ⅲ $\lg y$		2.772 32

运用求解公式：

$$\begin{cases} b = \left(\dfrac{\sum \text{Ⅲ} \lg y - \sum \text{Ⅱ} \lg y}{\sum \text{Ⅱ} \lg y - \sum \text{Ⅰ} \lg y}\right)^{\frac{1}{n}} \\ \lg a = \left(\sum \text{Ⅱ} \lg y - \sum \text{Ⅰ} \lg y\right) \cdot \dfrac{b-1}{(b^n-1)^2} \\ \lg k = \dfrac{1}{n}\left(\sum \text{Ⅰ} \lg y - \lg a \cdot \dfrac{b^n-1}{b-1}\right) \end{cases}$$

得到参数：

$$\begin{cases} b = \left(\dfrac{\sum \text{Ⅲ} \lg y - \sum \text{Ⅱ} \lg y}{\sum \text{Ⅱ} \lg y - \sum \text{Ⅰ} \lg y}\right)^{\frac{1}{n}} = 0.536\ 8 \\ \lg a = \left(\sum \text{Ⅱ} \lg y - \sum \text{Ⅰ} \lg y\right) \cdot \dfrac{b-1}{(b^n-1)^2} = -1.588\ 2 \\ \lg k = \dfrac{1}{n}\left(\sum \text{Ⅰ} \lg y - \lg a \cdot \dfrac{b^n-1}{b-1}\right) = 0.462\ 4 \end{cases}$$

因此，拟合模型为：

$$\hat{y}_t = 2.9 \times 0.026^{0.536\ 8^t}$$

(3) 对第 19 个月做出预测：

第 19 个月时，$t = 18$，代入模型，得 $\hat{y}_{18} = 2.9 \times 0.026^{0.536\ 8^{18}} = 2.899$，即第 19 个月的销售量预测值为 2.899 万件。

7. (1) 画散点图：

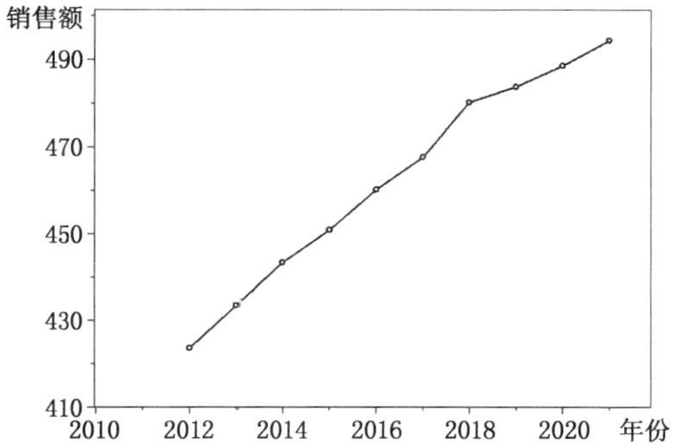

从图形可以看出，销售量大致符合一次曲线形式。

(2) 对数据进行一次线性方程拟合：

$$\hat{y}_t = b_0 + b_1 t$$

最终拟合方程为：

$$\hat{y}_t = 418.53 + 8t$$

其中调整的 $R^2 = 0.986\,9$，$F = 601.1 > F_{0.05}(1,8)$，则方程通过显著性检验，拟合效果很好。标准误差为 2.964。

(3) 运用方程 $\hat{y}_t = 418.53 + 8t$ 进行预测。2022 年，$t = 11$，代入方程，得 $\hat{y}_{11} = 506.53$，即 2022 年销售量预测值为 506.53 件。

8. (1) 画散点图：

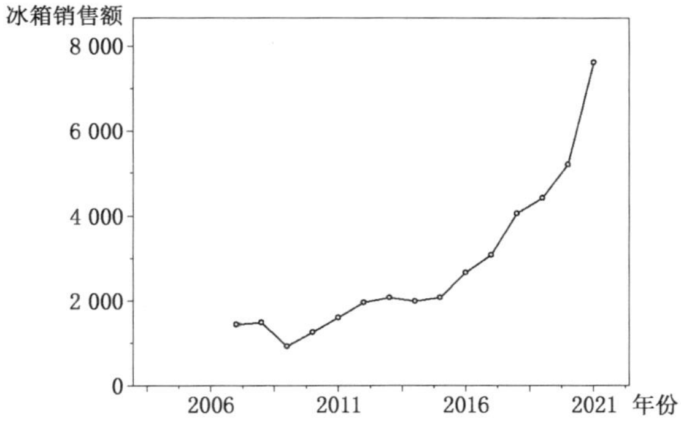

(2) 对数据进行龚珀兹曲线模型拟合：

$$\hat{y}_t = ka^{b^t}$$

对数据进行对数变换：

$$\lg y = \lg k + b^t \lg a$$

把数据分为三组：

年　份	时序(t)	冰箱销售额($\lg y_t$)
2007	0	3.16
2008	1	3.17
2009	2	2.96
2010	3	3.1

续 表

年 份	时序(t)	冰箱销售额($\lg y_t$)
2011	4	3.2
$\sum$ Ⅰ $\lg y$		15.59
2012	5	3.29
2013	6	3.31
2014	7	3.3
2015	8	3.32
2016	9	3.43
$\sum$ Ⅱ $\lg y$		16.64
2017	10	3.49
2018	11	3.61
2019	12	3.64
2020	13	3.72
2021	14	3.88
$\sum$ Ⅲ $\lg y$		18.34

运用求解公式得到参数：

$$\begin{cases} b=\left(\dfrac{\sum \text{Ⅲ} \lg y-\sum \text{Ⅱ} \lg y}{\sum \text{Ⅱ} \lg y-\sum \text{Ⅰ} \lg y}\right)^{\frac{1}{n}}=1.1 \\ \lg a=\left(\sum \text{Ⅱ} \lg y-\sum \text{Ⅰ} \lg y\right) \cdot \dfrac{b-1}{(b^n-1)^2}=0.282 \\ \lg k=\dfrac{1}{n}\left(\sum \text{Ⅰ} \lg y-\lg a \cdot \dfrac{b^n-1}{b-1}\right)=2.774 \end{cases}$$

因此，拟合模型为：

$$\hat{y}_t=594.3\times 1.912^{1.1^t}$$

对 2022—2023 年的数据做出预测：

2022 年，$t=15$；2023 年，$t=16$。分别代入模型，得 $\hat{y}_{15}=594.3\times 1.912^{1.1^{15}}=8\,909.44$，$\hat{y}_{16}=594.3\times 1.912^{1.1^{16}}=11\,679.8$，即 2022 年和 2023 年冰箱销售额预测值为 8 909.44 万元和 11 679.8 万元。

六、分析题

(1) 画散点图：

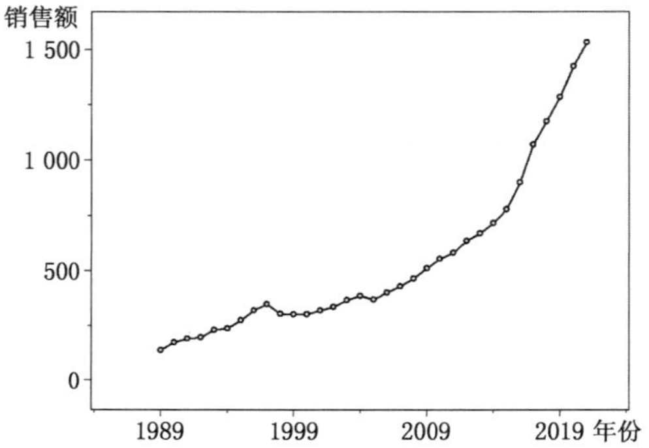

从以上图形我们不能很好地辨别何种模型比较合适，但较符合的模型有一次线形模型、二次曲线模型以及龚珀兹曲线模型。因此，我们分别拟合三个模型，同时选择最好的一个作为最终预测模型。

(2) 对数据进行一次线形模型拟合：

$$\hat{y}_t = b_0 + b_1 t$$

最终拟合方程为：

$$\hat{y}_t = -14.38 + 34.83t$$

其中调整的 $R^2 = 0.8046$，$F = 421.6 > F_{0.05}(1, 5)$，标准误差为 168.7。

(3) 对数据进行二次曲线模型拟合：

$$\hat{y}_t = b_0 + b_1 t + b_2 t^2$$

最终拟合方程为：

$$\hat{y}_t = 280.93 +- 22.32t + 1.79t^2$$

其中调整的 $R^2 = 0.9576$，标准误差为 79.91。

(4) 对数据进行龚珀兹曲线模型拟合：

$$\hat{y}_t = ka^{b^t}$$

对数据进行对数变换：

$$\lg y = \lg k + b^t \lg a$$

把数据分为三组：

年　份	时序(t)	总额 $\lg y_t$
1989	0	2.14
1990	1	2.24
1991	2	2.28
1992	3	2.29
1993	4	2.36
1994	5	2.37
1995	6	2.44
1996	7	2.5
1997	8	2.54
1998	9	2.48
1999	10	2.48
$\sum \mathrm{I} \lg y$		26.14
2000	11	2.48
2001	12	2.5
2002	13	2.53
2003	14	2.56
2004	15	2.59
2005	16	2.57
2006	17	2.6
2007	18	2.63

续 表

年　份	时序(t)	总额 $\lg y_t$
2008	19	2.67
2009	20	2.71
2010	21	2.74
$\sum \text{II} \lg y$		28.58
2011	22	2.76
2012	23	2.8
2013	24	2.83
2014	25	2.86
2015	26	2.89
2016	27	2.95
2017	28	3.03
2018	29	3.07
2019	30	3.11
2020	31	3.15
2021	32	3.19
$\sum \text{III} \lg y$		32.64

运用求解公式得到参数：

$$\begin{cases} b = \left(\dfrac{\sum \text{III} \lg y - \sum \text{II} \lg y}{\sum \text{II} \lg y - \sum \text{I} \lg y}\right)^{\frac{1}{n}} = 1.047 \\ \lg a = \left(\sum \text{II} \lg y - \sum \text{I} \lg y\right) \cdot \dfrac{b-1}{(b^n-1)^2} = 0.262\ 2 \\ \lg k = \dfrac{1}{n}\left(\sum \text{I} \lg y - \lg a \cdot \dfrac{b^n-1}{b-1}\right) = 2.042\ 2 \end{cases}$$

因此，拟合模型为：

$$\hat{y}_t = 110.22 \times 1.829^{1.047^t}$$

代入 t 值，计算标准误差 SE 为 33.855。

(5) 通过以上分析，我们可以看出运用龚珀兹曲线模型可以得到很好的预测效果。2022 年，$t=33$，代入方程 $\hat{y}_t = 110.22 \times 1.829^{1.047^t}$，得 $\hat{y}_{33} = 1\ 780$，即 2022 年的销售额预测值为 1 780 亿元。

第五章

一、单项选择题

1. A　2. C　3. B　4. C　5. A　6. C　7. A　8. A　9. C　10. A

二、多项选择题

1. ABCE　2. ABE　3. CD　4. AB　5. AC　6. ABE　7. ABCE　8. BD　9. AC　10. ABCD

三、名词解释

略。

四、简答题

1. 指数平滑法实际上是从移动算术平均法演变而来的，它的优点是不需要保留较多的历史数据。只要有最近一期的实际观测值和这期的预测误差，就可以对未来时期进行预测。

2. 如果时间序列具有明显的线性变化趋势，则不宜采用一次移动平均法及一次指数平滑法来预测，宜采用线性二次移动平均法或线性二次指数平滑法进行预测。

3. 二次指数平滑是对一次指数平滑值再进行一次平滑，它是用平滑值对时序存在的线性趋势进行修正。线性二次指数平滑法只利用三个数据值和一个 α 值就可以计算，这种方法还可以使过去观察值的权数减少。

4. 线性二次指数平滑法中包含布朗单一参数线性指数平滑法和霍尔特双参数线性指数平滑法。布朗线性指数平滑法的基本原理和线性二次移动平均法相似，当时间序列有趋势存在时，一次和二次指数平滑都落后于实际值，将一次和二次平滑值之差加在一次平滑值上，则可对趋势进行修正；在原理上，霍尔特线性指数平滑法与布朗线性指数平滑法相似，只是它不用二次指数平滑，而是对趋势直接进行平滑，由于它可以用不同的参数对原序列的趋势进行平滑，因此具有很大的灵活性。

5. 对于非线性增长的时间序列，采用二次曲线指数平滑法可能要更为有效。它的特点是不但考虑了线性增长的因素，而且也考虑了二次抛物线的增长因素。

6. 温特线性与季节指数平滑法以三个方程式为基础，每个方程式所平滑的参数都与时间序列总模式的三个组成部分（随机性、线性、季节性）之一有关系。这种方法不但与二次指数平滑法相似，可以平滑随机性和修正倾向性，而且还包括了一个处理季节性的附加参数。

五、计算题

1. 见下表：

月　份	4 个月移动平均值（$N=4$）	指数平滑法（$\alpha=0.2$）
1	—	—
2	—	430
3	—	420
4	—	402
5	387.5	403.6
6	390	410.9
7	392.5	406.7
8	405	401.4
9	402.5	401.1
10	405	410.9
11	412.5	412.7
12	415	408.2

用一次移动平均法（$N=4$）对 12 月销售额进行预测的值为 415 万元。

2. 计算结果列在上表最后一列。

用一次指数平滑法（$\alpha=0.2$）对 12 月销售额进行预测的值为 408.2 万元。

3. 第 10 期预测值为 167.3 万件，第 11 期预测值为 169.2 万件，第 12 期预测值为 171.1 万件。

4. $S_{10}^{(1)} = 0.3 \times xt + (1-0.3) \times S_{9}^{(1)} = 162.997$

$S_{10}^{(2)} = 0.3 \times S_{10}^{(1)} + (1-0.3) \times S_{9}^{(2)} = 149.132$

$a_{10} = 2 \times S_{10}^{(1)} - S_{10}^{(2)} = 176.862$

$b_{10}=\frac{\alpha}{1-\alpha}(S_{10}^{(1)}-S_{10}^{(2)})=5.942$

$F_{11}=176.862+5.942\times 1=182.804$

$F_{12}=176.862+5.942\times 2=188.746$

$F_{13}=176.862+5.942\times 3=194.688$

5. $F_{15}=254.56+10.744\times 1=265.304$

$F_{16}=254.56+10.744\times 2=276.048$

6. $F_{6}=142.4+53.4\times 1+\frac{1}{2}\times(-0.4)\times 1^2=195.6$

$F_{7}=142.4+53.4\times 2+\frac{1}{2}\times(-0.4)\times 2^2=248.4$

7. $F_{17}=(592.7+19.1\times 1)\times 1.01=617.9$

$F_{18}=(592.7+19.1\times 2)\times 1.07=674.9$

$F_{19}=(592.7+19.1\times 3)\times 1.18=721.8$

8. (1) $\hat{y}_{20}=3\,675$，$\hat{y}_{21}=3\,859.5$，$\hat{y}_{22}=4\,044.0$，$\hat{y}_{23}=4\,228.5$

(2) $\hat{y}_{20}=3\,651.2$，$\hat{y}_{21}=3\,860.1$，$\hat{y}_{22}=4\,069.0$，$\hat{y}_{23}=4\,277.9$

(3) $\hat{y}_{20}=3\,730.7$，$\hat{y}_{21}=3\,948.6$，$\hat{y}_{22}=4\,171.5$，$\hat{y}_{23}=4\,399.4$

9. 提示：从观测值散点图中可以看出数据近似具有线性增长趋势，所以宜采用二次移动平均法或二次指数平滑法进行预测。

第六章

一、单项选择题

1. A　2. B　3. C　4. A　5. A　6. B　7. A　8. A　9. B　10. B

二、多项选择题

1. ABCD　2. AB　3. ABCD　4. AB　5. ABCDE

三、名词解释

略。

四、简答题

1. 自适应过滤法的重要特点是它能把自回归方程中的系数调整成为新的为我们所需要的值。

它的优点是：

(1) 简单易行，可采用标准程序上机运算。

(2) 适用于数据点较少的情况。

(3) 约束条件较少。

(4) 具有自适应性，它能自动调整回归系数，是一个可变系数的数据模型。

2. 自适应过滤法与移动平均法和指数平滑法都是以自回归模型为基础，所不同的是移动平均法和指数平滑法的权数都是固定的，而自适应过滤法中的权数 ϕ_i 则是根据预测误差 e_t 的大小不断调整修改而获得的最佳权数。

3. 为了减少计算次数和提高预测精度，必须充分考虑：

(1) 自回归模型的阶数 P 应尽量取的恰当。

(2) 选择合适的滤波常数 k。

4. 滤波常数 k 的选择原则有：

(1) k 越接近于 1，可以减少迭代次数。

(2) 为了避免太大的 k 而导致的误差序列的发散性，k 应小于或等于 $1/P$。

(3) 根据 Box-Jenkins 法基本知识，$k \leqslant \dfrac{1}{\left[\sum_{i=1}^{P} x_i^2\right]_{\max}}$，美国维德罗将其表述为 $k = \dfrac{1}{\left[\sum_{i=1}^{P} x_i^2\right]_{\max}}$。

5. 当序列中不存在季节模型时，一般可以取 $P=2$，或者 $P=3$；当序列中存在季节模型时，取 $P=L$，L 为季节因素的周期长度。

6. 自适应过滤法的基本步骤有：

(1) 首先确定模型阶数 P；

(2) 选择合适的滤波参数 k；

(3) 计算每一次残差 e；

(4) 根据残差 e 以及调整公式 $\Phi'_i = \Phi_i + 2ke_{t+1}Y_{t-i+1}$ 计算下一轮的系数；

(5) 迭代直到取得合适的系数。

7. 一般情况下，初始权数取为 $\phi_1 = \phi_2 = \cdots = \phi_p = \dfrac{1}{p}$，即以简单的算术平均数作为初始的加权平均权数。有时也可以根据时间序列数据的自相关系数，利用尤尔-沃克方程来求得。

8. 当序列 x_t 的波动性很大时，可能影响迭代的收敛速度，应对原始序列利用公式 $x_t^* = \dfrac{x_t}{\sqrt{\sum_{i=1}^{P} x_i^2}}$ 做一标准代换。当数据的波动较大时，在调整权数之前，应对原始数据值做标准化处理。标准化处理一方面可以加快调整速度，使权数迅速收敛于“最佳”的一组权数，并可使学习常数 k 的最佳值近似于 $\dfrac{1}{p}$，从而使自适应过滤法更为有效；另一方面，可以使数据和残差无量纲化，有助于不同单位时间序列数据的比较。

9. 当一次循环中没有足够的数据计算残差 e 时，就没有得到最优的自回归系数。此时需要从头开始，把新得到的系数作为初始系数，进行下一轮迭代。重复这个过程，一直到得到最优的系数。

10. 自适应过滤法对处理具有长期趋势性变动或季节性变动的确定型时间序列比较有优势。对于有线性趋势的数据，可以应用差分方法消除数据的趋势。

五、计算题

1. 第二轮迭代：$\phi_1 = 0.574$，$\phi_2 = 0.573$

计算 $t=2$ 时，$t+1$ 期的预测值：

(1) $\hat{x}_{t+1} = \hat{x}_3 = \phi_1 x_2 + \phi_2 x_1 = 0.574 \times 45 + 0.573 \times 43 = 50$

(2) $e_{t+1} = e_3 = x_3 - \hat{x}_3 = 48 - 50 = -2$

(3) $\phi'_1 = 0.574 + 2 \times 0.000\,2 \times (-2) \times 45 = 0.538$

$\phi'_2 = 0.573 + 2 \times 0.000\,2 \times (-2) \times 43 = 0.539$

计算 $t=3$ 时，$t+1$ 期的预测值：

(1) $\hat{x}_{t+1} = \hat{x}_4 = \phi'_1 x_3 + \phi'_2 x_2 = 0.538 \times 48 + 0.539 \times 45 = 50$

(2) $e_{t+1} = e_4 = x_4 - \hat{x}_4 = 50 - 50 = 0$

(3) $\phi''_1 = 0.538$

$\phi''_2 = 0.539$

计算 $t=4$ 时，$t+1$ 期的预测值：

(1) $\hat{x}_{t+1} = \hat{x}_5 = \phi''_1 x_4 + \phi''_2 x_3 = 0.538 \times 50 + 0.539 \times 48 = 53$

(2) $e_{t+1} = e_5 = x_5 - \hat{x}_5 = 53 - 53 = 0$

(3) $\phi'''_1 = 0.538$

$\phi'''_2 = 0.539$

第三轮迭代：$\phi_1 = 0.538$，$\phi_2 = 0.539$

计算 $t=2$ 时，$t+1$ 期的预测值：

(1) $\hat{x}_{t+1}=\hat{x}_3=\phi_1x_2+\phi_2x_1=0.538\times45+0.539\times43=47$

(2) $e_{t+1}=e_3=x_3-\hat{x}_3=48-47=1$

(3) $\phi'_1=0.538+2\times0.000\,2\times1\times45=0.556$

$\phi'_2=0.539+2\times0.000\,2\times1\times43=0.556$

计算 $t=3$ 时,$t+1$ 期的预测值:

(1) $x'_{t+1}=\hat{x}_4=\phi'_1x_3+\phi'_2x_2=0.556\times48+0.556\times45=52$

(2) $e_{t+1}=e_4=x_4-\hat{x}_4=50-52=-2$

(3) $\phi''_1=0.556+2\times0.000\,2\times(-2)\times48=0.518$

$\phi''_2=0.556+2\times0.000\,2\times(-2)\times45=0.52$

计算 $t=4$ 时,$t+1$ 期的预测值:

(1) $\hat{x}_{t+1}=\hat{x}_5=\phi''_1x_4+\phi''_2x_3=0.518\times50+0.52\times48=51$

(2) $e_{t+1}=e_5=x_5-\hat{x}_5=53-51=2$

(3) $\phi'''_1=0.518+2\times0.000\,2\times2\times50=0.558$

$\phi'''_2=0.52+2\times0.000\,2\times2\times48=0.558$

第四轮迭代:$\phi_1=0.558,\phi_2=0.558$

计算 $t=2$ 时,$t+1$ 期的预测值:

(1) $\hat{x}_{t+1}=\hat{x}_3=\phi_1x_2+\phi_2x_1=0.558\times45+0.558\times43=49$

(2) $e_{t+1}=e_3=x_3-\hat{x}_3=48-49=-1$

(3) $\phi'_1=0.558+2\times0.000\,2\times(-1)\times48=0.54$

$\phi'_2=0.558+2\times0.000\,2\times(-1)\times45=0.541$

计算 $t=3$ 时,$t+1$ 期的预测值:

(1) $\hat{x}_{t+1}=\hat{x}_4=\phi'_1x_3+\phi'_2x_2=0.54\times48+0.541\times45=50$

(2) $e_{t+1}=e_4=x_4-\hat{x}_4=50-50=0$

(3) $\phi''_1=0.54$

$\phi''_2=0.541$

计算 $t=4$ 时,$t+1$ 期的预测值:

(1) $\hat{x}_{t+1}=\hat{x}_5=\phi''_1x_4+\phi''_2x_3=0.54\times50+0.541\times48=53$

(2) $e_{t+1}=e_5=x_5-\hat{x}_5=53-53=0$

(3) $\phi'''_1=0.54$

$\phi'''_2=0.541$

第五轮迭代:$\phi_1=0.54$, $\phi_2=0.541$

计算 $t=2$ 时,$t+1$ 期的预测值:

(1) $\hat{x}_{t+1}=\hat{x}_3=\phi_1x_2+\phi_2x_1=0.54\times45+0.541\times43=48$

(2) $e_{t+1}=e_3=x_3-\hat{x}_3=48-48=0$

(3) $\phi'_1=0.54$

$\phi'_2=0.541$

计算 $t=3$ 时,$t+1$ 期的预测值:

(1) $\hat{x}_{t+1}=\hat{x}_4=\phi'_1x_3+\phi'_2x_2=0.54\times48+0.541\times45=50$

(2) $e_{t+1}=e_4=x_4-\hat{x}_4=50-50=0$

(3) $\phi''_1=0.54$

$\phi''_2=0.541$

计算 $t=4$ 时,$t+1$ 期的预测值:

(1) $\hat{x}_{t+1}=\hat{x}_5=\phi''_1x_4+\phi''_2x_3=0.54\times50+0.541\times48=53$

(2) $e_{t+1}=e_5=x_5-\hat{x}_5=53-53=0$

(3) $\phi'''_1 = 0.54$

$\phi'''_2 = 0.541$

由 $e = 0$,得到最佳权数：$\phi_1 = 0.54, \phi_2 = 0.541$

2. (1) $P = 2$

(2) $\Phi_1 = 0.63$, $\Phi_2 = 0.47$

3. (1) $P = 12$

(2) 263.3

六、分析题

(1) $P = 12$

(2) 程序略

(3) 2022 年 4 月销售量预测值为 3 608,5 月销售量预测值为 3 319,6 月销售量预测值为 3 085

第七章

一、单项选择题

1. A　2. A　3. B　4. B　5. D　6. C　7. D　8. C　9. C　10. B

二、多项选择题

1. ABC　2. AB　3. ABCDE　4. CE　5. CD　6. ABC　7. ABCE　8. CDE　9. ABCDE　10. ABCD

三、名词解释

略。

四、简答题

1. B-J 方法是一种精度较高的短期预测方法,它以时间序列的自相关分析为基础,利用相应的数学模型对所研究的时间序列进行近似描述,所解决的第一个问题就是对时间序列进行模型识别、建模。B-J 方法解决的第二个问题是在此基础上,利用所得到的数学模型对序列进行预测。

2. (1) 自回归模型 AR(p)。

如果时间序列$\{y_t\}$满足：$y_t = \phi_1 y_{t-1} + \cdots + \phi_p y_{t-p} + \varepsilon_t$,其中$\{\varepsilon_t\}$是独立同分布的随机变量序列,并且对于任意的 t, $E(\varepsilon_t) = 0$, $Var(\varepsilon_t) = \sigma_\varepsilon^2 > 0$,则称时间序列$\{y_t\}$服从 p 阶自回归模型,记为 AR(p)。ϕ_1, …, ϕ_p 称为自回归系数。

(2) 移动平均模型 MA(q)。

如果时间序列$\{y_t\}$满足：$y_t = \varepsilon_t - \theta_1 \varepsilon_{t-1} - \cdots - \theta_q \varepsilon_{t-q}$,则称时间序列$\{y_t\}$服从 q 阶移动平均模型,记为 MA(q)。θ_1, …, θ_q 称为移动平均系数。

(3) ARMA(p, q)模型。

如果时间序列$\{y_t\}$满足：$y_t = \phi_1 y_{t-1} + \cdots + \phi_p y_{t-p} + \varepsilon_t - \theta_1 \varepsilon_{t-1} - \cdots - \theta_q \varepsilon_{t-q}$,则称时间序列$\{y_t\}$服从($p$, q)阶自回归移动平均模型,记为 ARMA(p, q)。ϕ_1, …, ϕ_p 为自回归系数,θ_1, …, θ_q 为移动平均系数。

3. B-J 方法的前提条件是需要测定时间序列是否具有随机性、平稳性和季节性。

4. 设时间序列$\{y_t\}$取自某一个随机过程,如果此随机过程的随机特征不随时间变化,则我们称过程是平稳的。其统计上的特性就是,对于任意的 t, k 和 m,满足：

$$E(y_t) = E(y_{t+m})$$

$$cov(y_t, y_{t+k}) = cov(y_{t+m}, y_{t+m+k})$$

5. 使用差分方法的目的是将非平稳序列通过一次或多次差分,变为平稳序列。

6. 使用 B-J 方法对时间序列进行预测,有以下几个阶段：

第一步,对时间序列进行特性分析。一般地,从时间序列的随机性、平稳性和季节性三方面进行考虑,其中平稳性和季节性更重要。对于一个非平稳时间序列,若要建模,首先要将其平稳化,其方法通常有三种：(1) 差分,一些序列通过差分可以使其平稳化。(2) 季节差分,如果序列具有周期波动特点,为了消除周期波动的影响,通常引入季节差分。(3) 函数变换与差分的结合运用,某些序列如果具有某类函数趋势,我们可以先引入某种函数变换将序列转化为线性趋势,然后再进行差分以消除线性趋势。

第二步,模型的识别与建立,这是 ARMA 模型建模的重要一步。首先需要计算时间序列的样本的自相关函数和偏自相关函数,利用自相关函数分析图进行模型识别和定阶。一般来说,使用一种方法往往无法完成模型识别和定阶,需要估计几个不同的确认模型。在确定了模型阶数后,就要对模型的参数进行估计。得到模型之后,应该对模型的适应性进行检验。

第三步,模型的预测与模型的评价。B-J 方法通常采用线性最小方差预测法。一般地,评价和分析模型的方法是对时间序列进行历史模拟。此外,还可以做事后预测,通过比较预测值和实际值来评价预测的精确程度。

7. 运用自相关分析图测定时间序列平稳性的准则是:(1) 若时间序列的自相关函数 $\hat{\rho}_k$ 在 $k>3$ 时都落入置信区间,并且逐渐趋于零,则该时间序列具有平稳性;(2) 若时间序列的自相关函数更多地落在置信区间之外,则该时间序列就不具有平稳性。

8. 运用自相关分析图测定时间序列随机性的准则是:(1) 若时间序列的自相关函数基本上落入置信区间,则认为该时间序列具有随机性;(2) 若自相关函数较多地落在置信区间之外,则认为该时间序列不具有随机性。

9. 对非平稳序列采用传统的估计方法(如普通最小二乘估计),以及估计变量间的关系时,会得出错误推断。正确的方法是在检验时间趋势之前,要先确定时间序列中是否存在单位根。如果变量不能拒绝有单位根,则认为是非平稳的。如果经过单位根检验得到所研究的序列是非平稳的,可以通过一次或多次差分变为平稳序列。

10. 所谓"协整",是指两个或多个非平稳的变量序列,其线性组合后的序列呈平稳性,通过进行协整检验,可以判断几个同阶单整的时间序列之间可能存在一种长期的稳定关系,其线性组合可能降低单整阶数。

11. 对于 ARMA(p, q)模型,利用样本的自相关函数$\{\hat{\rho}_k\}$和样本的偏自相关函数$\{\hat{\phi}_{kk}\}$定阶,具体方法如下:

(1) 对于每一个 q,计算 $\hat{\rho}_{q+1}, \hat{\rho}_{q+2}, \cdots, \hat{\rho}_{q+M}$($M$ 取为 $\sqrt{n}$ 或者 $n/10$),考察其中满足 $|\hat{\rho}_k| \leqslant \frac{1}{\sqrt{n}}\sqrt{1+2\sum_{i=1}^{q}\hat{\rho}_i^2}$ 或者 $|\hat{\rho}_k| \leqslant \frac{2}{\sqrt{n}}\sqrt{1+2\sum_{i=1}^{q}\hat{\rho}_i^2}$ 的个数是否占 M 个的 68.3%或者 95.5%。如果 $1\leqslant k\leqslant q_0$,$\hat{\rho}_k$ 都明显地异于零,而 $\hat{\rho}_{q_0+1}, \hat{\rho}_{q_0+2}, \cdots, \hat{\rho}_{q_0+M}$ 均近似于零,并且满足上述不等式之一的 $\hat{\rho}_k$ 的个数达到其相应的比例,则可以近似地判定$\{\hat{\rho}_k\}$是 q_0 步截尾,平稳时间序列$\{y_t\}$为 MA(q_0)。

(2) 类似地,我们可以通过计算序列$\{\hat{\phi}_{kk}\}$,考察其中满足 $|\hat{\phi}_{kk}| \leqslant \frac{1}{\sqrt{n}}$ 或者 $|\hat{\phi}_{kk}| \leqslant \frac{2}{\sqrt{n}}$ 的个数是否占 M 个的 68.3%或者 95.5%,即可以近似地判定 $\{\hat{\phi}_{kk}\}$ 是 p_0 步截尾,平稳时间序列$\{y_t\}$为 AR(p_0)。

(3) 如果对于序列$\{\hat{\phi}_{kk}\}$和$\{\hat{\rho}_k\}$来说,均不截尾,即不存在上述的 p_0 和 q_0,此时属于情况(3),则可以判定平稳时间序列$\{y_t\}$为 ARMA 模型。

关于 ARMA 模型的阶数(p, q)的确定,可以通过下列方法进行:设自回归系数 $\phi_1, \cdots, \phi_p$ 和移动平均系数 $\theta_1, \cdots, \theta_q$ 的估计值分别为 $\hat{\phi}_1, \cdots, \hat{\phi}_p$ 和 $\hat{\theta}_1, \cdots, \hat{\theta}_q$,将其代入模型,则关于残差估计量可得:$\hat{\varepsilon}_t = y_t - \hat{\phi}_1 y_{t-1} - \cdots - \hat{\phi}_p y_{t-p} + \hat{\theta}_1 \varepsilon_{t-1} + \cdots + \hat{\theta}_q \varepsilon_{t-q}$。

这种方法是通过尝试来进行的,选定(p, q),先取初值 $\varepsilon_0, \varepsilon_{-1}, \cdots, \varepsilon_{1-q}$ 和 $y_0, y_{-1}, \cdots, y_{1-q}$,则由上式可以计算残差估计量 $\hat{\varepsilon}_1, \hat{\varepsilon}_2, \cdots, \hat{\varepsilon}_n$。考虑下列假设检验:

$$H_0: \hat{\varepsilon}_1, \hat{\varepsilon}_2, \cdots, \hat{\varepsilon}_n \text{ 是白噪声}$$

令 $\hat{\gamma}_j(\varepsilon) = \frac{1}{n}\sum_{t=1}^{n-j}\hat{\varepsilon}_{t+j}\hat{\varepsilon}_t$,$\hat{\rho}_j(\varepsilon) = \hat{\gamma}_j(\varepsilon)/\hat{\gamma}_0(\varepsilon)$,在原假设 H_0 成立的条件下,构造检验统计量:

$$Q_n = n\sum_{j=1}^{n}\hat{\rho}_j^2(\varepsilon)$$

我们可以证明统计量 Q_n 有渐近分布 $\chi^2(k)$。因此,对于给定的 $0<\alpha<1$,当 $Q_n<\chi_\alpha^2(k)$ 时,接受原假设 H_0,即 $\hat{\varepsilon}_1, \hat{\varepsilon}_2, \cdots, \hat{\varepsilon}_n$ 是白噪声,此时,所选定 (p, q) 即所求的 ARMA 模型的阶数。否则,将继续尝试选定新的 (p, q),重复上述计算,再判断。除此之外,还有一些其他方法可以用于模型识别,在此略去。

五、计算题

1. 这个序列呈线性趋势,所以是非平稳的。对于 $k=1, 2, \cdots, 5$,首先计算:

$$\bar{y}=\frac{1}{20}\sum_{t=1}^{20}y_t=10.5 \qquad \sum_{t=1}^{20}(y_t-\bar{y})^2=665$$

因此:

$$\hat{\rho}_1=\frac{\sum_{t=1}^{19}(y_t-\bar{y})(y_{t+1}-\bar{y})}{\sum_{t=1}^{20}(y_t-\bar{y})^2}=0.85 \qquad \hat{\rho}_2=\frac{\sum_{t=1}^{18}(y_t-\bar{y})(y_{t+2}-\bar{y})}{\sum_{t=1}^{20}(y_t-\bar{y})^2}=0.701\,5$$

$$\hat{\rho}_3=\frac{\sum_{t=1}^{17}(y_t-\bar{y})(y_{t+3}-\bar{y})}{\sum_{t=1}^{20}(y_t-\bar{y})^2}=0.556\,0 \qquad \hat{\rho}_4=\frac{\sum_{t=1}^{16}(y_t-\bar{y})(y_{t+4}-\bar{y})}{\sum_{t=1}^{20}(y_t-\bar{y})^2}=0.415\,0$$

$$\hat{\rho}_5=\frac{\sum_{t=1}^{15}(y_t-\bar{y})(y_{t+5}-\bar{y})}{\sum_{t=1}^{20}(y_t-\bar{y})^2}=0.280\,1$$

2. (1) 宽平稳;(2) 宽平稳;(3) 宽平稳;(4) 不平稳;(5) 不平稳。

3. (1) $\gamma_0=1.64$, $\gamma_1=0.8$, $\gamma_k=0$, $k\geqslant 2$, $\rho_1=20/41$;

 (2) $Var(y_1+y_2+y_3+y_4)/4=71/100$。

4. (1) $\gamma_0=25/9$, $\gamma_k=0.8^k\gamma_0$, $k\geqslant 1$, $\rho_k=0.8^k$, $k\geqslant 0$;

 (2) $Var(y_1+y_2+y_3+y_4)/4=2.15$。

5. AR(1)模型。

6. (1) $y_{76}=0.5+0.5\cdot 2.64+0.3\cdot 2.47=2.561$;

 $y_{77}=0.5+0.5\cdot 2.561+0.3\cdot 2.64=2.572\,5$;

 $y_{78}=0.5+0.5\cdot 2.572\,5+0.3\cdot 2.561=2.554\,55$。

(2) 各预报的置信度为 95%的预报区间为:$\hat{y}_{75}(k)\pm 1.96\sigma_{75}(k)$,其中 $\sigma_{75}^2(1)=1$, $\sigma_{75}^2(2)=1.25$, $\sigma_{75}^2(3)=1.552\,5$。

7. 根据自相关分析图判断时间序列的随机性的准则:(1) 若时间序列的自相关函数基本上落入置信区间,则该时间序列具有随机性;(2) 若自相关函数较多地落在置信区间之外,则认为该时间序列不具有随机性。

一般地,自相关函数的置信区间都取为 $\left(-\frac{2}{\sqrt{n}}, \frac{2}{\sqrt{n}}\right)$,即本题的置信区间为$(-0.1, 0.1)$,所以,本题的数据无明显的非随机迹象。

8. 利用自相关函数进行模型识别和定阶。一般来说,使用一种方法往往无法完成模型识别和定阶,需要估计几个不同的确认模型。在确定了模型阶数后,就要对模型的参数进行估计。因此,所得到的模型可能有几种形式,应该对模型的适应性进行检验,以选择尽可能好的模型。本题是一个开放题,要求学生在各个环节中能给出较为充分的依据,最后给出一个适应性较好的模型,所以模型的形式不是唯一的,关键是考查学生如何利用自相关函数模型进行识别和定阶,以及对模型的参数进行估计。故本题不给出具体的解答。

9. 根据(7-13)式,可得:

$$\hat{\varphi}_{11}=\hat{\rho}_1=0.254\,3$$

$$\hat{\varphi}_{22}=\frac{\hat{\rho}_2-\hat{\varphi}_{11}\cdot\hat{\rho}_1}{1-\hat{\varphi}_{11}\cdot\hat{\rho}_1}=-0.521\,3$$

$$\hat{\varphi}_{21}=\hat{\varphi}_{11}-\hat{\varphi}_{22}\cdot\hat{\varphi}_{11}=0.386\,9$$

$$\hat{\varphi}_{33}=\frac{\hat{\rho}_3-(\hat{\varphi}_{21}\cdot\hat{\rho}_2+\hat{\varphi}_{22}\cdot\hat{\rho}_1)}{1-(\hat{\varphi}_{11}\cdot\hat{\rho}_1+\hat{\varphi}_{22}\cdot\hat{\rho}_2)}=0.038\,9$$

$$\hat{\varphi}_{31}=\hat{\varphi}_{21}-\hat{\varphi}_{33}\cdot\hat{\varphi}_{22}=0.407\,2$$

$$\hat{\varphi}_{32}=\hat{\varphi}_{22}-\hat{\varphi}_{33}\cdot\hat{\varphi}_{21}=-0.536\,4$$

$$\hat{\varphi}_{44}=\frac{\hat{\rho}_4-(\hat{\varphi}_{31}\cdot\hat{\rho}_3+\hat{\varphi}_{32}\cdot\hat{\rho}_2+\hat{\varphi}_{33}\cdot\hat{\rho}_1)}{1-(\hat{\varphi}_{11}\cdot\hat{\rho}_1+\hat{\varphi}_{22}\cdot\hat{\rho}_2+\hat{\varphi}_{33}\cdot\hat{\rho}_3)}=0.166\,9$$

第八章

一、单项选择题

1. B　2. B　3. A　4. D　5. A　6. B　7. C　8. A　9. A　10. C

二、多项选择题

1. ABCD　2. ABDE　3. ADE　4. AC　5. ABCDE　6. ABCDE　7. ABCE　8. BC　9. ABCDE　10. BCDE

三、名词解释

略。

四、简答题

1. 从定量分析的角度来评估政策干预或突发事件对经济环境和经济过程的具体影响。

2. 干预变量有两种：一种是持续性的干预变量，表示 T 时刻发生以后，一直有影响，可以用阶跃函数表示，形式是：

$$S_t^T=\begin{cases}0 & \text{干预事件发生之前}(t<T)\\ 1 & \text{干预事件发生之后}(t\geqslant T)\end{cases}$$

第二种是短暂性的干预变量，表示在某时刻发生，仅对该时刻有影响，用单位脉冲函数表示，形式是：

$$P_t^{T'}=\begin{cases}1 & \text{干预事件发生时}(t=T')\\ 0 & \text{其他时间}(t\neq T')\end{cases}$$

3. 干预变量与虚拟变量之间的主要差别是，前者为动态模型，后者为静态模式；前者是一个过程，后者是单个或多个变量。因此，干预分析模型的研究，无论从内容上、方法上都要比虚拟变量复杂得多。

4. 干预事件虽然多种多样，但按其影响的形式，归纳起来基本上有四种类型：

(1) 干预事件的影响突然开始，长期持续下去；

(2) 干预事件的影响逐渐开始，长期持续下去；

(3) 干预事件突然开始，产生暂时的影响；

(4) 干预事件逐渐开始，产生暂时的影响。

5. 单变量时间序列干预模型分析的步骤如下：

(1) 利用干预影响产生前的数据，建立一个单变量的 ARIMA 模型。然后，利用此模型进行外推预测，得到的预测值，作为不受干预影响的数值。最后，将实际值减去预测值，得到的是受干预影响的具体结果，利用这些结果可以求估干预模型的参数。

(2) 估计出干预模型的参数。

(3) 利用排除干预影响后的全部数据，识别与估计出一个单变量序列的 ARIMA 模型。

(4) 求出总的干预分析模型。

五、计算题

1. 由已知资料,干预影响可以选取如下模式:

$$Z_t = \frac{\omega}{1-\delta B} S_t^T$$

其中:

$$S_t^T = \begin{cases} 0 & 1978\text{ 年以前} \\ 1 & 1978\text{ 年及以后} \end{cases}$$

干预分析模型的建模计算步骤如下:

(1) 根据 1950—1977 年的 28 年历史数据,建立一个单变量序列的 ARMA 模型。计算样本的自相关和偏自相关函数,如下表所示 ($k > 12$ 时,$\rho_k < 0.1$):

k	1	2	3	4	5	6	7	8	9	10	11	12
$\hat{\rho}_k$	0.52	0.26	−0.15	−0.20	−0.21	−0.13	−0.10	−0.07	−0.16	−0.10	−0.05	0.13
$\hat{\varphi}_{kk}$	0.52	−0.19	−0.53	−0.63	−0.19	−0.38	0.34	0.29	0.10	0.18	0.11	0.00

由上表可见,$\hat{\rho}_k$ 在 $k>2$ 以后是截尾的,对于 $\hat{\varphi}_{kk}$ 可以认为是拖尾的,从而可识别 x_t 为 MA(2)模型,即:

$$x_t = e_t - \theta_1 e_{t-1} - \theta_2 e_{t-2}$$

通过迭代法求估参数,得到:

$$\hat{\theta}_1 = -0.629\,35 \qquad \hat{\theta}_2 = -0.181\,10 \qquad \hat{\sigma}_e^2 = 0.057\,95$$

对上述模型,只要取初值 $e_{-1} = e_0 = 0$,即可计算出残差序列 $\hat{e}_1$, $\hat{e}_2$, …, 然后计算出残差 $\hat{e}_t$ 的自相关。由此可求估出残差自相关 $\hat{\rho}_k$ 的 $Q(k)$ 统计量,$Q(k) = 5.189\,9$, $k = 20$;另一方面,由于 $\chi^2_{0.05}(20) = 31.4$,故,$Q(k) = 5.189\,9 < \chi^2_{0.05}(20) = 31.4$,因此可以认为 e_t 是白噪声序列,从而所建的模型是合理的。

(2) 分离出干预影响的具体数据,求估干预模型的参数。

运用模型进行外推预测 1978—1983 年的农业总产值指数预测值,然后用实际值减去预测值,得到的差值就是经济体制改革所产生的效益值,记为 Z_t,具体数值如下:

T	29	30	31	32	33	34
Z_t	0.080 798	0.081 226	0.038 157	0.063 911	0.105 071	0.091 510

运用表中的数据,可估计出干预模型

$$Z_t = \frac{\omega}{1-\delta B}$$

中的参数 $\hat{\omega} = 0.076\,025$ 与 $\hat{\delta} = 0.012\,355$。

(3) 计算净化序列。

净化序列是指消除了干预影响的序列,它由实际的观察序列值 x_t 减去干预影响值得到,即:

$$y_t = x_t - \frac{\hat{\omega}}{1-\hat{\delta}B} S_t^T \qquad T = 1\,978 \qquad t = 1,\ 2,\ \cdots,\ 34$$

y_t 称为消去了干预影响的净化序列。

(4) 对净化序列建立 ARMA 模型。

根据 ARMA 模型的建模方法,计算出 y_t 的自相关与偏自相关函数,列于下表:

k	1	2	3	4	5	6	7	8	9	10	11	12
$\hat{\rho}_k$	0.53	0.25	−0.11	−0.21	0.22	0.21	−0.13	−0.07	−0.14	−0.02	0.03	0.06
$\hat{\varphi}_{kk}$	0.53	−0.18	−0.51	−0.63	−0.24	0.31	0.29	0.31	0.15	0.19		

从表中可见,$\hat{\rho}_k$ 在 $k>2$ 以后,可以认为它等于零,因而是截尾的;对于 $\hat{\varphi}_{kk}$,可以认为它是拖尾的。因而可识别 y_t 为 MA(2)序列,具有:

$$y_t = a_t - \theta_1 a_{t-1} - \theta_2 a_{t-2}$$

运用迭代法求估模型参数,得到:

$$\hat{\theta}_1 = -0.635\,124 \qquad \hat{\theta}_2 = -0.222\,474 \qquad \hat{\sigma}_e^2 = 0.053\,368$$

最后,进行诊断检验,只要取 $a_{-1} = a_0 = 0$,即可计算出残差序列 a_t 的值。然后计算残差 a_t 的样本自相关 $\hat{\rho}_k$,并计算 $\hat{\rho}_k$ 的 Q 统计量检验值 $Q(k)$:

$$Q(k) = 7.516\,774 \qquad k = 20$$

又因为 $\chi^2_{0.05}(20) = 31.4$,故 $Q(k) = 7.516\,774 < \chi^2_{0.05}(20) = 31.4$,因此,可以认为 a_t 是白噪声序列,即所建的模型是合理的。

(5) 组建干预分析模型。

由 y_t 表达式与干预参数 ω,δ 的估计值,得到所求的干预分析模型:

$$x_t = \frac{0.076\,025}{1-0.0123\,55B}S_t^T + a_t + 0.635\,124a_{t-1} + 0.222\,474a_{t-2}$$

其中:

$$S_t^T = \begin{cases} 0 & 1978\text{ 年以前} \\ 1 & 1978\text{ 年及以后} \end{cases}$$

2. (1) 根据 1952—1977 年的数据 x_t 建立一个时间序列模型如下:

$$x_t = b_0 + b_1 t + b_2 t^3 + Z_t + \varepsilon_t$$

其中,t 为自变量,表示时间;x_t 为因变量;Z_t 表示干预事件对因变量的影响,它的确定是整个模型的关键。由于改革的影响是逐渐加强的,其作用又是长期深远的,因而干预变量可选取如下形式:

$$z_t = \frac{\omega}{1-\delta B}S_t^T,\text{其中:} S_t^T = \begin{cases} 0 & 1978\text{ 年前} \\ 1 & 1978\text{ 年及其后} \end{cases}$$

先对 1952—1977 年的国民收入指数建立时间增长模型,结果如下:

$$x_t = 82.572\,4 + 12.478\,2t + 0.44t^3$$

$$R^2 = 0.982 \qquad \bar{R}^2 = 0.979 \qquad F = 299.084$$

该模型拟合度较好,可以通过参数的显著性检验和整个回归方程的显著性检验。

(2) 在此基础上分离出干预影响的具体数值,求估干预模型的参数。用刚才的模型进行 1978—1993 年的国民收入指数的预测,然后用实际值减去预测值,得到的差值就是改革所产生的干预值,记为 Z_t。求得具体数值见下表:

净 化 序 列

t(年)	1978	1979	1980	1981	1982	1983	1984	1985
Z_t	4.31	3.12	−6.63	−43.52	−45.01	−30.35	44.90	157.57
t(年)	1986	1987	1988	1989	1990	1991	1992	1993
Z_t	194.10	327.04	534.12	570.58	616.67	780.71	1275.04	1704.26

利用上表数据可以估计出干预模型 $z_t=\dfrac{\omega}{1-\delta B}S_t^T$ 的参数 ω 与 δ，实际上是自回归方程 $z_t=\delta z_{t-1}+\omega$ 的参数：

$$\hat{\omega}=19.894\,3 \qquad \hat{\delta}=1.322\,2$$

$$z_t=1.322\,2z_{t-1}+19.894\,3$$

(3) 计算净化序列 $y_t=x_t-z_t$，对 y_t 建立时间增长模型，结果为：

$$y_t=82.572\,4+12.478\,2t+0.044\,0t^3$$

$$R^2=0.981\,2 \qquad \bar{R}^2=0.972\,2 \qquad F=2\,104.668$$

该模型拟合度较好，可以通过参数的显著性检验和整个回归方程的显著性检验，因此模型是合理的。

经过以上各步的参数估计，可以组建最终的干预分析模型如下：

$$x_t=82.572\,4+12.478\,2t+0.044\,0t^3+\frac{19.894\,3}{1-1.322\,2B}S_t^T$$

其中：

$$S_t^T=\begin{cases}0 & 1978\text{ 年前}\\ 1 & 1978\text{ 年及其后}\end{cases}$$

第九章

一、单项选择题

1. B　2. B　3. D　4. D　5. A　6. A　7. B　8. C　9. D　10. B　11. B

二、多项选择题

1. ABC　2. ABCD　3. ABCD　4. AB　5. ACDE　6. BCDE　7. ABCDEF

三、名词解释

略。

四、简答题

1. 景气是对经济发展状况的一种综合性描述，用于说明经济的活跃程度。经济景气是指总体经济呈上升趋势，经济不景气是指总体经济呈下滑的发展趋势。

2. 景气指标的选择应遵循四个原则：

(1) 重要性和代表性：指标所代表的内容是经济发展某一方面的综合反映，在经济总量活动中居重要地位，同时又具有某类指标的基本波动特征。

(2) 可靠性和充分性：可靠性是指数据的准确性和统计口径的一致性。充分性要求指标样本具有足够的长度，以满足季节调整的数据处理要求，并能揭示其循环波动的规律。

(3) 一致性和稳定性：一致性是指景气波动发生变化时，指标的波动状况发生相应变化，提前或延迟一段时间表现出来。稳定性指标总能以相对稳定的时滞反映这种变化。

(4) 及时性和光滑性：景气指标用于短期分析和预测，因而要求及时地获得统计数据，并要求指标具有一定的光滑性,不规则波动因素较少的指标更能满足预测的要求。

3. 同步指标指那些与总体经济变化相一致或者同步的指标,先行指标是指领先于总体经济而预先变化的指标,滞后指标是指它的变化比总体经济的变化滞后一个时期的指标。

我国的先行指标包括:外贸出口收汇、农副产品收购额、钢材原材料库存、水泥原材料库存、木材原材料库存、基本建设财政拨款、财政支出、工业贷款、农业贷款、一次能源生产总额。

我国的同步指标包括:工业总产值、工业销售收入、国内商业纯购进、国内商业纯销售、社会商品零售额、货币供应量 M1、银行现金工资性支出、铁路货运量、发电量。

4. 确定基准循环的方法有:① 以重要经济指标(GNP、GDP、工业总产值等)的周期为基准循环;② 专家意见及专家评分;③ 经济大事记和经济循环年表;④ 初选几项重要指标计算历史扩散指数;⑤ 以一致合成指数转折点为基础。

5. 常用的景气指标分类方法有:峰谷对应法(图示法)、时差相关法、KL 信息量法、马场法、循环聚类法及三角函数法等。

6. 扩散指数由许多经济变量综合而成,作为宏观经济运行的"晴雨表",比任何单一指标都更具可靠性和权威性。

在运用扩散指数时:

(1) 当 $0<DI_t<50\%$时,表明上升指标数小于下降指标数,经济系统运行于不景气空间的后期。

(2) 当 $50\%<DI_t<100\%$时,表明上升指标数多于下降指标数,经济系统运行于景气空间,随着 DI_t 向峰值 100%逼近,经济越来越热。

(3) 当 $100\%>DI_t>50\%$时,表明上升指标数仍然多于下降指标数,经济系统运行于景气空间后期,经济正在走下坡路,整个经济系统正处于降温阶段。

(4) 当 $50\%>DI_t>0$ 时,表明经济运行发生重大转折,上升指标数小于下降指标数,经济系统处于全面收缩阶段,经济系统进入一个新的不景气空间前期。

7. 扩散指数的局限性在于:(1) 无法明确表示经济波动的强弱;(2) 虽然能预测转折点,但无法测定转折点的具体位置。

8. 预警系统的原理是选择一组反映经济发展状况的敏感指标,运用有关的数据处理方法将多个指标合并为一个综合性指标,通过一组类似于交通管制信号红、黄、绿灯的标识,利用这组指标和综合指标对当时的经济状况发出不同的信号,通过观察信号的变动情况,来判断未来经济增长的趋势。

预警系统的作用在于:① 正确评价当前宏观经济的状态,恰当地反映经济形势的冷热程度,并能承担短期经济形势分析的任务。② 能描述宏观经济运行的轨迹,预测其发展趋势,在重大经济形势变化或发生转折前,能及时发出预警信号,提醒决策者要制定合适的政策,防止经济发生严重的衰退或发生经济过热。③ 能及时地反映宏观经济的调控效果,判断宏观经济调控措施是否运用恰当,是否起到了平抑经济波动幅度的效果。④ 有利于企业的经营决策。⑤ 有利于改革措施出台时机的正确决策。

9. 同步指标扩散指数曲线与经济总量波动的关系表现为:

(1) 同步指标扩散指数曲线基本上与经济总量的波动相对应,波动周期长度基本相同。

(2) 同步指标扩散指数曲线的峰值比总量的峰值平均先行四分之一周期长度左右。

(3) 经济总量的峰值基本上和同步指标扩散指数 DI 曲线的景气下转点相对应。这是因为自左边的谷点开始,经济总量在上升,对应的同步指标 DI 值大于 50%,经济处于扩张状态之中,直至同步指标扩散指数 DI 曲线下降到与 $DI=50\%$线的交点,经济总量达到最大值(峰点)。这种现象称为经济系统动态扩张的累积效应,可以表示为:

经济总量达到峰点的时间=同步指标扩散指数 DI 曲线下降到与 50%线相交的时间

(4) 经济总量曲线的谷点基本上和同步指标扩散指数 DI 曲线的上转点相对应。经济走出低谷,意味着上升的同步指标数从少于下降的同步指标数上升到接近或等于下降的同步指标数,这时,总产出达到最小。这种现象称为经济系统动态收缩的累积效应,可以表示为:

经济总量达到谷点的时间＝同步指标扩散指数 DI 曲线上升到与 50%线相交的时间

10. 合成指数又叫综合指数，其计算方法是先求出每个指标的对称变化率，即变化率不是以本期或上期为基数求得，而是以两者的平均数为基数求得(这样可以消除基数的影响，使上升与下降量均等)。然后，求出先行、同步和滞后三组指标的组内、组间平均变化率，使得三类指标可比。最后，以某年为基年，计算出其余年份各月(季)的(相对)指数。

利用合成指数的先行、同步及滞后指标与扩散指数相对照，综合判断经济走势，同时利用合成指数的时滞关系直接预测经济总量波动的峰和谷。

五、计算题

1.(1) 根据基准波动指数：

$$HCI(1)=\frac{\sum_{i=1}^{N}d_i(1)W_i}{\sum_{i=1}^{N}W_i}=\frac{101.3\%\times0.23+104.0\%\times0.44+110.0\%\times0.33}{0.23+0.44+0.33}=105.4\%$$

(2) 其他各月同样按以上方法计算，得到最终基准波动指数如下表所示：

指　标	1月	2月	3月	4月	5月	6月	权数 w
d_1	101.3%	105.2%	102.0%	100.0%	103.0%	106.0	0.23
d_2	104.0%	106.0%	103.0%	102.0%	104.0%	108.0%	0.44
d_3	110.0%	109.0%	108.0%	107.0%	109.0%	118.0%	0.33
$HCI(t)$	105.4%	106.8%	104.4%	103.2%	105.4%	110.8%	—

2.(1) 计算示性函数 I，即计算有多少指标是扩张、收缩还是基本不变。扩张时 $I=1$，收缩时 $I=0$，基本不变时 $I=0.5$。

日　期	指标 1	指标 2	指标 3	指标 4	指标 5
2021 年 6 月	141.55	305.2	150 729	54.9	447 49
2021 年 7 月	141.49	337.2	151 764	54.8	448 73
I	0	1	1	0	1

(2) 计算扩散指数 $DI_t=\frac{t\text{ 期序列出现扩张的个数}}{\text{属于该类指标的序列总数}}\times100\%=\frac{3}{5}\times100\%=60\%$

(3) 画出扩散指数曲线图：

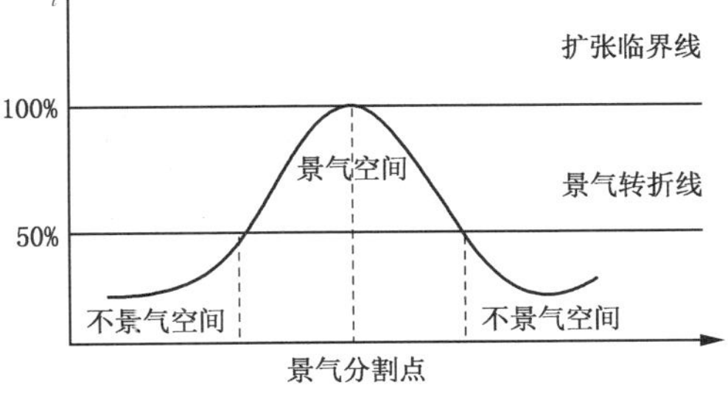

由于 100%$>DI_t=$60%$>$50%,经济又刚刚达到过顶峰,说明经济现在处在景气空间后期,经济正在走下坡路,整个经济系统正处在降温阶段。

3. (1) 60%, 80%, 60%, 40%, 20%, 40%, 60%, 100%, 80%, 60%, 20%, 40%

(2) 画出扩散指数曲线图:

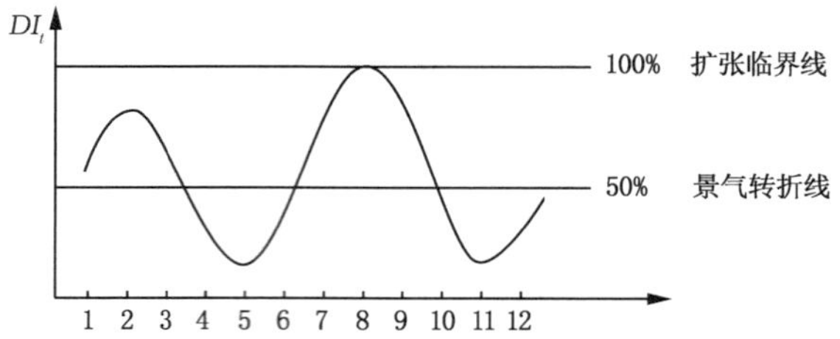

(3) 如上图所示,2 和 8 是峰点,5 和 11 是谷点。

(4) 周期长度是 6。

4. (1) 25%, 35%, 60%, 60%, 70;

(2) 略。

5. (1) 98.03%,96.47%,98.11%,98.45%,98.68%,99.76%;

(2) 略。

六、分析题

略。

第十章

一、单项选择题

1. C　2. B　3. A　4. A　5. B　6. C　7. D　8. A　9. D　10. C

二、多项选择题

1. CDE　2. ABCE　3. ABCD　4. ABCDE　5. ABCD　6. BCE　7. DE　8. ADE　9. ABD　10. ABE

三、名词解释

略。

四、简答题

1. 灰色预测法是一种对含有不确定因素的系统进行预测的方法。灰色系统是介于白色系统和黑色系统之间的一种系统。

灰色预测主要包括四种类型:灰色时间序列预测,畸变预测,系统预测,拓扑预测。

2. 进行灰色预测,首先要鉴别系统因素之间发展趋势的相异程度,即进行关联分析,再对原始数据进行生成处理来寻找系统变动的规律,生成有较强规律性的数据序列,然后建立相应的微分方程模型来预测事物未来发展趋势的状况。

在建立灰色预测模型之前,需先对原始时间序列进行数据处理,是为了弱化原始时间序列的随机性。灰色系统常用的数据处理方式有累加和累减两种。

3. 灰色预测检验一般包括残差检验、关联度检验和后验差检验。

4. GM(n, h)模型是微分方程模型,可用于对描述对象做长期、连续、动态的反映。从原则上讲,某一灰色系统无论内部机制如何,只要能将该系统原始表征量表示为时间序列 $\{X^{(0)}(t)\}$,并有$\{X^{(0)}(t)\}$, $t\in N$, $X^{(0)}(t)\geqslant 0$(N 表数自然数集),即可用 GM 模型对系统进行描述。

五、计算题

1. $\gamma_1=\dfrac{1}{5}\sum\limits_{k=1}^{5}\gamma_{01}(k)=0.555\,2$

$$\gamma_2 = \frac{1}{5}\sum_{k=1}^{5}\gamma_{02}(k) = 0.620\,1$$

$\gamma_2 > \gamma_1$，所以 Y_2 和 Y_0 的关联程度大于 Y_1 和 Y_0 的关联程度。

2.（1）所得的预测模型为：

$$\frac{\mathrm{d}X^{(1)}}{\mathrm{d}t} + 0.064\,86X^{(1)} = 37.229\,6$$

即：
$$\hat{X}^{(1)}(k+1) = -567.999e^{-0.064\,86k} + 573.999$$

（2）累减还原后，可列出误差检验表，如下表所示：

序号	原始数据	模拟值	残　差	相对误差
2	20	35.670 4	−15.670 4	78.354 0%
3	40	33.430 3	6.569 7	16.424 2%
4	25	31.330 8	−6.330 8	25.323 2%
5	40	29.368 2	10.631 8	26.579 5%
6	45	27.519 2	17.480 8	38.864 2%
7	35	25.790 1	9.209 9	26.314 0%
8	21	24.171 9	−3.171 9	15.104 3%
9	14	22.653 4	−8.653 4	61.810 0%
10	18	21.230 7	−3.230 7	17.948 3%
11	15.5	19.897 4	−4.397 4	28.370 3%
12	17	18.647 8	−1.647 8	9.692 9%
13	15	17.476 8	−2.476 8	16.512 0%

相对误差都很大，可见模型精度较低，需要对其进行修正。

残差修正模型为：

$$\hat{X}^{(0)}(k+1) = \begin{cases} 38.061\,4e^{-0.064\,86k} & k < 9 \\ 38.061\,4e^{-0.064\,86k} - 4.045\,2e^{-0.168\,55(k-9)} & k \geqslant 9 \end{cases}$$

3. 84.57

第十一章

一、单项选择题

1. C　2. B　3. D　4. A　5. B　6. C　7. B　8. A　9. A　10. B

二、多项选择题

1. AB　2. AE　3. BC　4. ABCD　5. BC　6. ABCDE　7. BCD　8. ABC　9. BCD　10. ABC

三、名词解释

略。

四、简答题

1. 它是动态时域模型，以隐含着的时间为自变量。描述动态系统的完整模型，它表达了由于输入引起系统内部状态的变化，并由此使输出发生变化。

状态空间模型包括状态方程模型和输出方程模型。

状态空间模型按所受影响因素的不同，分为：(1) 确定性状态空间模型；(2) 随机性状态空间。

状态空间模型按数值形式,分为:(1) 离散空间模型;(2) 连续空间模型。

状态空间模型按所描述的动态系统,可以分为:(1) 线性的与非线性的;(2) 时变的与时不变的。

2. 状态空间模型开创了时间序列建模与分析的新领域,具有其他时间序列分析方法所不具备的优点。

首先,状态空间模型能够用现在和过去的最小信息形式或用现在和将来的输入信息对一个系统的状态进行完全描述。因此,应用状态空间模型估计与预测时,就不需要追溯大量的历史数据资料。而传统时间序列分析方法,如伯博克斯-詹金斯法的建模往往需要大量的历史数据,既费时又费力,如果无法收集到长期时序资料,就很难应用此法建模了。状态空间模型克服了此项缺点,具有较强的优越性。

其次,状态空间模型的优越性还表现在它不仅刻画了系统内部的状态,而且能够揭示其系统内部状态与外部的输入和输出变量的联系,反映比较全面。而时域领域内的其他输入输出模型,如传递函数模型等只反映系统外部行为,难以反映内部与外部的联系。

再次,状态空间模型将几个变量时间序列处理为向量时间序列,能够很好地解决多输入多输出变量情况下的建模,往往能用于一元和多元时序的建模。

最后,卡尔曼滤波是解决状态空间模型估计与预测的有力工具之一,它不需要存储历史数据,而且可以通过计算机程序达到对状态空间模型的优化拟合。

当然,状态空间模型也存在局限性。状态空间模型一般基于马尔科夫特性,这就意味着给定系统的现在状态,则系统的将来与其过去独立。如果一个系统不满足马尔科夫特性,就不适合应用状态空间模型。

3. 状态空间模型的优点包括:

(1) 状态空间模型不仅能反映系统内部状态,而且能揭示系统内部状态与外部的输入和输出变量的联系。

(2) 状态空间模型将多个变量时间序列处理为向量时间序列,这种从变量到向量的转变更适合解决多输入输出变量情况下的建模问题。

(3) 状态空间模型能够用现在和过去的最小信息形式描述系统的状态,因此它不需要大量的历史数据资料,既省时又省力。

4. 状态空间模型的局限性在于状态空间模型一般基于马尔科夫特性,这就意味着给定系统的现在状态,则系统的将来与其过去独立。

5. 卡尔曼滤波与一个系统的状态空间表示以及状态空间模型的估计具有密切关系。

6. 卡尔曼滤波的实质是由量测值重构系统的状态向量。目前卡尔曼滤波在经济管理系统、生态系统、自动控制系统、通信系统等方面应用广泛。

7. (1) 状态空间模型不仅能反映系统内部状态,而且能揭示系统内部状态与外部的输入和输出变量的联系。

(2) 状态空间模型将多个变量时间序列处理为向量时间序列,这种从变量到向量的转变更适合解决多输入多输出变量情况下的建模问题。

(3) 状态空间模型能够用现在和过去的最小信息形式描述系统的状态,因此,它不需要大量的历史数据资料,既省时又省力。

五、分析题

1. 状态转移矩阵:

$$A=\begin{bmatrix}1+p_1 & 0 & 0\\ 0 & 1+p_2 & 0\\ 0 & 0 & 1+p_3\end{bmatrix}$$

式中:p_1、p_2、p_3 分别为鲫鱼、青鱼和鲤鱼的生长率,这里为 $p_1=0.1$, $p_2=0.13$, $p_3=0.08$。

输入矩阵仍定为常阵:

$$B=\begin{bmatrix}1 & 0 & 0 & 0.6\\ 0 & 1 & 0 & 0.2\\ 0 & 0 & 1 & 0.2\end{bmatrix}$$

输出矩阵或预测矩阵 C 为 3×3 维单位阵，这样输出向量或量测向量就等同于状态向量，状态空间模型：

$$X(k+1)=AX(k)+BU(k+1)$$

即

$$\begin{bmatrix}x_1(k+1)\\x_2(k+1)\\x_3(k+1)\end{bmatrix}=\begin{bmatrix}1+p_1&0&0\\0&1+p_2&0\\0&0&1+p_3\end{bmatrix}\begin{bmatrix}x_1(k)\\x_2(k)\\x_3(k)\end{bmatrix}+\begin{bmatrix}1&0&0&0.6\\0&1&0&0.2\\0&0&1&0.2\end{bmatrix}\begin{bmatrix}u_1(k+1)\\u_2(k+1)\\u_3(k+1)\\u_4(k+1)\end{bmatrix}$$

$$Y(k+1)=CX(k)$$

$$\begin{pmatrix}y_1(k+1)\\y_2(k+1)\\y_3(k+1)\end{pmatrix}=I\begin{bmatrix}x_1(k)\\x_2(k)\\x_3(k)\end{bmatrix}$$

2. 略。

第十二章

一、单项选择题

1. B 2. A 3. A 4. C 5. D 6. B 7. C 8. C 9. B 10. A

二、多项选择题

1. ABCD 2. ABC 3. ABCDE 4. ABC 5. ABCD 6. ABCD 7. BCDE 8. CDE 9. BCDE 10. ACD

三、名词解释

略。

四、简答题

1. 预测精度是指预测模型拟合的好坏程度，即由预测模型所产生的模拟值与历史实际值拟合程度的优劣。如何提高预测精度是预测研究的一项重要任务。不过，对预测用户而言，过去的预测精度毫无价值，只有预测未来的精确度才是最重要的。

常用的测定预测精度的指标有：① 平均误差和平均绝对误差；② 平均相对误差和平均相对误差绝对值；③ 预测误差的方差和标准差。

2. 某些现象的预测可以具有很高的精确度，而许多现象的结果却很难预测，甚至根本就是不可预测的。不论是定性预测还是定量预测，它们能进行预测的前提是预测对象存在某种模式或关系，且这种模式或关系已被正确识别。当这种模式或关系不存在时，预测就成为不可能，即使能够根据它们的历史资料建立模型，也是如此。科学技术的发展提高了人类预测未来的能力，但这种能力的提高是极不均衡的，在自然科学中，预测的精度可以达到极高的程度，但在经济领域中，不同经济现象的预测精度差别极大，有些根本就不可预测，而某些现象的预测又具有极高的精确度。

3. 影响预测误差的因素有：(1) 模式或关系的识别错误；(2) 模式或关系的不确定性；(3) 模式或现象之间关系的变化性。

4. 回归预测与时间序列预测（指数平滑、时间序列分解和 ARMA 等）是两类不同的定量预测方法，这两类方法根据不同的角度对经济现象进行预测，回归预测注重分析影响预测对象的各因素所造成的影响，而时间序列预测则根据预测对象本身的历史数据来预测其未来。相对而言，进行回归预测的费用较高，这时因为要找出真正影响预测对象变化的因素并非易事，常常需要花费大量的人力和物力。正因为这两类方法具有不同的特点，所以比较这两类定量预测方法的优劣就成为预测研究的一个重要方面。

就预测精度而言，回归预测与时间序列预测难分优劣，但对于用户选择预测方法而言，则不仅应该比较各预测方法的精度，还要考虑各自的特点。回归预测具有时间序列预测所没有的优点，即它们能提供各变量对预测对象的影响程度的信息。例如,如果已知价格将上涨,应用时间序列预测就无法准确地预测价格上涨将对销售产生什么样的影响。因此,在这种及与这种情况类似的条件下,应用回归预测更具有现实经济意义。当然,短期的外推预测还是应该应用时间序列预测方法。

5. 预测实证研究表明,各类预测方法之间并不存在明显的优劣,只是不同方法具有各自不同的特点,如回归预测能解释预测对象变化原因、某些预测方法更适合特定预测对象的预测等。选择预测方法除了考虑精度、成本和方法复杂性外,还要考虑预测环境、预测时期长短和用户等因素。定性预测与定量预测具有各自不同的特点,定性预测擅长预测趋势的转折及其影响,而定量预测只有在趋势能延续下去的前提下才有效。定量预测更具有客观性、低成本、适于反复预测等特点,因此,选择预测方法时,应综合使用定性预测和定量预测,以提高预测精度、节约成本。

6. 需要在以下环节特别注意:(1) 方法或模型的选择;(2) 预测现有趋势的延续或转折的能力;(3) 信息应用的充分性;(4) 发生转折时的修正;(5) 预测的客观性程度;(6) 估计未来的不确定性;(7) 连续反复预测;(8) 预测成本。

通过定性预测与定量预测的综合运用、合理分工,即定性预测用于预测趋势的改变及其影响,定量预测用于预测持续趋势,可以明显提高预测的精度、节约预测成本。

7. ① 方法或模型的选择。定量预测方法或模型的选择不能完全依赖统计分析,采用不同的定性预测方法会得出不同的结论,至于究竟采用何种定性预测,则必须依赖人的主观判断力加以确定。② 预测转折的能力。定量预测不能预测转折的发生,定性预测则可以,但转折也可能被忽视或夸大。③ 信息应用的充分性。定量预测只使用部分数据包含的信息,定性预测可以运用各类信息。④ 发生转折时的修正。转折发生时,不同定量方法的修正能力不同,当转折发生后,定性预测可以评估转折的影响并修正预测结果。⑤ 预测的客观程度。定量预测可以保证预测结果的客观性,定性预测较易受各种主观因素的影响。⑥ 估计未来的不确定性。定量预测与定性预测均可能低估未来的不确定性程度。⑦ 连续反复预测。定量预测能保证连续反复预测的一致性,定性预测不能保证连续反复预测前后结果的一致性。⑧ 预测成本。定量预测成本低廉,定性预测成本较高。

8. 定量预测方法具有不能辨识和预测趋势转折的特点,因此,趋势的转折是暂时性的还是长期性的,必须依赖于定性判断。定性预测由于存在较大的主观性,在预测转折及其影响时会存在偏差,减少偏差的方法是尽量减少由于人的情绪(乐观的或悲观的)等因素所引起的主观随意性。有效的方法是先假设趋势不会发生变化,并用定量预测方法进行分析预测,然后采用定性预测方法进行修正,判断其趋势的转折是向上还是向下,最后再做综合预测分析。

9. 组合预测是一种将不同预测方法所得的预测结果组合起来形成一个新的预测结果的方法。组合预测有两种基本形式:一是等权组合,即各预测方法的预测值按相同的权数组合成新的组合预测值;二是不等权组合,即赋予不同预测方法的预测值的权数是不一样的。组合预测通常具有较高的精度。

五、计算题

1. 首先做下表:

销售额 y_i	$\hat{y}_i$	$y_i-\hat{y}_i$	$\lvert y_i-\hat{y}_i\rvert$	$(y_i-\hat{y}_i)/y_i$	$\lvert y_i-\hat{y}_i\rvert/\lvert y_i\rvert$	$(y_i-\hat{y}_i)^2$
200	—	—	—	—	—	—
135	—	—	—	—	—	—
195	—	—	—	—	—	—
197.5	176.7	20.8	20.8	0.105 316	0.105 316	432.64
310	175.8	134.2	134.2	0.432 903	0.432 903	18 009.64
175	234.2	−59.2	59.2	−0.338 286	0.338 286	3 504.64
155	227.5	−72.5	72.5	−0.467 742	0.467 742	5 256.25

续 表

销售额 y_i	$\hat{y}_i$	$y_i - \hat{y}_i$	$\lvert y_i - \hat{y}_i \rvert$	$(y_i - \hat{y}_i)/y_i$	$\lvert y_i - \hat{y}_i \rvert / \lvert y_i \rvert$	$(y_i - \hat{y}_i)^2$
130	213.3	−83.3	83.3	−0.640 769	0.640 769	6 938.89
220	153.3	66.7	66.7	0.303 182	0.303 182	4 448.89
277.5	168.3	109.2	109.2	0.393 514	0.393 514	11 924.64
235	209.2	25.8	25.8	0.109 787	0.109 787	665.64
264	244.2	19.8	19.8	0.075	0.075	392.04
1 964	1 802.5	161.5	591.5	−0.027 09	2.866 499	51 573.27

其中最后一行为合计值。

于是：

$$ME = \frac{\sum_{i=1}^{n} e_i}{n} = \frac{161.5}{12} = 13.46$$

$$MAD = \frac{\sum_{i=1}^{n} \lvert e_i \rvert}{n} = \frac{591.5}{12} = 49.29$$

$$MPE = \frac{1}{n}\sum_{i=1}^{n} \frac{y_i - \hat{y}_i}{y_i} = \frac{1}{12} \times (-0.027\ 09) = 0.002\ 257\ 5$$

$$MAPE = \frac{1}{n}\sum_{i=1}^{n} \left| \frac{y_i - \hat{y}_i}{y_i} \right| = \frac{1}{12} \times 2.866\ 499 = 0.238\ 88$$

$$MSE = \frac{\sum_{i=1}^{n} e_i^2}{n} = \frac{1}{n}\sum_{i=1}^{n} (y_i - \hat{y}_i)^2 = \frac{1}{12} \times 51\ 573.27 = 4\ 297.772\ 5$$

$$SDE = \sqrt{\frac{\sum_{i=1}^{n} e_i^2}{n}} = \sqrt{\frac{1}{n}\sum_{i=1}^{n} (y_i - \hat{y}_i)^2} = \sqrt{4\ 297.772\ 5} = 65.557\ 3$$

2. 做下表：

销售额 y_i	$\hat{y}_i$	$y_i - \hat{y}_i$	$\lvert y_i - \hat{y}_i \rvert$	$(y_i - \hat{y}_i)/y_i$	$\lvert y_i - \hat{y}_i \rvert / \lvert y_i \rvert$	$(y_i - \hat{y}_i)^2$
200	—	—	—	—	—	—
135	200	−65	65	−0.481 48	0.481 481	4225
195	193.5	1.5	1.5	0.007 692	0.007 692	2.25
197.5	193.7	3.8	3.8	0.019 241	0.019 241	14.44
310	194	116	116	0.374 194	0.374 194	13 456
175	205.6	−30.6	30.6	−0.1748 6	0.174 857	936.36
155	202.6	−47.6	47.6	−0.307 1	0.307 097	2 265.76
130	197.8	−67.8	67.8	−0.521 54	0.521 538	4 596.84
220	191	29	29	0.131 818	0.131 818	841

续 表

销售额 y_i	$\hat{y}_i$	$y_i-\hat{y}_i$	$\lvert y_i-\hat{y}_i\rvert$	$(y_i-\hat{y}_i)/y_i$	$\lvert y_i-\hat{y}_i\rvert/\lvert y_i\rvert$	$(y_i-\hat{y}_i)^2$
277.5	193.9	83.6	83.6	0.301 261	0.301 261	6 988.96
235	202.3	32.7	32.7	0.139 149	0.139 149	1 069.29
264	205.6	58.4	58.4	0.221 212	0.221 212	3 410.56
2 494	2 180	114	536	−0.290 41	2.679 541	37 806.46

于是：

$$ME=\frac{\sum_{i=1}^{n}e_i}{n}=\frac{114}{12}=9.5$$

$$MAD=\frac{\sum_{i=1}^{n}\lvert e_i\rvert}{n}=\frac{536}{12}=44.67$$

$$MPE=\frac{1}{n}\sum_{i=1}^{n}\frac{y_i-\hat{y}_i}{y_i}=\frac{1}{12}\times(-0.290\,41)=0.024\,2$$

$$MAPE=\frac{1}{n}\sum_{i=1}^{n}\left|\frac{y_i-\hat{y}_i}{y_i}\right|=\frac{1}{12}\times 2.679\,541=0.223\,30$$

$$MSE=\frac{\sum_{i=1}^{n}e_i^2}{n}=\frac{1}{n}\sum_{i=1}^{n}(y_i-\hat{y}_i)^2=\frac{1}{12}\times 37\,806.46=3\,150.538\,3$$

$$SDE=\sqrt{\frac{\sum_{i=1}^{n}e_i^2}{n}}=\sqrt{\frac{1}{n}\sum_{i=1}^{n}(y_i-\hat{y}_i)^2}=\sqrt{3\,150.538\,3}=56.129\,7$$

比较结果：

指　标	ME	MAD	MPE	MAPE	MSE	SDE
移动平均	13.46	49.29	0.002 257 5	0.238 88	4 297.772 5	65.557 3
指数平滑	9.5	44.67	0.024 2	0.223 30	3 150.538 3	56.129 7

在各项精度的比较中，$\alpha=0.1$ 的一次指数平滑仅 MPE 的值大于 $N=3$ 的一次移动平均的 MPE，其他各项都小于与一次移动平均相对应的值，所以对本题应用一次指数平滑有更高的精度。

3. (1) 将一次移动平均预测结果和相应的计算结果列于下表中：

y_i	$\hat{y}_i$	$y_i-\hat{y}_i$	$\lvert y_i-\hat{y}_i\rvert$	$(y_i-\hat{y}_i)/y_i$	$\lvert y_i-\hat{y}_i\rvert/\lvert y_i\rvert$	$(y_i-\hat{y}_i)^2$
10	—	—	—	—	—	—
12	—	—	—	—	—	—
13	—	—	—	—	—	—

续 表

y_i	$\hat{y}_i$	$y_i-\hat{y}_i$	$\lvert y_i-\hat{y}_i\rvert$	$(y_i-\hat{y}_i)/y_i$	$\lvert y_i-\hat{y}_i\rvert/\lvert y_i\rvert$	$(y_i-\hat{y}_i)^2$
16	—	—	—	—	—	—
16	12.75	3.25	3.25	0.203 125	0.203 125	10.562 5
15	14.25	0.75	0.75	0.05	0.05	0.562 5
16	15	1	1	0.062 5	0.062 5	1
17	15.75	1.25	1.25	0.073 529	0.073 529	1.562 5
15	16	−1	1	−0.066 67	0.066 667	1
14	15.75	−1.75	1.75	−0.125	0.125	3.062 5
13	15.5	−2.5	2.5	−0.192 31	0.192 308	6.25
14	14.75	−0.75	0.75	−0.053 57	0.053 571	0.562 5
171	119.75	0.25	12.25	−0.048 39	0.826 7	24.562 5

$$ME=\frac{\sum_{i=1}^{n}e_i}{n}=\frac{0.25}{12}=0.02\ 083$$

$$MAD=\frac{\sum_{i=1}^{n}\lvert e_i\rvert}{n}=\frac{12.25}{12}=1.020\ 83$$

$$MPE=\frac{1}{n}\sum_{i=1}^{n}\frac{y_i-\hat{y}_i}{y_i}=\frac{1}{12}\times(-0.048\ 39)=-0.004\ 032\ 5$$

$$MAPE=\frac{1}{n}\sum_{i=1}^{n}\left|\frac{y_i-\hat{y}_i}{y_i}\right|=\frac{1}{12}\times 0.826\ 7=0.068\ 89$$

$$MSE=\frac{\sum_{i=1}^{n}e_i^2}{n}=\frac{1}{n}\sum_{i=1}^{n}(y_i-\hat{y}_i)^2=\frac{1}{12}\times 24.562\ 5=2.046\ 875$$

$$SDE=\sqrt{\frac{\sum_{i=1}^{n}e_i^2}{n}}=\sqrt{\frac{1}{n}\sum_{i=1}^{n}(y_i-\hat{y}_i)^2}=\sqrt{2.046\ 875}=1.430\ 69$$

(2) 将一次指数平滑预测结果和相应的计算结果列于下表中：

y_i	$\hat{y}_i$	$y_i-\hat{y}_i$	$\lvert y_i-\hat{y}_i\rvert$	$(y_i-\hat{y}_i)/y_i$	$\lvert y_i-\hat{y}_i\rvert/\lvert y_i\rvert$	$(y_i-\hat{y}_i)^2$
10	—	—	—	—	—	—
12	10	2	2	0.166 667	0.166 667	4
13	11.6	1.4	1.4	0.107 692	0.107 692	1.96
16	12.72	3.28	3.28	0.205	0.205	10.758 4
16	15.344	0.656	0.656	0.041	0.041	0.430 336
15	15.869	−0.869	0.869	−0.057 93	0.057 933	0.755 161
16	15.174	0.826	0.826	0.051 625	0.051 625	0.682 276
17	15.835	1.165	1.165	0.068 529	0.068 529	1.357 225

续 表

y_i	$\hat{y}_i$	$y_i-\hat{y}_i$	$\lvert y_i-\hat{y}_i \rvert$	$(y_i-\hat{y}_i)/y_i$	$\lvert y_i-\hat{y}_i \rvert / \lvert y_i \rvert$	$(y_i-\hat{y}_i)^2$
15	16.767	−1.767	1.767	−0.117 8	0.117 8	3.122 289
14	15.353	−1.353	1.353	−0.096 64	0.096 643	1.830 609
13	14.271	−1.271	1.271	−0.097 77	0.097 769	1.615 441
14	13.254	0.746	0.746	0.053 286	0.053 286	0.556 516
171	156.187	4.813	15.333	0.323 654	1.063 945	27.068 25

$$ME=\frac{\sum_{i=1}^{n}e_i}{n}=\frac{4.813}{12}=0.401\ 08$$

$$MAD=\frac{\sum_{i=1}^{n}\lvert e_i \rvert}{n}=\frac{15.333}{12}=1.277\ 75$$

$$MPE=\frac{1}{n}\sum_{i=1}^{n}\frac{y_i-\hat{y}_i}{y_i}=\frac{1}{12}\times 0.323\ 654=0.026\ 97$$

$$MAPE=\frac{1}{n}\sum_{i=1}^{n}\left|\frac{y_i-\hat{y}_i}{y_i}\right|=\frac{1}{12}\times 1.063\ 945=0.088\ 66$$

$$MSE=\frac{\sum_{i=1}^{n}e_i^2}{n}=\frac{1}{n}\sum_{i=1}^{n}(y_i-\hat{y}_i)^2=\frac{1}{12}\times 27.068\ 25=2.255\ 69$$

$$SDE=\sqrt{\frac{\sum_{i=1}^{n}e_i^2}{n}}=\sqrt{\frac{1}{n}\sum_{i=1}^{n}(y_i-\hat{y}_i)^2}=\sqrt{2.255\ 69}=1.501\ 89$$

(3) 比较结果:

指　标	ME	MAD	MPE	MAPE	MSE	SDE
移动平均	0.020 83	1.020 83	−0.004 032 5	0.068 89	2.046 875	1.430 69
指数平滑	0.401 08	1.277 75	0.026 97	0.088 66	2.255 69	1.501 89

以上各项指标都是一次移动平均的值小于一次指数平滑的值,所以本题应用一次移动平均预测法的效果更好。

第十三章

一、单项选择题

1. C　2. B　3. C　4. B

二、多项选择题

1. ABD　2. ABD　3. ABCD　4. ABCD

三、名词解释

略。

四、简答题

1. 决策就是为了实现特定的目标，根据客观的可能性，在占有一定信息和经验的基础上，借助一定的工具、技巧和方法，对影响目标实现的诸因素进行准确计算和判断选优后，对未来行动做出决定。

决策具有以下基本特征：

(1) 未来性。决策总是面对未来的，已经发生的事和正在发生的事是不需要决策的，决策产生于行动之前。未来是不确定的，因此决策具有风险性，决策的风险来自未来的不确定性。科学的预测可以减少未来的不确定性。

(2) 选择性。决策离不开决断，决断离不开比较选择，决策过程存在目标的比较选择和决策方案的比较选择，如果没有比较选择，也就没有决策。

(3) 实践性。比较选择后得到的最优方案还只是思维结果，要付诸实施才能实现决策目标，通过实践使决策者在认识上产生又一次飞跃。不实施的决策是毫无意义的，其最优决策方案也是毫无价值的。

决策是一项系统工程，组成决策系统的基本因素有四个，即决策主体、体现决策主体利益和愿望的决策目标、决策对象以及决策环境。

2. 决策问题多种多样，可以从不同的角度分类。(1) 按决策问题所处的条件，分为确定型决策、不确定型决策和对抗型决策；(2) 按照问题的性质，分为程序化决策和非程序化决策；(3) 按照决策涉及的范围，分为总体决策和局部决策；(4) 按照决策过程是否运用数学模型来辅助决策，分为定性决策和定量决策；(5) 按照决策目标的数量，分为单目标决策和多目标决策；(6) 按照决策的整体构成，分为单阶段决策和多阶段决策。

3. 决策的步骤包含：(1) 确定决策目标；(2) 拟订备选方案；(3) 方案抉择；(4) 方案实施。

信息搜集成本和决策具有如下关系：

随着时间的推移，信息搜集成本逐渐增加，在搜集到一定的信息之后，信息搜集成本会高于信息所能带来的收益。因此，对于重要程度较低的决策问题，应采取即时决策；对于重要程度较高的决策问题，要在搜集到一定的信息之后适时做出决策。

4. 合理的决策目标应该满足：(1) 含义准确，便于把握，易于评估；(2) 尽可能将目标数量化，并明确目标的时间约束条件；(3) 目标应有实现的可能性，并富于挑战性。

5. 统计决策理论有六条公理：(1) 方案的优劣是可以比较和判别的；(2) 方案必须具有独立存在的价值；(3) 分析方案时有不同的结果才需要加以比较；(4) 主观概率和方案结果之间不存在联系；(5) 效用的等同性；(6) 效用的替换性。

要做出正确的决策，应当遵循下列三条原则：(1) 可行性原则；(2) 经济性原则；(3) 合理性原则。

6. 不确定型决策是指决策时的条件是不确定的，细分起来又可以分为两种：一种是已知各种可能情况出现的概率，因此可以结合概率做出判断、选择方案，这要冒一定的风险，所以称为风险型决策；另一种是未知任何信息的决策，称为完全不确定情况下的决策。

7. 传统的统计决策主要是根据样本的观察值来对总体参数 Q 做出推断。这时，样本统计量 d 是样本观察值 $x_1, x_2, \cdots, x_n$ 的一个函数，$d = d(x_1, x_2, \cdots, x_n)$ 就称为决策函数。在统计决策中，Q 可以看作一个状态空间，d 看作在取得一定的自然状态信息下采取的一种方案。

8. 如果参数的真值为 θ，而决策的结果为 d，两者的不一致会带来一定的损失，这种损失是一个随机变量，用 $L(d, \theta)$ 表示，称为损失函数。在决策问题中，设 d_i 是方案集合中的一个方案，θ_j 是状态空间中出现的某一状态，则对于所有的方案和状态，有：(1) $L(d, \theta) \geqslant 0$；(2) 对于状态空间中每个 θ，至少有一个方案 d，使得 $L(d, \theta) = 0$。当损失函数为零时，称为正确的决策。常见的损失函数有 $L(d, \theta) = c(\theta - d)^2$ 和 $L(d, \theta) = c\,|\,\theta - d\,|$，前者称为二次损失函数，后者称为绝对误差损失函数，其中 c 称为一个加权系数或称为损失系数。

9. 由于损失函数是一个随机变量，损失函数的期望值 $R(d, \theta) = E[L(d, \theta)]$ 就称为风险函数。在决策中，每种自然状态 θ_j 都会产生一个风险值 $R(d_i, \theta_j) = \sum_{i=1}^{n} L(d_i, \theta_j) \times P(d_i \mid \theta_j)$。决策的目标是

要找出一个决策方案 d,使其对各个 θ_j 风险值均为最小。但是,大多数情况下,没有一个决策方案能使各种状态下的损失最小,因此,常常对 θ 确定一个概率分布,并使其平均的风险值 $r(d, \theta)$ 达到最小,其中:$r(d, \theta)=E[R(d, \theta)]=\sum_{j=1}^{L} R(d, \theta) p(\theta_j)$。

五、分析题

首先做出下图:

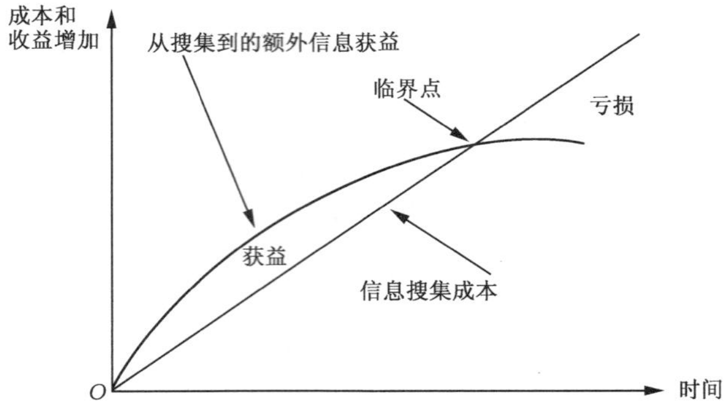

从上面的图中可以看出,随着时间的推移,信息搜集成本也增加,同时,随着时间的推移和更多信息的搜集,不确定性也在减少,将不确定性减少到尽可能低的程度,则可能延误决策时机而使信息的搜集得不偿失,因此,信息搜集时间的拖延不应超过上图中的临界点。

第十四章

一、单项选择题

1. C　2. B　3. C　4. D　5. A　6. B　7. B　8. C　9. B　10. B

二、多项选择题

1. ABC　2. ABCD　3. ABCD　4. BC　5. AC　6. ABC　7. AC　8. BC

三、名词解释

略。

四、简答题

1. 由于期望值是在大量的重复试验中可能产生的平均值,因此,以期望值为标准的决策方法一般只适用于下列几种情况:(1) 概率的出现具有明显的客观性质,而且比较稳定;(2) 决策不是解决一次性问题,而是解决多次重复的问题;(3) 决策的结果不会对决策者带来严重的后果。如果不符合这些情况,期望值标准就不适用,需要采用其他标准。

以等概率为标准的决策方法适用于各种自然状态出现的概率无法预测的情况。

以最大可能性为标准的决策方法适用于各种自然状态中其中某一状态的概率显著高于其他方案所出现的概率,而期望值又相差不大的情况。如果状态比较多,而且概率相差不大显著,不同方案的期望收益又相差较大时,采用最大可能性标准就不一定能取得好的效果。

2. 用决策树可以使决策问题形象化。它把各种备选方案、可能出现的自然状态及各种损益值简明地绘制在一张图表上,便于管理人员审度决策局面、分析决策过程,尤其对于那些缺乏所需数学知识从而不能胜任运算的管理人员来说,会感觉特别方便。

用决策树做风险决策,就是按一定的方法绘制好决策树,然后用反推决策树的方式进行分析,最后选定合理的最佳方案。

3. 连续型变量问题中有非常多的可能结果,无法针对每一个备选方案计算期望值,这类风险决策的思路是设法寻找期望值随备选方案依一定次序的变化而变化的规律。只要期望值变量在决策问题定义的区间内是单峰的，则其峰值处所对应的备选方案，就是最优方案。

4. 转移概率矩阵决策的特点：转移概率矩阵中的元素是根据相关数据流向资料确定的；下一期的概率只与上一期的预测结果有关，不取决于更早期的概率；利用转移概率矩阵进行决策，其最后结果取决于转移矩阵的组成，不取决于原始条件，即最初占有率。

5. 风险决策的概率值都是估计出来的，一旦概率值有变化，有可能影响到决策的最优方案的有效性。敏感性分析的目的就是考察当概率值发生变动时，原定最优方案的损益值随之变动的程度。经过敏感性分析，如果最优方案不因概率值在允许误差范围内变动而变动，那么最优方案就是可靠的。

6. 风险决策的关键在于各种自然状态出现的概率是已知的，而且是根据过去经验估计出来的。可见，根据这样的概率数值计算出来的损益值，不可能十分精确可靠。一旦概率值有了变化，据以确定的决策方案是否仍然有效，就成为值得重视的问题。因此，在决策过程中，就有了解概率值变化对最优方案的选择究竟存在多大影响的必要。概率变化到什么程度才引起方案的变化，这一临界点的概率称为转折概率。对决策问题做出这种分析，就叫敏感性分析，或叫灵敏度分析。

经过敏感性分析之后，如果决策所选择的最优方案不因自然状态概率在其允许的误差范围内的变动而变动，这个方案就是比较可靠的。

敏感性分析的步骤为：(1) 求出在保持最优方案稳定的前提下，自然状态概率所容许的变动范围；(2) 衡量用于预测和估算这些自然状态概率的方法，其精度是否能保证所得概率值在允许的误差范围内变动；(3) 判断所做决策的可靠性。

7. 在风险型决策中讨论完全信息价值，具有以下两个意义：

(1) 通过计算信息价值，可以判断出所做决策方案的期望利润值随信息量增加而增加的程度。信息价值越大，该方案的期望利润值随着信息量增加而增加的值也就越大，说明该问题很有进一步研究的价值，因为它很可能因为增加某一小小信息而获得很大的收益；反之，信息价值越小，说明信息量的变化对决策方案期望利润值的影响甚微，这便从一个侧面使我们确认该决策方案的稳定性。

(2) 通过计算信息价值，可使决策者在重大问题的决策中，能够明确回答对于获取某些自然状态信息付出的代价是否值得的问题。如果获取该信息所付出的代价高于该信息的价值，那就不可取；如果获取该信息所付出的代价低于该信息的价值，那就是可取的。也就是说，必须把为获取信息付出的代价限制在小于信息价值的范围内。

8. 决策人对于期望收益和损失的独特兴趣、感受和取舍反应，称为效用。效用代表着决策人对于风险的态度，也是决策人胆略的一种反映。

效用曲线有如下 A、B、C 三种类型：

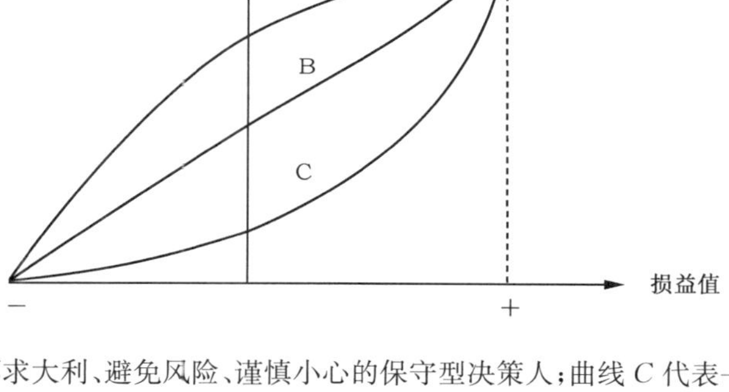

曲线 A 代表一种不求大利、避免风险、谨慎小心的保守型决策人；曲线 C 代表一种对损失反应迟缓，而对利益比较敏感，谋求大利、不怕风险的进取型决策人；曲线 B 代表一种中间型决策人。通过对大量事实的研究证明，大多数决策者属于保守型，而其他两类决策者属于少数。

如何应用效用曲线进行决策：

首先画出决策树,并把各种方案的损益值标写在各个概率枝的末端;然后,绘出决策人的效用曲线;接着,反过来找出对应于原决策问题各个损益值的效用值;最后,以效用期望值作为评价标准进行决策。

五、计算题

1.(1) 第一方案,即采用分立元件电路,确定收益为 25 万元;第二方案,即采用集成电路,期望收益为:

$$250 \cdot 0.4 - 100 \cdot 0.6 = 40(\text{万元})$$

显然,最优方案为第二方案。

(2) 计算第二方案的期望收益时,用到先验概率。设采用集成电路成功的概率为 p,根据方案的期望收益相等求出临界概率。由 $250 \cdot p - 100 \cdot (1-p) = 25$,得到 $p = 0.357$,故只要采用集成电路成功的概率大于 0.357,决策结果都不变,都得到第二方案为最优方案。

(3) 用效用概率决策法。显然,第一方案稳得 25 万元的效用值与第二方案期望值为 100 万元的效用相等。由(1)知道,第二方案的期望值为 40 万元,故其效用值要小于第一方案的效用值。因此,根据效用期望标准,应该是第一方案最优。这与(1)结果相反。

2.(1) 扩建原厂 d_1。

(2) 扩建原厂 d_1。

(3) 同(2)。

3. 当 $P < 0.3$ 时,方案 d_3 具有最大期望值。

当 $0.3 < P < 0.7$ 时,方案 d_2 最优。

当 $P > 0.7$ 时,方案 d_1 最优。

4. 这是一个多阶段的决策问题,考虑采用期望收益最大为标准选择最优方案。

(1) 画出决策树如下:

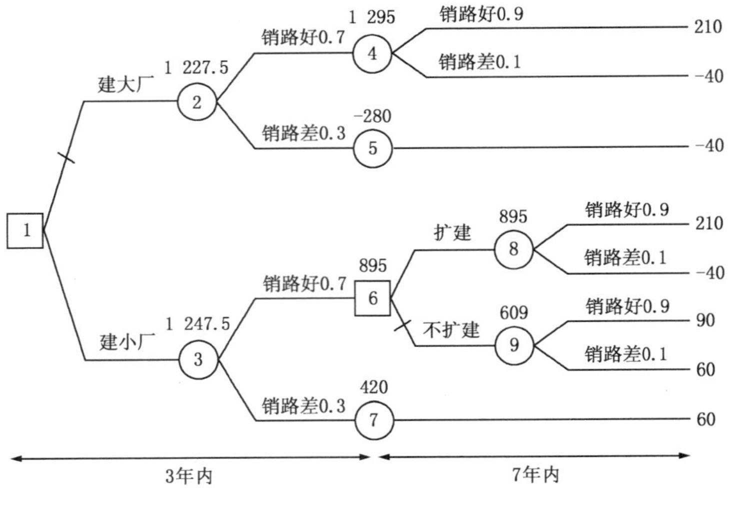

(2) 从右向左计算各点的期望收益值。

点 4:$210 \cdot 0.9 \cdot 7 - 40 \cdot 0.1 \cdot 7 = 1\,295$(万元)

点 5:$-40 \cdot 7 = -280$(万元)

点 2:$1\,295 \cdot 0.7 + 210 \cdot 0.7 \cdot 3 - 280 \cdot 0.3 - 40 \cdot 0.3 \cdot 3 = 1\,227.5$(万元)

点 8:$210 \cdot 0.9 \cdot 7 - 40 \cdot 0.1 \cdot 7 - 400 = 895$(万元)

点 9:$90 \cdot 0.9 \cdot 7 + 60 \cdot 0.1 \cdot 7 = 609$(万元)

点 6 是一个决策点,比较点 8 和点 9 的期望收益值,选择扩建。

点 6:895(万元)

点 7：$60 \cdot 7 = 420$(万元)

点 3：$895 \cdot 0.7 + 210 \cdot 0.7 \cdot 3 + 420 \cdot 0.3 + 60 \cdot 0.3 \cdot 3 = 1\,247.5$(万元)

(3) 进行决策。

比较点 2 和点 3 的期望收益值，点 3 的期望收益值较大，可见，最优方案是先建小厂，如果销路好，3 年以后再进行扩建。

5. 每日进货量为 12 件。

6. 完全信息价值等于完全信息时的期望值减去先验信息的期望值。首先计算完全信息下的期望收益值，在完全确定为畅销状态时，选择大批产量；在完全确定为一般状态时，选择中批产量；在完全确定为滞销状态时，选择小批产量。据此，完全信息下的期望收益值为：

$$100 \times 0.6 + 40 \times 0.3 + 6 \times 0.1 = 72.6(\text{万元})$$

再计算先验信息下的期望收益值。

第一种方案下的期望收益值为：

$$10 \times 0.6 + 9 \times 0.3 + 6 \times 0.1 = 9.3(\text{万元})$$

第二种方案下的期望收益值为：

$$50 \times 0.5 + 40 \times 0.3 - 20 \times 0.1 = 40(\text{万元})$$

第三种方案下的期望收益值为：

$$100 \times 0.6 + 30 \times 0.3 - 60 \times 0.1 = 63(\text{万元})$$

因此，选择的最优方案为第三种，对应期望收益值为 63 万元。

于是：

$$\text{完全信息价值} = 72.6 - 63 = 9.6(\text{万元})$$

第十五章

一、单项选择题

1. C　2. D　3. B　4. A　5. A

二、多项选择题

1. AB　2. ABCD　3. ABC　4. AB　5. BD　6. BC　7. AB

三、名词解释

略。

四、简答题

1. n 个事件的贝叶斯定理公式：如果事件 $A_1, A_2, \cdots, A_n$ 是互斥完备的，其中某个事件的发生是事件 B 发生的必要条件，则：

$$P(A_i \mid B) = \frac{P(A_i)P(B \mid A_i)}{P(A_1)P(B \mid A_1) + P(A_2)P(B \mid A_2) + \cdots + P(A_n)P(B \mid A_n)}$$

2. 在已具备先验概率的情况下，一个完整的贝叶斯决策过程要经历以下几个步骤：

(1) 进行预后验分析，决定是否值得收集补充资料以及从补充资料中可能得到的结果和如何决定最优对策。

(2) 收集补充资料，取得条件概率，包括历史概率和逻辑概率，对历史概率要加以检验，辨明其是否适合计算后验概率。

(3) 用概率的乘法定理计算联合概率，用概率的加法定理计算边际概率，用贝叶斯定理计算后验概率。

(4) 用后验概率进行决策分析。

3. 贝叶斯决策的优点表现在以下几个方面：(1) 一般的决策方法大多用的是不完备的信息或主观概率，而贝叶斯决策能对信息的价值或是否需要收集新的信息做出科学判断。(2) 它能对调查结果的可能性加以数量化的评价，而不是像一般的决策方法那样，对调查结果或者是完全相信，或者是完全不相信。(3) 如果说任何调查结果都不可能完全准确，先验知识或主观概率也不是完全可以相信的，那么，贝叶斯决策则巧妙地将这两种信息有机地结合起来了。(4) 它可以在决策过程中根据具体情况不断地使用，使决策逐步完善和更加科学。

4. 贝叶斯决策的不足之处体现在：(1) 它需要的数据多，分析计算比较复杂，特别在解决复杂问题时，这个矛盾就更加突出。(2) 有些数据必须使用主观概率，有些人不太相信，这也妨碍了贝叶斯决策方法的推广使用。

5. 所谓“预后验分析”，实际上是后验概率决策分析的一种特殊形式的演算。这里的“特殊形式”是指用一套概率对多种行动策略组合进行多次计算，从中择优。

预后验分析有两种形式：一是扩大型预后验分析，这实际上是一种反推决策树分析；二是常规型预后验分析，这实际上是一种正向分析，用表格形式进行。扩大型分析要解决的问题是，收集追加信息对决策者有多大的价值，如果试验，应采取什么行动策略；常规型分析要解决的问题是，如果试验，应采取什么行动策略。但是，这两种分析方法所得出的结论是一致的。

根据预后验分析，如果认为采集信息和进行调查研究是值得的，就应该决定去做这项工作。一旦取得了新的信息，决策者就结合这些新信息进行分析，计算各种方案的期望损益值，选择最佳的行动方案。结合运用这些信息并修正先验概率，称为后验分析，这正是发挥贝叶斯决策理论威力的地方。

五、计算题

1. (1) 设三种次品率依次为 θ_1、θ_2、θ_3，于是 $P(\theta_1)=0.5$，$P(\theta_2)=0.3$，$P(\theta_3)=0.2$。设 A 表示事件“10 件中有一件次品”，求 $P(\theta_1|A)$、$P(\theta_2|A)$、$P(\theta_3|A)$。

$$P(A\mid\theta_1)=0.98^9\cdot 0.02=0.016\,7$$
$$P(A\mid\theta_2)=0.95^9\cdot 0.05=0.031\,5$$
$$P(A\mid\theta_3)=0.90^9\cdot 0.10=0.038\,74$$
$$P(A)=P(\theta_1)P(A\mid\theta_1)+P(\theta_2)P(A\mid\theta_2)+P(\theta_3)P(A\mid\theta_3)=0.025\,55$$

所求的后验概率为：

$$P(\theta_1\mid A)=P(\theta_1)P(\theta_1\mid A)/P(A)=0.009\,45/0.025\,55=0.369\,9$$
$$P(\theta_2\mid A)=P(\theta_2)P(\theta_2\mid A)/P(A)=0.008\,35/0.025\,55=0.326\,8$$
$$P(\theta_3\mid A)=P(\theta_3)P(\theta_3\mid A)/P(A)=0.007\,75/0.025\,55=0.303\,3$$

2. 这是一个贝叶斯决策问题。先进行预后验分析，画出决策树图，计算后验概率，然后计算各结点期望收益值。

设 A_1 为原材料质量好事件，A_2 为原材料质量差事件，B_1 为试验结果为原材料质量好事件，B_2 为试验结果为原材料质量差事件。于是 $P(A_1)=0.35$，$P(A_2)=0.65$，$P(B_1\mid A_1)=0.8$，$P(B_2\mid A_1)=0.2$，$P(B_2\mid A_2)=0.7$，$P(B_1\mid A_2)=0.3$。

由边际概率公式：

$$P(B_1)=P(B_1\mid A_1)P(A_1)+P(B_1\mid A_2)P(A_2)=0.475$$
$$P(B_2)=P(B_2\mid A_1)P(A_1)+P(B_2\mid A_2)P(A_2)=0.525$$

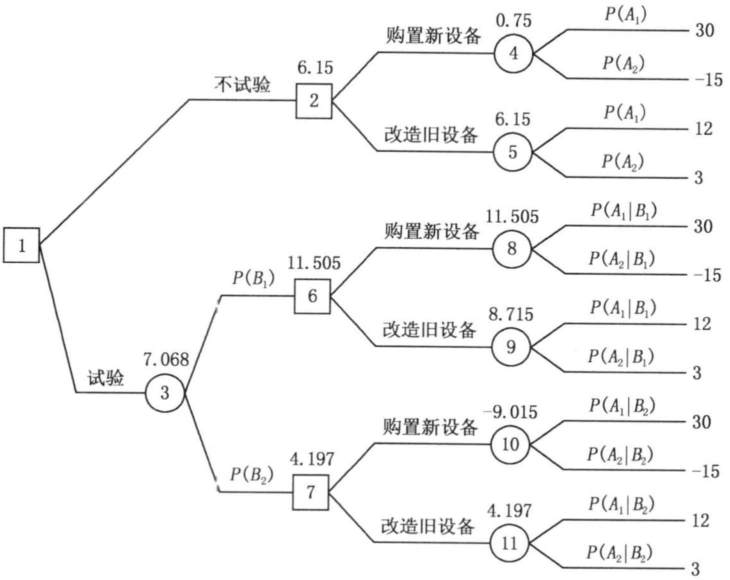

由贝叶斯公式：

$$P(A_1 \mid B_1) = \frac{P(B_1A_1)P(A_1)}{P(B_1A_1)P(A_1) + P(B_1A_2)P(A_2)} = 0.589$$

$$P(A_2 \mid B_1) = \frac{P(B_1A_2)P(A_2)}{P(B_1A_1)P(A_1) + P(B_1A_2)P(A_2)} = 0.411$$

$$P(A_1 \mid B_2) = \frac{P(B_2A_1)P(A_1)}{P(B_2A_1)P(A_1) + P(B_2A_2)P(A_2)} = 0.133$$

$$P(A_2 \mid B_2) = \frac{P(B_2A_2)P(A_2)}{P(B_2A_1)P(A_1) + P(B_2A_2)P(A_2)} = 0.867$$

各结点期望值为：

点 4：$30 \cdot 0.35 - 15 \cdot 0.65 = 0.75$

点 5：$12 \cdot 0.35 + 3 \cdot 0.65 = 6.15$

比较点 4 和点 5，选择改造旧设备方案。故

点 2：6.15

点 8：$30 \cdot 0.589 - 15 \cdot 0.411 = 11.505$

点 9：$12 \cdot 0.589 + 3 \cdot 0.411 = 8.715$

比较点 8 和点 9，选择购买新设备方案。故

点 6：11.505

点 10：$30 \cdot 0.133 - 15 \cdot 0.867 = -9.015$

点 11：$12 \cdot 0.133 + 3 \cdot 0.867 = 4.197$

比较点 10 和点 11，选择改造旧设备方案。故

点 7：4.197

点 3：$11.505 \cdot 0.475 + 4.197 \cdot 0.525 - 0.6 = 7.068$

比较点 2 和点 3，可做出决策，认为可以先做试验。

最后，做出后验分析。由决策树图可知，如果试验结果为原材料质量好，则选择购买新设备为最优方案。如果试验结果为原材料质量差，则选择改造旧设备为最优方案。

3. 决策人根据经验对两种意见的看法属于先验信息，在决策人试验之后，就需要利用贝叶斯公式，结合试验结果进行后验分析。

首先,计算得到:

$$P(A \mid \theta_1) = (0.9)^5 = 0.590,\ P(A \mid \theta_2) = (0.7)^5 = 0.168$$

$$P(A) = P(A \mid \theta_1)P(\theta_1) + P(A \mid \theta_2)P(\theta_2) = 0.590 \cdot 0.4 + 0.168 \cdot 0.6 = 0.337$$

然后,用贝叶斯公式计算 θ_1 和 θ_2 的后验概率,$P(\theta_1|A)$和 $P(\theta_2|A)$。

$$P(\theta_1 \mid A) = P(A \mid \theta_1)P(\theta_1)/P(A) = 0.236/0.337 = 0.700$$

$$P(\theta_2 \mid A) = P(A \mid \theta_2)P(\theta_2)/P(A) = 0.101/0.337 = 0.300$$

可以看到,试验后决策人对两种意见的可信程度变为 0.7 和 0.3。这就是贝叶斯决策的后验概率。

4. (1) 0.56, 0.44

(2) 0.571 4, 0.428 6, 0.181 8, 0.818 2

(3) 60 万元

(4) 如果调查结果是 I_1,则选择 d_2;如果调查结果是 I_2,则选择d_1。

第十六章

一、单项选择题

1. B　2. B　3. C　4. D

二、多项选择题

1. ABCD　2. AC　3. BC　4. CD　5. BCD

三、名词解释

略。

四、简答题

1. 不确定型决策方法包括:“好中求好”决策方法,“坏中求好”决策方法,α 系数决策方法,“最小的最大后悔值”决策方法,等概率决策方法。

2. 不确定型决策方法与风险型决策方法,在思想方法上具有鲜明的区别,即风险型决策方法从合理行为假设出发,有严格的推理和论证,而不确定型决策方法是人为制定的原则,带有某种程度上的主观随意性。

3. “好中求好”决策方法的步骤为:(1) 确定各种可行方案;(2) 确定决策问题将面临的各种自然状态;(3) 将各种方案在各种自然状态下的损益值列于决策矩阵表中;(4) 求出每一方案在各自然状态下的最大损益值;(5) 在这些最大损益值中取最大值 $\max\limits_{d_i}\{\max\limits_{\theta_j}[L_{ij}]\}$,所对应的方案 d_i 为最佳决策方案。如果损益矩阵是损失矩阵,则采取“最小最小”决策准则,即取 $\min\limits_{d_i}\{\min\limits_{\theta_j}[L_{ij}]\}$ 对应的方案 d_i 为最佳决策方案。

4. α 系数决策方法的决策公式如下:

给定 $\alpha(0 \leqslant \alpha \leqslant 1)$,令:

$$f(d_i) = \alpha(\max_{\theta_j}[L_{ij}]) + (1-\alpha)(\min_{\theta_j}[L_{ij}])$$

取最大值 $\max\limits_{d_i}\{f(d_i)\}$,对应的方案 d_i 为最佳决策方案。如果损益矩阵是损失矩阵,则:

$$f(d_i) = \alpha(\min_{\theta_j}[L_{ij}]) + (1-\alpha)(\max_{\theta_j}[L_{ij}])$$

取 $\min\limits_{d_i}\{f(d_i)\}$ 对应的方案 d_i 为最佳决策方案。

5. “最小的最大后悔值”决策方法应用时,要先计算每一种方案在不同自然状态下的后悔值,即每种自然状态下的最大收益值与该自然状态下的其他收益值之差。每一种方案在各自然状态下都有一个后悔值,对应某一方案,找出各自然状态下的后悔值中最大的一个,就是该方案的最大后悔值。每一个方案都有一个最大后悔值,从中找出最小的一个后悔值,其对应的方案就是“最小的最大后悔值”决策的最优方案。

6. 不确定型决策的五种方法实际选择时只能以决策问题所处的客观条件为基础。一般来说,“坏中求好”决策方法在形势估计比较悲观的情形下采用，或者决策者比较保守稳妥并害怕承担较大风险的时候会采用；“好中求好”决策方法在形势估计比较乐观的情形下采用；α 系数决策方法在形势估计既不乐观也不太悲观的情形下采用；“最小的最大后悔值”决策方法在对决策失误的后果看得比较严重的时候采用；等概率决策方法在对形势没有什么认识的时候采用。

五、计算题

1. 这是一个不确定型决策问题。

(1) 按“好中求好”决策方法决策。

首先，求每一方案在各自然状态下的最大收益值：

$$f(d_1) = \max(200, -20) = 200$$
$$f(d_2) = \max(150, 20) = 150$$
$$f(d_3) = \max(100, 60) = 100$$

在各最大收益中再选取最大，最大值为 200，对应的为第一方案，因此，“好中求好”决策方法的结果是第一方案为最优方案。

(2) 按“坏中求好”决策方法决策。

首先，求每一方案在各自然状态下的最小收益值：

$$f(d_1) = \min(200, -20) = -20$$
$$f(d_2) = \min(150, 20) = 20$$
$$f(d_3) = \min(100, 60) = 60$$

在各最小收益中选取最大，最大值为 60，对应的为第三方案，因此，“坏中求好”决策方法的结果是第三方案为最优方案。

(3) 按 α 系数决策方法决策。

$$f(d_1) = \alpha\max(200, -20) + (1-\alpha)\min(200, -20) = 220\alpha - 20$$
$$f(d_2) = \alpha\max(150, 20) + (1-\alpha)\min(150, 20) = 130\alpha + 20$$
$$f(d_3) = \alpha\max(100, 60) + (1-\alpha)\min(100, 60) = 40\alpha + 60$$

若第一方案有最大收益，由 $f(d_1) \geqslant f(d_2)$，$f(d_1) \geqslant f(d_3)$，可得 $\alpha \geqslant \frac{4}{9}$。若第二方案有最大收益，由 $f(d_2) \geqslant f(d_1)$，$f(d_2) \geqslant f(d_3)$，得 $\alpha = \frac{4}{9}$。若第三方案有最大收益，由 $f(d_3) \geqslant f(d_1)$，$f(d_3) \geqslant f(d_2)$，得 $\alpha \leqslant \frac{4}{9}$。

由此得出结论，$\alpha > \frac{4}{9}$ 时，第一方案为最优方案；$\alpha < \frac{4}{9}$ 时，第三方案为最优方案；$\alpha = \frac{4}{9}$ 时，三个方案有相同的收益。

(4) 按“最小的最大后悔值”决策方法决策。

两种自然状态下的最大收益值分别为：

$$\max(200, 150, 100) = 200$$
$$\max(-20, 20, 60) = 60$$

各方案的最大后悔值分别为：

$$G(d_1) = \max(200-200, 60+20) = 80$$
$$G(d_2) = \max(200-150, 60-20) = 50$$
$$G(d_3) = \max(200-100, 60-60) = 100$$

取最小的最大后悔值，得到 50，对应的为第二方案，因此，“最小的最大后悔值”决策方法的结果是第二方案为最优方案。

2. 这是一个不确定型决策问题。首先观察损益矩阵表,方案一在三种自然状态下的收益都最小,因而没有独立存在的价值,应该去掉。现在对四种方案分别用五种方法决策。

(1)"好中求好"决策方法。四种方案在各种自然状态下的最大收益值分别为:400,600,500,300。选择最大的一个,即600,所对应的为方案三。故方案三为最优方案。

(2)"坏中求好"决策方法。四种方案在各种自然状态下的最小收益值分别为:100,−200,0,100。选择最大的一个,即100,所对应的为方案二和方案五。故方案二和方案五为最优方案。

(3)α 系数决策方法。

$$f(d_2)=\alpha\max(100,\ 100,\ 400)+(1-\alpha)\min(100,\ 100,\ 400)=300\alpha+100$$

$$f(d_3)=\alpha\max(-200,\ 150,\ 600)+(1-\alpha)\min(-200,\ 150,\ 600)=800\alpha-200$$

$$f(d_4)=\alpha\max(0,\ 200,\ 500)+(1-\alpha)\min(0,\ 200,\ 500)=500\alpha$$

$$f(d_5)=\alpha\max(100,\ 300,\ 200)+(1-\alpha)\min(100,\ 300,\ 200)=200\alpha+100$$

若方案二有最大收益,需要 $\alpha\leqslant\frac{1}{2}$;若方案三有最大收益,需要 $\alpha\geqslant\frac{2}{3}$;若方案四有最大收益,需要 $\frac{1}{2}\leqslant\alpha\leqslant\frac{2}{3}$;若方案五有最大收益,需要 $\alpha=0$,并且此时方案二有相同收益。

由此得出结论,$\alpha\leqslant\frac{1}{2}$ 时,方案二为最优方案;$\alpha\geqslant\frac{2}{3}$ 时,方案三为最优方案;$\frac{1}{2}\leqslant\alpha\leqslant\frac{2}{3}$ 时,方案四为最优方案;$\alpha=0$ 时,方案五和方案二为最优方案。

(4)"最小的最大后悔值"决策方法。

三种自然状态下的最大收益值分别为:

$$\max(100,\ -200,\ 0,\ 100)=100$$

$$\max(100,\ 150,\ 200,\ 300)=300$$

$$\max(400,\ 600,\ 500,\ 200)=600$$

各方案的最大后悔值分别为:

$$G(d_2)=\max(100-100,\ 300-100,\ 600-400)=200$$

$$G(d_3)=\max(100+200,\ 300-150,\ 600-600)=300$$

$$G(d_4)=\max(100-0,\ 300-200,\ 600-500)=100$$

$$G(d_5)=\max(100-100,\ 300-300,\ 600-200)=400$$

取最小的最大后悔值,得到100,对应的为方案四。因此,"最小的最大后悔值"决策方法的结果是方案四为最优方案。

(5)等概率决策方法。假设三种自然状态出现的概率相等,均为1/3,计算四种方案的期望收益。

方案二: $(-400+100+200)\cdot 1/3=-100/3$

方案三: $(-200+150+600)\cdot 1/3=550/3$

方案四: $(0+200+500)\cdot 1/3=700/3$

方案五: $(100+300+200)\cdot 1/3=200$

比较可知,方案四的期望收益最大。因此,方案四为最优方案。

第十七章

一、单项选择题

1. B 2. A 3. C 4. B 5. A 6. D 7. C 8. B

二、多项选择题

1. AB 2. ABCD 3. ABCE 4. BC 5. ACD 6. ABC 7. AD 8. ABC 9. AD 10. ABCD

三、名词解释

略。

四、简答题

1. 多目标决策具有两个较明显的特点：(1) 目标之间的不可公度性。即众多目标之间没有一个统一标准，如提高经济效益与加强精神文明建设，经济效益提高的效果可以用价值量指标来衡量，而精神文明建设的成果则不能用价值量指标来衡量，因此，不同目标之间难以进行比较。(2) 目标之间的矛盾性。某一目标的改善往往会损害其他目标的实现，如经济建设与环境保护等，经济开发往往会对环境造成破坏性影响。

2. 常用的多目标决策的目标体系可以分为三类：(1) 单层目标体系。即各目标同属于总目标之下，各目标之间是并列的关系。(2) 树形多层目标体系。即目标分为多层，每个下层目标都隶属于一个而且只隶属于一个上层目标，下层目标是对上层目标的更加具体的说明。(3) 非树形多层目标体系。即目标分为多层，每个下层目标隶属于某几个上层目标(至少有一个下层目标隶属于不止一个上层目标)。

解决多目标决策问题，一般遵循以下两个原则：

原则一，在满足决策需要的前提下，尽量减少目标个数。常用的方法有：一是除去从属目标，归并类似目标。二是把那些只要求达到一般标准而不要求达到最优的目标降为约束条件。三是采取综合方法，将能够归并的目标用一个综合指数来反映。例如，反映一个企业的经济效益，可以把各项反映企业经济效益的主要指标，如产值、利润率、资金利润率等，归并为一个类似于企业经济效益指数的综合指标。

原则二，分析各目标重要性的大小、优劣程度，分别赋予不同的权数。将注意力首先集中到必须达到而且重要性大的目标，然后再考虑次要目标。例如，一个连续两年亏损的上市公司，由于面临被摘牌下市的可能，可以将第三年的扭亏作为优先目标，将保护员工权益作为次要目标。

3. 多目标决策问题一般属于复杂大系统的决策问题。解决复杂大系统决策问题是目前决策领域里正在探索的较前沿的领域，目前较为成熟的方法有多属性效用理论、字典序数法、多目标规划、层次分析法、优劣系数法、模糊决策法等。

4. 常用的多目标决策的目标体系可以分为三类：(1) 单层目标体系；(2) 树形多层目标体系；(3) 非树形多层目标体系。

5. 层次分析法的步骤如下：(1) 明确问题；(2) 建立层次模型；(3) 对每一层构造判断矩阵；(4) 确定每一层次权重；(5) 对判断矩阵的一致性进行检验；(6) 层次加权，得到各方案关于总目标的权重大小，具有最大权重的方案就是最优方案。

6. 完全一致性判断矩阵具有三条性质：$a_{ii}=1$；$a_{ij}=1/a_{ji}$；$a_{ij}=a_{ik}\cdot a_{kj}$。实践中是用两两对比的方法构造判断矩阵，这样常常不满足第三条性质，如果离一致性相差不远，则判断矩阵基本可用，否则就要重新调整判断矩阵。因此，在构造出判断矩阵以后，必须要进行一致性检验。

7. (1) 所谓“优系数”，是指一方案优于另一方案所对应的权数之和与全部权数之和的比率。(2) 所谓“劣系数”，是通过对比两方案的优极差和劣极差来计算的。优极差是一方案与另一方案相比，对应的那些目标中优势目标数值相差最大者；劣极差是一方案劣于另一方案的那些目标中数值相差最大者。劣系数等于劣极差除以优极差与劣极差之和。(3) 优劣系数法确定各目标权数的三种方法包括简单编码法、环比法、优序图。

8. 在现实生活中，很多概念都是模糊的。如高个子，身高达到多少即算高个子，并无明确的定义，不同的人会有不同的理解。另外，如商品的舒适、美观、价格合理等概念也是模糊的。这些概念的内涵是明确的，但外延则是模糊的。正因为在现实经济生活中，很多概念都是模糊的，利用模糊数学进行决策分析的应用就越来越广，模糊决策方法正成为决策领域中一种很有实用价值的工具。

9. 多属性效用决策法采用方案的总体效用值作为评价该方案的数量指标，这种评价方式在理论上是严格的，实际也是可行的。但是有很多不适合的情况，如问题的目标体系为多层次的复杂结构的时候，或者各目标类属不明确，或者各目标关系模棱两可，难以确定效用合并规则等，而且，导出效用函数也不容易。

优劣系数法不管各目标之间是什么关系，都可以直接评价出任意两个方案的优劣次序，简单易行。但是有些粗糙,并且不适用于多层次的复杂结构目标体系问题,也不适用于两个备选方案的决策问题。

层次分析法将决策者对复杂对象的决策思维过程系统化、模型化、数学化。方法思路简单明白,并结合了决策者的判断,它可以用于解决结构复杂的问题。但是计算过程稍微繁杂,并且判断矩阵也要求对各目标进行比较。

五、计算题

1. 0.644 2　0.270 6　0.085 2　3.053 5

2. 0.473 6　0.331 3　0.195 1

3. 应用多目标决策的优劣系数法决策。由题可知,三种目标的权重分别为 1、3、2。对目标与方案指标值标准化,得到:

目　标	方案一(设备甲)	方案二(设备乙)
功率(千瓦)	1	100
自重(千克)	1	100
价格(元)	100	1

方案一只有价格一项优于方案二,价格权数为 2,故方案一对于方案二的优系数为:

$$2/(1+3+2)=0.333\,3$$

因为只有两个备选方案,方案一与方案二相比,优极差和劣极差都是 99,因此,方案一对方案二的劣系数是 0.5。

综合优系数和劣系数的结果,两个方案的劣系数相同,方案二对方案一的优系数较大,因此,应选择方案二。

此问题不适合采用优劣系数法。因为优劣系数法一定要综合考虑优系数和劣系数,选择优系数最大、劣系数最小的一个方案为最优方案。对两个备选方案的多目标决策问题,劣系数始终是 0.5,这也相当于选择最优方案的时候只考虑了以优系数最大为标准,也就是只考虑了优的目标的多少,忽略了优劣的程度。这显然是不行的。

4. 优系数计算表如下:

	D_1	D_2	D_3	D_4
D_1		0.39	0.6	0.75
D_2	0.61		0.68	0.68
D_3	0.4	0.32		0.53
D_4	0.25	0.32	0.47	

劣系数计算表如下:

	D_1	D_2	D_3	D_4
D_1		0.5	0.36	0.39
D_2	0.5		0.26	0.41
D_3	0.64	0.74		0.45
D_4	0.61	0.59	0.55	

5. 首先，建立层次模型。有三层：总目标层是选择最优方案，中间层是五个目标，最底层是三种方案。下面确定各层权重。

第一层到第二层：矩阵归一化后每行相加，归一化得到权重：

$$W^{(0)} = (0.461 \quad 0.195 \quad 0.091 \quad 0.195 \quad 0.059)^T,\ \lambda_{\max} = 5.206,\ CR = 0.046$$

第二层到第三层：A1～A4 与各方案的权重及一致性检验相关数据结果依次为：

$$W^{(1)} = (0.455 \quad 0.455 \quad 0.091)^T,\ \lambda_{\max} = 3,\ CR = 0$$

$$W^{(2)} = (0.648 \quad 0.230 \quad 0.122)^T,\ \lambda_{\max} = 3.005,\ CR = 0.004$$

$$W^{(3)} = (0.695 \quad 0.229 \quad 0.075)^T,\ \lambda_{\max} = 3.079,\ CR = 0.068$$

$$W^{(4)} = (0.169 \quad 0.387 \quad 0.443)^T,\ \lambda_{\max} = 3.018,\ CR = 0.016$$

$$W^{(5)} = (0.169 \quad 0.387 \quad 0.443)^T,\ \lambda_{\max} = 3.018,\ CR = 0.016$$

各判断矩阵一致性检验系数均小于 0.1，认为判断矩阵具有满意的一致性。

最后，各方案对总目标的权重为：

$$W = (W^{(1)} \quad W^{(2)} \quad W^{(3)} \quad W^{(4)} \quad W^{(5)})\ W^{(0)} = (0.442 \quad 0.374 \quad 0.185)^T$$

第一个方案的权重最大，因此，选择方案 D_2 最佳。

附　　录

附表一　D-W 检验临界值表

$\alpha = 0.01$

n	$q=1$		$q=2$		$q=3$		$q=4$		$q=5$	
	d_L	d_U	d_L	d_U	d_L	d_U	d_L	d_U	d_L	d_U
15	0.81	1.07	0.70	1.25	0.59	1.46	0.49	1.70	0.39	1.96
16	0.84	1.09	0.74	1.25	0.63	1.44	0.53	1.66	0.44	1.90
17	0.87	1.10	0.77	1.26	0.67	1.43	0.57	1.63	0.48	1.85
18	0.90	1.12	0.80	1.26	0.71	1.42	0.61	1.60	0.52	1.80
19	0.93	1.13	0.83	1.26	0.74	1.41	0.65	1.58	0.56	1.77
20	0.95	1.15	0.86	1.27	0.77	1.41	0.68	1.57	0.60	1.74
21	0.97	1.16	0.89	1.27	0.80	1.41	0.72	1.55	0.63	1.71
22	1.00	1.17	0.91	1.28	0.83	1.40	0.75	1.54	0.66	1.69
23	1.02	1.19	0.94	1.29	0.86	1.40	0.77	1.53	0.70	1.67
24	1.04	1.20	0.96	1.30	0.88	1.40	0.80	1.53	0.72	1.66
25	1.05	1.21	0.98	1.30	0.90	1.41	0.83	1.52	0.75	1.65
26	1.07	1.22	1.00	1.31	0.93	1.41	0.85	1.52	0.78	1.64
27	1.09	1.23	1.02	1.32	0.95	1.41	0.88	1.51	0.81	1.63
28	1.10	1.24	1.04	1.32	0.97	1.41	0.90	1.51	0.83	1.62
29	1.12	1.25	1.05	1.33	0.99	1.41	0.92	1.51	0.85	1.61
30	1.13	1.26	1.07	1.34	1.01	1.42	0.94	1.51	0.88	1.61
31	1.15	1.27	1.08	1.34	1.02	1.42	0.96	1.51	0.90	1.60
32	1.16	1.28	1.10	1.35	1.04	1.43	0.98	1.51	0.92	1.60
33	1.17	1.29	1.11	1.36	1.05	1.43	1.00	1.51	0.94	1.59
34	1.18	1.30	1.13	1.36	1.07	1.43	1.01	1.51	0.95	1.59
35	1.19	1.31	1.14	1.37	1.08	1.44	1.03	1.51	0.97	1.59
36	1.21	1.32	1.15	1.38	1.10	1.44	1.04	1.51	0.99	1.59
37	1.22	1.32	1.16	1.38	1.11	1.45	1.06	1.51	1.00	1.58
38	1.23	1.33	1.18	1.39	1.12	1.45	1.07	1.52	1.02	1.58

续 表

n	$q=1$		$q=2$		$q=3$		$q=4$		$q=5$	
	d_L	d_U	d_L	d_U	d_L	d_U	d_L	d_U	d_L	d_U
39	1.24	1.34	1.19	1.39	1.14	1.45	1.09	1.52	1.03	1.58
40	1.25	1.34	1.20	1.40	1.15	1.46	1.10	1.52	1.05	1.58
45	1.29	1.38	1.24	1.42	1.20	1.48	1.16	1.53	1.11	1.58
50	1.32	1.40	1.28	1.45	1.24	1.19	1.20	1.54	1.16	1.59
55	1.36	1.43	1.32	1.47	1.28	1.51	1.25	1.55	1.21	1.59
60	1.38	1.45	1.35	1.48	1.32	1.52	1.28	1.56	1.25	1.60
65	1.41	1.47	1.38	1.50	1.35	1.53	1.31	1.57	1.28	1.61
70	1.43	1.49	1.40	1.52	1.37	1.55	1.34	1.58	1.31	1.61
75	1.45	1.50	1.42	1.53	1.39	1.56	1.37	1.59	1.34	1.62
80	1.47	1.52	1.44	1.54	1.42	1.57	1.39	1.60	1.36	1.62
85	1.48	1.53	1.46	1.55	1.43	1.58	1.41	1.60	1.39	1.63
90	1.50	1.54	1.47	1.56	1.45	1.59	1.43	1.61	1.41	1.64
95	1.51	1.55	1.49	1.57	1.47	1.60	1.45	1.62	1.42	1.64
100	1.52	1.56	1.50	1.58	1.48	1.60	1.46	1.63	1.44	1.65

$\alpha=0.025$

n	$q=1$		$q=2$		$q=3$		$q=4$		$q=5$	
	d_L	d_U	d_L	d_U	d_L	d_U	d_L	d_U	d_L	d_U
15	0.95	1.23	0.83	1.40	0.71	1.61	0.59	1.84	0.48	2.09
16	0.98	1.24	0.86	1.40	0.75	1.59	0.64	1.80	0.53	2.03
17	1.01	1.25	0.90	1.40	0.79	1.58	0.68	1.77	0.57	1.98
18	1.03	1.26	0.93	1.40	0.82	1.56	0.72	1.74	0.62	1.93
19	1.06	1.28	0.96	1.41	0.86	1.55	0.76	1.72	0.66	1.90
20	1.08	1.28	0.99	1.41	0.89	1.55	0.79	1.70	0.70	1.87
21	1.10	1.30	1.01	1.41	0.92	1.54	0.83	1.69	0.73	1.84
22	1.12	1.31	1.04	1.42	0.95	1.54	0.86	1.68	0.77	1.82
23	1.14	1.32	1.06	1.42	0.97	1.54	0.89	1.67	0.80	1.80
24	1.16	1.33	1.08	1.43	1.00	1.54	0.91	1.66	0.83	1.79
25	1.18	1.34	1.10	1.44	1.02	1.54	0.94	1.65	0.86	1.77
26	1.19	1.35	1.12	1.44	1.04	1.54	0.96	1.65	0.88	1.76
27	1.21	1.36	1.13	1.45	1.06	1.54	0.99	1.64	0.91	1.75
28	1.22	1.37	1.15	1.45	1.08	1.54	1.01	1.64	0.93	1.74
29	1.24	1.38	1.17	1.46	1.10	1.54	1.03	1.63	0.96	1.73
30	1.25	1.38	1.18	1.47	1.12	1.54	1.05	1.63	0.98	1.73

续 表

n	q = 1		q = 2		q = 3		q = 4		q = 5	
	d_L	d_U	d_L	d_U	d_L	d_U	d_L	d_U	d_L	d_U
31	1.26	1.39	1.20	1.47	1.13	1.55	1.07	1.63	1.00	1.72
32	1.27	1.40	1.21	1.48	1.15	1.55	1.08	1.63	1.02	1.71
33	1.28	1.41	1.22	1.48	1.16	1.55	1.10	1.63	1.04	1.71
34	1.29	1.41	1.24	1.48	1.17	1.55	1.12	1.63	1.06	1.70
35	1.30	1.42	1.25	1.49	1.19	1.55	1.13	1.63	1.07	1.70
36	1.31	1.43	1.26	1.49	1.20	1.56	1.15	1.63	1.09	1.70
37	1.32	1.43	1.27	1.50	1.21	1.56	1.16	6.62	1.10	1.70
38	1.33	1.44	1.28	1.50	1.23	1.56	1.17	1.62	1.12	1.70
39	1.34	1.44	1.29	1.50	1.24	1.56	1.19	1.63	1.13	1.69
40	1.35	1.45	1.30	1.51	1.25	1.57	1.20	1.63	1.15	1.69
45	1.39	1.48	1.34	1.53	1.30	1.58	1.25	1.63	1.21	1.69
50	1.42	1.50	1.38	1.54	1.34	1.59	1.30	1.64	1.26	1.69
55	1.45	1.52	1.41	1.56	1.37	1.60	1.33	1.64	1.30	1.69
60	1.47	1.54	1.44	1.57	1.40	1.61	1.37	1.65	1.33	1.69
65	1.49	1.55	1.46	1.59	1.43	1.62	1.40	1.66	1.36	1.69
70	1.51	1.57	1.48	1.60	1.45	1.63	1.42	1.66	1.39	1.70
75	1.53	1.58	1.50	1.61	1.47	1.64	1.45	1.67	1.42	1.69
80	1.54	1.59	1.52	1.62	1.49	1.65	1.47	1.67	1.44	1.70
85	1.56	1.60	1.53	1.63	1.51	1.65	1.49	1.68	1.46	1.71
90	1.57	1.61	1.55	1.64	1.53	1.66	1.50	1.69	1.48	1.71
95	1.58	1.62	1.56	1.65	1.54	1.67	1.52	1.69	1.55	1.71
100	1.59	1.63	1.57	1.65	1.55	1.67	1.53	1.70	1.51	1.72

$\alpha = 0.05$

n	q = 1		q = 2		q = 3		q = 4		q = 5	
	d_L	d_U	d_L	d_U	d_L	d_U	d_L	d_U	d_L	d_U
15	1.08	1.36	0.95	1.54	0.82	1.73	0.69	1.97	0.56	2.21
16	1.10	1.37	0.98	1.54	0.86	1.73	0.74	1.93	0.62	2.15
17	1.13	1.38	1.02	1.54	0.90	1.71	0.78	1.90	0.67	2.10
18	1.16	1.39	1.05	1.53	0.93	1.69	0.82	1.87	0.71	2.06
19	1.18	1.40	1.08	1.53	0.97	1.68	0.86	1.85	0.75	2.02
20	1.20	1.41	1.10	1.54	1.00	1.68	0.90	1.83	0.79	1.99
21	1.22	1.42	1.13	1.54	1.03	1.67	0.93	1.81	0.83	1.96
22	1.24	1.43	1.15	1.54	1.05	1.66	0.96	1.80	0.86	1.94

续 表

n	q=1		q=2		q=3		q=4		q=5	
	d_L	d_U	d_L	d_U	d_L	d_U	d_L	d_U	d_L	d_U
23	1.26	1.44	1.17	1.54	1.08	1.66	0.99	1.79	0.90	1.92
24	1.27	1.45	1.19	1.55	1.10	1.66	1.01	1.78	0.93	1.90
25	1.29	1.45	1.21	1.55	1.12	1.66	1.04	1.77	0.95	1.89
26	1.30	1.46	1.22	1.55	1.14	1.65	1.06	1.76	0.98	1.88
27	1.32	1.47	1.24	1.56	1.16	1.65	1.08	1.76	1.01	1.86
28	1.33	1.48	1.26	1.56	1.18	1.65	1.10	1.75	1.03	1.85
29	1.34	1.48	1.27	1.56	1.20	1.65	1.12	1.74	1.05	1.84
30	1.35	1.49	1.28	1.57	1.21	1.65	1.14	1.74	1.07	1.83
31	1.36	1.50	1.30	1.57	1.23	1.65	1.16	1.74	1.09	1.83
32	1.37	1.50	1.31	1.57	1.24	1.65	1.18	1.73	1.11	1.82
33	1.38	1.51	1.32	1.58	1.26	1.65	1.19	1.73	1.13	1.81
34	1.39	1.51	1.33	1.58	1.27	1.65	1.21	1.73	1.15	1.81
35	1.40	1.52	1.34	1.58	1.28	1.65	1.22	1.73	1.16	1.80
36	1.41	1.52	1.35	1.59	1.29	1.65	1.24	1.73	1.18	1.80
37	1.42	1.53	1.36	1.59	1.31	1.66	1.25	1.72	1.19	1.80
38	1.43	1.54	1.37	1.59	1.32	1.66	1.26	1.72	1.21	1.79
39	1.43	1.54	1.38	1.60	1.33	1.66	1.27	1.72	1.22	1.79
40	1.44	1.54	1.39	1.60	1.34	1.66	1.29	1.72	1.23	1.79
45	1.48	1.57	1.43	1.62	1.38	1.67	1.34	1.72	1.29	1.78
50	1.50	1.59	1.46	1.63	1.42	1.67	1.38	1.72	1.34	1.77
55	1.53	1.60	1.49	1.64	1.45	1.68	1.41	1.72	1.38	1.77
60	1.55	1.62	1.51	1.65	1.48	1.69	1.44	1.73	1.41	1.77
65	1.57	1.63	1.54	1.66	1.50	1.70	1.47	1.73	1.44	1.77
70	1.58	1.64	1.55	1.67	1.52	1.70	1.49	1.74	1.46	1.77
75	1.60	1.65	1.57	1.68	1.54	1.71	1.51	1.74	1.49	1.77
80	1.61	1.66	1.59	1.69	1.56	1.72	1.53	1.74	1.51	1.77
85	1.62	1.67	1.60	1.70	1.57	1.72	1.55	1.75	1.52	1.77
90	1.63	1.68	1.61	1.70	1.59	1.73	1.57	1.75	1.54	1.78
95	1.64	1.69	1.62	1.71	1.60	1.73	1.58	1.75	1.56	1.78
100	1.65	1.69	1.63	1.72	1.60	1.74	1.59	1.76	1.57	1.78

附注：n——样本个数；

q——自变量个数；

d_L——D-W 检验下限值；

d_U——D-W 检验上限值。

附表二 t 检验临界值表(双侧检验用)

$$P(|y|>t_\alpha)=\alpha$$

f \ α	0.9	0.8	0.7	0.6	0.5	0.4	0.3	0.2	0.1	0.05	0.02	0.01	0.001	α / f
1	0.158	0.325	0.510	0.727	1.000	1.376	1.963	3.078	6.314	12.706	31.821	63.657	636.619	1
2	0.142	0.289	0.445	0.617	0.816	1.061	1.386	1.886	2.920	4.303	6.965	9.925	31.598	2
3	0.137	0.277	0.424	0.584	0.765	0.978	1.250	1.638	2.353	3.182	4.541	5.841	12.924	3
4	0.134	0.271	0.414	0.569	0.741	0.941	1.190	1.533	2.132	2.776	3.747	4.604	8.610	4
5	0.132	0.267	0.408	0.559	0.727	0.920	1.156	1.476	2.015	2.571	3.365	4.032	6.859	5
6	0.131	0.265	0.404	0.553	0.718	0.906	1.134	1.440	1.943	2.447	3.143	3.707	5.959	6
7	0.130	0.263	0.402	0.549	0.711	0.896	1.119	1.415	1.895	2.365	2.998	3.499	5.405	7
8	0.130	0.262	0.399	0.546	0.706	0.889	1.108	1.397	1.860	2.306	2.896	3.355	5.041	8
9	0.129	0.261	0.398	0.543	0.703	0.883	1.100	1.383	1.833	2.262	2.821	3.250	4.781	9
10	0.129	0.260	0.397	0.542	0.700	0.879	1.093	1.372	1.812	2.228	2.764	3.169	4.587	10
11	0.129	0.260	0.396	0.540	0.697	0.876	1.088	1.363	1.796	2.201	2.718	3.106	4.437	11
12	0.128	0.259	0.395	0.539	0.695	0.873	1.083	1.356	1.782	2.179	2.681	3.055	4.318	12
13	0.128	0.259	0.394	0.538	0.694	0.870	1.079	1.350	1.771	2.160	2.650	3.012	4.221	13
14	0.128	0.258	0.393	0.537	0.692	0.868	1.076	1.345	1.761	2.145	2.624	2.977	4.140	14
15	0.128	0.258	0.393	0.536	0.691	0.866	1.074	1.341	1.753	2.131	2.602	2.947	4.073	15
16	0.128	0.258	0.392	0.535	0.690	0.865	1.071	1.337	1.746	2.120	2.583	2.921	4.015	16
17	0.128	0.257	0.392	0.534	0.689	0.863	1.069	1.333	1.740	2.110	2.567	2.898	3.965	17
18	0.127	0.257	0.392	0.534	0.688	0.862	1.067	1.330	1.734	2.101	2.552	2.878	3.922	18
19	0.127	0.257	0.391	0.533	0.688	0.861	1.066	1.328	1.729	2.093	2.539	2.861	3.883	19
20	0.127	0.257	0.391	0.533	0.687	0.860	1.064	1.325	1.725	2.086	2.538	2.845	3.850	20
21	0.127	0.257	0.391	0.532	0.686	0.859	1.063	1.323	1.721	2.080	2.518	2.831	3.819	21
22	0.127	0.256	0.390	0.532	0.686	0.858	1.061	1.321	1.717	2.074	2.508	2.819	3.792	22
23	0.127	0.256	0.390	0.532	0.685	0.858	1.060	1.319	1.714	2.069	2.500	2.807	3.767	23
24	0.127	0.256	0.390	0.531	0.685	0.857	1.059	1.318	1.711	2.064	2.492	2.797	3.745	24
25	0.127	0.256	0.390	0.531	0.684	0.856	1.058	1.316	1.708	2.060	2.485	2.787	3.725	25
26	0.127	0.256	0.390	0.531	0.684	0.856	1.058	1.315	1.706	2.056	2.479	2.779	3.707	26
27	0.127	0.256	0.389	0.531	0.684	0.855	1.057	1.314	1.703	2.052	2.473	2.771	3.690	27
28	0.127	0.256	0.389	0.530	0.683	0.855	1.056	1.313	1.701	2.048	2.467	2.763	3.674	28
29	0.127	0.256	0.389	0.530	0.683	0.854	1.055	1.311	1.699	2.045	2.462	2.756	3.659	29

续　表

f \ α	0.9	0.8	0.7	0.6	0.5	0.4	0.3	0.2	0.1	0.05	0.02	0.01	0.001	α / f
30	0.127	0.256	0.389	0.530	0.683	0.854	1.055	1.310	1.697	2.042	2.457	2.750	3.646	30
40	0.126	0.254	0.388	0.529	0.681	0.851	1.050	1.303	1.684	2.021	2.423	2.704	3.551	40
60	0.126	0.254	0.387	0.527	0.679	0.848	1.046	1.296	1.671	2.000	2.390	2.760	3.460	60
120	0.126	0.254	0.386	0.526	0.677	0.845	1.041	1.289	1.658	1.980	2.358	2.617	3.373	120
∞	0.126	0.253	0.385	0.524	0.674	0.842	1.036	1.282	1.645	1.960	2.326	2.576	3.291	∞

附注：α——显著性水平；

f——自由度。

附表三 F 检验临界值表

$\alpha = 0.01$

u_2 \ u_1	1	2	3	4	5	6	7	8	9	10	12	15	20	24	30	40	60	120	∞
1	4052	5000	5403	5625	5764	5859	5928	5982	6022	6056	6106	6157	6209	6235	6261	6287	6313	6339	6366
2	98.5	99.0	99.2	99.2	99.3	99.3	99.4	99.4	99.4	99.4	99.4	99.4	99.4	99.5	99.5	99.5	99.5	99.6	99.5
3	34.1	30.8	29.5	28.7	28.2	27.9	27.7	27.5	27.3	27.2	27.1	26.9	26.7	26.6	26.5	26.4	26.3	26.2	26.1
4	21.2	18.0	16.7	16.0	15.5	15.2	15.0	14.8	14.7	14.5	14.4	14.2	14.0	13.9	13.8	13.7	13.7	13.6	13.5
5	16.3	13.3	12.1	11.4	11.0	10.7	10.5	10.3	10.2	10.1	9.89	9.72	9.55	9.47	9.38	9.29	9.20	9.11	9.02
6	13.7	10.9	9.78	9.15	8.75	8.47	8.26	8.10	7.98	7.87	7.72	7.56	7.70	7.31	7.23	7.14	7.06	6.97	6.88
7	12.2	9.55	8.45	7.85	7.46	7.19	6.99	6.84	6.72	6.62	6.47	6.31	6.16	6.07	5.99	5.91	5.82	5.74	5.65
8	11.3	8.65	7.52	7.01	6.63	6.37	6.18	6.03	5.91	5.81	5.67	5.52	5.36	5.28	5.20	5.12	5.03	4.95	4.86
9	10.6	8.02	6.99	6.42	6.06	5.80	5.61	5.47	5.35	5.26	5.11	4.96	4.81	4.73	4.65	4.57	4.48	4.40	4.31
10	10.0	7.56	6.55	5.99	5.64	5.39	5.20	5.06	4.94	5.85	4.71	4.56	4.41	4.33	4.25	4.17	4.08	4.00	3.91
11	9.65	7.21	6.22	5.67	5.32	5.07	4.89	4.74	4.63	4.54	4.40	4.25	4.10	4.02	3.94	3.86	3.78	3.69	3.60
12	9.33	6.93	5.95	5.41	5.06	4.82	4.64	5.50	4.39	4.30	4.16	4.01	3.86	3.78	3.70	3.62	3.54	3.45	3.36
13	9.07	6.70	5.74	5.21	4.86	4.62	4.44	4.30	4.19	4.10	3.96	3.82	3.66	3.59	3.51	3.43	3.34	3.25	3.17
14	8.86	6.51	5.56	5.04	4.69	4.46	4.28	4.14	4.03	3.94	3.80	3.66	3.51	3.43	3.35	3.27	3.18	3.09	3.00
15	8.68	6.36	5.42	4.89	4.56	4.32	4.14	4.00	3.89	3.80	3.67	3.52	3.37	3.29	3.21	3.13	3.05	2.90	2.87
16	8.53	6.23	5.29	4.77	4.44	4.20	4.03	3.89	3.78	3.69	3.55	3.41	3.26	3.18	3.10	3.02	2.93	2.84	2.75
17	8.40	6.11	5.18	4.67	4.34	4.10	3.93	3.79	3.68	3.59	3.46	3.31	3.16	3.08	3.00	2.92	2.83	2.75	2.65
18	8.29	6.01	5.09	4.58	4.25	4.01	3.84	3.71	3.60	3.51	3.37	3.23	3.08	3.00	2.92	2.84	2.75	2.66	2.57
19	8.18	5.93	5.01	4.50	4.17	3.94	3.77	3.63	3.52	3.43	3.30	3.15	3.00	2.92	2.84	2.76	2.67	2.58	2.49
20	8.10	5.85	4.94	4.43	4.10	3.87	3.70	3.56	3.46	3.37	3.23	3.09	2.94	2.86	2.78	2.69	2.61	2.52	2.42
21	8.02	5.78	4.87	4.37	4.04	3.81	3.64	3.51	3.40	3.31	3.17	3.03	2.88	2.80	2.72	2.64	2.55	2.46	2.36
22	7.95	5.72	4.82	4.31	3.99	3.76	3.59	3.45	3.35	3.26	3.12	2.98	2.83	2.75	2.67	2.58	2.50	2.40	2.31
23	7.88	5.66	4.76	4.26	3.94	3.71	3.54	3.41	3.30	3.21	3.07	2.93	2.78	2.70	2.62	2.54	2.45	2.35	2.26
24	7.82	5.61	4.72	4.22	3.90	3.67	3.50	3.36	3.26	3.17	3.03	2.89	2.74	2.66	2.58	2.49	2.40	2.31	2.21
25	7.77	5.57	4.68	4.18	3.85	3.63	3.46	3.32	3.22	3.13	2.99	2.85	2.70	2.62	2.54	2.45	2.36	2.27	2.17
30	7.56	5.39	4.51	4.02	3.70	3.47	3.30	3.17	3.07	2.98	2.84	2.70	2.55	2.47	2.39	2.30	2.21	2.11	2.01
40	7.31	5.18	4.31	3.83	3.51	3.29	3.12	2.99	2.89	2.80	2.66	2.52	2.37	2.29	2.20	2.11	2.02	1.92	1.80
60	7.08	4.98	4.13	3.65	3.34	3.12	2.95	2.82	2.72	2.63	2.50	2.35	2.20	2.12	2.03	1.94	1.84	1.73	1.60
120	6.85	4.79	3.95	3.48	3.17	2.96	2.79	2.66	2.56	2.47	2.34	2.19	2.03	1.95	1.86	1.76	1.66	1.53	1.38
∞	6.63	4.61	3.78	3.32	3.20	2.80	2.64	2.51	2.41	2.32	2.18	2.04	1.88	1.79	1.70	1.59	1.47	1.32	1.00

$\alpha = 0.05$

u_1 \ u_2	1	2	3	4	5	6	7	8	9	10	12	15	20	24	30	40	60	120	∞
1	161	200	216	225	230	234	237	239	241	242	244	245	248	249	250	251	252	253	254
2	18.5	19.0	19.2	19.2	19.3	19.3	19.4	19.4	19.4	19.4	19.4	19.4	19.4	19.5	19.5	19.5	19.5	19.5	19.5
3	10.1	9.55	9.28	9.12	9.01	8.94	8.89	8.85	8.81	8.79	8.74	8.70	8.66	8.64	8.62	8.59	8.57	8.55	8.53
4	7.71	6.94	6.59	6.39	6.26	6.16	6.09	6.04	6.00	5.96	5.91	5.86	5.80	5.77	5.75	5.72	5.69	5.66	5.63
5	6.61	5.79	5.41	5.19	5.05	4.95	4.88	4.82	4.77	4.74	4.68	4.62	4.56	4.53	4.50	4.46	4.43	4.40	4.36
6	5.99	5.14	4.76	4.53	4.39	4.28	4.21	4.15	4.10	4.06	4.00	3.94	3.87	3.84	3.81	3.77	3.74	3.70	3.67
7	5.59	4.74	4.35	4.12	4.97	3.87	3.79	3.73	3.68	3.64	3.57	3.51	3.44	3.41	3.38	3.34	3.30	3.27	3.23
8	5.32	4.46	4.07	3.84	3.69	3.58	3.50	3.44	3.39	3.35	3.28	3.22	3.15	3.12	3.08	3.04	3.01	2.97	2.93
9	5.12	4.26	3.86	3.63	3.48	3.37	3.29	3.23	3.18	3.14	3.07	3.01	2.94	2.90	2.86	2.83	2.79	2.75	2.71
10	4.96	4.10	3.71	3.48	3.33	3.22	3.14	3.07	3.02	2.98	2.91	2.85	2.77	2.74	2.70	2.66	2.62	2.58	2.54
11	4.84	3.98	3.59	3.36	3.20	3.09	3.01	2.95	2.90	2.85	2.79	2.72	2.65	2.61	2.57	2.53	2.49	2.45	2.40
12	4.75	3.89	3.49	3.26	3.11	3.00	2.91	2.85	2.80	2.75	2.69	2.62	2.54	2.51	2.47	2.43	2.38	2.34	2.30
13	4.67	3.81	3.41	3.18	3.03	2.92	2.83	2.77	2.71	2.67	2.60	2.53	2.46	2.42	2.38	2.34	2.30	2.25	2.21
14	4.60	3.74	3.34	3.11	2.96	2.85	2.76	2.70	2.65	2.60	2.53	2.46	2.39	2.35	2.31	2.27	2.22	2.18	2.13
15	4.54	3.68	3.29	3.06	2.90	2.79	2.71	2.64	2.59	2.54	2.48	2.40	2.33	2.29	2.25	2.20	2.16	2.11	0.37
16	4.49	3.63	3.24	3.10	2.85	2.74	2.66	2.59	2.54	2.49	2.42	2.35	2.28	2.24	2.19	2.15	2.11	2.06	2.01
17	4.45	3.59	3.20	2.96	2.81	2.70	2.61	2.55	2.49	2.45	2.38	2.31	2.23	2.19	2.15	2.10	2.06	2.01	1.96
18	4.41	3.55	3.16	2.93	2.77	2.66	2.58	2.51	2.46	2.41	2.34	2.27	2.19	2.15	2.11	2.06	2.02	1.97	1.92
19	4.38	3.52	3.13	2.90	2.74	2.63	2.54	2.48	2.42	2.38	2.31	2.23	2.16	2.11	2.07	2.03	1.98	1.93	1.88
20	4.35	3.49	3.10	2.87	2.71	2.60	2.51	2.45	2.39	2.35	2.28	2.20	2.12	2.08	2.04	1.99	1.95	1.90	1.84
21	4.32	3.47	3.07	2.84	2.68	2.57	2.49	2.42	2.37	2.32	2.25	2.18	2.10	2.05	2.01	1.96	1.92	1.87	1.81
22	4.30	3.44	3.05	2.82	2.66	2.55	2.46	2.40	2.34	2.30	2.23	2.15	2.07	0.23	1.98	1.94	1.89	1.84	1.78
23	4.28	3.42	3.03	2.80	2.64	2.53	2.44	2.37	2.32	2.27	2.20	2.13	2.05	2.01	1.96	1.91	1.86	1.51	1.76
24	4.26	3.40	3.01	2.78	2.62	2.51	2.42	2.36	2.30	2.25	2.18	2.11	2.03	1.98	1.94	1.89	1.84	1.79	1.73
25	4.24	3.39	2.99	2.76	2.60	2.49	2.40	2.34	2.28	2.24	2.16	2.09	2.01	1.96	1.92	1.87	1.82	1.77	1.71
30	4.17	3.32	2.92	2.69	2.53	2.42	2.33	2.27	2.21	2.16	2.09	2.01	1.93	1.89	1.84	1.79	1.74	1.68	1.62
40	4.08	3.23	2.84	2.61	2.45	2.34	2.25	2.18	2.12	2.08	2.00	1.92	1.84	1.79	1.74	1.69	1.64	1.58	1.51
60	4.00	3.15	2.76	2.53	2.37	2.25	2.17	2.10	2.04	1.99	1.92	1.84	1.75	1.70	1.65	1.59	1.53	1.47	1.39
120	3.92	3.07	2.68	2.45	2.29	2.17	2.09	2.02	1.96	1.91	1.83	1.75	1.66	1.61	1.55	1.50	1.43	1.35	1.25
∞	3.84	3.00	2.60	2.37	2.21	2.10	2.01	1.94	1.88	1.83	1.75	1.67	1.57	1.52	1.46	1.39	1.32	1.22	1.00

附注：u_1——第 1 自由度；

u_2——第 2 自由度。

附表四 标准正态分布表

$$\Phi(t)=\int_{-\infty}^{t}\frac{1}{\sqrt{2\pi}}e^{-\frac{t^2}{2}}\mathrm{d}t$$

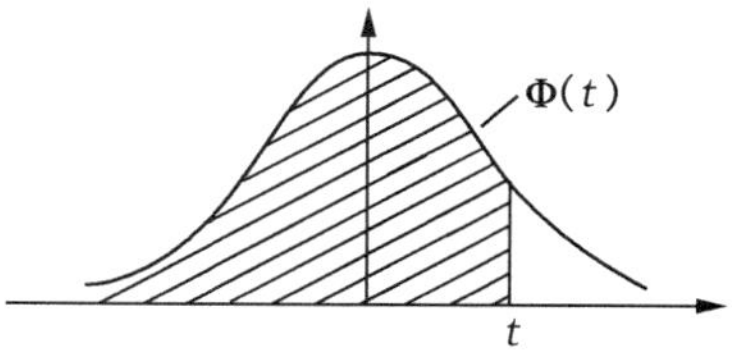

t	0	1	2	3	4	5	6	7	8	9
−3.0	0.0013	0.0010	0.0007	0.0005	0.0003	0.0002	0.0002	0.0001	0.0001	0.0000
−2.9	0.0019	0.0018	0.0017	0.0017	0.0016	0.0016	0.0015	0.0015	0.0014	0.0014
−2.8	0.0026	0.0025	0.0024	0.0023	0.0023	0.0022	0.0021	0.0021	0.0020	0.0019
−2.7	0.0035	0.0034	0.0033	0.0032	0.0031	0.0030	0.0029	0.0028	0.0027	0.0026
−2.6	0.0047	0.0045	0.0044	0.0043	0.0041	0.0040	0.0039	0.0038	0.0037	0.0036
−2.5	0.0002	0.0060	0.0059	0.0057	0.0055	0.0054	0.0052	0.0051	0.0049	0.0048
−2.4	0.0082	0.0080	0.0078	0.0075	0.0073	0.0071	0.0069	0.0068	0.0066	0.0064
−2.3	0.0107	0.0104	0.0102	0.0099	0.0096	0.0094	0.0091	0.0089	0.0087	0.0084
−2.2	0.0139	0.0136	0.0132	0.0129	0.0126	0.0122	0.0119	0.0116	0.0113	0.0110
−2.1	0.0179	0.0174	0.0170	0.0166	0.0162	0.0158	0.0154	0.0150	0.0146	0.0143
−2.0	0.0228	0.0222	0.0217	0.0212	0.0207	0.0202	0.0197	0.0192	0.0188	0.0183
−1.9	0.0287	0.0231	0.0274	0.0268	0.0262	0.0256	0.0250	0.0244	0.0238	0.0233
−1.8	0.0359	0.0352	0.0344	0.0336	0.0329	0.0322	0.0314	0.0307	0.0300	0.0294
−1.7	0.0446	0.0436	0.0427	0.0418	0.0409	0.0401	0.0392	0.0384	0.0375	0.0367
−1.6	0.0548	0.0537	0.0526	0.0516	0.0505	0.0495	0.0485	0.0475	0.0465	0.0455
−1.5	0.0668	0.0655	0.0643	0.0630	0.0618	0.0606	0.0594	0.0582	0.0570	0.0559
−1.4	0.0808	0.0793	0.0778	0.0764	0.0749	0.0735	0.0722	0.0708	0.0694	0.0681
−1.3	0.0968	0.0951	0.0934	0.0918	0.0901	0.0885	0.0869	0.0853	0.0838	0.0823
−1.2	0.1151	0.1131	0.1112	0.1093	0.1075	0.1056	0.1038	0.1020	0.1003	0.0935
−1.1	0.1357	0.1335	0.1314	0.1292	0.127	0.1251	0.1230	0.1210	0.1190	0.1170
−1.0	0.1587	0.1562	0.1539	0.1515	0.1492	0.1469	0.1440	0.1423	0.1401	0.1379
−0.9	0.1841	0.1814	0.1788	0.1762	0.1736	0.1711	0.1685	0.1660	0.1635	0.1611
−0.8	0.2119	0.2090	0.2061	0.2033	0.2005	0.1977	0.1949	0.1922	0.1894	0.1867
−0.7	0.2420	0.2389	0.2358	0.2327	0.2297	0.2266	0.2236	0.2206	0.2177	0.2148
−0.6	0.2743	0.2709	0.2676	0.2643	0.2611	0.2578	0.2546	0.2514	0.2483	0.2451
−0.5	0.3085	0.3050	0.3015	0.2981	0.2946	0.2912	0.2877	0.2843	0.2810	0.2776

续 表

t	0	1	2	3	4	5	6	7	8	9
-0.4	0.3446	0.3409	0.3372	0.3336	0.3300	0.3264	0.3228	0.3192	0.3156	0.3121
-0.3	0.3821	0.3783	0.3745	0.3707	0.3669	0.3632	0.3594	0.3557	0.3520	0.3483
-0.2	0.4207	0.4168	0.4129	0.4090	0.4052	0.4013	0.3974	0.3936	0.3897	0.3859
-0.1	0.4602	0.4562	0.4522	0.4483	0.4443	0.4404	0.4364	0.4325	0.4286	0.4247
-0.0	0.5000	0.4960	0.4920	0.4880	0.4840	0.4801	0.4761	0.4721	0.4681	0.4641
0.0	0.5000	0.5040	0.5080	0.5120	0.5160	0.5199	0.5239	0.5279	0.5319	0.5359
0.1	0.5398	0.5438	0.5478	0.5517	0.5557	0.5596	0.5636	0.5675	0.5714	0.5753
0.2	0.5793	0.5832	0.5871	0.5910	0.5948	0.5987	0.6026	0.6064	0.6103	0.6141
0.3	0.6179	0.6217	0.6255	0.6293	0.6331	0.6368	0.6406	0.6443	0.6480	0.6517
0.4	0.6554	0.6591	0.6628	0.6664	0.6700	0.6736	0.6772	0.6808	0.6844	0.6879
0.5	0.6915	0.6950	0.6985	0.7019	0.7054	0.7088	0.7123	0.7157	0.7190	0.7224
0.6	0.7257	0.7291	0.7324	0.7357	0.7389	0.7422	0.7454	0.7486	0.7517	0.7549
0.7	0.7580	0.9711	0.7642	0.7673	0.7703	0.7734	0.7764	0.7794	0.9823	0.7852
0.8	0.7881	0.7910	0.7939	0.7967	0.7995	0.8023	0.8051	0.8078	0.8106	0.8133
0.9	0.8159	0.8186	0.8212	0.8238	0.8264	0.8289	0.8315	0.8340	0.8365	0.8389
1.0	0.8413	0.8438	0.8641	0.8485	0.8508	0.8531	0.8554	0.8577	0.8599	0.8621
1.1	0.8643	0.8665	0.8686	0.8708	0.8729	0.8749	0.8770	0.8790	0.8810	0.8830
1.2	0.8849	0.8869	0.8888	0.8907	0.8925	0.8944	0.8962	0.8980	0.8997	0.9015
1.3	0.9032	0.9049	0.9066	0.9082	0.9099	0.9115	0.9131	0.9147	0.9162	0.9177
1.4	0.9192	0.9207	0.9222	0.9236	0.9251	0.9265	0.9278	0.9292	0.9306	0.9319
1.5	0.9332	0.9345	0.9357	0.9370	0.9382	0.9394	0.9406	0.9418	0.9430	0.9441
1.6	0.9452	0.9463	0.9474	0.9484	0.9495	0.9505	0.9515	0.9525	0.9535	0.9545
1.7	0.9554	0.9564	0.9573	0.9582	0.9591	0.9599	0.9608	0.9616	0.9625	0.9633
1.8	0.9641	0.9648	0.9656	0.9664	0.9671	0.9678	0.9686	0.9693	0.9700	0.9706
1.9	0.9713	0.9719	0.9726	0.9732	0.9738	0.9744	0.9750	0.9756	0.9762	0.9767
2.0	0.9772	0.9778	0.9783	0.9788	0.9793	0.9798	0.9803	0.9808	0.9812	0.9817
2.1	0.9821	0.9826	0.9830	0.9834	0.9838	0.9842	0.9846	0.9850	0.9854	0.9857
2.2	0.9861	0.9864	0.9868	0.9871	0.9874	0.9848	0.9881	0.9884	0.9887	0.9890
2.3	0.9893	0.9896	0.9898	0.9901	0.9904	0.9006	0.9909	0.9911	0.9913	0.9916
2.4	0.9918	0.9920	0.9922	0.9925	0.9927	0.9929	0.9931	0.9932	0.9934	0.9936
2.5	0.9938	0.9940	0.9941	0.9943	0.9945	0.9946	0.9948	0.9949	0.9951	0.9952
2.6	0.9953	0.9955	0.9956	0.9957	0.9959	0.9960	0.9961	0.9962	0.9963	0.9964
2.7	0.9965	0.9966	0.9967	0.9968	0.9969	0.9970	0.9971	0.9972	0.9973	0.9974
2.8	0.9974	0.9975	0.9976	0.9977	0.9977	0.9978	0.9979	0.9979	0.9980	0.9981
2.9	0.9981	0.9982	0.9982	0.9984	0.9984	0.9984	0.9985	0.9985	0.9986	0.9986
3.0	0.9987	0.9990	0.9993	0.9995	0.9997	0.9998	0.9998	0.9999	0.9999	1.0000

附表五 χ^2 分布表

$P\{\chi^2(n) > \chi^2_\alpha(n)\} = \alpha$

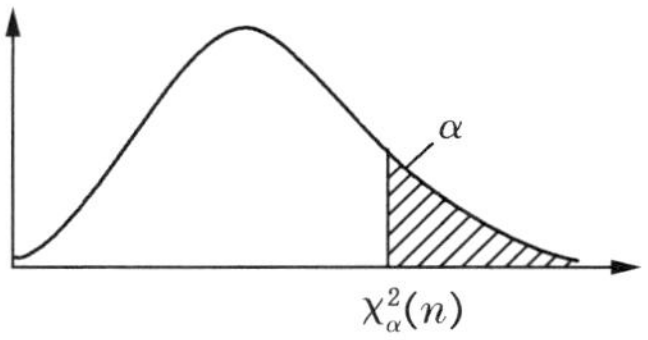

n	α=0.995	0.99	0.975	0.95	0.90	0.75
1	—	—	0.001	0.004	0.016	0.102
2	0.010	0.020	0.051	0.103	0.211	0.575
3	0.072	0.115	0.216	0.352	0.584	1.216
4	0.207	0.297	0.484	0.711	1.064	1.923
5	0.412	0.554	0.831	1.145	1.610	2.675
6	0.676	0.872	1.237	1.635	2.204	3.455
7	0.989	1.239	1.690	2.167	2.833	4.255
8	1.344	1.646	2.180	2.733	3.490	5.071
9	1.735	2.088	2.700	3.325	4.168	5.899
10	2.156	2.558	3.247	3.940	4.865	6.737
11	2.603	3.053	3.816	4.575	5.578	7.584
12	3.074	3.571	4.404	5.226	6.304	8.438
13	3.565	4.107	5.009	5.892	7.042	9.299
14	4.075	4.660	5.629	6.571	7.790	10.165
15	4.601	5.229	6.262	7.261	8.547	11.037
16	5.142	5.812	6.908	7.962	9.312	11.921
17	5.697	6.408	7.564	8.672	10.085	12.792
18	6.265	7.015	8.231	8.390	10.865	13.675
19	6.844	7.633	8.907	10.117	11.651	14.562
20	7.434	8.260	9.591	10.851	12.443	15.452
21	8.034	8.897	10.283	11.591	13.240	16.344
22	8.643	9.542	10.982	12.338	14.042	17.240
23	9.260	10.196	11.689	13.091	14.848	18.137
24	9.886	10.856	12.401	13.848	15.659	19.037
25	10.520	11.524	13.120	14.611	16.473	19.939

续 表

n	α=0.995	0.99	0.975	0.95	0.90	0.75
26	11.160	12.198	13.844	15.379	17.292	20.843
27	11.808	12.879	14.573	16.151	18.114	21.749
28	12.461	13.565	15.308	16.928	18.939	22.657
29	13.121	14.257	16.047	17.708	19.768	23.567
30	13.787	14.954	16.791	18.493	20.599	24.478
31	14.458	15.655	17.539	19.281	21.434	25.390
32	15.134	16.362	18.291	20.072	22.271	26.304
33	15.815	17.074	19.047	20.867	23.110	27.219
34	16.501	17.789	19.806	21.664	23.952	28.136
35	17.192	18.509	20.569	22.465	24.797	29.054
36	17.887	19.233	21.336	23.269	25.643	29.073
37	18.586	19.960	22.106	24.075	26.492	30.893
38	19.289	20.691	22.878	24.884	27.343	31.815
39	19.996	21.426	23.654	25.695	28.196	32.737
40	20.707	22.164	24.433	26.509	29.051	33.660
41	21.421	22.906	25.215	27.326	29.907	34.585
42	22.138	22.650	25.999	28.144	30.765	35.510
43	22.859	24.398	26.785	28.965	31.625	36.436
44	23.584	25.148	27.575	29.787	32.487	37.363
45	24.311	25.901	28.366	30.612	33.350	38.291

n	α=0.25	0.10	0.05	0.025	0.01	0.005
1	1.323	2.706	3.841	5.024	6.635	7.897
2	2.773	4.605	5.991	7.378	9.210	10.579
3	4.108	6.251	7.815	9.348	11.345	12.838
4	5.385	7.779	9.488	11.143	13.277	14.860
5	6.526	9.236	11.071	12.833	15.086	16.750
6	7.841	10.645	12.592	14.449	16.812	18.548
7	9.037	12.017	14.067	16.013	18.475	20.278
8	10.219	13.362	15.507	17.535	20.090	21.995
9	11.389	14.684	16.910	19.023	21.666	23.589
10	12.549	15.987	18.307	20.483	23.200	25.188

续 表

n	$\alpha=0.25$	0.10	0.05	0.025	0.01	0.005
11	13.701	17.275	19.675	21.920	24.725	26.757
12	14.845	18.549	21.026	23.337	26.217	28.299
13	15.984	19.812	22.362	24.736	27.688	29.819
14	17.117	21.064	23.685	26.119	29.141	31.319
15	18.245	22.307	24.996	27.488	30.578	32.801
16	19.369	23.542	26.296	28.845	32.000	34.267
17	20.489	24.769	27.587	30.191	33.409	35.718
18	21.605	25.989	28.869	31.526	34.805	37.156
19	22.718	27.204	30.144	32.852	36.191	38.582
20	23.828	28.402	31.410	34.170	37.566	39.997
21	24.935	29.615	32.671	35.479	38.032	41.401
22	26.039	30.813	33.924	36.781	40.289	42.796
23	27.141	32.007	35.172	38.076	42.638	44.181
24	28.241	33.196	36.415	39.364	42.980	45.559
25	29.339	34.382	37.652	40.646	44.314	46.928
26	30.435	36.563	38.886	41.923	45.642	48.290
27	31.528	36.741	40.113	43.194	46.963	49.645
28	32.620	37.916	41.337	44.461	48.278	50.993
29	33.711	39.087	42.557	45.722	49.588	52.336
30	34.800	40.256	43.773	46.979	50.892	53.672
31	35.887	41.422	44.985	48.232	52.191	55.003
32	36.973	42.585	46.194	49.480	53.486	56.328
33	38.058	43.745	47.400	50.725	54.776	57.648
34	39.141	44.903	48.602	51.966	56.061	58.964
35	40.223	46.059	49.802	53.203	57.342	60.275
36	41.304	47.212	50.998	54.437	58.619	61.581
37	42.383	48.363	52.192	55.668	59.802	62.883
38	43.462	49.513	53.384	56.890	61.182	64.181
39	44.539	50.660	54.572	58.120	62.428	65.476
40	45.616	51.805	55.758	59.342	63.691	66.766
41	46.692	52.049	56.942	60.561	64.950	68.053
42	47.766	54.090	58.124	61.777	66.206	69.336
43	48.840	55.230	59.304	62.990	67.459	70.616
44	49.913	56.369	60.481	64.201	68.710	71.893
45	50.985	57.505	61.656	65.410	69.597	73.166

参考文献

一、中文部分

1. Mills,T.C.著,余卓菁译:《金融时间序列的计量经济学模型》,经济科学出版社 2002 年版。
2. M.P.尼米诺著,邱东等译:《金融与经济周期预测》,中国统计出版社 1998 年版。
3. 道格拉斯·A.林德、罗伯特·D.梅森、威廉·G.麦克尔著,徐国祥等译:《工商统计学》(第 3 版),上海财经大学出版社 2004 年版。
4. 白雪梅、赵松山:《 关于对时序模型定阶方法的研究》,《统计研究》1999 年第 1 期,第 31～36 页。
5. 陆懋祖著:《高等时间序列经济计量学》,上海人民出版社 1999 年版。
6. 易丹辉主编:《数据分析与 Eviews 应用》,中国统计出版社 2002 年版。
7. 赵松山、白雪梅:《对协整的检验及协整系统的估计研究》,《烟台大学学报》(自然科学与工程版)2002 年第 4 期,第 247～253 页。
8. 朱小斌译:《时间序列计量经济学(上)——协整和自回归条件异方差模型》,《外国经济与管理》2003 年第 11 期,第 39～45 页。
9. 王振龙主编:《时间序列分析》,中国统计出版社 2000 年版。
10. 杨曾武编著:《统计预测原理》,中国财政经济出版社 1990 年版。
11. 韩天恩编著:《实用统计预测》,冶金工业出版社 1988 年版。
12. 涂葆林、颜日初:《经济预测与决策方法》,湖北省统计学会 1984 年内部发行。
13. 吴敏、彭逢瑞主编:《经济统计预测》,中国统计出版社 1989 年版。
14. 华伯泉编著:《经济预测的统计方法》,中国统计出版社 1988 年版。
15. 冯文权编著:《经济预测与经济决策技术》,武汉大学出版社 1983 年版。
16. 侯铁珊:《市场预测原理与技术》,中国商业出版社 1985 年版。
17. 华光彦、王慎之编著:《市场调查、预测和决策》,黑龙江省财贸经济研究所财贸经济研究编辑部 1982 年内部发行。
18. 左宪棠主编:《市场调查预测与决策》,经济管理出版社 1989 年版。
19. 张汉亚编著:《工业企业经营预测》,中国发明创造者基金会、中国预测研究会 1984 年内部发行。
20. 梅汝和、余名岳著:《市场调查和预测的应用》,上海人民出版社 1983 年版。
21. 王永初编著:《预测学及其应用》,科学技术文献出版社重庆分社 1986 年版。
22. 周雄鹏编著:《统计预测和决策》,立信会计图书用品社 1989 年版。
23. 汤正如主编:《市场预测》,吉林人民出版社 1985 年版。
24. 何国栋编著:《市场预测方法一百种》,广东科技出版社 1987 年版。
25. 李铁映、张昕主编:《预测决策方法》,辽宁科学技术出版社 1984 年版。
26. 暴奉贤编著:《经济预测的原理和方法》,广东人民出版社 1984 年版。
27. James O. Berger 著,贾乃光译:《统计决策论及贝叶斯分析》,中国统计出版社 1998 年版。
28. 杨曾武编著:《统计决策原理》,上海人民出版社 1990 年版。
29. 李志伟、吴家楹、施家珍编著:《统计分析概论》(修订本),对外贸易教育出版社 1989 年版。
30. 周复恭、倪加勋、朱汉江、汪叔夜、黄运成编著:《应用数理统计学》,中国人民大学出版社 1989 年版。

31. 李鸿寿、吴立煦编著:《企业管理中的数量方法》,立信会计图书用品社 1989 年版。
32. 南阜薰、曹英知、李华编:《决策技术》,中国铁道出版社 1989 年版。
33. 姜青舫编著:《实用决策分析》,贵州人民出版社 1985 年版。
34. 张正西编著:《决策理论与方法》,中国发明创造者基金会、中国预测研究会 1984 年内部发行。
35. 孙文生主编:《统计学原理》,学苑出版社 1990 年版。
36. 张维达主编:《统计学理论与方法》,吉林人民出版社 1983 年版。
37. R.H.约翰逊、P.R.维恩著,张人则、夏耕、华伦、王海谷译:《管理的数量方法》,江苏人民出版社 1984 年版。
38. 郭仲伟编著:《风险分析和决策》,机械工业出版社 1987 年版。
39. 翟立林、周士富编著:《管理决策理论与方法》,中国建筑工业出版社 1987 年版。
40. 易丹辉编著:《统计预测——方法与应用》,中国人民大学出版社 1990 年版。
41. 霍俊编著:《实用预测学》第三册——《时间序列预测分析》,中国发明创造者基金会、中国预测研究会 1984 年内部发行。
42. 王耀东等编著:《经济时间序列分析》,上海财经大学出版社 1996 年版。
43. 朱明德、余光辉编著:《统计预测与控制》,中国林业出版社 1993 年版。
44. 蔡美德、徐剑虹编:《管理决策分析》,华南工学院出版社 1986 年版。
45. 邓泉龙著:《灰色系统》,国防工业出版社 1985 年版。
46. 冯忠铨主编:《经济预测与决策》,中国财政经济出版社 1995 年版。
47. 冯文权编著:《经济预测和决策技术》(修订本),武汉大学出版社 1994 年版。
48. Pindyck, R. S. and Rubinfeld, D.著,钱小军等译:《计量经济模型与经济预测》,机械工业出版社 1999 年版。
49. 曾勇、唐小我:《回归分析预测的卡尔曼滤波自适应方法》,《电子科技大学学报》1994 年第 23 卷第 1 期。
50. M.C.弗莱明、J.G.纳理斯著,牛南洁、郭金龙译:《商务统计》,中信出版社 1999 年版。
51. M.汉伯格著,译者不详:《决策统计分析》(第 4 版中译本),中国统计出版社 1991 年出版。.
52. Mark L. Berenson, David M. Levine, Timothy C. Krehbiel 著,杨爽等译:《商务统计:概念与应用》,机械工业出版社 2012 年出版。
53. R.L.奥特、M.朗格内克著,张忠占等译:《统计学方法与数据分析引论》(第 5 版),科学出版社 2003 出版。
54. W.G.科克伦著,张尧庭、吴辉译:《抽样技术》,中国统计出版社 1987 出版。
55. W.W.丹尼尔、J.C.特勒著,陈鹤琴等译:《经营管理统计学》,中国商业出版社 1984 年出版。
56. 李朝鲜主编:《社会经济统计学》,经济科学出版社 2006 年出版。
57. 罗伯特・罗森费尔德著,徐国祥译:《36 小时商务统计课程》,上海人民出版社 1994 年版。
58. 罗良清主编:《统计学》(第二版),高等教育出版社 2011 年出版。
59. 尼尔・塞茨著,黄树颜等编译:《商情预测——方法及其计算程序》,中国统计出版社 1990 年出版。
60. 曾五一、肖红叶主编:《统计学导论》(第二版),科学出版社 2013 年出版。
61. 徐国祥主编:《统计预测和决策》(第五版),上海财经大学出版社 2016 年版。
62. 徐国祥主编:《统计预测和决策》(第四版),上海财经大学出版社 2012 年出版。
63. 徐国祥主编:《〈统计预测和决策〉学习指导与习题》,上海财经大学出版社 2005 年版。
64. 徐国祥主编:《统计学》,格致出版社、上海人民出版社 2007 年版。
65. 徐国祥主编:《商务统计学》,复旦大学出版社 2020 年出版。
66. 徐国祥等著:《统计指数理论、方法与应用研究》,上海人民出版社 2011 年出版。
67. 徐国祥主编:《统计预测和决策》,复旦大学出版社 1994 年出版。

二、英文部分

1. David F. Groebner, Patrick W. Shannon, Phillip C. Fry and Keut D. Smith, *Business Statistics: A Decision-making Approach*, 5th. ed. 中国统计出版社 2003 年版。

2. Bowerman, Bruce L., and Richard T. O'Connell, *Forecasting and Time Series: An Applied Approach*, 3d. ed. Duxbury Press, 1993.
3. S.C. Wheelwright and S. Makridakis, *Forecasting Methods for Management*, John Wiley & Sons, Inc., New York, 1990.
4. S. Makridakis, Spyros, S. C Wheelwright, *and Rob J*. Hyndman, *Forecasting Methods and Applications*, 3d. ed. John Wiley & Sons, Inc., New York, 1997.
5. C. Robison, *Business Forecasting*, *An Economics Approach*, Thomas Nelson and Sons, 1991.
6. Box, G. E. P. and Jenkins, G. M., *Time Series Analysis Forecasting and Control*, Holden-day, 1970.
7. R. S. Pindyck and D. L. Rubinfeld, *Econometric Models and Econometric Forecasts*, McGraw-Hill Book Company, New York, 1986.
8. Warren Gilchrist, *Statistical Forecasting*, John Wiley & Sons, Ltd. 1987.
9. Neil Seitz, *Business Forecasting*, *Concepts and Microcomputer Applications*, Reston Publishing Company, Inc., 1984.
10. Morris Hamburg, *Statistical Analysis For Decision Making*, 4th ed., Harcourt Brace Jovanovich, Inc., 1987.
11. Ronald L. Iman and W. J. Conover, *Modern Business Statistics*, John Wiley & Sons, Inc., 1983.
12. S. Christian Albright, *Statistics for Business and Economics*, Macmillan Publishing Company, 1987.
13. John Neter, William Wasserman and G. A. Whitmore, *Applied Statistics*, Second Edition, Allyn and Bacon, Inc.,1982.
14. David M. Levine, Timothy C. Krehbiel, Mark L. Berenson, *Business Statistics*, 6th. ed.(英文版) 中国人民大学出版社,2017.